本书得到国家社会科学基金青年项目
"19 世纪至 20 世纪初俄罗斯政治现代化理论与进程研究"
（项目编号：12CSS010）的资助

东北亚研究丛书

19世纪至20世纪初俄国政治现代化理论与进程研究

Study on the Theory and Process of
Russian Political Modernization in 19 Century to Early 20 Century

许金秋／著

社会科学文献出版社
SOCIAL SCIENCES ACADEMIC PRESS (CHINA)

目　录

下编　俄国政治现代化进程研究

绪 论

21世纪初，俄国在经历了激进自由主义改革的冲击之后，国内政治动荡，经济衰退，民族矛盾尖锐，国际地位削弱，全社会强烈期待未来局面能得到改善。但人民对"改革"举措十分反感，这个词语本身也为社会所排斥，在当代俄国公共政治话语中，"现代化"取代"改革"成为人们常用的时髦词语。其实在俄国政治学中很早就出现了现代化理论，俄国现状及未来发展道路的选择使现代化理论，特别是政治现代化理论具有重大的现实意义。本书探讨俄国政治现代化理论及实践的历史，有助于深化我们对俄国历史和现实的理解。

一 政治现代化和意识形态

"政治现代化"这个概念在现代学术中可谓众说纷纭，对政治现代化的定义和分类至今还没有形成统一的视角和标准。除政治学之外，经济学、社会学、文化学、历史学和哲学理论也都对"政治现代化"概念的分析有着深刻影响。

"现代化"概念使用频率高，内涵丰富。当代波兰学者 П. 什托姆卡对西方科学有关现代化定义的一些视角进行了总结，提出"现代化"概念包括三层含义：（1）所有进步的社会变化；（2）从16世纪开始西方在政治、经济、社会和文化领域发生变革后一直发展到当代所形成的社会状态；（3）落后和欠发达社会努力"追赶"主要发达国家的过程。① 这是典型的从"西方中心

---

① Штомпка П. Социология социальных изменений. М. , 1996. С. 170 – 171.

1

论"视角对"现代化"概念进行的解释。我国常见的是用"现代化"一词来描述人类近代以来社会发展进程中的急剧变革,北京大学罗荣渠教授认为:广义而言,现代化作为一个世界性的历史过程,是指人类社会从工业革命以来所经历的一场急剧变革,这一变革以工业化为推动力,导致了传统的农业社会向现代工业社会的全球性的大转变过程,它使工业主义渗透到经济、政治、文化、思想各个领域,引起了这些领域的深刻变化;狭义而言,现代化指落后国家迅速赶上先进工业国家水平和适应现代世界环境的发展过程。① 人们通常以强调某些基本参数为标准对现代化进行分类,如"先发的"和"次生的"现代化、"有机的"和"失衡的"现代化、"自发型的"和"赶超型的"现代化等。

在西方学术界,现代化理论是社会文化和经济发展的结果,是在价值观发生转变以及社会意识理性化的过程中自发形成的,与近代政治思想的诞生有机地联系在一起。在 19 世纪和 20 世纪上半叶,很多伟大的政治思想家、哲学家和社会学家都持现代化观点,如黑格尔、孔德、斯宾塞、马克思、韦伯等,现代化理论成为关于社会进化的社会和政治理论体系的重要组成部分,在第二次世界大战之后获得了普及,成为一个不可替代的概念。

20 世纪 50~60 年代,现代化理论观点囿于西方自由主义传统的框架,基本上把"传统"和"现代"对立起来,认为现代化的"样板"是西方国家以及在那里形成的社会政治和经济结构、"消费型社会"的精神文化;现代化的"客体"是面临着必须完成"赶超发展"任务的传统社会;现代化进程就是所有"落后的"国家全盘西化、模仿"先进的"西方的进程。而政治现代化就是"落后的"国家全面挪移西方的自由民主政治制度,最终全世界都实现西方式的民主政治。如当代这种观点的支持者Ф.福库雅马指出,应该把政治自由主义看成"历史的终极:人类思想衍化的完成,西方自由主义民主成为最终的管理形式"。②

从 20 世纪 70 年代起,在亚、非、拉国家历史实践经验的影响下,这种

---

① 参见罗荣渠《现代化新论》,商务印书馆,2009,第 17 页。
② Фукуяма Ф. Конецистории? // Философия истории. Антология. М., 1995. С. 291.

把政治现代化视为全世界向自由主义转化的解释日益遭受诟病。因为第三世界国家直接借鉴西方模式进行的政治改革，其结果往往是传统的政治制度和准则被摧毁，习惯的生活方式被破坏，社会陷入动荡和混乱。这种模式的政治现代化最终将导致所有与西方社会文化不同的文明从世界上彻底消失。在这些国家，人民的社会文化与政府自上而下移植的新秩序格格不入，爆发了政治、宗教的原教旨主义和极端主义思潮。鉴于此，对政治现代化问题的其他理论解读开始出现，很多西方学者开始否定自由主义进步的绝对论，承认局部文化和文明的意义，认为它们有权决定自己的命运，能够从自身传统出发实现独特的发展。这些学者不再强调社会政治发展中自由主义的普遍性及优先地位，认为政治现代化进程具有可选性，社会的文化和文明因素在政治现代化进程中起着重要的作用。国家发展只能建立在传统文化价值观和思想之上，依靠自身的文明潜力。政治现代化的基础是国家自身的社会文化传统、文明自我认同、民族价值取向与发展的思想的结合。

以这种文化的与文明的视角来看，世界政治现代化发展具有多样性。国家政治现代化的成就如何取决于政治改革进程是否考虑到历史文化传统，是否适应民族制度，是否为社会所接受。有关"现代"和"传统"概念的二分法被重新解读，现代化进程并不是以西方现代社会为样板机械地用所谓"现代的"元素替代"传统的"元素，而是一个根据时代的要求进行广泛社会改革的进程，在改革进行中要发挥自身的文明潜力，依靠社会的传统文化。在重大变革和创新进程中，传统社会文化体系渐趋完善，国家逐步走上新的文明发展阶段，在现代世界占据应有的位置。

苏联时期，俄国学者运用马克思主义思想研究政治现代化问题，把现代化进程看成从原始社会到共产主义社会普遍的、单线的历史进步。在20世纪和21世纪之交俄国"民主改革"的现代化实践中，自由主义观点在学界和政界都占据主导地位，认为俄国现代化道路只能是走西方文明走过的道路，现代化进程就是将西方发展模式和"先进样板"机械地挪移到俄国土壤，实现政治制度全面自由主义化，"现代性"概念的内涵就是指自由主义国家的现状。但是，这种自由主义现代化方法论在俄国社会和政治实践中使传说中的许多"神话"破灭，造成国家政治局势动荡、传统道德沦丧、社会问题尖锐、人民生活水平下降等许多社会问题。在这种背景之下，当代俄国学界也开始对"模仿性"的自由主义改革持批判性态度，提出要突破在其他社会和文化基础上形成的现代化理论框架，根据俄国自身的独特性建立自己国家的思想体系。

在当代俄国政治学、社会学、哲学、文化学和历史学研究中，更注重从文明发展的视角来研究俄国现实，考虑俄国的独特性，寻找对于本国最佳的、有机的发展模式。当代俄国学界对本国经典社会思想家著作的兴趣剧增，特别是 19 世纪至 20 世纪初的思想理论。19 世纪至 20 世纪初是俄国政治思想发展史上极其重要的时期，这一时期俄国主要意识形态和社会政治派别诞生并得以发展，他们寻求对国家历史发展过程中所出现的众多问题的答案，他们提出的思想观点、政治改革方案和纲领，都可以用现代术语将其称为政治现代化理论。19 世纪至 20 世纪初也是一个政治意识形态积极活跃的时代，一个政治改革方案迭出的时代，一个积极探索"理想社会"的时代。后文在分析 19 世纪至 20 世纪初俄国政治现代化理论问题时，笔者将选择意识形态作为背景框架，因为所有政治现代化理论，无论是在俄国，还是在其他国家，无论是在古典时期，还是在现代时期，总是具有意识形态的色彩，为某种意识形态模式所左右。因此，政治现代化理论客观上具有意识形态的主观性。一个系统的意识形态相当于一个完整的现代化方案，追求实现某种未来的"理想状态"。意识形态的多元化也意味着未来的"理想状态"的多样性。

意识形态在整个社会科学中是最难以把握的概念之一，这一概念自诞生以来就饱受争议。意识形态概念的含义十分丰富而且模糊不清，不同学者对这一现象的历史内容和发展前景的看法可能截然相反：一些研究者认为这个时期是"意识形态的时代"，而另外一些研究者则认为这个时期是"意识形态的终结"时代；一些研究者认为在当代意识形态已经丧失了自己的社会潜力，另外一些研究者则认为在当代全球化的条件下意识形态所发挥的社会作用不断加强。

"意识形态"（идеология）的术语源于希腊词语"idea"（思想）和

"logos"（学说），由法国哲学家德·特拉西在法国大革命时提出，指对理念形成过程的研究，也可以称之为"思想的科学"或"观念科学"。① 特拉西"拒绝了天赋观念的思想，解释我们所有的观念如何以身体感觉为基础。而摆脱宗教或形而上学的偏见，对思想的起源进行理性的研究，这可能是建立一个正义和幸福社会的基础。因为对个人思想的考察会揭示出它们在人类的普遍需求与欲望中的共同起源。这些需求将构成法则的框架，而这些法则在自然的基础上调节社会，并促进相关欲望的和谐实现。自然的和社会的是重合的。而这种重合可由思想起源的理性分析，由意识形态揭示出来"。② 在特拉西看来，意识形态不是一种纯粹的解释性理论，而是一种负有使命的科学，目标是拯救人类、为人类服务，使人类摆脱偏见，为理性的统治做好准备。因此，意识形态自始便与政治密切相关。在19～20世纪，由于后宗教时代政治思想的形成，以及政党、社会组织和运动的形成，这一术语在政治界和学术界广泛流行。

特拉西开始使用"意识形态"这个术语后，著名的思想家大都从政治和政治学的视角使用"意识形态"一词，但都未对意识形态的概念做过明确界定，而且对意识形态大多持否定态度。如德国社会学家韦伯和曼海姆都认为，各种意识形态都是一定政治集团利益的反映，具有虚假性。因为在意识形态中，这种利益的真实性质是隐蔽的。曼海姆指出，意识形态只是由一定社会集团、阶级支持的具有社会意义的思想体系，这种思想体系"是被维护现存社会制度或复辟过去社会制度的愿望所曲解了的一切思想；思想体系是既得利益或反动纲领的表现"。③ 在他看来，意识形态就是"乌托邦"，本身没有认识论的价值。

德国两个伟大哲学家黑格尔和费尔巴哈也对意识形态概念的发展起到

① 〔美〕利昂·P. 巴拉达特：《意识形态起源和影响》，张慧芝、张露璐译，世界图书出版公司，2010，第5页。
② 〔美〕大卫·麦克里兰：《意识形态》，孔兆政、张龙翔译，吉林人民出版社，2005，第7～8页。
③ 〔英〕邓肯·米切尔主编《新社会学词典》，蔡振扬、谈谷铮、雪原译，上海译文出版社，1987，第169页。

了明显的推动作用。虽然他们没有直接使用"意识形态"这一术语，却探讨了意识在不同社会发展阶段上的具体表现形式，尤其是向世人展示了各种意识形式与"教化"和"异化"的内在关系，对宗教这种最具异化特征的意识形态加以彻底批判，试图建立以自然为基础的人本主义哲学。

意识形态成为一个独立的研究对象，意识形态的概念获得广泛传播，是由于马克思和恩格斯的《德意志意识形态》一书的出版（1846）。他们在这本书中还没有形成对意识形态术语的明确定义，只是驳斥了特拉西的意识形态观点。他们认为，意识形态不是什么"思想的科学"，意识形态的概念完全是主观的，是用来为统治阶级辩护的。因此，任何社会中的支配性政治理念，或者说意识形态，均反映了统治阶级的利益。他们在另一部著作《路易·费尔巴哈和德国古典哲学的终结》中对"意识形态"的概念做出了具体阐述："作为社会哲学基本范畴的意识形态，也就是思想体系，是一定社会或阶级的思想体系。具体一些说，意识形态是社会的思想上层建筑，是一定社会或一定社会阶级、集团基于自身根本利益对现存社会关系自觉反映而形成的理论体系；这种理论体系包括一定的政治、法律、哲学、道德、艺术、宗教等社会学说、观点，意识形态是该阶级、该社会集团政治纲领、行为准则、价值取向、社会理想的思想理论依据。"① 马克思主义在意识形态研究领域最重要的贡献，是确立了意识形态与阶级利益之间的依附性，认为意识形态首先是特定阶级利益的反映。

意识形态作为一个哲学范畴，诞生已有 200 年之久，伴随着哲学史基本框架的变迁，其内涵所指和社会功能也发生了较大变化。在当今西方理论界，政治思潮流派纷呈，尚无一人能为意识形态的概念下一个完满的定义。正如美国学者利昂·P. 巴拉达特所指出的，"遗憾的是，关于意识形态的准确定义，现在的政治学家并未比以前的学者更有共识"。② "意识形态"的概念不仅在政治学，而且在其他社会和人文学科中广泛运用。哲学、文化学、

---

① 参见宋惠昌《当代意识形态研究》，中共中央党校出版社，1993，第 9～10 页。
② 〔美〕利昂·P. 巴拉达特：《意识形态起源和影响》，张慧芝、张露璐译，世界图书出版公司，2010，第 8 页。

社会学和语言学等学科对这个概念的诠释深深地影响着政治学的解读。例如，苏联一部现代政治学百科词典对"意识形态"的定义如下："意识形态，这是关于世界与人在其中的角色之哲学的、科学的、艺术的、道德的、政治的、法律的、经济的、社会学的价值体系与知识体系。"[①] 在其他政治学著作中也可以见到如此广度的定义。意识形态概念的"包容性"和"多元性"使人们在社会生活的不同领域都可以运用这个概念，如国家的意识形态、公司的意识形态等，还有经济的、法律的、道德的意识形态等提法。虽然"意识形态"一词运用广泛，但它首先而且主要是一个政治术语。笔者根据政治学的特点和所研究问题的背景，对意识形态的定义是：这是逻辑上井然有序的、内在完整的一套政治思想，这套政治思想被定位于建设特定类型的社会。从严格的政治学意义上讲，所有意识形态都有政治现代化理论的性质，都是在分析当前的社会状态和未来的政治理想，追求实现设定的政治理想。

意识形态作为一种特殊状态的社会意识，具有以下几个本质特征。首先，意识形态是某种具有完整体系的思想学说，特别是有关社会和政治问题的思想学说体系，解释当前世界状况及所存在的冲突，同时描绘未来理想社会的蓝图，且计划蓝图可望在人的有生之年实现。因而，意识形态还有另一个显著特征，就是它给人们提供了希望，在最初就具有"乌托邦的基因"，尝试按照"理想的模式"去改造现实社会。再次，某种学说能够成为意识形态的前提条件是它具有行动导向作用，它不仅仅是停留在某个思想家思想结晶的层面上，而是获得了社会承认，拥有了一批支持者。这个学说成为一种信仰，提供了达成目标所必需的明确战略和策略，它的支持者准备付诸行动，把学说中描绘的美好未来变成现实。最后，意识形态极具鼓动性，鼓舞人们尽最大的努力来达成意识形态所设定的目标。意识形态的存在不能脱离社会政治、民族、经济、阶级团体或其他团体。意识形态与这些团体共存，反映了为这种意识形态联结在一起的团体的利益。个

---

① Борцов Ю. С., Волков. В. （отв. ред.）. Политология. Краткий энциклопедический словарь. Ростов н/Д., 1997. С. 158.

人或者社会团体为了在社会空间拥有共同取向必须接受某种意识形态，这种意识形态成为决定他们社会行为的独立因素。意识形态对社会的影响非常显著，甚至可以与宗教相提并论。

对传统社会而言，意识形态可能起到破坏性的作用，因为它促进了社会分裂成为彼此对立的团体。如果说在传统社会或者专制社会，国家意识形态是唯一的，是社会团结的纽带，对国家意识形态的怀疑行为被视为犯罪，这些人将遭到残酷镇压，那么在自由民主社会，政治个体可以自由选择意识形态，各种意识形态之间会相互竞争。在多元化的社会，意识形态之间的冲突即使没有完全消失，也会因为承认意识形态的多样性而淡化，还会出现不同意识形态之间联合以寻求扩大社会基础的现象。

意识形态的很多元素在以前的社会思想和运动中也有显现，但完整的意识形态直到近代才出现。从中世纪向近代的转变，这场社会大变革跨越了地区和国家界线，也成为当代几种经典意识形态的起源。在西欧国家现代民主和大众社会形成的进程中，传统社会关系衰落，社会等级制度瓦解，等级的社团主义向个人主义转变，社会出现自我认同危机，大众和精英都在寻找新的社会定位。在这一进程中，一方面是以前坚不可摧的等级壁垒及与之相应的思想观念被打破，另一方面是以前没有参与政治权利的广大民众走上了政治舞台。

在民主社会形成中，革命起到了决定性的作用。如果说英国"光荣革命"以及美国革命还没有深入触及社会各阶层，那么 18 世纪的法国革命则彻底改变了政治和社会制度，也意味着在全欧洲发生了真正意义上的重大社会变革，因此，恰恰是法国革命促进了意识形态作为完整体系的发展。高呼自由、平等和博爱口号的法国革命，成为从等级的、行会的社会向建立在民主、平等和个人主义原则之上的社会转变的决定性因素。在现代意识形态发展中起到重要作用的不仅有法国革命，还有各种力量对这场革命以及接下来的社会危机进程的反应。法国大革命后意识形态运动获得了全新的发展，各种经典的意识形态理论均提出了解决冲突的方法和社会改革的模式。

19 世纪英国工业革命也使世界发生巨变，形成了建立在货币和理性原则之上的世界新秩序，也形成了新的资本主义伦理观。但工业化进程也带来了新的普遍贫困现象和一系列社会问题，使社会面临爆发冲突的危机，各种意识形态理论以及后来的政党的作用因而普遍提高。在这个时期，正在形成的民主社会的基本特征已经显现：所有人在法律面前平等，具有普遍的选举权，可以结成意识形态团体，通过议会和政党实现自己的政治理想。在这一进程中出现了一个特殊的理论家和思想家阶层，他们有意识地提出有关社会发展的完整理论，被广大群众所接受。在这一进程中还形成了现代政党，他们制定政治纲领，以夺取政权为目的，争取获得广大群众的支持。

法国大革命和英国工业革命所带来的社会大变革对 19 世纪政治思想的发展产生了深远影响。在这场社会大变革中出现的三种趋势是意识形态形成的前提：第一种趋势是国家与社会之间出现分裂，民主社会与国家政权对立，社会团体和组织与官僚对立；第二种趋势是民主社会自身新基础的形成，在民主社会，传统的家庭结构、等级关系被破坏，私人和社会生活领域多元化，形成新的交际体系，社会与政权的主要交流渠道发生变化，这一切都有助于"社会思想"的形成；第三种趋势是一个特殊阶层应运而生，他们承担起思考社会矛盾的使命，致力于创立意识形态理论学说，这个社会阶层以整个社会的名义发言，追求代表广泛的利益，成为社会与政权之间的中介人。这个社会阶层制定了各种意识形态的社会改革模式，提出了有关社会发展的学说体系，而且努力使自己的学说获得广大群体的支持，将理论理想在社会实践中贯彻。

意识形态理论由思想家们创建，但社会运动对这些意识形态的采纳以及在这些意识形态的基础上实现一定的社会改革纲领是"职业革命者"的事业。在任何动员型意识形态的建立过程中，有两类社会团体起着重要作用，一类是负责创建意识形态的政治思想者团体，一类是负责贯彻意识形态中所提出的社会改革纲领的政治实践者团体。在历史上，这两者很少集中在一个社会团体或者是一个人——"王位上的革命哲学家"——身上，因为客观上这两者的任务不同，在一定的阶段甚至会相互冲突。所有意识形态都是以某种抽象理想的名义激烈批评现实。法国大革命以及所有大型革命的进程都清楚地表现出，革命如果说不是"历史的火车头"，那么无疑是"意识形态的火车头"。托克维尔在其著作《旧制度与大革命》中就描写了意识形态和思想家们在推动革命过程中所起到的独立作用。

本书在分析俄国政治现代化理论问题时，选择了三种非常重要的意识形态——自由主义、无政府主义和保守主义。这三种意识形态在 19 世纪至 20 世纪初的俄国政治思想界形成，最初就具有政治现代化理论的面貌，是实现国家政治现代化的理论构想。笔者有意在研究框架中排除了社会主义意识形态，因为社会主义意识形态在国内外学界都已经存在大量著述，无须笔者赘述。自由主义、无政府主义和保守主义这三种意识形态，从广阔的历史视角来看，分别对应俄国政治生活中的三个基本经典趋势——"自由化"、"激进化"和"保守化"，在具体的历史时期可能是某一种具体的意识形态在国家占"主导地位"，但这三个趋势客观上一直存在。俄国政治现代化正是在这些趋势的框架之下进行。自由主义和无政府主义趋势倾向于相互作用和相互渗透，而保守主义趋势一直与这两个趋势对立。

俄国是意识形态色彩浓厚的国家，历史实践表明：具有普遍意义的政治思想，具有激励鼓动意义的意识形态是存在的——它们是国家成功发展、实现现代化突破的重要条件；反之，缺乏鼓舞社会斗志的意识形态，会使国家生活各个领域出现"历史退化"。在当代俄国社会政治生活中，意识形态的现实意义依然不容忽视，国家能否成功发展取决于意识形态选择的正确与否。

二　世界历史背景下的俄国现代化进程

我们经常遇到"时代的挑战"、"时代的召唤"或"时代的精神"这样的话语。这些话语的背后是怎样的历史隐喻呢？为什么很多国家惧怕落后于"时代的要求"，为了在阳光之下占有一席之地而加入争夺世界领袖的激烈竞争呢？这些问题背后闪现的是世界历史进程的现实，虽然世界各地社会发展极端不平衡，在政治、经济和文化生活方面却不可抑制地走向一体化，越来越多以前被历史"冷落"的民族逐渐融入世界文明的舞台。

我们所研究的 19 世纪至 20 世纪初是世界历史上一个非常重要的阶段。在这段时期，虽然人类社会还没有实现一体化，没有消灭宗主国与殖民地之间的差异，没有消灭饥饿、疾病和贫穷，但是，与以前相比，欧洲以及世界各个领域发生了翻天覆地的变化：工业革命、农业生产集约化、都市化进程、市场关系发展迅速，数百万人口获得解放，摆脱了屈辱的个人超经济依附状态，个体形成了新型的主动积极进取的精神。在这段时期，科学战胜了蒙昧，世俗原则战胜了宗教原则，资本主义得以确立并迅速在全世界普及。

欧洲整体人口在这 100 年间增加了至少 1 倍，俄国人口增加了近 3 倍，从 3500 万 ~ 4000 万人增加到 1.6 亿人。① 农业人口过剩，城市失业现象加重，老龄化问题加剧，青年人社会积极性提高，社会不稳定因素增加。在政治领域，法治国家开始诞生，立宪主义普及，出现了一系列政党和组织，报纸和期刊媒体成为重要的社会力量。民族融合和民族国家建立进程蓬勃发展。世界从具有森严的等级制度、绝对专制的管理形式、贵族地主占特权地位的传统农业社会向解放人权，以市场经济、法治国家和多党制为主要元素的工业社会转变。工业社会的思想旗帜上书写的词语是"自由"、"私有财产神圣不可侵犯"和"法律"，尽管当时只有少数人能够享受这些伟大的福祉。

这是一个革命周期性爆发并震动世界的时代，也是一个伟大改革家及天才改革家辈出的时代。农民暴动和工人运动此起彼伏。马克思主义诞生，社会主义思想普及，出现了众多的民主主义和社会主义政党，产生了两个国际无产阶级合作组织——第一共产国际和第二共产国际。人类社会出现了国际合作、和平主义、限制军备的思想，1899 年根据俄国的倡议召开了海牙国际和平会议。在教育、科学、文学和艺术等方面成就斐然，人类文化出现了真正的飞跃。世界史无前例地在同一时代拥有了数量如此众多的杰出学者、作家、艺术家，他们的作品成为世界文明的永久瑰宝。

---

① См. : История Евроры. Т. 5 : От французской революции конца XVIII в. до первой мировой войны. М. , 2000. С. 26 – 27.

19 世纪提上日程的，似乎可以作为其历史名片的所有问题，并非在世界各地都得到了解决。在一些国家这些问题解决得更为成功，在一些欠发达国家解决得差一些，在最落后国家变革的接力棒被全面转交给了 20 世纪。在 20 世纪初，资本主义经济运行的重大缺陷凸显出来，议会民主制度的效率也不尽如人意，社会各阶层分化加剧，达到了危机的警戒线，各国政权越来越难以维护社会局势的稳定。

民众，首先是产业工人，在经济、社会和政治方面的诉求增加。民族运动从欧洲起始席卷了各殖民地国家。军国主义和军备竞赛成为威胁人类自身生存的元凶，因军事冲突造成的人民财力和物力损失史无前例。人们开始积极思考是否有必要对社会和经济进程进行调控，协调社会各阶层包括对抗的社会阶层之间的社会合作关系，由国家保护劳动者的利益，由形式上的民主转为现实中的民主，使世界不再分裂为宗主国和殖民地，限制军备竞赛等。人类面临着尖锐的现实选择：或者全面革新资本主义制度，或者由更先进的社会制度来取代资本主义制度。在这个角度上，如果我们现在看当代经过变革后的民主化的资本主义似乎并没有消亡的迹象，那么在 20 世纪初，有关这个制度将很快灭亡的思想并非某种可笑的乌托邦。

本书所研究的俄国政治现代化进程所处的历史时期，世界局势大致如此。俄国疆域广阔，资源丰富，在 18 世纪彼得一世近代化改革后成为欧亚强国。当时俄国也面临着时代的挑战，欧亚强国的地位受到威胁。俄国社会一直缺乏西方国家那种"自下而上"的有机发展，而是由国家机构"自上而下"对社会关系进行强力调节，因此也只能是由国家政权来承担迎接时代的挑战的任务。

从彼得一世开始，俄国沙皇就奉行欧化的方针，但国家的现代化进程步履维艰。专制政权将执政王朝及其主要支柱贵族的利益等同于民族利益，视普通民众为纳税人、士兵或农奴劳动力。因此，俄国民众对于政府改革的举措或者事不关己漠不关心，或者充满反感甚至直接敌对，这阻碍了俄国的现代化进程。此外，俄罗斯帝国民族众多，信仰各异，经济结构复杂，难以进行有效的管理；国家大部分领土自然气候条件不利，交通落后，人烟稀少；国家所面临的国际局势复杂，专制政权实行富有侵略性的对外政策，不断追求扩大国家边界，军事支出巨大，财政状况紧张等因素，也阻碍着国家的现代化进程。

俄国政府长期以来面临的困境还有社会文化分裂不断加深，社会下层赤贫如洗、目不识丁，而社会上层锦衣玉食、附庸风雅，向往西方文明，人民与贵族之间在文化、生活习惯甚至语言上都扞格不入。少数民族地区局势复杂，政府一边奉行将这些地区俄罗斯化的方针，一边被迫考虑适应这些地区的历史、宗教和文化传统。从19世纪下半叶起，将这些地区俄罗斯化的趋势明显强化，国家种族和宗教的紧张局势加剧。

俄罗斯国家和地主数世纪以来对人民进行高强度剥削，人民在逆来顺受的同时也变得消极冷漠，习惯性地把希望完全寄托于上帝，有时，取代奴隶式顺从的是绝望的爆发。俄国专制者一直坚信君权神授，以仁爱的父亲的身份庇护着"蒙昧"的子民。贵族效仿这种做法，他们在自身摆脱了必须为国家供职的义务之后，还认为自己有权任意支配农奴，把这看作自然的、公正的、永恒的权利。贵族作为统治阶级自私自利、肆意妄为，无视人民苦难。官僚体制弊端重重，官员文化水平和业务素质低下，贪污受贿现象严重，不能有效地管理国家。

俄国沙皇奉行欧化的方针，主张学习先进西方国家的经验，但到20世纪初，俄国改革者一直把对最高权力进行改革视为规避的"禁区"。在这种背景下，俄国大改革家的命运经常是悲剧性的，如亚历山大一世、亚历山大二世、斯佩兰斯基、维特、斯托雷平等，莫不如此。

从19世纪初起，沙皇亚历山大一世与其近臣就认识到了两个与俄国政权命运攸关的问题：取消农奴制度和实行君主立宪。当时一些国务活动家制定了解决这些问题的方案，如 M. M. 斯佩兰斯基起草的国家改革总体方案1809年《国家法典导言》，H. H. 诺沃西里采夫主持制定的宪法草案《俄罗斯帝国国家法定文书》，A. A. 阿拉克切耶夫设计的解放农民方案等。但亚历山大一世清楚贵族地主的情绪，害怕重演他父亲保罗一世丧命那样的宫廷政变，没能下决心进行改变国家命运的激进改革。最终他仅进行了一些行政管理改革，颁布了对贵族地主完全没有制约力的"自由农民法令"（1803），不带土地解放波罗的海地区农民法令（1816~1819），赐予芬兰和波兰宪法（分别在 1809 年和 1815 年），在教育领域采取了一些措施，促进了俄国发展。

1812 年俄法战争之后，亚历山大一世统治初期的自由主义思想得到先进贵族阶层的响应，但他们主张更为激进的自由主义措施，在 1825 年 12 月发动起义（即十二月党人起义），最终被专制政权无情地镇压。在十二月党人起义之后尼古拉一世统治的"冰冻时期"，尽管再没有提出任何立宪方案，只采取了一些局部的改革措施，农奴制依然是岿然不动，但国家的现代化进程并没有被中止。П. Д. 基谢廖夫伯爵领导进行了国家农村改革，政府若干次颁布法令，在保证地主利益的前提下规范了农民和地主的关系。在尼古拉一世统治时期，还发生了一些对俄国未来发展具有重大意义的事件：斯佩兰斯基领导编纂了帝国法典，"官方民族性"原则成为国家意识形态，国家推动铁路建设，鼓励工商业发展，实行财政改革。这些在客观上有助于国家新型经济和社会关系的形成，从内部动摇了旧的农奴制度。同时，国家对社会生活所有领域特别是其精神文化领域进行严格管辖，奉行森严的等级制度和刻板的官僚制度，对异己分子进行新闻检查和警察监督，这些从长远影响上看都动摇了专制制度，导致了 19 世纪 50~60 年代俄国社会的剧烈动荡。

19 世纪中期克里米亚战争屈辱的失败以及尼古拉一世的暴亡，使俄国执政阶层，特别是新沙皇亚历山大二世意识到，在俄罗斯帝国和沙皇宫廷华丽外表下隐藏的是农奴制度的腐朽和落后，与先进西方国家对抗的结果是不可避免的落败。国内社会思想动荡，农民运动风起云涌。自由主义运动左翼赫尔岑等人在国外创办的杂志《钟声》，在希望新沙皇进行改革的同时也发出了极端的呼声："让罗斯拿起斧头！"亚历山大二世个人的理智和他的老师诗人 В. А. 茹科夫斯基向他传导的人文主义原则，最终使他克服了谨慎及温和的天性，下决心大刀阔斧地废除俄国农奴制。沙皇政府内部形成了改革团队，罗曼诺夫王朝还史无前例地吸收社会人士参与公开讨论最迫切的民生问题。1861 年，俄国政府在酝酿良久之后终于颁布了解放农民的法令，尽管最终出台的解放农民的措施具有明显的妥协性，对于农民和地主来说都远非最佳方案，但仍然是 19 世纪俄国具有里程碑意义的重大事件。之后沙皇政府进行了地方自治、司法、军事和教育等领域的重要改革，但改革并没有涉及国家政治制度，一些自由主义国务活动家提出的审慎的政治改革措施，如对履行立法咨议职能的国务会议补充来自地方自治局和城市杜马的选举代表，都被亚历山大二世断然拒绝。

19 世纪下半叶，俄国民主社会的形成进程尽管长期受到政权的制约，但也出现了地方自治、非官方出版业、合作社及其他社会组织等民主社会基本元素的萌芽。亚历山大二世大改革后的俄国保留着传统的等级制度和农村公社，专制政权没有给予人民表现自由和发展个性的权利，人民没有言论、出版和集会的自由，不允许职业团体特别是政党的存在，在种族和宗教领域实行歧视性政策。

亚历山大二世的改革遭到了来自右翼——保守主义者的反对和批评，也遭到了来自左翼——自由主义者特别是其激进流派的对抗和攻击，他的改革热情逐渐消失。农民对自己解放的条件不满，以言语抱怨和公开暴动的方式迎接 1861 年改革。1863～1864 年波兰和立陶宛爆发起义，国家财政赤字，宫廷内部纷争等使局势进一步恶化。19 世纪 70～80 年代初，俄国出现了民粹主义运动，其规模和激进程度明显超越了十二月党人起义。亚历山大二世在其统治末期被民粹党恐怖分子追到死胡同时才决定委托洛里斯－梅利科夫进行政治改革，洛里斯－梅利科夫起草了史称为"宪法"的政治改革方案，1881 年 3 月 1 日亚历山大二世在这份"宪法"上签了字，但是几个小时之后亚历山大二世被恐怖分子暗杀，这份"宪法"方案没能实施。

亚历山大三世统治时期对于俄国来说是保守主义稳定发展的时期，但也伴随着民粹主义运动危机。政府担心爆发革命，开始"矫正"大改革中实施的一些"超前"措施，但 19 世纪 80 年代末 90 年代初亚历山大三世在地方自治、城市自治、司法和人民教育领域实施的反改革措施并没有完全抹杀亚历山大二世大改革的成就，只是恢复了贵族的一些特权，强化了等级色彩。同时，政府加强对自由主义和民主主义媒体的新闻管制，监督民主知识分子的"思想动态"，强化东正教会的地位，加深对非东正教犹太居民的歧视，在民族地区积极推行俄罗斯化方针。1881 年沙皇政府颁布法令，规定在俄国任何地区都可以实行非常状态,这为国家行政机构的滥用职权埋下了隐患。但政府也意识到国家整体生活转向资本主义改革的进程是不可扭转的,特别是在工业方面,如果不实现工业现代化,俄国作为世界强国的存在会面临威胁。财政大臣 Н. Х. 本格视野广阔,在 1880~1881 年实行了一系列措施,致力于改变国家预算赤字状态,他所开创的这些措施在他的继任者 И. А. 维什涅格拉德斯基和 С. Ю. 维特时期继续稳定执行,为俄国接下来的经济腾飞打下了基础。

亚历山大三世政府的统治,使沙皇专制政权得以暂时巩固,同时并没有阻断国家向资本主义衍化的进程。俄国独裁者通过行政警察措施将反抗者驱赶到了地下,但也无力将之赶尽杀绝。因此,亚历山大三世之子,无论是作为普通人还是作为政治家性格都相对软弱的尼古拉二世即位之后,专制政权很快就遭遇到一系列危机,无力操控国家的局势。

19 世纪末 20 世纪初,俄国工业迅速腾飞。这一方面是由于当时国际经济行情推动,另一方面是因为 1892~1903 年俄国政府在财政大臣维特的领导下实行鼓励国有工业发展、推进工业现代化的政策。俄国工业迅猛地发展,其间先是被 1900~1903 年经济危机所打断,后又被一段长期的、延续到 1908 年的经济萧条所打断,但在 1909~1913 年再次迅猛发展。这一时期俄国工业生产增长速度居世界前列,到 20 世纪初跻身世界工业发展前五强。然而,在工业产品增长引人注目的总指标背后,是俄国人均工业产品数量居于世界后列。俄国工业产品在世界市场上缺乏竞争力,1913 年,俄国工业产品出口量仅占国家总出口量的 5.6%。[①] 与其他工业发达国家相比,俄国的明显特点是多种经济方式并存,一方面出现了最新的财政资本和垄断,另一方面保留着宗法制的、半自然的经济方式。整体而言,到 1917 年,俄国资本主义还不够发达,还没有为向比较高级的社会体制转化创造足够的物质前提。

而俄国政治领域的发展落后于时代,到 20 世纪初依然实行绝对专制管理形式,人民没有基本的公民自由,官方禁止政党的存在。政治改革的滞

---

① Россия. 1913 год: Статистико - документальный справочник. М., 1995. С. 212.

后引起了知识分子的不满，也引起了受革命者和政府反对派宣传影响而政治兴趣高涨的工人阶层以及部分农民的反对。

　　俄国知识分子在政治中的作用与其他国家相比十分突出。20 世纪初，俄国有 80 万名脑力劳动者。[①] 知识分子阶层的职业利益以及他们所怀有的对人民的使命感、对祖国命运的责任感，使他们激烈反对专制制度，积极参加自由主义反对派和革命运动，担当起思想家的角色。20 世纪初，俄国知识分子的社会和政治积极性爆发，在推翻沙皇政府的运动中起到了决定性作用。

　　到 20 世纪初，俄国社会结构的主要特征是：社会居民"上层"和"下层"分化严重，中间阶层数量相对较少。社会下层人民在国家经济发展以及防卫外敌入侵中贡献巨大，但国家没有给予他们必要的物质和法律保障，这为 20 世纪初席卷俄国的社会混乱和政治动荡提供了土壤。

　　农民位于俄国社会金字塔的最底端，他们是物质财富的主要生产者、国家的供养者和保卫者，却缺少土地、贫穷困苦、社会地位低下。20 世纪初，特别是 1905 ~ 1907 年革命时期，俄国农民运动此起彼伏。与其他社会阶层相比，农民更长久地保留着对君主制的忠诚和对宗教的信仰，尽管到 20 世纪初农民对君主制的忠诚和对宗教的信仰已经被沉痛的现实所撼动。农民整体上忠于民族传统，数世纪以来逆来顺受的本性与暴动的热情神奇地结合在一起，他们暴动的主要原因是对地主的刻骨仇恨。

　　俄国社会形成了新的阶级——无产阶级，这是一个随着资本主义的发展而问世的阶级。到 20 世纪初俄国无产阶级总人数达到了 1200 万人，到 1913 年初这个数字增加到 1800 多万人。[②] 俄国大多数无产阶级的生活条件远远低于世界较发达国家的同行，他们工资低，工时长，工伤事故频繁，缺乏社会保障，失业率高，生活和居住条件恶劣，这一切都引起了俄国无产阶级自发的反抗情绪。他们的反抗情绪不仅针对资产阶级，而且针对沙皇政权。工人力量高度集中在大企业，这使他们容易联合起来，革命者也

---

①　Киселев А. Ф. , Щагин Э. М. Новейщая история Отечества. XXв. М. , 2002. Т. 1. С. 29.

②　Россия. 1913 год: Статистико - документальный справочник. М. , 1995. С. 223.

容易对他们施加影响。欧俄部分是国家农业和工业的主要集中地区，也成为大规模人民运动的发源地。

贵族是俄国专制制度主要的社会支柱，是国家最富足、最有文化的阶层，把持着国家高层和中层职务。但是在 1861 年改革之后，贵族迅速丧失了以前的经济优势地位。这个阶层经济视野狭隘，不能积极融入市场经济，整体上没有能力经营有效的商品农业和从事企业活动，到 1905 年贵族占有土地的比例缩减到 40%。[①] 尽管政府努力采取各种方式维持贵族的地位，但是到 20 世纪初贵族实际上失去了从前在社会上的优势地位。

大资产阶级是俄国社会财富的垄断者。一战前夕，年收入在 1 万卢布之上的大资产阶级连同家属数量为 25 万~30 万人，占居民总数的 0.2%。[②] 他们是国家经济真正的主人，与官僚阶层联系密切。从 1906 年起，资产阶级成立了自己的全国性组织，各行业也成立了一系列组织。大资产阶级从政府那里获得了一系列切实的优惠和特权，但他们并不是十分热衷于支持政府。

俄国境内生活着 140 多个大小民族。俄罗斯人（大俄罗斯人）约占国家人口的 48%，乌克兰人占 20%，波兰人占 6%，白俄罗斯人占 5%，斯拉夫民族整体上占居民的 3/4，然后是犹太人（4%），哈萨克人和吉尔吉斯人（3.7%），鞑靼人（约 3%），北高加索民族（1.4%）等。[③] 苏联史学在形容沙皇俄国的民族政策时，为其贴上了"各族人民的监狱"的标签。实际上，尽管从 19 世纪下半叶起，特别是在 19 世纪末，沙俄政府在民族地区推行俄罗斯化的政策，但是各民族地区的地方传统依然得以保留，地方宗教和文化也得到了发展，各少数民族精英能融入俄国贵族队伍之中，民族地区学校也可以使用母语教学（与俄语并用）。芬兰甚至保留着自己的宪法，成为帝国最自由的地区，俄国革命者经常在那里寻找栖身之所。但是，民族地区资本主义生产关系的发展，经济实力的增长，民族联合进程和民族

---

① Шелохаев В. В. （отв. ред.）. Модели общественного переустройства России XX век. М. , 2004. С. 134.

② Боханов А. Н. Крупная буржуазия Россия. М. , 1992. С. 256.

③ См. : Россия: Энциклопедический словарь. СПб. , 1991. С. 17, 73, 93.

身份认同感的强化,这一切超出了专制政权所设定的民族关系的框架,民族地区与沙俄政府机构发生冲突,形成了民族自治运动,出现了脱离俄国的分立活动。传统上反俄情绪比较强烈的是波兰王国和波罗的海地区。

帝俄民族关系中最尖锐的是犹太问题,犹太民族问题是俄国亟待解决的现实问题之一。从18世纪起,沙俄政府出台法令对犹太人在俄国的生活进行多方位限制。亚历山大三世时期,非东正教信仰的犹太居民的地位尤其屈辱。人民和国家的反犹主义,以及大规模的屠犹行动,引发了犹太民族主义以及复国主义浪潮,犹太民族积极参与俄国革命运动。

20世纪初,国家的整体局势使俄国面临两种选择:或者沙皇政权与自由主义和民主主义社会人士联合实现新一轮激进改革,或者社会"自下而上"以革命暴力方式解决国家迫切的现实问题。如果说在19世纪,沙皇政权还能够勇于启动改革进程,社会反对力量还不足以鼓动人民群众走向革命,那么到20世纪初,情形变得完全不利于执政上层:政府迟迟不进行新一轮改革,一些官员提出的改革方案并未触及俄国面临的本质问题,反对派的力量明显加强,人民充满了革命情绪。

在这种局势之下,1905年1月,在节节败退的俄日战争进行了大约一年之际,俄国爆发了革命,这场革命持续了两年半的时间。1905~1907年,罢工运动高涨,至少有500万人参加罢工,其中50%~70%的罢工者提出了政治要求,农民掀起了"为土地和自由"的斗争,发生了不少于26000次骚乱,陆军和海军爆发起义,大学生和城市中产阶层举行罢工和游行,种族和宗教运动高涨。[①] 1905~1907年革命的迅猛势头迫使俄国绝对专制政权向时代的精神让步,实行了一系列改革,其意义并不逊色于19世纪中期的大改革。

俄国政治制度发生了重大变化,自由主义者数十年间的梦想得以部分实现。专制政权最终设立了两院制议会:国家杜马和改组后的国务会议。杜马最初仅具有立法咨议职能,后来被赋予立法权力。1906年4月颁布的

---

① Шелохаев В. В.(отв. ред.). Модели общественного переустройства России XX век. М., 2004. С. 120.

新版《国家根本法》不再公开宣布专制权力的无限性质，但保留了沙皇自行决定所有军事和外交事务、任免大臣的权力，保留了颁布法律的最终决策权。民选代表对政府活动的"监督权"仅体现在有权对大臣提出质询。俄国新政治制度实际上是二元制君主立宪制：在立法领域实行温和的立宪主义原则，在行政领域则保留了专制沙皇的全部权力。尽管 20 世纪初的国家管理制度改革存在各种局限，但是按俄国尺度来衡量的话，其进步是巨大的。最初的两届杜马，从议员构成来看，是欧洲最为左倾的：40% 以上的议员属于左翼政党，20% 的议员属于中派。① 从民主程度来看，如果说沙俄的杜马与英法相比仍相去甚远，那么与德国、奥匈帝国或者日本相比，则是不相上下。

　　1905 年 10 月 17 日尼古拉二世诏书许诺赐予人民基本的公民自由——人身不可侵犯，良心、言论、集会和结社自由。虽然在现实生活中这些许诺只有一部分得到兑现，但在新版《国家根本法》中宣布和确认公民享有这些自由的事实本身已是巨大的进步。上层等级以及拥有不动产的农民都获得了选举权，1905 年 12 月，在莫斯科起义高潮时期，部分大中型企业工人也获得了选举权。但俄国女性、军人、25 岁以下青年以及所有贫困的底层居民无权参与选举。当时的选举制度并不民主，选举活动实际上是按等级原则进行，选民被分成很多级别。尽管人民拥有的选举权并不完全，国家杜马职权受到限制，但在政治制度现代化方面俄国还是迈出了一大步。

　　为应对非俄罗斯族居民占优势地区民族运动的高涨，沙皇政府弱化了推行俄罗斯化的方针，完全恢复了一度被限制的芬兰宪法。专制政权在面临革命的危机局势下，承认工会合法化、右派和中派政党半合法化。国家杜马之中甚至公开存在以推翻专制政权为纲领的社会民主党团。1905 年 4 月，政府发表了信仰宽容宣言，宣布俄国存在的所有宗教信仰权利平等。1905 年 8 月，俄国恢复了在亚历山大三世时期受到严重限制的大学自治。1906 年缩短了服军役期限。这些举措都具有重大的意义。

---

① Демин В. А. Государственная дума России（1906 – 1917）：Механизм функционирования. М.，1996. С. 39.

面对国内农民运动的风起云涌,政府先减少了根据1861年改革法令农民为获得土地所担负赎金的一半,从1907年起取消了全部赎金。虽然政府并没有颁布明显改善工人处境的法律,但国内革命形势迫使资产阶级做出了一系列让步,如提高工资、缩减工时。地主也同样被迫降低对农民土地的租金,提高给农业雇佣工人的工资。

从1907年起,俄国开始实施大规模农业改革,史称第二次农民解放,根据改革的发起人大臣会议主席斯托雷平的名字,此次改革又被称为斯托雷平农业改革。这场改革在保留地主土地所有制的前提下准许农民自愿脱离村社的束缚,成为自己份地的所有者,鼓励农民向东部地区迁移,为迁移者提供物质支持。斯托雷平改革的目的是推动在俄国形成中产阶层和小所有者阶层,使他们成为现行制度的有效支柱。同时,允许农民脱离村社,打破村社生活方式可以分化明显有反地主倾向的农民的团结力量,这也是鼓励农民大规模向东部地区移民的目的之一。这场改革还有经济方面的考虑:在农村实行大范围的土地规划工作,发展农业和畜牧业的集约化,将会促进农业生产增长;而农业经济领域的发展,将会推动俄国出口贸易,改善国家财政状况,为国民经济所有领域以及教育和文化的发展提供资金支持。但是,斯托雷平所倾力设计的这场改革没有足够的财政支撑,也缺乏必要的官员保障。而且,这场改革不仅没有获得农民的理解,反而遭到农民的抵触,因为农民把村社看成自己生活稳定的保障,并不愿意脱离村社。因此,斯托雷平农业改革并没有彻底摧毁村社,村社保留了下来,一直延续到斯大林农业集体化时期。改革还遭到了其他社会阶层的激烈批评,左翼政党认为,改革的力度不够,没有改变农民缺少土地和贫穷的状况,自由主义中派人士反对采用纯粹的行政手段人为加速改革进程的做法,而右翼分子则对斯托雷平削弱地主在地方自治局的权力以及取消地方自治长官制度的计划持怀疑态度。

沙皇政权没有足够的时间,也没有充裕的资金来完成斯托雷平已经启动的改革。先是1911年9月斯托雷平被暗杀,然后是第一次世界大战,给政府改革计划的施行带来了强烈冲击,迫使政府在1915年中止改革。尽管斯托雷平及其继任者并没有根本解决俄国最为迫切的农业和农民问题,但是，在这一时期，气候条件适宜，世界农业市场行情好转，俄国在农业经济领域也取得了一定的成就。1913 年，俄国小麦产量占世界产量的 1/5，黑麦产量占世界产量的 1/2，大麦产量占世界产量的 1/3，亚麻纤维产量占世界产量的 4/5。俄国出口粮食占世界粮食出口量的 1/4，但俄国农业的生产效率远远低于西方先进国家，每俄亩小麦的收成为 55 普特，当时瑞典为 161 普特，德国为 157 普特，美国为 68 普特。俄国四种主要粮食作物的人均消费量只是美国的 2/5，丹麦的 1/2。[1] 在农业出口大国荣耀的背后是粗放式经营，生产技艺落后，人民贫穷困苦。农业和农民问题一直是俄国最尖锐的社会经济问题。

斯托雷平农业改革是沙皇政权最后一次主动施行改革。斯托雷平所设计的庞大计划涉及俄国社会生活的很多领域，包括国家管理和地方自治制度改革，但这些计划都没有实现。尼古拉二世很快就忘记了 1905 年的教训，也没有找到斯托雷平事业的称职继任者，决定着国家命运的官僚机构工作逐年恶化，无力对庞大的帝国进行有效管理。

20 世纪初，政党成为俄国重要的政治力量，1905 ～ 1917 年，俄国政党如雨后春笋，力量不断壮大。这些政党实际上并无权进入国家执行权力机构，只可以参加国家杜马和地方自治工作，在人民群众中宣传自己的纲领和策略。当时的俄国并没有形成有影响力的亲政府党派——政权党，十月党人和所谓"黑色百人团"曾经觊觎这个角色，但前者很快就对政权自我改革的能力失望，而后者没有得到政府的支持。俄国工商业资产阶级更倾向于不通过政党，而通过官僚渠道对政府施加影响。在当时俄国成立的政党中，有一些比较稳定的保守主义、自由主义和社会主义流派政党。各党派在纲领的激进程度，对民众的影响力以及活动范围和策略等方面都有区别。保守主义、自由主义、无政府主义以及社会主义党派积极地提出了他们所认为的社会和政治体制现代化的最佳方案。但整体而言，俄国政党成员数量仅占人口总数微不足道的一部分。

1914 年夏天开始的世界大战，在初期激起了俄国社会各个阶层的爱国

---

[1] Россия. 1913 год: Статистико – документальный справочник. М. , 1995. C. 79 – 81.

主义热情，给沙皇政府提供了对国家管理制度进行某种自由主义改革的机会，在社会"上层"和"下层"之间较为公正地分配战时税赋，实现社会团结。但沙皇政府没有抓住这个机会，尼古拉二世坚定地要将所有改革推迟到战争胜利之后。俄国出现了严峻的社会经济和政治危机，结果爆发了1917年二月革命，终结了旧的制度。

革命终结了沙皇制度，这似乎为国家的现代化进程，包括政治领域的现代化铺就了宽广的道路。但是，当时俄国局势十分复杂，国家在两年多的时间里一直处于战争的极端条件之下，经济全面崩溃。革命后成立的资产阶级临时政府面临着工人、士兵和农民代表苏维埃的权力竞争，还要考虑其他各种社会组织的想法，1917年春天俄国实际上处于"多重政权"并存的局面，无论是执政的自由主义者，还是在5月与其联合的社会主义者，都不能完全实施自己的社会政治纲领，他们也曾经试图寻找妥协办法，但最终没能达成一致。

二月革命中产生的脆弱的临时政府也曾经采取了一些措施，希望消除由于沙皇政府主观上没有意愿或者客观上缺乏适应历史时代脚步的能力而不能消除的社会"弊端"。临时政府宣布成立民主共和国，确定在秋天召开立宪会议，制定了按当时标准衡量非常民主的选举法，没有对女性、青年、士兵和少数民族的歧视，重新进行城市杜马和地方自治机构的选举。政治犯和流放犯获得了自由；设立了人民警察局；设立政府特派员取代沙皇时期省长的职位；武装力量民主化进程迅速，陆军和海军士兵都获得了公民权利；取消了对所有民族的限制，而这也为国家边疆地区的自治乃至分立运动打开了闸门。

结果，俄国在短暂时期内神话般地成为世界上最自由的国家之一，并且民众因为这种自由而欢呼雀跃。但是，与自由相伴随的是混乱的无政府状态，在国家政治地平线上已经出现了乌云。在持续战争的局势下，社会冲突加剧。到1917年秋天，临时政府没有通过关于工人8小时工作日、最低工资的法令，也没有通过农民望眼欲穿的关于土地的法令。当时世界上其他一些参战国家已经走上了政府调节经济的道路，而俄国临时政府对一些十分重要的经济问题并没有进行调控，国家经济接近崩溃。这一切破坏了人民对临时政府的信任。俄国人民数世纪以来的顽强忍耐力消失殆尽，在布尔什维克和左派社会革命党人所提出的平民主义的纲领的推动下走向了史无前例的反资产阶级性质的社会实验道路。

在当代，在俄国与先进西方国家相比经济和社会文化方面的差距有目共睹的情况下，很多人会感到奇怪，为什么在遥远的 1917 年，俄国社会主义者头脑中能够产生可以率先从俄国开始世界共产主义制度的思想？但是，我们不应忘记，在 100 年前，资本主义制度因其尖锐的社会矛盾、经济危机和战争，对于人们来说绝非"永恒的"的社会制度。当时，在 1914～1918 年世界大战的恶劣环境下，劳动人民的愤怒达到极限，无法再忍受"万恶的"资本主义制度，世界革命的思想拥有广泛的支持者。在第二共产国际的党派中，帝国主义是"腐朽的、反人道主义的"资本主义最后阶段的思想异乎寻常地普及，而在西方知识分子圈子中也越来越多地提到世界文明接近日暮。

因此，俄国在参战国家中第一个爆发反战争的、反帝国主义的革命并不奇怪。列宁号召用社会主义代替资本主义，得到了激进知识分子以及部分工人的广泛支持，无产阶级、农民和士兵也没有明显反对，他们热情地响应布尔什维克的口号，如"夺回被夺走的！""土地属于农民！""工厂属于工人！""世界属于人民！""全部权力属于苏维埃！"1917 年 11 月，在群众反政府运动高涨的情况下，布尔什维克与左派社会革命党人通过武装道路夺取了政权，俄国历史上开始了一个原则上全新的时期——无产阶级专政的社会主义时期。

上　编
俄国政治现代化理论研究

在 20 世纪，苏联为世界提供了一种意识形态的选择，实施社会主义现代化方案，在社会政治、经济和文化领域取得了重大成就，成为世界霸权国家之一。但苏联社会主义现代化方案最终失败，学者们从政治、历史和文化的角度对此进行了分析和思考。有观点认为，苏联社会主义现代化方案失败的重要原因之一是苏共执政时期僵化教条地奉行马克思列宁主义意识形态，执政精英和社会科学没有创造性地吸收其他意识形态中有生命力的元素，这也最终成为导致苏联后期社会破坏性进程的一个主要因素。了解俄国历史上各种意识形态现代化方案的起源、原则和特点，对于认识俄国的现代化进程具有重要的意义。

第一章　俄国意识形态方案暨本土的政治现代化理论之生成

19 世纪至 20 世纪初的俄国历史上，除社会主义之外，还形成了自由主义、保守主义和无政府主义意识形态的现代化模式和方案。每种意识形态都并非凭空诞生，其产生和发展反映了社会中存在对这种意识形态的客观需求。

第一节　自由主义方案的形成和特点

自由主义意识形态在近代西欧的历史条件下形成，反映了西欧人民生活状况和社会意识所发生的根本性变革。"自由主义"这个词来自拉丁文"liberales"，1812 年西班牙宪法的追随者，加的斯议会中的民族主义者代表自称为"自由主义者"。"自由主义"概念从 19 世纪 30～40 年代起成为欧洲常用的政治词语，最初使用这个概念的是研究 1812 年西班牙政治事件的历史学家，他们用这个概念表示早期中产阶层（资产阶级）反对旧制度压迫，争取宗教、经济、社会和政治权利，要求建立以自由主义原则为基础的新社会制度。英国光荣革命，美国民族战争，法国大革命，西班牙、葡萄牙、希腊和南欧其他国家的立宪革命和变革都是为了实现这样的社会制度。

经典自由主义意识形态的基本原则有：在政治上支持议会民主、内阁制度、政党自由以及法律至上；在经济上支持工业资本主义，要求全力发展市场经济，国家不干涉（或者在必要时刻有限干涉）市场关系和经济组织，全力维护私有权，将之作为经济增长和政治自由的必要条件；在社会关系上代表中产阶级（资产阶级）的利益；在文化生活上主张个体的思想完全独立，支持思想和言论自由；在宗教上反对教权主义，对异己思想持宽容态度；在道德方面支持功利主义和个人主义优先原则；在民族问题上支持民族主义，主张民族国家制度优先。

自由主义政治思想的基础是天赋人权，由宪法和法律确认个人在所有领域活动的自由；建立议会民主社会和法治国家，实行分权原则，通过选举制度确立社会对政权的监督；制定明确完备的法律规范，调节所有权、生产和分配的关系，人与人之间以及人与国家之间的关系，比如拿破仑法典。经典自由主义的主要思想家有基佐、托克维尔、密尔等，他们认为民主政治制度——立宪制度能够保障人的天赋权利，因此提出了各种君主立宪制的方案，维护个体的权利免受国家以及社会的侵犯，他们的思想对西方自由主义政治制度的形成产生了深远的影响。

在 18~19 世纪，欧洲各国根据其所面临的各种客观任务对自由主义的诠释具有自身鲜明的特点。例如，法国革命时期自由主义的特点是推崇理性主义和激进主义；美国革命时期自由主义思想特别关注保障人身权利和私有权；英国自由主义主要是寻找建设性地解决社会冲突的方法，比较有代表性的是边沁的功利主义思想以及密尔的实用主义渐进性法律改革纲领；德国自由主义则具有较多的保守元素，在国家统一和实行"自上而下"的社会改革的条件下民族和社会趋势表现得特别明显。南欧国家的自由主义或者与宗教价值观结合（西班牙），或者与民族复兴的浪漫思想结合（意大利、希腊）。俄国受农奴制度的影响，自由主义价值观也有自身鲜明的特点。

自由主义现代化方案与任何完整的意识形态一样，具有自身的社会哲学思想和社会政治纲领，并且致力于在社会生活中贯彻这些思想和纲领，提出具体实施的途径和手段。西欧自由主义理念对俄国产生了巨大的影响，俄国自由主义者提出的现代化方案是在西欧自由主义思想家提出的经典政治-法律思想和原则基础上形成的，但在俄国现实生活中受到了本民族文化和文明的深远影响。

有关俄国自由主义起源的时间问题尚无定论。十月革命前研究俄国自由主义的权威学者 В. В. 列昂托维奇认为，俄国自由主义历史始于叶卡捷琳娜二世的社会改革活动。[①] 苏联和后苏联史学中的主流观点是把俄国自由主义的出现与彼得一世的改革联系在一起，彼得一世打开的"通向欧洲的窗口"使西欧启蒙运动思想"涌入"俄国，俄国知识分子开始与欧洲直接接触。如 Д. И. 奥列尼科夫指出，"彼得一世改革后西欧新思想可以轻易地传入俄国，俄国中世纪的宗法制思想在启蒙时代新思想的影响下明显发生了变化"。[②] 从 18 世纪下半叶叶卡捷琳娜二世时期起，自由主义思想在俄国具有了重要的社会意义。叶卡捷琳娜二世作为"开明女皇"并不隐瞒自己的自由主义倾向，在她编纂的"圣谕"以及 1767～1768 年法律编纂委员会展开的大辩论中都体现了她的自由主义倾向。叶卡捷琳娜二世在欧洲思想的影响下打算对俄国生活众多领域进行改革，只有一点例外，即俄国应该保留专制制度。

俄国自由主义作为完整的意识形态，其有充分价值的社会政治方案及实践政策，在 19 世纪初亚历山大一世统治时期形成。在这一时期，政府自由主义代表（斯佩兰斯基）和反对派自由主义代表（十二月党人）都提出了自由主义改革思想及方案。在 19 世纪中期以前，俄国自由主义的发展主要是受西方哲学体系的影响。

从亚历山大二世时期起，俄国自由主义获得了强大的动力，与保守主义一样，成为俄国有影响力的社会流派，涌现出了可与西欧思想权威并驾齐驱的著名理论家，如 Б. Н. 齐切林、К. Д. 卡维林等。在 19 世纪下半叶，自由主义实践仅局限于地方自治运动、自由主义新闻媒体、部分政府官僚的温和改革纲领，到 20 世纪初，俄国自由主义制度化，形成政党和议会。在此期间，自由主义在很大程度上激进化，直至出现了与革命党派的某种融合。许多自由主义理论家放弃了君主立宪制的思想，把自己的目标直接

---

① Леонтович В. В. История либерализма в России. 1762 – 1914. М. , 1995. С. 28.

② Олейников Д. И. Классическое российское западничество. М. , 1996. С. 58.

定位为建立共和制。二月革命后，自由主义成为临时政府的官方意识形态和纲领，而十月革命和国内战争后，自由主义与其思想载体一起移民海外。

俄国政治生活的悖论之一，是自由主义思想方案在知识分子的书屋中孕育诞生，在学术圈的朋友宴会和思想辩论中、在大学课堂乃至"宴会运动"中被精心打磨，但接下来这些思想方案的创作者不能参与实际贯彻执行，落实自由主义方案的职能由政府开明官员承担。沙俄政府一些政治"自由化"举措失败的原因往往也植根于此：自由主义官僚并不总是具备充分的理论修养和知识储备从事这种严肃的实践工作，而自由主义理论家不仅自身脱离实践活动，而且在看到政府屡次失误之后，滑到了政府反对派阵营，倾向于更进一步地批评、谴责和揭露政府行为。

这种"理论家"的思辨性质以及"实践家"的经验欠缺，在很大程度上是俄国自由主义意识形态的特点。在俄国历史上的各个阶段，自由主义方案往往采取激进的、强硬的方式来实施，通常都以失败结束。自由主义实践往往导致社会情绪的激进化，接下来政府做出保守主义的"反冲"。临时政府时期自由主义理论家成为国家领导亲自进行政治实践的短暂时期，也以失败告终。

俄国很多自由主义者提出了自己的政治现代化方案，占据中心地位的有 M. M. 斯佩兰斯基、Б. H. 齐切林、К. Д. 卡维林、M. M. 科瓦列夫斯基、П. H. 米留科夫、П. Б. 司徒卢威、С. Л. 弗兰克等。还有一些思想家和政治家虽然没有扮演俄国自由主义"支柱"的角色，却对俄国自由主义政治现代化方案的思想框架进行了补充，使之更加完整，如 П. Я. 恰达耶夫、Т. H. 格拉诺夫斯基、A. Д. 格拉多夫斯基、H. M. 科尔库诺夫、И. И. 彼得鲁克维奇、С. A. 穆罗姆采夫等。与其他思想流派包括无政府主义者和保守主义者相比，俄国自由主义者中学界代表最多，有大量学者、教授和新闻记者，使得自由主义学术著作的理论和资料基础更为坚实。俄国自由主义实践家、开明官僚代表有 Д. A. 米柳京、П. A. 瓦卢耶夫、С. Ю. 维特等。

俄国自由主义者在思想阵地上占据"中派"位置，其"右派"对手一直是保守主义者，而"左派"对手是革命流派——无政府主义者、民粹主义者、社会主义者。他们与这两派对手在"两条战线"上展开激烈争论，在特定的历史环境和政治行情下往往倾向于某一方，时而滑向保守主义阵营，时而滑向激进主义阵营。

俄国自由主义的重要出版物有《祖国纪事》《欧洲导报》《俄罗斯思想》《法律导报》《俄罗斯消息》《秩序》《声音》《国家》《法律》《俄罗斯财富》《解放》《人民自由党导报》等。1905年后，俄国自由主义政党有：立宪民主党（人民自由党）、"十月十七日同盟"（十月党）、民主改革党、和平振兴党、进步党。这些党派成立之前重要的自由主义组织有"清议"小组、地方自治工作者－立宪主义者联盟、解放联盟等。

俄国自由主义政治现代化方案的主要原则有："西方中心主义"，崇拜西方思想和模式；主张通过进化的方式逐步建立民主社会；政治和社会发展的目标为实现个体的自由；建立法治国家保障个体的自由；建立相应的分权制度，在横向上划分为立法、行政和司法权力，在纵向上实现中央行政权力和地方自治制度之间的平衡；坚持法律至上；实现议会制。自由主义阵营在实现现代化的途径和方式问题上没有达成共识，有些学者根据对这个问题的观点将俄国自由主义划分为"保守的自由主义"和"激进的自由主义"。

第二节　保守主义方案的形成和特点

保守主义作为近两个世纪以来最有影响力的一种世界思想体系，在俄国已经有200多年的历史，但其发展并不是有机连续的，在1917年十月革命后的几十年间仅存在于俄流亡侨民之中，20世纪80～90年代哲学和政治学层面上的保守主义才在俄国合法复兴。

苏联时期，保守主义政治流派被牢固地贴上"反动派""偏执狂""蒙昧分子""黑帮"等标签。近年来保守主义思想受到俄国内学者的关注，对保守主义思想的评价也逐渐从"否定"转向"肯定"，这在很大程度上是由于俄国在经历了20世纪末21世纪初自由主义改革的冲击之后，国家局势动荡，人民怨声载道，开始有意识地拒绝"被西方所强加"的自由主义。对俄国而言一直非常重要的"传统与现代化"问题在当代迅速尖锐化，俄国许多学术和政治精英寻求现代化与传统文化价值观的折中，将走向进步社会的一般历史需要与民族本土特色联系起来，使他们和谐发展，相得益彰。保守主义成为这种折中的意识形态，被人们看成远离左翼和右翼激进主义的"黄金分割线"。

"保守主义"的概念本身源自拉丁词语"conservare"，意为"保护""维护"，现代意义上的"保守主义"作为政治术语，是由法国王权主义者弗朗索瓦·勒内·德·夏多布里昂在 19 世纪第二个十年后期提出的，他从封建 - 宗教 - 贵族的立场出发，强烈反对启蒙哲学和法国大革命，在 1818 年创办了《保守主义者》杂志。从 19 世纪 30 年代中期起，英国托利党的支持者被称为保守主义者，此后这个术语开始广泛使用。然而，后来被奉为保守主义思想经典的著作，英国思想家和政治家埃德蒙·伯克的《法国大革命反思录》（1790）问世的时间要早于《保守主义者》杂志，埃德蒙·伯克在对法国大革命进行反思的基础上集中阐述了自己的政治观点，他的这部著作引起了巨大反响，他也因此被视为保守主义思想的奠基者，被称为"保守主义之父""保守主义的马克思"。埃德蒙·伯克激烈地抨击激进的自由主义思想，认为它是引发法国大革命事件的罪魁祸首，他所提出的政治观点与激进自由主义针锋相对。

激进的自由主义思想从无神论的视角来考量政治生活，对宗教的作用或者予以完全否定，或者将其归为公民的个人事务，认为在社会生活中起决定性作用的是人的本性：人的本性或善或恶，但总为物质利益所控制，是社会和政治进程的原始细胞。国家，作为社会契约的结果，由个人组成，在政治生活中起到次要的作用。自由和平等是个人与生俱来的权利。而埃德蒙·伯克认为，人在本质上是宗教的，宗教与人的精神生活密不可分。政治的意义及国家的任务不仅在于物质方面，而且在于精神领域。教会与国家相辅相成，他们的共同目标是实现"最高的福祉"。国家相对于个体而言，不可能起到次要的作用。国家不是人为的建构，也不是契约的结果，而是社会生活永久的根基。个体的自由不可能脱离社会或高于社会，社会制度的趋向不是使个人优于社会，而是使社会优于个人。在民主社会并不存在绝对的自由，个人享有因归属于国家而带来的福祉，也应该为了国家而牺牲一些个人的自由。平等亦是如此。平等只可能是在上帝的面前，在民主社会中，人们由于精神、道德、智力和身体素质等方面的原因在客观上是不平等的，相应地他们在国家机体中的地位也是不平等的。

激进的自由主义者推崇理性，认为人的理智在认识人类活动（包括政治活动）方面具有无限的可能性，能够成为政治活动唯一可靠的指挥棒。社会现实可以按理性建构的理想模式进行改造，社会革命是与愚昧的传统迷信做斗争的方式，是人们所希望的，也是不可避免的。而埃德蒙·伯克相信，理智不是人性的主要构成部分，在人类活动中社会传统、风俗习惯和下意识的偏好具有更重要的意义。他对人们是否终有一天能够全面认识政治发展的内部规律持怀疑态度，要求在对国家体制做某种变革的时候要极端谨慎。埃德蒙·伯克不接受根据抽象思想和理论构建模式进行的国家制度改革，因为任何理论都不能全面反映数个世纪以来形成的国家机体的所有细节，以及预见改革将带来的所有后果。他指出，国家制度及其权力分配要求最精湛的艺术、高超的技巧，在这方面最需要的是实干家，而不是形而上学的教授。国家管理应该遵循时代的精神、风俗和人民的特点，而如此精细的话题却不适于理论的探索。国家统治的基本原则应该是最大限度地维护传统的、为经验所证实的秩序，不能进行超前的创新。最好的改革是一切都保留原状，但在此基础上人民的生活得到改善。[①]

埃德蒙·伯克的《反思法国大革命》以及法国政治思想家约瑟夫·德·梅斯特尔（1753～1821）和德·波纳德（1754～1840）的著作成为保守主义思想诞生的标志。[②] 但西方保守主义作为思想和政治流派并非铁板一块，保守主义阵营思想家在一些原则性的问题上有重大分歧，甚至是直接

---

① 参见〔英〕埃德蒙·伯克《反思法国大革命》，张雅楠译，上海社会科学院出版社，2014。
② 约瑟夫·德·梅斯特尔（Joseph de Maistre）是法国哲学家、政治家和外交家，代表作品为《论法国革命》；德·波纳德（Louisde de Bonald）是法国哲学家，波旁王朝复辟时期的积极政治活动家，代表作品为《公民社会的政治和宗教权力理论》和《试析社会体制的自然规律》。他们推崇宗教价值，捍卫民族传统和现行社会生活制度，主张保护历史上形成的"事物秩序"，反对自由主义和社会契约论，批判人为地干涉数世纪以来形成的有机的社会现实制度，根据某种思想－理论模式对社会进行改造，与埃德蒙·伯克一起被称为政治保守主义的奠基人。

对立，由此出现对保守主义思想的界说问题。

　　学界对保守主义本质的定义大体上从两个视角出发：思想的视角和情境的视角。从思想的视角出发，保守主义被看成与自由主义和社会主义并列的现代主要思想－政治流派之一，有稳定的思想核心。保守主义的兴起并不是基于对未来的构建方案，而是基于保护普遍的、永恒的价值。俄国哲学家 H. A. 别尔嘉耶夫强调保守主义永恒性的本体论根源，"保守主义维护时代的联系，不允许发生根本的断裂……保守主义……面向生活的古老起源，将自身与根基结合起来"。① 德国社会学家曼海姆认为，保守主义作为一种意识形态，是对 1789 年法国大革命进行反思的产物。然而，这种现象的出现有更深刻的原因，1789 年事件只是催化了保守主义"党派"的形成。保守主义是对资本主义社会的意识形态——自由主义、理性主义、个人主义和教育哲学所做出的精神和思想回应。②

　　从情境的视角出发，保守主义被看成一种情境产物，不能脱离特定的文明环境和历史时期去研究。保守主义并不是一种完整的政治意识形态，没有一个稳定的思想核心，在不同的历史时期有不同的形式，实际上起着一种"功能性的"作用，"是应对破坏性的变革在社会上起到维护功能的一切"。③ 美国学者塞缪尔·亨廷顿从情境的视角出发，对保守主义做了功能性的解释，认为保守主义的使命在于维护生活、传统和习俗，使它们免受理性的浸淫，维护秩序，使其免于混乱的威胁。④

　　笔者赞同把保守主义视为一种具有稳定的思想核心的政治思想，其核心原则和价值观大体如下：宗教性是个人和社会的主要特征，政治活动与宗教和精神世界相辅相成；国家利益高于个人利益，集体优先于个体，主张强大的国家政权，倡导爱国主义，推崇教会、学校、家庭和军队的崇高

---

①　Бердяев Н. А. Философия неравенства. М. , 2012. С. 119.

②　Манхейм К. "Консервативная мысль", Диагноз нашего времени, М. , 1994. С. 592 – 597.

③　Чернавский М. Ю. Два подхода к определению консерватизма. // Традиционализм и консерватизм на юге России. Южнороссийское научное обозрение. Вып. 9. Ростов н/Д. 2002. С. 31.

④　参见〔美〕塞缪尔·亨廷顿《作为一种意识形态的保守主义》，《政治思想史》2010 年第 1 期。

地位；崇尚民族传统，把民族文化和传统习俗看作生活的支点，相对于抽象逻辑处于优先地位；把社会进程看成一种自然的有机发展，主张变革的渐进性和谨慎性；个人的权利和自由受制于具体的历史条件；人的地位在客观上是不平等的，社会具有等级结构。

保守主义与所有其他政治思想的区别在于其最为关注社会遗产，把自己的理论建立在承认某种传统价值观的基础之上。波兰学者 E. 沙茨基指出存在两种遵循传统的方式：一种是"原始的"传统主义，一种是"意识形态的"传统主义。"原始的"传统主义存在于原始社会或传统社会，在传统背后是对超自然物质的崇拜，缺乏对传统的反思和理性思考。"意识形态的"传统主义出现在传统社会走到尽头之时，即传统的社会秩序受到威胁、需要保护的时刻。这时就出现了专门的思想体系，以证明保护或者恢复传统的必要性。[①] 保守主义思想产生于社会不再自动地、无意识地遵循传统生活规范之时，以及历史传统受到外来或内在的侵犯之时。保守主义思想是对动摇和破坏传统生活的事件和进程所做出的理论回应，以保护或恢复历史传统为根本任务。

遵循传统是保守主义思想的最根本原则。保守主义的基本价值观都是从遵循传统原则衍生而来：宗教在传统社会 - 政治生活中起到根本性的团结作用，因此维护传统意味着传承宗教。教会、家庭、学校、军队等直接起着传统的教导者和传播者的作用，因此维护传统意味着重视这些社会要素。民族国家能够最充分地保障对传统的维护，因此爱国主义也自然而然地成为保守主义思想的价值观。保守主义者把传统和国家的利益放在首位，决定了他们对公民权利和自由的态度，公民权利和自由的拥有程度取决于其是否会影响到国家的最高利益。遵循传统也意味着承认人们之间天生的不平等，根据保守主义观点，这种不平等并不有损尊严，如同孩子与教导他传统的父母地位不平等并不有损孩子的尊严，就如同在世者与留下传统遗产的先人地位不平等并不有损在世者的尊严，也如同教民与神父的地位不平等并不有损教民的尊严一样。

---

① Шацкий Е. Утопия и традиция. М., 1990. С. 401.

维护社会传统原则位于保守主义价值观等级阶梯的顶端，也决定了保守主义思想必然具有反理性主义和反个人主义取向，因为对传统不能进行纯粹的理性认知，传统亦非个人创造，其能够得以保持是因为有大众作为载体。保守主义思想的其他原则和价值观都有机地产生于维护传统、反理性主义和反个人主义原则中。

从民族文化的角度看，保守主义思想从根本上是民族的。除了最共同的思想原则外，各民族国家之间无任何相互模仿之处。每个国家因历史和自然条件不同，形成了自己的思想文化、宗教精神，相应地形成了独特的历史传统。西欧的、俄罗斯的、阿拉伯的、印度的、中国的保守主义注定有着巨大的差异。俄国伟大的保守主义者 K. H. 列昂季耶夫指出，"……每个民族都保留着自己的东西：土耳其人保留着土耳其的，英国人保留着英格兰的，俄罗斯人保留俄罗斯的，而所有民族的自由主义都是相同的"。[1] 俄罗斯作为一个独特的文化世界，是在上千年的东正教信仰以及独特的地理和气候环境条件下形成的，具有非常独特的国家和民间传统，俄国保守主义思想体系反映了俄罗斯独特的文化世界，反映了使俄罗斯形成独特传统的宗教、自然和历史特点。

俄国保守主义政治思想也在18世纪末19世纪初开始形成，到20世纪初完成了自己的理论建构，是法国大革命、西方资本主义化进程及其对俄国直接或间接影响的产物，也是对国家激进的西化政策及现代化进程在思想和政治上所做出的反思。但是，与任何其他著名的思想流派一样，保守主义有其自身的背景，建立在先辈的思想基础之上。19世纪至20世纪初俄国保守主义思想植根于国家千年的传统，这些传统在基辅罗斯和莫斯科公国时期的著作中就以这样或那样的方式体现出来。决定俄国政治传统特殊发展方向的基本因素至少有两个：其一，10世纪末罗斯接受的东正教，对人民的日常生活到政治生活各个领域产生了根本影响；其二，由罗斯开放的地理环境决定的有关强大的中央集权国家的理想。这些因素决定的价值

---

① Леонтьев К. Н. Полное собрание сочинений и писем в 12 томах. Т. 7. СПб., 2006. С. 121.

取向在俄国早期的历史文献中就清楚地体现出来。

基辅都主教伊拉里奥认为，罗斯受洗是俄罗斯国家精神和有意识的历史的起点，他在《论律法与恩典》中写道："当时我们的土地被多神教的热情燃烧得荒芜、干涸，福音突然降临，浇灌我们的土地。""霎时间我们所有的土地都开始颂扬圣子、圣父和圣灵。多神教的黑暗开始远离我们，笃信教义的霞光熠熠生辉；魔鬼笼罩的黑暗时代消逝，福音的训示照耀着我们的土地。"① 在位期间使基辅罗斯国力达到鼎盛的莫诺马赫大公给国务活动家的《训言》中体现了东正教对政治观点的影响："你们不要忘记那些最贫穷的人，要尽你们所能给他们食物，要给残疾人以施舍，要替寡妇辩护，不要让强者伤害人。无论是无辜的人，还是有罪的人，都不要处死，也不要吩咐别人处死他。如果有人犯罪当杀，那么也不要伤害任何一颗基督教的灵魂。"② 在基辅罗斯时代东正教就完全确立了自己的地位，几百年以来"东正教徒"和"俄罗斯人"几乎成为同义词。

随着莫斯科王国的兴起，人们越来越关注沙皇权力的来源和本质问题，在一点上达成共识，即罗斯必须建立强大的中央集权君主制国家。修道院院长菲洛费伊提出的"莫斯科——第三罗马"的观点在这方面具有特别重要的意义。1453 年君士坦丁堡被异教徒占领之后，罗斯开始确信自己是拜占庭的历史继承者，是世界上唯一的真正信仰的守护者。菲洛费伊把这些观点发展成为政治学说。"虽然两个罗马倒下了，第三个依然挺立，而且不会有第四个。"这个学说将东正教和强大国家的理想结合起来。国家开始承担起维护东正教的责任，因此必须积蓄实力，以击退那些试图侵犯神圣信仰的敌人。罗斯一直把西方"天主教"作为东正教的主要敌人，由此出现了俄国传统的反西方思想，把西方视为对俄国东正教及其独特文化的威胁，这种立场在 11 世纪已经出现。著名的修道院院长圣狄奥多西的《基督教或天主教信仰宝训》整部作品明显贯穿着反西方的思想。他敏锐地指出，所

---

① Иларион. митрополит Киевский. Слово о законе и благодати // Златоструй. М., 1990. С. 144，117.

② 徐凤林编《俄国哲学》，商务印书馆，2013，第 13 页。

有受到西方蛊惑的俄国统治者都不会有好下场。从宗教的角度看，东方是友善的，鞑靼－蒙古人在统治俄国的漫长时间内并没有干预宗教事务。后来被封为圣徒的亚历山大·涅夫斯基大公的行动明显体现出了罗斯对东方和西方邻居的态度，他忠于东方的金帐汗国，同西方的德国和瑞典展开无情的战斗，认为西方的胜利会导致罗斯的天主教化，使作为一种独特文明的罗斯灭亡。即使到了 17 世纪，当时在莫斯科建设了外侨村，新教徒被允许进入罗斯居住，他们的权利也受到严重限制：不允许他们进入东正教教堂、购买圣像，与俄罗斯人通婚。正如大司祭 B. 泽尼科夫斯基所指出的："当时西方对于俄国人的意识而言完全是'天主教'的，而对于西方的这一宗教鉴定……并以几乎不可逾越之墙把罗斯与西方隔开了。"①

这个延续了七个世纪的反西方传统，在 18 世纪被严重动摇，从彼得一世改革开始，俄国启动了追赶西方先进国家的现代化进程，不断吸收西方文明的行为准则、思维方式以及全套思想和价值观。尽管当时也存在对西方文明的批评声音，如杰出国务活动家和思想家 B. H. 塔季舍夫、M. M. 谢尔巴托夫公爵的著述，A. П. 苏马罗科夫和 Г. P. 杰尔扎温的诗歌等，他们可以说是俄国保守主义政治学说的直接先驱。法国革命后，俄国对欧洲的警觉态度重新苏醒，这场革命使俄国贵族经历了真正的精神冲击，他们看到了俄国西化将面临的巨大代价——爆发革命。从此时起他们开始积极探索俄国与欧洲的本质差别，寻找自己的历史和传统，试图揭示真正贯穿和决定俄国历史的一些独特传统。法国大革命成为影响俄国社会和政治思想转折的重大事件，俄国开始形成独立的保守主义思想。

俄国保守主义的诞生与 H. M. 卡拉姆津和 C. C. 乌瓦罗夫的创作和活动联系在一起。卡拉姆津可以说是俄国保守主义思想整体上的奠基人，他在俄国第一个对法国大革命做出反应，在自己的一些政论著作中，如《叶卡捷琳娜二世的历史赞歌》（1802）、《关于对祖国的热爱和人民自豪感》（1802）、《论古代和近代俄罗斯的政治和公民关系札记》（1811）、《俄罗斯公民思想》（1819），提出对国家体制、革命、自由、平等和对西方的态度

---

① 〔俄〕津科夫斯基：《俄国思想家与欧洲》，徐文静译，上海三联书店，2016，第 29 页。

等问题的保守主义政治观点，成为俄国政治保守主义的基石，随后整整几代俄国保守主义者都从中寻找其思想观点进一步发展的支柱和源泉，在这个意义上，他可以与英国的伯克、法国的梅斯特尔和波纳德等思想家相比肩。乌瓦罗夫作为尼古拉一世时期的俄国科学院主席、国民教育大臣，创造性地提出了"东正教、专制制度和民族性"三位一体的"官方民族性"理论，这个理论体现了"俄罗斯社会生活深处蕴含的隐秘原则，俄罗斯人民的精神性灵，俄罗斯文明的基本原则"。俄国"人民倾向于宗教的集体主义精神（东正教），强大而权威的权力（专制制度），社会责任与宗法主义（民族性）"。①直到1917年俄罗斯帝国崩溃，乌瓦罗夫提出的"官方民族性"理论一直是俄罗斯帝国官方的意识形态，也成为俄国保守主义的"座右铭"。

19世纪上半叶是俄国保守主义思想之一的经典斯拉夫主义创作的繁荣时期，斯拉夫派在与西方派的思想争论中完成了自己有关俄国发展道路特殊性的政治和哲学思想建构。但19世纪上半叶只可称为俄国保守主义发展的初期阶段，俄国保守主义比较系统而完整的政治现代化理论和学说出现在19世纪下半叶俄国资本主义关系形成时期，与亚历山大二世改革时代相契合。俄国保守主义在批评欧化改革的过程中获得了新的发展动力，到20世纪初完成了自己的理论建构。19世纪下半叶至20世纪初是俄国保守主义政治理论发展中经典的、创造力最强的时期，Н. Я. 丹尼列夫斯基和 К. Н. 列昂季耶夫提出了文化 - 历史类型和国家发展阶段理论，Л. А. 季霍米罗夫、М. Н. 卡特科夫、К. П. 波别多诺斯采夫、И. С. 阿克萨科夫和 К. Н. 列昂季耶夫等提出了保守主义政治方案，使俄国保守主义在思想政治上得以系统化。

与欧洲保守主义一样，俄国保守主义是对引起很多欧洲国家政治制度变革的法国大革命的反应，同时在很大程度上也是对俄国政权尝试在俄国启动自由宪政改革的反应。但俄国保守主义与欧洲保守主义相比有很大的独特性，影响俄国社会和政治思想演变的特殊历史条件，以及俄国的"赶

① Добреньков В. И. Консерватизм – национальная идеология России // Вестник Московского университета. Сер. 18. Социология и политология. 2011 . №. С. 6.

超型"发展模式,使俄国保守主义在其起源阶段就具有明显的民族色彩。

保守主义思想的基础是传统主义。西方保守主义之父埃德蒙·伯克的思想中洋溢着对传统的神圣崇拜,遵循传统意味着使行动符合由古老智慧积累起来的传统规范和制度,而俄国政治和知识精英与文化历史传统的关系远非如此和谐。俄国保守主义思想基础形成之时,社会上对"民族传统"的概念并没有统一的理解。俄国实行赶超型发展,"文化师承性"强,严格地说,到 19 世纪初古老莫斯科的政治和文化传统在很大程度上已经永远丧失。有关"传统的""本土的"文化元素的看法在很大程度上具有思辨的性质。

俄国追赶经济先进和文明国家的进程早在现代化进程启动之前就已经开始,俄国传统价值观早在彼得一世改革前即遭到破坏。尼康教会改革是对俄国"传统主义"思想的严重打击,当时宣布"新的"是好的,要忘记"旧的",出于政治目的,让"民族传统"为创新做出牺牲。从彼得一世改革开始,俄国历史上只有一小部分时期例外,大部分时期是"否定古老的"成为传统。国家统治者不断吸收先进国家的行为准则、思维方式以及全套思想和价值观。这种"文化师承性"使"民族传统"的概念在俄国变得虚无,对俄国西化的精英而言,"民族传统"是与烟草、土豆和军工产品一起被借鉴过来的。① "传统主义"与真正的俄国民族文化传统的关系已经有了相当程度的间隔。俄国一些思想家,如恰达耶夫,甚至公开宣布俄国根本没有可以保护和维持的传统。②

俄国保守主义的形成进程受到西方社会政治和哲学思想的全面影响,俄国贵族精英经常在西欧各地游历,熟悉西方的思想学说。重要的西方思想家的著作被翻译成俄文并且在俄国出版。1797 年 9 月,身为王储的亚历山大在给他的老师拉阿尔普的信中写道,他和他的圈子希望"把尽可能多

---

① Карпович М. М. Лекции по интеллектуальной истории России (XVIII – начало XX века). М., 2012. C. 138.

② Соловьев Э. Г. Либеральный консерватизм в России: апология сумасшествия или голос разума (на примере творчества П. Я. Чаадаева) // Вестник МГУ. Сер. 18. Социология и политология. 1996. № 4. C. 79 – 94.

的有用的书籍翻译成俄文……开始知识传播和思想启蒙"。① 西欧一些著名的思想家曾经在俄国驻留供职。例如，法国保守主义的奠基人梅斯特尔 19 世纪初在俄国居住十几年，他在圣彼得堡社会各界的活动十分活跃，与保守主义代表卡拉姆津、希什科夫等熟识。

俄国保守主义者深受西方思想影响，导致他们思想的特点是兼收并蓄，试图将许多互相排斥的原则整合成统一的世界观体系。他们常常把看似不可能结合在一起的元素结合在一起，如将中世纪的农奴主思想与欧洲启蒙运动思想错综复杂地交织在一起。杰出国务活动家和思想家的典型代表谢尔巴托夫公爵在其政治教育思想著作中积极宣传开明思想，但在这位俄国传统主义者的笔下，这些开明思想拥有非常奇特的形式。在他有关国家起源的观点中，可以清晰地看到自然法则和社会契约理论的影响力，但这些自然法则只适用于贵族，而社会契约被视为名流贵族选择统治者和限制君主特权的协议。重农学派有关农业在人民经济生活中具有决定性意义的理论被这位俄国保守主义者用来证明土地贵族对政府要求的合理性。②

谢尔巴托夫思想上的混合立场在 18 世纪末的俄国贵族中非常有代表性。乍一看，这有点令人费解，然而从俄国的"赶超型"发展道路来看就顺理成章了。在历史上，如果想"赶超"他国就得被迫跳跃过一些历史衍化阶段，18 世纪的"赶超型"发展预先决定了俄国政治和文化精英的"无根性"以及后来尝试回归祖国传统的思辨性和随意性。18 世纪和 19 世纪之交是俄国保守主义思想形成的起点：当时社会上对"传统"的概念没有清晰的理解，从而在社会上层包括政治精英的头脑中，欧洲封建贵族的传统主义、启蒙理念以及对"俄国精神"的自由解释混合在一起。

法国大革命成为影响俄国社会和政治思想转折的重大事件，俄国形成了相对独立的保守主义思想，逐渐取代了 18 世纪欧化的传统主义。这场革命使俄国贵族经历了真正的精神冲击，他们看到了祖国西化将面临的巨大

---

① Шильдер Н. К. Император Александр Первый. Т. 1. СПб., 1904. С. 164.
② Щербатов М. М. Русская фантастика XVIII и первой половины XIX века, М., 1977. С. 22 – 68.

代价——爆发革命。他们开始从不加批判地借鉴欧洲的经验转向认真地思考祖国的历史命运。在整个 18 世纪，从来没有人想过要驳斥俄国对欧洲国家社会的归属性。西方模式的改革提高了国家管理效率，提高了军队的战斗力，给予了俄国出海通道，带领国家进入了西方大国的队伍。然而，19 世纪初的俄国社会和政治思想已经不能回避一个事实，即打开了"通向欧洲的窗口"，俄国人引进自己家门的除了启蒙思想之外还有革命精神。如果说以前他们渴望证明俄国制度和历史与欧洲完全同源，同时寻找造成俄国落后的自然气候、地理和历史因素，那么从此时起他们开始积极探索俄国与欧洲的本质差别，寻找自己的历史和传统，试图揭示真正贯穿和决定俄国历史的一些独特传统。俄国保守主义者竭力向俄国社会证明，"我们不是欧洲，我们有自己的历史和自己的传统"。

"俄国传统"概念的模糊性，"传统主义"作为世界观的模糊性，使得俄国保守主义精英们因视何种元素为祖国的根本历史传统而产生巨大的分歧。俄国保守主义公认的思想基础——国民教育大臣乌瓦罗夫所提出的著名的"官方民族性"三位一体理论的核心元素，即"东正教、专制制度和民族性"，每个元素都以特别的方式反映了俄国政治精英反对西方所盛行的阶级对立和理性主义的趋势，根本思想是确信俄国发展道路的特殊性及文化历史传统的独特性。

俄国保守主义者的主要理论对手是自由主义者，主要的政治敌人是革命流派。在保守主义者中，只有 Л. А. 季霍米罗夫同革命主义者——无政府主义者和社会主义者进行理论争论，其他人认为同激进主义者所需要做的不是争论，而是斗争。保守主义者经常谴责自由主义者"纵容革命"，具有政治激进主义情绪。在 19 世纪至 20 世纪初，俄国政府一直存在保守主义和自由主义官僚的对抗，前者的主要代表有 А. А. 阿拉克切耶夫、С. С. 乌瓦罗夫、Д. А. 托尔斯泰、К. П. 波别多诺斯采夫、В. К. 普列维等，后者的主要代表有 М. М. 斯佩兰斯基、П. А. 瓦卢耶夫、康斯坦丁·尼古拉耶维奇大公、Д. А. 米柳京、М. Х. 赖腾、С. Ю. 维特等。

反映保守主义思想的刊物有《莫斯科人》《罗斯》《日子》《莫斯科新闻》《俄罗斯导报》《俄罗斯评论》《当代》《俄罗斯旗帜》《俄罗斯人民同

盟通报》等。1917～1922 年，俄国保守主义思想的"中心"从俄国境内转移到侨民界，这一时期的保守主义理论家主要有 И. А. 伊里因和 И. Л. 索洛涅维奇。

俄国保守主义政治现代化方案的主要原则是：在国家现代化进程中，保留传统的东正教，保留宗教意识形态与专制君主制度之间的关系，君权神授，专制者以上帝的名义管理，君主制不能被任何"人设的机构"所限制；在社会层面，保留等级结构；在国家管理领域，消除彼得一世改革后形成的政治体制的缺陷，君主保留最高权力，行政官僚机构为君主服务。保守主义者有关社会组织形式的观点不一：斯拉夫阵营坚持必须有发达的地方自治制度，在君主制下设立全民的而非议会的人民代表制度，而国家主义者阵营认为发展地方自治将导致分立趋势，坚持沙皇与人民直接交流。但这两个阵营都主张实行中央集权，保留帝国形式。保守主义理论家提出了特殊的保守主义进化式现代化的方法论，在社会发展进程中将传统和创新因素有机结合，避免改革带来悲剧性后果。

第三节　无政府主义方案的形成和特点

在苏联和后苏联时代，俄国社会科学和大众文化多年来把无政府主义意识形态与混乱动荡、打劫破坏和妄作胡为联系在一起，无政府主义者的形象就是剽悍的边缘分子、劫匪强盗。但是，对无政府主义的这种看法在很大程度上是俄国其他意识形态在与无政府主义的理论和实践斗争过程中对其进行批评和攻击所形成的一种歪曲形象。事实上，无政府主义是政治激进主义思想的一种，是一种有着自己结构和体系的独创性现代化思想。这种思想的基本原则是取消国家权力，建立民众自愿协作和自治组织。

无政府主义意识形态的基础是反对按照统一的理性计划有目的地实施社会改造，相信社会不用某种来自外部的帮助，有能力自发地进行自我组织或者自我调节，形成解决社会问题的自我管理体系。无政府主义者反对一切强制、计划和等级性质的元素，认为这些是造成社会不平等、剥削和冲突的潜在根源。他们坚持自治、联邦制和兄弟友爱的原则，批判具有强制性的国家官僚、军队和警察机构。

"无政府主义"一词源于希腊语"archia",意思为不存在政权或者领袖。第一个系统阐述无政府主义理论的学者是 18 世纪末的英国哲学家威廉·戈德温,他在著作《政治正义论》(1793)中提出了"没有国家政权的社会"的概念。但无政府主义作为著名的政治思想流派,形成于 19 世纪 40~50 年代的西欧,受到德国哲学家 M. 施蒂纳和法国政治家 P. 蒲鲁东思想理论的影响。欧洲无政府主义思想发展的顶点在 19 世纪 60 年代末和 70 年代,在意大利、西班牙、瑞士、法国、比利时等国家广泛流传。

无政府主义思想描绘了各种没有国家政权的乌托邦社会,提出一个专门术语——"自治公社",指实行自治原则的独特的个体联盟。自治公社结成联邦,取代市场和国家。无政府主义所主张的社会确实能够克服僵化的官僚机构所导致的各种弊端,受到追求改变现有社会结构、权力和资源被少数人垄断状况的那部分人的拥护。无政府主义意识形态的核心思想是认为社会冲突可以通过社会革命的方式来消除,这一点在革命和激进社会变革的条件下具有重要意义。

在无政府主义意识形态的形成过程中,巴枯宁和马克思在第一共产国际时期进行的那场著名的争论具有决定性的意义,这场争论曾经导致了第一国际的分裂。马克思反对保留生产合作社的独立性,认为这将不可避免地导致恢复市场经济规律,破坏革命的成果,巴枯宁则批评国家主义,批评马克思主义的中央集权制、计划经济和官僚制度,认为这可能会导致出现新的特权体系。理论上的分歧使共产主义和无政府主义意识形态之间存在鸿沟,马克思主义主张对社会进行理性的、有计划的变革,认为国家调节具有决定性的意义,无政府主义则坚持社会的自我调节,将之作为社会变革(包括革命性变革)的基本途径,把国家和官僚视为实现共产主义理想的主要阻碍。

无政府主义理论建构的重要基础是寻找社会的自我调节和监督机制,消除官僚化。一些思想家提出了不同的方式来消除官僚化,实现自我调节,如巴枯宁提出通过人民暴动的方式,布兰基、涅恰耶夫提出由革命者秘密团体发动革命的方式,赫尔岑提出通过农村公社式的社会组织的形式,蒲鲁东甚至提出建立恺撒式或者波拿巴式的政治制度。各流派无政府主义者都认为公社或者工会是最佳的社会组织形式。社会上层不具备政权赋予的强制的职能，而只是具有协调和管理的职能。无政府主义形成了革命理论：先是由秘密小组酝酿革命，然后推动革命爆发，革命爆发也意味着同时要建立新型社会，没有任何过渡阶段。

无政府主义意识形态作为对传统现代化意识的一种挑战，先是在西方发达国家形成，然而在发展水平稍弱一些的国家拥护者更多，如俄罗斯、西班牙、意大利等。后来这个意识形态突破了欧洲的范围，传到了很多发展中国家。无政府主义在理论层面上非常薄弱，只是在与其他意识形态争论的过程中形成了一些基本思想，主要有进行共产主义革命，否定国家和法律，取消货币，推动社会和文化发展的根本因素是人民间的互相协作等，这些思想被 20 世纪其他革命性的意识形态所吸收。

无政府主义最著名的理论家之一 M. 涅特兰提到，他支持任何能够扩大人类独立性的理论观点和经济方案，无论是互助主义、集体主义还是共产主义。他强调，这个意识形态纲领中一些最重要的特征，如主张发展自治、联邦主义和思想自由，自古希腊起，在中世纪和文艺复兴时期一直存在。人类曾经不止一次地试图实现无政府主义理想，为什么最终却没有实现呢？

涅特兰认为，这个理想没有实现的主要原因在于人类历史上的所有大型革命都追求独裁。1789 年法国革命和 20 世纪初俄国革命都具有这种特点：这两次革命都从宣布无政府主义理想开始，却以残酷的专政结束。П. А. 克鲁泡特金在他的《法国革命史》一书中提出了相似观点。但他认为无政府主义并不是封闭的、教条的意识形态体系，而是体现了人类希望享有充分的自由，推翻所有桎梏，建立能够完全发展自己个人能力和创造力的生活条件，人类的情感和思想不受到任何制约。这样的社会能够实现的前提是，人们之间相互帮助，不再有种姓或阶级特权。无政府主义思想认为，在革命过程中社会能够进行自发的转化，转化能否成功取决于革命者思想的成熟程度以及创造能力。

在 19 世纪和 20 世纪之交，无政府主义的批评家们就揭示了这个学说潜在的根本矛盾。这个学说继承了法国启蒙思想中有关人类在本质上是极端理性的观点，如果认清所发生事件的逻辑，那么就会永远理性地行动。基于这种对人类本性的理性主义的看法，无政府主义者提出自发性社会变革的优势。但无政府主义理论忽略了人类本性中的理性与非理性元素的关系问题，也没有回答为什么人类会有破坏性和侵略性行为的问题。例如，在向大众社会转变的时期，社会运动以及革命运动的发起可能不是出于理性主义的科学推论，或者因为忠于某种意识形态，而仅仅是由于群众感性的、非理性的活动。Э. 久尔科格姆、弗洛伊德等人的心理分析理论揭示了人类富有侵略的客观本性，提出法律和国家是文明的必要因素。X. O. 加先特观察了 20 世纪 30 年代的"革命群众"现象，指出让一些准备不足的群众自发地、不受监督地参与政治所造成的巨大文明代价。"大众社会"理论指出群众的心理和行为具有不可预测性，特别是在危机局势下，提出了政治的非理性主义的观点。"群众——这是社会性的动物，在挣脱强加给他们的缰绳。"① 这是一种盲目的力量，能够摧毁他们在实现自己目的道路上的任何阻碍。无政府主义没有注意到群众的非理性主义这样一种心理现实，这使人们对无政府主义的基本思想产生怀疑，质疑这些思想与社会和心理现实不相符合。

无政府主义者追求回到因市场关系的发展而消失的传统公社秩序，他们提出的共产主义理想与农民的想法非常接近，他们把自发性暴动作为实现社会和谐途径的思想与很多国家农民起义的实践相吻合。"黑色重分"即平均分配土地的思想得到了刚刚才脱离农业生产的无产阶层的响应。巴枯宁和俄国民粹主义者都指出，这些农民运动，至少在其起始阶段，具有无政府主义的性质。农民运动的原因是资本主义生产关系和土地商业化破坏了农民传统的生活方式，市场经济原则的推广也迫使人们寻找某种方式来对抗它们。人们忠诚于传统制度，这些传统制度被破坏性的力量所撼动，于是人们希望消除这些破坏性的力量，也可能会转向寻找能够保护他们的新的社会形式。

---

① Шелохаев В. В.（отв. ред.）. Модели общественного переустройства РоссииXX век. М., 2004. C. 86.

不同时代、不同国家无政府主义者观点的共性是追求使社会从国家的束缚——官僚、警察以及任何等级性质的机构下解放出来。但是无政府主义在发达国家和发展中国家具有不同的特点。在法国、英国、美国、德国这样的发达国家，无政府主义融入了人类衍化进程，是自由主义发展的直接结果，同时也是自由主义思想更新的形式。在那些发展进程具有自身特色的后发国家，无政府主义思想的发展呈现另外一种形式，有另外一种发展规律，俄国也在此列。

俄国无政府主义思想的创始人是 M. A. 巴枯宁，他是 19 世纪 60~70 年代革命民粹主义的理论家之一，在 19 世纪 60 年代末和 70 年代直接参与了当时欧洲的无政府主义运动。从 1876 年他去世后到 20 世纪 20 年代，俄国无政府主义理论的领袖是 П. A. 克鲁泡特金。巴枯宁和克鲁泡特金不仅是俄国无政府主义现代化方案的主要创作者，而且是公认的世界无政府主义的理论权威。别尔嘉耶夫曾指出："无政府主义主要是俄国人的创造。有趣的是，无政府主义思想体系主要是俄国贵族的最上层创造的。这就是最重要的并且最极端的无政府主义者巴枯宁、克鲁泡特金公爵和宗教无政府主义者托尔斯泰伯爵。"①19 世纪末 20 世纪初出现的其他无政府主义思想家名气不大，但他们的创作也是对俄国无政府主义政治现代化理论的重要补充，如 A. 卡列林、Л. 切尔内、A. 阿塔别科扬、Я. 诺沃米尔斯基、A. 波罗沃伊等人。

俄国大部分无政府主义思想家由于身份非法被迫流亡国外进行活动。俄国侨民在他们特别是克鲁泡特金的影响下创建了各种无政府主义联盟和协会。例如，1900 年在日内瓦出现了 M. 达伊诺夫领导的俄国无政府主义者小组，1903 年也是在日内瓦由 Г. 果格利亚领导成立了无政府主义者和共产主义者协会——"面包与自由"社，1905 年在纽约形成了 Я. 诺沃米尔斯基率领的工团无政府主义小组，1913 年在巴黎由卡列林等人创建了"自由社员兄弟会"等。

俄国本土第一批无政府主义团体于 1903 年出现。无政府主义者积极参加了 1905 年革命以及 1917 年二月革命和十月革命。俄国内战期间，部分无

---

① 〔俄〕别尔嘉耶夫：《俄罗斯思想》，雷永生、邱守娟译，三联书店，2004，第 142 页。

政府主义者作为独立的政治力量进行活动,其中表现最突出的是共济会运动,部分无政府主义者支持布尔什维克。20 世纪 20 年代初,俄国无政府主义者组织被苏维埃政权取缔。一些强硬的无政府主义思想家被镇压,如切尔内,一些留在了苏联做出妥协,如诺沃米尔斯基、波罗沃伊,而另一些人再次选择流亡,如 B. 沃林、П. 阿尔希诺夫等。

俄国传统上把无政府主义视为极左流派。无政府主义从最初起就是面向未来的激进现代化理论,体现了俄国左派政治思想的整体特点。俄国无政府主义者思想和学术争论的主要对手是左翼政治阵营——布尔什维克和社会革命党人,这些流派虽然是他们在革命运动中的"兄弟",却主张建立社会主义国家。而对于自由主义者和保守主义者,他们不是与之辩论,而是完全地排斥、激烈地抨击,自由主义者和保守主义者对他们也是如此。

俄国无政府主义内部派别林立,彼此之间紧张对立,可以划分出集体主义的(巴枯宁)、共产主义的(克鲁泡特金)、宗教的(托尔斯泰)、工团的(诺沃米尔斯基)、个人主义的(波罗沃伊、杜宾斯基)、联盟的(切尔内)、泛无政府主义的(戈尔津兄弟)、神秘主义的(索洛涅维奇)、普世的(卡列林、阿塔别科扬)等无政府主义流派。但他们之间的共同点,用克鲁泡特金的话说,是承认无政府主义的基本原则——否定国家,否定法律,反对政治、经济和文化的集中化与等级化,主张通过革命方式进行社会变革。①

无政府主义者曾经若干次试图团结成为一个统一的政党,却劳而无功,但形成了一些无政府主义组织,主要有"黑色旗帜""面包与自由社""斗争""人民复仇联盟""警钟""无政府工团宣传联盟""劳动之声""先锋队"等,还有"乌克兰革命起义军"(马赫诺分子)。

反映无政府主义现代化纲领的主要出版物有《面包与自由》《海燕》《劳动与自由》《无政府状态》《暴动者》《锤子》《无政府主义者之声》《无政府主义通报》《自由劳动之声》《自由之路》《无政府主义》等。

俄国无政府主义现代化方案的主要原则有:坚持人与社会的生物性本

---

① Кропоткин П. А. Новые времена // Антология русской классической социологии. М., 1995. С. 142.

质，要求取消所有约束人本性自然发展的制度限制，首先是取消国家和法律；给予人的个性绝对的自由，人的个性只能受到"自然"道德规范的自我限制。社会运行和发展的基础是自由联盟的自我组织、全面自治，实行联邦制（甚至是全球的邦联制），即所有人类联合组织自由地相互交往、互利合作。实现这个美好未来的方式只有通过广泛的社会革命，因为"旧世界"的精英，社会政治、经济和法律领域的所有剥削者都不会甘愿自动放弃自己的特权地位。

第二章　俄国自由主义政治现代化理论

革命前俄国自由主义者提出的政治现代化方案是在西欧经典自由主义政治和法律思想基础上形成的，但在现实生活中也受到了本民族文化和文明的影响。自由主义者持西方中心论和社会进化论，坚信俄国会实现西方类型的自由主义现代化，为此他们制定俄国社会 – 政治组织的现代化方案，积极推动在俄国形成法治国家、民主社会以及相应的公民法律意识的进程。虽然俄国自由主义者在其政治理想方面有一定的共识，但对于实现其政治理想的方式和途径观点有所不同，据此可以分成保守的和激进的自由主义，而激进性是俄国绝大部分自由主义运动的显著特点。20 世纪初俄国自由主义达到了思想的顶峰，但最终遭到了失败。俄国 20 世纪初的事件在 20 世纪末期再次重演，在社会动荡的危急时刻，俄国的"政治钟摆"往往并不是倾向于"作为西方舶来产品"的"自由主义价值观"。

第一节　自由主义政治现代化理论的基本思想

俄国自由主义政治现代化理论的社会哲学思想和方法论基础，是西方在理性主义和启蒙哲学下诞生并发展的政治和法律思想。俄国自由主义政治现代化理论的重要核心是"西方中心主义"，主张借鉴西方经验，把西方模式作为现代化的理想样本。俄国自由主义者把俄国的现实状况与西方的理想样板进行比较，认为俄国是落后的国家，号召模仿西方政治制度进行改革。俄国自由主义的这一特点在 18 世纪下半叶，在叶卡捷琳娜二世起草

的《圣谕》、她的信函内容以及开明思想中已经表现出来。18世纪的俄国是
存储孵化西方理念和知识，与西方进行比较，思考两者之间差异的时期。19
世纪初俄国对专制制度进行自由主义改革的计划在很大程度上也是与西方
比较后受到触动而引发的。

19世纪初俄国自由主义改革计划大多是由沙皇亚历山大一世的国务秘
书斯佩兰斯基制订并且践行的。斯佩兰斯基为19世纪至20世纪初俄国自由
主义发展的方向奠定了基础，被誉为"俄国自由主义之父"。斯佩兰斯基寻
求将在他看来有益的西方政治制度和政治文化元素，特别是君主立宪制度，
"嫁接"到俄国。他在主持编纂俄罗斯帝国法典时，不仅将俄国以前的律法
系统化，而且将西方国家"先进的"法律制度与俄国专制政权下"落后的"
法律制度相对比，试图以西欧法律为样本对俄国法律进行重大调整，并建
议俄国沙皇下定决心走向"文明"和现代化。斯佩兰斯基强调法律的力量，
他认为，"好的法律会赋予政府真正的权力，而不是无限的独裁。英国法律
赋予了政府真正的权力，因此那里的政府是强大的，土耳其法律赋予了政
府独裁的权力，因此那里的政府一直是软弱的"。① 斯佩兰斯基在自己的著
作中经常引用法国启蒙思想家以及边沁、布莱克斯通等自由主义理论家的
最新思想，作为自己改革设想的理论基础。

但是，斯佩兰斯基在借鉴西欧经验和政治理念的倾向上并不特别激进。
自19世纪20年代后期起，随着俄国社会思想领域独特的文化 – 政治流
派——西方派的出现，俄国自由主义具有了真正强烈的"西方中心主义"
的冲动。俄国西方派的形成始于恰达耶夫的政治和哲学思想。恰达耶夫在
他的《哲学书简》中，在俄国社会思想史上第一次激进地提出了俄国"落
后于"世界发展的话题，对俄国奉为神圣的事物进行攻击。他认为，俄国
的历史违背了进步民族存在和衍化的规律，俄国是一个从最初就反现代化
的异常国家。他写道，"我们似乎置身于时间之外，我们没有被人类的全球
性教育所触及。这一绵延了数世纪的人类思想的神奇线索，这一人类精神

---

① Дживилегов А. К. , Мельгунов С. П. , Пичета В. И. Отечественная война и русское
общество. 1812 – 1912. Т. 2. М. , 1911. С. 193.

的历史，它们使人类达到了人类如今雄踞的这个高度，可它们却没有对我们产生任何影响"。①

恰达耶夫指责俄国东正教，说它有"致命的缺陷"。"俄国从毫无希望、落伍的拜占庭那里学习了为其他国家所摒弃的基督教。""这不仅造成了基督教的分裂。它还有碍我们与其他文明国家携手合作。我们在自己的异教邪说中画地为牢，不能吸收欧洲的新事物。"他写道："真正的宗教生活与我们一直生活的，而且显然还要继续生活的这种沉闷氛围是不一样的。因为，我们生活在东西方之间，我们对任何一方的传统都不熟悉。我们被夹在中间。我们是孤独的。"他甚至指出了俄国落后于西方的某种生物学原因："我们的血液中有某种与真正的进步相敌对的东西。"②

恰达耶夫认为，西方形成的有关"职责、公正、权利和秩序"的思想是"富有生命力的"，这些思想消除了欧洲的农奴制，而俄国却没有形成这些思想。他认为俄国的出路在于，必须沿着逐渐培养理智的思想，形成有意识的信念的道路前进——类似于西方人类所走的那条道路。后来 Г. 弗洛罗夫斯基写道，"恰达耶夫的历史地平线与西欧连接"，"恰达耶夫理应被称为第一个西方主义者，俄国西方主义的历史恰恰是自他开始，在他那一代所有人都是西方主义者，经常简直就是西方人"。③恰达耶夫在他的《哲学书简》中激烈地批判当时俄国的现实，而且彻底否定俄罗斯国家的历史道路，甚至否定俄罗斯民族本身。这份书简犹如"划破黑夜的枪声"，震动了整个俄国，最终引发了一场关于俄国历史发展道路的性质问题的大争论。争论的主要问题是：俄国要走向何方？它的主导力量是谁？通过什么方式和途径？争论过程中形成了两大派别：西方派和斯拉夫派。除了恰达耶夫，属于自由主义西方派的还有格拉诺夫斯基、卡维林、齐切林等人。④

---

① 〔俄〕恰达耶夫：《哲学书简》，刘文飞译，译林出版社，2015，第 6 页。
② 〔俄〕恰达耶夫：《哲学书简》，刘文飞译，译林出版社，2015，第 14 页。
③ Флоровский Г. В. Пути русского богословия. М., 2009. С. 315 – 316.
④ 除了自由主义西方派之外，俄国学术界在传统上还分出激进的、革命的西方派，代表人物有别林斯基、车尔尼雪夫斯基、赫尔岑等人，这个流派在 19 世纪下半叶发展形成了民粹学说和社会主义思想。

　　自由主义西方派的信条是："西方以血汗铸就了自己的历史，它的果实我们几乎是唾手而得，我们有什么权利不去热爱它？"① 西方派坚持俄国必须学习欧洲文明的基础和精神：政治体制、文化价值、科学和技术。俄国应该借鉴西方的经验，走按西方模式实现社会现代化的历史道路。继欧洲启蒙思想之后，对俄国自由主义西方派的形成影响最大的是德国哲学，特别是黑格尔的思想理论。后来俄国侨民哲学家 Г. П. 费多托夫指出，"与世隔绝的黑格尔主义者成为俄国自由主义的奠基人"。②

　　俄国西方派不只是在 19 世纪 30～50 年代与斯拉夫派争论这一时段存在的历史现象，它是俄国社会意识中一种特殊的文化和政治现象。19 世纪中期西方派著名代表，同时是自由主义学说权威理论家之一的卡维林指出，西方派——这不是一个"40 年代的团体"，而是一个在那时形成了自己的轮廓并长期存在的思想流派。西方派和斯拉夫派"争论所涉及的原则深深地植根于俄国社会生活和意识之中。这些原则之间的斗争，不是始于我们的年代，又怎么会终于我们的年代"。③

　　俄国自由主义者在描述他们的西方中心论倾向时，通常使用"文明"、"文化"和"开明"等普遍性概念。如著名的自由主义理论家米留科夫指出，从 19 世纪初起俄国开始了适应和确立西方文明的政治和法律制度的全新阶段："俄罗斯国家制度的发展沿着所有开明国家所走过的，所将要走过的道路前进。"④ 米留科夫遵循英国哲学家斯宾塞的精神复制了人类历史演变的画面。他提出，人类社会经历的发展阶段相同：部落的、封建主义的阶段，军事集中制的阶段，并最终迈向更进步的——工业－法律社会阶段，现代西方国家已经发展到了工业－法律社会阶段。米留科夫相信，"俄国的欧化并不是人为地'移植'行为，因为俄国自身的进化道路也必然会沿着

① Кара - Мурза С. 1917. Февраль - Октябрь. Две революции - два проекта. М. , 2017. С. 50.
② Федотов Г. П. Судьба и грехи России. Избранные работы по философии русской истории и культуры. Т. 1. СПб. , 1992. С. 87.
③ Кавелин К. Д. Наш умственный строй. Статьи по философии русской истории и культуры. М. , 1989. С. 449.
④ Семигин Г. Ю. Антология мировой политической мысли. М. , 1997. С. 353.

这个方向发展，原则上讲俄国内部的衍化进程与欧洲是相同的，只是由于受到环境条件的制约而延缓"。① 米留科夫批评那些认为俄国具有独特的发展道路，思索"民族精神"的保守主义斯拉夫派和土壤派代表。米留科夫一则神奇的生活轶事表明了他强烈的西方中心论倾向。他在 1906 年与维特的私人谈话中提出策略性的建议，即为了避免浪费时间，不必劳心费力地去制定和出台某种版本的"俄国宪法"，只需要下令把比利时或保加利亚的宪法翻译过来直接当作俄国的根本法。② 研究俄国自由主义的权威学者 B. B. 列昂托维奇认为，俄国自由主义倾向于借鉴西方模式是由于俄国缺乏西欧自由主义所赖以形成的历史基础——中世纪时期发达的封建制度。他指出，"俄国自由主义在思想和实践上都倾向于从外面吸收和模仿"。③

但是，在不断与保守主义、民粹主义和社会主义争论的背景下，俄国自由主义西方中心论的观点也不断调整。然而，自由主义者持这种西方中心论并不意味着他们是亲西方、反俄国的。俄国自由主义的西方中心论，更多的是从方法论的角度出发，把西方的政治制度当成样板。19 世纪至 20 世纪初俄国绝大多数自由主义者真诚地热爱祖国，在祖国面临国际冲突和战争之际，甚至成为激进的民族主义者。

自由主义的西方中心论成为他们的对手攻击的靶心。例如，欧亚主义理论家 H. H. 阿列克谢耶夫指出，西方主义作为一种特殊现象影响了 19 ~ 20 世纪俄国的发展，自由主义者在西方主义的形成和发展中担当着主要角色。西方主义倾向的俄国历史和文化哲学大多数出自各个流派的自由主义者。阿列克谢耶夫对自由主义流派所提出的政治 - 法律学说不满："俄国西方派学者，不经过任何谨慎地思索，不加任何的限制条件，就把在西方形成的国家理论移植到俄国土壤之上，并且奉这些理论为经典。因此我们的国家学说……不是别的，而是使国家欧化的政策。"④

自由主义者的意识形态对手们特别猛烈地抨击他们否定俄国文明基因

---

① Милюков П. Н. Воспоминания. М. , 1991. С. 106.

② Милюков П. Н. Воспоминания. М. , 1991. С. 220.

③ Леонтович В. В. История либерализма в России. 1762 – 1914. М. , 1995. С. 8.

④ Алексеев Н. Н. Русский народ и государство. М. , 1998. С. 396.

中独特的价值观，指出他们的西方中心论源于反民族的心理定式。阿列克谢耶夫指出，俄国自由主义西方派，追求利用别人的经验，抹杀自身的经验，在自己的理论建构中从最初就不愿立足于鲜活的传统民族文化："西方派在理论和实践上以西方文化的名义否定自身特有的文化世界。"[①] Ф. М. 陀思妥耶夫斯基在小说《白痴》中的描述非常形象，"俄国自由主义不是对事物的现状的攻击，而是对我们的事物本身的攻击；攻击的不是俄国的制度，而是俄罗斯本身……亦即到了仇恨和鞭打自己母亲的地步……仇恨民间习俗和俄罗斯的历史，仇恨一切"。[②] 陀思妥耶夫斯基认为，自由主义者的特点是把俄国人民看成阻碍俄国进步发展的"因循守旧的群众"，而既然这样，那么对于这个群体、这个无形的物质，必须根据自由主义的西方模式进行塑造——"彻底更新和彻底改造"。[③]

19 世纪下半叶俄国保守主义思想泰斗 Н. Я. 丹尼列夫斯基的专著《俄国和欧洲》中有一章的标题名为"欧化——俄国生活之疾"，他在其中阐述了对自由主义西方派的种种不满："忽视本国人民的生活，用外国的生活方式来代替本国人民的生活方式"，"将各种外国机构移植到俄国土地上——认为在一个地方好的东西，用之四海而皆准"，"从欧洲的角度来看待俄国内外关系、俄国生活问题，戴着欧洲的眼镜去研究它们"。[④] 他特别反对俄国自由主义者将西方文化 - 政治价值观视为"全人类的"普遍价值观。俄国自由主义者"出于善意"要将这些价值观挪移至自己的祖国，但是这将使俄国自动沦落到世界历史的边缘地位，使国家丧失成功发展甚至成为世界领袖的可能性。丹尼列夫斯基认为，俄国完全有可能成功发展乃至成为世界领袖，但前提条件是有意识地拒绝异域的文化原则，发展自身的原则。丹尼列夫斯基代表的是斯拉夫派保守主义现代化思想，与自由派的西方中

---

① Алексеев Н. Н. Русский народ и государство. М. , 1998. С. 120.

② 〔俄〕陀思妥耶夫斯基:《白痴》，张捷、郭奇格译，河北教育出版社，2010，第 458 页。

③ 〔俄〕陀思妥耶夫斯基:《作家日记》（下），张羽、张有福译，河北教育出版社，2010，第 1047、1101 页。

④ Данилевский Н. Я. Россия и Европа. Взгляд на культурные и политические отношения Славянского мира к миру Германо - романскому. М. , 2011. С. 315 - 360.

心主义现代化理论相对立，主张完全依靠自身的文明资源发展。

俄国自由主义者针对斯拉夫派保守主义者的攻击进行了反驳，俄国自由主义法律学教授 A. Д. 格拉多夫斯基讽刺对手的立场。在他们看来，每一个自由主义者都是西方派，每一个自由主义者都是傻瓜和怪胎，背叛了自己民族的根基、自己的祖国、自己先辈的信仰。他在反驳斯拉夫派时提出了一个匪夷所思的观点，斯拉夫主义作为俄国保守主义和土壤派的起源，其本身也与"被他们所蔑视的西方派"一样，是"欧化的现象"。俄国这两个流派的产生都受到了西方文化的影响，是彼得一世移植到俄国的欧洲启蒙运动的果实。格拉多夫斯基指出，"没有彼得大帝，就没有斯拉夫派"，因为如果没有启蒙运动的影响，他们就不会形成"著名的民族性的意识"。[①]

格拉多夫斯基的这种独特思想，后来为保守主义哲学家 B. B. 罗扎诺夫所发展，然而后者强调的重点发生变化。在罗扎诺夫看来，自由主义西方派是对西方幼稚和肤浅的模仿者，而斯拉夫派则真正地理解了西方文化和文明的深度。他写道："西方主义者只是在自己的追求上面向西方，他们在自己的精神内涵和行为方式上往往还是未被触动的俄罗斯人；而斯拉夫派……从来不相信欧洲文明具有普遍性，他们的才华使他们不仅深入了解欧洲文明，而且领会到了那些只有高尚的灵魂才能认识到的欧洲文明的深刻根基。"[②]

这种对俄国西方主义和斯拉夫主义政治传统的神奇观点后来为别尔嘉耶夫所延续，并将其发展成为亚洲—欧洲对立文明的位移。他写道，"在欧洲面前的俄罗斯之否定和思想屈服，是极其俄罗斯的现象，是东方的、亚细亚的现象，恰恰是最极端的俄罗斯西方派才是亚细亚灵魂的体现。甚至可以举出那样的谬论：斯拉夫主义者是最初的俄罗斯的欧洲人，因为他们自发地试图按照欧洲方式进行思维，而不是像孩子们所模仿的那样去模仿欧洲思维……下面是谬论的另一方面：西方派依然是亚洲人，他们的意识

---

① Градовский А. Д. Собрание сочинений. Т. VI. СПб. , 1901. С. 418.

② Розанов В. В. Несовместимые контрасты жития. Литературно - эстетические работы разных лет. М. , 1990. С. 327.

是幼稚的，他们对待欧洲文化，就如同对它完全陌生的那些人一样，后者将欧洲文化看成遥远的理想，而非他们的内在本质"。① 俄国现代学者 С. Г. 卡拉－穆尔扎就别尔嘉耶夫的这种"悖论"指出：当然，别尔嘉耶夫有些夸张，他不能想象"孩子般的模仿那样去模仿西方"意味着什么，他也不能预见到俄国会出现"盖达尔现象"。②

虽然近代西方国家的政治制度一直是俄国自由主义政治现代化的样板，但是"西方中心论"只是俄国自由主义的本质特征，俄国自由主义者的理论建构中还存在民族的、集体主义的、东正教的因素。

俄国自由主义信仰近代西欧的进化论思想，这也决定了自由主义政治现代化理论的特点，视社会进化规律为普遍的、适用全人类的，这些规律决定了人类历史逐渐地从"古老的"、简单的社会发展成较为"进步的"、复杂的社会。

"进步"这个概念本身亦是自由主义学说的核心。社会进化论中的这个术语是由法国哲学家孔多塞提出来的，他把"进步"视为人类追求不断完善的能力，这种能力不依附于任何力量，只受制于"我们星球存在的时间"。他写道："自然界对于人类能力的完善化并没有标志出任何限度，人类的完美性实际上乃是无限的；而且这种完美性的进步，今后是不以任何想要扼阻它的力量为转移的；除了自然界把我们投入在其中的这个地球的寿命而外，就没有别的限度。毫无疑问，这种进步所经历的行程可能或快或慢；但是，只要大地在宇宙的体系仍将占有同样的地位，只要这个宇宙体系的普遍规律不会在这个大地上产生一场整个的天翻地覆，或者产生那样一些变化，以致人类在其中不再能保存并运用他们的这些能力……那么这种进步就决不会倒退。"③ 俄国自由主义思想家从 19 世纪初起就广泛使用"进步"的概念，在这种普遍的文明衍化的思想下研究俄国政治现代化进程，认为历史是社会不断地走向"进步"，"进步"的主要标准是建立公民

① 〔俄〕尼古拉·别尔嘉耶夫：《俄罗斯的命运》，汪剑钊译，译林出版社，2015，第51页。
② Кара－Мурза С. Г. Советская цивилизация. М.，2008. С. 131.
③ 〔法〕孔多塞：《人类精神进步史表纲要》，何兆武、何冰译，江苏教育出版社，2006，第2~3页。

社会和法治国家，实现自由主义学说中的自由。

斯佩兰斯基是俄国政治现代化理论的奠基人，他在俄国政治和社会思想史上率先对俄国政治现代化问题进行了思考。斯佩兰斯基的政治现代化思想源于欧洲启蒙运动的思想，吸收了当时最新的政治和法律理论，但他同时也试图把这些思想理论与东正教社会学说和俄国传统制度相结合。

斯佩兰斯基钻研了大量历史资料，在此基础上提出俄国有必要使其政治和法律制度"顺应"时代的普遍方向，因为"时代是首要的基础，是导致所有政治更新的源泉"，"与时代精神不相适应的任何政府，在时代精神的强大影响面前都会相形见绌"。① 他就社会进化问题指出："亘古以来人类社会就存在两种力量的争斗，一种是个人自尊的力量，追求吸引一切关注自己，另一种是法律的力量，追求实现共同的幸福。"② 政府的任务是"建立良善之法"，使人性中自私的力量为"根本法的力量所压制"。③ 这里清楚地表明斯佩兰斯基受到国家起源的契约论代表卢梭等人的影响，但他观点的独特性在于，他把社会契约视为实现上帝的意志。在他看来，人类社会的发展是为了道德完善。人在拥有了自由的意志之后，从低级向高级发展，通过有意识的道德自我约束，逐渐抛弃动物性的、自发性的自由。但是这种道德自我约束并没有使人丧失自身所应享有的自由。相反，在加强了道德自我约束之后，人类高级的、理智的自由将会增加。

斯佩兰斯基把国家的历史划分为三个阶段：封建分裂阶段、封建专制阶段和共和制度阶段。他认为当时的西欧正处于向共和制度转化的阶段，在共和制度阶段，法治即立宪制度将代替绝对专制，公民以及政府本身无条件服从的不是某个凌驾于社会之上的个人或者阶层，而是法律。斯佩兰斯基把俄国历史也划分成三个发展阶段：古代是封建分裂阶段，中世纪是绝对君主制阶段，现代处于工业社会阶段。他认为俄国政治发展的主要目标是取消专制管理形式，通过立宪限制最高权力，给予全部臣民以政治和

---

① 〔俄〕谢·弗·米罗年科：《19 世纪初俄国专制制度与改革》，许金秋译，社会科学文献出版社，2017，第 30 页。
② Сперанский М. М. Проекты и записки. М., 1961. С. 90.
③ Сперанский М. М. Проекты и записки. М., 1961. С. 111.

公民权利，实行法治管理。①

　　斯佩兰斯基认为西方共和政体是建立在西方人民发达的教育水平、成熟的公民意识之上的，而俄国还不具备这些条件，不能立刻转向共和政体。他提出，俄国期待着变革，但不是通过革命的方式，而只能是通过衍化的方式，通过沙皇赐予人民的"有序的法律"来完成。他把这个任务推迟到遥远的未来："国家改革可能需要几十年，甚至是几个世纪的时间，而不是2~3年的时间。"② 他将俄国现代化进程的成功与确立"真正的君主制"（Истиннаямонархия），即立宪君主制联系在一起。斯佩兰斯基所说的"真正的君主制"是有关法治国家和民主社会的一种独特表述，因为在19世纪上半叶的俄国政治思想中，"法治国家"和"民主社会"的术语还不常见。И. Д. 奥西波夫指出，"斯佩兰斯基的政治哲学可以被定义为自由主义的专制，把封建主义时代政治思维与资本主义现代化时期政治文化的典型特征灵活而巧妙地结合在一起"。③

　　斯佩兰斯基深信，俄国传统的最高政权能够成为法律制度的保障，社会力量只有在法律制度的框架下才能充分发挥潜力，发展自治和自我调节原则，活跃个人主动性、创造性和创业精神。他指出当时俄国专制制度下的社会状况与"真正的君主制"理想之间的对立："这是多么严重的矛盾——渴望科学、商业和工业，却不允许它们自然发展，渴望拥有自由的理智，却为意志束上枷锁……历史上没有先例，让商业发达的开明人民能够长期处于奴隶状态。"④ 俄国应该进行理性的政治改革，建立民主社会，他写道："时代和公民要求是主要的动力。专制政权制止这种张力必将徒劳无功，对抗这一切只会引发热情，导致骚动，而不会阻止变革。如果大国的统治者能够准确地洞察社会精神的动向，在政治制度原则上顺应这种动

① Сперанский М. М. Проекты и записки. М. , 1961. С. 154 – 155.
② Исаев И. А. , Золотухина Н. М. История политических и правовых учений России (XI – XX вв.) . М. , 2003. С. 220.
③ Осипов И. Д. Философия русского либерализма (XIX – начало XX в.) . СПб. , 1996. С. 42.
④ Сперанский М. М. Проекты и записки. М. , 1961. С. 156.

向，不是使人民适应管理，而是使管理适应人民的状况，那么将会避免多少灾难和鲜血？"①

19 世纪中期俄国自由主义的主要理论家齐切林进一步发展了有关民主社会形成的进化理论。齐切林对国家与民主社会进行了比较明确的划分，指出它们是两个相对独立而又相互联系的界域。齐切林对把国家与社会"视为一体"的传统观点进行了反思，仅这一点就足以使他成为俄国自由主义的巨擘之一。

齐切林从历史衍化过程的角度描述了国家的形成。国家是应前国家时期人类本身的社会需求自然形成的，当时"人的地位由一些局部的、偶然的，甚至是外界的优势决定。社会生活的基础是处于各种偶然状态下的个体，他们的自由完全不受拘束，这一切势必导致不平等、纷争和无政府状态"。② 国家出现后，作为凌驾于所有人之上的最高力量，其职责一方面是保障社会的和谐与秩序，另一方面是保障个体理性的自由。国家是人类进步的必然阶段，也是社会进一步发展和完善的必要条件。

齐切林认为，民主社会是人类社会进化发展的最高阶段，之前是氏族和等级制度阶段。在氏族制度下，建立在原始的家族 - 血缘关系之上的社会团体占主导地位，"这是一种自然的联盟，公共的原则和个人的原则还处于一种原始融合的状态"。③ 氏族制度逐渐解体，等级社会逐渐形成。在等级社会，私有利益占主导地位，国家权力软弱。个体摆脱了家族的束缚，成为独立的中心。私有利益促进了等级组织的形成。社会上各个群体之间相互奴役，软弱的群体隶属于强大的群体，齐切林将这种状况定义为"农奴制"，并把这一点视为等级社会的典型特征。

民主社会消除了所有强制性的隶属关系，基本原则是"自由"和"平等"。决定"个体的地位"的不再是其属于某个等级组织，人类个体自身就享有所有可能的全部权利。国家政权独立于民主社会，主要职能是进行社

---

① Сперанский М. М. Проекты и записки. М., 1961. С. 155 – 156.

② Чичерин Б. Н. Опыты по истории русского права. М., 1858. С. 368.

③ Чичерин Б. Н. Собственность и государство. СПб., 2005. С. 578.

会监督和控制，在"自由"和"平等"原则受到侵犯或者社会力量之间出现失衡状况时，对民主社会施加影响。

发达的民主社会恢复了在衍化进程中一度丧失的社会团结，但这时的社会团结已经不像原始社会那样是生物状态的统一，而是社会在精神上高度团结在一起。民主社会和谐地实现了多样性的最高统一，同时保留了其构成元素的必要的独立性。这种制度最符合社会与国家统一的本质和目的，是人类社会的最终形式。各个民族历史运动的目标应该是实现这种社会和政治理想——国家与民主社会的和谐。

齐切林的民主社会思想在 19 世纪下半叶至 20 世纪初的俄国一直被奉为权威，成为其他自由主义思想家不断借鉴的对象。齐切林的理论以实证方法论为主，这是俄国自由主义进化思想的整体特点。19 世纪末 20 世纪初的米留科夫也从实证主义角度阐述了民主社会的衍化形成。

米留科夫同样把人类历史划分成几个普遍的发展阶段。第一个是部落生活阶段，其特点是血缘氏族的社会关系。第二个是原始国家阶段，其特点是封建生活方式，社会分裂成小的组织，占主导地位的是大地主。第三个是军事 - 民族国家阶段，最强大的剥削者——封建主征服了其他人，使所有居民服从自己的权力，以此形成了统一的民族国家及相应的享有绝对权力的政治制度。当国家不再以军事活动为主，代之以和平发展工业和生产力，国民不再"忍受专制和暴力"，社会生活发生根本性的变化，就进入了下一个历史阶段，法治国家和民主社会将最终形成。[①]

持这种进化论思想的俄国自由主义者在对本国历史进程的看法方面，一直把俄国定位为与欧洲相比发展"迟缓"的国家，同时执着地相信，俄国社会虽然迟一步，但也将会经历西方世界所走过的那些普遍阶段。

斯佩兰斯基的改革方案在很大程度上就是在分析俄国历史进程的基础上制定的。他提出，俄国封建分裂的第一个阶段是基辅罗斯公国时期。第二个阶段始于伊凡雷帝时期，在这个阶段专制制度完全确立。18 世纪是俄国向现代转化的起点，自由主义趋势加强：虽然彼得大帝在政府管理形式

---

① Семигин Г. Ю. Антология мировой политической мысли. Т. 4. М., 1997. С. 347 - 348.

方面没有采取任何坚决措施来加强政治自由，但他通过发展科学和贸易为此打开了大门。在安娜一世时期，贵族已经试图限制她的专制权力，但在那个年代这样的做法还为时尚早。伊丽莎白一世时代虽然在发展政治自由方面无所作为，但是扩大了工业和商业领域的自由。叶卡捷琳娜二世一方面"享受"着俄国专制制度所带来的种种好处，另一方面"醉心"于欧洲自由主义哲学思想，因而女皇在法律方面模仿雅典或者英国，在管理形式上却模仿土耳其，这引发了深刻的矛盾。保罗一世管理时期这些矛盾进一步加深，但在这个时期也存在一定的自由主义元素。斯佩兰斯基相信，到亚历山大一世时期，进行自由主义政治改革，使俄国成为现代强国的"时机已经成熟"。①

斯佩兰斯基这种使俄国从专制制度向自由和民主社会衍化的思想被卡维林进一步发展。卡维林认为，俄国在本质上是欧洲国家，但客观条件决定了其独特的历史发展模式。俄国社会生活衍化的战略目标与欧洲相同——发展人文主义原则，发展人的个性和公民自由。但俄国和欧洲历史的起源有所区别：日耳曼部落在希腊 - 罗马世界和西方基督教的影响下已经形成个性原则，只需要将其进一步发展，以达到尽善尽美，而俄国斯拉夫部族还没有形成个性原则，必须创造这种个性原则，这种创造的任务要由国家来承担。俄国与欧洲历史的区别在于"欧洲一切是自下而上做起，而俄国一切则是自上而下"，在国家政权的积极倡议和建设性作用下进行。

卡维林认为，"彼得一世是俄国第一位伟大的、自由的个体"，他的统治是俄国衍化过程中一个崭新的阶段，实现了真正的自由主义突破。在彼得一世时代，俄国已经走上了同欧洲一样的道路，彼得之后的安娜一世、叶卡捷琳娜二世、亚历山大一世和尼古拉一世统治时期都在延续这种道路。卡维林认为他所处时代的主要任务是在建立自由主义社会的政治现代化道路上开始一个全新的、决定性的阶段：取消农奴制，实行地方自治改革，以及司法、警察、行政、新闻审查制度改革，发展公民的自

---

① Сперанский М. М. Проекты и записки. М. , 1961. С. 140 – 142.

主性。①

　　卡维林这种有关俄国历史渐进的自由主义衍化进程的观点，把俄国走向民主社会的道路看成彼得大帝创新改革的内在有机延续，直到1917年都是俄国自由主义者制定国家改革计划和方案的思想根基。他这种有关俄国历史的进化论思想后来被一些自由主义者所发展和补充，也具有了某种形式上的变体。

　　20世纪初，在俄国自由主义阵营中米留科夫的立场非常具有代表性。他认为，俄国社会正处于政治现代化进程中，要求实现普遍的民主。他将俄国发达的民主社会状态与真正的人民代表制度直接联系在一起，认为哪里的人民有自己的合法代表，通过自己的代表参与制定国家法律，确定税收，检查国家收入支出，监督由上至下所有官员行动的合法性，哪里的居民才是真正的公民，而不是毫无权利的居民。对于决定自己命运的公民来说，具有高度的政治素养和政治意识非常重要。在这方面起到重要作用的是社会的自我组织，公民应该关注政治，彼此之间就各自的需要达成协定，为保护自己的利益建立稳定的同盟。

　　米留科夫的很多原则观点被俄国主要的自由主义政党立宪民主党直接列入党纲。立宪民主党的纲领不像其他政党那样，是从阐述国家制度的问题开始，而是从阐述公民和法律问题开始。纲领第一章的名称为"公民的基本权利"，其中指出：所有公民权利应被列入俄罗斯帝国根本法，受到司法保障。

　　俄国自由主义者有关民主社会的理想，是保障社会每一个个体的权利和自由，以及每一个个体自我实现的可能性，而实现这一切的保证是建立法治国家。他们认为，个人的权利和自由是国家建设和社会进步的理想，俄国政治现代化就是要实现社会进步和个体进步的和谐统一，走向"自由"，建立能够保障这种自由的法治国家。

　　俄国自由主义有两个基本源泉：西欧文艺复兴时期的人文主义和启蒙

---

①　Кавелин К. Д. Наш умственный строй. Статьи по философии русской истории и культуры. М. , 1989. C. 168, 164, 165 – 167.

运动时代的理性主义。在人文主义的影响下俄国自由主义形成了"个性论",在理性主义的影响下俄国自由主义提出了法治国家和民主社会的要求,将其作为国家政治现代化的必要条件。但在俄国自由主义中,近代西方的人文主义和理性主义体现得并不纯粹。俄国自由主义经常强调的不仅包括理性和法律因素,而且包括俄国东正教、精神文化传统的道德因素。斯佩兰斯基的政治理论中已经明显体现出这一点。

斯佩兰斯基从道德的视角来论证法律和法治国家的意义。他认为道德衍化的最高阶段是走向上帝,国家是人类生活的一种长期过渡状态,在这种状态之下"父母的权力转化为最高的权力,服从转化为臣属"。人类保留着动物的自私本性,因此在国家生活中有必要实行外部的调节——法律形式的调节。法律是真理的体现,是上帝戒约在尘世的折射。国家管理应建立在坚实的法律之上,从绝对专制转向立宪制度,保障公民权利。他强调:"心怀慈悲的君主在实施自己善意的措施时,不会因这些法律规定而遇到任何阻碍,但是,试图利用无限权力作恶的君主,将会在自己施暴时遇到重重阻碍。"① 列昂托维奇指出,在斯佩兰斯基的理论中"有两个要素结合在一起:一个是东正教国家的终极理想,领引人民走向道德的良善,一个是自由主义的基本原则,国家为维护个体自由和私有财产而服务"。②

斯佩兰斯基及他以后的俄国自由主义思想家的政治和法律观念受到了西欧和美国立法经验的很大影响。斯佩兰斯基的理论中体现了 18 世纪末西方国家重要法律文件中所确定的有关人权和自由的原则,以及公民自由和政治自由的相互关系,如 1789 年法国《人权和公民权宣言》、1789 年美国《人权法案》等。斯佩兰斯基提出俄国所有等级在统一的国家法律面前平等,但是他仍然试图使西方学说适应俄国的现实,如根据公民在教育、生活和收入方面的差距给予他们不同的公民权利和政治权利。拥有选举权的只是那些"拥有不动产或者是相当数量资金的公民"。③ 但斯佩兰斯基深信,

---

① Сперанский М. М. Проекты и записки. М., 1961. C. 131.
② Леонтович В. В. История либерализма в России. 1762 – 1914. М., 1995. C. 80.
③ 赵士国:《俄国政体与官制史》,湖南师范大学出版社,1998,第136页。

在政治现代化进程中，公民的权利和自由必然会成为俄国法律的基础。

斯佩兰斯基致力于在政治生活自由化进程中实现个体与国家之间的和谐，他的这种观点在齐切林、科尔库诺夫等人的创作中得到了进一步的发展。他们的观点一直围绕"法治国家"的思想，提出只有在"法治国家"才有可能使个体实现完全的自由，充分发挥自身的潜能。

齐切林自由主义政治现代化的重要标准是国家建立起严格的法律体系。但是，与斯佩兰斯基一样，齐切林把法律与"真理"的范畴相关联，把法律看成行使权力和确立公正的客观方式。法律限制国家政权行动的范围，维护个体的自由。其政治学说的中心是个体及其权利和自由，他提出，"不是人为机构服务，而是机构为人服务"，国家没有权利对个人合法享有自由的领域进行干涉。国家和个人、人民和政权之间并不是对立的，社会政治发展的理想就是个人和国家、个人自由和公共法律"终极的和谐结合"。在他看来，有意识的国家建设是公民具有伟大创造能力的表现。"不是所有人都有能力建立起国家，这需要高度的政治意识。"①

齐切林有关个体和国家之间关系的这种观点后来为自由主义法学家科尔库诺夫所发展。科尔库诺夫指出，国家权力不是对个人和社会整体从外部施加的力量，而是源于人们本身对自己与国家的依附关系认识的一种社会力量。国家权力是社会心理的结果，它不是产生于社会外部，而是产生于社会内部，产生于人民的需求。统治者自身永远不会限于以统治主体发布命令。被统治者自身也会积极迎合政权的意愿。国家权力的真正载体是人民，他们在心理上倾向于让国家机构代表行使国家权力。反过来，人民意识到自己对国家的依附，也将社会团结为一个整体。国家——这是为社会所承认的对自由人的强制统治。科尔库诺夫认为，既然国家不是对社会的外部暴力，而是为社会内部所普遍承认的力量，那么国家的强制行为应该遵循法律，国家的职能是制止或者减少社会上任何其他的暴力因素，同时推动为个体所必要的、社会可以接受的自由创造条件。法治国家是最进步的，"法治国家的思想最为完整而精确地解决了有关国家活动的目的及手

---

① Чичерин Б. Н. Курс государственной науки. Т. I. М., 1894. С. 82.

段的问题"，俄国政治现代化的主要目的在于向法治国家转变。[1]

俄国自由主义者受到西方理性主义和人文主义传统的影响，把确立个体的自由和权利看成绝对的政治价值和历史发展的目的，但他们对个体自由的追求与君主制国家的现实有着深刻的矛盾，为此要求对整个国家体系进行根本改革，使其从专制国家转变成为自由主义法治国家，保障个体权利和自由的实现。自由主义者要求国家赋予人民完全的公民和政治自由，同时认为俄国人必须有更好的独立性、积极性和创造性，发挥主动性、自主性和个人责任感。自由主义现代化进程在战略上正是要求形成这样的个体。卡维林就提出，"个性是一切发展和所有自由的基础"，他关注俄国人民个性的形成，将俄国人的被动和非政治化与西方人的积极性相对比。他认为，俄国人在本质上道德高尚、诚实守信，但"始终将自己置身事外"，他喜欢做私人、内部的事务，不愿意参与解决外部的社会和政治问题——"始终一言不发"，"在所有事情上向所有人让步"。与典型的俄国人相比，西方人是什么样呢？卡维林指出，"如果让一个欧洲人处于他们的境地，他会就开始想方设法地实现自己的理想，在命运安排给他的或大或小的行动圈子之内，他竭尽全力地斗争，与环境斗争，迟早会使环境按着他的意愿改变"。[2]

到 20 世纪初，自由主义要求"个体的自由"以及完全实现个体权利的声音未曾减弱，而且越来越激进化。这种声音出现在政治纲领中、社会集会中、大学生课堂上、自由主义理论家的著作中。如果说当时的自由主义党派在国家制度改革、地方管理和自治改革、地方法院改革问题上存在分歧，那么他们在公民和政治自由方面建立起统一战线。立宪民主党在提交国家杜马讨论的纲领和法案中鲜明地体现了他们对公民和政治自由的要求。他们的根本法案之一《有关公民平等的基本原则》，坚持取消对公民在性别、民族和信仰方面的所有限制。最为重要的是必须打破农民和贵族之间的所有等级壁垒，一方面取消对农民等级的所有限制，另一方面取消贵族

---

[1]　Коркунов Н. М. Энциклопедия права. СПб. , 1877. С. 13.

[2]　Кавелин К. Д. Наш умственный строй. Статьи по философии русской истории и культуры. М. , 1989. С. 475.

的所有特权。《关于人身不可侵犯的法律草案》中指出，个体和政权的所有关系都应该建立在严格的法治之上。除了通过正常的司法程序，任何人不能被拘留和关押，不能遭受搜查、监视和审判。《关于良心自由的法律草案》中提出完全实现良心自由的要求，帮助"恢复人与人之间的信任与道德联系，没有这一点不能提高东正教会的威信，不能达到良心的安宁"，取消对各种信仰人员民事和政治权利方面的所有限制，人民享有公共集会、结社和出版的自由。立宪民主党制定的一系列法案，致力于在俄国形成民主社会和法治国家，保障公民的个体自由和权利，促进他们自身潜力的发挥。

在 19 世纪至 20 世纪初时期，俄国自由主义者持西方中心论和社会进化论，充满了对俄国社会逐渐向理想的社会体制发展的乐观主义精神。他们坚信俄国会实现西方类型的自由主义现代化，但旧社会的"残余"——专制君主制度、社会等级结构、社会和经济生活的公社组织形式等阻碍了这一点。因此，为了推动在俄国形成法治国家、民主社会以及相应的公民法律意识的进程，他们制定了俄国社会和政治组织的现代化方案，赋予自由主义现代化理论方案以现实的意义。如莫斯科大学法律系主任、自由主义法学家 A. C. 阿列克谢耶夫所指出的，"研究国家制度的科学的目的……在于为国家发展指出一条适合的道路，这条道路要适应国家关系的本质与国家生活所致力于实现的目的"。对于"历史这匹劣马"，如果不是去"鞭打"它，那么也要能够驾驭它，坚定地勒紧它的"缰绳"，带领它走向设定的"目的地"——在俄国实现自由主义类型的社会。①

第二节　自由主义方案中的社会和政治组织形式

俄国自由主义者提出了若干有关政治和社会组织现代化的方案，尽管不同方案间的内容差别很大，但共同之处是都追求取消传统的中央集权制，首先是无限专制制度。俄国专制政权和行政机构状况与自由主义所主张的

---

① Алексеев А. С. Русское Государственное право. М. , 1895. С. 309.

个体权利和自由原则以及法治国家的理想本身大相径庭。因此，自由主义者提出的社会和政治组织方案在某种程度上都是实现各级行政机构权力的"去集中化"，实行分权原则，发展议会制度和地方自治，确立法律至上，将其作为在俄国形成法治国家和民主社会的必要条件。

俄国第一位提出自由主义分权思想的理论家是斯佩兰斯基。他在自己制定的国家改革方案中提出，专制政权集法律制定和执行的权力于一身，不可能实行法治管理。因此，他在自己的改革方案中试图明确区分立法、执行和司法权力，由彼此独立的国家机构享有这些权力，君主保留管理国家以及在国际舞台上代表国家的权力。按他的计划，立法权力归由居民选举产生的国家杜马以及地方上的乡、州和省杜马，执行权力归"按管理秩序运行的"各部，司法权力归参政院，立法、行政和司法三个领域最后汇总于国务会议。国务会议是一个附属于沙皇的委员会性质的机构，履行立法咨议职能，协调立法、执行和司法权力的活动。

国家杜马和国务会议监督执行部门的工作，可以要求执行部门的首脑——大臣做汇报，并对其追究责任。斯佩兰斯基指出，人民的立法者将与享有最高权力的君主协调工作，"立法等级的设置，要使其在完成自己的工作时不能脱离专制权力，但要让其保持思想的自由，反映人民群众的思想"。① 行政机构对立法机构负责，司法机构独立于行政机构。最高司法机构参政院的成员半数由君主任命，半数由贵族选举代表产生，这样能够保证参政院作为帝国最高司法机构所应具有的自由、独立和荣誉。参政院的决定是最终的，不得上诉。法院实行统一的组织原则。

按照斯佩兰斯基的设想，俄国最终将会形成一个特殊的世袭的总统制共和国。斯佩兰斯基传记的作者 M. A. 科尔夫认为，斯佩兰斯基这种有关国家体制现代化的方案是俄国从传统的绝对君主制向宪政体制转变的第一步。斯佩兰斯基针对俄国现实条件所提出的分权理论，成为后来俄国自由主义者类似观点的基础。

---

① 〔俄〕谢·弗·米罗年科：《19 世纪初俄国专制制度与改革》，许金秋译，社会科学文献出版社，2017，第 30 页。

齐切林提出，无限的权力是任何独裁专断的源泉，只有实行分权才能防止权力的专断。要实现社会的政治进步必须实行分权，他写道，"只是在有机发展的低级阶段，才由同一个机构履行各种机能"，在政治体制完善之后，"每一种机能就会拥有与之相匹配的机构，这些机能彼此关联，如同一个机体上的不同器官"。"分权制度不是各个机构绝对的独立、彼此的分离，确切地说，这是一种互相制衡的制度。"①

卡维林对三权分立原则有自己独特的诠释，设计了自己独创的政府机构体系。他认为，不仅要将各种权力严格区分开来，而且要在各级国家机关实现政府官员与人民选举代表的"混合"。他提出组织三个参议院——行政、立法和司法参议院，它们彼此之间相互独立。行政参议院整合当时存在的三个机构——国务会议、大臣委员会和政府参议院第一司的职能。成员的1/3由沙皇任命，1/3由省级地方自治机关选举代表组成，1/3由行政参政院本身委派的专家形成。他建议取消部体制，除了陆军部、海军部、外交部和皇室部这四个关键的部门以外将所有现行的部并入行政参议院。参议员终身任职，享有充分的自由。按同样的方式建立地方省行政会议，成员中既有国家机构的代表，也有地方居民选举的代表。立法和司法参议院的构成也是国家官员和地方选举人员的混合，沙皇负责全面协调国务活动。卡维林对他所设计的现代化的君主制模式提出了一个非常独创性的称呼——"专制共和国"，这个"专制共和国"建立在自由主义原则之上。如他所写的，"历史本身迫使我们去创造一个前所未有的独特的社会制度，对于这种制度，再没有比'专制共和国'更为合适的称呼"。②

19世纪末，未来的立宪民主党的领袖之一，第一届国家杜马主席 C. A. 穆罗姆采夫提出的分权方案受到自由主义阵营的重视，在很大程度上成为立宪民主党未来法律方案的雏形。穆罗姆采夫的立宪方案建立在经典的自由主义分权原则之上，实行普遍平等的、直接的、无记名的投票方式，确

---

① Зорькин В. Д. Из истории буржуазно – либеральной общественной мысли России конца XIX – началаXX века. М. , 1975. С. 134.

② Кавелин К. Д. Наш умственный строй. Статьи по философии русской истории и культуры. М, . 1989. С. 436.

保议会的立法职能。行政和司法权力分开，执行权力属于俄国君主，司法系统独立，法官实行终身制，陪审员没有公民财产和社会地位等方面的资格限制。建立法治国家，法律分成全俄和地方法律。地方立法不得与帝国根本法相抵触。在"现行法律是否与根本法相抵触"方面的最高仲裁者不是沙皇，而是独立的司法机关，后者可以宣布执行机关的行为违法。①

俄国自由主义学说把分权原则与现代政治体系直接联系在一起。A. C. 阿列克谢耶夫的观点形象地体现了这一点。他指出，"在旧秩序的国家……最高权力集中于一个人，因此这个权力是个人的、超越法律之上的"。现代先进国家与这种古老的国家制度相对立，"国家权力基本职能在一些机构之间分配，因此没有一个机构拥有无限的权力，每一个机构都会受到其他机构的制约"。"最高权力由一些机构共同享有并不会妨碍最高权力的统一。君主立宪制国家的最高权力也是统一的，只是由权力的分支组合而成。"②

有关国家管理形式问题，19 世纪俄国自由主义现代化方案整体上主张君主立宪制，但还是考虑到国家政治传统，如前所述，斯佩兰斯基所使用的术语是"真正的君主制"，卡维林所使用的术语是"专制共和国"，齐切林也提出了"有限君主制"的术语。齐切林指出，在有限君主制下"国家的思想达到了……发展的最高境界"，体现了"君主制原则与贵族政治和民主原则的结合"，在这种制度下，"君主制度体现了权力，人民体现了自由，贵族议会体现了法律的恒久，所有这些元素协调行动，达到共同的目的"。③他认为，在实现分权原则之时，极端重要的任务是维护国家整体政策的统一，防止各分支权力各自为政，权力划分的限度是不会破坏统一行动。

俄国自由主义一贯主张"三权分立"原则，要求取消绝对专制制度，但根据国家政治传统，为君主保留了执行权力，君主还可以对其他权力施加一定影响。在 20 世纪初，俄国自由主义者借鉴国内外社会学家的理论探索和西欧民主国家的实践经验，所构建的政治制度模式的基本思想依然是

① См.：Проект Основного и Избирательного законов в редакции С. А. Муромцева // Сергей Андреевич Муромцев. М.，1911. С. 385 – 400.

② Алексеев А. С. Русское Государственное право. М.，1895. С. 9，130.

③ Чичерин Б. Н. Курс государственной науки. Т. I. М.，1894. С. 161.

实行分权，全面保障个人权利，但考虑到了各种力量的政治分布和民族传统等。在这方面，20 世纪初自由主义团体和政党对君主制的态度比较耐人寻味。

1904 年 10 月，自由主义激进组织"解放协会"制定了宪法方案，宣称君主立宪制是俄国最佳的管理形式，但为君主保留了广泛的权力：有权否决任何法律草案，在现行宪法的框架下颁布法令，领导武装力量，任命和调动最高官员，宣布战争与和平，召开和解散杜马。

1905 年 10 月立宪民主党成立之时所通过的政治纲领中有关国家制度的表述相当模糊："国家的宪政体制由根本法确定。"① 这种表述并不明朗，到底是哪一种权力形式为自由主义政党所青睐，是共和制、议会君主立宪制还是二元君主立宪制？这是因为立宪民主党的领导考虑到当时自由主义党派内部对俄国政治体制问题有分歧，不想使矛盾激化，试图以这种"模糊的"表述将支持不同制度的成员团结起来。立宪民主党领导人在对自己政治纲领基本条款采用这种模糊表述的同时也相当明确地声明，有关建立共和国的要求不在"实际政策的范围之内"。他们反对共和制度的理由是，人民群众，特别是农民，在本性上是君主主义者，共和制不仅不会得到他们的支持，而且在建立了共和制后，群众自己会要求恢复君主制，这将导致专制制度复辟，而且会是以更为糟糕的形式，将会加剧为确立政治和公民自由而进行的斗争。在沙皇政府镇压了人民起义之后，政治局势发生了变化，立宪民主党中央委员会采取决议，使自己的政治纲领适应"在议会进行合法斗争的现实条件"。在 1906 年 1 月第二次党代表大会上，中央委员会明确提出，"俄国应该是议会君主立宪制"。②

比立宪民主党人立场更偏右的自由主义政党"十月十七日同盟"（十月党）的有关国家制度的表述则更为明确。党纲第一条指出，"俄罗斯帝国是一个世袭的立宪君主制国家，沙皇作为最高权力的载体受到根本法的制

---

① Полный сборник платформ всех политических русских партий. М. , 2001. С. 57.

② Съезды и конференции конституционно - демократической партии. Т. 1. М. , 1997. С. 190.

约"。① 与支持议会君主制度的立宪民主党人不同，十月党人支持世袭的二元君主立宪制，认为这种制度最为适合俄国人民的历史传统。著名的十月党人 В. И. 赫里耶教授写道："议会君主立宪制和二元君主立宪制的政府权力载体不同，分别为议会和君主。在二元君主立宪制下君主的权力没有破坏，只是受到根据宪法所设立的机构的制约，宪法源于沙皇的权力……二元君主立宪制与议会君主立宪制的区别在于，后者是党派的统治，前者是凌驾于党派之上的内阁统治。二元君主立宪制是对君主制原则进行一定的限制，同时保留了君主制管理形式的优势。"②

1917 年二月革命后，自由主义者有针对性地修订了自己的政治纲领。立宪民主党人提出，在二月革命后国家新的政治局势之下，俄国应该成为以总统为领导的议会制民主共和国。立宪民主党的主要思想家 Ф. Ф. 科科什金在第七次党代表大会上做报告，提出立宪民主党人放弃君主制度的思想，他声明："立宪民主党多数派从来没有认为君主制，哪怕是议会君主立宪制，是最佳的管理形式。对于我们来说，当时主张君主立宪制只是政治上的权宜之计。我们当时期望借助这种手段通过最便捷的道路实现我们纲领中的政治理想和原则。君主立宪制是从专制制度向民权制度过渡最为轻松的台阶。"③ 科科什金领导制定的议会共和制方案以法兰西第三共和国为例，执行权力的首脑是共和国总统，由立宪会议选举产生，任职一定期限，保留独立的执行权，监督各部门的行动，立法权属于人民代表会议。

在革命后侨居国外时期，俄国自由主义者中仅有少数人支持君主立宪制，大多数人是"共和主义者"，其首席理论家米留科夫主张俄国未来实行"纯粹的共和形式"，他认为这也是"唯一可能的形式"。他在与司徒卢威争论时强调，"君主制——是过去的一种形式，而共和国——这不仅是理想，也是一种适宜的形式"。④ 在他看来，美国总统制共和国是可以接受的方案。

由此可见，俄国自由主义者普遍认为必须实行分权原则，但在国家未

---

① 李永全：《俄国政党史》，社会科学文献出版社，2017，第 44 页。

② Герье В. И. О конституции и парламентаризме в России. М., 1906. С. 11 – 12.

③ Съезды и конференции конституционно – демократической пари. Т. 3. М. 2000. С. 368.

④ Милюков П. Н. Реабилитация царизма// Последние новости. 1925. 24 июня. С. 1.

来的管理形式上存在分歧。在整个 19 世纪至 20 世纪初，明显的趋势是"倾向转移"：从二元君主立宪制转向议会君主立宪制，再转向议会共和制以及总统共和制，从英国政治制度模式转向法国模式，最终转向美国模式。然而，在俄国自由主义现代化方案中，最为关注的问题除了"横向的"分权之外，还有"纵向的"权力划分，即行政当局与社会自治的关系问题，以及对国家行政机构与地方自治系统之间的权力进行明确划分和界定。

国家行政官僚一直是自由主义者批评的对象。斯佩兰斯基指出，尽管表面上看起来俄国的管理模式很简单——君主通过国家机构体系实现自己的最高权力，但实际状况是国家机关结构混乱、职责不清、效率低下，中央和地方脱节，法律制度漏洞百出，官僚目无法纪、懒惰贪婪、专业技能和教育水平低下，这些影响了最高权力的实现。[1]

从亚历山大二世即位开始，社会整体上期待迅速变革，实现政治生活的自由化，自由主义阵营对官僚的批评声音加强。齐切林针对改革后的俄国官僚指出，他们是"新国家的主要建设者"，但"他们也可能从政权的得力工具变成谋求私利的无法控制的群体"。官僚会觊觎"在行政领域为所欲为"，因而他们会想方设法压制社会的自主性，欺上瞒下，掌控所有现实权力。君主也容易成为居心叵测的官僚的傀儡，他们打着专制君主的名义自行其是。结果"自上而下一片冠冕堂皇，自下而上全然胡作非为"。[2] 卡维林也指出，国家管理现状是："全部的行政管理集中在一长制的权力机构、大臣及与他们地位平等的官员手中，他们实际上无所顾忌、我行我素，不受法律制约……每个部门所努力做的只是取悦领导，谋求私利，而对共同的事业和利益漠不关心。"[3] 20 世纪初的自由主义者中也存在这种批评之声。如司徒卢威隐喻性的表述："俄国人民建立了庞大的霸权国家，似乎就是为了让自己永远成为自给自足的官僚机制的顺从原料。"[4]

---

① Сперанский М. М. Проекты и записки. М., 1961. С. 116.
② Цит. по: Тихомиров Л. А. Монархическая государственность. М., 2010. С. 576.
③ Кавелин К. Д. Политические призраки//Кавелин К. Д. Собрания сочинений Т. 2. СПб., 1897. С. 68.
④ Освобождение. 1902. № 1. С. 1.

虽然自由主义者对国家官僚的指责声不绝于耳，但他们也认为，官僚机构是任何存在管理需求的国家生活不可或缺的组成部分。他们分析了官僚体系在现代社会中的地位和作用，理性地寻找与法治国家相适应的最佳行政权力体系。在这方面首屈一指的无疑是斯佩兰斯基。

斯佩兰斯基认为自己作为改革者的主要任务是建立有效的、规范的行政机构。为此，首先必须"完善和加强"行政机构体系，明确各部的活动方向，他划分出五个战略性的活动方向：外交；国防；国家经济；国内安全；司法体系和监督。计划建立若干个部，各部的活动及其责任有明文规定。在各部内部，明确编制份额、权利和义务、工作秩序。执行工作严格建立在一长制和个人责任原则之上。执行权力受立法权力的监督，立法机构的成员有权对大臣提出质询。① 正如列昂托维奇所指出的，"斯佩兰斯基的思想在于：政府以宪法和法律为根基，政府活动严格遵循法律"。②

斯佩兰斯基在俄国最先提出建立充分的地方自治体系作为对行政官僚机构有效的纵向平衡机制。但斯佩兰斯基并没有像他提出详尽的行政机构改革纲领那样提出有关地方自治体系的系统理论和详细方案。他只是在1809 年《国家法典导言》中阐述了有关方面的一些设想。他指出，必须根据行政区划体系对"国家力量"进行划分。俄国应该划分成省，每省人口在 10 万 ~ 30 万人，每个省同样地划分为 2 ~ 5 个区，每个区设立一些乡。通过选举代表机构的方式吸收地方居民参与政治进程。乡杜马是地方权力体系的下层环节，其成员包括不动产主（地主和市民）的代表以及有限数量的国家农民代表。乡杜马有权确定地方收入和支出；讨论财政报告，选举区杜马成员，把乡里有关社会需求的申请提交给区杜马。相应地，由区杜马代表形成省杜马，由省杜马代表形成全国代表机构——国家杜马。

斯佩兰斯基所提出的有关行政机构和地方自治关系的设想，从 19 世纪下半叶起在俄国自由主义中得到了重大发展。自由主义者所制定的政治现代化方案十分重视这个问题，积极探索地方自治制度，整体思想是必须将

---

① 参见许金秋《俄国文官制度研究》，吉林人民出版社，2013，第 30 ~ 32 页。
② Леонтович В. В. История либерализма в России. 1762 – 1914. М. , 1995. С. 61.

国家权力领域和社会领域区分开来，将这些领域的管理职能区分开来。如格拉多夫斯基认为，应该给予地方联盟、村社、区、州等自治的自由，但前提是不侵犯国家管理领域。国家政治现代化既要求实现分权原则，也要求实现行政和自治原则的和谐结合。只有通过政府和社会力量的协作，国家才能有效地发展。①

卡维林强调地方自治对于国家进步的重要意义，以及地方自治机构对国家社会政治面貌的重大作用，他从四个方面阐述了这个问题。第一，发展地方自治将促进外省的经济发展和文化腾飞。第二，居民积极参与地方生活和管理，将会调和各等级与阶级之间的矛盾，促进社会团结。第三，发展地方自治将会促进形成社会对地方行政权力的有效监督机制。第四，地方自治将会成为伟大的社会和国务活动家的培育基地，为选拔和招募能力杰出的人民代表进入俄国政治精英队伍创造条件。②

齐切林也积极探讨了中央集权和地方自治原则的关系问题，他提出，政府的原则体现在行政官僚机构，而社会的原则体现在地方权力机构，给予社会力量以空间，将使俄国君主制自由主义改革获得广泛的社会基础，从而满足国家发展的需求。③ 他认为，地方自治具有重大的价值和意义，但地方自治机构人员不是职业官僚，他们履行职责不是根据政府的任命，而是根据地方居民的选举。在地方分权与中央集权之间要相互适应与协调，因为地方权力局限在"狭小的圈子，处理琐碎的事务"，可能会忽视全国性的利益，从而导致广泛的地区纠纷与分立，而中央集权是对抗这一点的唯一有效手段。④ 国家行政当局和自治机构之间的关系由法律规定和调节。

20世纪初的自由主义者在自己的法律创作中也比较重视地方管理和自治机构改革问题，但他们之间就一系列原则性问题有重大分歧。立宪民主党人反对等级原则，坚持在普选权之上改革地方自治组织。他们认为，必须取消当时的省管理局、省议事处以及副省长的职务，将他们管辖的事务

---

① Градовский А. Д. Собрание сочинений. Т. 9. СПб., 1904. С. 409 – 519.
② Кавелин К. Д. Собрания сочинений Т. 2. М., 1899. С. 777 – 778.
③ Чичерин Б. Н. О народном представительстве. М., 2016. С. 475 – 489.
④ Чичерин Б. Н. О народном представительстве. М., 2016. С. 484.

转归地方自治机构，那些要求实行中央集权的管理职能保留给省长及其助手。与立宪民主党人不同，十月党人虽然也反对等级原则，但是他们反对在普选权之上改革地方自治机构，主张将选举权只赋予那些交纳地方自治税者。①

整体而言，俄国自由主义者认为国家现代化的成就直接取决于：社会从国家的桎梏下逐渐解放出来，发展地方自治制度，提高居民的政治文化，形成稳定的"公民的"而不是"臣民的"精神。

俄国自由主义政治现代化方案主张充分发展地方自治，把其看作在俄国形成人民代表制度、发展立宪制度的条件和必要前提。议会制度，作为人民代表机构参与实现国家权力的制度体系，是俄国自由主义现代化方案的关键环节。虽然俄国传统君主制的特点对自由主义有关人民代表权力组织的方案产生了影响，但在俄国自由主义政治现代化方案中议会一直不可或缺，尽管其可能以不同的形式存在。议会履行着特殊的作用和职能，被看作俄国政治制度沿着自由主义进步的道路发展的重要标准。

亚历山大一世时期的著名活动家莫尔德维诺夫的思想就存在一定的立宪倾向，他主张建立一个贵族代表机构来分享君主的权力，将其看作解放农民的前提。斯佩兰斯基比他更进一步，提出了具体的立宪方案。斯佩兰斯基认为，俄国实现"真正的君主制"的必要条件，是设立与执行权力体系分开的享有立法和立法咨议权的代表机构——国家杜马和国务会议，这是 19 世纪自由主义思想中最初规划设计的议会制度。按斯佩兰斯基的计划，国家杜马享有立法权，代表由选举产生。选举权被授予贵族和达到一定财产资格的中产阶级。国家杜马在每年 9 月召开，活动期限由所研究事务的数量决定。国家杜马没有立法动议权，但有权对它所讨论的新法律草案的文本提出修改和补充，然后提交沙皇。然而，如果没有国家杜马的赞同，任何一项法案都不能提交沙皇批准并获得法律效力。国务会议享有立法咨议权，由沙皇任命产生，是君主、国家杜马、参议院和大臣委员会之间的联

---

① Шелохаев В. В.（отв. ред.）. Модели общественного переустройства РоссииXX век. М.，2004. С. 248 – 249.

系环节。"在国家机构体系中，国务会议是这样一个组织，立法、司法和执行权力所有行动的主要文件在这里汇集，呈给最高统治者，再从这里把最高统治者的旨意向下传达。"① 国务会议对最重要的社会问题进行初步讨论，研究法律草案、条例、规章，在获得沙皇批准之后提交国家杜马讨论和定稿。

在 19 世纪下半叶，齐切林把议会制度原则本身与俄国自由主义政治现代化紧密联系在一起。他指出，自由主义理念的传播以及自由主义实践，都要求建立代表制管理。社会主动性受到制约的国家在与自由国家的竞争中必然败北。根据他的进化发展观，君主立宪制需要经过两个历史阶段："二元君主立宪制" 和 "议会君主立宪制"。在第一个阶段，议会中占多数的是世袭权贵以及大资产阶级，议会本身的影响不大，以君主为首的行政权力发挥着优势作用。在第二个阶段，议会确立了主导性地位。"议会制管理是人民政治成熟的标志之一，是君主立宪制的鼎盛期。"② 齐切林认为，在俄国具体条件下，必须逐步发展议会制度，人民的政治成熟需要较长的时间周期。只要国家还没有形成充分的民主社会，没有大量的中产阶级，就不能仓促地实行议会制度，因为只有通过中产阶级的政治力量才可能实现社会统一和理智的国家生活。议会管理需要政治经验，形成各种党派，而当时的俄国还没有这一切，因此必须谨慎行动，有区别性地赋予俄国各个等级以政治权利，在他们之间分配权利时应该考虑的不是抽象的平等原则，而是他们参与社会事务的能力。在赋予政治权利时，必须实行严格的资格限制——教育程度、财产、职业、年龄、性别等方面的资格要求。在现代化进程中，俄国君主立宪制应该逐步扩大民主原则，扩大人民的选举权，而议会享有的不再是立法咨议权，而是充分的立法权力。

卡维林也指出了政治现代化进程中议会制度的重要作用。他根据欧洲议会制度形成的漫长历史经验指出："在古代和现代历史上，人民在生活当

---

① 〔俄〕谢·弗·米罗年科：《19 世纪初俄国专制制度与改革》，许金秋译，社会科学文献出版社，2017，第 32 页。

② Чичерин Б. Н. О народном представительстве. М. , 2016. С. 180.

中都会不断追求改善社会和政治形式，或早或晚地会建立某种形式的实行选举原则的国家代表制度。"① 议会制度是现代社会的需求，存在有充分价值的议会是"国家躯体强壮和健康的特征"。发达的议会制度保证了地方、社会及国家利益的和谐，因为代表制度使国家存在有效的途径认清当时国家迫切的共同需求和地方需求。与齐切林一样，卡维林也否认在俄国立即引入立法机关和普选制度的必要性，认为在俄国形成议会制度还长路漫漫。

斯佩兰斯基、齐切林和卡维林有关议会制的思想观点，在 19 世纪下半叶成为一些有自由主义倾向的高级官僚所提出的人民代表制度法律方案的基础，如瓦卢耶夫、康斯坦丁·尼古拉耶维奇大公、洛里斯 - 梅利科夫。

内务大臣瓦卢耶夫在 1863 年编写的新的《国务会议章程》具有立宪方案的性质，他建议在国务会议下成立代表会议，除芬兰和波兰外的地区选举地方代表参加，代表会议讨论新的法律法案和法令，确定各种预算。但代表会议没有最终决定权，其做出的决定交由国务会议讨论，国务会议成员既有由沙皇任命的官员，也有由代表会议选举产生的人员。但国务会议对沙皇的权力没有任何限制，其决定只具有咨议性质。

国务会议主席康斯坦丁·尼古拉耶维奇大公在 1866 年提出了自己的立宪方案，他建议设立两院制的议会，其中一个院的成员由省地方自治会议选举产生，另一个院的成员由贵族会议选举产生。两院议会的权限比斯佩兰斯基和瓦卢耶夫宪法方案中提出的还要小，只研究地方自治局和贵族会议的申请，代表大会不仅没有决策权，而且受政府的全面监督。1880 年，康斯坦丁·尼古拉耶维奇大公又对自己的方案做了修改，主张成立一院制议会，预先讨论法律草案，而不是地方自治局和贵族会议的申请。

1880 年 12 月，时任内务大臣洛里斯 - 梅利科夫在康斯坦丁·尼古拉耶维奇大公立宪方案的基础上拟订了一个政治改革方案：成立两个分别草拟有关地方行政和财政法律的预备委员会，其成员由政府官员和"可靠的"社会活动家担任；在预备委员会之上设立一个总委员会，由省地方自治机

---

① Кавелин К. Д. Мысли о выборном начале // Кавелин К. Д. Собрания сочинений. Т. 2. СПб. , 1897. С. 916.

关和城市杜马的代表组成，负责讨论和修改预备委员会拟订的法律草案；经总委员会讨论修改后的法律草案呈国务会议审议。这个方案的核心是成立一个由地方自治代表组成的法律咨询机构，如果得以实现，这将是俄国国家制度的一个重大变化。①

上述政府自由主义官僚提出的立宪方案的共同之处是，所主张建立的人民代表机构只具有立法咨议职能，行政机构可以对人民代表机构的成员施加影响，强调最高权力的君主制原则不可动摇。这些方案都比较温和，维护君主制，却都没能实施。亚历山大二世对待这些方案极其谨慎，亚历山大三世更是如此。

19世纪自由主义理论家的立场以及自由主义官僚的方案，都强调俄国议会制度要具有等级性质，实行资格条件限制，到了19世纪末20世纪初时期，自由主义有关人民代表机构的方案变得越来越激进，要求成立实行普选的泛等级原则的议会。

1880年，与洛里斯-梅利科夫的"宪法"对立，自由主义活动家 K. K. 阿尔谢尼耶夫建议成立独立的全国地方自治代表会议，对国务会议和参议院进行重大改组，补充以选举产生的地方代表。自由主义倾向政论家、《欧洲通报》编辑 M. M. 斯塔休列维奇指出，必须用真正的欧洲类型的议会切实地限制君主权力，议会具有立法职能，政府对议会负责。权威的地方自治活动家，立宪民主党未来领导者之一 И. И. 彼得鲁克维奇提议召开人民代表全体会议，他号召拒绝"自上而下赐予的"人民代表机构方案，坚持召开立宪会议，要使立宪会议真正成为人民的机构，改变地方自治会议狭隘的等级结构，使之具有泛等级性质。由司徒卢威担任主编的《解放》杂志1902年第1期上刊发米留科夫的文章，其中提出了建立泛等级的人民代表机构的思想，形式是"每年召开的常设最高机构，有最高监督、立法和批准预算的权力"。1904年"解放同盟"制定的宪法草案第一条指出："俄罗斯帝国最高权力由沙皇在国家杜马的参与下实施。国家杜马由两院构成，即人民代表院和地方自治院，两院权力平等。"两院制议会的人民代表应在

---

① 参见姚海《俄国立宪运动源流》，四川大学出版社，1996，第100~101页。

普遍的、平等的、无记名投票基础上选举产生。根据该草案，所有年满 21 岁的男性公民都有选举权和被选举权，除下列人员以外：（1）现役军人；（2）县和市警察局官员；（3）被监护者；（4）被法院剥夺政治权利者、服刑以及被监视者。

20 世纪初，议会制度在俄国政治生活中成为现实。在俄日战争惨败、第一次俄国革命爆发、自由主义反对情绪高涨的危机局势下，1905 年 2 月 18 日尼古拉二世签署了一份由当时的内务大臣 A. Г. 布里根起草的诏书，宣布在保持帝国根本法不可动摇的情况下，吸收从居民中选出的、得到人民信任的、值得尊敬的人参与预先制定和讨论立法议案。诏书颁布后，成立了由布里根领导的特别委员会，研究制定有关人民代表机关的方案。布里根研究了从斯佩兰斯基到洛里斯－梅利科夫等以前的政府官员提出的人民代表机构组织的方案，在此基础上制定出了国家杜马方案，赋予国家杜马以咨议职能，而选举权只赋予那些有产者。1905 年 8 月 6 日，沙皇颁布《关于设立国家杜马的诏书》，宣布成立国家杜马，同时颁布《国家杜马选举法》。根据布里根杜马方案，杜马作为议会，并不具备西方议会一般所应具备的立法权，只是一个咨议性机关。但是从形式来看，国家杜马表面上已经具备了西欧国家议会的一些特征。[1] 1905 年 8 月 6 日《国家杜马选举法》对选民规定了高额的财产资格及其他限制，剥夺了大部分居民的选举权：妇女、未满 25 岁的男性、现役军人、学生、流浪的异族人、工人、手工业者、雇工、农村贫困人口无权参加国家杜马选举。"仅就彼得堡一市而论，其人口在百五十万以上，能有选举权者，不过九千五百人而已。"[2] 但是，在各界人士的抑制之下，这个咨议性的国家杜马未经召开便已经流产。

1905 年 10 月全俄政治罢工迫使沙皇颁布事实上由维特起草的《十月宣言》，宣布："依据确保人身不受侵犯、信仰自由、言论自由、集会自由、

---

[1] 参见刘显忠《近代俄国国家杜马：设立及实践》，社会科学文献出版社，2007，第 42～50 页。

[2] 何汉文：《俄国史》，东方出版社，2013，第 349 页。

结社自由诸原则，恩赐平民以公民自由之坚实基础"，"任何法律未经国家
杜马认可不得生效；民选机构得以确实参与监督朕所授予之权力执行是否
合法"。① 这实际上是赐予了公民政治和公民自由，承认召开具有立法权的
杜马。通过这个法令，专制政权第一次放弃了自己的无限权力，承认人民
参与立法领域的权利，并且宣布给予公民基本的自由。

尼古拉二世召开会议讨论修改 1905 年 8 月 6 日杜马选举法。未来的十
月党人领袖古契柯夫参加了会议，他指出："不应该害怕人民群众，吸收他
们参加国家的政治生活将导致最巩固的安定，赐与普遍选举制是无可避免
的，如果现在不实行，在最近的将来也终归要被迫实行。"② 1905 年 12 月 11
日颁布的《修改国家杜马选举法》的敕令，降低了选民的财产资格，使拥
有选举权的人员范围明显扩大。所有选举人被分成四类——地主、市民、
农民、工人，但他们所享有的选票数不平等：土地所有者的 1 票相当于市民
的 2 票、农民的 15 票、工人的 45 票。③ 1906 年 2 月 20 日诏书《关于修改
国务会议章程和重新审订国家杜马章程》规定了俄国第一个议会的法律地
位："俄罗斯君主沙皇与国务会议和国家杜马统一行使立法权力。"

政府在颁布了 2 月 20 日诏书之后，着手制定国家新根本法，立宪民主
党的法律学家们，如米留科夫、格森、彼得鲁克维奇、戈洛文、拉扎列夫
斯基参与了法律草案的讨论工作。最终批准的新版《国家根本法》虽然没
有接受自由主义者提出的实行议会制，使沙皇的权力相当于法国总统方案，
但还是反映了部分自由主义者的愿望：赋予国家杜马以行政监督权，国家
杜马和国务会议有质询大臣的权力；赋予国家杜马以立法权，任何法律没
有获得国务会议和国家杜马的赞同都不能通过，在保留君主修订根本法的
特权的同时，赋予国家杜马和国务会议修订国家根本法的动议权；赋予国
家杜马以财政预算权。

临时政府时期，俄国自由主义者建议以立宪会议作为共和国议会制度

---

① 〔俄〕谢·尤·维特：《俄国末代沙皇尼古拉二世》续集，张开译，新华出版社，1985，第
1 页。
② 〔俄〕波克罗夫斯基：《俄国历史概要》下册，三联书店，1978，第 752 页。
③ 刘显忠：《近代俄国国家杜马：设立及实践》，社会科学文献出版社，2007，第 82 页。

的基础，使其具有通过国家根本法的权力，提出了相应的《立宪会议地位方案》。立宪会议除了具有立法权外，还监督政府的行动，监督法律的遵守。帝俄历史上唯一的一次立宪会议在 1918 年 1 月 5 日彼得格勒的塔夫利宫召开，自由主义立宪民主党因被苏维埃政权宣布为人民的敌人未能出席会议，右翼力量的代表也没有出席会议。参加立宪会议的社会革命党和布尔什维克发生冲突，多数与会代表自行宣布解散立宪会议并离开，坚持留在会场的代表在警卫队队长 А. Г. 热列兹尼亚科夫那句著名的话语 "警卫队累了" 下散去。立宪会议在俄国夭折，从此 19 世纪至 20 世纪初俄国经典的自由主义阶段实质上终结。

第三节　自由主义解决民族问题的方案

"民族主义" 概念源自西方，从这个词语出现至今没有形成统一的认识，不同学者从不同的角度和层次对其进行了解读。现代西方学者通常认为，有关民族的概念始于法国大革命时期，源于法国关于自由社会的思想，推翻封建君主政体的第三等级自称为 "民族"。"民族主义" 是以民族自我利益为基础的思想或运动，通常被用来表示 "个人、群体和一个民族内部成员的一种意识，或者是增进民族力量、自由或财富的一种愿望"。

在革命前和苏联时期的俄国历史上，对 "民族主义" 的评价通常非常消极，把民族主义视为将一般的（全人类的）与局部的（民族的）人为对立起来。例如，帝俄时期比较权威的布罗克加乌斯和叶弗龙百科词典对民族主义的定义是："民族主义把人民活跃的自我意识转变成某种抽象原则，使 '民族的' 与 '普遍的' 完全对立，'本土的' 和 '外来的' 完全对立。"[①] 1983 年俄国出版的《哲学百科词典》对民族主义的概念持类似的解释："民族主义是民族意识形态和政策，是民族优越感和民族排他性思

---

① 　Энциклопедический словарь Брокгауза и Ефрона, СПб., 1897. Т. 40. С. 710.

想。"① 在近 10~15 年的俄国学术文献中，对民族主义的评价态度逐步发生变化。现代研究人员 B. 马赫纳奇用比喻的手法描述了民族主义："一位英国作家在本世纪初对民族主义世界观进行了精辟描述：'我喜欢我的女儿多于喜欢我的表妹，而我喜欢我的表妹多于喜欢邻居，但说实话，这不意味着我憎恨我的邻居。'"②

19 世纪俄国自由主义理论家涉及民族问题的论述不多，到 20 世纪初，随着国家民族问题的尖锐化，自由主义者也把目光转向了这个问题。

一些自由主义理论家认为，"民族"和"民族性"的概念是精神上的，甚至是非理性主义的。C. H. 布尔加科夫写道，"我们应该把民族性看成某种早于意识的实体的存在。我们意识到自己是民族成员，因为我们在现实上属于民族，如同属于鲜活的精神机体。我们的这种属性完全不取决于我们的意识：这种属性存在于意识之前，超越意识，甚至是违背意识"。③ 另一些自由主义理论家对"民族"和"民族性"的解释更为宽泛。如米留科夫提出"民族"是"一个政治躯体上的公民的总和"。民族构成因素有：语言、宗教、领土、共同目的、历史和传统。民族性是"文化和社会团体"理想价值观的集合体，知识分子反映了"民族的精神"。④ 科科什金等著名自由主义民族问题专家也持这种立场。

自由主义者把"民族"和"民族性"的概念解释为精神和文化范畴，决定了他们对民族主义的理解。他们认为，民族主义的基础是民族心理因素，这些因素深深地植根于历史，植根于人类心理的潜意识。因此，自由主义理论家把民族主义看作属于某种民族的客观实在。他们认为，拒绝民族主义实际上是不可能的。他们反对沙皇政府的民族主义政策，司徒卢威写道："现在实行的官方民族主义，不是为民族国家的团结铺就了道路，而

---

① Философский энциклопедический словарь. М. 1983. С. 414.

② Попов Э. А. Русский консерватизм: идеология и социально – политическая практика. Ростов – на – Дону, 2005. С. 125.

③ Булгаков С. Н. Два града. Исследования о природе общественных идеалов. Т. 2. М. , 2018. С. 433.

④ Шелохаев В. В. (отв. ред.). Модели общественного переустройства РоссииXX век. М. , 2004. С. 258.

是为民族自治和联邦主义提供了土壤，不是使国家团结一心，而是使国家人心涣散。"①

部分自由主义者向往英国和美国解决民族和殖民问题的模式，司徒卢威认为，俄罗斯民族应该遵循的理想，是盎格鲁－撒克逊在北美大陆和不列颠帝国确立的那种自由的、有机的霸权。米留科夫也高度评价英国在解决民族和殖民问题上的政策。他在杜马发言时指出，"大英帝国执行的帝国政策难道与我们相似吗？当你看到英国对殖民地的策略方式，用文明的现代手段将各部分团结起来，你会不由自主地感到嫉妒"。②

包括司徒卢威在内的右翼自由主义者公开宣传大俄罗斯民族主义的口号。司徒卢威赞同将俄国境内的民族分成"有统治权的"和"没有统治权的"民族，俄国是"俄罗斯民族国家"，而"俄罗斯民族是有统治权的民族"。他强调，对于一个创造了强大国家的伟大民族来说，只有宣称并实现开放的、强大的、征服性的民族主义，在道德上才是体面的，才有利于自身的健康发展。俄国人民执行这种民族政策不是出于人道主义，也不是出于公正的考虑，而是出于民族自我意识和自我肯定的情感，是出于"健康的"民族利己主义。司徒卢威宣扬"健康的"民族利己主义，认为俄国的统治权应该属于俄罗斯民族，俄罗斯民族应该公开实行"盎格鲁－撒克逊式的民族主义"。这种民族主义不惧怕竞争，有意识地广收新信徒，因为它相信，它自身不会在异教徒的海洋中消散，而是要把异教徒吸引到自己一方，至少是与他们并肩，并且使自身变得更为强大和稳定。他认为，连贯的民族同化政策是使"统治"民族发展和巩固的唯一途径。

别尔嘉耶夫、布尔加科夫、弗兰克、戈鲁别夫等人支持司徒卢威的立场。右翼自由主义者关于俄罗斯民族是国家统治民族的观点，使其他民族政治自决的权利被拿下了日程。他们认为，在"统一的、不可分割的帝国"的框架下，比较合理的不是由各个民族结成某种模糊不清的共同体，而是

---

① СтрувеП. Б. Patriotica. Политика，культура，религия，социализм: Сб. Статей за пять лет （1905 - 1910 гг.）. СПб.，1997. C. 171.

② Матюхин А. Западноцентризм русского либерализма. К //Обозреватель/ Observer 2006. N. 01（192）. C. 45.

使各个民族与"国家统治民族"达成协议。

但米留科夫及其追随者反对右翼派别的大国民族主义，认为大国民族主义将阻碍国家的发展和进步，使各民族权利不平等，影响世界主义和国际主义的发展。米留科夫指出，任何民族主义都有民族排他性，可能会变成极端的沙文主义。有两种方式可以将各个民族团结在统一的国家内：一种方式是同化，一种方式是和平共处。他反对同化的方式，认为这种方式至今没有在任何地方取得成功，带来的只有危害，必须在统一的国家内实现各个民族的和平共处。他把俄罗斯国家的思想与俄罗斯民族国家的思想对立起来，认为在"多民族国家"的框架下提出"俄罗斯民族国家"的口号在政治上是有害的，这个口号实际上意味着有统治权的民族追求使没有统治权的民族隶属于自己。

米留科夫提出了"世界民族主义"的思想，将之作为多民族国家内解决民族问题的方法。米留科夫认为，民族主义"片面地为自己的文化而骄傲，实际上是一种令人惋惜的短视现象"，而"世界主义无论是在知识理论方面，还是在适应生活实践方面都有自己的优势"。他同时认为不能脱离民族性，因为民族的划分是人类组织的基础，比较合理的是将民族主义与世界主义综合起来。"世界民族主义是介于民族性与全人类之间的某种中性元素，如果不是解决问题，那么也是通向解决问题的道路。"①

1905～1907 年革命前后，左翼自由主义者和民族地区知识分子在民族问题上的要求激进化，甚至表示支持国家联邦制度以及民族地区自治制度，这引起了俄国自由主义者的焦虑。1905 年 9 月召开的地方和城市自治代表大会专门研究这个问题，会议上立宪民主党有关民族问题的主要理论家科科什金做了"关于民族权利和分权制度"的报告。他坚持保留"统一的、不可分割的"帝国，反对民族政治自决原则，反对联邦制。在他看来，这种制度将会直接导致"统一的、不可分割的俄罗斯帝国"解体。科科什金在报告中详细分析了地方自治问题。他认为，将俄国划分成自治州，改变

---

① Шелохаев В. В. （отв. ред.）. Модели общественного переустройства РоссииXX век. М.，2004. С. 261－262.

管理形式，将会给俄国的政治和公民自由问题本身带来重大威胁。有关自治的权限和形式，特别是自治州的界限问题，必将引起巨大分歧，加剧民族纷争。基于此，他指出：在国家实现政治自由之前，不能着手处理自治州的问题。只有在全国确立了公民自由，设立了具有立法权力的人民代表制度之后，才能打开合法确立地方自治的大门。

在科科什金看来，甚至在国家实现政治自由之后，自治也应根据地方居民的需求程度逐渐地实行。他指出，只有法律详细规定自治的权限以及全国和地方立法会议的职能划分，地方自治才不会破坏国家的统一。地方代表会议所通过的法律，只有获得中央权力代表的批准之后，才能获得法律效力。他实际上是主张将地方自治的原则扩展到自治州，只有波兰是例外。科科什金计划在"确立拥有立法权力的全国民主代表制度之后"，立刻将波兰划分为"特殊的自治单位，拥有在普遍、平等、秘密投票之上选举产生的议会，同时保留帝国的统一"。而对其他民族，在这一历史时期，应该实行文化自决，首先是赋予每个民族在社会生活所有领域使用自己语言的权利，成立教育机构维护并发展语言和文化。①

9 月地方和城市自治代表大会的决定成为自由主义党派民族纲领的基础。但不同党派纲领之间也存在一些分歧，立宪民主党和十月党人之间的分歧最为明显。立宪民主党人在其纲领中加入了 9 月地方和城市自治代表大会上通过的两个条款：第 24 条规定，"在赋予公民自由权利以及设立具有立宪权力的人民代表制度之后，俄国应该确立地方自治和州代表会议，代表会议拥有关系民生事务的立法参与权"；第 25 条规定，赋予波兰自治权，"立刻确立拥有立法权力的全国民主代表制度"。而十月党人则坚决反对普遍自治，包括波兰自治，认为这将成为"俄国走向联邦制的第一步"。② 十月党人的纲领中没有将地方自治扩展到全国的要求。但是，自由主义党派有关民族问题的理论和纲领与他们实际的政治立场并不总是相吻合。他们

---

① Шелохаев В. В. （отв. ред.）. Модели общественного переустройства РоссииXX век. М.，2004. С. 265.
② Шелохаев В. В. （отв. ред.）. Модели общественного переустройства РоссииXX век. М.，2004. С. 265.

对当时比较尖锐的芬兰、波兰、犹太、乌克兰民族问题都非常关注。

1910 年 3 月 17 日，内阁总理斯托雷平向第三届杜马提交了法案"关于涉及芬兰的法律的制定程序"，意在调节当时相当混乱的帝国中央和芬兰议会之间的关系。多数十月党人支持斯托雷平的法案。而立宪民主党人则联合进步党人、波兰各民族党派以及穆斯林，共同谴责政府的法案违反了根本法，破坏了"芬兰人民法律的庄严"。1910 年 9 月，斯托雷平向第三届杜马提交了"关于芬兰辖内的俄国人民权利平等"以及"关于芬兰公民实行兵役制"两份新的法律草案。十月党人完全支持政府的方案。立宪民主党则对关于芬兰辖内的俄国人民权利的法律草案产生了重大分歧。右翼立宪民主党人主张承认俄罗斯人民主导民族的权利，在芬兰境内实行全国的法律，米留科夫等人则反对他们的观点。芬兰社会民主主义者向立宪民主党提出要求支持芬兰自治，但立宪民主党人不希望给予芬兰现实的支持。1912 年 2 月 22 ~ 23 日，在立宪民主党中央委员会的会议上，以 M. B. 切尔诺科夫、M. M. 维纳韦尔为首的右翼党人认为，俄国和芬兰之间的关系不应该超出宗主国和自治殖民地之间的关系的框架。结果由右翼立宪民主党人提出的决议获得了通过，引起了巨大的轰动。

在波兰问题上，十月党人和进步党人反对给予波兰政治独立权力，甚至反对给予他们在"统一的、不可分割的"帝国范围内的自治。他们认为，"波兰自治"在当时的状况下是无法实现的，需要做的只是给予波兰人地方自治、使用本民族语言的权利和信仰自由。立宪民主党人对波兰问题的立场与进步党人和十月党人的左翼接近，П. Д. 多尔戈鲁科夫声明："对波兰问题唯一正确的解决方式，是赐予波兰广泛的地方自治权，即地方立法权，促进民族自我意识的广泛发展。"①

对于自由主义者来说，犹太问题比较棘手。尽管在十月党人的纲领中，宣布所有俄国公民，不分性别、民族和信仰一律平等，实际上他们反对立刻给予犹太人平等的权利。十月党中央坚持分阶段解决犹太问题，主张：

---

① Шелохаев В. В. （отв. ред.）. Модели общественного переустройства РоссииXX век. М.，2004. C. 268.

赋予犹太人迁移的自由，但保留一些地区不允许犹太人进入；在有空余学位的情况下，允许犹太人进入中学和大学；允许犹太人参加某些地方自治、私营团体和协会等。仅有小部分左翼十月党人主张立刻给予犹太人全部的公民权利。

右翼立宪民主党人在犹太问题上与十月党人立场接近。司徒卢威坚持让俄国知识分子停止宣传亲犹主义（филосемитизм）思想。他认为，"解决犹太问题"的唯一正确道路是排犹主义（асемитизм），这比"反犹主义"（антисемитизм）和"亲犹主义"生死交锋的斗争更有吸引力。实现排犹主义思想的途径是：解放犹太人，吸引他们加入俄国公职，使他们与俄国文化同化。他写道："政治解决犹太问题的重心在于，取消所谓居住地限制……犹太人是俄国经济腾飞非常重要的因素。在近东经济扩张的局势下，没有犹太人不能建立伟大的俄国，忠于俄国、与俄国文化联系在一起的犹太人，其作为先锋队和中介人的地位无可替代。"① 司徒卢威有关犹太人问题的立场获得了立宪民主党一些中央委员的支持。

司徒卢威与他的支持者在犹太问题上的立场导致犹太资产阶级排斥立宪民主党人，而当时犹太资产阶级通过犹太人权利平等协会向立宪民主党提供物质资助。在立宪民主党中央委员会、立宪民主党刊物编辑部、首都的党组织中都有不少犹太人。因此，以米留科夫为首的立宪民主党中央领导宣布与右翼分子划清界限。但立宪民主党中央在当时"六三政制"的条件下，还是没有决定将犹太问题提上日程。他们认为，在提出犹太问题时必须极端地谨慎，向第三届杜马就这个问题提出自己的规划是极端冒险的行为。在第四届杜马中立宪民主党人也没有准备冒险。

自由主义者对乌克兰问题的解决也没有统一的观点。十月党人整体上认为不存在乌克兰民族问题，甚至没有把乌克兰人列入他们提出的准备赋予在初等学校使用母语教学的"民族的名单"，这个名单上的民族有：波兰人、立陶宛人、德国人、鞑靼人、爱沙尼亚人、拉脱维亚人、亚美尼亚人、

---

① СтрувеП. Б. Patriotica. Политика，культура，религия，социализм：Сб. Статей за пять лет（1905–1910 гг.）. СПб.，1997. С. 56.

车臣人、格鲁吉亚人。进步党人则主张在乌克兰发展地方自治机构，主张在小学使用乌克兰语，他们在理论上允许乌克兰自治的可能性，限定条件是"如果乌克兰人民需要这一点"。立宪民主党人与乌克兰各种民族运动政治派别具有传统上的联系，在乌克兰有着相当广泛的党组织网络，对于他们来说，乌克兰问题比较复杂。一方面，以司徒卢威为首的右翼立宪民主党人认为这个问题的提出是"知识分子的杜撰"，号召与"乌克兰分立主义"进行坚决的斗争。另一方面，以 A. P. 列德尼茨基为首的自治联邦主义者协会对乌克兰自由主义者的要求持同情态度。立宪民主党中央领导则试图在乌克兰问题上建立某种平衡，但是，这种平衡更多的是倾向于党的右翼，而不是左翼。1914 年 2 月初米留科夫出行基辅时在与乌克兰立宪民主党人的会谈中，表示反对联邦制，他指出："立宪民主党不仅否认在可预见的将来实行联邦制的可能性，而且反对联邦制原则本身，将之视为一种乌托邦。"[1] 他于 1914 年 2 月 19 日在第四届杜马中声明，立宪民主党从来不支持联邦制的口号，党与自治联邦主义者的立场没有任何共同之处。党唯一能够同意的是承认乌克兰人在民族文化自治范围内的要求合法。

立宪民主党 1914 年 3 月 23 日会议的中心是民族问题。米留科夫对会议的讨论做了如下总结："立宪民主党纲第 24 条规定的赋予各个民族文化自决的权利，也是一个漫长的任务。如果想达到切实的进展，而不是限于一些宣言，那么就请不要用大量的要求来加重我们的负担，不要使局势进一步恶化，不要再来一次动荡。要知道，1907 年动荡不仅是我们的纲领过于宽泛的结果，而且是散播我们准备肢解俄国的谣言的结果。"[2] 米留科夫认为，应该采取的政策是与每一个民族单独讨论它迫切的现实需求。

第一次世界大战爆发后，战争局势要求实现民族团结，民族问题特别尖锐。自由主义者强调民族团结，呼吁面临战争的各族人民意识到他们是在保卫共同的祖国，祖国是他们自由生活的家园。他们应该感觉到自己是

---

① Шелохаев В. В. （отв. ред.）. Модели общественного переустройства РоссииXX век. М.，2004. C. 271.

② Съезды и конференции конституционно‐демократической партии. 1905–1907 гг. М.，1997. Т. 2. C. 529.

国家机体不可分割的部分，自己的利益与国家中央密切联系在一起。

立宪民主党人清楚地认识到，沙皇政府的霸权政治导致了民族地区民族主义情绪和分立趋势的加强，他们还考虑到国际局势，如交战国利用俄国民族冲突问题来攫取利益等因素，在杜马活动时所提出的解决民族问题的主张大体如下：解决俄波问题，取消对俄国境内波兰人权利的限制，立刻制定有关波兰王国自治的法律草案并提交给立法机构，研究有关波兰土地所有制的法律；取消对犹太人权利的限制，包括进一步取消居住地、入学、选择职业方面的限制，恢复犹太人的出版业；对芬兰实行安抚政策，禁止迫害地方官员；恢复小俄罗斯的出版业，对受迫害的人实行特赦。①

同时，在 1914~1917 年间，立宪民主党内部积极讨论解决民族问题。在党中央委员会设立了民族问题专门委员会，讨论犹太、乌克兰、波兰、亚美尼亚、立陶宛民族问题。其中对犹太问题和乌克兰民族问题的研究不太积极，而其他三个问题，即波兰、亚美尼亚和立陶宛问题，在战争期间具有了国际意义，受到了关注。

尼古拉·尼古拉耶维奇元帅在 1914 年 8 月 14 日曾经向波兰人发表讲话，许诺给予他们信仰自由，赋予他们在俄国沙皇统治下的自治权。立宪民主党人认为，研究波兰问题"必须建立在元帅对波兰人民的讲话基础上"。他们坚决反对赋予波兰人民政治独立权。米留科夫指出，在历史的将来可能给予波兰民族自治权，但这个决定必须"经过俄国立法机构，经过俄国人民代表机构"做出。而司徒卢威一贯坚决反对赋予波兰政治独立权，他声明，"将波兰分离作为独立国家，将会带来巨大的灾难"。②

立宪民主党中央委员会委托科科什金拟定了"关于波兰王国体制的法律草案"。这个草案的主要原则是：波兰王国是俄国不可分割的部分，适用全国法律和法规；波兰民族地区成为一个特殊的自治单位，设立享有立法权的一院制议会，经过普选产生；御前秘书是议会和沙皇的中间人，同波

---

① Милюков П. Тактика франкции народной свободы во время войны. Пг., 1916. C. 33.

② Протоколы Центрального комитета конституционно - демократической пари. М., 1994. T. 2. C. 476.

兰总督一样由沙皇任命产生；总督负责大臣的任免，而君主保留着解散议会、批准议会所通过的法律的权力。这个草案还规定取消波兰地区的信仰限制，允许在公文事务和教育活动中使用"本地语言"。但是，波兰全国机构之间往来的官方语言依然是俄语。

科科什金拟定的这个法律案在 1915～1916 年间多次在立宪民主党中央委员会的会议上讨论，引起了一些党员的反对。俄国在前线军事失败，国际地位削弱，德奥同盟国以及协约国都提出了对欧洲政治地图做出重要修订的方案，这迫使立宪民主党人亦多次回到波兰问题上来。1916 年 5 月，多尔戈鲁科夫公爵在中央委员会做了有关波兰问题的报告。他强调，波兰问题的解决直接取决于战争的结局。战争可能有三种结局：（1）德奥同盟霸权国家获胜；（2）俄国及其同盟国获胜；（3）战争打成平局。在第一种结局之下，立宪民主党根本无力"影响波兰问题的解决"。在第二种结局之下，波兰的三个部分应该联结成为一个独立的国家，拥有通向波罗的海的出海口。考虑到这种可能性，多尔戈鲁科夫认为，立宪民主党中央委员会应该提前制定关于恢复波兰在民族疆界范围内独立的专门文件，并且以俄国的名义向国际大会提交这份文件。在第三种结局之下，俄国只能影响战争前位于它境内的那部分波兰领土。多尔戈鲁科夫号召赋予波兰广泛的自治，他强调，对于当前波兰人希望"恢复独立的波兰国家，哪怕是在俄国境内的波兰范围内，也应该予以否定"。①

1916 年 11 月 8 日，立宪民主党中央委员会通过了关于波兰问题的决议，表明了立宪民主党人有关波兰问题的最终立场：不支持波兰独立，认为波兰独立会削弱俄国的军事力量，也会引起右翼和政府对党的攻击，削弱党的地位。

立宪民主党中央委员会讨论了亚美尼亚问题，米留科夫指出，生活在土耳其六个省的亚美尼亚人，在期待着高加索总督发出尼古拉·尼古拉耶维奇元帅对波兰人那样的号召，他阐述了解决亚美尼亚问题的三种可能方

---

① Протоколы Центрального комитета конституционно‐демократической парии. М. , 1994. T. 3. C. 305‐306.

案。第一个方案由部分亚美尼亚知识分子提出，即在战争后俄国和土耳其境内的亚美尼亚人成立政治独立的"大亚美尼亚国家"。第二个方案体现了一种日益广泛传播的思想，即成立土耳其摄政下的亚美尼亚自治区。第三个方案是由俄国吞并土耳其辖内的亚美尼亚地区。他认为，亚美尼亚地区多国利益交织，国际局势使这几个方案的实施都面临着困境。对于俄国来说，最为有利的、政治上最为现实的措施是吞并亚美尼亚。

米留科夫的立场得到多数参会者的支持。例如，В. И. 韦尔纳德斯基坚决反对统一的政治独立的亚美尼亚国家，他认为，在黑海沿岸成立这样一个国家完全不利于俄国的利益。至于亚美尼亚在土耳其摄政之下的自治，在复杂的国际局势下也会引起不愉快。成立自治的亚美尼亚，"俄国更可能的是多了一个敌人，而不是朋友"。[①] 最佳的解决方案是吞并亚美尼亚，将亚美尼亚与俄国利益联系在一起。И. И. 彼得鲁克维奇也持这种观点。他说："如果建立在土耳其摄政下的自治的亚美尼亚，那么俄国面临的将是一个令人不安的邻居，这个邻居会不断地把相邻州的亚美尼亚人吸引过去；这是身边的一个毒瘤，欧洲大国无疑会在自治的亚美尼亚推行自己的利益。"[②] 在贸易和军事方面最为有利的是由俄国吞并亚美尼亚，把黑海的某一部分变成俄国的海。

立宪民主党讨论了立陶宛自治体制的方案，这个方案由 П. С. 列奥纳斯起草。这个方案的基本原则与有关波兰体制的法律方案相同。立陶宛民族地区成为独立的自治单位，是"俄国不可分割的部分"。"全国法律所规定的公民和政治自由的一般保障"也适用于立陶宛，在必要的情况下，可以出台立陶宛地方法律来扩大这些权利。立陶宛内务按照建立在特殊法律之上的特殊规章进行管理。立陶宛设立一院制议会，由普遍、直接、平等、秘密的投票选举产生，议会通过的法律草案要经过俄国沙皇批准。议会的实际权限仅为讨论地方税收和赋役、收支预算和清单。在立法、司法、行

---

① Протоколы Центрального комитета конституционно – демократической парии. М. , 1994. Т. 3. С. 440.

② Протоколы Центрального комитета конституционно – демократической парии. М. , 1994. Т. 3. С. 94.

政以及国家教育机构的所有公文事务都使用立陶宛语言。御前大臣是沙皇和议会的中介，由沙皇从立陶宛公民中任命。立陶宛由总督领导，最高司法机构是参政院。

二月革命后，1917 年 5 月立宪民主党第八次代表大会讨论了有关民族问题的立场，科科什金在会议上做了《自治与联邦》的报告，对党纲的一些章节做了修改。1917 年 7 月第九次代表大会上诺利杰做了《俄国民族问题》的报告，并通过了决议。

这两个报告人和党代会的多数代表主张维护俄国统一、不可分割的原则，反对赋予各个民族政治自决权以及民族区域自治权。他们认为，在政治动荡以及民族关系紧张的局势下，如果像一些民族代表所要求的那样，将国家按民族和地域原则划分，将会导致俄国统一被全面破坏，确立的将不是联邦制，而是邦联制。在多民族国家内解决民族问题的最佳方式，是赋予各民族不是地域上的，而是文化上的自治。在这个大的前提背景下，给予各省、各州地方自治局经济和文化生活方面的立法权。但是，这方面的地方法律不能与全国法律相抵触。国家权力机构有权在必要时刻对地方法律行使否决权。省和州的地方自治机构之间可以签订协议，合作完成一些共同的任务，成立"临时的或常设的联邦"。各省和州疆界的改变以及他们的分开与合并，都应该由相应的地方代表会议倡议并且通过，要考虑到地方居民的意愿，且只能依据全国法律进行。

在革命和内战年代，俄国自由主义这种关于民族问题的观点受到了严峻考验。俄国专制政权倾覆，民族地区独立运动浪潮风起云涌，国家时局使得俄国不得不将联邦问题提上日程。自由主义理论家和政治家无法忽视这一点。1918 年 5 月，在立宪民主党人莫斯科会议上，维纳韦尔在报告中强调，在未来的建设中俄国"要比以前更多地考虑边疆地区所表现出来的自治追求，考虑到一些地区曾经历过或长或短的独立时期"。[①] 部分立宪民主党人，首先是那些在国外的党员，号召自己的战友

---

① Шелохаев В. В.（отв. ред.）. Модели общественного переустройства РоссииXX век. М.，2004. С. 279 – 280.

采纳联邦制。但右翼自由主义者依然反对联邦制，如多尔戈鲁科夫在给彼得鲁克维奇的信中写道，尽管他对于在遥远的将来俄国确立联邦制并不排斥，甚至认为是合理的，但在当时俄国的局势下他担心联邦制的口号会使俄国分裂。

这一时期，自由主义者在国内各民族关系方面的设想是，在 1917 年 10 月 25 日之前的疆界内恢复俄国的统一和完整，使那些脱离俄国的领土返回俄国。例外的只有波兰，他们承认波兰人民政治和国家独立的权利。自由主义者坚决反对成立特殊的乌克兰国家，声明这蕴藏着巨大的危险，威胁"俄国人民经济和文化的实力，以及政治的健康发展"。自由主义者不反对芬兰的政治独立（在大芬兰公国的疆界内），因为芬兰的政治独立"不会影响到对于双方都十分必要的军事统一、外交统一"。芬兰的政治独立保障了俄国不会"肆意地暴力干涉芬兰国内生活，侵犯它的宪法制度"。但他们反对承认芬兰的全面独立，认为这将为其他民族和国家组织强求和觊觎独立打开大门，成为俄国解体的前奏。对于其他地区，包括波罗的海地区，可以赋予自治权，发展民族文化，但全国性语言是俄语。这事实上是承认了俄国的联邦制。

20 世纪初俄国自由主义者提出的解决民族问题的方案是其政治现代化理论的有机组成部分，也反映了俄国社会广大人士的观点与利益，他们希望维护历史上形成的多民族国家的统一和完整。自由主义改革方案主张通过立宪巩固个人公民和政治权利，同时保障个体在民族领域的权利，寄希望于各民族之间的妥协和相互理解，这种模式为避免暴力解决民族问题，也为避免俄国的解体创造了现实的可能性。

第四节　自由主义现代化的方法论

如果说俄国自由主义者在其政治理想上，即对自由主义改革的"终点"有一定共识，那么对达到"终点"的方式和途径，也就是说对实现现代化的方式和途径的看法则有所不同，据此可以划分成保守的和激进的自由主义，而激进性是俄国绝大部分自由主义运动的显著特点。

"保守的自由主义"，顾名思义，即把自由主义的价值观与保守主义的立场结合起来。这一术语在 19 世纪末 20 世纪初的俄国已经开始使用。如 H. A. 别尔嘉耶夫指出，当自由主义为保守主义原则所"复杂化"，会变得更加深刻和强大。"保守的自由主义者要比激进的自由主义者更高一筹，他们认识到要对抗来自外域的理想。"① 但这个术语得以广泛运用是通过俄国著名史学家列昂托维奇的著作《俄国自由主义史》（1957），这部著作中对保守的和激进的自由主义进行了明确划分，提出"只有保守的自由主义是真正的自由主义"。②

俄国保守的自由主义产生在 19 世纪，在严格的专制制度、等级制度和农奴制的条件下，其特点是充分肯定政治传统的价值，认为保留并借助为民族意识所熟悉的政治制度来实现自由主义现代化是最合适的道路。这一流派的标志性代表人物除了斯佩兰斯基之外，还有卡维林和齐切林。他们都主张借助传统权力机制来贯彻自由主义价值观，在进行自由主义改革时遵照循序渐进、代际继承的原则，以免社会出现激进的趋势、病态的进程。他们都认为俄国社会尚不具备立即实行系统的政治现代化改革的前提条件，这些条件只能去逐渐地创造。这是 19 世纪俄国保守的自由主义政治现代化方法论的出发点。

保守的自由主义认为，俄国政治现代化成功的第一个先决条件是政权的开明和理性，由开明的政府执行明智的政策，完成社会所急需的改革，创造条件使国家向法治国家迈进。因此保守的自由主义者主张保留君主制，具有独特的"保皇"特征，从自由主义官僚斯佩兰斯基对待君主制的态度可见一斑。他认为，贯彻自由主义改革要求具有稳定的、合法的秩序，在俄国的现实条件下只有强大的君主制政权能够保障这种秩序。齐切林和卡维林也认为，在改革的转型时期将会不可避免地出现社会紧张局势，而近代历史经验表明，专制制度是解决社会矛盾和冲突最可靠的工具。根据俄国历史传统，沙皇以及人民对沙皇的信仰是进行自由主义进化式改革的保

---

①　Бердяев Н. А. Философия неравенства. М., 2012. С. 171.

②　Леонтович В. В. История либерализма в России 1762 - 1914. М., 1995. С. 25.

障，卡维林写道："我相信，君主制对于现在的俄国是非常必要的；但君主制应该是进步的、开明的。"① 齐切林对国家政权的一贯立场是："真正的自由主义不在于否定国家原则，它的目的应该是在社会上建立符合人民生活条件的合法的自由，而只有强大的政权能够保障自由的理性发展。"② 在自由主义现代化的条件下，国家需要强大的政权，从而能够通过法律的手段建立民主社会。

但保守的自由主义者所拥护的不是传统的君主制，而是君主立宪制。他们都把建立宪政体制，建成人民享有充分自由的法治国家看作国家改革的战略目标和最终目的，但认为发达的宪政代表制度是人民政治成熟时代的产物，需要时刻为之做好准备。俄国的现实条件不允许采取"激进的行动"，必须确保现代化进程平稳推进，给自由主义制度和价值观以充足的时间在俄国土壤扎根，渐进地施行宪法，建立宪政体制。在斯佩兰斯基看来，建立宪政体制是俄国政治现代化进程中的里程碑，但完全实现这一点只能是在将来。他在国家改革方案中制定了阶段性实施宪法的具体步骤，先成立国务会议讨论民事法典，进行司法改革，然后成立国家杜马，讨论国家法典，再由国家杜马通过宪法。③ 卡维林也主张在俄国先由政权"自上而下"渐进地实行自由主义现代化方案，由君主倡议完成一些迫切的任务，如司法改革、财政改革、发展教育、扩大公开性、确立地方自治体系等。在这些任务完成之后，宪法必定会自然而然地确立，而立刻用人民代表机构限制俄国君主制只能是"立宪的谎言"。齐切林也反对在"立宪问题"上的"剧烈运动"。他认为，俄国社会在数个世纪的专制制度之下已经习惯了凌驾于自己之上的无限权力，还没有准备好迅速转向立宪制度和政治自由。他形象地描述了亚历山大二世大改革后俄国的状态："以前的思想观念受到质疑而动摇，而新的思想观念还没有形成……以前受专制制度压迫的社会

---

① К. Д. Кавелин о смерти Николая Ⅰ : Письма к Т. Н. Грановскому // Литературное наследство. Т. 67. М. , 1959. С. 596.

② Чичерин Б. Н. Очерки Англии и Франции. М. , 1858. С. Ⅺ－Ⅻ.

③ 参见〔俄〕谢·弗·米罗年科《19 世纪初俄国专制制度与改革》，许金秋译，社会科学文献出版社，2017，第 33 ~ 34 页。

还没有来得及接受自由主义的理论和实践。选择这样的时机实行立宪制度，类似于把一艘小船放入风浪之中。"① 他提出农民解放后自由主义改革的合理顺序是：逐步实行言论、良心、出版自由，政治公开性。在第一批举措成功之后，才计划实施宪法，给予和扩大人民政治权利，在政治制度中引入议会，使政党的活动和斗争合法化，逐渐实现向民主社会和法治国家的过渡。

保守的自由主义认为俄国政治现代化成功的第二个先决条件是人民自身逐渐开明，形成法律意识，为法治国家创造条件。俄国社会，尤其是农民，政治文化水平低下，缺乏法律意识，还没有完全成熟到可以享有充分的政治自由。如果不进行政治思想启蒙，使人民形成政治和法律文化，就仓促地、草率地实行宪法和代议管理，那么所谓宪法和代议制度只能是"戏剧性的场景、装饰性的布景，毫无意义和价值"。这种做法只是对自由主义原则一种非理性的崇拜，而不是以务实的态度来解决关系国家未来的事务。齐切林和卡维林认为发展地方自治机构的目的之一就是逐步培养人民对政治和公民自由的适应性，培养他们的法律意识。

保守的自由主义思想家们注意到了社会本身及各个等级的重要作用，把国家未来的改革进程与"中产阶级"的逐渐形成联系在一起，认为中产阶级力量的壮大能够改变传统的贵族和农民占多数的两元社会结构，成为自由主义改革的可靠支柱。他们还注意到了政权与社会的关系问题，提出政府和人民之间相互依存，是"同一个国家机体的两个部分"，自由主义改革成功的关键是执政精英与社会团结协作，政府要避免与人民之间任何可能的对抗，而社会各思想流派也要与政权进行合理的妥协，而不是坚决的对抗。

保守的自由主义现代化的方法论，把自由主义和保守主义有机结合起来，提出决定自由主义改革成功的重要因素是政治制度稳定，改革方案周密，分阶段贯彻实施。比如，斯佩兰斯基认为，在取消农奴制时不能采取激进的措施，让在漫长的历史时期内一直处于奴役状态的人民立刻享有全

---

① Абрамов М. А.（отв. ред.）Опыт Русского либерализма. Антология. М., 1997. С. 57.

部自由,人民可能会爆发不可预知的行动,造成社会混乱。因此,必须逐渐地缓和农奴制,其他领域的变革也是如此,重要的是做好准备工作。卡维林提出,所有改革都要极端谨慎地操作、渐进地施行,采取温和手段,随时调整政治手段使之适应社会的不断变化,以保障局势的平稳。齐切林也呼吁不要抱有国家迅速实现自由主义现代化的幻想,迫不及待地实施政治激进改革,只能会破坏社会稳定,导致无政府和失控局面,结果自然是政府专政或是革命专政。应该采取折中的方法,实行渐进性的、阶段性的改革,"既防止出现铁腕独裁的统治者,也防止出现革命激情的狂暴"。政治和公民生活进化式的、改良式的现代化,必然意味着传统和现代制度长期和平共存、相互渗透,逐渐地使后者代替前者。旧制度之中可能包含着新社会关系的萌芽,必须对它们进行培育和栽培,才能结出丰厚的果实。在进行理性主义改革时以传统为根基,将会促进政治改革的有机性和稳定性。①

　　因而,保守的自由主义思想自然不接受把革命作为解决社会矛盾的方式,主张通过国家"自上而下"平稳的改革来避免革命。例如,斯佩兰斯基不断敦促最高政权,"不要坐等,不要受制于事件",而是要"掌控事件,消除可能会带来消极影响的那些因素"。他相信,只有考虑周到、精练高效的改革才能够有效避免人民的骚动和叛乱、普加乔夫式的运动或者革命。俄国人民真正的自由只能通过系统实施一些必要的改革来实现。斯佩兰斯基曾经对亚历山大一世提出警示,即事件可能朝着革命的方向发展:"人民热情的狂暴将代替权力和理智,为所欲为成为追求自由的唯一手段;这种思想倾向的后果不堪设想,人民行动的结果永远是走向专制的王国。"② 卡维林质疑"革命性跳跃"到新生活的历史合理性和成效性:"在 24 小时内,激进地把人民从一种形式转变为另

---

① См.: Что такое охранительные начала//Чичерин Б. Н. Несколько современных вопросов. М., 1862. С. 147 – 187.

② Дживилегов А. К., Мельгунов С. П., Пичета В. И. Отечественная война и русское общество. 1812 – 1912. Т. 2. М., 1911. С. 175.

外一种形式，这只能是一种戏法，我不相信这个。"① 齐切林把革命的思想视为乌托邦，是追求实现某种抽象的"最高目标"，最终"一切都不过是海市蜃楼"。②

19 世纪以斯佩兰斯基、齐切林和卡维林思想为主要代表的保守自由主义者所提出的俄国政治现代化方法论，倾向于实现国家政治制度逐渐的、进化式的转变，是对激进地破坏性发展进程的一种有效的对立选择。20 世纪初保守的自由主义思想与 19 世纪相比，既有一定的继承性，也有一定程度的发展。维特和科瓦列夫斯基的思想是两者之间的交界与过渡。然而，20 世纪初保守的自由主义的"繁荣"主要还是得力于诺夫哥罗德采夫、弗兰克和后来的司徒卢威的政治创作，以及《路标》《自深处》文集作者的思想探索。

长期担任国家要职的维特作为一个有影响力的政治人物，与 19 世纪初的斯佩兰斯基一样，是"自由主义实践家"，更多的是从君主制国家政治自由化的现实任务的立场出发，对于他来说，永远是"现实重于理想"。他认为，俄国自由主义现代化的现实基础是发展工业、交通基础设施，改革财政体系。但是，在 20 世纪初，维特认为有必要从理论上对俄国现代化进行论证，他写了一些有分量的著作，如《专制制度与地方自治》《以民族主义为由》《民族经济和李斯特》等，还留下了拥有巨大价值的《回忆录》。而自由主义历史学家、法学家、社会活动家、国家杜马和国务会议委员 M. M. 科瓦列夫斯基作为学院派代表，在新的历史条件下继续由卡维林和齐切林开创的对国家改革最佳模式的理论探索。与卡维林和齐切林不同的是，他认为俄国政治现代化成功的前提条件是逐渐形成议会制度，其中国家杜马起到重要的政治作用。

20 世纪初，保守的自由主义依然关注国家政治传统以及传统生活方式和意识形态，坚持必须进行和平的、有机的、渐进的改革。科瓦列夫斯基认为，政治现代化应该是不断地进化发展，对社会制度进行平缓的改革，

---

① Письма К. Дм. Кавелина и Ив. С. Тургенева к Ал. Ив. Герцену. Женева, 1892. С. 57.
② Чичерин Б. Н. Собственность и государство. Т. II. М., 1883. С. 167.

使过去的传统与新时代的理想有机地契合。^① 维特也关注俄国传统和历史特点，强调国家在自由主义改革中所起到的必要作用，在现代化进程中需要由国家协调社会和经济领域。自由主义改革应该与俄国精神文化和国家利益相适应，自由主义改革者必须永远记住，"我们首先是俄国人，如果我们为了遥远的、臆想中的人类利益而牺牲眼前的迫切需要，那么我们就是在犯罪"。^② 弗兰克和司徒卢威都把自由主义（创造的原则）与保守主义（保守的原则）建设的结合视为俄国政治现代化的最佳途径，"这两种原则的相互依存和相互联系，表明维护与创造不是两个不同的社会任务，而是一个有机任务整体的两个方面"。^③ 自由主义法律学家、历史学家和政治活动家诺夫哥罗德采夫指出，根据科学规律，"存在因果关系的现象不会出现跳跃和中断"，在国家现代化进程中，旧的事物不是被改革，而只是得到发展，现在的、将来的与过去的盘根错节地联系在一起。^④

20 世纪保守的自由主义者也反对通过暴力革命的方式完成改革。科瓦列夫斯基认为，革命是"违背自然形式的"社会运动。革命与进化不同，不是历史的必然，但在社会和谐被破坏之时可能发生革命。他指出，革命爆发的原因经常是执政者强力施压，引起被压迫者的报复性行动。他敦促俄国当局要逐步进行改革，以避免发生革命性的流血事件。维特持类似的立场，他写道："我始终深信一点，俄国必将成为一个事实上的立宪国家，在俄国，也象在其他文明国家一样，势必实行公民自由原则……是和平和理智地做到这一点，还是通过流血的形式来完成这项任务……我祈祷上帝，不应流血而应该和平地完成这项伟业。"^⑤ 司徒卢威曾多次表示，用革命暴力摧毁社会制度，只会导致报复性的专制和奴役。任何主观的激进主义、

① См.: Ковалевский М. М. Очерк происхождения и развития семьи и собственности. М., 1939. С. 18.

② Витте С. Ю. По поводу национализма. Национальная экономия и Фридрих Лист. СПб., 1912. С. 20.

③ Франк С. Л. Духовные основы общества. М., 1992. С. 127.

④ Новгородцев П. И. Об общественном идеале. М., 1991. С. 59.

⑤ 谢·尤·维特:《俄国末代沙皇尼古拉二世》续集，张开译，新华出版社，1985，第 287~288 页。

革命的思维方式都是"原则性地否定历史根基",脱离实际生活。弗兰克也指出革命具有破坏性、乌托邦性:"激进主义的革命,目的是从社会中消除一切旧的,建立全新的生活,这样的举动是疯狂的、不切实际的,类似于从身体倾倒出他所累积的血液,再重新倒入全新的血液。"①

　　然而,与19世纪相比,20世纪初保守的自由主义也出现了新的元素和特点。19世纪时期保守的自由主义更加"精英化",强调国家政权的力量,对它来说现代政治学中的"自由主义民主"思想并不典型,甚至可以说是反民主的,自由主义价值观与民主价值观明显分离。这一时期保守的自由主义倾向于维护个人主义原则和个人尊严,认为民主意味着非理性的人群、奴隶,集体对个人的统治,大多数人的专政,甚至是无政府状态。齐切林指出,无论在何种情况下都不能把民主视为人类社会的理想,"不受约束的民主无疑是最糟糕的管理形式之一"。他认为,在俄国,自由主义价值观在君主立宪制和有资格限制的贵族代表机构下更有利于实现。② 卡维林与他的观点一脉相承,将君主制政权和自由主义的基本原则——自由联系在一起。他相信,俄国将成为"史无前例的实行专制制度且同时是世界上最自由的国家"。③

　　20世纪初的保守的自由主义则更加民主化,充满了民主自由和改革的精神。民主作为一种政治形式,被视为成功的自由主义现代化的标准。司徒卢威指出,"在我们这个广大人民群众有意识地走上历史舞台的时期,如果自由主义者不明确提出坚决的政治和社会民主要求,那么在保证社会进步和自由的事业上将毫无建树"。④ 20世纪初的自由主义理论家们把实现自由主义社会作为战略目的,把民主和建立民主的过程视为达到这个目的的有效手段。

　　弗兰克也仔细研究了自由主义和民主的并行不悖:"个人自由和价值平

---

① Франк С. Л. Духовные основы общества. М., 1992. С. 63.

② Чичерин Б. Н. Курс государственной науки. Т. Ⅲ. М, 1898. С. 185.

③ Из писем К. Д. Кавелина к гр. Д. А. Милютину //Вестник Европы. 1909. № 1. С. 10.

④ Кисельникова Т. В. Общественно - политическая мысль в России в конце XIX – начале XX в.: идеи либерального социализма. Томск. 2010. С. 9.

等，亦即个体的权利平等——是民主运动的政治信条。""民主的价值观不在于它意味着所有人的权利，而在于它意味着所有人的自由。"① 他认为，与其他政治形式一样，民主制度有其缺陷，但它是在所有人自决的基础上实现政治权利的最佳保障，也潜在地确立了使人民摆脱某些少数派专政的机制。因此，民主制度是社会道德和公正的象征，民主组织原则保证每一个公民拥有参与解决公共问题的权利，比其他政治形式更能有效地协调个人、社会和国家的利益。弗兰克和司徒卢威合写的文章中指出，"人与人之间千差万别，因此也是不平等的，但是对我们的道德意识而言，所有的人作为人类个体是平等的"②。在他们看来，政治民主是进步的阶段，但也只是社会无限的运动进程的某个阶段而已。在社会进步的过程中，能够而且应该去追求让越来越多的人参与到对社会生活进程的影响中。真正的民主是全体俄国人民在"最高的精神枢纽"之上团结起来，所谓"最高的精神枢纽"就是忠于国家，忠于俄国文化，实现真正的民族团结，将国家建设提高到"上帝的事业的程度"。

20 世纪初保守的自由主义与 19 世纪的自由主义以及大多数社会流派的区别，还体现为在某种程度上把自由主义思想与社会主义和民粹主义的元素结合起来，但强调的不是社会平等，而是社会公正的思想，认为这是俄国社会自由主义现代化成功的重要前提。例如，司徒卢威指出，俄国任何重要的思想流派都不能忽视社会问题，自由主义者也必须支持广泛社会改革的要求，维护农民和工人群众的利益。自由主义"以妥协而不是战斗的方式"推行社会政策，其真正目标是"减少每个人的悲伤"，所采取的一系列有针对性的措施"是为了活着的人的利益"。③ 俄国自由主义思想中有关福利国家理念的最著名代表诺夫哥罗德采夫阐述了全面社会改革政策的意

---

① Франк СЛ. Философские предпосылки деспотизма // Вопросы философии. 1992. № 3. С. 126.

② Струве П. Б. , Франк С. Л. Очерки философии культуры // Струве П. Б. Избранные соч. М. , 1999. С. 141.

③ См. : Струве П. Б. Понятие и проблема социальной политики // Известия Санкт - Петербургского политехнического института. Т. 14. 1910. С. 172.

义。他强调"社会公正"的思想，认为法治国家有能力对个人的所作所为进行限制，对大多数国家财富进行重新分配，倾向于有社会需要的人，个人享有劳动的权利，也享有在丧失劳动能力的情况下接受帮助的权利，等等。① 弗兰克、布尔加科夫和 20 世纪初保守的自由主义的其他代表，还谈到了俄国自由主义必须创造性地吸收社会主义学说中的元素，如进行社会改革，逐步实现社会化，转向民主人道主义等。

20 世纪初的自由主义已经不再把君主立宪制视为在俄国条件下实现政治现代化的最佳方案和源泉，而是把其定位为向实现全面的自由主义理想的过渡。例如，俄国著名律师、政治活动家、立宪民主党右翼 B. A. 马克拉科夫认为，在逐步的进化式自由主义改革过程中，俄国专制制度，哪怕是宪政形式的专制制度，"也不会是永恒的，将会逐渐改变，最后完全消失，但其消失的过程就如同人变得秃顶的过程一样，也就是说，很难确定指出是哪一个法令文件取消的专制制度"。②

20 世纪初与 19 世纪保守的自由主义的另一个区别是其"灵活的方法论"，表现为"政治相对论"原则，从新的视角提出了自由主义进步的手段和方式问题——绝对的社会理想与相对的社会－历史存在形式的关系。"进步"的概念是"无限的"范畴，是向绝对精神的永恒运动，而历史阶段、进步阶段、改革思想及其贯彻都是达到社会理想状态及其政治制度的独立台阶，但都是相对的台阶。

诺夫哥罗德采夫和弗兰克的著作中最充分地发展了"政治相对主义"原则。诺夫哥罗德采夫在自己的著作《关于社会的理想》中指出："社会进步的任务不是建立尘世的天堂，而是孜孜不倦地劳动，不断追求永恒的目的。"③ 他认为，任何试图将现行的国家形式绝对化（上升到神意授予的地位）的做法，以及认为可能迅速实现"尘世的天堂"（未来的乌托邦）的信念，在政治方法论上都是错误的。激进主义与保守主义对一些发展阶段的

---

①　См. : Новгородцев П. И. , Покровский И. А. О праве на существование. СПб. , 1911.

②　Маклаков В. А. Из прошлого // Современные записки. Т. 41. Париж, 1930. С. 246.

③　Новгородцев П. И. Об общественном идеале. М. , 1991. С. 47.

看法神奇地相互吻合、彼此映射，"一个是致力于立刻提升到完善的未来的高度，另一个是全力保留现状不变"，但实质上这些发展阶段都是相对的、过渡的。① 激进主义和保守主义都相信，在相对的世界里会完全实现某种绝对的理想，"其中一个相信尘世的天堂，另一个寻求对尘世地狱的救赎"，这都是非理性的。诺夫哥罗德采夫拒绝使用抽象的概念，如"完善的国家""真正的教会""上帝的选民""进步的阶级"等，认为这些概念将历史现象绝对化。在他看来，这种把社会理想的绝对化类似于康德主义对人类运动普遍终点的看法，即"全人类团结、全世界平等与大同的普世理想"。虽然这些目的，如同指路星，可以沿着其所指的方向无限地前进，但更有价值的是前进的运动本身，其中包括渐进的政治改革。

诺夫哥罗德采夫认为，在政治现代化过程中，应该不断追求现有的社会和国家形式的完善。但这个进程永远不会停止，社会和国家形式永远不会达到充分完善的最终阶段。人们追求的理想应该是每个独立的个体无限地走向进步，而不是那些抽象的概念和尘世的乌托邦。这个理想不应受制于某些社会（相对的）形式，但走向进步的道路必须通过这些形式。②

弗兰克的立场与诺夫哥罗德采夫相似，他把社会发展和政治现代化的方法论归结为，针对具体历史时期的条件持续实行"经验简化主义策略"，同时恒定地保持绝对的战略目标。他根据 20 世纪初俄国宗教哲学传统，把这个战略目标界定为实现神人的境地。弗兰克认为，与这个绝对的战略目标相对立的是由某个时代或者具体的政治流派所提出的社会理想。这种"社会理想"总是相对的，受到时代和地点的制约，局部地实现绝对的真理。他强调，将某种具体的抽象原则绝对化，如"平等""自由""团结""秩序"等，与社会生活的真正目的，将所有原则整合于一身的真正的绝对精神相矛盾："只有这些抽象的原则实现统一，相互关联，和谐地相互补充和平衡，才能体现出社会生活的真正使命和目的。"③ 在具体的历史时期，

---

① Новгородцев П. И. Об общественном идеале. М., 1991. С. 92.

② См. Новгородцев П. И. Об общественном идеале. М., 1991. С. 91 – 102.

③ Франк С. Л. Духовные основы общества. М, 1992. С. 107.

人类倾向于热衷某种单一理想。

但是，在具体的历史时期人们倾向于某种理想的热情是由什么引起的呢？弗兰克认为，某种理想的出现是基于时代本身迫切的现实需要。由此可能会出现将实现具体的、迫切的社会政治任务当成人类发展的最终理想的历史假象，以及社会生活的实际需要与社会生活的战略目的相吻合的历史假象。弗兰克指出，要把致力于满足自己时代具体现实需求的改革策略与作为人类社会普遍目的的绝对精神战略明确区分开来，不能认为某种政治或者经济组织类型是最佳的理想形式。现实问题的解决应该基于具体时期和具体社会的具体历史任务，而解决问题的效率及能否为社会造福取决于政治家是否体察实际需求，面向自己国家现实的社会生活。弗兰克将符合社会需求的政治家比作专业技能高超的医师，医师的治疗方法必须建立在熟悉生理学和解剖学的一般规律之上，但同时也取决于疾病进程和患者机体的具体状况："政治改革相当于对社会的治疗，在一般情况下采用卫生保健的、内科的治疗方式，在迫不得已的情况下采用外科手术的方式，建立最有利的条件和关系推动社会内部创造力的发展。"① 对于具有实践精神的政治家来说，最为重要的是认清当代人民的特点、人民的状况、人民的生活条件。这就消除了社会"理想"的思辨性，将当前政治制度组织的问题提上日程——这种政治制度从永恒的角度来说是相对的，但从当代迫切的社会需求的角度来说是最佳的。

弗兰克特别指出："一种管理形式，无论是君主制或者共和制，贵族专政或者民主制度，只要它保障了在当前社会状态下的最佳管理，最大限度地实现了国家监督权和社会主动性之间的平衡，就是合理的。"② 在任何历史时期，最佳的政治制度应该一方面符合人民的精神需求，另一方面能够促进独立个体以及社会力量整体的进步，在当前条件下最大限度地创造性发展。在这种情况下，政治现代化将永远是具有现实意义的。

诺夫哥罗德采夫和弗兰克的思想最为清楚地体现了政治相对主义。人

---

① Франк С. Л. Духовные основы общества. М, 1992. С. 105.
② Франк С. Л. Духовные основы общества. М, 1992. С. 105.

类发展战略的绝对精神与社会、政治、经济形式的相对性之间的关系，也是 20 世纪俄国保守的自由主义思想最值得关注的方面之一。诺夫哥罗德采夫和弗兰克号召不搞政治神话，不去追求实现社会乌托邦、"尘世的上帝王国"，取而代之的是理性的、理智的实践政策，进行社会改革，通过紧张而艰辛的、经常是因循守旧的日常工作来逐渐地改善社会和国家生活状况。毫无疑问，这是号召从编造神话和纸上谈兵转向现实的、实践的学说。

19 世纪和 20 世纪初保守的自由主义方法论具有一定的合理性和科学性，但是从俄国自由主义政治意识形态整体来看，这个流派对俄国自由主义运动的影响力度微不足道，相反，激进的自由主义者始终在其中起到重要的作用。激进的自由主义者看重的是其所追求的思想原则和目标，而不是行动方法和手段。他们狂热地信奉自由主义思想和原则，通常不关注这些思想和原则在具体社会的历史、文化和政治环境下如何实现的问题。对于他们来说，自由主义思想、原则和目标是不需要证明的绝对精神，而其实施手段和方法是次要的。手段和方法仅是实施既定目标的技术问题，因此，它们不能被绝对化，可能会随着局势而发生变化。他们把"思想的权利"放在首位，认为在必要的情况下可以使用革命的方式实施这些思想。

在 19 世纪上半叶，俄国政治思想家就认识到了这两种自由主义类型的存在。例如，П. А. 维亚泽姆斯基声称，他的朋友 А. И. 屠格涅夫是一个自由主义者，但他解释说，"屠格涅夫属于那类希望改善人民生活的自由主义者，而不是属于那类希望不惜一切代价推翻现有事物，发动革命的自由主义者"。① 也就是说，在维亚泽姆斯基看来，屠格涅夫属于保守的自由主义者。激进的自由主义者争取个人解放，实现自由主义价值观，他们在达到这些目标的手段方面与革命者没有区别。齐切林提到了自由主义运动激进化的危险，他认为这将影响俄国自由主义在社会上的威信和传播。他遗憾地表示，"自由主义者"一词经常被用来表示俄国历史上的政权反对派，包括非建设性的反对派。他把俄国自由主义划分成三个派别："街道的"、庶民政治的自由主义，曲解自由思想，充斥着政治丑闻；"反对派的"自由主

---

① Вяземский П. А. Эстетика и литературная критика. М. , 1984. С. 347.

义，激烈批评政权"改革迟缓"；"保护性的"（保守的）自由主义，致力于对国家进行建设性的改革。他把前两个派别归为激进派，是"自由主义的极端"，特别指出："如果说保守的自由主义者追求改善生活的理想，或多或少地遵循理论原则，那么激进派别的所有政治观点都是发展到极致的抽象思想。"① 激进的自由主义时刻准备着"诉诸暴力实现自己的计划"。齐切林遗憾地指出，理智的、温和的自由主义者永远属于少数人，在极端派别的优势下力不从心。激进的自由主义者猛烈地攻击齐切林、卡维林、司徒卢威等人的思想，批判他们的"妥协性"、"折中性"和"温和性"，谴责他们对"自由主义理想和价值观"的背叛。

在 19 世纪初，俄国没有政党也没有非政府的社会组织，激进的自由主义组织的主要载体是共济会和一些秘密团体。共济会于 18 世纪中叶由法国传入俄国，并得到迅速发展。共济会集中了许多西方自由主义理论的追随者和传播者，他们宣扬自由、平等、博爱的思想，反对专制制度，这就决定了其很难与当时的沙皇政权和平相处。叶卡捷琳娜二世时期开始限制共济会的发展，后来的亚历山大一世则下令取缔共济会。但共济会的影响很大，十二月党人秘密团体的很多成员都是共济会成员。1812～1815 年卫国战争后，很多参加战争并随俄国军队出国远征的贵族青年军官，受到了西方资本主义社会和自由主义思想的巨大冲击，对俄国农奴制度、专制统治和人民困苦生活等现象无法容忍。1816～1818 年，他们开始成立秘密团体，探讨如何改变俄国的落后状态，提出废除农奴制和实现君主立宪制，实现政治自由的纲领，成为俄国历史上第一批反对沙皇政府的自由主义反对派。在这个俄国历史上第一次重大的反对派运动中就是激进派占据优势，他们在 1825 年 12 月发动起义，试图通过暴力方式推翻沙皇政权。

在 19 世纪下半叶，激进的自由主义在俄国政坛上的代表主要是大部分的地方自治运动，在 20 世纪初则是一系列社会和政治组织，特别是立宪民主党的思想和活动。1864 年改革成立的地方自治机构，按法律规定主要负责经济和地方事务，但它们从最初起就追求参与那些法律明令规定不在它

---

① Чичерин Б. Н. О народном представительстве. М. , 2016. С. 437.

们权限范围内的事务，如有关政治的、全国性的问题以及国家自由主义改革战略。在地方自治局起关键作用的是自由主义贵族和平民知识分子。保守主义者季霍米罗夫在描述大改革后地方自治局领袖的政治情绪时指出："出现了这样一种思想，似乎将农民从地主的权力之下解放出来预示着专制制度本身的灭亡。"① 这里的自由主义群体充满了改革的强烈欲望，希望立刻加速政治现代化的进程：既然迈出了第一步，那么就需要攀登到"顶峰"——"立宪"，用人民的意志来限制专制制度。另一位保守主义者罗扎诺夫在描述地方自治知识界的精神氛围时也指出，在这里"洋洋自得的自由主义"甚嚣尘上，认为任何非自由主义者"似乎像一个失去家园的弃儿：无论他多么才智出众、学识渊博，在生活和媒体中拥有崇高的威望，都不如一个额头上挂着'我是自由主义者'的铜匾的蠢货"。② 革命阵营中的赫尔岑也对自由主义做出类似的评价："自由主义成为时髦，甚至成为吸引眼球的一种手段。" 自由主义情绪也包围了国家官员："每一个新的行政秘书在当时都宣称自己支持进步主义原则，宣称俄国面临着改革的时代……官员们没有一顿聚餐时不会为进步举杯，不发表自由主义言论。"③

地方自治机构的自由主义领袖们把地方自治改革看成在俄国立宪的前提，他们积极地发表政治声明，向沙皇递交请愿书，要求扩大地方自治局的权限，允许省地方自治局代表联合成立统一的全俄中央地方自治机构。这事实上是要求成立由"自由主义者"领导的平行的国家权力中心，由这里出台自由主义民主性质的宪法。早在 1865 年，圣彼得堡省地方自治会议就申请召开中央地方自治会议，得到了其他地方自治局的回应和支持。后来，地方自治局自由主义者的类似申请和要求的激进主义程度逐渐加强。

地方自治局激进的自由主义思想家 И. И. 彼得鲁克维奇的立场比较典型。他在 1879 年时就坚持立即召开立宪议会，议员由作为"人民利益的真正代表者"的先进地方自治工作者组成。彼得鲁克维奇写道："我们不应甘

---

① Тихомиров Л. А. Монархическая государственность. М., 2010. С. 394.
② Леонтьев К. Н. Письма к Василию Розанову. Лондон. 1981. С. 25 – 26.
③ Герцен А. И. Собрание сочинений. М., 1954 – 1965. Т. 18. С. 193.

于充当立宪喜剧中的跑龙套者，我们要拒绝任何从上面颁布的宪法，坚持召开立宪会议。"① 从 19 世纪 70 年代初起，地方自治工作者积极召开非法集会、联盟和代表大会，制定策略为实现代表制度、宪法和自由而斗争。他们还与地下革命组织，包括恐怖组织进行谈判，希望与他们团结行动同政府进行斗争，出自彼得鲁克维奇口中的一句话代表了激进的自由主义者的情绪："我们没有来自左翼的敌人。"②

但在政治局势变化后，地方自治机构的自由主义者也审时度势，与当局妥协。当亚历山大二世呼吁地方自治机构协助打击地下革命组织时，地方自治机构提出它们支持政府的条件是立刻实施一系列自由主义改革，包括设立代表机构、取消新闻审查制度。地方自治工作者与政府进行公开交易，用帮助打击"革命阴谋"作为交换来获得权力。

19 世纪和 20 世纪之交，俄国自由主义进入了衍化的一个全新阶段。大改革后，随着市场关系越来越成熟且深入社会生活，自由主义知识精英尖锐地感觉到专制制度已经落后于时代的需要，根深蒂固的传统残余阻碍了国家的发展，激进主义倾向加强。他们更多地宣扬西欧有关个人权利和自由、民主社会和法治国家的思想，吸收西欧哲学、社会学和法学的新成就以及社会主义和社会民主主义思想，同时放弃了古老的斯拉夫和弥赛亚思想。新一代自由主义活动家公开提到必须在俄国实行资本主义现代化，把资产阶级看成一个不断壮大的新阶层，在不远的将来会成为社会和政治主导力量，决定社会进步的根本趋势。俄国自由主义出现了民主化趋势，社会基础扩大，吸收了广大民主知识分子和供职人员阶层，同时意识形态和纲领、政治策略和战略激进化。新一代激进的自由主义者虽然不反对采用合法的斗争手段及与政权互动的方式，如向最高统治者提交申请书、派遣代表与沙皇和最高官员谈判，在杜马进行活动时遵循根本法规定，但同时相当广泛地使用非法斗争形式，在理论和实践中都允许采取政治革命的手段，与左翼激进主义党派和社会主义流派组织接触，给予后者物质和技术

---

① Милов Л. В. （ред.）История России XVIII – XIX веков. М. 2006. С. 712.
② Шацилло К. Ф. Русский либерализм накануне революции 1905 – 1907 гг. М., 1985. С. 162.

援助，与他们并肩在合法和非法的组织内活动。随着政治危机的加剧，激进的自由主义者反对专制制度斗争的非法形式的比重增加，加强鼓动社会思想，支持暴力推翻专制制度。

20 世纪初自由主义社会组织和政党的活动实际上是地方自治激进主义的逻辑延续。在 1905 年之前，激进的自由主义存在于一些半合法或非法的组织当中，1905 年以后，这些组织的代表分散于各个自由主义政党之中，但多数激进主义者集中在最大的自由主义政党——立宪民主党。到 1906 年春天，俄国立宪民主党各级别组织达 360 多个，成员达到了近 6 万人。①

俄国侨民学者 В. В. 列昂托维奇指出，激进的自由主义与保守的自由主义不同，总是倾向于实现从纯粹的理论思想中所推断出的实质上是抽象纲领的自由主义原则，将自由主义思想和原则绝对化。这是一种伪理性主义的规划和设计，依赖有关自由主义政治制度的纯理论模式。从理论上看实现这些自由主义要求是正确的，但激进的自由主义者的主要错误在于，他们忽视了现代化的进化方法论，没有认识到自由主义改革"必须符合自然的规律"，他们要求立即全面实现这些需求，试图加速实现自由主义改革纲领的某些元素，却忽视了决定这些因素实现的客观历史和现实环境。事实很快证明，自由主义这种政治激进主义根本无力对抗社会主义和革命学说。②

另一位俄国侨民学者 М. М. 卡尔波维奇在其名称非常有特色的文章《两种类型的俄国自由主义：马克拉科夫和米留科夫》中，从个案角度分析了"保守的自由主义"和"激进的自由主义"两个流派。卡尔波维奇指出，如果说马克拉科夫的前辈是以斯佩兰斯基为鼻祖的开明官僚、19 世纪中期个人和公民自由的捍卫者、大改革的缔造者以及温和的自由主义地方自治工作者，则米留科夫的"政治宗谱"始于十二月党人和赫尔岑，到"彼得鲁克维奇那样激进的地方自治工作者 - 立宪民主党人，直至 19 世纪晚期的

---

① Шелохаев В. В. и др. (отв. ред.) . Политические партии России: История и современность. М., 2000. С. 151.

② См. Леонтович В. В. История либерализма в России. 1762 - 1914. М., 1995. С. 94.

革命者，他们所有的活动都是为了一个目的，即必须立刻在俄国实行立宪制度"。①

米留科夫与很多立宪民主党领袖一样，反对"进化式的发展"，也反对逐渐改革的策略。他认为，政治改革不能长期推迟和拖延，必须尽可能迅速地把"现代化"的新制度性因素融入"落后的"政治体制之中：在"现代化模式"启动之后，新制度将"发挥积极的效力"，提携"落后的"社会生活领域达到必要的现代化水平。立宪民主党的领袖们绝对信仰西方类型的"政治机构"，首先是议会，排斥俄国传统的君主制，用马克拉科夫的话说，激进主义者们把它看成"改革道路上的阻碍，是与自由主义和民主意识形态相矛盾的制度"。② 1905～1907 年革命前夕，立宪民主党人积极建立反对专制制度斗争的统一阵线，推动专制政权"自上而下"颁布宪法。为此他们广泛使用自由主义媒体、地方自治代表大会以及一些新的斗争形式。1905 年《十月宣言》颁布后，俄国设立了权力被"阉割的"议会——国家杜马，米留科夫呼吁不要与政府妥协，坚持继续斗争以赢得最终的胜利。他声明，"什么都没有改变，斗争仍要继续"，他甚至指出，在必要的时刻自由主义者也可能成为革命者。他在与司徒卢威争论时指出，革命是"人民的权利"。

立宪民主党人在政治实践活动方面一直是激进分子，他们总是利用国家杜马讲坛进行政治鼓动，宣传加速自由主义改革的必要性。1912 年罗扎诺夫为俄国知识分子在自由主义派别和组织中的激烈活动所震撼，指出：法国人有自己的"亲爱的法国"，英国人有"古老的英格兰"，德国人有"我们的老弗里茨"，而俄国中学和大学毕业生拥有的只是"万恶的俄国"。③

立宪民主党人为了立即实施自己信仰的思想和原则，与其他激进的自由主义者一样，一直在"撼动俄罗斯帝国之船"，鼓动爆发革命。现代俄国政治学家 С. Г. 卡拉·穆尔扎写道，"现在的意识形态理论家们把俄国革命

---

① Абрамов М. А. （отв. ред.）Опыт русского либерализма. Антология. М., 1997. С. 403.

② Леонтович В. В. История либерализма в России. 1762 – 1914. М., 1995. С. 312.

③ Гулыга А. Творцы русской идеи. М., 2006. С. 135.

单纯地与布尔什维克联系在一起，这并不符合历史真相"。① 他指出，实际上自由主义者也与社会革命党人和无政府主义者一起积极准备了 1917 年革命事件，尤其是立宪民主党人，他们为革命做了很多。

二月革命后成立的临时政府的关键岗位都由立宪民主党人担任，但他们无力应付当时社会的复杂局面，采取的自由主义的举措不仅没有缓解社会紧张局势，反而加剧了全国的危机。他们提出的行政区划、军事、地方自治、议会等改革计划全部失败，经常是口头宣布改革，却没有切实贯彻的措施，反过来使局势进一步动荡。当时国家领土完整被破坏，乌克兰、芬兰、波兰、西伯利亚、穆斯林地区声称脱离俄罗斯，中央政权迅速丧失影响力，地方分立主义甚至在大俄罗斯地区也明显加强，民族矛盾和种族战争加剧，农民骚乱和暴动席卷了国家绝大多数地区。临时政府把所有最为重要的、迫在眉睫的现实政治问题都推迟到立宪会议召开后解决。在 1917 年短短几个月内，临时政府经历了多次严重危机和人员更新。在全国危机的局势下，立宪民主党的领导人支持科尔尼洛夫军事独裁统治，事实上承认他们以前的"自由主义理论"全面破产。

20 世纪初，在俄国自由主义阵营中，无论是在一般的理论层面上，还是在政治实践层面上，主要是立宪民主党占优势地位，他们拥有巨大的知识潜力和积极的政治活力，他们提出的政治改革模式致力于全方位保障个人权利，形成法治国家，以文明的方式解决民族、宗教和国际问题。但是，在第一次世界大战的极端局势以及俄国政治和社会冲突异常尖锐的局势下掌权的立宪民主党人，没能够实现这个模式。

在 20 世纪初俄国自由主义遭受了失败，却为俄国社会思想的发展做出了重要贡献，丰富了政治斗争的经验。20 世纪初俄国自由主义达到了思想的顶峰，吸收了西欧自由主义的所有成果，并以重要的实践经验丰富了自由主义思想。俄国自由主义者构建了理性的现代化发展模式，但是，哪怕最杰出的理论模式，如果历史环境还没有成熟到理解这个模式的程度，那么这个模式也可能是不被需要的，甚至是被排斥的。俄国 20 世纪初的事件

---

① Кара‐Мурза С. Г. Советская цивилизация. М. 2008. С. 96.

在 20 世纪末期再次重演，这说明在历史危机时期，如果说俄国大众意识已经准备接受某种自由主义思想，那么也是在相当肤浅的层次上，很难说是把这些思想当成社会生活组织的标准——但这并不是因为俄国人民本性的"落后"，而是因为自由主义思想作为"西方舶来的产品"不是在俄国文明内部孕育形成的。在社会动荡的危急时刻，俄国的"政治钟摆"往往不是倾向于抽象的"自由主义价值观"，而是追求更加激进的革命主义。俄国历史波动的幅度始终是在保守和革命两个极端。接下来的两章将分别阐述俄国两个极端的、完全对立的国家意识形态——极右端的保守主义和极左端的无政府主义现代化理论探索。

第三章　俄国保守主义政治现代化理论

俄国保守主义政治思想是对法国大革命、西方资本主义化进程及其对俄国的直接或间接影响的反应，也是对国家激进的西化政策及现代化进程在思想和政治上所做出的反思。保守主义者追求在传统价值观基础上实现在他们看来最佳的社会发展模式，即在俄国实现保守主义现代化。当代俄国政治局势使革命前的保守主义现代化方案具有了现实意义，研究俄罗斯帝国时期保守主义意识形态的历史对于理解当代俄国现状及其寻找摆脱政治与文明危机的道路具有重要的意义。

第一节　保守主义政治现代化理论的基本思想

保守主义意识形态建立在宗教价值观之上，思想核心是从神学角度阐释国家、社会和政治生活现象。根据保守主义思想，宗教是传统规范和价值观的源泉，先在统一的精神层面上进而在政治层面上将社会全体成员团结起来，与政治和文化传统紧密相连。如现代俄国政治学家 K. C. 加日耶夫指出，"保守主义思想把宗教和道德元素视为维护现行制度和生活习俗的支柱"。① 保守主义者反对按照某种理论提出的现代化模式以改造社会为目的的哲学或思想创新，认为这对社会的理性建构十分危险。他们反感抽象和理论，在"理性认识之外"思索社会生活和历史发展问题，经常使用"上

---

① Гаджиев К. С. Консерватизм: современные интерпретации. М., 1990. С. 31.

帝的事业"、"命运"和"永恒"之类的概念。19 世纪末 20 世纪初俄国保守主义的中流砥柱之一波别多诺斯采夫宣称，人的理智根本不能理解历史进程的本质。他提出，"只有绝对的才可以成为人类生活的基础"，而只有信仰是"绝对的"，"只有宗教承认存在不言自明的真理"，任何社会理论都是抽象的、有缺陷的："理论和公式……在人的头脑中产生……必然存在值得怀疑的、有条件性的、虚假的东西。"①

保守主义思想认为，个人、社会和国家权力都源于上帝。俄国精神文化和政治制度的基础是东正教，莫斯科大主教费拉列特的观点代表了俄国东正教会对国家和政权的诠释：国家的产生是"自然造物主的意图"；国家的原型是家庭；政权的基础在于服从。"服从"是社会存在的基础，政权通过"服从"使社会保持统一。权力有两种形式，一种是上帝对人类的绝对权力，一种是家长对儿童的自然权力。这种自然的权力导致国家的权力的必然出现。

国家最高权力代表与神的权力和意志自然地联系在一起。任何权力，无论是国家权力还是家庭权力，其产生都是基于上帝的意志，为了崇高的目的。君权神授是君主专制学说的本体论基础，也是君主政权合法性的根本原则。专制权力的本质属性，基于父亲将自己的意愿加给孩子的自然的、神圣的权利。任何限制沙皇权力的行为都是在亵渎神的意志。

东正教思想中唯一合法化的国家形式是专制君主制，专制政权在最大程度上体现了国家的本质。君主高于所有社会力量、阶级和团体，制定国家战略。社会、文化和政治生活的任何现代化趋势都不可动摇君主专制原则。教会在国家中起到精神领袖的作用，教会与国家不可分离，国家是民族的躯体，教会是民族的灵魂。真正的专制君主制受到教会的限制，"沙皇政权将遵守上帝的戒律和教规"。在东正教思想中，专制政权有着救世主的意义，沙皇"承担着特殊的使命，与教会合奏交响乐根

---

①　Победоносцев К. П. Великая ложь нашего времени. М. , 1993. С. 267 - 268, 297.

除世界上的罪恶"。①

保守主义者不是从法律的视角，而是从宗教和道德的视角来看待专制政权。直至 19 世纪末期，俄国保守主义思想家都没有着手形成专制政权的政治和法律学说，他们所看重的不是法律规范，而是人民强烈的忠君情感。甚至专制者沙皇本身在评价某位政治家的活动时所依据的标准在今天看来也是匪夷所思的。例如，亚历山大三世在评价自己周围的某个人是否为"俄罗斯人"时，并不看这个人的民族属性，被他视为"俄罗斯人"的不一定是俄罗斯民族的人，而是那些忠于沙皇和东正教的人。

到 19 世纪和 20 世纪之交，面对完全由科学理性支配的自由主义等学说，保守主义者迫切需要对君主制度做出系统的科学解释，保守主义理论家们开始试图解决这个问题。他们论证了国家制度的必然性和必要性。季霍米罗夫在自己的一些著述中指出，国家是人类活动最有价值的结果，只有国家能够保障人民文化不断发展，走向繁荣。人类整个有意识的历史阶段生活在国家的状态下。国家是保卫人民安全、权利和自由的最有力武器。他在自己的政治学理论中划分了"社会"、"国家"和"最高权力"三个范畴。

社会作为一种范畴，主要进行的是个人生活，实现个性的自由，在这里，由于生活需要和人类有意识的活动形成了各种社会群体，从小的、初级的家庭、家族，发展到大的阶级、等级。在这些团体内部以及团体之间，由于各种利益的多元化不可避免地出现斗争和对抗。到某个时期，这些对抗的力量开始认识到需要设定一些规范制约斗争和对抗范围，国家作为调节力量的思想由此产生，最高权力是这种调节力量的载体。最高权力应社会需求而产生，起到保证社会团结和稳定的作用。② 季霍米罗夫认为，"政治和国家是社会上层建筑"。如果在进化的初期阶段——宗法制阶段，人类可以没有国家，那么随着社会和文化生活的发展与复杂化，国家的产生不

---

① Тускарев А. О христианской государственности//Церковь о государстве. Старица Тверской обл., 1993. С. 14.

② Тихомиров Л. А. Единоличная власть как принцип государственного строения. М., 1993. С. 31 – 40.

可避免，也会永恒存在。君主制最有利于发挥最高权力的作用，最有利于进行国家建设。①

　　俄国另一位重要的保守主义思想家列昂季耶夫与他的老师丹尼列夫斯基一样，从生物决定论与思想决定论的视角来界定国家现象。他注意社会发展的生物因素，因此他得出的结论与无政府主义者通过实证推理得出的反对国家的思想截然对立。他把社会看成一个有机的物质现象，对于每一个社会机体来说，国家形式都是很自然的，"国家，一方面就像一棵树，成长、开花和结果，受某种源于内部的神秘的、不取决于我们意志的思想控制。另一方面，这是一台机器……由人们下意识地操纵"。② 列昂季耶夫认为，国家不是人造的现象，它是大自然本身的产物，其存在符合自然法则。任何无国家的观点"只是幻想和空想"，无政府主义者试图根据这些幻想和空想重建和改造社会，是对社会的暴力。

　　保守主义者反对自由主义者和无政府主义者有关国家政权暴力性质的思想，从宗教的视角出发，指出政权是一种神圣的力量，只有专制君主制国家才是真正的完全成熟状态的国家。霍米亚科夫指出，在任何社会环境下都会存在这样或那样的暴力原则，但在专制国家，君主担负起为了"共同的真理"施行某种暴力的职责，使数百万人解放出来，不必参与社会暴力。对于基督教信仰的人民而言，沙皇是在完成一项壮举，是为了全社会牺牲自我。③ 季霍米罗夫在与无政府主义和自由主义理论家争论时，驳斥有关国家权力的暴力性质的理论，他指出，权力不是暴力的结果，而是人类自己寻求超于自己的权力。他反对无政府主义者认为普通人在国家关系结构下处于奴隶地位的观点，强调"臣民服从最高政权不是奴隶式的服从，而是自由的服从，是民族本身出于自己的心理自愿服从"。④ 20 世纪上半叶俄国保守主义著名思想家之一伊里因对国家权力的本质问题做出了自己的

①　Тихомиров Л. А. Монархическая государственность. М., 2010. С. 524 – 525.
②　Леонтьев К. Н. Полное собрание сочинений и писем в 12 томах. Т. 7. Кн. 1. СПб., 2005. С. 385.
③　Хомяков Д. А. Православие. Самодержавие. Народность. М., 2011. С. 198 – 199.
④　Тихомиров Л. А. Монархическая государственность. М., 2010. С. 561 – 562.

解释，将其阐述为道德和法律规范与力量原则的综合。他认为，国家公民服从权力不是由于自身的软弱和强制，而是出于自身的法律意识，这种法律意识建立在社会和国家所有团体精神统一的基础上。因此，权力的本质是双重的："权力在其本质属性上是一种力量，而且是一种强制力量，但从其面貌上来讲，它是一种法律力量。"①

俄国保守主义学说颂扬人民对国家的隶属性和服从性，将其称为俄国人民最优秀的品质。波别多诺斯采夫指出，"寻找位于自己之上的权力"是人的自然心理。国家和政权保护臣民，君主类似于"父亲"，而其臣民类似于"儿童"。对于保守主义者来说，人民心灵的儿童状态，是一种客观现实。如同孩子信任父母一样，人民完全相信政权。在这种背景之下的国家，按保守主义者的观念，相当于一个"家庭"，政权有着父亲绝对的威信和关怀、培养、教育和保护自己的臣民，这些职能在君主制下才能得到最大的实现。专制制度的优势在于社会政治结构简单，国家意志集中于一人身上，他代表自己的臣民行动，协调各个社会阶层和民族的利益与要求。19 世纪和 20 世纪之交重要的保守主义哲学家罗扎诺夫对沙皇权力的全面协调作用做了诗化的表述："沙皇——这是地平线的捍卫者；尘世人们期望的守卫者；我们所呼吸的洁净空气、我们所仰视的蓝色天空的保卫者。"② 沙皇的权力是由上帝赋予的，他必须履行自己的崇高使命。

西方有关个人权利优先的思想，认为个人能够"自己塑造自己"，在俄国变成这样的思想，即认为存在某种强大的力量推动个人走向顶峰。如果说西方对权力与社会关系的解释基本建立在个人主义基础上，公民首先要依靠的是个人的力量，那么俄罗斯民族的特点是高度依赖国家，国家的形象化身为君主，人民期待着"沙皇的仁慈"，为每个个体的发展创造条件。沙皇的权力除了他自己高尚的品德之外不能被任何东西所限制。俄国社会广大阶层形成了一种稳定的"独裁下的性格"。一方面，人民把权力看成神圣的价值，对权力的任何不服从都是弥天大罪，另一方面，人民性

---

① Ильин И. А. О сущности правосознания. М. , 1993. С. 133.

② Розанов В. В. О подразумеваемом смысле нашей монархии. СПб. , 1912. С. 76.

格的这一特点针对的不是所有权力，而只是强大的独裁权力，只有这样的权力才会自动引发他们的爱戴并愿意服从。① 如果人们全心全意信任、无条件服从的国家和政权显示出了软弱的迹象，那么他们的爱戴和尊重就会变成鄙视和仇恨。保守主义者认为，缺乏毅力和意志软弱不会引起俄国人民的好感。俄国人民更喜欢命令、指示和强硬，而不是劝说、讨论和犹豫；他们甚至喜欢专制武断，而不是优柔寡断。俄国人民的特点是不断追求"铁腕"。②

保守主义思想认为社会生活的基础是个人、社会阶层与国家整体的有机联系。国家独立于个人和社会阶层，以由神意授予专制权力的君主为代表，相应地，君主与臣民的关系不是由法律决定，而是由建立在宗教服从基础上的道德义务决定。也许可称为俄国君主主义最主要理论家的季霍米罗夫指出，君主制存在的前提是社会存在某种普遍的道德理想，这种道德理想使人们时刻准备无条件地服从和顺从。能够对社会具有这种巨大思想影响的只有宗教，而不是任何哲学体系。③ 人类是"宗教的动物"，不管历史时代如何，在生活中都需要道德指南和精神权威，国家统治者的神选性质，使君主成为"真理"的标尺。

保守主义者对君主制政权从宗教和道德的立场解释，也体现在他们对法律的看法当中。他们认为，法律意识和文化的形成基于宗教道德和良心。"俄国法律通常先在人民的观念中自然形成，在人民的习俗和日常生活中根深蒂固，之后才被写在纸上，成为法律。"④ 由人构想出来的法律，只会是一纸空文，不会影响人们的法律意识。在俄国人民的观念中，道德伦理高于一切，也高于法律关系。法律规范应该符合道德伦理；法律的适用永远要符合真理和正义。在俄国，"依法律行动"的原则总是与自卡拉姆津时代就闻名的"凭良心行动"的原则对立："在俄国，君主是活的法律：根据统

---

① Фромм Э. Бегство от свободы. М. , 2006. С. 177.

② Ильин И. А. Наши задачи. М. , 2011 С. 330.

③ Тихомиров Л. А. Единоличная власть как принцип государственного строения. М. , 1993. С. 80 – 81.

④ Киреевский И. В. Полное собрание сочинений. Т. 1. М. , 1911. С. 208.

一的良心奖善罚恶。"① 个人首先是上帝的作品，人的犯罪是一种罪过。惩罚制度设立的目的不仅仅是报仇和威慑，还使人意识到自己行为的罪过，从内心感受到自己的罪过，进行忏悔和改正。

法律的基本作用在于，让违法者良心发现，而不在于对违法行为进行物质制裁。由于人类司法的不完善，有时人们可以逃脱物质惩罚，有时物质惩罚对于罪犯来说会过重或过轻，但无人能够逃脱这种内部的惩罚。季霍米罗夫指出，在任何国家状态下，法律规范是社会完整生活的一个必要条件，而法律规范只能通过强制性的方式来保证。法律由国家监督执行，是社会稳定和安全的象征。严格执行法律规范，对犯罪进行制度性惩罚，能够"训练公民把尊重真理变成一种习惯"。但法律规范应该符合道德规范；为了使法律强大，法律与道德必须是同一种声音。不管法律和政府机制、法院和行政部门如何完善，如果公民不是发自内心地认为他们在根据公正和道德规范生活，那么都不能保证国家的目标得以实现。②

在保守主义的思想建构中，有机论（организм）的范畴占据着特殊的位置。俄国保守主义有机论的思想基础源于柏拉图、托马斯·霍布斯、埃德蒙·伯克、德·梅斯特尔等人的学说，认为整体高于部分，国家高于个人、团体和阶级，并提出"国家机体"的理论。国家机体不只由个体的、个人的成员组成，也由固定的集体成员，即社会阶层（等级、社团、村社等）组成。因此，等级原则是保守主义思想的核心原则之一。俄国保守主义者对个人在社会生活中的地位和作用，以及对"权力"和"自由"等概念的看法也从有机论的视角出发。

俄国保守主义者，从著名的哲学家和法律学家直到右翼党派领导人，都主张在俄国维护社会等级和等级制度。保守主义理论在这方面与自由主义截然对立。自由主义者理论的根源是法国启蒙思想，个体联结成为"民主社会"，在"民主社会"的公共权力机构——国家中，自由个体拥有天赋

---

① Карамзин Н. М. Записка о древней и новой России в ее политическом и гражданском отношениях. М., 1991. С. 102.

② Тихомиров Л. А. Государственность и религия // Апология веры и монархии. М., 1999. С. 122 – 135.

的主权，部分高于整体，个人的权利和自由高于国家。自由主义者主张在社会生活中消除村社和等级，使独立的个体成为社会生活的主体。而在保守主义者看来，社会不是自由个体的联盟，社会的根基是社会阶层。等级制度是宇宙的主导原则，也是社会生活的主导原则。季霍米罗夫指出，任何社会都划分成阶层、阶级、社会和职业团体，这种划分是常见的、永恒的、必然的现象。而且，在社会文化和精神发展过程中，这种划分不会随之消失，而是逐步扩大。

保守主义者认为，社会平等从原则上讲是不可能的，因为社会环境客观上存在异质性和本质上的不平等。所谓"无等级思想"即自由主义理论中的"民主社会"的思想是不正确的，在政治上是有害的。人生来即是某个社会团体的成员，在成长中不断地与越来越多新的团体联系在一起，在这些团体中找到了组织保护，维护自身的各种利益。人在能力、才干和道德境界等方面也存在自然的不平等，别尔嘉耶夫在分析贵族作风时写道："'高贵的骨头'的存在不仅是等级的偏见，也是不可否认、不可磨灭的人类学事实。从这个意义上说贵族是不能被消灭的。任何社会革命都不能消灭人种的品质优势。贵族作为一个社会阶层可能会衰亡，可能失去所有的特权，可以失去全部财产。但贵族依然是一个等级，一种精神类型。"[①] 在移民时期，俄国保守主义提出了新的或是"劳动的"贵族的思想，即按能力划分而不是按出身划分的贵族。

保守主义思想中的人是有机的个体，个体也只是在与其他的"我"有机合作的制度下才有意义。保守主义思想中的人如果不加入一系列微型社会——地域和教会的公社、等级或社团等，就不能被视为一个完整的人。个体作为最高价值的前提是，承认自身的存在不是为了个人自身，而是为了整体——教会、家庭、村社和祖国。斯拉夫派推出了"聚合性"一词（соборности），这个词是由霍米亚科夫提出来的，他对这个词含义的解释是："将许多人的自由与统一结合在一起，其基础是他们对某些绝对价值的

---

①　Бердяев Н. А. Философия неравенства. М. , 2012. С. 145 – 146.

共同的爱。"①"聚合性"思想的实质在于承认人类个体的最高价值，但这个个体不是孤立的，而是与其他的"我"共融。人不是自给自足的个体，而是教会的成员，教会是一个精神的有机体。人，如果脱离了教会的机体，就会割裂与其他人的道德联系，变成一个"单生的或孤立的人"，失去了自己的精神意义。

斯拉夫派认为，俄国传统的生活组织——村社之中最明显地体现了聚合性原则，村社"相当于世俗的、历史的教会"。② 在陀思妥耶夫斯基的艺术创作中可以看出聚合性思想之社会化的折射。陀思妥耶夫斯基作品中的事件发生在都市化的、社会关系破碎的城市中。作品的主人公是"独立的个体"，所脱离的不仅是教会，也是有机的社会环境——乡土，他们下意识地觉得有必要恢复"灵魂的完整性"。陀思妥耶夫斯基的各个阶段作品的主人公都是这样的人，他们感觉到自己精神与社会方面的孤独，"脱离"社会群体，其极端体现是人神的思想。他们"对单生的或孤立的个体不信任……在当时几代人的认识中宗教首先被看成回归整体，是灵魂的聚集，是摆脱内部分散和孤立的沉痛状态，这种状态已经成为世纪之痛"。③ 保守主义者把脱离了传统及团体的人看成无家可归者。他们没有根基，成为空洞的抽象、苍白的影子；在大都市地区聚集着越来越多的"幽灵"般的人，这不是"解放"，而是现代世界的灾难。④ 保守主义者主张国家不干涉个人生活，但他们认为个人的存在离不开全体人民。

保守主义思想家强调国家权力的神圣来源，以及社会对政权的服从性，同时指出了另一种现象，即与服从一起诞生的自由的不可争议性。保守主义者重视人的内心自由，首先把人看成一种精神的存在，认为俄国人民追求的是内心世界，他们对俗事的关注只限于维持身体的生命活动，只要足

① 〔俄〕洛斯基：《俄国哲学史》，贾泽林等译，浙江人民出版社，1999，第 42 页。
② Каплин А. Д. Мировоззрение славянофилов. История и будущее России. М.，2008. С. 167.
③ Флоровский Г. В. Пути русского богословия. М.，2009. С. 318.
④ Попов Э. А. Русский консерватизм: идеология и социально - политическая практика. Ростов - на - Дону，2005. С. 31.

以保证完整的宗教生活即可。他们所理解的自由是自身可以不被政治利益所左右，在他们的价值结构体系中政治利益占据相当低的位置。他们认为自己在政治方面不是太内行，但在精神领域十分内行。因此国家在政治方面实行专制主义，在精神领域实行共和制——"宗教民主"。

在保守主义政治理论中，国家作为强制的范畴和社会作为自由的范畴，两者不是对立的。一方面，社会培养人追求自由的能力，但是个体只有在国家的帮助下才能够获得实际的自由。另一方面，所有的社会组织——家庭、村社、等级、团体等，都在不同程度上贯彻着服从制度——权力强制。人民的自由只有在国家中才能够发展，只有给予人民自由的国家才能繁荣强盛。如果说国家的安康和强大需要某些等级，更别说是某些个人做出某些牺牲，那么这些牺牲是合理的，是为了国家的祭坛应该牺牲的。

保守主义思想家激烈批评自由主义和无政府主义政治学说，批判他们的自由主义倾向和将人的自由绝对化。季霍米罗夫对这方面的描写特别多，他对无政府主义理论非常了解，他在年轻时是"人民意志党"（简称民意党）成员，甚至是其主要思想家之一。他指出，"疯狂的无政府主义"把发展人的个性作为目的，这在本质上是虚幻的，无政府主义者所要求的个性完全不适合现实的生活，人们在获得所要求的无条件"权利"之后，就会成为革命力量。季霍米罗夫认为，个人的权利和义务应该平衡，他具体划分出了人身和政治方面的权利和义务，人身权利包括私有财产权、良心自由权、言论自由权、住宅不可侵犯权等，政治权利包括在国家机构任职、监督权力机构的活动，个人义务包括服从政权、忠于祖国、纳税，政治义务包括服兵役、履行公民职责（陪审员、警察等）。[①]"权利与义务的平衡"会给予个人真正的自由和安全，使其认识到自身的社会意义和自我价值。

保守主义强调俄罗斯文明的独特性，把俄国看成一个特殊的世界，具有无与伦比的精神基础，有着自己的历史发展道路。保守主义者对俄国与西方关系的问题持激进的反西方主义和孤立主义立场，他们认为俄国与西方有着本质上的差别，俄国同西方文化原则、根源和基础大相径庭，经济、

---

① Тихомиров Л. А. Монархическая государственность. М., 2010. С. 626–627.

政治和日常生活发展方向也大不相同。因而保守主义者反对全盘西化，认为俄国所有弊病的根源在于欧洲的扩张和国家自身的西方主义。丹尼列夫斯基认为，俄国"致命的谬误"是西方主义，将西方文明与全人类文明等同起来，向俄国土地上移植西方制度。他不仅否认俄国属于欧洲，而且认为欧洲也把俄国和斯拉夫人民看成异己的、敌对的。俄国注定要与欧洲斗争。[1] 列昂季耶夫也持孤立主义的立场，认为近代自由主义所追求的进步实际上导致了欧洲的退化。俄国的历史使命在于抵御腐朽的欧洲，俄国应该"完全撤离欧洲的轨道"，巩固自己的拜占庭保守主义原则——东正教、强大的君主制国家和农民村社。[2]

虽然保守主义思想家们都强调俄罗斯文明的独特性及其与西方的根本区别，认为俄国有着独特的历史道路，人为地向俄国移植陌生的西方文化 - 政治价值观将不可避免地导致破坏传统的制度和生活方式，葬送以自己民族历史进化的方式实现现代化的巨大可能性，但是他们从不同的角度解释俄罗斯文明的核心价值。根据对俄国保守主义的座右铭——"东正教、专制制度和民族性"三位一体的"官方民族性"理论三种元素的侧重点的不同，保守主义者可以划分为国家保护流派和东正教 - 俄罗斯（斯拉夫）流派（下文简称斯拉夫派）。[3] 国家保护流派最主要的代表人物是 Н. М. 卡拉姆津、М. П. 波戈金、М. Н. 卡特科夫、К. П. 波别多诺斯采夫和 Л. А. 季霍米罗夫等。斯拉夫派的代表人物是 А. С. 霍米亚科夫、И. В. 基列耶夫斯基、К. С. 阿克萨科夫、Ю. Ф. 萨马林等。国家保护流派侧重"官方民族性"理论中的第二个元素，最看重的价值观是专制制度，主张维护强大的中央集权国家，支持君主专制，而斯拉夫派关注"官方民族性"理论中的第一个和第三个元素，认为俄国传统的核心是由东正教衍生的民族性，专制制度只是一种服务性工具，用于保障俄国人民独特文化的有机发展，他

[1] Данилевский. Россия и Европа. М. , 2011. С. 564.

[2] Леонтьев К. Н. Полное собрание сочинений и писем в 12 томах. Т. 8. Кн. 1. СПб. , 2007. С. 104.

[3] Гусев В. А. Русский консерватизм: основные направления и этапы развития. Тверь, 2001. С. 40 - 107.

们首先追求保护的是俄罗斯人民无与伦比的精神和社会文化特色。

国家保护流派突出专制制度为俄国的根本传统。卡拉姆津的经典作品《论古代和近代俄罗斯的政治和公民关系札记》的主旋律是："专制制度使俄国得以建立和复兴：如果专制制度不复存在，俄国定会走向灭亡"，"专制制度是俄国的守卫神"。① 著名史学家、政论家波戈金指出了俄国与西方在历史上的根本区别，他通过对比得出一些俄国与西方的二元对立面，最后将其所寻找到的对立面汇聚成一点：俄国拥有的是和谐、友爱和团结，欧洲面临的是残酷的权力等级、对立和纷争。因而国家政权是俄国历史上唯一的驱动力，不受任何限制的专制政权是国家制度的核心，是国家得以保存和发展的前提。波戈金把全部希望寄托于用铁腕指挥俄罗斯国家航船的专制政权的智慧。

在国家保护流派思想家的建构中，东正教被赋予对专制政权的绝对从属地位，教会基本上被看作对人民思想发挥影响的机构。与之对立，斯拉夫派把东正教及由其产生的民族性作为主要基石。他们认为，东正教与天主教不同，没有受到罗马异教的腐蚀，没有沾染上理性主义的邪恶，是"纯粹"的基督教，其精神财富已成为俄国人民完成其天赋使命的前提。天主教意味着信徒们被强制性地依靠权威的力量团结在一起，这种团结建立在外部的权威基础上，而新教意味着分散的个体的自由，彼此之间没有高度地团结在一起，而东正教却实现了自由与团结"聚合性"的交织。А. И. 科舍廖夫指出，"如果没有东正教，我们的民族性就只是垃圾，如果加上了东正教，它就具有了世界意义"。② 但是，斯拉夫派理论家清楚地认识到俄罗斯东正教会存在的实际问题和不足。А. С. 霍米亚科夫在 1861 年写道："当然，一切真理，一切善、生命和仁爱的原则都蕴含在教会之中，但这个教会是可能的教会，是开明的和战胜了世俗原则的教会。"③ 尽管斯拉夫派希望使东正教成为世界普遍的精神文化基础，但他们并不认为当时的俄罗

---

① Карамзин Н. М. Записка о древней и новой России в ее политическом и гражданском отношениях. М., 1991. С. 105.

② Бердяев Н. А. Алексей Степанович Хомяков. Париж, 1997. С. 27.

③ 徐凤林编《俄国哲学》，商务印书馆，2013，第 104 页。

斯教会有能力联合和改造周围的世界，这使他们的建构具有明显的乌托邦色彩。

斯拉夫派和国家保护流派理论家们之间最严重的分歧体现在俄国历史发展过程中人民的作用和村社的意义问题上。波戈金等人倾向于把历史发展过程看成国家有目的的活动和专制制度政策的结果，完全不相信个人以及人民作为政治机体在整体上的创造潜力。他们认为，俄罗斯人民在历史上一直是被动的，其民族性格的主要特征是顺从。斯拉夫派思想则赋予村社以更积极的意义，认为村社中流淌着人民的真正生活，历史悠久的道德法则和传统权威形成了人民道德和宗教的生活方式。斯拉夫派认为，俄国社会和道德－精神生活方式的重要特征是实现了个人和社会利益有机协调的聚合性（соборность），使之与分离性的、个人主义的欧洲社会相区别。斯拉夫派认为，聚合性原则体现在俄国村社之中，村社"相当于世俗的、历史的教会"。村社不仅是保障各个时代之间的联系以及各代人之间的继承性的传统组织，也是调节社会冲突的稳压器，将个体整合到社会关系体系中的手段。

斯拉夫派明确地提出西方文明自身具有严重的"缺陷"——从理性主义、个人主义到工业化。"西欧被个人主义所包围……没有也不能够找到有机的联系。"斯拉夫派认为欧洲的道路将会走向衰亡，相信俄国对西方的优势，未来属于俄国这样"有机的""统一的"世界。他们积极寻找俄国特有的社会衍化道路，把东正教和村社作为俄国宝贵的价值观，要求在现代化进程中保留民族特色，正如当代俄国学者 Э. Г. 索洛维约夫所指出的，由于斯拉夫保守主义乌托邦要求在现代化进程中保留民族特色，因此不能将其简单地看成"乡土"思想的变体，而应看成世界社会－政治思想史上第一批从理论上寻求社会发展的"第三条道路"的探索者之一。[1]

俄国上千年的东正教信仰及特殊的地理和气候环境条件，使其形成了一个独特的文化世界和国家传统。尽管保守主义者所倚重的传统不同，所

---

[1]　Соловьев Э. Г. У истоков российского консерватизма // Полис. Политические исследования, 1997. №3. С. 145.

提出的思想主张不同，流派纷杂，但是使所有保守主义流派团结起来的共同特征是：他们都深刻地认识到，俄国只能建立在强大的国家政权、东正教信仰与民族传统原则之上。他们一致批评西方自由主义，认为这是绝对不能接受的，对俄国来说是灾难性的。他们深信俄国是一个独特的世界，必须走自己的路，模仿西方会导致俄国丧失自己的独特性，隶属于西方列强，最终导致自身的消亡。这个框架将保守主义者与其他流派的社会思想家区分开来。В. А. 古谢夫在文明因素的基础上提出的俄国保守主义的实质最为精确，"有资格称为俄国保守主义思想的前提是这种思想无条件地遵循俄国的古老传统，把东正教及在其基础上产生的从日常生活、民族精神、经济至政治方面的关系规范视为一种绝对的价值观；把强大的中央集权君主专制国家视为一种政治理想；谨慎地对待俄国历史上一直面临的西方扩张问题，将其视为对东正教及由其产生的民间文化以及保卫这种文化的国家政权的威胁。依靠东正教、强大的国家政权以及反西方主义是俄国保守主义的本质特征"。①

第二节　保守主义方案中的社会和政治组织形式

保守主义者认为俄国历史上最适合的国体形式是专制君主制，这种制度一方面满足了国家的地缘政治地位所带来的军事国防任务的客观需要，一方面符合俄国东正教精神的价值观念体系。"以东正教信仰为根基的俄罗斯国家体制的选择，只能是君主制。因为俄罗斯人在自身的精神特点上只能是君主主义者抑或是无政府主义者。倘若丧失了对君主制的信仰，俄罗斯人将或者对政治漠不关心，或者变成无政府主义者。"② 但保守主义者强调俄国专制制度与西欧一定时期内非常普及的绝对专制有着根本性的区别。西欧绝对专制君主的权力是真正无限的，捍卫自身和社会上层贵族的利益，

---

① Гусев В. А. Русский консерватизм: основные направления и этапы развития. Тверь, 2001. С. 40.
② 张建华：《俄国知识分子思想史导论》，商务印书馆，2008，第281页。

以武装力量为支柱，很少关注人民的意见，而俄国专制君主制的实质是充分代表人民的愿望。

到 20 世纪初，保守主义在坚持君主制度是对俄国最适合的、最理想的管理制度之时，也适应新时代的要求，对此进行理论上的证明，以对抗在社会上分量不断加重的自由主义和社会主义思想。季霍米罗夫在他 1905 年夏秋之际问世的著作《君主制国家体制》中最先从法律的视角严肃地研究了君主制原则。他并不反对保守主义传统的君权神授的观点，而是试图把对君主制度的宗教和法律论证综合起来，证明在现代化进程中君主制并不一定必须被共和制所代替，君主制度与所发生的变革并不矛盾，能够与所发生的变革和谐共存，使变革平稳进行，减轻国家和社会关系转化中的病态现象。季霍米罗夫划分出了三种类型的君主制："专制"君主制（монархиясамодержавная）以及它的两种偏离形式——独裁君主制（монархиядеспотическая）和绝对君主制（монархияабсолютная）。独裁君主制的基础是神化君主个人，而不是一套由全社会有意识接纳的完整宗教体系，君主作为一长制权力载体可以肆意专断，统治者的具体个性决定了专制统治的特点。东方的君主制是这种类型的专制。绝对君主制的统治也没有宗教根基，专制政权把自身视作社会的政治组织，把自身与国家等同（路易十四声称："朕即国家"）。绝对君主制政权作为人民授权的最高权力代表，不反映社会的宗教理想，人民在一定期限内就会脱离宗教而倾向于君主。绝对君主制在西方比较典型。而俄国"专制"君主制建立在宗教和道德根基之上，由民族精神承认和支持，并不是绝对的专制：它必须履行宗教和道德原则，也因此才获得了合法的无限权力。俄国独特的专制制度，根源于人民对道德自由的理解和追求基督的自我完善。俄国人民赋予了君主所有的权力，留给自己的是完全的道德和精神自由，政权的职责是保障人民和平的、宁静的存在，"思想的权利"属于"尘世"即人民，"行动的权利"属于沙皇。

季霍米罗夫认识到，在君主制管理形式下也可能出现君主不具备"理想的品质"的情况，因此皇位候选人从出生之日起就应该被拥有远见卓识的国务思想家所环绕，有计划地培养未来的君主形成"理想的品质"。他分析了君主的理想形式，把亚历山大三世视为具有理想品质的君主的化身，把亚历山大三世的个性看成称职的专制者的标准，经常称自己是"亚历山大三世时期"的人。但是，国家并没有保障使专制者都以"理想的"君主为榜样。在专制管理制度下，国家的命运、国内外政策在很大程度上取决于君主的能力，也取决于君主周围的人。事实上可能出现这样的状况，掌权的君主不仅不善于管理国家，而且拒绝倾听"专家"的建议，或者君主周围的人并不是"民族的精华"，而是一些自私自利、目光短浅者。在俄国皇位上也曾经出现过这样的君主，如彼得二世和彼得三世。而且，为继承皇位所精心培养的君主可能突然去世，继承皇位的可能是另外一个没有被作为君主继承人培养的人，俄国历史上也有这样的先例，亚历山大三世就是偶然登上皇位的。在这种情况之下，国家的命运不应该仅仅取决于最高权力载体的能力，因为能力大小是"偶然性的事件"。如果未来的国家首脑没有准备好承担如此重要的使命，那么他只是作为一个象征，管理的重负应由国务专家来承担。在理想上，最高权力载体应该不再具有人的品性，具有的只是抽象君主的优点。

季霍米罗夫认为，那种将君主的个性与国家政治方针等同起来的看法是对专制制度的"歪曲"，这只是"绝对君主制"的现象，而在俄国，"君主超越了私利，对他而言，所有阶级、等级、党派完全一视同仁，他对人民而言不是一个人，而是一种思想"。[1] 专制者本身应该服从他所颁布的法律，如果违反了法律，他就会失去统治权。在国家生存面临威胁之时，以专制者为代表的政权可以采取残酷的措施，但这种行为的前提条件是目的清晰，为社会多数人士所接受并支持。沙皇不应该一味地仁慈。暴力不应该被排除在国家政策之外，但暴力应该在道德宗教和法律框架之内。

君主制与国家共存，在国家的发展中不断变化。"君主制能够领会并集中国家的精神，为国家指明道路，帮助国家克服发展障碍。"君主制是国家发展最好的辅助工具，它可以"帮助国家免于陷入停滞，并铭记自身的发展基础，保持自身力量的健康发展的活力，对于适合自身发展的新条件深

---

① Тихомиров Л. А. Монархическая государственность. М., 2010. С. 19.

思熟虑"。① 只有君主制度能够帮助社会维持平衡，使其摆脱独裁和无政府主义的极端，顺利实现现代化。这种制度充满宗教理想，应该成为俄罗斯帝国伟大的基础，体现俄国特殊的发展道路。

俄国保守主义者认为俄国专制政权的实质是君主在上帝面前承担着巨大的个人责任，为国家做出牺牲。专制者的权力不是特权，而是伟大的奉献，因此这种权力也不能被任何人所限制。"人们对沙皇权力的任何限制都会使他得到解脱，不再对良心和上帝负责。沙皇的权力受到制约之后，他会不再信服真理，而是屈从于某种俗世的力量或利益。"② 他们一致坚决反对通过宪法限制君主权力的西方议会制度，认为主张"一切权力来自人民，并基于人民的意愿"的民权理念是最虚伪的政治原则之一。

波别多诺斯采夫把议会制称为"时代最大的谎言"。他指出，这个原则的谬误主要在于理论与实践相矛盾。在最经典的议会制国家，其实践也不符合理论中所设定的任何一个条件：选举不代表选民的意志，选举产生的人民代表也不会受到选民观点的影响，对于他们而言，选民只是"拉拢选票的对象，他们获得社会权力和地位的基础。具有爱国思想的杰出人物，具有荣誉和责任感的人物并不适应这种选举程序，在这种选举程序中拔得头筹者一般是谋求私利、善于钻营的人。从理论上讲，管理议会事务的应该是阅历丰富、公正无私者，但在实践中，议会代表则是一批自私自利，徒具雄辩才能者。议会制度是自私自利的胜利，是自私自利的最高体现"。③ 历史证明，国家卓有成效的重大改革和措施，都出自核心国务活动家，或者少数具有崇高思想和深邃知识者的倡议。议会制并不能够活跃社会生活，这种思想的支持者在比较好的情况下是出于一种天真的乌托邦主义，而在糟糕的情况下是出于追求个人的私利。波别多诺斯采夫就此指出，"历史经验无情地表明，民主主义者一旦获得了政权，立刻就会变成那些以前他们所深刻敌视的官僚，成为人民生活的威权指挥者，脱离人民的生活，肆意

---

① 张建华：《俄国知识分子思想史导论》，商务印书馆，2008，第 280 页。
② Тихомиров Л. А. Критика демократии. М., 1997. С. 532, 531.
③ Победоносцев К. П. Великая ложь нашего времени. М., 1993. С. 35.

践踏人民，不是比原有的官员好，而是更糟糕"。①

保守主义者不怀疑西方议会制度对于俄国的致命影响，但并不是完全否定议会制思想本身。丹尼列夫斯基认为，议会制对西欧文化和历史类型来说是合理的、有机的，而试图把这种制度移植到俄国土壤上来，相当于"迫使鱼用肺呼吸"。西方的自由主义思想是在社会"饱经痛苦"和"深思熟虑"后得到的果实，而不是对其他模式的盲目仿造。波别多诺斯采夫在为王储尼古拉讲授法律课程时强调，代表制机构与存在这些机构的国家的历史水乳交融。并非所有生活、所有人民都适合这些机构。这些机构只能在一些地区发挥效力，因为这些地区人民的生活传统为这些机构的存在创造了条件。波别多诺斯采夫以英国为例，指出英国的民主有机地融入了国家制度，在历史准备充分的土壤中扎根。但是这根本不意味着英国的国家形式是样板，可以在俄国复制，在俄国，英国的国家形式会成为国家机器的一个异在躯体，最终将导致国家制度的崩溃和无政府主义。

对于俄国君主制条件下是否可以设立人民代表制度问题，保守主义者内部产生了分歧，争论发生在斯拉夫派和国家保护流派之间。斯拉夫阵营主张在俄国君主制下设立全民的人民代表制度，而国家保护流派坚持沙皇与人民直接交流的模式。

斯拉夫派提出，在共同民族精神价值观基础上建立沙皇下的"纯俄罗斯的"人民代表制度，将国家和人民有效联合起来，与自由主义者的立宪方案相对立。А. И. 科舍廖夫在其著作《专制制度和国民杜马》中最先提出了君主制下的"人民代表制"的完整学说。人民代表制在形式上是沙皇下的特殊咨议机构国民杜马（Земская Дума），这是一个选举产生的泛等级组织，由沙皇下令召开，"在召开时不是讨论众所周知的一般宪法问题，而是直接研究和寻找改善国家内部管理的必要措施，确定国家、社会和地方的预算"。② 在国民杜马工作中能力杰出、品格高尚的人民代表在将来可以组成政府。君主专制下的"人民代表制度"与立宪君主制下的"议会代表制"

---

① Победоносцев К. П. Сочинения. СПб. , 1996. С. 183.
② Кошелев А. И. Самодержавие и Земская Дума. М. , 2011. С. 39 – 40.

的根本区别在于，西方立宪国家议会代表制的任务是通过议会限制君主的权力，俄国君主专制下人民代表制的主要职能是沙皇和人民之间交流真实的需求。国民杜马中的民选代表不涉及权力的问题，他们有的只是协助沙皇管理国家的沉重职责。这种制度也能够克服官僚机构攫取国家权力的倾向，使人民的精神和需求能够传递给沙皇。

但斯拉夫派的这种思想遭到国家保护流派的激烈批评，认为类似理论是"自由主义的火种"，可能导致通过宪法限制君主权力，也可能导致革命。他们认为，俄国君主制只有在沙皇与人民直接交流的情况下才能维护自己纯粹的专制性质。必须使政权与人民融合，代表机构根本就不是民族精神的代言人，代表的是党派的利益，会使人民与政权脱离。为实现人民与政权融合，需要直接面向人民，而不是通过什么代表机构。君主制下的任何代表制，从议会到国民会议，都会破坏沙皇与人民的有机联系，在他们之间建立一个强大的反君主力量阶层。著名政论家，长期以来对政府政策产生影响的卡特科夫写道："无论人们所设想的代表制是什么规模的、什么形式的，永远都是人为的、虚伪的作品，都是在掩盖人民的需求，它不是人民利益的体现，而是与人民异己的党派利益的体现。"① 俄国伟大作家陀思妥耶夫斯基在这个问题上成为卡特科夫的志同道合者，他指出："请把穿一身家织灰粗呢衣服的农民叫过来，问问他们自己，他们有什么需要，问问他们要求什么，他们会把真理告诉你们。我们所有的人可能还是第一次听到实在的真理。不需要任何郑重的动员和集会，可以在任何一个地方，一个县份或一个农舍向人民询问。"②

保守主义者一致主张国家强权政策，指出俄国必须实行强有力的中央集权制度。强有力的中央集权国家是俄罗斯国家制度的核心，只有强大的国家政权可以将俄罗斯多民族国家的全体人民团结起来，解决社会文化、经济、民族矛盾，构建和谐发展的社会。如果国家政权软弱，势必纷争不休，暴力横行，道德根基动摇，家庭、社会和国家纪律涣散。在 19 世纪下

---

① Цит. по: Тихомиров Л. А. Монархическая государственность. М., 2010. С. 335.
② 〔俄〕陀思妥耶夫斯基：《作家日记》（下），张羽译，河北教育出版社，2010，第 1076 页.

半叶俄国社会局势紧张，各种恐怖和犯罪行为增加的情况下，许多保守主义思想家毫不犹豫地选择采取不惜一切手段确保国家利益。卡特科夫指出："国家的象征是剑……国家在必要的时候要采取严厉的，甚至是残酷的措施。"① 国民服从和顺从国家不是社会的反常状态，而是普遍规范。

　　保守主义者认为在俄国中央集权制度下起关键作用的是国家首脑沙皇，他们同样也关注了官僚行政机构的运行问题。俄国自由主义和无政府主义批评家经常把俄国专制制度与官僚机构的独裁统治联系在一起。在 19 世纪至 20 世纪初期，俄国确实存在官僚行政机构扩张问题。据俄国历史学家 H. 叶罗什金的数据，18 世纪末俄国有 1.3 万~1.5 万名官吏，到 19 世纪初有 6.15 万名，到 19 世纪末，官吏的人数已经达 43.6 万名。② 另一个苏联学者 П. А. 扎伊翁奇科夫斯基对这一时期俄国官僚的数量给出以下数字：18 世纪末期，俄国每 2250 名居民中有一名官吏（当时人口是 3600 万），1852 年，929 名居民中有一名官吏（人口 6900 万），1903 年，已经是 335 名居民中有一名官吏（人口 1.29 亿）。因此，即使考虑到人口增加因素，在整个 19 世纪俄国官员数量还是增加了近 6 倍。③

　　保守主义理论家们面对 19 世纪至 20 世纪初期俄国官僚行政机构扩张，社会面临官僚专权的危险问题，认为造成这种状况的原因不在于君主制权力原则，而在于彼得改革后俄国形成的"模仿性的"政治行政制度，其与"真正的俄国专制"没有任何共同之处。他们也认为行政机构的影响扩大是对俄国专制制度的主要威胁，对国家权力制度体系下官僚管理的形式主义、滥用职权、因循拖延等弊端批评的激烈程度丝毫不逊色于其他思想政治流派。季霍米罗夫指出，19 世纪的俄国根本已经不是君主制权力原则，亚历山大二世的自由主义改革，与彼得一世时期相比，形成了更强大的、不受

① Добреньков В. И. Русский консерватизм как идеология возрождения и развития новой России. Вестиник московского университета. Серия 18. Социология и политология. 2011. No 1. С. 16.

② Ерошкин Н. П. Российское чиновничество // Политическое образование. 1989. No 6. С. 77.

③ Зайончковский П. А. Правительственный аппарат самодержавной России в XIX веке. М., 1978. С. 221.

监督的官僚机构，他认为"从 1861 年起，俄国成为 18 世纪未立宪之前欧洲国家占统治地位的那种官僚警察类型国家"。[①] 但是，以季霍米罗夫为代表的国家保护流派认为，对于任何管理形式来说，官僚制度是不可避免的，任何复杂的国家制度没有这种传递权力体系都寸步难行。纠正官僚管理制度缺陷的方式是沙皇拥有全部的最高权力，能够避免行政机构的肆意妄为。在 20 世纪初"俄罗斯君主党"的纲领中有这样的说法："只有君主拥有无限的权力才能克服粗鲁的官僚主义，他个人大笔一挥就能够将贪赃枉法的官员撤职，代之以廉洁奉公的官员。"[②]

在保守主义者的组织方案中，主张根据官僚的本质和社会作用，安排他们在国家管理结构中的位置，但沙皇无条件地享有最高权力。季霍米罗夫提出了俄国君主专制下最高权力载体君主和执行国家权力机构官僚体系的运行方案。根据这个方案，君主在国家管理体系中占有特殊地位，君主直接干预所有管理领域，保障整个政府体系主体活动的法治性和责任性，最高权力及时获得所有管理领域状况的完整信息。但君主不能直接参与所有社会事务，需要权力的传递环节：执行官僚机构直接贯彻最高权力的意志，是君主和社会之间的传递环节。[③] 他赋予官僚和行政机构在国家实践中的重要作用，同时警告社会生活官僚化、由官僚剥夺国家所有权力的危险。

季霍米罗夫将专制政权和行政管理、最高权力和政府权力区分开来。他写道："在 20 世纪确立了两种学术上虚假的，实际上有害的学说，即宣扬'最高权力的组合性'和'权力划分'学说。"[④] 他反对这种学说，提出"最高权力是统一的、专制的、神圣的、不可破坏的、无处不在的，是所有国家权力的来源"。[⑤] 最高权力不可能受某人或者某物的限制，在国家领域享有完全的权力。最高权力应该以国家为中介协调所有利益、推动各种社会力量，最高权力只有站到最高点，避免内部矛盾的干扰，才能担当最高

---

① Тихомиров Л. А. Монархическая государственность. М. , 2010. С. 413.
② Программы политических партий России. Конец XIX – начало XX века. М. , 1995. С. 432.
③ Тихомиров Л. А. Монархическая государственность. М. , 2010. С. 576.
④ Тихомиров Л. А. Монархическая государственность. М. , 2010. С. 63.
⑤ Тихомиров Л. А. Монархическая государственность. М. , 2010. С. 68.

法官的角色。如果最高权力本身成为若干原则的综合，则在其内部会不可避免地产生冲突，这会削弱国家机构的意义，使社会陷入混乱。最高权力位于所有社会力量之上，履行着指导和监督的职能，利用这些社会力量，并组织这些力量进入管理体系。只有在管理领域，可以乃至必须实行建立在不同原则之上的分权：（1）立法权；（2）执行权；（3）司法权。但是，这些权力是同一个权力——最高权力的体现。这些权力不是彼此独立的不同权力，"立法、执行和司法权力只是在其作为同一权力的体现之时才有意义，在立法领域确立某种共同法律规范，在司法和执行领域根据具体情况贯彻法律规范"。[①]

季霍米罗夫指出，所有国家都需要传递权力制度，官僚的职责是在国家管理的所有方向传递君主的权力。从技术方面看，官僚无疑是最完善的权力传递体系，沿等级阶级自上而下传递所获得的信息，具有"专业高效""从令如流"的优势。但这些优势也蕴含着非常危险的消极趋势，其中最主要的危险是执行机构攫取最高权力的职能和作用。在这种情况下，会出现所谓"官僚专制"，官员类似于议会的政治家，以最高权力的名义自行其是。这自然与议会管理一样是一种虚假的现象，区别仅在于，一种情况下篡改的对象是君主的意志，另一种情况下篡改的对象是人民的意志。在专制国家，"官僚篡权"可能会出现"最致命的后果"，人民对最高权力的信任消失，与最高权力脱离联系。季霍米罗夫认为，为了防止出现官僚肆意妄为和独断专权现象，必须最大限度地吸收社会因素进入管理体系，将国家行政管理机构与社会自治体系结合起来，使任命与选举、集权与分权、独立与服从相互共存，而不是彼此排斥。最高权力的任务是确定并维持它们的合理比例。

因此，俄国保守主义者的现代化方案在特别关注君主制条件下最高权力和执行国家权力机构体系的同时，也相当严肃地研究了君主制国家下社会组织和自治问题，但在这个问题上思想观点有所分歧，分歧大体出现在国家主义者、斯拉夫派及以列昂季耶夫和季霍米罗夫为代表的等级－社团

---

① Тихомиров Л. А. Монархическая государственность. М., 2010. С. 75.

主义者之间。

以卡拉姆津、卡特科夫和波别多诺斯采夫等为代表的国家主义者，认为国家政权是俄国历史上唯一的创造性力量，国内政策的基础是强权原则，对社会生活进行严格规定和监督，公民只能拥有最小的主动性，或者根本不需要主动性。在他们看来，发展地方自治将导致分立趋势，衡量地方自治的实用性和必要性的主要标准是为君主制国家服务。地方自治机构作为国家机构的环节进入权力和管理的完整体系。同时，中央权力要监督社会管理机构不超越它们的权限，不允许它们出现政治化。例如，卡特科夫认为，在亚历山大二世改革后俄国形成的地方自治机构中，起到关键作用的是反君主主义和传统主义的力量：平民知识分子、资产阶级和资产阶级化的贵族。地方自治机构出现政治化，领导人员觊觎更广泛地参与国家管理，希望按照欧洲经验改革俄国权力结构，给予自治单位参加制定政治决策的权力。他在《莫斯科新闻》中提出了地方自治反改革的方案，强调地方自治制度合法运行的主要条件是中央权力与社会自治之间严格的等级服从制度。他还建议用地方行政机构人员组成的地方自治机构代替选举产生的地方自治机构。卡特科夫为此参照了普鲁士和法国的经验，普鲁士中央和地方管理的有机融合保障了国内政治关系的稳定，而法国中央和地方管理的等级服从制度被破坏，地方管理权力过大，结果出现了一系列的政治危机。

斯拉夫派主张给予公民自由，包括新闻自由，坚持必须有发达的地方自治制度，赋予公民自治以及社会的自我组织以重大作用，将其作为君主制完全存在的条件，主张必须让地方自治扎根地方生活，深入人民的意识，与地方居民真正地紧密联系起来，其顶峰是重建莫斯科王国时期的缙绅会议（земский собор）。他们认为，16 世纪的等级代表制下的沙皇与缙绅会议和领主杜马共掌政权是最理想的政治模式，在他们看来，领主杜马和缙绅会议具有比当时的西欧议会制度更高层次的地方自治和阶层自治权利，贵族阶层可以通过领主杜马参政和表达政治愿望，市民、商人和农民可以通过缙绅会议参政和表达政治愿望。例如，阿克萨科夫所设计的俄国未来社会政治制度是"以专制沙皇为领导的地方自治公社"，这种国家管理模式完全依赖于君主和地方自治的相互作用，俄国成为地方自治的联盟。① 斯拉夫派认为村社是俄国历史和社会生活的核心。村社"保存了社会关系和农民传统风貌的元素，是农村广大居民切身利益的最可靠保证，体现了人民有关公正的最古老看法"，可以把农村土地公社的经验移植到现代都市化环境中，以制止"无产阶级化"进程。

列昂季耶夫和季霍米罗夫也拥护强大的国家政权，但意识到完全依靠国家官僚机构是不够的，提出了等级 - 社团国家的概念。列昂季耶夫在俄国保守主义者中第一个将"社团"（корпорация）与"等级"（сословие）的术语并在一起使用，② 主张从法律上固定各社会阶层（等级、社团等）的权利和义务，确立专制权力控制下的等级 - 社团制度，国家制定维护各阶层利益的社会政策和实施机制。除原有的社会阶层（贵族、农民等）外，新形成的一些阶层也占有比较重要的地位，首先是无产阶级。列昂季耶夫和季霍米罗夫对保守主义政治理论的创新之一体现在他们提出了工人问题以及解决这一问题的形式——社团主义。他们认为，政府应该尽一切努力改善工人阶级的经济福利，使他们具有更多的资金、时间、发展机会和权利保障，以及更多理智的主动性——这一切不仅是为每个劳动者，而且是为整个俄国造福。国家对雇主与工人之间的关系进行调控，建立受政府监督的工人组织。国家监督和干预可以保障工人免受剥削，在有争议的情况下进行适当的调解，保障工人有必要的劳动环境。在未来每家工厂的所有工人团结在统一的组织内。企业的每个团体——工人、管理人员、业主，应该联合成为独立的社团组织，加入组织的工人自动成为一定权利和义务的载体，但他们同时也应该联合起来建立一个大的社团，包括工厂从工人到工厂主的所有工作人员。在出现争议时企业主和工人代表寻找一种使双方都满意的妥协性解决方案。社团必须处于政府监督之下。国家应该放弃不干预社会领域的政策，以及只支持一个阶级或等级的政策。国家的作用

---

① Казанский П. Е. Власть Всероссийского императора. М. , 2007. C. 454.
② "等级"表示的社会团体的归属性由继承原则决定，而"社团"表示的社会团体的归属性由职业或领域特征决定。

位于各阶级之上，协调他们之间的关系，起着社会争议的仲裁者的角色，捍卫全民族而不是某个团体的利益。俄国保守主义社团主义理论的基础是在不放弃君主制的国家形式下实现"社会和平"。君主制社团国家的原则在俄国侨民保守主义者的思想和理论构建中获得了广泛发展，成为俄国侨民一些保守主义政党与组织意识形态和社会－政治纲领的核心。

20 世纪初著名保守主义思想家 C. Ф. 沙拉波夫提出了有独创性的地方自治方案，指出克服官僚弊端必须进行地方自治改革："我们官僚的所作所为使人民仇恨我们崇高的历史原则——专制制度。"他的主要著作《专制制度和自治》1899 年在柏林问世，但俄国新闻检查机构不允许他的书在国内出版。1905 年，沙拉波夫在他创办的报纸《俄罗斯事业》中刊登了这部作品的内容，1907 年，他的书《未来的俄罗斯》在莫斯科出版，其中包括了《专制制度和自治》的内容。沙拉波夫这个作品的不同版本都为君主主义圈子所知。作为一个坚定的君主主义者，他强调君主权力的优势，主张将中央集权和分权制度结合起来，使国家首脑不必费心解决一些在地方上就完全能够成功解决的问题。专制者受到客观因素的制约不能事必躬亲，由官僚代替他处理一些事务。但官僚制造了国家"血液循环中的血栓"，阻碍了政权和人民的互动。在人民眼中，君主专制化身为大臣专制，大臣专制化身为司长、处长和科长的专制。为了克服这种官僚弊端，沙拉波夫提出将"国家事务"与"地方自治事务"分开管理的模式。他建议对当时的地方自治制度进行改革，把地方自治向全国推广，"在君主管理下建立一系列大的地区单位，在法律规定的范围内实行自治"。"在每一个这样的地方自治单位，君主代表的任务是监督法律的执行，自治代表的任务是独立管理法律规定领域内的事务。"[①]

俄国保守主义与自由主义不同，自由主义思想是从西方舶来的，在传到俄国之前在西方已经被思想家们进行了充分的论证，而俄国政权并不追求对君主制度进行科学和法律的论证，甚至坚定的保守主义－君主主义者

---

① Шелохаев В. В.（отв. ред.）. Модели общественного переустройства РоссииХХ век. М., 2004. С. 183.

也没有系统地阐释他们所宣传思想的内涵，到 19 世纪下半叶至 20 世纪初这种情形才有所转变，保守主义阵营内很多杰出的作家、史学家和哲学家对俄国君主制理论学说进行理论构建，提出了社会和政治组织方案。保守主义者在社会和政治组织原则方面最重要的观点大体有：中央集权的君主专制制度，拒绝通过宪法限制君主权力的西方议会制度，部分人主张建立在君主制下的人民代表制度，赋予官僚和行政机构在国家实践中的重要作用，主张根据官僚的本质和社会作用，安排他们在国家管理机构中的位置，将国家行政管理机构与社会自治体系结合起来。

第三节　保守主义意识形态与民族主义

民族问题也是俄国保守主义意识形态关注的重点。俄国学者 A. H. 科利耶夫归纳总结了保守主义思想家对"民族主义"这一术语的解释，"民族主义是民族精神及人民历史自我意识的体现，是捍卫人民生活利益的方式"。[1]在保守主义者看来，民族主义分为建设性的民族主义与虚假的、非建设性的民族主义，两者的区别在于，前者是维护自己的，而后者是抢夺别人的。从广义上讲，维护自己的也意味着抢回被非法夺走的。根据对这个术语的这种解释，保守主义和民族主义并不是对立的，都是保护性质的意识形态，强调保护的职能。但革命前俄国保守主义意识形态和民族主义之间的关系相当紧张，有时甚至直接敌对。

保守主义者内部对如何解决民族问题在观点上存在严重分歧。几乎从俄国保守主义作为一个独立形态存在起，主张帝国主义和民族主义的两个派别之间就出现了矛盾，随着时间的推移矛盾逐渐深化。海军上将 H. 希什科夫和未来的莫斯科大主教费拉列特对民族和国家的观点鲜明地体现了这种矛盾。如果说作为"俄罗斯语言爱好者协会"小组的著名领袖的希什科夫认为民族是上帝所赋予的，具有与人类类似的机体，因此拥有集体的意

---

① Кольев А. Н. Нация и государство. Теория консервативной реконструкции. М. , 2005. С. 280.

志、精神、良知，则作为伟大神学家的费拉列特对这些观点持相当怀疑的态度，认为这些观点是异端。①

19 世纪初，随着当时保守主义阵营的支柱之一海军上将 H. 希什科夫领导的"俄罗斯语言爱好者协会"小组活动的开展，可以说俄国民族主义作为一种独立的意识形态开始出现。也是在那一时期，19 世纪第二个十年，在统一的保守主义流派内传统帝国主义者和现代民族主义者之间开始了大争论。这场争论一直持续了整个 19 世纪，20 世纪初的革命也没能终止这场争论：俄国保守主义侨民中同样既有民族主义者，如 И. 伊里因，也有帝国主义者，如 И. 索洛涅维奇。

在俄国保守主义意识形态框架下，帝国主义和民族主义思想之间的关系历史悠久。亚历山大一世之前的俄罗斯帝国，国家政权的合法性标准主要是君权神授，民族性原则不在其列，俄国民族主义仅作为反对流派存在。在尼古拉一世时期，国家政策中最先出现民族主义的特征。这一时期至少有两个事件表明民族主义不仅存在于社会反对派中，也存在于国家政权实践活动中。第一个事件是俄国干涉奥地利哈布斯堡家族和匈牙利起义者之间的武装冲突，俄国远征军进入匈牙利境内，挽救了奥地利君主制。俄国军队的出现是对在哈布斯堡王朝不断积蓄力量的斯拉夫运动的强大支援。如果没有俄国军队的远征，未来的泛斯拉夫主义不会成为强大的流派。第二个事件更为典型，国民教育大臣乌瓦罗夫伯爵提出著名的"官方民族性理论"，包含三位一体的要素"东正教、专制制度和民族性"。"官方民族性理论"的出现表明国家意识形态出现了危机，因为在不久之前，对于俄国君主制的合法性，除了君权神授的观点之外还不需要进行其他的论证，从那时起，官方意识形态中民族主义的成分出现并逐渐加强。

俄国保守主义者，按照其民族主义的思想观点可以划分为三个主要流派。但他们之间的观点并没有根本上的差异，仅在于其强调哪一个方面。②

① См. об этом: Зорин А. «Кормя двуглавого орла». Литература и государственная идеология в России в последней трети XVIII – первой трети XIX века. М. 2001. С. 261 – 262.

② Попов Э. А. Русский консерватизм: идеология и социально – политическая практика. Ростов – на – Дону, 2005. С. 123 – 147.

第一个流派可以称为政治民族主义，这个流派承认民族的意志是合法性准则，坚持建立民族国家，在俄国保守主义者中拥护的人数量最多。这个流派的形成受到 18 世纪和 19 世纪之交德国保守浪漫主义思想的影响，从某种意义上说，也受到了法国大革命思想及"民族主权"理念的影响，把民族性作为合法性的最高原则。例如，斯拉夫派霍米亚科夫指出，在俄国历史上的圣彼得堡时期，俄国由东正教王国变成了俄罗斯帝国，对一切宗教和民族元素变得冷漠，他认为只有承认民族最高价值的权力才具有合法性。这与"民族主权"思想非常相似，只不过认为"民族主权"由君主的权力赋予，君主是民族精神的人格化体现。

俄国保守民族主义的第二个流派，可称为文化民族主义。这个流派的先驱可以说是海军上将希什科夫，他提出保护俄国免受欧洲文化扩张影响的思想。斯拉夫主义的意识形态中也包含文化民族主义的元素。这一流派发展的里程碑是 Н. Я. 丹尼列夫斯基提出的，后来为 К. Н. 列昂季耶夫所发展的文化 - 历史类型理论。丹尼列夫斯基率先提出"文化 - 历史类型"理论，他划分出了世界历史上的 12 个文化 - 历史类型文明，指出各个文化 - 历史类型文明的基本原则不会彼此转移，真正的发展只能出现在一定的民族和文明结构框架内。列昂季耶夫可以被称为文化民族主义真正的理论家，他"作为一个俄罗斯人，比别人更锐利、更清晰、更明确地意识到自己的文化和历史与欧洲人的差别"。[①] 这位思想家从来没有提倡授予俄国某个民族（包括俄罗斯人）政治权利，然而他在作品中不断强调必须稳固俄罗斯民族文化类型。只有保持并发展自己的文化独特性，在生活各个领域，包括国家建设领域，体现出这种独特性，才能够克服堕入"毁灭性的平均主义大杂烩的可怕深渊"。列昂季耶夫的思想曲高和寡，以至于与他最亲近的思想家，俄国保守主义著名理论家季霍米罗夫似乎也没有完全理解他的思想，季霍米罗夫的保守主义学说的基本原理，特别是等级 - 社团国家的思想，正是来自自己的老前辈列昂季耶夫。

---

① Тихомиров Л. А. Русские идеалы и К. Н. Леонтьев// Критика демократии. М., 1997. С. 508.

　　俄国保守民族主义的第三个流派是精神民族主义。俄国民族主义的最高发展正是来自这一流派，代表人物为陀思妥耶夫斯基和伊里因这两位保守主义思想家。陀思妥耶夫斯基作为艺术家、小说家、政论家和思想家，比较关注国家生活的精神方面。他的作品充满了唯灵论和预言性，核心是俄国东正教的救世主义。陀思妥耶夫斯基的基本思想是俄国人民担负着救世使命，是"上帝的旗手"，担负着拯救欧洲脱离精神空虚状态的使命。《群魔》中沙托夫的著名话语表现了陀思妥耶夫斯基的俄罗斯弥赛亚主义的特点，"民族是上帝的躯体。任何一个民族之所以成为一个民族，只有当它有自己特殊的上帝、毫不妥协地排斥其他一切上帝的时候，当它相信，能以自己的上帝战胜其他所有上帝并将其驱逐出世界的时候。亘古以来大家就是这样相信的，至少所有伟大的民族，所有多少有名的、所有站在人类前列的民族都是如此……如果一个伟大的民族不相信只有它体现真理（只有它一个民族，其他民族皆排除在外），如果不相信只有它能够以自己的真理拯救大家，起死回生，而且只有它这个民族负有这个使命，那它马上就不再是伟大的民族，立即变成民族志的材料，而不是伟大的民族。一个真正伟大的民族决不甘心在人类中只起次要的作用，甚至不能只起首要作用，而必须是独一无二的首要作用。谁丧失这个信念，谁就不成其为民族。但是真理只有一个，因此，各民族当中只有一个民族能够有真正的上帝……唯一的'体现上帝的'民族是俄罗斯民族"。① 在陀思妥耶夫斯基的解释中，俄罗斯弥赛亚主义似乎类似于修道院院长菲洛费伊关于莫斯科是第三罗马的著名理论。他们两人都强调造物主赋予俄国沉重的职责，他们还都强调俄国东正教弥赛亚主义只是一种潜力，这种潜力的实现主要取决于俄国人民的精神和道德面貌。俄国东正教人民和东正教王国可能还没有准备好完成他们被赋予的使命。

　　哲学家伊里因提出的俄国民族主义的思想在很大程度上接近陀思妥耶夫斯基有关俄罗斯东正教弥赛亚主义的观点。他对民族主义的观点是出于

---

① 〔俄〕陀思妥耶夫斯基：《群魔》（上），陈燊主编，冯昭玙译，河北教育出版社，2010，第311～312页。

对民族使命的认识："基督教给世界带来了个人的灵魂永恒的思想，灵魂在自己的天赋、责任和使命方面是独立的，在自己的罪过与功勋方面是独立的，在自我剖析、爱恋和祈祷方面也是独立的，即人的形而上的独特性思想。人的形而上的独特性思想只是对基督教的正确理解和继承性发展；基督独自存在于宇宙中，他不只是为了犹太人，也不只是为了希腊人，他的福音既面向希腊人又面向犹太人；这意味着所有民族都被承认，都有自己的使命、自己的位置、自己的语言和天赋……民族主义是一种自信的、强大的情感，我们的人民也接受了圣灵的恩赐；他们以自己感官的本能接纳它们，以自己的方式创造性地实现它们；他们的力量是充沛的，号召进一步创造性地完善它们；因此我们的人民应该有文化的'独立性'，这是保证国家伟大强盛的前提，是保证国家独立存在的前提。"①

陀思妥耶夫斯基和伊里因的民族主义的基础是把民族视为由上帝创造的个体的集合。陀思妥耶夫斯基的民族主义具有弥赛亚主义的性质，伊里因的民族主义也是主张深入内省的思想："民族主义是人民在上帝面前的深入内省，内省他的灵魂、他的缺点、他的才华、他的历史问题、他的危险和诱惑。民族主义是基于仁爱和信仰以及这种内省上行动的体系。民族性就如同灵魂的气候、精神的土壤；民族主义是对自己的气候和土壤真实的、自然的渴望。"② 但陀思妥耶夫斯基和伊里因对民族主义的认识有显著差异。如果在作家陀思妥耶夫斯基那里民族主义具有乌托邦的形式和目的——救赎整个世界，那么在政治哲学家伊里因那里民族主义具有更加现实的、"世俗的"动机。伊里因提出了一个有关俄国历史上彼得一世以前和以后时期精神发展的假说，非常有启发性。他并不是像斯拉夫派和根基派（包括陀思妥耶夫斯基）那样，把莫斯科和圣彼得堡对立起来，而是认为圣彼得堡时期是对莫斯科时期的创造性发展。他指出，"新的"俄国精神和文化发展的核心是所谓"世俗的民族主义"，在于宗教和国家的分离。但"世俗的民族主义"与广义的俄国文化一样，具有相同的东正教基础。"在这两个世纪

---

① Ильин И. А. Наши задачи. М. , 2011. С. 161 – 162.
② Ильин И. А. Наши задачи. М. , 2011. С. 162 – 163.

（彼得一世改革以后），俄国获得了自己世俗的民族主义，这种世俗的民族主义在东正教教会孕育形成，充满着基督教仁爱、内省和自由的精神；俄国获得了世俗的民族主义，同时将之传播到世俗文化的所有领域；传播到从那时起诞生的俄国世俗科学和文学领域；传播到产生并迅速发展获得世界意义的俄国世俗艺术领域；传播到新的世俗法律意识、法律秩序和国家制度领域；传播到新的世俗生活和道德领域；传播到新的私营和社会经济领域。"[1] 同时，伊里因认为，健康的俄国民族主义的任务，是在民族文化和国家创作中创造性地实现东正教精神。

在俄国保守主义的社会政治实践中占优势的是所谓政治民族主义。这个流派的思想家经常将伟大的俄罗斯民族与俄罗斯国家等同起来，强调俄罗斯民族的重要意义。根据他们的观点，历史上被赋予特殊地位的种族成为国家的基础，这一种族将其他种族以国家的名义团结在自己的周围，使之服从自己。在俄罗斯，只有一个占优势的民族——俄罗斯民族，这是由数个世纪的历史生活决定的。季霍米罗夫主张只赋予俄罗斯人民以政治权利，他写道："俄国……由俄罗斯民族创建并且仅能由俄罗斯民族维护，只有俄罗斯人的力量能使其他民族走向彼此的团结以及与帝国的团结。"[2] 这种立场在 20 世纪初期俄国右翼政党的社会政治实践中明显体现出来。

俄国主要右翼政党的纲领性文件中包含俄罗斯人民（除了大俄罗斯民族外还包括小俄罗斯民族和白俄罗斯民族）的政治权利优先原则，限制帝国境内非俄罗斯民族在国家杜马等机构的代表权利。例如，"俄罗斯人民联盟"的纲领将犹太人在国家杜马的代表权限制在 3 人。他们赋予俄罗斯民族肩负国家以及人民命运的重大责任，同时强调俄国存在众多民族，其中每一个都有自己的语言、宗教和习俗，这些民族位于俄国土地上，应该同样感觉到自己是一个国家整体的成员，是一个最高政权的臣民。俄国强大的前提是多数民族团结统一，吸收各民族的文化价值。右翼政党纲领中的

[1] Ильин И. А. Наши задачи. М., 2011. С. 170.
[2] Добреньков В. И. Консерватизм - национальная идеология России. Вестник московского университета. Серия 18. Социология и политология. 2011. № 2. С. 43.

民族主义元素非常明显，这一元素也与俄国领土完整和境内居民统一的帝国思想结合在一起，在坚持中央集权型的权力组织的同时坚持帝国制度。

保守主义者将实行中央集权专制的必要性与帝国的地缘政治因素，民族、文化和宗教构成的多样性以及国防需求直接联系在一起。Н. И. 切尔尼亚耶夫指出，"要想理解专制制度对维护帝国完整的必要性……只需浏览一下俄国地图即可，为了保卫国家的疆域，使国家居民联结成为统一的稳定政治机体，需要强大的国家政权"。[1] 在俄国的地理条件下，任何削弱强大的中央集权，给予地区更多权力的思想，都必然会导致国家管理涣散，各地区进一步分立及至国家解体。俄罗斯人民是帝国的主要构成因素，在帝国历史中起主导性作用，"在俄罗斯人民的保护之下"，历史上形成的俄罗斯帝国模式促进了生活在这片国土上的所有民族的联合，各个民族保留着自己的独特文化和种族特色，这不但不会妨碍国家的统一，反而会成为民族国家旺盛创作的源泉。动摇俄罗斯民族的霸权将削弱帝国本身，导致各民族之间的斗争。出于同样的原因，保守主义者反对联邦制度，在各民族文化、语言、历史传统和"历史野心"各异的情况下，有关对俄罗斯帝国实行联邦制改革的方案和计划都是一种"儿童的不切实际的幻想"。俄罗斯国家政治体制在形式上必须是单一的，但在精神上是联邦的。团结的、强力的中央政府应突出各民族独立的精神和文化，使全民形成兄弟般的团结和统一。

第四节　保守主义现代化的方法论

保守主义维护传统，认为传统是历史连续性的象征，捍卫社会的政治、民族和文化基础，即人民历史发展中形成的政治、民族和文化形式，将历史进程的继承性和稳定性思想绝对化，主张必须保留社会生活的传统形式和基本制度，不惜任何代价维护国家在特殊的历史条件下形成的独特社会制度。保守主义者确信世代相传的历史继承性对人民文化和政治生活具有

---

[1]　Черняев Н. И. О русском самодержавии. М., 2011. С. 22 – 23.

重要意义，倾向于在历史和过去中寻找今天和未来问题的答案。

保守主义者否定牺牲传统价值观和生活方式的社会改革方案，认为这是在脱离传统，脱离根本，转向历史的虚无主义。他们认为，人类无权承担改造世界的使命，试图根据某些模式对社会进行抽象的建构和改造是最大的危险，人类的理智是有局限的，从原则上讲没有能力预测自己行动的全部后果，而这些后果对社会来说可能是悲剧性的。用俄国哲学家 H. A. 雷梅尔斯的话讲，保守主义者倾向于把所有改革计划的制订者称为"最危险的罪犯，比疯子和杀人犯更可怕的人"。① 美国历史学家 P. 派普斯也指出，"对于保守主义者而言，人根据抽象的模式为改造社会而进行斗争是过于傲慢自大，注定一败涂地。这是切断与创造源泉的所有联系。这蠢不可及，是一种精神死亡"。②

保守主义者反对激进的自由主义者有关社会改革的观点。后者认为，社会变革的方式可以是暴力性质的、反人道主义的，但这是达到道德的目的——未来人道主义的、公正的社会的必然手段，为了建立人道主义的公正社会，必须消除以前历史上所有不公正、罪恶、"反动"的形式和制度，甚至是建立在"偏见"之上的全部社会价值观——宗教、习俗、民族、文化和政治传统。保守主义者从根本上反对这种思想，把激进主义者的思维定式称为虚无主义。对于"虚无主义"一词的起源问题尚没有定论，有学者认为这个词起源于俄国屠格涅夫的小说《父与子》，小说中用"虚无主义者"称呼以主人公巴扎罗夫为代表的 19 世纪 60 年代的知识青年，他们质疑一切，全盘否定一切传统观念和道德伦理的思想。自这部小说发表后，"虚无主义"的概念在俄国盛行起来。也有学者认为这个词起源于中世纪欧洲，当时宗教文学把否定基督教关于人的本性学说的异端学说代表称为虚无主义者。

卡特科夫在他 1861 年发表的系列文章中积极地使用"虚无主义"一词

---

① Реймерс Н. А. О «правом» и «левом» типах мышления. Париж, 1949. С. 27.
② Пайпс Р. Русский консерватизм во второй половине XIX в. : доклад на XIII Международном конгрессе исторических наук. М. , 1970. С. 6.

形容聚集在《现代人》杂志周围的他的对手的社会政治立场。他也赋予了"虚无主义"一词新的意义,表示极端否定现实,否定现有国家、教会、家庭制度以及传统的宗教道德和伦理规范,鼓吹为了破坏本身而破坏。保守主义者后来用这个术语表示车尔尼雪夫斯基、巴枯宁和克鲁泡特金等人俄国革命斗争的理论和实践。P. 派普斯指出,在 19 世纪 60 年代后,俄国保守主义本身成为反虚无主义的理论,尝试寻找一种选择来代替俄国社会出现的车尔尼雪夫斯基似的"新人类"的可怕幽灵。[①] 如果说俄国无政府主义者巴枯宁在"虚无主义者"身上看到的是"生命、忠诚和坚强的力量",另外一位无政府主义者克鲁泡特金在《革命者日记》中把虚无主义定义为"为了个性而进行的斗争",那么保守主义思想家陀思妥耶夫斯基则把"虚无主义"形容为"从历史上就脱离了社会根基,高据于人民之上的知识分子群体最主要的病态现象"。[②]

在 20 世纪初,保守主义者已经很少使用"虚无主义",改为使用"无政府主义"的术语,这两个词既相近也有差异,后者的含义更为广泛:表示所有反传统、反君主制,通过极端的激进主义斗争方式来实现自己政治目的的思想。无政府主义组织和团体积极的恐怖活动引起巨大的社会反响,也促进了这一时期"无政府主义"一词的普及。保守主义者极端敌视无政府主义现象,例如,B. B. 雅尔莫金在 1912 年指出,"在无政府主义者身上,你不会找到任何真理、任何公正、任何基于对上帝和亲人热爱的自由及进步思想。他们在沸腾的愤怒和仇恨中,抛弃了有关人类道德和灵魂的所有概念……烧杀劫掠是这个党派的直接行动。'越乱越好'是他们疯狂的座右铭"。[③] 他们认为无政府主义运动的发起者是"强盗"——"社会渣滓"。"俄国的强盗不适合发动反君主主义革命,他们只能发动没有任何明确政治

---

① Пайпс Р. Русский консерватизм во второй половине XIX в.: доклад на XIII Международном конгрессе исторических наук. М., 1970. С. 4 – 5.

② 〔俄〕陀思妥耶夫斯基:《作家日记》(下),张羽、张有福译,河北教育出版社,2010,第967页。

③ Матюхин А. Консервативно – эволюционная модель модернизации общества в русском монархическом консерватизме. //Обозреватель / Observer. 2005. N. 10 (189). C. 76.

纲领的流血的暴动","反君主主义革命在俄国不能产生积极的后果"。① 在他们看来,世袭的君主是传统民族思想的载体,是俄罗斯国家的象征,象征着国家历史的连续性和继承性。

19 世纪下半叶至 20 世纪初,保守主义者除了反对政治激进主义之外,还把自由主义进步党派视为自己的对手。俄国自由主义者把俄国"专制制度"视为与先进的西方国家相比落后的主要标志,认为传统的君主制俄国是文化落后的"愚昧王国",坚持必须实施赶超型模式,进行"欧化的改革"。而保守主义者认为,这是破坏俄国社会独特根基的一种危险趋势,人为地移植为俄国所陌生的西方文化和政治价值观不可避免地将破坏传统制度和生活方式,中断自己民族进化式的现代化道路。

但是,俄国保守主义者是否为顽固的因循守旧者,全然反对改革?他们是否有自己的改革纲领和现代化方法论?对于第一个问题,答案是否定的,对于第二个问题,答案是肯定的。

从 19 世纪下半叶起,俄国保守主义者开始意识到国家权力体系和社会改革的必要性问题。当时俄罗斯帝国由彼得一世建立的行政官僚政治制度已经不能满足俄国社会生活的现实要求,甚至遭受到右翼保守主义阵营的批评。克里米亚战争失败后国家政治和社会生活内部矛盾尖锐,亚历山大二世时期自由主义改革以及 19 世纪末 20 世纪初维特和斯托雷平的政策,使国家的君主制组织结构中融入了西方法律和制度因素。保守主义者认为,这脱离了俄国历史发展轨迹,违背了俄国政治和文化传统,将不可避免地导致社会冲突。保守主义者提出了在专制制度框架下进行改革的模式,P. 派普斯就此指出,从 19 世纪下半叶起,"俄国保守主义从维护现行体制的静止学说转变成为变革的理论"。②

俄国保守主义者提出的现代化模式值得充分关注,他们主张一种独特的"保守的进步主义"的模式,这个模式的基础是历史进程的连续性、社

---

① См.: Черняев Н. И. О русском самодержавии. М., 2011. С. 86.

② Пайпс Р. Русский консерватизм во второй половине XIX в.: доклад на XIII Международном конгрессе исторических наук. М., 1970. С. 4.

会发展的继承性和改革的渐进性。他们认为任何改革都是某种历史逻辑的延续，人民生活的历史建筑应该遵循这个逻辑，逐渐地进行改革。在这种现代化模式下，国家"未来的形象"与过去水乳交融，植根于历史传统。与政治激进主义者要求全面摧毁旧的社会体系基础，对社会经济结构进行根本性改革的革命性现代化方案不同，保守主义现代化模式要求通过不断地发展、更新传统结构和制度来实现改革，改革并不意味着全新的建设，而是要保证社会体系整体上的平稳运行。改革本身应该致力于改善和革新已有社会秩序，不放弃社会体制的基本原则、传统价值观念和文化规范。

保守主义进化改革模式本身是维护传统社会政治体系的一种手段。保守主义者确信，传统与创新并不矛盾，创新本身是发展机制自我作用的结果，是社会体系运行、完善和建设性地适应周围世界的一种独特历史衍化进程。创新是为了保障现行制度的活力，维护整个体系的稳定。斯拉夫主义创始人霍米亚科夫强调，保守主义不是一种追求既往的学说，而是一种面向未来的学说："保守主义……是不断的完善，这种完善建立在不断改进古老事物的基础。完全的停滞是不可能的，而断裂更是灾难性的。保守主义既反对停滞，也反对与过去文化和历史的断裂。"① 俄国哲学家别尔嘉耶夫也对保守主义做出了类似的评价，"保守主义原则本身与发展不对立，它只是要求有机的发展，未来不是对过去的全面毁灭，而是对过去的进一步发展"。②

保守主义者强调社会的"自然"起源，他们将国家组织与生物机体相类比，提出社会有机体的概念，这就意味着他们自然认为不能任意将一些国家的社会与政治制度转移到国外的土壤，也限制了根据人类设计的抽象理论进行社会和政治制度改革的可能性。在他们看来，每个社会都是独特的历史发展果实，是一个鲜活的有机体，在特定的土壤中诞生并成长，政治和社会制度也是特定的历史时期与社会条件下成长起来的一种独特而不可复制的产品，对其进行机械移植是行不通的。阿克萨科夫指出，"可行

---

① Хомяков А. С. Полное собрание сочинений. М., 1900. Т. 8. С. 212.
② Бердяев Н. А. Философия неравенства. М., 2012. С. 133.

的"只有这种社会发展,即"以人民土壤为根基的发展",根据民族历史道路的轨迹走向进步。"除人民土壤之外没有任何基础,只有'人民的'才是有生命力的,所有机构,如果其不与人民的历史土壤联系在一起,不是从人民的历史土壤中有机产生,都不会开花结果。"①

"理智的改革"是消除现行秩序的缺陷,同时保留所有积极的、有生命力的元素。改革进程不是建立某种新的原则,而是赋予现有的原则以新的形式。"正确的改革"应该是现有一切的自然发展,改革的基础是"鲜活的现实生活",而不是抽象的理论模式。只有这样的改革才具有价值,才能取得成效。斯拉夫派认为,莫斯科罗斯的社会生活建立在有机的原则之上,而彼得一世改革之后这些原则被破坏。卡特科夫指出,从彼得一世时期起俄国的社会进步就是"脆弱的",这是因为改革没有考虑到社会的现实需求,"一个创新接着一个创新",但"一个创新不是产生于另一个创新",不是对传统事物秩序的逻辑延续和发展。他痛苦地写道,"每次我们都是全面创新,似乎我们没有过去",如果没有理智的保守主义政策,俄国在未来将注定无休止地重复革命动荡和全面改革的循环,每一个新的阶段都全面推翻以前的一切,最终将导致国家走向历史的悲剧。②

俄国保守主义反对"单线性"解释历史进程,反对把"人类的进步"绝对化,承认民族文化和心理的首要意义,承认民族拥有独特的历史命运的权利,承认社会依靠自身的文明资源实现独特发展的可能性和必要性,重视民族自身特有的传统和社会意识,即强调我们用现代学术语言称为"现代化的思想基础"的因素。丹尼列夫斯基注意到文明因素在社会发展中的作用,他在《俄国与欧洲》(1871)一书里针对欧洲中心论和社会进步的单线性模式,提出了"文化 – 历史类型"文明理论。各个文化 – 历史类型文明的基本原则不会彼此转移,真正的发展只能出现在一定的民族和文明结构框架内,以保留文明的自我定位和有机整体性为条件。他划分出了世

---

① Аксаков И. С. Сочинения. Т. 2. М. , 1891. С. 3 – 4.

② Матюхин А. Консервативно – эволюционная модель модернизации общества в русском монархическом консерватизме. //Обозреватель / Observer. 2005. N. 10 (189). С. 77.

界历史上的 12 个文化 - 历史类型文明，特别强调"年青的"俄国斯拉夫文化 - 历史类型正处于"繁荣"时期，有潜力逐渐在世界文化和政治中占据主导地位。任何现代化的原始基点都是国家传统社会文化制度和政治原则。季霍米罗夫指出，就如同建筑中的建筑材料预先决定了一切，在政治和社会学中这种材料是民族精神，如果背离民族精神的特点就不可能合理地、牢固地建立人民的生活。国家历史真正独特性的实现只能是通过发挥自身文明的潜力，依靠民族传统的自我发展。

保守主义政治现代化方法论必要的组成部分是由季霍米罗夫提出的系统的"保守主义改革"理论。他指出，改革首先要符合"民族生活的传统思想"以及"民族存在的条件"。"任何变化要自然地发生，发生在需要并且可以改变的地方，在已经积累了变革条件的地方，就像大树发新芽一样。改革是必要的、不可避免的。社会因而得到发展和衍化。"① 进行任何改革时都必须非常审慎，考虑到改革的后果。对于政治家来说，"所有事情都变化万端，谁能预料到这一切会发生"这样的说法不是洗脱责任的理由，而是不胜任职责的证明。国家改革的进行应该符合历史的逻辑，依靠传统，不破坏民族生活的有机进程。

季霍米罗夫反对西方学术界公认的把进步看成从比较简单的形式向比较复杂的形式逐步运动的思想。根据这种思想，政治领域进步的标准是国家制度从"古老的形式"（君主制、贵族专政）向先进的形式（民主制、法治国家）衍化。季霍米罗夫认为，对进步的这种解释站不住脚：它既不符合社会的现实状况，也不符合人民的心理状态。他批评意大利政治思想家马基雅维利提出的，为斯佩兰斯基所支持的把国家分成君主制和共和国的理论，认为这一理论只关注外部形式，忽视了内部思想。季霍米罗夫倾向于亚里士多德的分类，即按统治者的数量确定国家的形式：一个统治者，少数的统治者还是多数的统治者。他在自己的著作中不止一次地指出，在整个历史进程中人类创造的只有这三种永恒的原则，产生了三种基本的最高权力形式——君主制、贵族专政和民主制，在所有时代的所有社会都是

---

① Тихомиров Л. А. Монархическая государственность. М. , 2010. С. 642.

这三种基本原则。

一长制权力、统治团体的权力和多数人的权力这三种最高权力形式是独立的类型，存在于任何社会，不会彼此消灭，而是并存。但在不同的国家这三种原则中的一种会获得最高权力的地位，其他两种处于隶属的地位。在一些国家最高权力形式从未发生变化，如拜占庭一直是君主制，威尼斯是贵族专制，瑞士是民主制。季霍米罗夫反对自由主义者把民主的欧洲奉为榜样，作为"先进的""全新的""文明的"国家体制的样板，他指出，欧洲文明和进步没有任何创新元素，"现代国家"的基础是民主制度，而这种形式的最高权力已经有了几千年的历史。他以18~19世纪的法国历史为例指出，"法国人只是用一种古老的权力形式代替了另一种古老的权力形式"①，并没有任何创新。

季霍米罗夫认为，国家政策的主要任务之一是关心历史上与祖祖辈辈密切联系在一起的社会政治体制形式、根基与原则的继承性和稳定性。政治作为一种工具，要为维护民族的安康生活、维护民族的物质和精神力量创造各种可能的条件。国家制度形式应该符合历史传统，以及人民独特的文化和心理需求："民族国家的政治体制应该有能力组织民族的一切力量，提高民族的行动能力，提高全民的自我意识，使其充满尊重自我和祖国的情感。"他通过分析俄国史料指出俄国是典型的君主制国家，君主制原则从最初起就是俄国政治体系的主导形式，千年以来一直如此，这是由俄罗斯民族稳定的社会文化、心理和地缘政治特点决定的。俄国专制政权是俄国历史发展的结果，君主制保障俄罗斯民族走自己的历史发展道路，避免停滞和革命震动。他指出，俄国传统的国家机构和法律体系在整个彼得堡发展时期处于西欧的压力之下，这对俄国的政治进程产生了消极影响，导致传统国家体制混乱，破坏了社会意识中的君主制思想，也破坏了俄罗斯独特文明的根基，最终会导致革命的爆发。

我们并不倾向于将专制制度对俄国的意义绝对化，特别是在21世纪的政治中，但应该指出，季霍米罗夫的立场在今天也具有现实的意义，他坚

---

① Тихомиров Л. А. Критика демократии. М. , 1997. С. 198.

持必须深入研究社会生活中的民族、心理、历史、文化和宗教基础，任何一种政治上层建筑都应该建立在这些基础上。在他看来，一个国家的政治学也应该是独立的，谨慎地对待任何外来的政治思想，不盲目地受外来学说的影响，因为这些学说经常是产生于与本国迥异的社会和文化条件下，对本国人民的政治和文化生活有害无益："真正的学者应该正视国家的现实生活、历史事实和人民心理，在此基础上认识国家生活的内部规律。"[①]

　　倾向于维护历史上形成的君主专制制度的俄国保守主义政治现代化理论在 1917 年之后俄国的现实政治生活中停止存在，但这是否意味着研究这个问题"没有现实的意义"？这里我们遇到一个与十月革命后在俄国亦十分尖锐的政治学问题有关的神奇悖论：1917 年 2 月推翻专制制度后俄国还有君主制度的元素吗？基于俄国历史上的苏联以及苏联后时期的现实，我们在某种程度上可以对这个问题给予肯定回答。俄国强大的专制传统，民族意识倾向于强大国家、宗法式保护、铁腕政权和帝国思想，这一切至今都具有重大的现实意义。可以说，俄国保守主义学说最为完整地体现了俄罗斯民族政治心理意识以及精神文化整体上的特点。当代俄国对保守主义的兴趣正不断增加，希望丰富的保守主义创作遗产能够帮助解决现代国家生存和成功发展的最紧迫问题。我们认为，正如近代俄国改革的戏剧性实践所表明的，俄国转向保守主义思想，将历史传统、现代原则与本土中成长起来的一切结合起来，不会是徒劳无益的。[②]

---

① Тихомиров Л. А. Монархическая государственность. М., 2010. С. 354.
② 参见李静杰《俄罗斯的现代化之路：传统和现代的结合》，《俄罗斯学刊》2011 年第 1 期。

第四章 俄国无政府主义政治 现代化理论

　　无政府主义的思想基础是关注自然和社会规律的相同之处，认为生物的自然法则也适用于人类社会，相信社会无须依靠某种来自外部的帮助，有能力自发地进行自我组织或者调节，形成解决社会问题的自我管理体系。俄国无政府主义者反对一切具有强制、计划和等级性质的社会制度，认为这些是造成社会不平等、剥削和冲突的潜在根源，坚持自治、联邦制和兄弟友爱的原则。他们的理想是建立无权威、无政府和无国家的社会，按照自下而上的原则自发地建立对所有人都平等的自由生产协作的政治组织。俄国无政府主义作为激进的思想政治流派，致力于通过发动革命迅速地实现自己的政治目的，是从革命的视角看待现代化的最生动体现。虽然无政府主义激进的现代化模式并没有在俄国实施，但在俄国历史上政治激进主义趋势一直不断出现。

第一节　无政府主义政治现代化 理论的基本思想

　　俄国无政府主义理论整体上具有唯物主义、自然科学和实证主义的特点，倾向于以激进的方式实现现代化，建立无权威、无政府和无国家的社会，反对任何强制性的社会制度，把自由置于至高无上的地位，只承认自由是任何经济和政治组织的唯一创造性原则。俄国无政府主义奠基人是巴枯宁和克鲁泡特金，他们信奉 18~19 世纪的唯物主义哲学，并且吸收了他们那个时代的自然科学发展结论，认为生物的自然法则也适用于人类社会。

无政府主义现代化思想的基础是巴枯宁有关人类团结协作本能的学说以及克鲁泡特金的互助理论，无政府主义理论家们认为人的生物因素在社会环境下也占主导地位，提出人类社会准备实现理想的无政府主义制度，这种制度建立在协作和互助的原则之上，不受社会政治和经济等历史条件的制约。

巴枯宁关注自然和社会规律的相同之处，宣布人类社会是自然世界的一个有机组成部分，他写道："社会的世界，其实就是说人的世界——简单说来就是人性——就只是——至少对我们以及我们这个行星上——动物性的最高表彰。"① 巴枯宁社会哲学的核心范畴是本能的概念，在他看来，本能在动物世界起主导作用，在人类社会也起主导作用，只是在人类社会是以本能的两个变体形式——个体的本能和维护种族的本能出现，其中第一个体现为人类要求尊重个人的自由、权利与主动性，第二个体现为人类倾向于共同的利益与大众的福祉。这两种本能相互补充，如果说前者促进了人类个体的发展和完善，让个体意识到自我价值和自由的必要性，那么后者则是个体依附于整体，依附于社会共同体，彼此利益交织与团结协作思想的基础。这两种本能存在于自然界进化的各个阶段，并且随着物种的复杂化而逐渐发生转化：物种越发达，"他们的种族本能将会越为个体化，在每个个体之中体现得更为明显"。因此，巴枯宁得出结论，"人类是最为社会化的，也是最为个体化的、自由化的生物"。②

克鲁泡特金在自己的理论中也使用了本能的概念，他更为强调社会性的本能。他认为，大自然中的社会生活是广泛存在的现象，人类社会只是其中的一种形式。社会不是由人类构想出来的，社会的存在早于第一批人类的出现，"不管珊瑚也好，软体动物也好，昆虫也好，哺乳类也好，总之一切动物未有不结成社会而生活的"。"一切动物都有社会的感情或社会的

---

① 〔俄〕巴枯宁：《上帝与国家》，朴英译，华东师范大学出版社，2005，第 1 页。
② Бакунин М. А. Философия. Социология. Политика. М., 1989. С. 86.

本能。从这共通的社会生活与社会本能中，便生出了共通的一个伦理，这就是互助。"人类是动物世界的直接延续，人类生活的所有形式最初都是从动物世界借鉴过来的，就连道德规范也是通过观察和模仿从动物群体转移到人类社会的。动物世界与人类世界，都是在自然环境的影响下形成，因此，人类并不是独特的生物，无论是在体质方面，还是在道德方面都是如此。人类"除了利己的本能外，还有社会的本能，后者甚至是比前者更为强固，更为恒久。这种社会的本能乃是亲子间感情，乃至兄弟或姐妹的关系或友伴的感情之扩大"。① 因此，克鲁泡特金提出了建立在社会本能之上的普遍的互助规律，这在很大程度上也与巴枯宁有关团结协作的学说相交织。

巴枯宁把团结协作视为整个宇宙的特点："构成无限的宇宙世界的所有物质，世界上存在的所有事物……不取决于意愿甚至是意识，相互影响和作用，构成统一的运动，形成我们称之为团结协作的现象。"② 但巴枯宁只研究了团结协作原则对人类社会的适用性、有效性，指出"社会团结是人类第一法则"，而克鲁泡特金则详细研究了所有生物体系的团结协作，以及各个层次生物的互助演化：在昆虫中研究了蜜蜂、蚂蚁、白蚁，又研究了鸟类和其他动物，最后研究了人类。他的主要结论是，各种生物为了谋求生存都被迫团结起来，通过力量的联合以及内部的专业化来集体对抗不利的外部环境。他用达尔文的生物进化论来解释人类历史，提出动物和人类都有一种互助本性。互助是人类社会进化的要素，也是人类道德发展的基础。人类的整个历史就是发展互助原则的历史，在部落体制下这种互助的形式是农村公社，对生产和消费进行经济调节，在中世纪时期互助原则的理想体现是自由城市，如诺夫哥罗德、普斯科夫、威尼斯、汉莎、布鲁日等，自由城市的生活充满了创造力。从目前来看，中世纪城市人民所享有的安康和保障在人类历史上是空前绝后的，他们的生活建立在普遍协作之上，每个人都有可能充分展示自己的个性，自由城市"赋予欧洲以多样性、

---

① 〔俄〕克鲁泡特金：《伦理学的起源和发展》，巴金译，人民文学出版社，1997，第447页。
② Бакунин М. А. Избранные сочинения. Т. 3. М., 1920. С. 161 – 162.

独立自主的信心、首创精神和它现在所具有的巨大文化和物质力量"。① 克鲁泡特金认为，人类依靠互助的本能，就能够消除竞争，实现和谐，无须借助权威和强制，而没有强制、没有权威的社会才是保障人人自由的理想社会。

"进步"也是俄国无政府主义现代化理论的核心概念。巴枯宁用生物社会进化论来解释人类历史，认为"人类个人或社会的知性的逐渐发展是完全可以了解的。它是一个从简单到复杂，从低级到高级，从劣等到优等的完全自然的运动"。② 这一进程表现为人类逐渐脱离动物性，加强人性。历史的推动力是人类思考和反抗的能力，人类把自己从动物性里解放出来。社会发展和进步与人类每个个体天生具有的三个要素联系在一起，即动物性、思想性和反抗性，它们相对应的是经济、科学和自由。他提出了从动物世界状态向理想社会转变的六个阶段：野蛮阶段、奴隶阶段、农奴制阶段、雇佣劳动阶段（巴枯宁所认为的当前发展阶段）、"可怕的复仇（革命）时期"、"友爱时期"。巴枯宁用类似于尼采的超人的概念来看待未来理想社会的人类："人类是否会是地球上最后的也是最有机完美的生物？谁可以发誓……从人类物种的最高级别不会滋生出高于人类的生物，他们对待人类的态度将会如同人类对待大猩猩。"③

克鲁泡特金直接将人类社会的进步与互助原则结合在一起。他认为，人类社会的衍化，是各种互助组织形式的交替进程，是在生活中贯彻合作原则的进程。在过去属于这种互助组织形式的有公社、行会和基尔德，还有自由城市，那么在未来这种组织形式应该是最符合互助理想的"无政府共产主义"。无政府共产主义"不是傅立叶和共同居住论者的共产主义，也不是德国国家社会主义者的共产主义"，这是"没有政府的共产主义——自由的共产主义，这是我们人类经年累月所追求的二大理想之综合。这两大理想就是——经济的自由和政治的自由"。④

---

① 〔俄〕克鲁泡特金：《互助论》，李平沤译，商务印书馆，1984，第 195 页。
② 〔俄〕巴枯宁：《上帝与国家》，朴英译，华东师范大学出版社，2005，第 6 页。
③ Бакунин М. А. Избранные сочинения. Т. 4. М., 1920. С. 163.
④ 〔俄〕克鲁泡特金：《面包与自由》，巴金译，商务印书馆，1989，第 61 页。

　　无政府主义现代化理论的核心思想是否定国家制度。无政府主义者认为国家是他们实现理想的社会制度方面的阻碍，他们认为国家是主要的祸害，任何国家必然要产生专制和奴役，主张必须立即废除一切形式的国家：无论是君主制、共和制，还是无产阶级专制。巴枯宁和克鲁泡特金在这个问题上的观点与自己的欧洲先驱——戈德温和蒲鲁东相比，热情更加饱满，批评更加激烈。巴枯宁说，"我们宣布自己是任何政府权力、国家权力的敌人，是一切国家制度的敌人"。① 无政府主义理论家们不否认社会中存在追逐权力的趋势，权力为社会内在具有，是每个人自由的体现，是所有人意志的体现，但他们提出国家权力与社会权力之间存在区别，前者是强制的、暴力的、表面的，后者不侵犯个人自由，为社会内部组织所合理具有。

　　巴枯宁从人类的动物起源角度出发解释社会中的权力现象。权力是生理自私本能发展的结果，是人类为生存而斗争以及适应外部环境的手段之一。巴枯宁把权力的本能称为"人类历史上的魔鬼"，在他看来，这种本能为每个人所具有，因为人们追求"占有和利用存在的资源"。这种权力的本能源于"野人兽欲的本能"，在文化、宗教和经济因素的影响下，逐渐促进社会制度的形成，如国家、政权和法律等，这些社会制度使人的动物性表现得优雅起来。但是，人类社会性的本能与"野人兽欲的本能"相对立，社会性的本能使人们相互协作，排斥任何制度化的东西。

　　克鲁泡特金也承认在权力背后是生物法则，任何形式的社会组织都体现出生物法则。在人类发展的早期即前国家时期，权力体现在先知、祭司和法师对社会意识的影响以及他们个人财富的积累中，但权力并不是国家形成的直接前提。国家的形成是社会自然发展的结果，是各种社会群体在寻找适应社会机体变化的手段。克鲁泡特金指出了国家制度形成的社会经济前提，如出现社会劳动分工，生产水平提高使人民生活条件发生变化，宗法制家庭解体，种族瓦解，私有制产生。国家产生后，对国家向往的社会团体，致力于将政权素有的自然的功能与对他们有利的新的政治和管理机构的新的活动以及现存的规范与习俗，同国家的司法结合起来。但是，

---

① 〔俄〕巴枯宁：《国家制度和无政府状态》，马骧聪等译，商务印书馆，1982，第 148 页。

国家的产生严重地破坏了社会生活的互助协作原则。随着国家的出现，"国家吞没了一切社会职能，这就必然促使为所欲为的狭隘的个人主义得到发展。对国家所负义务愈多，公民间相互的义务显然将愈来愈少"。①

巴枯宁和克鲁泡特金都认为，对于单个人和社会整体来说，国家完全没有必要存在，而且起到破坏性作用。国家追求成为唯一的、绝对的权力主体，破坏了社会本身自然的、内在的秩序。在无政府主义理论家看来，国家，这是强加给每个个体的暴力的、剥削的、不公正的系统；这是强加给每个个体的政府的、行政的、司法的、公民的、军事的机构；这是使权力与社会脱节并且经常与社会对立的官僚中央集权；这是凌驾于社会之上的，仅对那些拥有政治和经济权力的人有利的上层建筑。例如，巴枯宁指出，国家——这是对人性最令人发指的、最厚颜无耻的、最完全的否定。国家权力腐化了那些拥有权力者，也腐化了那些被迫服从权力者："在国家权力的腐蚀下，一些人成为沽名钓誉、自私自利的专制者，追逐自己的个人和等级利益的社会剥削者，其他人则成为奴隶。"②

俄国无政府主义理论家特别关注国家的暴力性质。他们认为，暴力是国家产生的必要前提，国家的本质在于合法地使用暴力。"在所有的国度，国家都是基于暴力，破坏与掠夺之勾结而历史地出现的。"③ 巴枯宁认为，无论是古代国家，还是现代国家，其基础都是征服，征服是国家得以产生和保留的原因，"国家也就是暴力，就是借助于在可能的情况下伪装起来的、而在万不得已的情况下就撕下伪装、真相毕露的暴力的统治"。④ 20世纪初俄国无政府主义的重要理论家 A. A. 卡列林也关注到暴力与国家制度的关系问题，他在《国家与无政府主义者》（1918）中指出，"国家——这是一些对其他人使用暴力的人的集合"。他对国家的界定是："国家——这是生活在某个区域内的人们组成的具有对抗性质的社会，其中一部分人是统治者——拥有独立的、强制性的权力。统治者做出某种决定，以暴力威胁

①　〔俄〕克鲁泡特金：《互助论》，李平沤译，商务印书馆，1984，第205页。
②　Бакунин М. А. Философия. Социология. Политика. М., 1989. С. 437.
③　Бакунин М. А. Избранные сочинения. Т. 2. М., 1919. С. 270.
④　〔俄〕巴枯宁：《国家制度和无政府状态》，马骧聪等译，商务印书馆，1982，第24页。

被统治者服从这些决定，折磨这些臣服者。"国家通过暴力的形式建立，"任何国家得以维持也都是通过暴力、掠夺、恐吓、鲜血和野蛮地镇压"。卡列林与马克思主义者进行争论，强调"是暴力造成了阶级的存在，而不是阶级导致了暴力的存在"。[1]

俄国无政府主义认为国家组织只维护公共权力垄断者的自身利益，对于无政府主义者来说，任何国家形式一律不可接受，无论是君主主义、社会主义的国家，还是民主形式的国家，在他们看来，这些国家形式都侵犯了人类社会和个体的自由。"权力的原则"与"自由的原则"在国家中不能共存：前者永远会消灭后者。而社会权力却不同，虽然与国家权力一样，同样要求自己的成员遵守纪律，但并不是像国家所推行的纪律一样是强制性的，而是所有个人自愿的、理智的遵守，所有社会角色根据每个人的能力自然形成和分配。社会权力和国家权力的基本区别在于：（1）社会权力没有主权原则，散布于社会躯体的所有细胞之中，并因历史发展和地区特点有所差异，而国家权力拥有主权原则；（2）社会权力要求高频率的社会流动，任何个体可以自由融入自己所向往的组织，而国家权力结构的特点是封闭性和精英性，执政阶层独立于其他社会；（3）社会权力没有明显的等级结构，以横向关系体系为主，而国家权力等级森严，最终使所有人和团体隶属于中央权力。

无政府主义者认为国家是由一系列文化、社会和经济因素决定的历史形式，是人类社会发展必经的一个阶段。但他们认为国家对应的是人类社会衍化的低级阶段，只是社会在自己的历史长河中所采取的组织形式之一。在他们那个时代，国家作为一种权力组织形式已经落伍，国家会很快垮台。巴枯宁提到："我毫不犹豫地说，国家是一种邪恶，它是历史必要的邪恶，在过去是必要的邪恶，因此迟早都会消失。"[2]

在俄国无政府主义思想中，与反国家主义密切联系在一起的是反对宗教和教会，强调它们对个人和社会的暴力和专制本质。在无政府主义的学

① Карелин А. Государство и Анархисты. М., 1918. C. 4，3, 38, 35.
② Бакунин М. А. Избранные сочинения. Т. 2. М., 1919. C. 270.

说中，取代上帝地位的是有创造能力的人，个人的绝对自由是绝对的价值观。

反神学主义是巴枯宁无政府主义学说的重要部分。对于他而言，"神"的思想是国家和教会的起源，不消除神的思想就不可能实现社会和个人的自由。国家是"教会的小兄弟"，是"人民神学想象所创造出来的上帝与暴力、破坏、劫掠、战争与征服的结合"。宗教起源于动物自我保护的本能，人类的这种本能转变为恐惧的情感，具有了宗教的形式。在动物世界，这种恐惧"没有转化为宗教的形式，是因为动物没有思考的能力来确定这种情感并将其转变为意识，转变为思想"。[1] 在巴枯宁看来，"神"是人类思想的产物，是在社会发展的较低阶段，人类由于对自身和外在自然界里有些力量或性质无法认知，就展开宗教幻想，像小孩那样把它们无限地夸张而归诸神。但是，"神"的思想产生于人类的意识，而神的真正创造者——人类，却在不知不觉中对从虚无里抽出来的神膜拜，立誓说他是它的创造物，它的奴隶。宗教扼杀了人类的理智和创造潜力，使其固化在动物的状态。巴枯宁写道，真理耶和华希望人类"缺乏对他自身的一切的了解，一直是永远的野兽，在永恒的上帝、他的创造者和主人的面前永远是个四足动物"。[2] 宗教使人类变得低能，宗教扼杀人类正义的概念和情感，扼杀人类的骄傲和尊严，由此出现教会和国家这样的社会机构对人民的"桎梏"。巴枯宁特别谴责君权神授的思想，以及教会唆使教民盲目相信沙皇权力是神所授予的、必须服从的权力。沙皇只对上帝承担责任的说辞，使他摆脱了对自己臣民的任何职责。既然宗教是暴君和剥削的盟友，那么人类为了自己的解放应该推翻上帝，推翻所有的宗教信条，推翻所有精神上和智力上的桎梏。

克鲁泡特金也指出了宗教的专制本质，认为它与人类自由不相兼容。他认为，早期基督教起到了一定的积极作用，如宣传平等、宽恕、仁爱和互助，一旦基督教与政权和国家相结合，成为官方的宗教、强制性的精神

---

[1] Бакунин М. А. Философия. Социология. Политика. М., 1989. С. 63.

[2] 〔俄〕巴枯宁：《上帝与国家》，朴英译，华东师范大学出版社，2005，第3页。

权威，那么这些积极的原则都荡然无存。克鲁泡特金尤其反对宗教道德，他反对道德情感是由上天给予人类的观点，"建立在宗教之上的道德是完全虚伪的"，"宗教的道德束缚人类精神，使之不得发展，阻碍了社会进步"。他认为道德情感起源于生物的本性，"真正的道德之起源与支持只能求之于自然科学中，博物学中"。① 他在《无政府主义的道德起源》（1907）中写道，上帝的威信从来没能使人类杜绝不道德的行为。宗教的威信由圣经所担保，圣经本身"不是别的，只是巴比伦和犹太文本的集合"。② 圣经不可能是道德品质的源泉，道德情感是人类天生具有的，人类的道德感情与动物的道德感情是同质的，源于生物追求团结合作与相互支持的本能，人类道德规范的根基是公正与公平。

无政府主义作为政治思想流派，宣扬解放个体，使个体摆脱所有束缚，号召取消国家和社会生活中的任何专制因素，建构和实现自己理想的现代社会体制。

巴枯宁认为，人的个体拥有充分的自由。自由就是一切成年男女无须求得任何人批准而进行活动的绝对权利，他们只需听从自己的良心和理性的决定。人作为自然界的一部分，其在生物社会的地位决定了其拥有充分自由的权利。巴枯宁指出，自然法则是一切物质的基础。人也应该遵守自然法则，而不是由社会文化环境所强加的法律，人们"服从自然法则，因为他靠了他自己才认识了它们，却并不是被任何神的或是人的、集体的或是单独的那种外来意志所从外界加在他身上的"。③ 国家是人类自由的致命敌人，是侵犯人类自然本性的强制手段的顶峰：国家以保证所有人的自由的名义限制每个人的个体自由，以维护社会集体利益的名义限制每个人的个体利益。国家建立在对个人的暴力之上，阻碍着个人自由发展的潜力，阻碍了社会创造力以及社会关系的人性化。国家——这是对人性的最可恨、最无耻、最彻底的否定。

---

① 〔俄〕克鲁泡特金：《伦理学的起源和发展》，巴金译，人民文学出版社，1997，第 432 页。
② Кропоткин П. А. Нравственные начала анархизма. Лондон，1907. С. 7.
③ 〔俄〕巴枯宁：《上帝与国家》，朴英译，华东师范大学出版社，2005，第 24 页。

在巴枯宁看来，人作为有意识的存在，能够"通过公正和理智的合力"改造自己的动物性使之变得人性化，公正和理智能够对人的动物性产生影响，它们是动物性的产物和最高体现。有评论家指出，"巴枯宁的全部历史哲学可以总结为两个于他而言意义等同的原则：弱化人类的兽性，确立人类的人性"。① 对于巴枯宁而言，自由的范畴是他无政府主义理论中最重要的哲学前提和意义所在。自由的范畴是历史的独特终点，"历史的伟大而真实的目的，它的唯一合法的目的就是社会里每个人的人性化和解放，真正的自由、繁荣和快乐"。②

克鲁泡特金无政府主义观点的基础也是充分的、无条件的自由思想。他认为，在自然界没有领导核心，个体作为自然界演化的产物，应该摆脱任何不自然的——政治上和精神上的规章限制，摆脱来自国家、教会和其他强制性的社会制度的领导。每一个人都过着自己独立的生活，不隶属于任何中央机构、任何的灵魂。个体对于社会而言，类似一种独立的细胞，履行着某种社会功能。如果社会为了实现自己的理想，限制个体的自由，不为个体自由的发展创造条件，那么这样的社会是不公正的、有缺陷的。这位俄国无政府主义者的社会理想是，在未来的社会，每个人只受其意志的领导。社会渐进性发展的主要趋势不是加强国家权力，而是逐步地解放个性，使其拥有最充分的自由。克鲁泡特金认为，在自己理想的无政府共产主义社会中可能切实地实现英国哲学家边沁所设想的"对于最大多数人的最大幸福"，在这样的社会，人们生活在一个家庭之中，"人人为我，我为人人"。个人的自由不会因其他人的自由而受到限制，相反，会因为其他人以及社会整体上的自由而得到扩展。这种建立在最大限度地合作与互助原则之上的事物秩序，能够消除个体与社会、个人利益与社会利益之间永恒的二律背反矛盾。③

巴枯宁和克鲁泡特金把自由视为"由社会的集体自由所派生出来的"

---

① Боровой А. Михаилу Бакунину（1876 – 1926）. Очерки истории анархического движения в России. М. , 1926. С. 137.

② 〔俄〕巴枯宁：《上帝与国家》，朴英译，华东师范大学出版社，2005，第 54 页。

③ Кропоткин П. А. Анархия, ее философия, ее идеал. М. , 2004. С. 209 – 214.

社会性的最高体现，在自己的理论中将个人的崇高地位与社会性、集体主义和团结合作原则结合在一起，认为"每个人的个体自由建立在社会的集体自由之上"。但是，他们的一些追随者——20 世纪初的无政府主义者，对于个体与社会、个人利益和社会利益的关系问题的观点则比较激进，他们已经不是把国家，而是把社会本身，看成具有自身价值的个体的对立面。

20 世纪初的无政府主义者认为，与个体相比，社会是比较低级的秩序，本质上是自然的现象，是一种客体，而人类个体作为主体，是唯一积极的力量，是社会生活的改革者。波罗沃伊写道："我们应该把人视为造化之冠，整个宇宙涵纳于其中，只有人能够去追求战胜现实、必然和死亡。因此，个体应该成为世界和无政府主义世界观的中心。"[①] 在个体与社会的关系方面，波罗沃伊把个体放在第一位。他强调，在无政府主义世界观中，只有个体是真正的、不言自明的现实。不是个体是社会的产物，而是社会是个体行动的产物。人类的个体是所有社会形式的设计者和建筑师。人类最终能够整合人类活动的所有功能，成为全面万能的个体。

无政府工团主义理论家诺沃米尔斯基认为，随着国家的消灭，社会将不可避免地占据以前政权对个体的那种位置。因此，无政府主义的主要任务不仅是要消灭国家，而且是要使社会实现"个体全面的、无限的自治"。诺沃米尔斯基不接受克鲁泡特金的无政府共产主义理想，因为后者建议的是某种形式的社会组织和集体生产，而他认为，个体必须具有绝对的自决权力，任何对个体进行限制的做法，都是公开的背叛，达到社会理想的途径是克服任何组织上的、法律上的、伪善的道德规范。无政府主义的全部精髓恰在于此。他向克鲁泡特金的支持者呼吁：抛弃对理想社会的反动宣传，把理想变成自己个体的内部世界，我们不要建设新的社会兵营，而是创造一种新的个体，一种新型的人。[②]

在所谓俄国无政府个人主义流派中，特别清楚地体现了 20 世纪初无政

---

① Боровой А. Личность и общество в анархистском мировоззрении. Пг; М., 1920. С. 17 – 18.

② См. Новомирский Я. Что такое анархизм Нью – Йорк, 1919.

府主义者从实现社会理想到实现个人和谐的这种转变。这一流派的思想家 O. 维康特写道,我们对世界的看法更恰当地是用"无政府主义的个人主义"或者单纯的"个人主义"来界定。他指出,只有当个体获得完全解放,个体可以为了自己的幸福而生活时,和平与幸福才得以在地球上确立。[1] Н. Г. 别列津认为,个体在完全摆脱了所有外部限制之时,会使自己的个性充分发展,"无限的自由"是最高的价值观,人不应该关心任何其他的东西,除了满足自己的个体需求之外。[2] 无政府主义这种对个体绝对自由的崇拜,引起了各种政治力量的批评。别尔嘉耶夫指出了无政府主义学说中"共性"与"个体"之间的深刻矛盾。他在《致社会哲学的敌人信件》中写道,"追求个人的无限自由,不让个人之上有任何权力,会使社会陷入混乱"。[3]

俄国无政府主义从最初起就批判社会阶层和等级思想,认为其违背了人的自然平等,抹杀了每个个体的崇高地位。巴枯宁的现代化方案中提到了必须消除所有阶层、团体和阶级,除了两个群体——城市无产阶级和乡村无产阶级之外。他认为,所有其他的社会阶层和阶级应该从地球表面消失,这样才能确立社会和谐与公正,到那时"社会上没有半神半人,也没有奴隶。半神半人和奴隶都转变成为人。前者的高度将会稍微降低,后者的地位将会得到提升"。[4] 无政府主义者认为,人类作为大自然的产物,最初就是完善的、善良的。"邪恶"不是与生俱来的,人类的各种不足是其生存的社会体制所造成的。巴枯宁写道:"人,任何人,其本性是:你们给他超越自己的权力,他一定会压制你们,你们把他置于特殊的地位,使他高高在上,他将成为恶棍。平等和无权是任何人具有良好的道德品质的唯一条件。"[5]

无政府主义者相信,"自然的人"自身就倾向于全面发展,完善道德,以及公正、善良和互助精神。如果迎合人的这些自然倾向去改造社会,那

① Виконт О. Анархический индивидуализм. М. , 1906. С. 8.

② Березин Н. Г. Что такое анархизм и чего хотят анархисты? Одесса, 1917. С. 14 – 15.

③ Бердяев Н. А. Философия неравенства. М. , 2012. С. 230.

④ Бакунин М. А. Избранные сочинения. Т. 4. М. , 1920. С. 50.

⑤ Бакунин М. А. Философия. Социология. Политика. М. , 1989. С. 166.

么社会将会变得最为完善和公正。对于无政府主义者而言，旧社会只是人类的前历史，是向新的社会生活、真正的历史转变的开端。他们认为，根据他们激进的现代化方案实现无政府主义的理想才能开始真正的历史。

第二节　无政府主义方案中的社会和政治组织形式

无政府主义否定国家存在的必要性，认为国家作为政治制度，最原始的职能之一就是将各种社会角色进行不公正的再分配。在无政府主义思想家看来，国家制度的产生本身就与阶级和贫富分化联系在一起，少数人希望通过政治上的统治来固定自己的所有权。国家在其衍化过程中，始终把社会划分为管理者和被管理者、服从和隶属关系，无论在什么样的历史时期，无论在什么样的社会结构下，只要存在国家，就存在等级分层、政治不平等和权力垄断现象。他们的无政府主义理想是，破坏一切国家，在这些国家的废墟上完全自由地按照自下而上的原则，建立对所有人都平等的自由生产协作社、公社和联合会。

无政府主义者认为，国家并不是完全代表"统治阶级"的利益，国家不受统治阶级的控制，会形成自己的"管理机器"：行政机构、司法机构、议会、警察机构、军队等。这些机构的人员来自各个社会阶层，一旦进入国家"管理机器"，就失去了他们的等级、阶级属性和个人自我意识，因薪金、特权和社会地位等因素与国家捆绑在一起。他们认为比较恰当的提法不是马克思所说的"统治阶级"，而是"国家阶级"或者"国家等级"，他们独立于社会本身，也独立于他们所属的某个社会和经济阶级。①

巴枯宁指出，国家政权的目的本身，是少数执政者可以不用劳动，靠攫取社会劳动生活。"人民苦难的根源不在于政府采取哪种体制形式，而在于行政管理原则本身，在于行政管理事实本身。"因此，他并不认为共和国的、民主的国家对君主制具有优势，这些形式的国家依然是剥削人民群众

---

① Бакунин М. А. Философия. Социология. Политика. М. , 1989. С. 129.

的组织，"它不过是旧的压迫，旧的奴隶制度换上了一个新的形式罢了"。①
民主只是政治和经济剥削比较巧妙的形式。"君主制和最民主的共和国之
间，只存在一个重大区别：在君主国里，官吏集团压迫和掠夺人民，为享
有特权的有产阶级谋取丰厚的利益，并且中饱私囊，用的是君主的名义；
而在共和国里，官吏集团压迫和掠夺人民，同样是为了那些人的私囊和那
些阶级，只不过用的是人民意志的名义。在共和国里，似乎是由国家代表
的虚假的人民、合法的人民，现在在摧残，将来还要摧毁活生生的人民，
真正的人民。但是，把用来打人民的棍棒称之为人民的棍棒，决不会使人
民好受多少。"② 他强调："为了人民得到政治解放，我们主张首先彻底地摧
毁国家，废除一切国家制度，包括它的一切宗教的、政治的、军事官僚的
和非军事官僚的、法律的、学术的、财政经济的设施。"③

　　克鲁泡特金也从阶级的角度来分析国家管理现象，他认为，国家本身
是阶级形成和稳固的手段。部落制度解体时期产生的不平等现象通过国家
组织的手段得到巩固。"国家的出现是由土地私有制的产生本身引起的，土
地所有者追求把土地所有权保留在一个阶级手中，这个阶级因此成为统治
阶级"，接下来，他们分配国家权力体系中的政治角色，保持管理社会的垄
断权力。④ 继巴枯宁之后，克鲁泡特金认为国家随着自身的发展，成为独立
的制度，成为维护少数执政者利益的工具，只有消灭国家，亦即取消本质
上是少数人对多数人的阶级统治，才能消除阶级对抗。他在与马克思主义
的论战中写道："事实上，如果不触及作为阶级基础的工具以及使阶级长期
存在的工具，何以谈及消灭阶级。"⑤

　　对于无政府主义者而言，国家化身为一个完全具体的形象——政府，
政府总是追求将自己的统治地位绝对化，在法律上固定自己剥削者的地位。

① 〔俄〕巴枯宁:《上帝与国家》，朴英译，华东师范大学出版社，2005，第35页。
② 〔俄〕巴枯宁:《国家制度和无政府状态》，马骧聪等译，商务印书馆，1982，第23页。
③ 中共中央马克思恩格斯列宁斯大林编译局国际共运史研究室编译《俄国民粹派文选》，人民出版社，1983，第47页。
④ Кропоткин П. А. Хлеб и воля. Современная наука и анархия. М., 1990. С. 323.
⑤ Кропоткин П. А. Хлеб и воля. Современная наука и анархия. М., 1990. С. 521.

克鲁泡特金指出，国家机构制度、官僚等级结构，都会使人的道德堕落。有关他的一则轶事表明了他的这种观点，他于 1917 年春天结束流亡回国，尽管他关注俄国时事，但对临时政府总理克伦斯基让他担任临时政府教育部长职务的建议很反感，并且放弃了临时政府提供的每年 1 万卢布的养老金，将之视为一种侮辱，他说，"我告诉他（克伦斯基），我穷尽一生与政府做斗争，把政府视为堕落的事物，我从未想过会成为政府的一员"。他表示："我认为皮鞋修理工的行当对我来说更清白和更有益。"① 无政府主义者认为，自由主义者所追求的法治国家和分权制度并不会消除专断和剥削，卡列林写道："实际上，分权只是加强了管理者的权力，正如劳动分工提高了劳动生产率。"卡列林使用赫尔岑的提法，把现代自由主义国家称为"拥有电报机的成吉思汗"，国家划分为若干个权力集团："立法者指出管理者的意志之所在；法官下令惩罚违反这些意志者；警察是一群施暴者，为了执行管理者的意志甚至准备进行谋杀。"②

俄国无政府主义者，从巴枯宁开始，大都承认国家制度的产生具有其客观社会政治和经济前提，对于他们来说，国家本身首先化身为具有等级结构的、中央集权体系的官僚阶级。他们否认官僚活动具有合理性，认为这种管理制度效率低下，压制了个人的主动性。官僚，为连环保所团结在一起，有自己的经济和政治利益，与社会利益相矛盾。他们与人民脱离并敌对，是社会腐败和道德堕落的根源。巴枯宁在自己的著作中经常强调，国家公职及其带来的特权，对管理者的不良影响并不低于对被管理者的影响。特权以及任何特权地位的本质都是在荼毒人们的精神和心灵。在政治和经济上拥有特权的人，心灵和精神都腐朽不堪。

但无政府主义者认为官僚权力组织的最大"罪过"在于，官僚剥夺了人民参与调节社会进程的权利。官僚制度使人民无法独立地组织自己的生活，无法对社会舆论产生影响，官僚机构的金字塔等级扼杀了人民群众展现创造潜力的可能。对巴枯宁来说，官僚作为"国家文明"的基本元素是

---

① 张建华等：《政治激进主义与近代俄国政治》，三联书店，2010，第 238 页。
② Карелин А. Государство и анархисты. М., 1918. С. 37, 15.

比专制权力更令人敌视的对象。他谴责他所处时代的俄国官僚机器的强大力量和胡作非为，就此写道："有沙皇或者是没有沙皇，无所谓，随人民的意愿。但是，一定要让俄国没有官员。"①

20世纪初无政府主义最权威的理论家和实践家之一Л.切尔内提出官僚制度的暴力性质，认为官僚国家体制的最典型形式是无限君主制。君主和人民是两个敌对阵营，一长制权力原则把每个臣民都变成"没有自己意志的温顺动物"，使官僚国家的首脑——沙皇可以"满足他无止境的私欲"。自由民主国家的状况要好一些，虽然保留着强大的官僚制度，但是允许一部分的自由，自由主义民主是在通向无政府状态——完全脱离官僚监护的半路上。②

无政府主义者把国家看成所有社会丑恶现象的根源，将国家权力与官僚管理等同起来。他们认为，社会政治现代化的主要条件是取消国家权力制度，消灭官僚机构，代之以全面地方自治。因而，无政府主义政治现代化方案的主要目标是取消国家制度，形成建立在互助协议之上的公平、公正和自由的社会组织，建立一个全新的人类世界。巴枯宁在《联邦主义、社会主义和反神主义》一文中写道，"要这样组织社会，每一个个人，无论男人或女人，一出世就能找到几乎同样的手段来发展自己各种才能并通过自己的劳动来利用这些才能。要建立这样一个社会：任何个人，无论他是谁，都不能剥削别人的劳动，他只有直接促进社会财富的生产，才能参加使用社会财富"。③

无政府主义主张的社会体制大体有四个基本原则：（1）没有任何外部强制力量；（2）个体的自由；（3）团结协作的社会生活；（4）社会自治。对于无政府主义者而言，自由，这意味着没有任何凌驾于社会之上的权力；社会自愿结成公社和生产协会形式的组织，没有任何强制性的规定，完全

---

①　Бакунин М. А. Избранные сочинения. Т. 3. М. , 1920. C. 88 – 89.

②　Черный Л. Новое направление в анархизме: ассоциационный анархизм. М. , 1907. C. 17, 48.

③　中共中央马克思恩格斯列宁斯大林著作编译局资料室编《巴枯宁言论》，三联书店，1978，第104页。

是地方自治，实行与国家中央集权制对立的联邦制原则。一个公社内的个体和团体，从自己的需求和利益出发，如果希望与其他公社的个人和团体合作，那么就可以与他们自由地合作，就如同与自己公社内部的成员合作一样。所有组织都没有法律的硬性规定，而是建立在自由协议的基础上，个人有权退出任何组织，而组织有权退出任何联盟。

无政府主义理论家相信，人类应该拥有自己的自由，这种自由绝对不会因为其他人的自由而受到限制，相反，在其他人的自由之中所体现的只是对自己自由的确认。这种自由不会抹杀，而是会促进公正精神的发展，追求公正是人类的天性，也是人类固有的本能。公正是无政府主义社会所存在的基础。在无政府主义社会理想中，自由与公正相互制约。"自由"是"人类为了达到自己的目的与其他人结成团体的权利，在不触动其他人物质和道德的前提下做自己所想的一切事情的权利，不剥削他人的精力，不禁止他人的行动，只要这些行动不干涉到我的人身和精力"；"公正"是"一个人拒绝剥削其他人的血汗和劳动，同时也不让自己受到侮辱"。①

在无政府主义者看来，自由与公正的相互制约性在全面的无政府状态下才能得以实现，无政府状态作为一种理想，最为符合人的本性和需求。其他任何生活制度在某种程度上都会阻碍人的个体发展，而无政府主义制度则不会对个体发展产生任何阻碍。在这种制度下，任何人都能够如其所愿地发展自己的潜力，个人或者团体的主动性不会受到任何来自外部的暴力干扰。在无政府主义现代化方案中，社会主动性替代国家，成为社会机体活动的调节器。

但俄国无政府主义理论家并不倾向于将未来的无国家社会的人类本身以及人们之间的关系理想化。他们认为，在无政府主义之下完全可能存在不劳而食者、逃避公益劳动者甚至罪犯，因为犯罪行为是客观存在的事实，与社会制度无关，资本主义和共产主义制度之下都可能存在同等程度的犯罪，如色情犯罪、因为嫉妒引发的犯罪、父母虐待孩子的犯罪等。对于这些犯罪，无政府主义者允许使用暴力，但坚决反对通过司法制度将暴力的使用规范化，即他们否定根源于国家权力的特殊暴力，因为这不利于促进

---

① Черный Л. Новое направление в анархизме: ассоциационный анархизм. М., 1907. С. 60.

人类公正的情感的发展。无政府主义理论家们允许对犯罪的个体使用暴力，但他们更倾向于劝说和教育。他们相信，随着无国家的自我调节社会的发展，通过发展培育和教育机构等社会预防手段，人们的道德水平会提高，反社会行为将会降到最低。对于罪犯和其他反社会分子来说，医院将会取代法院，而精神医生将会取代法官。

无政府主义者认为，发挥民众个人和集体的创造能力与潜力的唯一普遍适用机制是社会自治，社会自治的基础是互相协议、自由缔约等原则。在社会组织和管理中以横向关系为主，所有领导职务由选举产生，定期更换。社会冲突由仲裁法庭解决，不是让某个机构或者个人享有合法使用暴力的权力，而是使整个社会以及其中的每个成员享有这种权力，担任领导职位的人员没有特权，社会所有成年人员都有从事生产劳动的义务。任何民族，无论大的或小的，任何人民，无论强的或弱的，任何省份、任何公社都有完全自治的绝对权利，但是有一个条件，就是内部自治不能威胁或侵犯邻近土地的自治和自由。

无政府主义者的社会政治理想是建立在个人的自由、平等、自治和联邦原则之上的社会制度，结合以普遍的选举权，无限的言论、出版、宣传、集会的自由，以及结成联盟的绝对自由。巴枯宁指出，"倘使有一人不自由，我亦不得自由"。"将来的社会组织必须按照自下而上的方针、借助于工人自由协作社或联盟来建立，从联合会、公社、地区、民族联盟开始，最后建立伟大的国际联邦。只有到那时候，一种合理的、富有生命力的制度才能实现，在那个制度中，个人的利益、个人的自由和幸福才不再同社会利益相矛盾。有人说，个人的利益同社会的利益是不相容的和不协调的。我对这种异议回答如下：如果说迄今为止，这些利益不管在任何时候和任何地方都没有相互协调过，那是因为国家为了少数特权者的利益而牺牲了大多数人的利益。"① 他设想的未来无政府社会人类生活的大致情景如下。

孩子出生即获得"自由的人"的地位。孩子在幼年之时母亲按照"自

---

① 中共中央马克思恩格斯列宁斯大林著作编译局资料室编《巴枯宁言论》，三联书店，1978，
　　第 204 页。

然法"进行监护,但要受到社会的理智监督,社会有义务为所有孩子提供养育和未来教育的所有必要物质和条件,教育的目的是"为孩子走向自由做准备"。教育应该涵盖科学、技术和工业等所有领域,教育应该既是学术性的,也是职业性的。年轻人获得"全面教育"之后,将根据自己的喜好、兴趣和需求加入某种职业团体、联合会、协会或合作社,为全社会的幸福贡献自己的劳动。当人到垂暮之年时,社会再次承担起对其的监护和供养义务。男性和女性的所有政治和社会权利平等,取消教会的官方地位,同时承认良心和信仰以及任何宗教协会的绝对自由,但是它们不应该拥有任何民事和政治权力。

克鲁泡特金认为,未来无政府制度的基本组织是公社——"自由人的自由联盟",国家应该被城市公社和农村公社所取代。公社是人民主动性发展的自然结果,也是社会自我组织的道德理想,完全符合人们对善良和互助的自然追求。克鲁泡特金社会理想的基础是 19 世纪末 20 世纪初劳动社会化的趋势,他把"自下而上"广泛出现的合作社运动视为未来制度的雏形。合作社是劳动者的互助形式,通过生产者和消费者的群体组织实现生产、交换和分配的社会化,他们等价地交换自己的劳动成果和服务。克鲁泡特金认为,合作社运动"随着时间的推移能够带来生产整体上的社会化"。合作社运动将促进形成有创造力的新社会阶层,以及社会生活整体上的积极变革。合作社运动还会促进人民文化、教育和科学的发展,改善社会的道德氛围。随着合作社运动的扩大,劳动形式将进一步社会化,同时实现人的个性解放,以及智力和精神水平的提高。他认为,"社会主义的萌芽"将在合作社中诞生和成长,无政府主义将不可避免地带来共产主义。

"无政府共产主义"是克鲁泡特金的政治理想国,他在 1880 年 10 月召开的汝拉联合会上首次提出自己的"无政府共产主义"理论。他指出,无政府状态和共产主义是人类两个最伟大的理想,前者是政治制度之考虑,后者是经济制度之考虑,二者是一个不可分割的整体。"无论任何社会,只要废止了私有财产后,便不得不依着共产的无政府方向进行。由无政府主义生出共产制;由共产制达到无政府主义。两者都是近代社会中的主要倾向的表现：即是对平等的追求。"① 他批评马克思主义是"形而上学的"
"强权的"共产主义，标榜自己的理论是"科学的""没有政府的"共产
主义。

但是克鲁泡特金及其追随者的"无政府共产主义"思想引起了来自
"左"派和"右"派的批评浪潮，他们谴责无政府共产主义理想的不切实际
性和乌托邦性。克鲁泡特金对这些谴责进行回击，为证明自己的社会理想
的历史合理性，他分析了一些民族现实存在的联合会和协会，这些民族形
成了建立在互助和社群主义传统之上的发达的社会制度，如爱斯基摩人、
印第安人、巴布亚人、远东部落。

在俄国无政府主义现代化方案中，社会自我组织和管理体系还有另一
个重要原则——联邦主义，这与政治中央集权的原则截然对立。巴枯宁对
联邦制原则和国家中央集权制进行了比较，他指出，这两种制度都以实现
人们在社会上的团结为目的，但在中央集权制度下是通过"抑制自由"的
方式实现团结，这种团结"是破坏性的，破坏了个人和民族的教育、尊严
和繁荣"，而联邦制度使人民实现的团结之中"贯穿着自由的伟大原则。没
有这一点不可能有教育，不可能有公正，不可能有繁荣，也不可能有人
性"。② 克鲁泡特金也把联邦制度描述为一种自然的、合乎规律的存在形式，
对社会和自然界都普遍适用，如肉体细胞和元素"联邦式"的聚集，动物
世界的蚁居、群居现象。他认为，任何自然的社会制度都是无限小的元素
相互作用的结果，恰恰是"小的元素""自下而上"协调自然界和社会的生
命与进步的进程。因此，他反对把中央集权作为整个物质世界组织的普遍
原则，而是把人类社会看成"自下而上产生的"个体的聚集，他怀疑亚里
士多德的政治中央集权社会结构的"普遍幸福"的观点，反之，他相信
"整体的幸福取决于有组织物质的最小单位所享有幸福的程度"。③

俄国无政府主义者联邦主义思想的基础是自由契约原则，其在本质上

---

① 〔俄〕克鲁泡特金：《面包与自由》，巴金译，商务印书馆，1989，第56页。

② Бакунин М. А. Философия. Социология. Политика. М. , 1989. С. 21.

③ Кропоткин П. А. Анархия, ее философия, ее идеал. М. , 2004. С. 208.

与通过国家政权使人们实现政治团结的思想相对立。如果说国家"社会契约论"建立在人民"被迫的、被动的权利"之上，这种权利也决定了契约本身具有强制性的形式，契约的缔结者受制于这些形式，那么无政府主义契约的基础是自由协议的原则，可以采用任何适当的形式，任何一方可以在任何时刻解约，不用担心会被强制履约或者因毁约而受到惩罚。他们所主张的是"倒金字塔"的社会结构，联邦权力不得超出村社的权力，与之类似，村社的权力也不能超出个人和公民的权利，侵犯他们的自由。社会形成从边缘到中心的自由协会的联邦组织，人们彼此之间可以结成任何协会，这些协会自由地结成公社，公社同时可以结成省，各省可以结成国家，最后结成国际联邦——国际大家庭。

无政府主义者呼吁打破民族历史发展过程中形成的所有"人造的"的国家和政治 - 行政界限，认为当代各民族之间的政治划分是为了统治等级更便于剥削群众，提出取消所谓"历史权利"，即当代国家凭借这些权利占领一定的地区以及在这些地区上居住的人民。巴枯宁把自然权利与历史权利对立起来，认为自然权利是人类天赋的不可剥夺的权利，各地区、各民族可以自由加入任何联盟和联邦，完全不受地域的限制，没有外来的强制性："某一个国家即使出于自愿同另外一个国家在许多世纪中联合在一起，也不应从这一事实得出结论：今后它即使不愿意联合了，也应当忍受；因为先辈没有权利剥夺这一代和后代的自由。因此，每一个民族、省和公社都将具有支配自己、结成联盟、断绝过去的和现在的联盟和加入新的联盟的绝对权利，别的任何方面都无权对此进行干涉。"[①] 自由联合以及自由分离的权利，是一切政治权利中最重要的权利；没有这一种权利，联邦永远都只是隐蔽的集中制。由此，无政府主义者也反对民族性原则，强调民族性只是"个别的、特殊的事实"，但不是原则。所谓民族性原则"除表现了各国的臭名昭著的历史权利和权力欲以外，没有再现任何别的东西"。民族性的权利"只是从最高的自由原则产生的自然结果，而民族权利只要是为

---

① 中共中央马克思恩格斯列宁斯大林著作编译局资料室编《巴枯宁言论》，三联书店，1978，第 79 页。

了反对自由，甚至只要在自由之外提出来的时候，就不再被认为是这种权利了"。①

无政府主义者认为法律规范也是国家的人造产物，是为了把管理阶级剥削人民劳动的行为合法化和体系化。法律只是人类历史衍化进程初期的一种现象，在现代条件下变为国家对社会行使暴力的工具，以及对人民生活从外部进行限制的手段，"在他们身上加上了一套外加的，因之也是专制的法则"。② 在未来社会，法律将由个人之间的自由契约原则以及"习惯法"规范所取代。"习惯法"在社会和文化的发展过程中自然出现并形成，把人们认为积极的、有益的一切固定下来。社会关系的整个体系都应该建立在这些"习惯法"规范的基础上，从人际关系到全球的社会组织，在不久的将来就会形成全球性的社会组织——劳动者的国际联盟，既有工业劳动者，也有农业劳动者以及科技工作者的联盟，还有艺术和文学工作者的联盟。克鲁泡特金写道："万国邮政联合会，铁道联合会，以及各种学术团体已经把自由合意足以代替法律的这个好例子指示给我们了。"③

对于俄国无政府主义者来说，这种全球范围的社会组织是普遍的现象，他们认为，任何地域的界限都将会很快消失，建立在共同的职业、文化、科学、宗教利益和需求之上的任何社会互动都不会受到地域和人数方面的限制，将出现个人和社会团体建立在自由协议原则之上的"全人类联邦"。在 20 世纪初，特别是在期待世界革命的背景下，无政府主义者提出的一系列联邦制方案中体现了这种全球主义。

卡列林的联邦制方案指出未来联邦社会的基本组织是自由组织："地球上的自由村、自由市、自由州、自由国家的联盟等大型联合组织应该取代国家的地位。"一些城市和农村宣布自己独立于国家，成立在自由契约基础上的联邦，其他市政和地区单位会逐渐加入这个联邦，接下来，这个联邦将具有国际的性质，这种联邦一体化的结果是成立全欧洲联盟，最终成立

---

① 中共中央马克思恩格斯列宁斯大林著作编译局资料室编《巴枯宁言论》，三联书店，1978，第 96~97 页。
② 〔俄〕巴枯宁：《上帝与国家》，朴英译，华东师范大学出版社，2005，第 24 页。
③ 〔俄〕克鲁泡特金：《面包与自由》，巴金译，商务印书馆，1989，第 65 页。

"全世界自由居民联邦"。①

卡列林描述了自由市的社会、政治、文化和劳动生活的场景。他指出，"在自由市，权力属于所有人，因此，也就不属于任何人"。这种社会权力实现的形式是"国民大会"——不同层次的会议，包括邻里的、街区的、地区的、整个城市居民的会议，"所有希望参与讨论涉及自身事务的人"都可以参加这些会议。在必要的时刻国民大会选举产生履行社会职责的执行者，他们没有强制性的权力，活动受到选民监督。在城市，根据人民倡议建立各种以习惯法和协议契约为基础的组织机构——行会、兄弟会、联合会、俱乐部、合作社、劳动联盟等——所有这些组织都不受城市地域的限制，可以与全世界类似的组织建立广泛的联邦关系。在自由市，劳动所有制的基本形式是公社所有制，建立社会法院，原告从城市居民中邀请多少法官来审理案件，被告也就有权邀请多少城市居民当律师，对有罪者最重的处罚是社会抵制或者驱逐出城。卡列林还提出组织人民警察以及军队，即所谓"自由市的军队，建立在非常设的、非正规的、自愿的基础之上"，他们在自愿契约的基础上成为全联邦军队的分部，是"保卫所有无政府生活的军队的一部分"。②

切尔内提出的联邦方案更为激进，这一方案不允许存在任何中央集权因素。在他看来，任何中央集权都是从一个中心进行管理，由此形成压制自由的残酷专制。切尔内的社会理想是全球性的社会组织——伟大的"地方联合会联盟的联盟"，实行联邦主义和广泛自治。他在其大部头的作品《无政府主义的新趋势：联合会的无政府主义》（1907）中，提出建立反国家主义的联合会类型的经济组织，实行分散管理，以取代中央集权的国家权力。这种类型的组织能够带领社会走向和谐。社会生活的主体是"消费者联合会"，即人们建立以共同需求为基础的某种劳动联盟。这些组织没有任何地域或者国家方面的限制，希腊人和犹太人都可以加入，只要他们拥有共同的需求，实行联合会所有制，即财产属于联合会的劳动者，但不是

---

① Карелин А. Вольная жизнь. Детройт, 1955. С. 143–144.

② Карелин А. Вольная жизнь. Детройт, 1955. С. 137–141.

以生产者的身份，而是以消费者的身份，比如，烟草工厂属于吸烟者，啤酒厂属于饮酒者，等等。在未来，每一个人都是消费者和劳动者，作为消费者他们会在生产其所需要产品的联合会拥有一定份额。也就是说，切尔内认为生产不是面向市场，而是面向消费，这会使每个人成为其生活必需品生产的联合会的所有者。在未来的无政府主义社会，每一个工作地都成为社会、经济和文化生活的中心，整个世界分散为一系列工厂中心，在工厂周围聚集着住宅，这些住宅与当地的宾馆、学校、剧院和邮局一样，都是联合会的财产。切尔内认为，这种劳动和生活的分散管理形式，将解决历史上存在的人类生活的所有问题，消灭政治和经济剥削，使人类获得真正的自由。①

A. M. 阿塔别科扬在一战结束后俄国国内战争时期提出的联邦制方案也比较有代表性。阿塔别科扬考虑到新的政治现实，提出世界无政府主义革命不会很快发生，因为与国际无产阶级的精神团结的程度相比，历史上形成的每个民族内部的社会、文化和政治合作更为紧密。他提到，为了与社会主义革命对抗，与资本主义侵略对抗，必须建立无产阶级军队，实行统一指挥。他积极使用"革命爱国主义""无政府状态国家""无政府主义共和国"等概念，这对以前的无政府主义思想家来说简直是不可思议的，但是他赋予"这些国家制度形式以新的内容"。他主张根据俄罗斯苏维埃联邦共和国这个称呼的内涵对整个管理机构进行根本性的改革，新生的苏维埃联邦共和国不应依靠"权力和强制，而是要依靠社会苏维埃和自由联邦"。②

在阿塔别科扬的方案中，苏维埃代表"地方自治局和工会联盟"的利益，解决所有地方和市政任务，所有社会组织领域都实行自由的联邦原则。国家建立在农村和城市公社的自由合作原则之上。他把自己的希望寄托在当时"正在形成的活跃组织"——住户委员会，这些委员会在1917～1918年俄国社会混乱和经济崩溃时期组织对居民生活必需品的分配，保护住宅

---

① См. : Черный Л. Новое направление в анархизме: ассоциационный анархизм. М. , 1907. С. 145 – 165.

② Атабекян. А. Перелом в анархическом учении. М. , 1918. С. 13.

和街道的社会安全，捍卫居民的共同利益，即解决了那些"政权，无论是沙皇专制政权，还是革命后的民主政权"无力有效解决的问题。他相信，住户委员会将逐步扩大其活动范围，与自己的邻居（街道的、街区的，以及整个城市的）签订协议和盟约，越过各种官僚机构，这种"自下而上"自然形成的合作社是"建立公正社会制度的前提和基点"，公正的社会制度的基础是事实上的平等、切实的合作与自由。①

在阿塔别科扬之后，俄国无政府主义者，或者在俄国处于与世隔绝状态，或者移民国外，再没有提出类似的完整方案。但后来西方无政府主义思想的重要代表在制订以联邦原则为基础的世界改革计划之时，积极借鉴并发展了俄国无政府主义的思想。

概而言之，无政府主义者的现代化方案，要求废除国家政权，废除任何官方支持的教会，消灭阶级和等级特权及任何差别，对于社会生活的政治组织，不应当自上而下地，从中央到地方，按照统一和强制集中化的原则来建立，而应当自下而上地，从地方到中央，按照自由协作和联邦的原则来建立。

第三节　无政府主义现代化的方法论

俄国无政府主义学说是从革命的视角看待现代化的最生动体现，最充分地体现了有关社会变革的革命理论和方法论的实质。俄国无政府主义作为激进的思想政治流派，致力于通过社会上的革命性变革迅速地实现自己的政治目的。无政府主义者要求的不是改变现行国家制度或者对其进行改革，而是立刻完全摧毁国家，在它的废墟之上建立以理智和公正原则为基础的新经济和社会制度，使社会摆脱国家专制，实现经济、政治方面的社会平等和公正的理想。

无政府主义者把发动"社会革命"作为消灭专制制度和国家政权的根本手段，他们相信，虽然他们所使用的革命方法是暴力性质的，具有消极

---

① Атабекян А. Социальные задачи домовых комитетов. М., 1918. С. 14.

性，但其要解决的任务是高尚的，即摧毁任何形式的社会政治独裁组织，这些组织压制了人们与生俱来的公正、公平和协作情感，限制了他们的创造力。无政府主义者相信困扰社会的"万恶之源"在于它的组织自身，所有其他的变革方法——对国家政权的改革和改良，"消灭的只是外部表现形式，而不是罪恶之源"。"社会革命正是要消灭这种建立在暴力基础上的旧组织体系，给予群众、团体、公社、协作社以及个人以充分的自由，并且一劳永逸地消灭一切暴力的历史原因——国家的存在本身"。①

俄国无政府主义主要理论家巴枯宁和克鲁泡特金流亡多年，几乎未直接参与俄国发生的事件，但俄国革命活动的实践深受他们理论的影响。他们的无政府主义革命学说体现在民粹主义意识形态中。巴枯宁在《国家制度和无政府状态》一书中指出，在俄国人民中间非常广泛地存在着作为社会革命必要条件的两个基本因素——极端的贫困和典型的奴役制，而人民之中又存在既能使人民理解革命，又能使革命具有一定目标的共同理想，这种理想就是全体人民深信，土地都属于他们自己，他们用自己的汗水浇灌，用自己的劳动使之丰饶，同时土地的使用权不属于他们个人，而属于整个村社。但是，也有一些因素使俄国人民的理想蒙上了一层阴影，使其实现变得非常困难，这就是宗法制度、村社吞没个人、信仰沙皇。后两者都源于前者，宗法制度是主要的历史祸害，必须竭尽全力同它斗争。他号召真诚的革命青年到民间去，努力铲除人民意识中的缺陷，逐步发动和组织全民暴动。②"到民间去"运动的积极参加者 T. 彼罗指出，"俄国60年代后半期至70年代的几乎所有革命运动都具有巴枯宁主义的色彩"，"到民间去"运动的另一个积极参加者回忆道，"我们在当时（19世纪60年代）都遵循民粹主义的观点，是巴枯宁的追随者"。③

---

① 中共中央马克思恩格斯列宁斯大林著作编译局资料室编《巴枯宁言论》，三联书店，1978，第203页。

② 〔俄〕巴枯宁：《国家制度和无政府状态》，马骧聪等译，商务印书馆，1982，第223~235页。

③ Пиро Т. Бакунизм и реакция //Михаилу Бакунину（1876－1926）. Очерки истории анархического движения в России. М., 1926. С. 218.

但俄国无政府主义革命活动的真正繁荣发生在 20 世纪初期，无政府主义者最积极地参加了三次俄国革命。在这一历史时期，俄国无政府主义者活动特别激进，甚至与其他革命党派和组织相比亦是如此。20 世纪初无政府主义者的情绪是："必须立刻解放群众，实现个人解放，越快越好。没有必要推迟革命到基督第二次降临：必须立刻号召和组织革命。"①

20 世纪初无政府主义者的典型特点是进行革命实践，"用行动进行宣传"，他们进行革命斗争的主要途径和方式有对群众进行宣传教育，组织大罢工，征用集体及个人财产作为"战斗基金"，对工人进行物质援助，但他们最常采用、最广为人知的革命方法是恐怖行动。即使是相对温和的无政府主义组织"面包与自由社"成员也承认恐怖是革命时期的必然伴侣。无政府主义流派的口号是"你不能戴着白手套干革命"。在这一时期，无政府主义者并未把注意力放在理论探索上，一位匿名作者在 1926 年出版的文集《俄国无政府主义运动历史概况》中写道："无政府主义者平时几乎没有时间书写历史，他们在忙着创造历史。"② 因而，无政府主义革命理论在这一时期几乎没有什么创新，无政府主义学说的革命精神主要还是体现在巴枯宁和克鲁泡特金这两位俄国无政府主义先驱的革命理论中。

巴枯宁的革命理论与他有关反抗的学说联系在一起，他把反抗视为人类历史发展的推动力，是人类本性的自发行为，没有这一点也不可能有社会进步。人类"反抗的欲望"与"思考的能力"都是其克服从动物状态向人类状态自身演变进程中的矛盾的普遍手段。他写道，人类"比起别种动物多了两种宝贵的天赋——思想的能力和反叛的欲望。这两种天赋加上它们在历史过程方面不断的影响代表了根本因子，代表了人的动物性的肯定发展中的否定力，而由此创立了组成人的人性的一切"。③

巴枯宁从政治的视角看待人类反抗的自发性，将其看成破坏旧的社会制度，达到所设定的革命目的的"工具"。他指出，在人类的历史演变中有

---

① Вольский А. Теория и практика анархизма. М. , 1906. C. 5 – 6.

② Михаилу Бакунину（1876 – 1926）. Очерки истории анархического движения в России. М. , 1926. C. 279.

③ 〔俄〕巴枯宁：《上帝与国家》，朴英译，华东师范大学出版社，2005，第 2 页。

两个时期不断交替，即"一切都处于衰退和衰亡之中"的停滞时期与"充满伟大的历史事件、人类的伟大胜利"的发展时期。社会发展进程呈现这种特点是因为在社会进步的道路之上必须不断通过反抗的手段克服前一个衍化阶段的缺陷。在社会革命中，被剥削者通向自由的道路要经过流血的起义。

巴枯宁主张赋予"暴动的本能"在革命斗争实践中的优先地位，他认为，在西方这种本能的最大载体是工厂和城市工人，而在俄国、波兰和广大斯拉夫土地上，这种本能的最大载体则是农民。[1] 当分散的农民反抗汇合成为"大革命"之时，俄国无政府主义将会取得胜利。农民村社将在"暴力的清算"中获得解放，有充分的潜力根据无政府主义公平和自由的理想改造世界，在这方面起到重要作用的是民粹知识分子，他们是新生活的宣传者以及代表拉辛和普加乔夫传统的"暴动分子"。巴枯宁在其名著《国家制度和无政府状态》中写道："应当立即把一切村庄都发动起来。斯捷潘·拉辛和普加乔夫领导的声势浩大的人民运动向我们证明这是可能的。"[2] 不断进行普加乔夫式的暴动实践，能够培养人民起义的精神。

无政府主义思想家认为，即将到来的革命的社会基础，首先是社会上的边缘分子，即那些在现代国家"被抛弃的人"和充满愤恨的失败者。这些"被压制的和被侮辱的"居民阶层充满了对当代国家的仇视，是无政府主义宣传的最适宜对象。俄国暴动者是"天然的无政府主义者""没有空话的革命者"，他们充满暴动的激情和果敢，蔑视财产、仇视国家。他们身上相当鲜明地表现出破坏的本能，是最具革命性的力量。巴枯宁认为，"俄国暴动者是毫不妥协的、孜孜不倦的、无法制服的革命者"，他们能够唤醒农村的革命潜力。当暴动者的反抗和农民的反抗融合在一起之后，就会出现人民革命。

巴枯宁认为，人民革命本质上是无政府主义的社会革命，与政治革命相对立。与政治革命不同，人民革命不是仅仅借助于一次革命就能完成，

---

① Бакунин М. А. Избранные сочинения. Т. 3. М., 1920. С. 144.

② 〔俄〕巴枯宁：《国家制度和无政府状态》，马骧聪等译，商务印书馆，1982，第232页。

不是通过颁布某些法令就能完成,而是要通过具有"革命激情"的全社会力量来完成。巴枯宁否认以在国家权力体系内进行某些改革为目的的政治革命的必要性,坚持革命应该具有所谓"社会肃清"的特点,即从根本上改变为少数人剥削多数人提供机会的那些社会政治和经济关系结构。为此,有必要破坏为这些关系的存在创造条件的国家本身,社会革命的主要目的是"颠覆国家"。在推翻国家之后,必须"尽一切努力"防止革命积极分子建立某种新的国家政权。巴枯宁指出,"当人们想以革命的名义建立国家,哪怕是临时国家,都会导致反动,走向专制,而不是走向自由"。法国大革命"无法解决的矛盾"在于,它提出了"新的全人类的利益、最充分的人类自由的理想,但还是在纯政治方面"。这个理想是实现不了的,因为"没有经济平等的政治自由,一般的政治自由,即在国家之中的自由,那是谎话"。①

根据巴枯宁的计划,革命应该从有针对性地全面消灭国家制度体系开始,破坏所有强制性的政治、法律机构和组织,将国有资产直接转交给公社,公社在过渡时期推出自己的领袖,建立革命性的行政机构和法院。在这些革命性的社会机构,公社成员全体投票决定事务。各公社、各省、各国家直到国际联邦之间的关系是契约性质的,建立在社会单位所有人的合作以及每个人的自主性之上。

匪夷所思的是,巴枯宁与权力和强制思想不共戴天,却将革命进程的成功与强大的垄断组织——"秘密国际"的活动联系在一起。按他的想法,这个秘密团体组织应该成为群众自发革命运动的领导力量,实行严格的中央集权组织。他否认国家的强制力量,却非常相信强制性纪律的必要性。他指出,"这种铁的、无条件的纪律可能会使新参加者感到惊讶,甚至感到屈辱;但是,任何正派的成员,任何真正聪明能干的人,只要他具有我前面谈到过的那种融汇一切的人民胜利的激情,这种纪律就不会使他感到惊讶和屈辱,而且相反地会使他高兴,同时会使他安心。严肃的成员会认识到,正是这种纪律才是每个成员相对的无个性的必要保证,才是全面胜利的条件,sine qua non〔必要的条件〕,只有这种纪律才能够团结真正的组

---

① 〔俄〕巴枯宁:《国家制度和无政府状态》,马骧聪等译,商务印书馆,1982,第51页。

织，并且建立集体的革命力量"。①

与巴枯宁不同，克鲁泡特金否认建立中央集权的革命组织的必要性，认为建立在强制性纪律上的中央集权，会压制个人和地方主动性的发展，不可避免地会消磨反抗的精神，阻碍乃至扼杀革命运动。② 他认为，任何革命的主要活动都由人民本身完成，活动的结果由人民群众直接决定，不可能没有人民的参与而由别人为他们完成革命，任何狭隘的革命组织，缺乏群众的主动性，没有人民的广泛参与，都不能完成革命和变革。因此，他批评民意党人的活动，说其是中央集权的阴谋组织，计划在没有获得人民的支持时发动国家政变。

克鲁泡特金认为革命的动力是所谓"人民群众"，作为一个集体形象，其中包括工厂和农村工人、贫困的农民、半破产的手工业者、流氓无产者、忏悔自己罪行的资产阶级和人民知识分子，归入革命的敌人阵营的有政府官员、贵族、地主、资产阶级、高利贷者和富农。③ 克鲁泡特金将革命与"吹到东亚海岸的台风"的自然现象进行类比。任何革命——这不是某个个人或政党努力的结果。革命的爆发有着一系列客观和主观因素：人类所有以前的历史活动，对社会理想的理论探索，科学、工业和艺术成就等。他强调，"个人的工作，甚至党的工作，只是促进这种'伟大的自然现象'——革命的麦粒之一，最小的旋涡之一"。④ 那些试图承担革命领袖角色的人，实际上不是推动革命，也不是领导革命，而只是客观上跟着革命运动走。革命是"公正的活动"，是对社会生活衍化进程中产生的变形和偏差进行合法的社会矫正。

在克鲁泡特金看来，在人类历史发展进程中，进化的与革命的发展阶段、激烈的与稳定的发展阶段相互交替。和平的进化进程为革命暴动培育

---

① 《马克思恩格斯全集》第18卷，人民出版社，2016年，第479页。

② Максимов Г. П. （отв. ред.）. П. А. Кропоткин и его учение. Интернациональный сборник, посвященный десятой годовщине смерти П. А. Кропоткина. Чикаго, 1931. С. 167.

③ 〔俄〕克鲁泡特金：《一个反抗者的话》，毕修勺译，平明书店刊行，1948，第143～167页。

④ Максимов Г. П. （отв. ред.）. П. А. Кропоткин и его учение. Интернациональный сборник, посвященный десятой годовщине смерти П. А. Кропоткина. Чикаго, 1931. С. 201 – 203.

了土壤，随着通过进化的方式贯彻孕育成熟的社会改革的可能性日益减少，革命暴动的客观性日益增加："革命只是进化的一部分。自然界的任何进化都不是没有冲突、没有震动的。在缓慢的变革时期之后，必然是突然加剧的变革时期，这些加剧变革时期是由这些缓慢的变革孕育形成的。"① 革命，这是社会合理性的体现，是社会历史的必经阶段。

与巴枯宁一样，克鲁泡特金明确指出了政治革命和社会革命的区别，他认为，政治革命只是统治精英的更迭，是对国家机制的改革，政治革命的结果是成立新的革命政府，即新的专政；社会革命旨在破坏国家制度本身，为根据无政府主义的自由、公正和合作的理想而形成新的社会关系创造空间。如果说资产阶级革命者的最终目的是推翻旧政府，建立新政府，那么对于无政府主义者而言，推翻任何政府只是社会革命的开始，社会革命是推翻试图使经济和政治奴隶现象永存的制度的伟大事业。社会革命，首先是人民革命，但克鲁泡特金怀疑人民群众自发地以及有意识地提出革命的最终目的、革命的最终理想的能力，他认为在革命中起重要作用的是革命知识分子，他们是革命主导力量，拥有唤醒民众革命主动性的情感和勇气。在俄国，社会革命成功的关键是城市工人、农民和革命知识分子形成有凝聚力的联盟。

巴枯宁和克鲁泡特金都乐观地认为，在不久的将来就会出现广泛的社会革命，这意味着国家制度的终结。巴枯宁政治流亡多年，积极参加了 19 世纪 40 年代末到 70 年代中期欧洲的几乎所有革命事件。克鲁泡特金认为，现代资产阶级社会内部已经包含了未来无政府共产主义制度的萌芽，以及集体主义、互助关系和个性自我实现的开端。未来社会的原型在于道路、桥梁、图书馆、博物馆等资源的社会使用，保险协会、学术协会、慈善协会，各种兴趣俱乐部、合作社以及公共浴池、洗衣房和抽水站也包含着"共产主义的"元素。最初他将自己不切实际的希望与 1917 年十月革命联系在一起，之后，他又指出"建立没有国家的共产主义社会"将在"最近

---

① Кропоткин П. А. Анархия, ее философия, ее идеал. М., 2004. С. 687.

的 50 年"完成。①

无政府主义革命理论的关键之一，是破坏性的趋势和建设性的趋势的关系问题。在这个问题上，巴枯宁和克鲁泡特金的观点有所区别，前者倾向于将革命进程的破坏性一面绝对化，而后者更多的是强调建设性活动的重要作用，以及不断用新事物取代旧事物的意义。

巴枯宁认为，即将到来的社会革命的主要目的在于彻底破坏旧秩序，打破一切权威、制度和制约，他写道："我们的使命是破坏而不是建设，建设是其他人的使命。"② 巴枯宁坚信，"没有广泛的和剧烈的破坏，没有求生性的和有效的破坏，就不会有革命，因为正是从破坏中，而且只有通过破坏，才能孕育和产生新的世界"。③ 任何社会，即使在最为激烈的革命破坏进程当中，也不会衰亡，因为社会自保的本能、惯性的力量会"从内部"拯救它。在革命动荡时代，社会会因自己内部潜力的释放而巩固："历史经验表明，人民从来不会像他们处于'动荡的海洋'之时拥有如此强大的力量。相反，他们为权力的制度联系在一起时力量最为弱小。"④ 这位俄国无政府主义者的个性本身和他心理上的激情都对他的立场产生了影响。据很多同时代人回忆，"革命的艺术"本身使巴枯宁痴迷，给他带来了"伟大的艺术享受"。革命运动进程本身，它的形式、它的密谋、它的危险，以及意想不到的效果和激进的变革都使他赞叹和沉醉。1848 年法国革命的领导人之一，革命后担任巴黎警察局长的 M. 科西迪耶尔就巴枯宁写道，"在革命的第一天，这是一位不可替代的人，而在第二天，一定要把他射杀"，因为"有这样的无政府主义者不可能确立某种秩序"。⑤

而克鲁泡特金虽然曾经是巴枯宁无政府主义理论的崇拜者，但他对社会革命的作用的看法与巴枯宁存在较大差异，他把社会革命看成先破坏后

---

① Максимов Г. П. （отв. ред.）. П. А. Кропоткин и его учение. Интернациональный сборник, посвященный десятой годовщине смерти П. А. Кропоткина. Чикаго, 1931. С. 117.
② Бакунин М. А. Собрание сочинений и писем. Т. 4. М., 1935. С. 155.
③ 〔俄〕巴枯宁：《国家制度和无政府状态》，马骧聪等译，商务印书馆，1982，第 29 页。
④ Бакунин М. А. Избранные сочинения. Т. 4. М., 1920. С. 190.
⑤ Бакунин М. А. Собрание сочинений и писем. Т. 4. С. 454 - 455.

建设的过程，而且建设的使命要远远高于破坏的目的，即"人类的精神若想从事于破坏性的事业，对于破坏之后将要来代替的制度，至少先有一个轮廓的概念"。① 群众参与革命，应该对斗争的最终理想有具体的概念，从最初起就明确未来社会建设的目的，在革命实践中去实现这些目的。克鲁泡特金认为，"革命在社会的生活中有无限的意义。它使人们开始有机体的改造工作，不受那代表过去时代的任何权力的阻碍"。② 在他看来，革命不仅能够破坏旧制度，而且能够"唤醒人的心灵"。

无政府主义理论从普遍的、全球化的视角来看待自己现代化理想的实施和普及。无政府主义作为一种极左的学说，一直的特点是利用道德范畴，呼吁人类的全球化。无政府主义者主张全世界人民在无国家和无民族的基础上团结起来，反对任何形式的爱国主义和民族主义。巴枯宁指出，爱国主义道德是虚假的、不人道的，因为"公正"、"平等"和"自由"等道德范畴是全世界的、全人类的思想，而不是狭隘的民族或阶级思想，爱国主义思想是"否定人类的平等和公正"。爱国主义是人类社会较低级的、生理性层次的表现，"是狭隘的、排他性的、反人类的、往往简直是兽性的感情"。③ 随着文明的发展，即从动物的原则向理性原则的运动，"爱国主义的生理情感"也会逐渐从地球上的人民中消失。

切尔内将民族问题的最终解决与无政府状态联系在一起。在他看来，如果民族主义者宣传爱国主义言论，"根据人为的、强制性的特征——起源的共性把人民划分开来"，那么在无政府状态下，个人会根据信仰、经济或者文化需求而自由联合，不再关注民族属性。在无政府状态下，俄国人、芬兰人、犹太人、格鲁吉亚人、小俄罗斯人，彼此之间不是敌人，而是同志。"无政府状态将不可避免地导致世界主义。"④

无政府主义思想的主要宗旨是把全人类从"国家的奴役"下完全解放

---

① 〔俄〕克鲁泡特金：《一个反抗者的话》，毕修勺译，平明书店刊行，1948，第 300 页。
② 〔俄〕克鲁泡特金：《法国大革命史》，刘镜园译，神州国光社，1935，第 123 页。
③ 〔俄〕巴枯宁：《国家制度和无政府状态》，马骧聪等译，商务印书馆，1982，第 15 页。
④ Черный Л. Новое направление в анархизме: ассоциационный анархизм. М., 1907. C. 290 - 292.

出来，认为只有通过世界革命才能实现这个宗旨。所有民族团结一心发动革命，实现每一个民族的解放、独立与和平，一些单独民族发动的局部革命行动注定会失败。巴枯宁指出，"社会革命不可能是一个民族的单独革命，就其实质来说它是国际性的革命"。[①] 克鲁泡特金也确信，只要革命会爆发，如在巴黎爆发，那么在几周后，革命就会蔓延到维也纳、布鲁塞尔、柏林、伦敦、圣彼得堡等地。无论革命在哪里开始，在法国，在德国，在西班牙，还是在俄国——它都将是全欧洲的革命。它将如同 1848 年席卷欧洲的革命一样迅速传播。

20 世纪初，在俄国政治局势动荡、欧洲革命政党活动积极、国际局势恶化的条件下，世界革命的思想在俄国无政府主义者中具有了重大的现实意义。1917 年十月革命后，他们提出了所谓"第三次革命"的口号，即立刻实现从无产阶级专政国家转向无国家社会的大跃进。无政府主义者认为，"第三次革命"将最终发展成为世界革命，俄国是向其他国家输出革命的"革命中心"。

无政府主义者对世界革命的期待，认为社会斗争必将发展到全球范围的观点，是无政府主义理论逻辑自身的演变结果，它把全人类的历史和进步解释为从"较不完善的"社会形式向"较完善的"社会形式发展的阶段性运动，其最高程度是无政府主义理想。对于无政府主义者来说，人类以前的所有历史都只是一个前奏，是为形成新的无国家社会，进入新时代创造条件的准备时期。可想而知，无政府主义者对所有"旧形式"、传统事物，通向理想的进步道路上的"残余"和"阻碍"事物是一种什么样的态度。他们把现代化进程本身视为激进地摧毁这些"残余"和"阻碍"事物的道路，摧毁所有政治的、国家的、法律的、文化的传统。

无政府主义者在自己的政治要求中一直主张必须取消所有民族国家制度和法律制度，同时主张各种形式的社会化和集体化，相应地，他们现代化理想哲学构建的基本内容是进行根本性的"文化摧毁"，克服传统意识，发动思想革命。但是，如果说巴枯宁呼吁在即将到来的革命中"摧毁所有

---

① 〔俄〕巴枯宁：《国家制度和无政府状态》，马骧聪等译，商务印书馆，1982，第 52 页。

国家和所有宗教"及其机构，但是要"宽恕人民"，而克鲁泡特金指出，革命的本质在于进行"社会建设"，而不在于消灭他的敌人，那么一些无政府主义思想家拒绝所有陈旧的、传统的事物达到匪夷所思的程度。例如，民粹主义活动家 П. Н. 特卡切夫认为，为了对国家进行真正的革命性更新，必须消灭所有 25 岁以上的人，因为他们的年龄使他们只能按旧式思想去思考，只会加固传统的社会结构，不会发生根本性的改革，只能成为建设新生活的阻碍。① "泛无政府主义"思想的鼻祖 В. Л. 戈尔津和 А. Л. 戈尔津兄弟把人类以前的所有历史看成蒙昧和野蛮时期，是用宗教和科学进行欺骗，他们号召年轻人成为创造新文化的"野人"，控制教育，摧毁一切陈旧的偏见，把祖辈的科学和文化赶出学校，创造子辈的文化。戈尔津兄弟希望"掸掉旧的文化、宗教和科学的尘土"，创造新的社会、新的制度、新的生活方式。在这种独特的社会理论中，过去历史的一切都被视为与所追求的理想相违背而被抛弃，因此，过去与未来没有任何交叉点。

　　无政府主义激进的现代化模式并没有在俄国实施。但在俄国历史上政治激进主义趋势一直不断出现，在进行改革时宣称国家历史的前一个发展阶段是"错误的"，使社会激进转变精神方向，面向"新思维"。在俄国，一直是激进主义与保守主义的趋势交相更替；分权化与集中化、单一制与联邦制、国家作用的加强与削弱、权力从中央到地区的重新分配或者逆向重新分配的进程相互交替；混乱与稳定、革命性与保守性相互交替。

---

① Варшавский В. С. Родословная большевизма. М. , 2017. C. 15.

下　编
俄国政治现代化进程研究

　　俄罗斯帝国政治现代化进程不符合各种经典的现代化模式，自17世纪现代化进程启动开始，国家传统的政治专制制度、社会等级制度、村社生活方式以及与之相适应的一整套价值观念被破坏，但接下来近三个世纪的发展并没能建立起现代社会的政治、经济和社会文化制度。国家政治领域更是呈现出一种波浪式发展趋势，相对的自由化浪潮经常被压抑自由的保守浪潮所代替，改革为反改革所代替，从面向发生民主革命的西方转向传统的专制统治或者建立例行的"铁幕"自我隔离，从政治生活自由化以及在此基础上的政治制度复杂化和分权化转向压制自由、政治制度简单化，实行包罗万象的中央集权官僚管理。

第五章 亚历山大一世时期：专制主义与立宪主义

19世纪初，俄国最高统治者意识到了国家政治制度已经落后于时代，制订了庞大的自由主义改革计划。然而，以沙皇亚历山大一世为首的政府自由主义者小心谨慎实行的改革在社会上引起了两种不满情绪：一些人对破除旧的东西不满；另一些人对新的东西推行太慢不满。亚历山大一世动摇于"自由"和"专制"的双重诱惑中，最终走向保守主义阵营。但他在位期间的种种举措使俄国法律制度化，俄国形成了现代国家管理体制。

第一节 亚历山大一世与改革：专制主义和立宪主义之间

在近代历史上的最初几个世纪，俄国在政治和社会层面上与西欧的差别不断加大。西欧逐渐取消了农奴制、封建制度，形成议会、政党和宪法制度，而俄国农奴制继续加强，封建制度向纵深发展，等级君主制为绝对君主制所代替。俄国贵族绝大多数非常保守，顽固坚持保留封建关系和农奴制。但18世纪的俄国贵族中也出现了自由主义代表，反对农奴制度，主张立宪主义。在这个世纪，还出现了俄国最主要的社会流派之一——左倾激进流派的萌芽。尽管社会上出现思想分裂，但俄国迈进19世纪的时候还是一个绝对君主制国家，君主宝座上的保罗一世1796年即位，他是一个专制作风的沙皇，无视法律，独裁专断。即位时保罗一世还很年轻，似乎他的统治还将会持续很长时间，但国家的政治生活总是充满了变数。

1801 年 3 月 12 日，俄国迎来了新沙皇。亚历山大一世统治的开始与他的祖母叶卡捷琳娜二世统治的开始类似，登上皇位不仅是通过国家政变的方式，而且是踩着前位沙皇的尸体，这次，是他父亲的尸体。保罗一世的统治完全抛弃叶卡捷琳娜二世的政治方针，倒行逆施，众叛亲离，近卫军官发动宫廷政变，杀死保罗一世，拥护王储亚历山大登基。人们对保罗一世"猝死"的真相心知肚明，热切期盼新沙皇恢复叶卡捷琳娜二世的政治方针。亚历山大一世登基受到广大民众的热烈欢迎，首都各界像庆祝节日一样欢庆。亚历山大一世在登基诏书中许诺将"依照法律和朕的祖母之心愿"统治国家，建立新的法治国家，限制独裁和专制。普希金将之称为"亚历山大统治的美好开始"。

亚历山大一世是俄国历史上一位至关重要的政治活动家，但他的个性中充满了一些难解之谜，其中最难破解的是他内心真正的想法，他也因此被称为北方的"斯芬克斯""拜占庭的希腊人""北方的塔尔马"，被与法国著名演员相提并论。亚历山大一世的侍从武官，后来成为知名将军和军事历史学家的 А. И. 米哈伊洛夫斯基-丹尼列夫斯基上校长期陪伴沙皇旅行，有机会近距离了解沙皇，也无法参透沙皇的内心世界，沙皇从未与他分享过自己内心的真实想法。俄国史学泰斗克柳切夫斯基在描述这位新沙皇的特点时强调："亚历山大总是被迫在两个对立派中间周旋，他与任何一派都不同路，处在两种矛盾之间，陷入充当第三者的危险地位，即陷入自相矛盾的困境：童年时被迫在祖母和双亲之间周旋，青年时被迫在父亲和母亲之间周旋，在书房里被迫在无神论者拉加尔普和正统派萨姆鲍尔斯基之间周旋，即在意见不一致的教员之间周旋……最后，在位期间被迫在立宪理想和专制习俗之间周旋。"① 在这样的环境下成长，亚历山大一世习惯于掩饰自己内心的真实想法。赫尔岑称亚历山大一世为"皇位上的哈姆雷特"，到坟墓仍然是谜一样的人。

---

① 〔俄〕克柳切夫斯基：《俄国史教程》第 5 卷，刘祖熙等译，商务印书馆，2009，第 184 ~ 185 页。

　　亚历山大生于1777年12月12日，他的祖母叶卡捷琳娜二世将亚历山大的降生视为皇位继承人、她政策的继承者的诞生，有意取消其子保罗的皇位继承权。1779年保罗一世的第二个男孩康斯坦丁大公降生，使叶卡捷琳娜更坚定了这种想法。1796年保罗一世的第三个儿子尼古拉降生后，叶卡捷琳娜已经完全将他们的父亲即保罗大公排除在皇位继承人之外。导致叶卡捷琳娜做出这种决定的原因是保罗的个人品质，他不满意"永远的王储"地位，性格极端喜怒无常，排斥自己母亲的所有创新措施，有自己的一套世界观和政治观。叶卡捷琳娜二世认为，如果保罗实施他的政治观点，将全面颠覆她建立的新政根基。女皇深知，在培养皇位继承人和她的继承者方面，最重要的是培养他的世界观，她准备按当时哲学家的教育学规范，即按照理性思想和自然法则培养出一位开明君主。

　　亚历山大从童年起就被当成俄国皇位继承人培养，他对俄国政治和法律制度的观念在他接受教育的年代逐渐形成。他的祖母叶卡捷琳娜二世倾尽所能培养他的道德和政治品质，但他的这些品质的形成受到众多因素的影响，其中决定性的因素之一是皇室内部非常复杂的环境——叶卡捷琳娜二世与保罗一世之间的对立，其次是亚历山大一世参加了暗杀父皇的行动。

　　叶卡捷琳娜二世在亚历山大童年时就将其从父母身边带走，送到自己指定的教师那儿接受教育，以避免他受到父亲思想和观念的影响，使其成为她"开明专制"方针的称职继承人。亚历山大从小就不得不在统治者祖母和正式的皇位继承人父亲之间随机应变、曲意逢迎。在"哲学家女皇"叶卡捷琳娜二世和她的宫廷那里，他必须起到"哲学家亲王"的角色，赞同"开明女皇"的观点，表示愿意继承她的事业，而在父亲王储保罗和他的加特契纳庄园那里，他必须隐藏起自己对自由主义思想的热情，参加刻板的军事训练。亚历山大在两个迥然不同的宫廷之间周旋时，"必须靠两种思维方式度日，除保持家庭日常生活第三幅面孔，还必须保持两处隆重场面的两副面孔，即保持两套手段、感情和思想"。[1] 他掌握了平衡的艺术，

---

① 〔俄〕克柳切夫斯基：《俄国史教程》第5卷，刘祖熙等译，商务印书馆，2009，第184页。

先是在家庭生活中，然后是在政治生活中，隐藏自己的真实感情和思想，或许，在罗曼诺夫王朝的宝座上他在这方面的能力无人能及。正是这种很深的城府成为未来的沙皇 – 政治家的优势，使他在治理国家时能够在贵族保守派和改革派之间不断寻求政治平衡，一方面维持传统制度，一方面考虑到国家的现代化需求，一方面维护专制制度，一方面准备宪法草案。

叶卡捷琳娜二世为亚历山大选择了最优秀的教师队伍，她一直亲自制定教学规章，检查授课大纲。在亚历山大一世思想形成中起重要作用的是来自瑞士的青年律师 Φ. 拉阿尔普，他为亚历山大共和主义和立宪主义观点的形成打下了基础。拉阿尔普曾经在内塞尔曼神学院、日内瓦大学和普鲁士的图宾根大学学习，受过良好的欧洲教育，是热情的共和主义者、人文主义者和启蒙运动者，具有高尚的道德品质。他在 1782 年来到俄国，原为英国驻俄大使的子女担任家庭教师，后来由欧洲著名政论家、批评家和外交家格利姆举荐给叶卡捷琳娜二世。这个 33 岁有教养的青年如同一部见闻广博、能说会道的自由主义活教材，立刻引起了女皇的好感，被女皇任命为亚历山大一世的导师。

拉阿尔普教授亚历山大政治和法律知识，他的授课内容都是有关理性的力量、人类的幸福、国家起源契约论等方面的，但讲得最多的是关于人生而平等、专制主义荒唐有害、奴役制度卑鄙可憎等方面。拉阿尔普担任了大公 12 年（1783~1795）的教师，但他的教学未能全部完成。亚历山大在 1793 年 9 月结婚之后不能经常学习，一年之后拉阿尔普主动辞职，1795 年 5 月离开彼得堡。拉阿尔普对亚历山大一世的影响深远，以至不论是观察事务，还是倾听议论，甚至直觉反映，亚历山大都以拉阿尔普的意志为转移。后来他曾说过，"我的为人，可能，我全部的长处，都应该归功于拉阿尔普先生"。①

欧式教育使亚历山大接受了法国开明思想，为他自由主义和共和主义思想的形成奠定了基础，使他形成了反对农奴制和实行立宪制度的信念，

① 〔法〕亨利·特罗亚：《神秘沙皇——亚历山大一世》，迎晖、尚菲、长宇译，世界知识出版社，1984，第 9 页。

决定了他在担任沙皇初期的改革和立宪主义倾向。共和主义者拉阿尔普向他灌输的思想体系的一个有机组成部分，是有关人的个体自由是任何公正的社会制度的基础的思想。拉阿尔普在历史课上向王储传授这样的思想，即农民是社会上最纯真的、贡献最大的部分。他在回顾农民起义的历史时，总是站在起义者一方，解释说农民起义是由政府不明智的政策所引发的。他就一次罗马角斗士起义说道："动物所固有的本能使其会抵御攻击。蜜蜂会用自己的针刺向威胁到自己的手，蚂蚁会把践踏自己的脚后跟蜇伤。人凭什么权利可以肆无忌惮地压迫自己的同类，并要求他们毫无怨言地承受沉痛的苦难呢？为了不听到痛苦者的呼声和哭泣，残忍地钳住他们的嘴巴，这是最不理智的行为，会使人们陷入绝望，从而带来灾难性的后果。"①

少年时期接受的思想最为根深蒂固。亚历山大一世自少年时起就认为"权力世袭制是不公正和荒唐的法规，最高权力不应根据生辰的偶然现象，而应根据民族的意愿，因为它能够选举最可尊敬的人进行管理"。② 1790年他就向拉阿尔普保证，他将"使俄国的幸福建立在坚定的法律基础上"。他意识到，农奴制是俄国面临的主要政治问题。他在日记中写道："没有比买卖人口更为可耻、残酷的事情，应该颁布法令，永远禁止买卖人口。农奴制仍然存在，这是俄国的耻辱。我想，毋庸赘言，废止这种制度该是多么合乎人心。但是，话说回来，应该承认，这件事做起来十分困难和危险，尤其是假如操之过急的话。"③ 他希望在自己执政时采取初步措施取消农奴制，使"俄国甩掉这个一直披覆的耻辱的破旧衣衫"，"实现等级平等、消灭等级差别"。这里明显体现出1789年法国《人权宣言》的精神。1796年春天，当拉阿尔普已经远走，亚历山大向他最亲密的朋友恰尔托雷斯基承认，他痛恨在任何地方以任何形式表现出来的专制主义，他热爱自由，在他看来，自由应该平等地属于所有人。亚历山大一世1797年9月27日写给

---

① 〔俄〕谢·弗·米罗年科：《19世纪初俄国专制制度与改革》，许金秋译，社会科学文献出版社，2017，第71页。

② 〔俄〕克柳切夫斯基：《俄国史教程》第5卷，刘祖熙等译，商务印书馆，2009，第185页。

③ 张建华：《帝国风暴——大变革前夜的俄罗斯》，北京大学出版社，2016，第242页。

他导师拉阿尔普的信表明了他支持在俄国立宪，他在信中提到必须成立人民代表机构，实施自由的宪法，在这个愿望达成之后，他将功成身退，正如他在信中所强调的："当上帝赐我使俄国达到我所期望的安康以后，我要做的第一件事就是卸下管理国家的重负，到欧洲的某个偏僻角落，在那里安静地欣赏我为祖国所带来的福祉。"①

女皇死后由保罗登基。保罗一世刚愎自用、唯我独尊，即位之后全面颠覆了女皇的统治原则，他的所作所为引起普遍不满，使他成为众矢之的，人们渴盼能结束他的统治。1801 年 3 月，近卫军官策划并发动了俄国历史上最后一次宫廷政变，将保罗一世缢死，亚历山大被推为俄国沙皇。亚历山大一世知道这次政变计划，但并未阻止，实际上是参与了谋杀父亲的行动，这对他以后的生活和统治产生了影响。他在执政期间，害怕重蹈父亲的覆辙，向贵族让步，不敢根本改革国家制度，实现自己的立宪思想。

1801 年 3 月，亚历山大手中真正掌握了无限的权力，开始具有了实现他年轻时所接受的思想的可能性，他怀着拳拳之忱，发奋料理国事。他试图走向改革的道路，最为关心的是解放农民以及根本性改变国家政治制度问题，但最终他的这两项心愿都没有达成。

登基以后，亚历山大立即停止赏赐国家农民成为私人财产，明显控制了农奴制的进一步蔓延。但是，要再前进一步，将心中废除农奴制的想法转化为具体的改革方案，更别说是把改革方案付诸实践，绝非轻而易举的事情。他的具有自由主义思想的老师拉阿尔普，虽然抨击农奴制度，但并不主张在俄国废除农奴制。他在理论上狂热而激进，在行动上却极端谨慎小心。拉阿尔普根据切身经验警告亚历山大，农奴制的问题"在办公室里可轻而易举地解决，但在现实生活中将会举步维艰"。他建议沙皇的行动"要循序渐进，避免喧嚣和恐慌"，要求沙皇谨小慎微，在涉及农奴制之时，甚至要避免使用"自由"、"意志"和"解放"等语词。亚历山大采纳了拉阿尔普的建议，这与他习惯的思考方式非常吻合，即以秘密的方式解决至

① Ивановский В. Государственное право. Известия и ученые записки Казанского университета. По изданию №5 1895 года – №11 1896 года. // Allpravo. ru.

关重大的事务。在"亚历山大统治的美好开始"最初年代就确立了剥夺社会参与决定国家命运的原则。

沙皇与他在王储时期结识的志同道合的"青年朋友"组成的秘密委员会就农奴制问题反复磋商。虽然秘密委员会成员和沙皇本人在反对农奴制上立场一致，认识到农奴制阻碍国家的发展，意识到农奴制是社会矛盾对抗的主要源泉，感觉到农奴制对俄国来说是一种不堪忍受的道德耻辱，不过他们并不敢于立刻实行根本的改革。几经讨论之后，1803 年 2 月 20 日亚历山大一世颁布了"关于自由农民的法令"，规定农奴可以按照地主同农奴自愿达成的协议带着份地获得自由。最高政权密切关注着这个法令的实施进程，但是，事与愿违，地主从经济角度对解放他们占有的农奴，使用雇佣劳动进行资本主义式的经营不感兴趣。在亚历山大一世的整个统治时期，根据 1803 年 2 月 20 日法令解放的农民数量微不足道，总共只有 47153 个男性农民。[①] 接下来几年与法国的紧张关系分散了亚历山大一世对内政问题的关注。

1807 年与法国签订提尔西特条约之后，亚历山大重新回到内政改革上来，他把主要注意力集中在国家制度改革上。斯佩兰斯基在那个时候成为沙皇最亲密的顾问，他是农民解放的支持者，深信农奴制必然会崩溃。但是斯佩兰斯基认为，这一切的发生应该是系统性的政治改革的结果，所以在他制定的国家改革方案之中，没有提到取消农奴制的任何具体步骤。

在与拿破仑法国的战争结束后，从 1816 年起亚历山大一世又开始非常积极地寻找解决农民问题的方案。1816 年 5 月 23 日，亚历山大一世颁布了关于爱斯特兰[②]农民的新规章，正式取消了那里的农奴制，那里的农民获得了个人自由，但没有获得土地，土地完全转归地主所有。尽管在爱斯特兰废除农奴制的措施具有明显的局限性，但还是在俄国农民问题历史上开创了原则性的新阶段，1816 年规章是数世纪以来俄国历史的第一个法令，专

---

① 〔俄〕谢·弗·米罗年科：《19 世纪初俄国专制制度与改革》，许金秋译，社会科学文献出版社，2017，第 80 页。
② 爱斯特兰是爱沙尼亚北部地区的古称。

制政权不是深化或者扩大农奴制，而是相反，取消了农奴制，尽管只是在广袤的俄国领土的一部分地区。在 1816 年，专制政权第一次不是在口头上，而是在实际中，公开表明它准备在一定条件下采取解放农民的具体措施。

到 1819 年之前，沙皇继续实现他解放农民的进步思想：在波罗的海国家，继 1816 年爱斯特兰农民获得个人解放之后，1817 年库尔兰、1819 年里夫兰的农民获得了个人解放。1817 年末 1818 年初，沙皇同时委托几个著名的国务活动家制定在全国范围内取消农奴制的议案，他选择阿拉克切耶夫作为自己计划的执行者之一。阿拉克切耶夫成为农民解放方案的制定者是一个不同寻常的现象，这在某种程度上不符合俄国历史上对这个人的反动作用和地位的根深蒂固的看法。委任一个名字在同时代人眼中被看成反动象征的活动家来制定进步设想的实施方案，这种情形确实匪夷所思。但正是这种情形，证明亚历山大一世追求在实践中着手取消农奴制，并不是"与自由主义的逢场作戏"，不仅是希望赢得欧洲的好感，获得开明君主的名声，而且是一个非常明确的、有针对性的政策。亚历山大一世最为隐秘的意图的设计和实施往往都是委托给阿拉克切耶夫，如军屯制度。

亚历山大一世的举措表明政府打算在农民问题上采取实际步骤，广大贵族为此深感不安，反对情绪强烈。在当时与寡居的皇太后玛丽亚·费多罗芙娜关系密切并受到亚历山大一世欣赏的大公夫人 В. И. 土尔克斯坦诺娃的信件内容表现了当时反对改革的力量是多么强大："无论如何请相信，在爱沙尼亚人或是库尔兰人那儿发生的事，是不会触及特维尔人，也不会触及卡卢加人的，总的来说，在古老的俄罗斯帝国采取这样的措施还会是很遥远的事。可能，人们会非常愿意与时代接轨，但是也清楚地认识到，这件事仍然行不通，要让其成为现实，需要时间，大量的时间。"①

宫廷、高级官僚以及地方贵族圈子中笼罩的强烈反对情绪动摇了亚历山大一世改革的决心。他清楚地知道，无论他的权力多么大，如果在自己的社会环境中没有足够强大的基础，那么任何改革都不能进行。特别是在

---

① 〔俄〕谢·弗·米罗年科：《19 世纪初俄国专制制度与改革》，许金秋译，社会科学文献出版社，2017，第 130 页。

农奴解放的问题上，这样的社会基础几乎没有。同时，亚历山大也永远不会忘记自己父亲的悲惨命运。反对统治阶层的意志，只会导致意外状况的发生。他从启蒙运动的抽象哲学思想中汲取的信仰本身，远不足以应对这一切。

亚历山大心中的另一个愿望是在俄国进行宪政改革。1815 年，亚历山大一世赐予波兰宪法，他在波兰议会开幕式上的讲话指出，他把这看成俄国立宪道路的第一步，在他的设想中，1815 年波兰宪章只是一个前奏，一个庞大计划的第一幕。亚历山大面向国会议员，事实上，是面向整个俄国说道："你们赐予我一个机遇，向我的祖国展示我已经为她筹谋多年的一切，当如此重要事务的各方面条件达到适当的成熟度后，我们的祖国也会享有这一切。"① 关于亚历山大发出这样讲话的真实意图，有些人认为亚历山大一世对俄国宪法的渴望毋庸置疑，有些人则认为这是一种政治游戏。很难说哪些看法更接近真理，但事实是沙皇做了这种演讲，俄国报纸进行了转载。

这个演讲使保守主义力量惊慌失措，他们透过这个演讲依稀看见的不仅有宪法，而且有废除农奴制、地主的破产，等等。圣彼得堡高官和上层贵族以及外省中小地主都对此反应强烈，他们强烈反对沙皇行动中的立宪方向，表示不满波兰宪法，不赞同在波罗的海省份废除农奴制，非常担心这些举措会向俄国其他地区蔓延。1818 年，在华沙讲话后，亚历山大一世在俄国旅行，他自己也感受到了这样的情绪，这迫使沙皇重新考虑进一步的行动，但他仍然继续秘密在俄国制定宪法，把这项工作委托给在波兰的诺沃西里采夫负责。制定成文的宪法名称为《俄罗斯帝国国家法定文书》，这份宪法文件规定了分权制度，设立议会，所有公民在法律面前平等，实行联邦制度，这将在很大程度上促进国家政体的现代化。

据俄国史学家米罗年科研究，在起草宪法方案《俄罗斯帝国国家法定文书》的同时，诺沃西里采夫还起草了《文书实施方案（试行）》，它实际

---

① 〔俄〕谢·弗·米罗年科：《19 世纪初俄国专制制度与改革》，许金秋译，社会科学文献出版社，2017，第 172 页。

上是一份宣言，宣称皇帝赐予"善良和忠诚的臣民"以宪法，这表明在
1820年亚历山大一世确实离在俄国实际贯彻宪法只有一步之遥。但是所有
事情都没有发生，无论是宪法方案，还是其他相关文件，从来未被皇帝公
布于众。亚历山大一世放弃改变政治制度以及解放农民理想的主要原因是
绝大多数贵族的对抗。沙皇公开宣布立宪前景或者是讨论农奴制问题之时，
总是遇到强大的阻力。最高官僚会立刻捕捉到微乎其微的变革危险，成为
变革路上的一堵高墙。

　　亚历山大一世登上皇位之初，真诚地宣传自由主义思想，可以说他是
俄国皇位上第一个自由主义者。但亚历山大一世的自由主义是不连贯的，
不是在其统治的所有时期都贯彻的。亚历山大一世的世界观具有明显的矛
盾性，他是一个"半君主主义、半共和主义者"，他既意识到国家制度改革
的必要性，同时又受到保守贵族的影响。亚历山大一世在其统治的20多年
间立场并不稳定，他的政策是他对国家管理的改革思想和政治上谨慎态度
的复杂的混合体。亚历山大一世统治时期按照他思想的变化可以分成三个
阶段，第一阶段是自由主义改革时期，第一阶段和第二阶段之间的界限在
1812年，这一年俄国自由主义巨擘斯佩兰斯基辞职，之后开始了保守主义
和自由主义斗争与平衡的时期，第三个阶段大致为1820～1825年，是亚历
山大二世决定性地转向保守主义时期。

第二节　自由主义和保守主义政治官僚

　　朝廷政治力量的分布和高级官僚的构成对国家政治方针的制定与贯彻
起着重要作用。亚历山大一世统治初期，在保罗一世残酷统治后"政治解
冻"的条件下，朝廷表现出明显的政治积极性，对未来国家发展道路完全
相反的两种观点——自由主义和保守主义思想针锋相对。亚历山大一世新
王朝之初的官僚团体通常也划分成两派：一派是所谓沙皇的"青年朋友"，
即亚历山大一世为王储期间结识的一群志同道合者，包括Н. Н. 诺沃西里采
夫、П. А. 斯特罗加诺夫、А. А. 恰尔托雷斯基、В. П. 科楚别伊，代表了年
轻沙皇公开的自由主义方针；另一派是"叶卡捷琳娜时期的老臣"，其代表

是 Д. 特罗辛斯基、H. 鲁米扬采夫、Г. 杰尔扎温、П. 扎瓦多夫斯基等，他们多数是保罗一世时期被贬谪的高级官僚，在亚历山大一世时期重返职位，是公开的传统主义 - 保守主义者。

沙皇的"青年朋友"大都思想先进、文化素养高，接受西方人文主义思想，希望为祖国造福。诺沃西里采夫公爵出身于彼得堡贵族家庭，睿智聪明、学识渊博，曾经作为俄国驻法国大使被派往巴黎，对法国大革命精神有很深的了解，主张实施君主立宪政体。斯特罗加诺夫在法国接受教育，公开宣扬西方自由思想。法国革命期间他在巴黎参加了当时的民族会议，是雅各宾俱乐部成员。恰尔托雷斯基是波兰公爵，他在波兰工作中积累了丰富的政治经验，也在英国研究过那里的国家体制和法律制度。科楚别伊也在国外受过良好教育，先是在日内瓦，后是在伦敦学习政治学。他们经常与年轻的王储讨论俄国政治法律制度改革问题，后来成为沙皇周围自由主义改革阵营的核心，在亚历山大一世执政初期组成了制订国家管理改革计划的核心机构——秘密委员会（Негласный комитет）。秘密委员会是非官方的机构，没有正式组织，其成员在亚历山大一世冬宫的房间内开会。尽管秘密委员会的会议没有正式形式，讨论本身也缺乏体系和连续性，但秘密委员会对于俄国来说有着无可争议的重大作用，正是在这里讨论了 19 世纪初政府的多项改革措施，制订了政府最初的行政计划，包括国家机构改革方案及贯彻这些改革的措施。

亚历山大一世重新起用"叶卡捷琳娜时期的老臣"，这在一定程度上象征着国家要恢复叶卡捷琳娜时期的政治方向。但这个团体年事已高，观念保守陈旧，他们对前面提到的年轻活动家持敌视态度，从捍卫旧观念的保守主义者希什科夫下面的一番话中可见一斑："亚历山大一世的亲信们，既无经验又无见识，他们谴责俄国所有旧的规章、法律和秩序，认为这些都是陈旧的、不合时宜的。歪曲与变形的自由和平等思想开始在年轻的沙皇心中生根。非常不幸，沙皇有一个法国化的老师拉阿尔普，为他灌输了这些思想。沙皇所挑选的这些与其志同道合的亲信，蔑视官阶和勋章，认为不用任何功勋，仅凭沙皇的眷顾即可成为国家立法者，成为达官显贵，成为统帅，目空一切。"① 这些叶卡捷琳娜时期的老臣更熟悉行政管理事务，只不过思想过于保守，不能像青年活动家那样赢得沙皇的好感。但以卡拉姆津、希什科夫和杰尔扎温等为首的保守团体在社会上受到普遍支持，严重影响了进步势力的活动。

亚历山大一世统治初期，直至"斯佩兰斯基时代"，"青年朋友"和"叶卡捷琳娜时期的老臣"这两个团体一直是沙皇在准备和贯彻国家改革方案过程中的主要谋士。这两个团体均在新成立的中央机构担任领导职位。

"青年朋友"担任的职务表明了他们在贯彻国家政策中的关键作用。诺沃西里采夫是沙皇的"执行特别任务"官员，研究第一批国家自由主义改革方案，管理正教公会，先后担任彼得堡学区督学、帝国科学院主席、司法副大臣、法律编纂委员会主席，曾经负责一系列外交事务。斯特罗加诺夫担任内务副大臣、参政员。恰尔托雷斯基任外交副大臣、犹太人公用事业委员会委员、维尔诺学区督学，在 1804～1806 年领导外交部。科楚别伊担任参政员、外交委员会副主席、新俄罗斯和阿斯特拉罕教育委员会成员，后来担任内务大臣、犹太人公用事业委员会委员、里夫兰和爱斯特兰农民规章编纂委员会主席等职务。"青年朋友"被杰尔扎温和他的团体称为"雅各宾团伙"。

"叶卡捷琳娜时期的老臣"在职位上也不比"青年朋友"低。特罗辛斯基是 1801 年沙皇登基时最亲近的大臣之一，由他起草了沙皇登基诏书和初期的一些法令。鲁米扬采夫先领导商业部，后领导外交部。杰尔扎温在 1802～1803 年任司法大臣，扎瓦多夫斯基任法律编纂委员会主席，在 1801～1810 年任国民教育大臣。

国家机构政治力量的这种布局使亚历山大一世统治初期在寻找政治和法律制度改革道路的同时，治疗了社会对"叶卡捷琳娜制度"的留恋症。

这时候，斯佩兰斯基已经在政治舞台上崭露头角。斯佩兰斯基是 19 世纪上半期俄国著名的改革家和国务活动家。他出身寒微，凭借着出众的天

---

① Ивановский В. Государственное право. Известия и ученые записки Казанского университета. По изданию №5 1895 года – №11. 1896 года. // Allpravo. ru.

赋和个人的拼搏，展现出超群的工作能力和远见卓识，赢得了沙皇的重视，最终成为沙皇改革的主要助手，被沙皇委以拟订国家改革计划的重任。斯佩兰斯基博览欧洲各国政治文献，尤其是法国启蒙思想家的著作。他对拿破仑非常崇拜。在他看来，这位《法国民法典》的作者，对国家进行了改组并且创造了一种无可匹敌的治理制度。① 因此，他力图以法国为榜样，对俄国的政治体制进行根本的改革，被后人称为"俄国自由主义之父"。

斯佩兰斯基跻身宫廷是俄国高级官僚形成规则中的一个特例。他的命运十分曲折，博格丹诺维奇对他的个性做了形象而准确的描述："一个乡村牧师之子，只受过十分片面的教育，但他由于自身的追求和命运的眷顾登上了要求全面知识的国家事务舞台，他在这个陌生的舞台上孜孜不倦地学习他所欠缺的知识，掌握了一个国务活动家所必备的所有知识。他只身拼搏，没有雄厚的财产和广泛的人际关系，只能时刻寻求国家掌权人的支持，他通过不断自我完善，天赋得以充分展现，起草了一些非常重大的国家改革方案。但当他凭借出众的天赋成为沙皇的主要助手，不再需要庇护人以后，又开始面临所有嫉妒他高升者的斗争，他们将他视为幸运的钻营者。"②

斯佩兰斯基于 1772 年出生在弗拉基米尔省切尔库丁诺村，父亲是乡村牧师。他在 12 岁左右的时候，离开家乡前往位于省会城市的弗拉基米尔神学院求学，很快就成为这个学院最杰出的学生。1788 年，政府在首都圣彼得堡郊外的亚历山大·涅夫斯基建立了一个高级神学院，从全国选择学生，每个教区修道院选派两个最有前途的毕业生，斯佩兰斯基成为弗拉基米尔神学院的不二人选。斯佩兰斯基在亚历山大·涅夫斯基神学院中同样也很快脱颖而出，被留校任教，教授数学、物理和修辞学课程。1795 年，斯佩兰斯基晋升为哲学导师和教务长。如果他真想拥抱学术的话，辉煌的学术大门正在为他的才华所敞开。但 1796 年的一个意外事件改变了斯佩兰斯基的人生方向。

---

① 赵士国：《历史的选择与选择的历史》，人民出版社，2006，第 32 页。

② Ивановский В. Государственное право. Известия и ученые записки Казанского университета. По изданию №5 1895 года – №11. 1896 года. // Allpravo. ru.

当时的库拉金公爵需要一个处理他私人信件的文秘，他的一些朋友告诉他从亚历山大·涅夫斯基神学院的老师和学生中可能找到合适人选。于是公爵派他的管家询问神学院的校长是否可以找到这样一个年轻人，校长推荐了斯佩兰斯基。斯佩兰斯基出色地完成了库拉金公爵的测试。公爵要求他写一些信件，只是简单地向他陈述了对信件内容的要求。两天之后，当库拉金公爵发现所有信件已经放在办公桌上，内容完美、措辞优雅，只需签字时，他大为欣赏，认为斯佩兰斯基会成为最好的行政秘书，当场录用了斯佩兰斯基，并且让他几天后就搬进库拉金公爵的府邸。

库拉金公爵在官升至总检察官后，又将斯佩兰斯基引入宫廷之中，库拉金公爵的赏识和斯佩兰斯基本人出色的才华，使他在官僚阶层迅速崛起。1797 年他成为总检察官办公厅的八等文官，一年之后即升为六等文官。

亚历山大一世登基时斯佩兰斯基任总检察官办公厅长。他与叶卡捷琳娜时期的重要官员特罗辛斯基关系密切，特罗辛斯基担任常设会议主席后，斯佩兰斯基成为其下属的御前大臣。1802 年建立部体制时，很多有关的文件草案都由斯佩兰斯基制定。科楚别伊被任命为内务大臣后，立刻要求调斯佩兰斯基做助手。实际上是斯佩兰斯基组建了内务部，斯佩兰斯基在这里的工作引起了沙皇的注意。

1803 年，科楚别伊向亚历山大一世推荐了斯佩兰斯基，亚历山大一世通过科楚别伊委派斯佩兰斯基制定国家机构改革方案。斯佩兰斯基完成了沙皇的重托，编写了《关于俄国司法和政府机构制度的报告》。1806 年下半年，科楚别伊因疾病原因，委托自己最亲密的助手斯佩兰斯基向沙皇提交关于内务部的报告。与斯佩兰斯基的第一次会面给沙皇留下了深刻的印象，沙皇非常欣赏他出众的口才和严密的思维。很快，他们之间由普通的工作汇报变成经常性的讨论社会和国家生活改革问题。

1806 年 10 月 19 日，斯佩兰斯基成为沙皇的个人秘书。这时，朝廷的政治精英构成发生了变化。亚历山大一世与其以前朋友的关系逐渐冷淡。斯佩兰斯基调到沙皇身边工作不久，科楚别伊就辞去了内务大臣的职务，沙皇不再对他的思想感兴趣。斯特罗加诺夫去了军队，恰尔托雷斯基只保留了外交副大臣的职务。斯佩兰斯基在国内政治舞台上的崛起符合亚历山大一世的需要。斯佩兰斯基工作能力超群，拥有远见卓识，擅长与各色人等周旋，这正是亚历山大一世所需要的。斯佩兰斯基很快在国务管理领域获得一人之下、万人之上的地位，成为沙皇的左膀右臂。斯佩兰斯基的飞黄腾达绝非俄国常见的裙带关系的产物。

1808 年亚历山大一世第二次会晤拿破仑，曾携斯佩兰斯基同行于爱尔福特，斯佩兰斯基给拿破仑留下了深刻的印象，被拿破仑称为"俄国唯一一头脑清醒的人"。拿破仑曾经开玩笑说要用一个王国来换取斯佩兰斯基为他效力。斯佩兰斯基通过令人惊叹的工作能力来表现他的不可或缺，他总是时刻准备着完成任何任务。斯佩兰斯基参与了亚历山大一世统治前期各项重大改革，他的自由主义思想也体现在亚历山大一世时期进行的政府体制改革当中，但是他的自由主义的精神早在他进入政府部门工作前就形成了。

斯佩兰斯基在亚历山大·涅夫斯基神学院的学习时光没有虚度，他在此获得了丰富的知识，扩大了知识视野。除了传统的学院课程如形而上学、哲学、护教学、宗教文学、历史学等，他对自然科学也展现出浓厚的兴趣，他不仅对于现代科学的经典奠基人牛顿、莱布尼茨、欧拉等非常熟悉，也追踪西方最新成就，如富兰克林、普莱斯利和拉瓦锡的新发现，相比于同时代受过良好教育的其他人，斯佩兰斯基对自然科学较为深入的研究似乎也对其政治理论中的理性思考颇有助益。他学习法语，阅读伏尔泰、狄德罗、笛卡儿、洛克、莱布尼茨、尼康和孔狄亚克等人的著作，吸收了启蒙运动时期主要作家的思想。

沙皇委托斯佩兰斯基起草国家机构的改革方案，斯佩兰斯基为此付出了大量精力，出于他笔下的改革方案充分体现了他的自由主义思想。1809年，斯佩兰斯基完成了《国家法典导言》，正式提出了国家机构改革方案。斯佩兰斯基设计的国家机构实际上是一个具有议会性质的君主立宪政体。俄国的地方和中央机构都根据"分权原则"——立法权、执行权和司法权分开的原则建立，俄国将由一个专制制度的国家变成一个三权分立的二元制君主立宪政体的国家。

1810~1811 年间俄国所有重大改革都与斯佩兰斯基的名字紧密相连，如成立国务会议、改革部体制等，他还在提高官员的职业水平、建立皇村贵族学校、编纂法典等方面起到了重要的作用。

斯佩兰斯基的改革活动引起了保守力量的反对。执政阶层普遍激烈反对斯佩兰斯基的改革方案，他们开始制造谣言，说他组织了某个"秘密委员会"干涉俄国事务，说他曾经参加共济会，说他提交到国务会议的民法典草案是照搬"拿破仑法典"。1812 年 3 月更是传出斯佩兰斯基背叛祖国的流言。斯佩兰斯基感觉到了迫切的威胁，在 1811 年 2 月就要求沙皇只保留他法律编纂委员会领导的职务，解除其他职务，使之可以集中全部精力将法律系统化。

在执政阶层的强大压力下，亚历山大一世被迫让步：他的祖父彼得三世和父亲保罗一世都因贵族的不满而失去皇位和生命，这对亚历山大一世来说是深刻的教训，告诫他不能忽视贵族的力量；亚历山大一世对重复其祖父和父亲的命运的恐惧占了上风。他决定不通过法院调查和审判直接将斯佩兰斯基流放到下诺夫哥罗德，然后流放到彼尔姆。

沙皇在重用斯佩兰斯基的同时，宠信 A. A. 阿拉克切耶夫伯爵。阿拉克切耶夫是继斯佩兰斯基后亚历山大一世时期的又一位重要人物，也是研究亚历山大一世统治后期不可略过的一个人物。普希金在一次同斯佩兰斯基交谈时说："您（斯佩兰斯基）和阿拉克切耶夫分别站在这个王朝对立大门的两端，一位象征着天使，一位象征着恶魔。"

阿拉克切耶夫 1769 年出生于一个没落贵族家庭，在那个时代，没有学校和教科书，通常是由乡村绅士和牧师来担任教师的角色，有权势的家庭更倾向于为自己的孩子雇佣家庭教师。阿拉克切耶夫因为家境贫穷，接受的教育极其不完善，他经常讽刺地称自己是"一位知识匮乏的贵族"，他不喜欢与学识渊博的人打交道。但是阿拉克切耶夫却极其喜欢算数，他最喜欢的一项娱乐活动便是进行巨额的乘法运算。1783 年阿拉克切耶夫进入彼得堡炮兵和工程兵武备学校，迈开了他职业生涯的第一步。在学校中阿拉克切耶夫的数学运算能力得到了高度的关注和认可，短短时间内他就成为军官。1791 年 7 月阿拉克切耶夫担任当时著名的朝臣萨尔蒂科夫伯爵的助教，其军事能力得到了萨尔蒂科夫的认可。1792 年 9 月萨尔蒂科夫将阿拉克切耶夫推荐给王储保罗，阿拉克切耶夫的事业大门由此打开。

1784 年，叶卡捷琳娜二世将加特契纳交给王储保罗管理，保罗开始了对加特契纳地区的重建，将其打造成了一个模拟王国。最让他感兴趣的便是小型军队的创建，他指挥这些军队进行实验性的军事演习，为以后适用于俄国军队做准备。阿拉克切耶夫由于其军事天赋很快便获得了这位反复无常的上级的喜爱。他很快便晋升成上尉，并获得了和保罗大公共进午餐的特权。1792 年保罗任命他为加特契纳炮兵总监和步兵总监，1795 年任命他为"加特契纳总督"。1795 年底，他编写并出版了一套精细的培训方案，这套方案在俄国炮兵的训练中使用了很多年。阿拉克切耶夫生活节俭、个性残忍，但其性格的典型特点是忠于主人，他对待保罗极其忠诚，获得了保罗的信任，被保罗视为最忠实的随从，保罗一世称赞他"在俄国是不可多得的操练大师"，并委派他担任皇太子亚历山大一世的军事训练师。[①]

叶卡捷琳娜二世去世后保罗继承皇位，阿拉克切耶夫被任命为彼得堡城防司令官，又被提升为少将，并授予勋章。他在冬宫拥有了自己的房间，并且获得了格鲁奇诺领地。这一年，阿拉克切耶夫 28 岁，沙皇的权杖使他一夜之间由一位贫穷的无名上校转变成了一位富有的地主、少将甚至沙皇的密友。担任城防司令官期间，他以极其残暴的手段整顿军队，很快便臭名昭著。由于官兵们的反抗，1798 年和 1799 年阿拉克切耶夫两次被迫辞职。

1801 年宫廷政变后继位的亚历山大一世初期推行的政策带有很明显的自由主义色彩，国家内政外交也都发生了巨大的变化。1803 年不断恶化的国际局势使亚历山大一世期望的和平生活被打破，拿破仑的威胁使他意识到俄国迫切需要一支机动高效的军队，于是他将目光转向了曾经的朋友——阿拉克切耶夫。

亚历山大一世和阿拉克切耶夫初次见面是在其父亲保罗的加特契那庄园。亚历山大在参加保罗组织的军事训练活动时认识了阿拉克切耶夫这位忠实的奴仆和密友。阿拉克切耶夫从保罗一世的宫廷辞职之后，就一直待在自己的领地。1803 年亚历山大一世恢复了他炮兵总监的职务，并责成他

---

① 张建华：《帝国风暴——大变革前夜的俄罗斯》，北京大学出版社，2016，第 204 页。

进行炮兵改革。阿拉克切耶夫重返彼得堡。他在炮兵组织和装备方面采取了一些措施,加强了炮兵部队的力量。

提尔西特战役之后,亚历山大意识到俄国军队需要重组和加强,以确保能够与法国进行对抗。在前一任陆军大臣因供应丑闻而被解雇后,由于阿拉克切耶夫军事方面的杰出表现,1808 年他被任命为新一任陆军大臣,在沙皇这个强大后盾的支持下重整军威。在 1808~1809 年俄国对瑞典的战争中,他亲自率兵跨过冰冻的芬兰湾进攻奥兰群岛,迫使瑞典把芬兰割给俄国。在 1812 年卫国战争期间,阿拉克切耶夫曾经担任沙皇亚历山大一世的军事顾问,为战争出谋划策,负责监察新兵招募和军队物资管理、处理战争来往信件,其训练的炮兵部队在战争中发挥了非常重要的作用。他曾自豪地说:"所有的对法作战都经过我的手,所有的秘密证据、报告和皇帝手写的命令也是这样。"[1] 卫国战争后,亚历山大一世对阿拉克切耶夫完全信任,阿拉克切耶夫也对沙皇赤胆忠心,他甚至接受了沙皇委托编写解放农民的方案的任务。为了沙皇,阿拉克切耶夫能够担任任何角色。

斯佩兰斯基被流放之后,阿拉克切耶夫成为俄国官僚等级金字塔中的第一人,这一过程也体现了沙皇本人的政治主张从自由向保守转变的特点。粉碎拿破仑的战争,要求亚历山大殚精竭虑,战争似乎使亚历山大灵魂中某根重要的琴弦折断,他在身体上和精神上都疲惫不堪,给人的感觉是沙皇已经没有精力处理国务。亚历山大自己只负责外交事务,内政完全委托给阿拉克切耶夫处理,他在这方面得心应手,权倾朝野,他领导大臣委员会,完全控制了中央国家管理机构。大臣们被剥夺了向沙皇报告的权利,阿拉克切耶夫成了沙皇身边关于大臣委员会事务的唯一报告人。许多大臣只有通过阿拉克切耶夫才能够见到沙皇。在外国人眼中,他是沙俄的宰相;在俄国人眼中,他的地位仅次于沙皇;在所有人眼中,他就是独裁者的象征。

阿拉克切耶夫整顿军队,推行政治反动统治,进行教育文化压迫,建立了受人民痛恨的军屯制。军屯制严重阻碍了社会发展,使俄国笼罩在黑

---

[1]　张建华:《帝国风暴——大变革前夜的俄罗斯》,北京大学出版社,2016,第 205 页。

暗之中。从 1815 年起，俄国进入了"阿拉克切耶夫暴政"时期。现在已无从可知，到底是亚历山大一世的转变导致了阿拉克切耶夫的反动，还是阿拉克切耶夫的反动加剧了亚历山大一世的专制，但是我们可以确定的是，阿拉克切耶夫在亚历山大一世后期的专制统治中扮演了非常重要的角色。俄国著名思想家别尔嘉耶夫说："亚历山大一世在位的前一半时间的特点是爱好自由和致力于改革。但是专制制度的帝王在这个时期已经不能信守不渝地实现自己青年时代的意图，这在心理状态上是不可能的。专制的本能，在自由运动面前的恐惧，使亚历山大把俄罗斯交给阿拉克切耶夫，实行既可怕又疯狂的军警暴虐统治。"①

历史上对阿拉克切耶夫的评价比较一致——极其残忍和暴虐。一些农民把他称作食人者、蛇妖等。历史学家对他的评价也不高，把他视为一个暴虐残忍、一无是处的宠臣。但也有人认为，对于阿拉克切耶夫的上述评论过于武断，导致阿拉克切耶夫各种暴虐行为的主要是亚历山大一世的双面性，阿拉克切耶夫对亚历山大的影响一直很大，而且逐年加强。但是，沙皇的这个"亲密朋友"从来没有成为决定俄罗斯帝国生活的独裁政治领袖的角色。几十年之内阿拉克切耶夫与亚历山大一世之间关系的模式是，他是最高庇护者命令的绝对服从者。难怪，在他从君主手中感恩戴德地接受伯爵封号之时，他为自己的徽章选择了这样的座右铭——"披肝沥胆尽忠心"。他对沙皇的绝对忠诚是亚历山大一世对其重用的最主要原因。

第三节　宪政改革计划和国家机构改革

亚历山大一世在即位之初就开始了自由主义改革的尝试，他改革的决心非常坚定，命令将"法律"一词刻在庆祝他登基发行的纪念章上。他希望对帝国政权的大厦进行改建，建立合法的自由机构，1802 年建立部体制取代委员会，改组参政院，确立了参政院最高监督机构的地位，成立大臣委员会，协调大臣们的工作。1810 年成立立法咨议机构国务会议。他统治

---

① 〔俄〕别尔嘉耶夫：《俄罗斯思想》，雷永生、邱守娟译，三联书店，2004，第 20 页。

期间的国家机构改革取得显著成效，这些改革在接下来的很多年决定了俄国国家管理制度的基本面貌和特征。

这些改革应该在 19 世纪初国家改革整体计划的框架下来理解。斯佩兰斯基 1809 年在亚历山大一世授意下完成了著名的国家改革方案——《国家法典导言》，这在当时的俄国是一个非常激进的方案。这个改革计划是斯佩兰斯基和亚历山大一世两个人共同的作品，后来，斯佩兰斯基在被贬谪流放彼尔姆后给亚历山大一世写道："1808 年末，在负责管理各种事务之后，沙皇陛下开始使我关注最高管理层问题，让我了解陛下的思想方式，让我看陛下以前收到的各种奏章，陛下经常整夜与我一起阅读各种相关文献。通过与陛下的无数次探讨、思考，终于形成了一个整体的方案。国家全面改革方案由此产生。"①

斯佩兰斯基在《国家法典导言》中用专门一章"关于国家法典的思考"介绍了根本改革国家制度的必要性，阐述了推动最高政权改革的原因，表明当时的俄国执政上层已经深刻地意识到改革的必要性。斯佩兰斯基研究了世界历史，特别是欧洲历史，从中寻找由一种管理制度向另一种管理制度转变的规律，最后得出结论，"时代是决定所有政治变革的首要因素"。他写道："任何不符合时代精神的政府都难以存在。"欧洲政治生活发展的整体趋势是"从封建管理转向共和管理"，任何人都不能对抗这个不可逆转的进程，"专制制度保住自己权力的任何努力都是徒劳无功的，抗拒时代的精神只能引发激情，爆发冲突，却不能阻挡这种转变"。②

斯佩兰斯基认为，"俄国的历史也正在经历这个进程"。俄国与欧洲沿着同一轨迹前进，必须及时进行资本主义改革。他分析了俄国现状，指出人民普遍存在不满情绪，希望建立一种新的秩序。目前的管理制度已经不符合社会精神，改革这个制度、建立新制度的时代已经到来。这个新制度从实质上讲就是限制专制政权，在俄国建立资产阶级君主制。

---

① 〔俄〕谢·弗·米罗年科：《19 世纪初俄国专制制度与改革》，许金秋译，社会科学文献出版社，2017，第 29 页。
② 〔俄〕谢·弗·米罗年科：《19 世纪初俄国专制制度与改革》，许金秋译，社会科学文献出版社，2017，第 30 页。

斯佩兰斯基的改革计划涉及国家体制的各个方面，改革计划的最终目的是确立资本主义制度的三权分立原则。立法权归国家杜马，杜马代表由选举产生，可以代表人民的声音自由发言，制定相应的法律法规。执行权力属于政府，为防止政府忽视和违反法律，规定政府向立法机构负责，接受立法机构的检查。司法权属于各级司法机构，司法机构由自由选举产生，最高司法机构是参政院。在斯佩兰斯基的方案中，沙皇保留了管理国家的权力，他有立法动议权，以及确认新法律的权力。然而沙皇的权力明显受到新成立的选举机构的限制：颁布法律时不能绕过国家杜马，不能干预司法。但在现实生活中，斯佩兰斯基的庞大改革计划并没有实现，只有一些彼此之间没有联系的局部方案得以实施，绝大多数都成了一纸空文。

一 建立部体制

亚历山大一世即位后不久，1802 年就取消了以前的委员会管理体制，建立了部管理体制。部管理体制的建立是俄国国家管理史上的一个重要事件。部体制在俄罗斯帝国繁荣时期产生，历经帝国的衰落和灭亡，以及三次俄国革命和国民战争，成为苏联管理机构的重要组成部分，一直平安地保持到 21 世纪初俄罗斯联邦时期。这一令人惊异的事实本身就足以引起人们对这一管理体制的关注。

亚历山大一世建立部体制受到外国的影响。有些影响是间接的，如沙皇的青年朋友们在国外受到的教育必然体现在他们的行动中；有些影响是直接的，如亚历山大一世重视英国思想家边沁，就很多重要的国务问题征求他的意见。法国对俄国的影响最大。法国根据 1799 年宪法成功建立部体制，官僚等级分明、分工明确、办公高效。法国对俄国产生影响始于提尔西特条约的签订，爱尔福特会面之后法国对俄国的影响已经非常明显。

但促使亚历山大一世进行国家管理机构改革的最主要因素，是当时国家和社会生活的现状。保罗一世留下的国家管理制度一片混乱：中央各管理领域缺乏协调机制，各行政机构冲突不断；文牍主义严重、工作效率低下；官员滥用职权，特别是贪污受贿现象普遍。部体制改革最积极的支持者之一科楚别伊准确地指出，"随着时间的推移，社会生活的进步，人民财富的增加，要求政府扩大管理，进一步明确每一管理领域的权限和活动方式，以前管理中的缺陷突然集中地显现出来"。① 改革势在必行。

任何重要的改革都需要谨慎对待，最高中央管理制度的全面改革也不例外。如果说 19 世纪初俄国这场改革的设计者沙皇的任务是对改革进行规划和领导，那么改革方案的贯彻力度及其与生活需要的适应程度，则取决于他周围的人，因此亚历山大一世所进行的中央机构改革能否成功，在很大程度上取决于沙皇周围人的思想、智慧、道德品质和政治观点。亚历山大一世统治初期的改革依靠他的青年朋友圈子，后期则依靠斯佩兰斯基。他们都年轻，受过良好的教育，熟悉西欧国家制度和社会生活，充满热情，美中不足的是他们多为理论家，而非实干家，他们希望通过各种改革实现俄国的安康，但并不了解国家的现实。叶卡捷琳娜二世时期的老臣维护旧制度，反对改革，他们在社会上得到支持，严重影响了进步势力的活动，但他们主要反对政府的立宪计划，并未特别攻击中央管理机构改革计划。

亚历山大一世登基后，他的"青年朋友"成为他在国家改革事务上最初的助手和谋士，他们组成"秘密委员会"，讨论改革计划。恰尔托雷斯基、诺沃西里采夫、科楚别伊等人都提出了自己的改革方案。沙皇赞同他们有关建立部体制的想法，如将执行权力在一些大臣中分配，实行大臣个人责任制，由参政院监督大臣的活动，大臣向参政院提交工作报告，同时成立一个独特的政府——大臣委员会，讨论最重要的、涉及几个部的问题，并将决定提交沙皇裁决等方案，但反对立刻取消以前的委员会机构，按法国模式成立大臣办公室，他认为这种措施过于激进，提出"不能立刻取消这个旧制度，应该先让委员会隶属各部，然后，当经验表明这些机构已无益处时，再取消它们"。② 这体现了沙皇谨慎的个性，也预先注定了 1802 年部体制改革的不彻底性。

1802 年 9 月 8 日亚历山大一世颁布《关于建立部体制》诏书，标志着

① Ерошкин Н. П. Российское самодержавие. М., 2006. С. 223.
② Ерошкин Н. П. Российское самодержавие. М., 2006. С. 225.

中央国家机构改革的开始。诏书指出，建立部体制的目的在于为俄国人民谋求最大的幸福。使人民幸福的手段不是根治而是预防所有弊病。预防的主要手段是建立部体制。"政府只有采取挽救措施，不仅纠正那些已经带来不良后果的弊病，而且杜绝这些弊病的源头，防止所有可能破坏社会和个人安定因素的出现，理智、热情、有效地建立起完善的制度，并遵守这些制度，增加财富，使帝国更加强盛和壮大，使人民过上持续的、稳定的幸福生活。""古代和现代的众多例子使我们深信，国家管理的手段越适合，国家的政治机体越合理、稳定和完善，人民就越满意和幸福。我们遵循这个规律和我们心灵的授意，遵循俄国伟大的改革家彼得一世理智思想的传统，为此我们认为比较合理的是，根据国家事务之间的有机关系将其分成各个领域，委托给我们挑选的大臣，为他们制定严格的工作规章，我们期待着他们为了人民共同的福利忠诚、敬业、勤劳地工作。"①

根据 1802 年的法律，共建立了 8 个部：陆军、海军、外交、司法、内务、财政、商业和国民教育部。部由大臣领导，大臣由沙皇任免，对沙皇负责，每年向参政院提交工作报告。1802 年建立部体制的法令有很多缺陷，对各部的职能权限、组织结构和文牍制度，各部和大臣在国家管理体系中的地位，部与参政院和其他中央管理机构的关系等问题都没有明确规定，各管理领域之间的界限也非常模糊。该法令的这些不足，一方面是由于这是新生事物难以避免存在缺陷，另一方面是由于年轻的政府渴望尽快进行改革，建立新的管理形式根治原有的弊病，有些急于求成。俄国官员中这个制度的支持者和反对者都对当时的部体制提出了批评。但部体制在建立初期存在的这些缺陷在其发展的第二个阶段有了明显改善。这个发展阶段与斯佩兰斯基紧密相关。

按照斯佩兰斯基的计划，新的部体制与他所设计的整个最高国家机关体制密切地联系在一起。但是，因为他建立在立宪基础上的庞大国家机构改革计划未能实现，部体制改革也未能完全按照他的设想进行。

---

① Ивановский В. Государственное право. Известия и ученые записки Казанского университета. По изданию №5 1895 года – №11. 1896 года. // Allpravo. ru.

斯佩兰斯基在他的改革总体方案《国家法典导言》中指出，1802 年建立的部体制主要有三个缺陷：（1）大臣责任不清；（2）管理对象分配混乱；（3）缺乏规章和条例。①

在最初的部体制中，大臣的责任制度形同虚设，因为大臣所采取的每项措施名义上都征得了沙皇的批准。管理对象分配混乱，首先表现在各部与参政院之间的权限分配不清，各部之间的权限分配也十分混乱，在各部之间划分权限时，更多的是遵照以前的惯例，而不是事务之间的有机联系，如有的部门同时管理警察、财政和工业事务。部的组织和活动都没有明确的法律规定，大臣实际上处于一种独特的法律真空状态，除了 1802 年 9 月 8 日诏书外，没有任何法律文件对他们的活动做出规定。

斯佩兰斯基设计的部体制改革致力于消除这些缺陷。1810～1811 年颁布的由他起草的三个法律文件成为部体制改革完成的法律基础：1810 年 7 月 25 日颁布的《关于国务分别单独管理的诏书》；1810 年 8 月 10 日颁布的《关于国家事务在各部之间划分的诏书》；1811 年 6 月 25 日颁布的《部总条例》。

《关于国务分别单独管理的诏书》这个法律旨在合理划分国家事务，明确权限和责任，建立能够迅速、准确完成任务的执行制度，为此将所有"执行性质的"国家事务划分成五个部分：（1）对外事务由外交部负责；（2）对外安全事务由陆军部和海军部负责；（3）国家经济事务由财政部、国库、国家监察总局、内务部、国民教育部、交通管理总局负责；（4）民事和刑事司法事务由司法部负责；（5）国内安全事务由警察部负责。交通管理总局、宗教信仰管理总局、国库和国家会计监察管理总局享有部的地位。警察部和宗教信仰事务管理总局是从内务部分出来的两个独立机构。②取消了商业部，其职能转交财政部和内务部分管。这个法律确定了多数部的管辖对象，只有陆军部、海军部、外交部和司法部的职能没有明确，依然适用 1802 年 9 月 8 日诏书的规定。

---

① Сперанский М. Проекты и записки. М., 1961. С. 201－202.
② 前者在 1819 年，后者在 1832 年重新并入内务部。

《关于国家事务在各部之间划分的诏书》具体规定了内务部、警察部、国民教育部、财政部、宗教信仰事务管理总局的管理对象，确认了取消商业部的事实。

《部总条例》最终确立了部体制新的组织原则，规定了各部统一的组织结构和文牍制度，部内各个机构之间的相互关系，以及部与其他机构之间的相互关系。斯佩兰斯基在制定这个法律时，不仅借鉴了俄国部体制8年的工作经验，而且借鉴了拿破仑法国成熟的、受过实践检验的部体制模式。这个法令的颁布标志着从1802年开始的部体制改革的完成。

各部设立统一的组织结构：部的首脑是大臣，下设副大臣。大臣直属机构有大臣办公厅和大臣会议。部的执行机构是司，司下设处，处下设科。部实行一长制原则，司长直接隶属大臣，处长直接隶属司长，科长直接隶属处长。

部的首脑大臣由沙皇任命，实际上只对沙皇一人负责。大臣负责整个部的事务，他的权力不与任何人分享，部里其他成员都没有决定权。副大臣没有独立的职责，有权参加大臣会议，与其他成员协商议事。大臣可在征得沙皇批准后委托副大臣管理某些事务。副大臣的重要意义在于，在大臣缺席或者生病时代替大臣的职位。部体制建立之初，副大臣的影响力微乎其微，因此这个职务经常空缺。后来，到尼古拉一世统治时期，副大臣的作用才有所提高。

大臣会议是部里研究"需要共同协商的重要事务"的咨议机构。会议主席由大臣、副大臣或者某个司长担任，会议成员包括所有司长以及大臣挑选的一些人士，如精通事务的工厂主和商人等，作为专家参加会议。大臣会议讨论的事务非常广，包括有争议的问题、超出各司权限的问题、由大臣提交的问题。这里讨论的事务一般预先在相应的司讨论，然后各司就问题实质编写成简短报告呈交大臣会议。大臣办公厅这个机构的名称已经表明其是一个执行性质的机构，负责处理归大臣直接决定的事务以及涉及各司的共同事务。大臣办公厅的领导是办公厅长，其地位类似于司长，无特别权力。

司由原来的委员会构成，负责各类日常事务。司的领导是司长，处的领导是处长，科的领导是科长。《部总条例》非常详细地规定了司长及其下属人员的权力、权利和职责，规定了他们之间严格的隶属关系，在此基础上规定了责任、检查和汇报等制度，以及部里官员的任免制度。大臣和副大臣由沙皇亲自任免，司长和办公厅长亦是如此，但沙皇需要考虑大臣的建议。处长的任免由大臣根据司长的建议进行，但大臣需要就此征求沙皇批准。其他官员的任免由大臣根据机构领导的建议进行。各机构领导仅有权决定下层办事员的人事问题。

按照《部总条例》规定，大臣只享有执行权力，特别强调，属于国务会议权限范围内的立法权力，以及属于参政院和司法机构权限范围内的司法权力，不在大臣权限范围内。他无权颁布新法律和新条例，也无权取消现有法律，他的权力仅在于"强制下属机构和官员执行法律和条例"。但现实情况并非如此，从 19 世纪最初 10 年起，就出现了大臣每周向沙皇报告的制度，大臣给沙皇的"报告"经常不通过国务会议讨论，直接被沙皇批准下令公布，从而成为法律。

大臣具有立法动议权，尽管法律在赋予大臣这项重要权力的同时，设置了许多限制条件，但法律给予大臣立法动议权是明智之举。部是中央行政机构，大臣比其他人更为熟悉其主管领域的现状，了解该领域的真正需求，大臣享有立法动议权，使他可以根据该领域的需求制定法律草案并亲自付诸实施。大臣凭借其职位自动成为国务会议成员，因此大臣还有讨论法律草案的权利。这同样是一个明智举措。只有提出法律草案的大臣亲自参加国务会议的讨论，才能就其提出的草案做详细解释，如果大臣不能参与对其提出的草案的讨论，那么对草案的通过非常不利。

大臣没有任何司法权。司法权完全属于参政院和司法机关。任何部都无权自行审判任何人，无权解决任何争讼，大臣只有权对涉及国家利益的争讼案件提出意见。这样，司法职能与行政职能严格区分开来。

大臣与下属机关之间是严格的服从与被服从关系，但下属机构领导在执行大臣下达的指令时发现有不妥之处，要及时向大臣报告。大臣的权力仅局限于本部主管领域，不可干涉其他部的事务；如果下属机构领导收到的大臣指令中涉及不属于这个部权限的事务，他可以先不执行这个指令，要先征求事务涉及部门大臣的意见。

斯佩兰斯基在《国家法典导言》中曾经指出部体制的主要缺陷之一是大臣责任不清，《部总条例》对此予以了关注，规定了大臣责任制度。追究大臣责任有两个缘由：一是大臣超越职权，二是大臣不作为。追究大臣责任的程序如下：追究大臣责任的控告先呈交沙皇审阅；如果沙皇认为控告可信，则将问题提交国务会议调查；国务会议为此成立特别委员会进行调查；特别委员会的调查结果交由国务会议全体会议研究，做出决定。追究大臣责任有两种结果：一是如果在调查中发现，大臣尽管没有蓄意对国家造成损失，但其管理方式欠妥，则被解职；二是如果在调查中发现，大臣有重要的职务犯罪行为，则交付最高刑事法院，最高刑事法院根据国务会议的调查定罪量刑，做出终审判决。

斯佩兰斯基希望尽可能明确地、严密地制定有关大臣责任的法律规定，在俄国建立起严格的大臣责任制度，但他的目的最终未能实现。有关规定尽管从表面上看体系完整，却缺乏实质内容和可操作性。根据斯佩兰斯基的改革方案《国家法典导言》，应成立代表机构国家杜马监督大臣的活动，大臣向杜马汇报工作，从而杜马可以追究任何一位大臣的责任，但因为没能成立国家杜马，大臣直接向沙皇负责，从而不能建立起真正的大臣责任制度。

这样，1810 年和 1811 年的法律完成了俄国的部体制改革。1810～1811年改革中确立了一些官僚组织原则，使俄国的部体制与西欧资产阶级君主制度的中央管理机构相接近。后来，斯佩兰斯基在彼尔姆给亚历山大一世的信中写道："我相信，没有一个欧洲国家敢像我们这样以果断地、坚定地建立部体制而自诩。"① 从 1811 年起，大多数部都开始迅速地贯彻《部总条例》。《部总条例》是一个立法佳作，尽管后来一些部和管理总局的组织结构、工作和文牍制度都发生了变化，但直至伟大的十月社会主义革命，1811年 7 月 25 日《部总条例》一直是有关部体制的根本法律条例。

19 世纪初俄国进行的中央国家机构改革十分激进，在组织原则方面用

① Ерошкин Н. П. Российское самодержавие. М. , 2006. С. 232.

一长制代替委员会制，管理各个国务领域的责任转移到一些个人，即大臣身上。在中央国家管理机构实行一长制，某个领域的管理完全取决于某个人，很容易出现大臣独断专权的情况，这是部体制的根本缺陷，但西方国家的人民代表制度弥补了这个缺陷，大臣对人民代表机构负责，限制了他们的独断专权。亚历山大一世及其左右都清楚地认识到这一点。亚历山大一世既然决定建立这个制度，那么显然计划对国家制度进行根本性的改革，仿照西方建立人民代表制度。很多历史档案证明，最初的部体制方案与后来实施的方案根本不同，《部总条例》中规定的大臣责任制度也与原先计划中的大臣责任制度大相径庭。

但是，因为斯佩兰斯基伯爵计划的大部分改革方案未能实施，俄国未能建立立宪制度，未能建立代表机构，部体制也就未能建立在原来计划的基础之上，亦不能取得原来计划中的效果。只有监督机关能够真正地实施监督权力，才能限制大臣独断专权。但这点在俄国实际生活中未能做到，也不可能做到。Φ. 维格利写道，"在俄国，大臣们将向谁负责？对沙皇负责？他要尊重自己对大臣的选择，他们使他成为自己错误的同谋，而他被蒙在鼓里，不会将他们撤职。对人民负责？人民一文不值。对后代负责？他们根本不考虑后代。难道他们仅对自己的良心负责，他们中的某个人可能偶尔会良心发现"。[1] 部体制的设计者斯佩兰斯基认为，必须通过一个实行委员会制的机关将各部统一在一起，这个机关就是参政院，以此来平衡一长制管理的缺陷。斯佩兰斯基计划对参政院进行根本改革，通过参政院统一整个行政管理。虽然改革计划已经做出，但因为战争、斯佩兰斯基个人命运的转变等情况，计划未能实施。虽然亚历山大一世采取了一些措施改组参政院，希望使之成为国家最高监督机构，但未收到任何成效。

众多因素导致亚历山大一世时期没能实现立宪，19 世纪初俄国建立的部体制未能建立在原来改革计划原则的基础上，也未能取得原计划的效果。但 19 世纪初部体制的建立是向合法治国迈出的关键性一步，为政府机关依法办事奠定了基础。

---

① Ерошкин Н. П. Российское самодержавие. М. , 2006. С. 231.

二　最高国家机构改革

斯佩兰斯基改革计划的最终目的是确立资本主义制度的三权分立原则。按照斯佩兰斯基的方案，新国家机构体系的顶端是国务会议，它是沙皇与新的立法、执行和司法机构的联系环节。立法、执行和司法领域的重要事务都集中在这里，通过这里呈给沙皇，沙皇的旨意从这里发出。但由于他根本改革国家制度的计划未能实现，因此就必须赋予国务会议另外一些职能，国务会议成为立法咨议机构，实际上履行了改革方案中赋予国家杜马的职能，却按另外一种组织原则组建。斯佩兰斯基方案中设想的国务会议只剩下一个空壳。

斯佩兰斯基将成立国务会议视为贯彻其庞大的国家改革计划的第一步。斯佩兰斯基本人，无论多么坚信俄国未来必然沿着资本主义道路发展，他都清楚不太可能迅速地全面实现自己的计划。他认为，最初的改革不应该完全暴露最高政权的真实思想，"民可使由之，不可使知之"。他在奏章《对改革的总体考虑以及改革的时间分配》中，在确定贯彻所设想改革的具体步骤时写道："在从目前的规章转向实行新的规章之时，应该这样进行，使这种转向看起来是相当简单、最为自然的，新的规章似乎是在旧的规章之上形成的，这种转向似乎不会改变任何东西，永远有方法完全保留和维护以前的秩序，如果万一事与愿违，那么新的事物将面临某些不可逾越的障碍。"①

斯佩兰斯基计划在1810年1月1日成立国务会议，以研究民法典和财政状况作为其成立的理由。国务会议首先讨论"民法典"和"财政计划"，在1月末对财政计划做出决定，然后继续讨论民法典，同时讨论政府机构改革，在5月1日前做出决定。斯佩兰斯基计划从5月1日开始贯彻他《国家法典导言》中的基本原则。他建议沙皇下令在8月15日之前从各等级选举出代表组成国家杜马，选举的理由是讨论和实施民法典，杜马在9月1日开

---

① 〔俄〕谢·弗·米罗年科：《19世纪初俄国专制制度与改革》，许金秋译，社会科学文献出版社，2017，第33页。

始工作。斯佩兰斯基写道，"应该对代表的思想进行考察和培养，如果不遇到难以逾越的阻碍，上帝保佑，将通过国家法典"。国家法典通过后，国务会议应该讨论司法改革和新参政院章程。斯佩兰斯基在报告的最后写道，"如果上帝保佑这些创举，那么到 1811 年，本王朝统治的第十年年底，俄国将成为一个全新的存在，完成各个领域的全面革新"。① 斯佩兰斯基的计划得到沙皇的赞同，他接着起草了成立国务会议的诏书和《国务会议章程》，还准备了亚历山大一世在国务会议开幕式上的讲话。

1810 年 1 月 1 日，新的最高国家机构——国务会议正式成立。俄国历史上还没有一个机构的成立仪式如此隆重。被任命为国务委员的官员在 1809 年 12 月 31 日被通知第二天早晨 8 点半到舍别廖夫宫殿大厅集合。9 点钟沙皇来到国务会议，他在会议主席的座位上发表了热情洋溢的讲话，讲话中的思想以前任何一个沙皇都从没说过。然后国务秘书宣读了成立国务会议的法令，介绍了国务会议的地位，公布了各司主席和办公厅官员的名单，以及会议的日程安排。对于大多数与会者来说，这一切不仅在内容上，而且在精神上都是前所未闻的。闭幕时，所有官员在宣誓书上签字，宣誓书的形式非常独特，与普通的宣誓书完全不同。

国务会议是俄国历史上第一个集中立法职能的常设的国家机构。1810 年 1 月 1 日《国务会议章程》规定，国务会议是这样的机构，"这里讨论所有立法问题，所有法律、规章和条例的草案都要提交国务会议讨论，然后呈交沙皇批准"。② 国务会议是讨论法律草案的必经程序，沙皇颁布法令时前面需要加上"依国务会议之所见，兹核准该法"的语句，也就是客观上强调立法工作由沙皇和国务会议共同参与的语句。

国务会议是最高法律讨论机构，本身没有立法动议权，它所研究的法律草案通常是大臣提交的或者沙皇特别命令起草的。大臣提交的法律草案根据所涉及问题的性质分配给国务会议各司讨论。国务会议讨论完法律草

---

① 〔俄〕谢·弗·米罗年科：《19 世纪初俄国专制制度与改革》，许金秋译，社会科学文献出版社，2017，第 34 页。

② Ерошкин Н. П. Российское самодержавие. М., 2006. С. 123.

案之后，交由沙皇决定。"任何法律、法规和条例，没有沙皇的批准，都不能颁布。"国务会议成立后，俄国立法程序如下：立法动议权属于沙皇和大臣，法律草案由部门内部委员会和跨部门委员会制定；法律草案在国务会议各司和全体会议讨论，有时也在大臣委员会、最高委员会等机构进行讨论；法律草案在沙皇口头或书面批准后成为正式法律，由参政院第一司"颁布"。

自国务会议成立后，各项法律在沙皇确认颁布前均需在国务会议先行审议，由国务会议审议通过的才被视为法律，否则，皆为具有法律效力的指令。借用叶卡捷琳娜二世的话说就是"愚昧无知的暴君"和"喜怒无常的暴君"的意志受到了遏制。

国务委员由沙皇从高级官僚中任命，各大臣凭借其职务成为国务委员。第一批国务委员有35名，他们都是重要的国务活动家和官员，如科楚别伊、恰尔托雷斯基、莫尔德维诺夫、阿拉克切耶夫等。国务会议主席由沙皇任命，第一位国务会议主席是一等文官 П. 鲁米扬采夫伯爵。[①]

国务会议实行委员会制，由四个司、全体会议、国务办公厅和两个委员会组成。

四个司为法律司、军事司、民事和宗教司、国家经济司。各司设主席，主席以外的成员不得少于3人。国务委员在各司的分配和各司主席的任命每半年进行一次，由沙皇决定。大臣凭借职务成为国务委员，但他们不能担任司主席，因为他们工作繁忙，不能集中精力处理这里的事务，法律甚至规定他们不必一定参加各司会议，除一些特殊情况，是否参加司的会议由他们自己决定。法律规定司主席可以邀请其他一些可能提供积极建议的人士参加司的会议，但这些人只有讨论权，没有表决权。各司对相关问题的法律草案进行事先讨论，有时几个司组成联合议事处对法律草案进行讨论，然后将讨论结果交由全体会议通过。但法律规定一些事务直接递交全体会议讨论，还有一些事务由沙皇下令直接递交全体会议讨论。

---

① Ерошкин Н. П. и др. (отв. ред.). Высшие и центральные государственные учреждения России 1801 – 1917г. Т. 1. СПб., 1998. С. 22.

全体会议主席由沙皇任命，每年一次，如果沙皇出席，则由其亲自主持会议。如果说，大臣可以不必出席各司的会议，那么他们必须出席全体会议的所有会议。在讨论他们提交的呈文时，他们如果不能出席，则要委派副大臣或者司长代为对其提交的呈文进行解释，这些人只有讨论权。大臣可以要求全体会议延期讨论他们的呈文，直至可以亲自出席。

国务办公厅负责组织国务会议的活动，处理公文事务。国务办公厅由国务秘书领导，第一任国务秘书是斯佩兰斯基。国务办公厅针对国务会议各司分成若干个处，由秘书长领导。国务办公厅的官员在当时被称为"文官近卫军"，在这里工作不仅荣耀，而且晋升机会多。国务秘书有重要的影响力，他负责与大臣们的所有公文往来，决定国务会议讨论问题的次序，负责编写会议纪要和给沙皇的奏章。考虑到国务办公厅的意义，亚历山大一世时期，斯佩兰斯基亲自担任国务秘书。

两个委员会分别是法律编纂委员会和呈文委员会。沙皇亚历山大一世在进行国家机构改革的同时，希望为俄国编纂一部新的系统的法典，因此特别关注法律编纂委员会的工作。亚历山大一世以前，历代沙皇就为编纂法典进行了多次努力。从彼得大帝起的 100 多年间，曾经成立了 9 个法律委员会，但都没有取得什么成就。沙皇亚历山大一世登基后重新重视法律编纂事务，在国务会议设立了法律编纂委员会，由斯佩兰斯基直接管理，1815年决定编纂现行法律全集，这项工作在下一任沙皇统治期间才完成，同样是通过斯佩兰斯基的努力实现的。

呈文委员会的前身是 1810 年以前隶属参政院的呈文接收科。这里负责处理呈给沙皇的上诉和控告，包括对最高国家机关的控告、对地主滥用权力的控告，有关破格奖励、退休金、职务、减轻处罚等的申请，以及对各种活动提供庇护、资助孩子教育等的申请。这个机构的设立使人民可以跨过各个官僚机构，直接向沙皇递交申请和诉讼，表达自己的要求。

根据 1810 年 1 月 1 日诏书成立的国务会议与斯佩兰斯基在《国家法典导言》中阐述的改革原则有巨大分歧。斯佩兰斯基希望俄国的国务会议能够承担西欧国家国务会议的那些职能。在斯佩兰斯基计划的国家管理体系中，国务会议是沙皇之下的特别机构，所有三个全新的国家权力机构——

国家杜马（立法权）、参政院（司法权）和部（执行权）的决定都通过国务会议呈交给沙皇。尽管成立的国务会议全然违背了斯佩兰斯基的改革初衷，但还是遭到保守分子的激烈反对。以反动观点而闻名的 Д. П. 鲁尼奇，把 19 世纪初的改革看成要在俄国行政管理中"引入宪法秩序"。他愤怒地呼喊，"沙皇的君主独裁竟然要考虑国务会议的意见"。"鼠目寸光的人都能看出来，很快随之而来的是一种新秩序，会完全颠覆现行整个体系。对这一切已经可以开始公开讨论，尚不清楚其中蕴藏着什么样的危险……当时上流社会对此可谓怨声载道。"① 由于政府中保守派的压力，斯佩兰斯基的改革计划没有实现。原来拟定在 1810 年 5 月举行的国家杜马选举被取消，致使国家杜马的召开推迟了近 100 年，直到 1906 年。

受反对派压力的影响，最高政权开始不断降低国务会议的地位，很多法律草案不再通过国务会议讨论。一些重要的法律草案根本未通过国务会议，都是沙皇根据大臣委员会、各种会议和委员会主席的报告批准的。阿拉克切耶夫的崛起使国务会议的实际地位迅速降低，从 1816 年起，他垄断了就国务会议事务向沙皇报告的权力。但在法律上，国务会议依然是国家最高法律讨论机关。

在实践中，国务会议的职能经常被剥夺，出现这样的情况：法律草案在大臣委员会、沙皇陛下办公厅、陆军和海军会议讨论之后，绕过国务会议，直接呈交沙皇批准。从 19 世纪初起，确立各部门首脑（大臣、局长等）向沙皇做个人报告的制度后，这些"给沙皇的报告"经常不通过国务会议的讨论，直接被沙皇批准。从 1812 年 6 月起，沙皇颁布的法令中已经不再包含"依国务会议之所见"的语句。

国务会议的成立无疑促进了俄国立法机制的完善。但是，虽然法律确定了限制专制权力的形式，实际上沙皇依然保留着专制权力。国务会议开始工作后不久已经表明，沙皇并非总是支持多数国务委员的意见。例如，在 1810～1825 年国务会议出现分歧的 242 例事务中，亚历山大一世 159 次

---

① 〔俄〕谢·弗·米罗年科：《19 世纪初俄国专制制度与改革》，许金秋译，社会科学文献出版社，2017，第 37 页。

批准了多数人的意见，83 次批准了少数人的意见，而且有 4 次批准的是只有一个委员所持的意见。①

国务会议的成立是俄罗斯国家机构发展史上一个划时代的事件，加快了俄国走向合法君主制的步伐。因为有了国务会议，法律草案的准备和讨论具有了一定的公开性，使沙皇在一定程度上倾听并考虑执政阶层的意见。国务会议的设立使自立法提案到颁布实施的立法全过程都被纳入严密有序的轨道。国务会议生命力十分旺盛，它几乎无重大变化地存在了 95 年，直到 1906 年改革，变成俄国议会的上院。

1802 年 9 月 8 日诏书在宣布建立部体制的同时，宣布成立大臣委员会，协调大臣们的工作和各部的行动。秘密委员会在讨论建立部体制的方案时，就提出了如何协调各部行动的问题，首次提出这个问题是在 1801 年 11 月 18 日会议上。会议记录这样记载："多数人认为应该成立大臣委员会。所有国家都有这样的传统。C. 沃龙措夫伯爵以英国为例，说那里重大的措施都是整个内阁的共同决定，而不是大臣一人对沙皇的建议。这种制度的优点在于大臣永远也不会使沙皇处于为难的境地，向他提供错误的信息，使他采取不当的措施。"②

大臣委员会由此成立，最初，它的法律地位并不确定。1802 年法律既未明确规定大臣委员会的权限，也未赋予它任何确定的体制。1802 年 9 月 8 日诏书仅是指出，"大臣在必要的时候就其主管领域事务向沙皇做报告"，在向沙皇递交报告之前，"应该预先将报告提交到大臣委员会讨论，以根据所有国务领域综合考虑"。斯佩兰斯基认为，根据这个法律，"这个委员会不是一个专门性的机构，而仅是一种报告的方式"。在相当长的时间内，大臣委员会没有固定的组织和人员，没有明确的权限。

大臣委员会在 1802 年 9 月 16 日召开第一次会议，亚历山大一世亲自出席，1805 年 9 月以前，亚历山大一世出席了大臣委员会的多数会议。

---

① 〔俄〕谢·弗·米罗年科：《19 世纪初俄国专制制度与改革》，许金秋译，社会科学文献出版社，2017，第 36 页。

② Ерошкин Н. П. Российское самодержавие. М., 2006. С. 127.

从 1805 年起，大臣委员会的作用不断提高。亚历山大一世在 1805 年 9 月离开首都一段时间，离开之前颁布了《大臣委员会章程》，首次具体地阐述了大臣委员会的职能，规定这里讨论：大臣们向沙皇报告的事务；大臣们在处理中出现困难，自行提交这里讨论的事务；沙皇命令交到这里讨论的事务。1808 年 8 月 31 日又颁布一个《大臣委员会章程》，规定这里负责日常的行政事务。1805 年和 1808 年《大臣委员会章程》颁布后，大臣委员会的权力明显扩大。沙皇到国外时几乎将所有国家管理事务委托给大臣委员会。

斯佩兰斯基在 1810~1811 年进行最高管理机构改革时，认为应该建立统一的管理制度，合理划分所有国家事务，建立有效的官员责任制，使管理建立在稳定的法律原则上。大臣委员会的存在与斯佩兰斯基的思想不符。斯佩兰斯基在 1810 年《国务会议章程》及《部总条例》中对大臣委员会只是一带而过，未赋予它特殊的意义。他根本没计划让大臣委员会长期存在，反而是想永远取消这个机构，认为它与新建立的机构体系不协调，特别是削弱了参政院的地位。斯佩兰斯基认为，应该使所有执行事务集中到参政院，而非大臣委员会。1812 年是斯佩兰斯基退出国务活动舞台的年代，也是大臣委员会地位急剧提高的年代。

1812 年 3 月 20 日颁布了新的《大臣委员会章程》，指出沙皇不在首都期间，大臣委员会享有管理所有国家事务的特殊权力。这最终确立了大臣委员会作为国家最高行政机关的地位。同时，大臣委员会建立起稳定的组织。从这时起至 1865 年的数十年间，大臣委员会主席和国务会议主席由一人兼任。这种兼任制度彻底破坏了斯佩兰斯基在《国家法典导言》中提出的"分权制度"，确立了最高立法机关从属于最高行政机关的封建原则。大臣委员会的权限不确定，实际上大臣委员会既负责立法事务，也负责法律规定归参政院管辖的事务，削弱了国务会议和参政院的地位。

最初，大臣委员会的成员包括大臣、副大臣。没有指定主席，委员们轮流履行主席职能，每四次会议更换一次，如果沙皇出席，由其亲自主持会议。国务会议成立后，国务会议各司主席凭借职务成为大臣委员会成员。

后来，委员会成员范围不断扩大，除大臣、总局局长、国务会议各司主席以外，还包括一些高官，如彼得堡武职省长、国务秘书等。从 1812 年起，大臣委员会主席开始由沙皇从高官中任命，第一任大臣委员会主席是大元帅 H. 萨尔蒂科夫伯爵。

成立大臣委员会的目的是协调各部的行动。但是，与西方政府不同，俄国的大臣委员会不是由独立的总理领导的大臣内阁。俄国沙皇保留了管理国家的无上权力，自行任免和监督大臣，接受他们的个人报告。可以说，1905 年以前，大臣委员会根本无法成为协调和指导大臣行动的机构，不能起到"内阁"的作用。在俄国协调大臣之间的行动，使他们隶属某个协调机关的做法始终都无法取得效果。所有俄国沙皇都不愿意设立类似于其他欧洲国家总理大臣的职务，认为这将威胁专制沙皇的权力。由此形成俄国中央管理机构严重的部门分立主义，各部门及其领导者在其主管的国务管理领域内各自为政。一位财政大臣指出："我们每一个部实际上都相当于一个独立的国家；很多大臣经常不知道另一个部的行动，不仅得不到同事的帮助，有时甚至遭到反对，因此矛盾重重。政府的目的很难实现。"[1] 俄国统一国家管理的思想只体现在沙皇一人身上。

亚历山大一世即位后关心所有最高国家机构的改革问题。他在建立部体制、成立大臣委员会的同时，并没有忽略参政院。俄国参政院在 1711 年由彼得一世按照瑞典的模式建立，彼得一世时期的参政院集中了所有事务——立法、行政和司法事务。到 19 世纪初，参政院是一个职能众多的庞大机构，处于衰落状态。叶卡捷琳娜二世时期的老臣建议提高参政院的地位，将参政院变成最高立法机关。秘密委员会也曾经召开几次会议研究参政院改革问题，基本否决了老臣们提出的参政院改革方案，认为参政院应该只是一个最高司法机关。为稳妥起见，1801 年 6 月 5 日亚历山大一世建议由参政院自己确定其地位和权力。于是，参政员 П. 扎瓦多夫斯基伯爵在 1801 年 7 月准备了《关于参政院权力和特权》的报告，其基本思想是恢复参政院在彼得一世统治时期享有的所有权力。报告在参政院和秘密委员会

---

① Шепелев Л. Е. Чиновный мир России. СПб. , 1999. С. 45.

进行讨论后，于 1802 年 9 月 8 日，在建立部体制的同一天，以法令的形式通过。

这个法令确立了参政院在国家体制中的地位。第 1 条就明确指出，"参政院是帝国最高机构，所有政府机构都隶属它，它是法律的捍卫者，监督全国司法公正……参政院的权力仅受沙皇陛下的限制，无任何其他权力机关在参政院之上"。[①] 只有沙皇能够取消或者终止参政院的命令，对于参政院的命令要向圣旨那样执行。参政院获得对沙皇已签发法令提出意见的权力，如果参政院认为法令明显不便执行，或者与以前的法令矛盾，或者是表述不清楚，都有权向沙皇提出疑义。

亚历山大一世统治初期参政院享有的这些权力很快受到限制。1803 年 3 月 21 日亚历山大一世下旨，取消了参政院对以后颁布的法律"提出意见"的权力。部体制建立后，所有大臣凭借职务成为参政员。按照法律，各部隶属参政院，参政院对各部的活动进行最高监督，所有大臣都要向参政院提交年度报告。但实际上，参政院与各部之间的关系却朝着另外一个方向发展。尽管在形式上大臣向参政院汇报，处于其最高监督之下。但大臣和大臣委员会不断直接与沙皇联系，使参政院和国务会议居于次要地位。

1810 年是俄国最高国家机构进行根本改革的一年，但参政院没有发生任何重大的变化。1810 年改革的主要策划者斯佩兰斯基曾计划对参政院进行根本改革。他向亚历山大一世提交了《政府参政院》方案，建议将参政院分成政府参政院和司法参政院两个部分，将参政院的执行权与司法权分开。政府参政院成员包括所有大臣、副大臣和各机构的主要领导，负责管理事务，像国务会议协调在立法领域的活动一样，协调各部门在执行领域的活动。斯佩兰斯基谨慎地提出了取消独立的大臣委员会的思想，使之变成参政院的会议之一，由沙皇亲自参加，处理需要沙皇决定的事务。全国只有一个政府参政院。司法参政院则按各州分配，其成员中既有政府任命的官员，也有贵族选举的官员。这个有关参政院新制度的方案在国务会议

---

① Ерошкин Н. П. Российское самодержавие. М. , 2006. С. 136.

讨论时引起国务委员激烈的反对，特别是保守委员的反对。尽管反对意见众多，这个参政院改组方案还是在国务会议上得以通过，只是由于资金不足、拿破仑战争的威胁、战争的准备工作以及斯佩兰斯基的失宠等因素，斯佩兰斯基对参政院的改革计划没能实现。

参政院由一些半独立的机构组成：司、全体会议和其他机构。这些机构由凌驾于参政院之上的总检察长把它们联结在一起。从部产生之日起，总检察长同时担任司法大臣的职务，结果造成参政院的决定完全取决于司法大臣一个人。参政员 П. 洛普欣在 19 世纪初写道，从这时起，参政院"确立了一个不良的传统，参政员们的意见要同司法大臣或者说是总检察长妥协，相当于他自己决定事务，参政员们的意见和工作都只是摆设"。① 结果是国家最高司法机关依附于中央管理机关——司法部。

根据 1802 年 9 月 8 日诏书的规定，参政院是法律的捍卫者，监督全国的司法公正。随着部体制的建立，司法大臣和总检察长的职务开始由一人兼任。参政院最终成为国家最高司法机关和法纪监督机关。尽管在实践中参政院逐渐被国务会议和大臣委员会排挤，降于次席，甚至是第三位，但它在国家管理体系中的作用依然很大。

亚历山大一世在执政初期锐意进行自由主义改革，授意斯佩兰斯基制订了在当时看来十分激进的宪政改革计划。这个计划不可能完全实现，因为它根本没有估计到国家现实的政治条件。这个改革计划，用伟大的史学家克柳切夫斯基的话讲："是俄国两个光彩照人的聪明人瞬息间的政治幻想：一个清醒，但鄙视现实；另一个热忱，但不了解现实。"② 在当时的现实生活条件下，庞大改革计划中有一些局部方案付诸实施。部体制的设立是向合法治国方面迈出的关键一步，为政府机关依法办事奠定了基础。国务会议的设立使立法机制逐渐被引入必由之路，立法程序得到了进一步明确，俄国加快了走向合法君主制的步伐。

---

① Ерошкин Н. П. Российское самодержавие. М., 2006. С. 141.
② 〔俄〕克柳切夫斯基：《俄国史教程》第 5 卷，刘祖熙等译，商务印书馆，2009，第 193 页。

第四节　国家政治生活中的保守主义和激进主义团体

亚历山大一世时期的自由主义也催生了这个时期的保守主义。在亚历山大一世统治的整个时期，保守主义团体都在当时的国家政治生活中发挥着突出作用，反对沙皇的自由主义方针。这个团体在"亚历山大统治的美好开始"之初即凸显出来。

罗曼诺夫王朝宫廷内部体现了政治思想的斗争，家庭成员之间通常可以更为开诚布公地交流思想，而朝臣的话语通常会有谄媚奉承的倾向。皇室成员的家庭聚会相当于独特的帝国议会，自由自在地阐述观点，很快就突出一个圈子，强烈地反对沙皇的自由主义改革方针。这个圈子的主要人物有康斯坦丁·帕夫洛维奇大公、皇太后玛丽亚·费多罗芙娜和公主叶卡捷琳娜·帕夫洛芙娜。

亚历山大一世的大弟弟康斯坦丁·帕夫洛维奇大公无论是性格，还是政治观点，都与其兄长有着天壤之别。他在孩童时期即表现出固执暴躁、反复无常、漠视知识的个性。他的老师也是教导亚历山大的瑞士共和主义者拉阿尔普，但拉阿尔普不喜欢他，对他抱怨重重。康斯坦丁自幼酷爱战争游戏，他最先去军队服役，在十二岁时参加了苏沃洛夫指挥的意大利战役，在这一领域曾被寄予厚望。但他并没有成为伟大的统帅，在卫国战争中莫斯科失守后恐慌失措，坚持与拿破仑谈和。他在担任波兰总督之后这种个性更是暴露无遗，从一开始就严厉谴责亚历山大一世赐予波兰宪法。他公开强调自己的传统主义，是19世纪初俄国保守团体的主要支柱之一。

孀居的皇太后玛丽亚·费多罗芙娜是俄国妇女教育的著名庇护者，她和她的女儿叶卡捷琳娜·帕夫洛芙娜与亚历山大一世的妻子伊丽莎白关系紧张，伊丽莎白是叶卡捷琳娜二世给亚历山大选择的妻子，她是一个不幸的女人，两个女儿幼龄夭折，却没有生下一个男孩。她没能完成她肩负的使命——给丈夫留下一个继承人，这对她的命运及其与王室的关系产生了显著影响。她对自己的丈夫感情真挚，却要痛苦地忍受着他的冷漠，她的家庭生活基本上是孤独、悲伤和忧郁。皇后伊丽莎白支持自己的丈夫亚历山大一世，但她的社交圈子关系要小得多，虽然普希金 1819 年曾为她献诗一首，但朝廷的光环不是集中在她的身边，而是在皇太后玛丽亚周围。

在皇室保守团体成员中，值得特别关注的是叶卡捷琳娜二世心爱的孙女、亚历山大一世心爱的妹妹——叶卡捷琳娜·帕夫洛芙娜。她是保罗一世的第四个女儿，美丽动人、妩媚迷人、头脑聪慧、知识渊博、擅长交际。她庇护文学的发展，赢得许多诗人和作家的拥戴，如杰尔扎温和茹科夫斯基多次献诗给她。叶卡捷琳娜·帕夫洛芙娜也雄心勃勃，利用她执政的哥哥对她的好感和信任染指政治。这个妩媚迷人而极具影响力的公主曾经说过："平生最为遗憾的是在 1812 年之时不是一个男性。"与性格懦弱的康斯坦丁大公相比，她在 1812 年表现出的勇气和能量也感染了沙皇本人。她坚决主张与拿破仑斗争到底，支持组织民兵与法军作战，她领地上的农民组成叶卡捷琳娜·帕夫洛芙娜大公夫人轻骑兵团，几乎参加了当时所有重要的战役。

尽管叶卡捷琳娜·帕夫洛芙娜亲近亚历山大一世，但不支持他激进的自由主义改革，极力主张加强专制，成为保守团体最重要的前哨基地。她与自由主义活动家斯佩兰斯基展开了斗争，后者回报以颜色，与这位美丽的公主精心周旋。例如，有消息称，1809 年古斯塔夫·阿道夫四世被赶下瑞典王位后，瑞典与俄国结好的一群宫廷臣子曾经委派一个专门代表到圣彼得堡拜访斯佩兰斯基，试图向他打听亚历山大一世是否同意让叶卡捷琳娜·帕夫洛芙娜的丈夫奥尔登堡公爵继承瑞典王位，这样叶卡捷琳娜就有可能成为瑞典王后。但斯佩兰斯基因为对叶卡捷琳娜怀有敌意，把这件事情隐匿下来，于是前法国元帅贝纳多特成为瑞典国王。这个信息在多大程度上是真实的，难以判断，但叶卡捷琳娜·帕夫洛芙娜和斯佩兰斯基之间的尖锐矛盾众所周知，这也成为杰出的改革者没落的原因之一。

伟大的拿破仑也曾向叶卡捷琳娜·帕夫洛芙娜求婚，奥地利皇帝弗朗茨也不反对握住她的纤纤玉手，但这双迷人的手最终伸向了乔治·奥尔登堡，后者没有什么特别之处，但他对妻子赤胆忠心，有求必应。乔治·奥尔登堡成为诺夫哥罗德、特维尔和雅罗斯拉夫尔省的总督，雄心勃勃的叶卡捷琳娜在特维尔成立了声名显赫的沙龙，吸引了很多杰出人物，成为保守团体最重要的据点之一。顽固的农奴主 Ф. В. 罗斯托普琴是她亲近的朋友之一，卡拉姆津第一任妻子与他有亲属关系，正是他把卡拉姆津引见给了叶卡捷琳娜·帕夫洛芙娜。

著名作家和历史学家卡拉姆津最初是倾向于支持沙皇亚历山大一世的，他以两首颂歌热情地欢迎新沙皇的即位，并因此获得了沙皇的奖励。从亚历山大即位之初卡拉姆津就开始寻求向他施加影响力，介绍自己的政治观点。卡拉姆津早期受到法国启蒙运动特别是伏尔泰和孟德斯鸠的重大影响，在 18 世纪 80 年代是莫斯科共济会成员，但是到 19 世纪初，他的观点已经与法国大革命前显著不同，他思想的转变发生在路易十六被绞死之后。但卡拉姆津早在他 1789~1790 年写的《一个俄国旅行者的信札》中就体现出他观点向保守主义的转化，他在谈到英国的情况时指出，每个国家都必须有它自己的国家制度。他写道："因此，不是宪法，而是英国人的教育是他们真正的智慧女神。任何国家组织必须与民族性格相适应，在英国是好的东西，在另一片土地将是糟糕的。难怪梭伦说：'我的机构是最好的，但仅限于雅典。但是任何管理，它的灵魂都是公正和慈善'。"①

卡拉姆津接近新沙皇，在 1803 年获得沙皇的特殊委托撰写俄国历史著作，他出色地完成了沙皇的委托并以荣誉文官的身份领取养老金。1809 年，叶卡捷琳娜·帕夫洛芙娜邀请他到特维尔自己的沙龙做客。叶卡捷琳娜邀请他的目的是加强对斯佩兰斯基和自由主义改革支持者攻击的力量，因为当时的保守队伍中并没有可与斯佩兰斯基相抗衡的拥有巨大影响的活动家。这个邀请发生之时正值斯佩兰斯基受亚历山大一世委托编写的国家改革计划——《国家法典导言》完成并于 1809 年 10 月呈交给沙皇。1810 年初国务会议的成立证明自由主义改革计划开始实施，这使保守阵营出现了真正的骚动。

卡拉姆津在 1810 年 2 月首次到访特维尔，在叶卡捷琳娜·帕夫洛芙娜那儿停留了六天，每天晚上诵读他《俄罗斯国家历史》（后文简称《历

---

① Карамзин Н. М. Письма русского путешественника. Л. , 1984. C. 383.

史》) 的手稿。他诵读的时候不仅叶卡捷琳娜在场，而且康斯坦丁大公以及沙龙的其他常客也在场。在叶卡捷琳娜的沙龙，卡拉姆津与俄国保守主义阵营的三个领导者接触日益频繁。他在 3 月 28 日给弟弟的信中强调："大公夫人、康斯坦丁·帕夫洛维奇大公和太后对我的著作非常欣赏。"①

卡拉姆津成了叶卡捷琳娜沙龙尊敬的客人，仅 1811 年他就在特维尔住了 5 个月。1811 年 3 月，他在亚历山大沙皇在场时诵读了他的历史著作，然而，叶卡捷琳娜并不只是想使自己的沙皇哥哥向著名历史学家了解遥远的过去。她的政治目标明确，就是要改变沙皇贯彻改革的方针，为此首要任务是打击斯佩兰斯基，她需要卡拉姆津作为反对斯佩兰斯基斗争的重要武器。叶卡捷琳娜委托卡拉姆津专门为沙皇撰写一部札记，1811 年 2 月，卡拉姆津完成了《论古代和近代俄罗斯的政治和公民关系札记》(后文简称《札记》) 的创作。这部著作成为有关沙皇专制学说的基石之一，也是正在形成中的俄国政治保守主义的丰碑，随后整整几代俄国保守主义者从中寻找他们思想及其观点进一步发展的支柱和源泉。

卡拉姆津把这部《札记》带到特维尔，在那里待了两个星期，给叶卡捷琳娜和她的丈夫阅读文中的内容。这部著作得到了叶卡捷琳娜和她丈夫的全力支持。叶卡捷琳娜完全赞同《札记》中的观点，但她主要是为了对沙皇产生影响。1811 年 3 月，亚历山大一世去特维尔拜访他心爱的妹妹时，卡拉姆津立刻被召到了特维尔，为沙皇诵读历史，更主要的任务是向沙皇呈交这部专门为其而著的《札记》。根据一些研究著作的阐释，沙皇在了解《札记》的内容之后，非常不悦，冷淡地告别了卡拉姆津。叶卡捷琳娜的计划没有取得立竿见影的效果，但沙皇也一直没有忘记卡拉姆津的著作。五年后，在 1816 年，亚历山大一世赏赐卡拉姆津绶带时强调，授予他这个奖励不仅是因为他的《历史》著作，而且还因为他的《札记》。

沙皇的御用史学家卡拉姆津不同意沙皇关于国家体制的基本问题——专制制度的看法。他是专制制度的信徒，他所创作的《札记》始终贯穿着

---

① Гросул В. Я. (отв. ред.). Русский консерватизм XIX столетия : идеология и практика. М., 2000. С. 41.

专制制度不可动摇的思想，将俄国历史与专制制度联系起来，把专制看成决定俄国的历史进程的力量。为此他批评亚历山大一世的统治和国内外政策，指出"俄国人民对于当前政府不满的主要理由之一是它过分热衷于国家改革，动摇了帝国的基础"。①

卡拉姆津也未忽视对俄国非常重要的农奴制问题。他根据当时政府要给予人民自由的流言，列举了一些论据来证明这样做不会给地主或农民带来任何好处，他指出，为了国家的稳定，在给予人民自由之前必须先使他们道德完善。卡拉姆津原则上不反对解放农民，但把这种解放推迟到遥远的未来。

整部《札记》贯穿着对俄国两个最重要问题——农奴制和政治制度的讨论。卡拉姆津在这两个问题上从保守主义的立场出发公开批评沙皇的自由主义行动。可以说，卡拉姆津比沙皇本人更值得称为大保皇派，他坚决主张独裁者高于法律。他指出，"在俄国，君主是活的法律：奖善罚恶，善者对他喜爱有加，恶者在他面前瑟瑟发抖。不害怕沙皇就是不害怕法律"。②

卡拉姆津作为一个在莫斯科拥有巨大威信的人，不仅叶卡捷琳娜对他感兴趣，亚历山大一世本人对他也有所忌惮，虽然对他保留一些戒心，却没有公开与他决裂。可以说，叶卡捷琳娜·帕夫洛芙娜是当时俄国保守团体真正的领袖，卡拉姆津是最主要的理论家。

19 世纪初俄国另一位著名保守主义者是海军上将希什科夫，他经历了1788～1790 年俄瑞战争，1796 年成为俄罗斯科学院成员，1813 年成为科学院主席。与卡拉姆津相比，希什科夫与王室的距离要远得多。他在 1812 年斯佩兰斯基陨落之后被亚历山大一世任命为国务秘书，担任这一职务十多年，他自己坦承，在担任这个与沙皇近距离接触的职务之前他不知道"任何宫廷事务和秘密"。

希什科夫是一个真正的保守主义者，崇拜古老的传统，也是一个推崇

---

① Карамзин Н. М. Записка о древней и новой России в ее политическом и гражданском отношениях. М., 1991. С. 64.

② Карамзин Н. М. Записка о древней и новой России в ее политическом и гражданском отношениях. М., 1991. С. 102.

过去简单生活方式的爱国主义者。在当时沙皇及其周围的人自由主义热情笼罩的氛围下坚持这些观点需要拥有足够的勇气和独立的思想。未来官方民族性学说的积极贯彻者之一 Н. И. 格列奇在回顾亚历山大一世早年的统治时强调："当时的年轻人有谁站在反动的立场呢？所有人都在吟唱沙皇亚历山大称颂的宪法之歌。"①

希什科夫最初并不是亚历山大一世的反对者，与卡拉姆津一样，他用自己的颂诗迎接新沙皇的登基，描绘了对新的年轻沙皇取代保罗一世的喜悦心情。但是，希什科夫对亚历山大周围的青年朋友斯特罗加诺夫、恰尔托雷斯基、诺沃西里采夫等人不满，认为亚历山大的年轻心腹们浮夸虚荣，没有经验和见识，盲目蔑视以前的传统和习俗、法律和礼仪，对他们进行谴责。沙皇因而对希什科夫不满，不把他列为国务会议成员，甚至说过："我宁可不当沙皇，也不让他成为国务委员。"② 海军上将的仕途似乎永远画上了句号。但是 1812 年来临后，一切都变了。

1812 年以前，亚历山大一世主张进行最激进的改革，几乎是国内最激进的自由主义者。但他的自由主义是执政统治者的自由主义，他深谙自己的政治理想与国家政治现实的矛盾性，他的执政很快就开始脱离了对年轻朋友的依赖，并逐步把他们剔除出掌舵人的队伍，不断给他们建立各种抗衡力量。抗衡力量之一是阿拉克切耶夫，沙皇在 1803 年把他选拔出来，他的作用越来越显著。这名未来反动政策的支柱是亚历山大一世在他似乎是最热衷于自由主义的时期亲手推出的。政府机构的自由主义阶层明显削弱，保守主义阵营处于明显的优势地位。

沙皇拒绝进行改革，保留农奴制，先是拖延，然后是完全放弃宪政改革，使俄国社会形成了第三种社会政治力量——激进主义流派。

1812～1815 年与法国的战争成为真正的人民战争，从俄国境内赶走拿破仑大军，胜利完成国外远征，促进了民族意识的迅速高涨。许多十二月

---

① Гросул В. Я.（отв. ред.）. Русский консерватизм XIX столетия : идеология и практика. М., 2000. С. 48.

② Карпец В. И. Муж отечестволюбивый. Историко - литературный очеркоб А. С. Шишкове. М., 1987. С. 24.

党人把卫国战争看成"俄国自由思想"的发源之一。十二月党人 A. A. 别斯图热夫在彼得保罗要塞的牢房里给尼古拉的信中写道："拿破仑入侵俄国后，俄国人民才首次感觉到自己的力量、独立的感情，开始是爱国主义的，后来是人民的感情，这时才在每个人的心中苏醒。这就是**俄罗斯自由意识的开端**。"① 俄国社会所有阶层的公民意识、民族自我意识迅速地增强。而这一切又深化了俄国社会中的思想分歧，激化了对俄国现存社会制度的抗议。因为在这种制度下，捍卫了祖国独立和尊严的俄国人民，却仍然处在沙皇专制和农奴制的束缚中。别斯图热夫指出："还有一场战争在继续，当战士们回到了家乡，他们会最先在人民中发出抱怨的声音，他们会说：'我们抛洒了热血，现在又要迫使我们服徭役流淌汗水。我们使国家摆脱了暴君，现在老爷们又对我们施加暴政'。"②

1812 年卫国战争，俄国年轻的贵族军官在外国远征期间目睹了西欧经过资产阶级革命国家的政治制度和生活方式，欧洲文明令他们心生向往。他们把自己在国外看到的一切与在国内遇到的一切进行对比，国内到处是沙皇专制的残酷统治和压迫、农奴制的横暴和剥削、政府官吏的贿赂公行和贪赃枉法。在他们的心中充满着愤恨和不满："我们解放了欧洲，难道是为了给自己戴上锁链？我们给了法国一部宪法，难道是为了使我们无权谈论宪法？我们用鲜血换来了各民族间的平等，难道是为了在自己的家中备受屈辱？"③ 对这些问题的研究和思考，使这些年轻的贵族开始坚信必须对国家进行根本改革。1812 年卫国战争成为强大的催化剂，加速了俄国贵族的政治分化。贵族内部一个流派——激进主义流派开始高调地宣扬自己，尽管他们在人数上与地主－农奴主群体相比悬殊，但政治方向非常明确，要求实行宪法和解放农民，这方面表现的高峰是十二月党人主义的出现。

十二月党人是俄国历史上第一个具有强烈政治意识的反政府知识分子团体，其基本政治纲领是以自由主义精神来改造俄国，但在实现目标的手

---

① 赵士国：《历史的选择与选择的历史》，人民出版社，2006，第 50 页。
② 〔俄〕谢·弗·米罗年科：《19 世纪初俄国专制制度与改革》，许金秋译，社会科学文献出版社，2017，第 66 页。
③ 〔俄〕泽齐娜等：《俄罗斯文化史》，刘文飞、苏玲译，上海译文出版社，1999，第 175 页。

段上，他们的立场不同于温和的自由主义者所主张的改良道路，而是坚持通过暴力方式推翻沙皇政权。十二月党人起义是俄国历史上第一次旨在推翻专制制度和农奴制度，把西方的文化制度移植到俄国来的带有密谋性的激进主义行动。

十二月党人起义的参加者都是一些有教养的贵族青年，在被判决有罪的 121 名十二月党人中，仅有 12 人 34 岁，剩下的大多数人都不到 30 岁。[①]这些年轻人大多出身名门贵族，在自由主义教育的发祥地武备学校、贵族学校、外国人开办的寄宿学校或家庭聘请的外籍教师的教导下受到欧式的教育，受到西方先进思想的影响，对农奴制度和专制制度的合理性产生了怀疑。他们满怀爱国主义激情，满怀为祖国和人民造福的善良愿望，甚至宁愿为此牺牲个人利益。这些年轻人几乎都是近卫军军官，他们参加了1812~1815 年卫国战争，参加了到西欧的远征，自认为是使欧洲各民族摆脱压迫的解放者，为此踌躇满志。他们在国外看到了另一种制度，他们把见到的一切，把从国外书籍中读到的一切与自己祖国的现实做比较，思想受到触动，燃起了谋求公共幸福的热情。十二月党人自称是"1812 年的产儿""祖国之子"，坚定地走上了反对沙皇专制制度的革命道路。

1816 年，一些军官在彼得堡成立了秘密的"救国协会"，领导者是 А. Н. 穆拉维约夫和 С. П. 特鲁别茨科伊。前者是近卫军上校，著名的军事家、数学家和农学家，后者也是近卫军上校，学识渊博，在数学、历史、法律、化学以及统计学和政治经济学方面都有一定的造诣。这个协会组织严密，实行单线纵向联系的制度，后来 П. И. 彼斯捷尔加入并成为著名的十二月党人领袖之一。他的父亲曾经担任西伯利亚总督，他本人在国外留过学，才思敏捷，普希金曾经这样称赞彼斯捷尔，说他是"一个绝顶聪明的人。我就哲学、政治、伦理方面的问题与他交谈，他是我所知道的最富有创造能力的人"。[②]彼斯捷尔意志坚定、思想激进，但也"害怕人民革命的

---

① 〔俄〕克柳切夫斯基：《俄国史教程》第 5 卷，刘祖熙等译，商务印书馆，2009，第 212页。

② 转引自孙成木等主编《俄国通史简编》下卷，人民出版社，1986，第 6 页。

恐怖"，他曾对拿破仑失败后波旁王朝复辟等事件做过认真的思考，认为波旁王朝的国王，不管他们多么希望，终究未能以权力无限的专制君主的身份重登法国王位，被迫接受了君主立宪制的外衣。他由此得出结论："革命显然不像人们所说的那样，坏透了，相反它甚至可能是有益的。"①

救国协会的宗旨是为了祖国的富强"全力以赴地奋斗"。因此，必须为废除农奴制和专制统治而斗争。在斗争的策略上，应该采取逼宫的形式，"迫使"沙皇政府同意代议制政体，他们认为最好的时机是在新沙皇登基之际，让新沙皇在宣誓登位之前，接受在俄国实行代议制的条件，以限制君主专制的权力。② 随着协会不断扩大，于 1818 年制定了章程，改称为"幸福协会"，宗旨是"推行真正的道德与教育"，认为实现宗旨的最合适的管理形式是确立立宪制度。

20 年代初期俄国内外出现了革命形式。1820 年 1 月，西班牙革命爆发，恢复了立宪制，同年春天，意大利那不勒斯爆发了烧炭党领导的武装起义，8 月，葡萄牙发生革命。1821 年，皮埃蒙特爆发革命，希腊发生武装起义。1818～1819 年俄国军屯爆发了起义，顿河流域的农民暴动更是汹涌澎湃、规模空前。在这种形势下，幸福协会大多数成员决定，要以军事手段推翻沙皇专制制度。但是，成员内部出现了不同意见。意见的分歧导致幸福协会在 1821 年瓦解，在其基础上形成了两个新的协会——北方协会和南方协会。北方协会初期的领导人是穆拉维约夫和屠格涅夫，后期是雷列耶夫，在这个协会君主立宪倾向占主导地位，主张只要沙皇同意接受宪法，就可以保留他的皇位。南方协会的纲领要激进得多，共和制倾向占优势地位，主张为了未来共和国的安全，不仅要处死沙皇，还要把皇室家族斩草除根，以避免国内战争。这个协会的成员主要是第二军军官，领袖是步兵团长彼斯捷尔，他被称为俄国的"罗伯斯庇尔"。北方协会和南方协会都主张通过武装革命来推翻沙皇政权，建立一种新的国家制度。

秘密协会利用亚历山大一世突然去世，宫廷混乱的时机，在参政院广场

---

① 〔俄〕涅奇金娜：《十二月党人》，黄其才、贺安保译，商务印书馆，1989，第 26 页。
② 赵士国：《历史的选择与选择的历史》，人民出版社，2006，第 54 页。

上发动了起义,他们高呼:"拒绝宣誓!""拒绝效忠!""宪法万岁!""俄罗斯万岁!"起义者拟定了《告俄国人民宣言》,宣布推翻沙皇政府,立即召开立宪会议,成立临时政府,同时宣布废除农奴制,解放全国农奴。

起义者的准备并不充分,被当局轻易地镇压,5 名协会领导人被执行绞刑,121 名军官被流放西伯利亚终身服苦役,另有 300 多名军官被贬为士兵,流放高加索。从表面上看,十二月党人起义就是一次近卫军宫廷政变,这样的宫廷政变,在 18 世纪彼得大帝去世后的沙皇宫廷屡见不鲜,但这次运动却与以前的宫廷政变有本质上的不同,十二月党人发动起义不是为了某个人,不是想让某个人登上皇位,而是为了建立一种新的制度。这次运动在于谋求一种新的制度,也是俄国主张以革命和暴力方式改造社会的激进思想流派的早期社会实践。

北方协会的纲领性文件是穆拉维约夫起草的《宪法》,南方协会的纲领性文件是彼斯捷尔起草的《俄罗斯真理》,这两份文件与诺沃西里采夫根据亚历山大一世命令起草的宪法方案《俄罗斯帝国国家法定文书》在一些原则性问题的观点上有区别。其中《俄罗斯帝国国家法定文书》和《俄罗斯真理》的差别最为明显,前者主张将俄国变成君主立宪制,后者则坚持共和制;前者主张保留贵族特权的不可侵犯性,未涉及农民问题,后者则坚持激进地解决农民问题,主张不仅解放农民,而且完全取消土地私有制;前者主张俄国实行联邦制,最大限度地考虑到民族、文化和历史特点,后者则主张建立严格的单一制国家,直至使用暴力手段同化和取消地方语言。但《俄罗斯真理》的作者彼斯捷尔自己也承认俄国进行这些激进改革的条件尚未成熟,必须先实行 8~10 年严格的军事专制,同时消灭皇室,以为这些改革做准备。而诺沃西里采夫和穆拉维约夫的宪法方案在原则性方面的差别很少。两份文件都认为俄国最佳的政治制度是君主立宪制;二者都主张在国家民族组织方面实行联邦制;二者都将国家最高立法权赋予议会,议会由选举产生,选举人有一定的资格限制,只是诺沃西里采夫方案赋予沙皇的权力更大。穆拉维约夫方案对农民问题的解决方式也与亚历山大一世的计划相近。

十二月党人运动的纲领和亚历山大一世的改革思想有很多共同之处,二者关注的要点都是立宪和解放农民问题。沙皇与十二月党人之间存在合作基础。同时，亚历山大一世和十二月党人彼此之间非常熟悉。亚历山大一世从十二月党人秘密团体成立之初就清楚这些协会的主要成员及其宗旨，而且他也清楚协会的计划，但对此持十分容忍的态度。他清楚地认识到，协会成员只有数百人，根本没有力量来对抗数十万农奴主，他没有追捕这些阴谋者，他认为，秘密社团成员的行动与他以前的愿望相符，追捕阴谋者如同追捕较早时期的他自己。在这一时期任近卫军参谋长的本肯道夫向他呈交了有关秘密团体阴谋的告发信，他却把这封告发信放进了抽屉。后来他说道："我认同并支持过这些幻想，不应该由我来处决他们。"①

而十二月党人无疑也知道沙皇的思想，有很多这方面的例证。如十二月党人秘密团体"救国同盟"的积极参加者 П. 洛普欣是沙皇的侍从武官，他是国务会议和大臣委员会主席洛普欣公爵之子。П. 洛普欣与亚历山大一世接触密切，即使他不清楚亚历山大一世改革计划的具体细节，那么至少清楚他的思想。很多十二月党人属于上流社会的政治精英，如前所述，П. 彼斯捷尔是西伯利亚总督之子，上校军衔；М. 奥尔洛夫伯爵是 1812 ~ 1814 年远征英雄，1814 年 3 月 30 日在巴黎代表俄国接受法国投降书，他是叶卡捷琳娜二世著名宠臣 Г. 奥尔洛夫之侄，1812 年卫国战争英雄 Н. 拉耶夫斯基之婿；М. 玛莫诺夫伯爵是叶卡捷琳娜二世另一位宠臣 А. 玛莫诺夫之子；Н. 穆拉维约夫的父亲曾经当过亚历山大一世的老师；Н. 屠格涅夫是国务会议御前秘书、财政部司长；Г. 巴捷尼科夫是斯佩兰斯基的个人秘书；А. 尤什涅夫斯基是南方军队的总军需官。②

由此人们自然会产生一个疑问：既然俄国沙皇和十二月党人致力于相同的目的，彼此熟悉，为什么他们不是进行合作，而是发生激烈冲突呢？十二月党人为什么不是寻求沙皇庇护以实现他们的思想，反而在沙皇准备立宪方案的时候计划暗杀行动呢？当代俄国学者 А. В. 加曼 - 戈鲁特温对这

---

① 〔俄〕爱德华·拉津斯基：《亚历山大二世——最后的伟大沙皇》，周镜译，新世纪出版社，2015，第 21 页。

② Гаман - Голутвина О. В. Политические элиты России: Вехи исторической эволюции. М.，2006. С. 151.

些问题进行了分析，在他看来，十二月党人和沙皇未形成联盟的主要原因之一，是十二月党人在选择策略方面热衷于模仿西欧政治模式。如，穆拉维约夫宪法方案的范例是 1812 年西班牙宪法，彼斯捷尔的宪法方案《俄罗斯真理》是模仿孟德斯鸠的《论法的精神》，甚至十二月党人秘密团体的章程也借鉴了意大利烧炭党的章程。整体来说，法国革命的精神影响了俄国十二月党人，他们遵循的逻辑是：既然法国革命从肉体上消灭了君主，那么俄国也应如此。别尔嘉耶夫指出，"我们拥有的和被喜欢的是简明手册一类可以轻易适应生活任何场景的东西，但对简明手册的喜欢也就是对独立思考的厌弃"。① 俄国知识分子永远宣传着袖珍手册上的某些学说，宣传一些普遍拯救的乌托邦思想。

十二月党人和沙皇未形成联盟的另一个原因，是在十二月党人运动中激进派占上风。十二月党人思想并不统一，一些人主张采用温和的、开明专制性质的措施，而另一些人则主张必须使用暴力，包括从肉体上消灭执政王朝。从十二月党人的组织方面看，在这个俄国历史上第一次重大的反对派运动中激进派就占据优势，他们热衷于激进的策略，采取极端的措施，希望"驱赶历史这匹驽马"。②

这种反对派中激进分子占优势的现象后来在俄国历史上多次重现。十二月党人的激进性对其后的民意党人的影响直接而强烈。赫尔岑这样指出十二月党人对后来的知识分子和革命者的影响："我们从十二月党人那里继承了对人类尊严的炽热感情、对独立的向往、对奴隶制度的憎恨、对西欧和革命的尊重、对俄国发生变革的可能性的信仰，以及参加这一变革的热望、青春的朝气和无穷无尽的力量。"③

作为贵族革命家，十二月党人的献身精神难能可贵，他们备受后人称赞。俄国著名学者利哈乔夫曾经这样评价十二月党人："在世界历史上最令

---

① 〔俄〕尼古拉·别尔嘉耶夫：《俄罗斯的命运》，汪剑钊译，译林出版社，2015，第 72 页。

② Гаман‐Голутвина О. В. Политические элиты России: Вехи исторической эволюции. М., 2006. С. 152 – 153.

③ 〔俄〕马里宁：《俄国空想社会主义简史》，丁履桂、郭镛森译，商务印书馆，1990，第 164 ~ 165 页。

人惊奇的现象之一就是十二月党人起义。而它是典型的俄罗斯的现象。非常富有的一群人，有高级社会地位的一群人，为了社会福利牺牲了自己全部的和财产的特权。他们不是为了自己争取权利，像人类历史上通常发生的这种事件一样，而是争取劳动成果从前被人掠夺的那些人的权利。十二月党人的功勋中有许多人民的因素。"① 十二月党人起义把18世纪下半期贵族的觉醒推向高潮，同时还带动了其他阶层出身的知识分子的觉醒和反思。当代美国研究欧洲和俄国问题的著名历史学家拉伊夫就十二月党人起义如此评说："人们更感觉十二月政变以来的镇压与管制，是朝着独裁专制政治方向的一种野蛮的倒退。异化的种子已经播下，待国家没有力量达到它的目标时就会开花。在目前来说，革命已产生了殉难烈士，他们既是失败的见证，也是希望的源泉。"②

俄国激进主义政治传统的主导趋势是总希望用一次跃进就达到需要漫长的历史进程才能达到的成果，结果常常事与愿违，使原先在通向自由道路上获得的一些实际成果，尽管可能是非常小的成果，也丧失殆尽。加快型发展模式经常要跨越数个世纪的时间，而这些被跨越过去的世纪是在心理、精神和政治方面积累经验所必需的，因此，加快型发展的代价往往是巨大的。

第五节　从"政治秋千"策略到全面保守统治

1812年是俄国开始卫国战争以及出现与之相关的剧烈社会动荡的一年。这一年亚历山大一世的国内政治方针也发生了变化，1812年3月17日他将自己十年来自由主义改革的臂膀斯佩兰斯基撤职并流放，这位当时俄国最大的自由主义改革家离开了政坛。

在斯佩兰斯基被贬谪中起到很大作用的是皇室周围保守团体的活动以及贵族对他们的普遍支持，斯佩兰斯基所执行的一些措施引起了贵族的强

---

① 〔俄〕利哈乔夫：《解读俄罗斯》，吴晓都等译，北京大学出版社，2003，第13~14页。
② 〔美〕拉伊夫：《独裁下的嬗变与危机》，蒋学祯、王端译，学林出版社，1996，第106页。

烈不满，认为这些措施削弱了他们的阶级利益，接下来会导致废除农奴制。斯佩兰斯基为加强国家机构管理水平颁布的两项法令尤其引起了贵族的广泛抵制，一项是 1809 年 4 月 3 日颁布的《关于宫廷贵族称号的法令》，另一项是同年 8 月 6 日颁布的《关于文职官阶晋升及晋升八品和五品文官的文化考试的法令》。

《关于宫廷贵族称号的法令》规定只有"侍从"和"少年侍从"等宫廷贵族称号而没有在军事或民事部门中任职的贵族，要在两个月内选择任职种类并到任；超过四个月没有到任者，立即褫夺宫廷贵族称号，把这些称号授予那些在军队或行政部门中任职的有功之臣。这样一来宫廷贵族称号今后只是一种单纯的荣誉，它不与官阶以及职务权力发生必然联系。这项措施引起了朝臣们的恼怒，因为自叶卡捷琳娜二世以来，具有宫廷贵族称号的人可直接获得官阶，如少年侍从获得五品官阶，侍从获得四品官阶等，这批显贵占据高位，从而排挤了大批具有真才实学的人。[①] 这个新法令的实施对于"宫廷贵族"极为不利，因此他们对斯佩兰斯基心怀愤慨。

《关于文职官阶晋升及晋升八品和五品文官的文化考试的法令》规定，从法令颁布之日起，即使在九品官阶达到必要的年资，获得领导的积极评价，但不能提供俄国大学的毕业证书，证明他在这所大学修完文职工作所需知识的课程，或者是通过了相应的大学考试，那么任何人也不得晋升八品文官。那些已经取得八品官阶的官吏，在晋升五品官阶时，也要照此规定执行。此后，"凡想获得八品或五品文官官职者必须通晓俄语或一门外语；熟悉自然法、罗马法、民法、国家经济法和刑法；基本了解本国历史；还要有世界历史、国家统计学、地理以及数学和物理方面的起码知识"。[②] 斯佩兰斯基制定这个法令的初衷是提高国家官员的文化水平，培养新型官员来胜任改革后的国家管理任务。但是，当时大多数贵族未受过高等教育，甚至没受过初、中等教育的人也不乏其例。那些只在幼年时期接受过少许

---

① 参见〔苏〕涅奇金娜《苏联史》（第 2 卷第一分册），刘祚昌等译，三联书店，1957，第 74 页。

② 〔俄〕克柳切夫斯基：《俄国史教程》第 5 卷，刘祖熙等译，商务印书馆，2009，第 194 页。

教育水平的小贵族是最苦的，他们借资历达到现有的官阶，而现在他们希望以令人尊敬的地位退休的愿望被打破。这个法令引起了贵族真正愤慨的爆发，指责声四起："斯佩兰斯基用科学使贵族窒息而死"，"可恶的牧师之子想用在宗教讲习班学习拉丁语的牧师、书吏和圣堂工友之子取代贵族"。关于斯佩兰斯基的讽刺诗、漫画、四行诗铺天盖地，将他描绘成神话中长角的怪兽。

卡拉姆津在其《论古代和近代俄罗斯的政治和公民关系札记》中体现了贵族们对这个法令的抵触情绪："现在，没有学历证书谁也别想晋升八品官阶，也别想晋升五品官阶。至目前为止，在教育最发达的国家也只是要求官员们掌握他们所必须掌握的知识：工程师只需掌握工程学，法官只需掌握法学，如此等等。但我们这里，民事法院法官要了解荷马和赫拉克利特，参政院秘书要了解氧气和瓦斯的特性，副省长要了解毕达哥拉斯的人物像，精神病院的看护者要了解罗马法，六品文官和九品文官要为此苦闷而死。无论是 40 年勤恳的工作，还是卓著的功绩都不能免除要我们了解非常陌生而无用的知识的义务。对科学的热爱从未导致与科学的目的如此背道而驰的行为……我们暂且不谈其可笑之处，只是指出其会带来的危害：直至目前，担任国家文职的贵族和非贵族无非是为了追求官阶和金钱；前一动机无可非议，后一动机则不无危险，因为俸禄菲薄，一些自私自利者非常容易收贿受贿。现在，不掌握物理、统计学以及其他科学，那么六品文官和九品文官还有什么动力去工作呢？品行优良的官员，也就是廉洁奉公的官员只能辞职，而那些品德不端的官员，也就是贪婪奸诈的官员，会开始大肆搜刮民脂民膏；现在已经有一些这样的实例。"[1] 贵族们极端仇视斯佩兰斯基，斯佩兰斯基处于孤立的境地。

保守团体针对斯佩兰斯基展开了各种阴谋活动，各种匿名信广为流传，粗暴指责斯佩兰斯基犯了叛国罪，与拿破仑直接联系。虽然保守团体的阴谋在斯佩兰斯基被贬谪中起到了显著作用，但使斯佩兰斯基陨落的最主要

---

[1]　Карамзин Н. М. Записка о древней и новой России в ее политическом и гражданском отношениях. М. , 1991. С. 68 – 69.

的决定还是由沙皇本人做出。在大战前夕，亚历山大一世心知肚明，斯佩兰斯基没有任何有力的社会支持，考虑到公众舆论的影响，他决定顺从公众的情绪，以团结社会力量。斯佩兰斯基是当时俄国自由主义的主要支柱，他的被贬使自由主义团体深受打击，而广泛的社会阶层为之欢呼雀跃，使沙皇本人得到了有力支持。

取代斯佩兰斯基位置的是圣彼得堡保守阵营最突出的代表之一希什科夫，他接替了斯佩兰斯基担任国务秘书的职务。希什科夫非常清楚沙皇对他的反感，沙皇传召他已经出乎他的意料，更令他惊讶的是任命他担任这一崇高的职务。亚历山大一世在与他的谈话中提到与法国的战争难以避免，高度赞扬其爱国主义精神，要求他立刻起草一篇有关征兵的宣言，于是他们之间开始了合作。希什科夫起草的各种宣言、法令和诏书，在不同程度上得到了亚历山大一世的认可。这些文件在全国得到了广泛传播，在 1812 年艰难的岁月中对国家各个阶层的居民产生了巨大的影响。

亚历山大一世为什么会选择希什科夫，而不是其他人，比方说大文豪卡拉姆津来代替斯佩兰斯基的位置？如前文所述，一年前，1811 年，沙皇曾在特维尔与卡拉姆津会面，卡拉姆津向他呈交了他所撰写的《札记》，引起了沙皇的不悦。另外，希什科夫与卡拉姆津相比有一些优势，他是海军上将，有军事经验，而卡拉姆津没有。在战争前夕军队的作用提高，军队对海军上将希什科夫的尊重要高于单纯的文人卡拉姆津。卡拉姆津本身也对政治不感兴趣，叶卡捷琳娜曾经推荐他担任特维尔省长，但他以从事学术研究为由回绝。卡拉姆津的气质更接近于思想自由的职业作家，而不是注重繁文缛节的行政官员。在这方面希什科夫明显强于他。最终，希什科夫接替了甚至为拿破仑高度重视的斯佩兰斯基这样一个政治巨人所曾担任的职位。

在国家上空笼罩着外敌入侵乌云的局势下，保守力量明显加强，爱国主义一直是保守主义者的鲜明旗帜。亚历山大一世非常清楚，在外部威胁日趋严峻之时，任何有关西方优势的谈论都退居次席，爱国主义的主题越来越具有现实意义。当时迎合国民的爱国热情创作并上演了一批爱国主义歌剧。在卫国战争的浪潮中，保守阵营的政治地位明显增强。来自自由主义阵营的斯佩兰斯基的支持者的呼声弱不可闻，爱国主义的冲动涵盖了社会各个阶层。尽管自由主义者希望战胜拿破仑的情绪并不比保守主义者弱，但人们不愿意听到对于国家改革的呼声，这也是可以理解的，因为正在进行着的血腥战争，需要集中全部力量，无暇顾及改革。

1812 年，公主叶卡捷琳娜对国务的影响力明显增大。她表现出自己作为一个坚决果断、精明强干的女性的特质。与此相对，她的兄弟康斯坦丁大公的表现则怯懦畏缩，甚至因此被调离军队。叶卡捷琳娜给卡拉姆津的信中流露出她的爱国热情："俄国曾经是欧洲第二强国，现在和将来则永远是第一，很快各国君主就会匍匐在俄国的脚下，祈求和平和庇护。让我们为这个思想而快乐吧，这不是一个梦想，而是事实。""俄国将战胜整个世界，对敌人进行最后宣判的荣誉属于它。"①

卫国战争的胜利也加强了卡拉姆津以及整个保守阵营的力量，这场胜利被他们看作沙皇和贵族的胜利，因为胜利之师的将领和军官们主要出身于贵族。保守团体感到自己的胜利不仅是面对外部的敌人，而且还有内部的敌人——自由主义改革者。他们问，"我们已经击败了欧洲最强大的军事指挥官，为什么还要改革？"

亚历山大一世很清楚贵族的情绪和行为，在这种情况下，他即使有继续进行改革的愿望，也不能采取任何现实的行动。从表面上看，沙皇与保守势力最终团结在一起，抛弃了有关任何重大改革的想法。但实际上他并没有彻底放弃自由主义改革的思想，这一点在立宪和农民问题上体现得尤其明显，他真正地采取了行动，而不仅仅是语言和游戏，只不过他的行动都是在绝密的状态下进行，并不为公众所知晓。这对亚历山大一世来说是非常典型的行为，其他人很难确定独裁者的真实意图。

在卫国战争结束初期，俄国沙皇亚历山大一世对 1814 年法国自由主义宪章的起草，对德意志几个王国和波兰通过的宪法都起到了很大的影响。

---

① Гросул В. Я. （отв. ред.）. Русский консерватизм XIX столетия : идеология и практика. М., 2000. С. 70.

在当时欧洲君主中，还没有比俄国沙皇更一贯的立宪主义者。他仍然坚持遵守"时代的精神"，似乎他本人非常喜欢这种自由主义角色，喜欢欧洲自由主义的社会氛围。在德国，人们热情欢迎俄国军队，膜拜俄国这位专制君主，他在那里大名鼎鼎。巴黎人民对俄军的欢迎程度也比其他盟国的军队强烈，亚历山大几乎成了巴黎市民最喜欢的人，他们对他的态度要远远比对奥地利皇帝和普鲁士国王更加热情。在巴黎，亚历山大在最著名的沙龙之一，一个非常有影响力的作家斯达尔夫人的沙龙中，宣传他的自由主义观点，甚至出言批评废除自己国家宪法的西班牙国王斐迪南七世。他在沙龙中宣称，在他的统治时期俄国的农奴制将被废除。他为自己塑造了一个自由主义君主的印象，无疑，他喜欢这个角色。在当时的君主当中，他在公众面前显得最为自由主义、最为公正、最具有人道情怀，他几乎成为国际自由主义的领导人。

亚历山大一世在与各色人等谈话时不止一次提到过，他认为代议制管理是最公正的政治制度，使国家政治制度符合"时代的精神"是一项刻不容缓的任务。根据一些史学家的研究推断，1815 年所发生的种种事件表明最高统治者要对俄国政治制度进行根本性的改革。① 亚历山大一世在 1815 年赐予波兰宪法对于他来说有着相当重要的意义，他把这看成俄国立宪道路的第一步。这个在涉及原则性重要决议之时一贯犹豫不决、优柔寡断的人，却在 1818 年 3 月 15 日波兰议会开幕式上演讲时秉持己见，他的讲话使同时代人目瞪口呆。

亚历山大一世在这次演讲中显示出他是宪法制度的真诚支持者。沙皇在发言中关于宪法问题自信不疑，关于自己的计划言之凿凿。亚历山大的演讲闪电般传遍了俄国，造成了惊天动地般的影响，但人们的反应不一。地主－农奴主阵营把亚历山大一世的声明视为即将解放农民。沙皇的讲话也使十二月党人产生了对专制政权自身可能主动进行激进改革的希望。众所周知，后来十二月党人完全丧失了对自由主义的幻想，而当时使他们产

---

① 参见〔俄〕谢·弗·米罗年科《19 世纪初俄国专制制度与改革》，许金秋译，社会科学文献出版社，2017，第 161～235 页。

生自由主义幻想的最强大动力之一，就是沙皇在华沙的讲话。

1819 年在波兰实施宪法被亚历山大一世看成在俄国全境确立君主立宪制度计划的第一步。俄国著名历史学家 C. 米罗年科通过查证档案，指出亚历山大一世的立宪思想是严肃的。沙皇委托时任波兰总督办公厅长的诺沃西里采夫制定俄国宪法。诺沃西里采夫在华沙制定宪法方案的工作严格保密，甚至瞒着沙皇的兄弟、华沙总督、反对兄长自由主义措施的康斯坦丁大公。这一工作持续了两年，在 1820 年秋天结束。诺沃西里采夫组织制定的宪法方案《俄罗斯帝国国家文书》得到沙皇赞同。

根据这个俄国历史上第一份宪法方案，俄国将变成君主立宪制，实行三权分立。立法职能属于全国两院制议会和沙皇，上院成员由沙皇任命，下院代表由公民选举产生（农奴没有选举权）；实行言论、出版、信仰自由，人身权利不可侵犯，所有公民在法律面前一律平等，法官终身制。宪法规定的一个主要原则是帝国实行联邦制，这个原则在宪法中占有重要的地位。方案保留了贵族的所有特权，也未涉及农奴制问题。

众所周知，西欧的君主立宪经过长期艰苦的斗争才得以实现，而俄国沙皇自己倡议实行君主立宪、限制王权，理应得到俄国贵族的支持，但事实恰恰相反，立宪改革方案在俄国遭到了贵族的强烈反对。虽然宪法草案没有触及领地贵族的特权，但他们还是将其视为取消农奴制的征兆。因为贵族的强烈反对，宪法方案从未被公布，1818 年 3 月 15 日在波兰议会成立仪式上的讲话是亚历山大一世唯一一次公开表示希望在俄国实行立宪制度。

与亚历山大一世公开声明可能对国家政治制度实行立宪改革一样，沙皇也在准备解放农民的方案，同时尝试诱导贵族发起这方面的倡议，在里夫兰、爱沙尼亚和库尔兰进行了农民改革。可以说，拿破仑战败后，亚历山大一世并没有停止关注取消俄国农奴制和建立宪法秩序问题。但他有关这些问题的话语和做法在多大程度上符合他的具体计划尚不清楚，在文献中对此长期存在争议。但有目共睹的是，1815～1820 年间专制统治者积极寻找新的发展道路的思想几乎从未体现在实际行动之中。时光荏苒，年复一年，政府的改革设想和内部政策始终像两条平行线，似乎注定无缘哪怕是在最遥远的点上交集。从这个角度来看，亚历山大统治的全部年代是一个不可思议的整体，除 1803 年自由农民法令或者 1816～1818 年波罗的海地区农民人身解放法令等少数例外。

在 1820 年之前，亚历山大一世实行"政治秋千"的政策，试图实现政治平衡。他在一段时间内采取一些自由主义举措，鼓励在波兰和芬兰实施宪法，颁布了新的《比萨拉比亚州组织章程》，在比萨拉比亚也发展了立宪原则。他明确推动和鼓励高级官员提出解放农民的倡议，授意各种政治倾向的活动家，如基谢廖夫、巴鲁吉扬斯基和阿拉克切耶夫，制定废除农奴制的方案。另外，他提出了在俄国推广被称为另一种"农奴制"的军屯制。同时，保守主义力量加强，保守主义阵营的地位明显提高。1812 年斯佩兰斯基被流放是对自由主义阵营的沉重打击，保守主义者的代表希什科夫和罗斯托普琴的地位获得了提升，与拿破仑法国战争的胜利被地主贵族视为传统主义和保守主义的胜利，他们的头高高昂起。

1815 年以后，沙皇的心理发生变化，保守主义倾向加强。同拿破仑法国斗争年代身体和精神力量过分紧张之后的严重疲劳，使他开始依赖于宗教情感，转向神秘主义。沙皇本人兴趣和观点的转变，像往常一样，先是引起了他周围人的行为，然后是社会各界行为的转变。神秘主义席卷了俄国上流社会圈子，例如，A. H. 戈利津公爵在叶卡捷琳娜二世时代是自由主义思想家，宗教观念淡泊，1815 年后他受亚历山大一世的影响成为俄国最有影响力的神秘主义者之一，变成了一个拥有完全不同生活方式的布道者，一个坚定的神秘主义者。他被任命为宗教事务和国民教育部大臣，把科学知识与宗教教育直接联系在一起。

当时俄国还出现了著名的圣经协会，在这个协会的活动中神秘主义是不可分割的方向之一。俄国圣经协会的建立受到了英国类似协会的影响，英国的协会在俄国协会成立之前就开始在俄国进行宣传。1812 年 12 月，亚历山大批准了戈利津提交的在圣彼得堡建立圣经协会的方案，并随后在全国不同地区设立分支机构。圣经协会的目的就是广泛地在居民中宣传宗教思想以对抗"自由思想"及理性主义影响。圣经协会散发《圣经》并培养迷信和神秘主义思想。到 1824 年止，圣经协会已遍布全俄，散发的《圣经》达 50 万册。①

1818 年是亚历山大一世公开以自由主义者姿态活动的最后一年。阿拉克切耶夫和康克林这样重要的国务活动家正是在这一年起草了自己解放农民的方案，А. П. 库尼岑的《论宪法》的文章以及其他一些公开的自由主义文章也是在这一年发表。这一年，沙皇签署通过了成立比萨拉比亚州的宪章。但是，毫无疑问，这一年最重大的政治事件应该是沙皇在波兰华沙议会成立时发表的演说，使人印象特别深刻的是沙皇的下列话语："这样，你们赐予我一个机遇，向我的祖国展示我已经为她筹谋多年的一切，当如此重要事务的各方面条件达到适当的成熟度后，祖国也会享用这一切。"②

但是，他委托诺沃西里采夫制定成文的宪法亦被搁置，并没有得到执行。辽阔的俄罗斯帝国的整体局势依然如故，相当于地主庄园情形的精确再现：这里的一切取决于地主的个人品质，而全国的一切取决于专制者的个人倾向。一切没有任何法律保证。正如一个庄园可能随时落入一个反动的农奴主的手中，整个帝国也可能落入一个思想比较保守甚至反动的人的掌控之下，诸如尼古拉一世位于宝座之时。然而，正如 1821～1825 年间俄国发生的事件所证明的，甚至在同一个君主统治期间，自由主义也可能让位给反动趋势。从 1820 年起，亚历山大一世本人的自由主义理想削弱，对宪政和议会制度的热情熄灭。

1820 年，诗人普希金被流放，政府的政治倾向也出现了决定性的转折。虽然这并不意味着沙皇完全放弃立宪的计划，甚至在 1825 年 8 月，在亚历山大一世去世前夕与卡拉姆津的谈话中，他还明确承诺给予俄国根本法，即宪法。这使一些研究人员不同意将亚历山大一世统治的这部分时期称为反动时期。但是从亚历山大一世的实际政策来看，他执政的最后几年完全可以称得上政治反动时期。

这种反动体现在亚历山大一世政府不同的方向和领域，包括那些不久

---

① 赵士国：《历史的选择与选择的历史》，人民出版社，2006，第 48 页。
② 〔俄〕谢·弗·米罗年科：《19 世纪初俄国专制制度与改革》，许金秋译，社会科学文献出版社，2017，第 172 页。

前曾经进行重大改革的领域。亚历山大一世统治的大多数时期是沿着限制农奴制的道路前进。1803 年颁布 "自由农民" 法令，1809 年 3 月 10 日和 1811 年 7 月 5 日法令禁止地主流放农奴到西伯利亚服苦役或居住，委托高级官员制定取消农奴制的方案，这些都曾经引起了广大保守派的反对。但是 1820 年之后，沙皇执行的政策完全相反，1822 年 3 月 3 日，沙皇批准了国务会议 "关于把犯下恶行的农奴发送到西伯利亚居住" 的法令，这个法令明显扩大了地主的权利，在很大程度上讲，抹杀了以前多年在消除农奴制方面所做的工作，农奴制关系进一步加强。现在，没有什么可以阻止地主单凭一己意愿就把行为 "打搅他的安宁" 的任何农民流放到西伯利亚居住，自由主义的亚历山大一世大笔一挥，使地主的恣意妄为变成了真正的肆无忌惮。这个法令的颁布是有代表性的，甚至是象征性的，最高政权在农民问题上最终与改革的设想分道扬镳，全面转向了反动。

亚历山大在国家管理制度和农奴制这两个重要领域排斥改革，同时注意精神领域，为最狂热的反动活动提供了空间，他思想反动方针的贯彻者中有前不久还看似坚定的自由主义者，斯佩兰斯基的前战友 M. Л. 马格尼茨基，以及对斯佩兰斯基非常友好的 K. 涅谢利罗杰，后者成为外交部的领导者。他们坚决反对宪法、议会和民主社会。斯佩兰斯基曾经非常亲密的伙伴马格尼茨基聪明智慧、知识渊博。随着斯佩兰斯基的被贬，1812 年他也被流放到沃洛格达，1816 年他设法找到了与阿拉克切耶夫的关系，成为沃罗涅日第一副省长，然后是辛比尔斯克省长。不久，他被任命为学校管理总局成员。他深谙时局的变化，开始坚决反对自由主义创举。这位前伏尔泰主义者、无神论者在辛比尔斯克组织了圣经公会，让所有官员和贵族加入，组织在广场公开焚烧伏尔泰及与之精神接近的 18 世纪作家的作品。他在教育部门的活动有所建树之后，开始去调查喀山学校，指控喀山大学从挪用公款到无神论教学体系等的多项罪名。马格尼茨基的 "光辉事迹" 因此被政府关注，他被任命为喀山学区学监，负责改造这所大学。马格尼茨基学监活动伊始，立刻开除了大学的 11 名教授，之后被开除的人数不断增加，教学方针转向，具有了修道院教学的特征。

马格尼茨基在喀山的 "建树" 成为其他学区模仿的榜样，如果说，马格尼茨基开始自己的学监活动从解雇 11 位教授开始，那么，彼得堡学区督学 Д. П. 鲁尼奇工作的开始是打击 4 位顶尖教授，指控他们在授课中试图推翻对东正教的信仰，号召革命，这些教授遭受了屈辱和公开的审讯。大学失去了最好的教授，并陷入政治反动的气氛。人们很难相信，这样的事情会发生在 19 世纪亚历山大一世在位时期。

反动政策还涉及书刊审查，1817 年出台的严格章程代替相对宽松的 1804 年章程。事情达到滑稽可笑的境地。马格尼茨基本人也遭到审查，他在 1823 年翻译了名为《趣谈宪法》的著作，虽然这个著作的内容是反对宪法的，但书刊检查委员会并没有允许它出版，其三个主要理由是：在专制统治下国泰民安的国家根本没有必要公开讨论宪法；著作中对宪法的攻击可能会在与俄国结盟的宪政国家引起不好反响；这部著作的出版可能会引起其他有关宪法的著作出现。结果，马格尼茨基本人也成为书刊审查的受害者。

在亚历山大一世统治后期政府对外和对内政策的破坏性影响力方面，军屯制首屈一指，军屯制本身就成为黑暗的反动的象征。军屯的建立，实际上意味着对农民的双重奴役。军屯的民兵，形式上摆脱了农奴制依附，却比以前更为强烈地被束缚在土地之上。他们失去了去打工以及从事贸易和工业的可能性。阿拉克切耶夫是军屯制的初创者，关于"阿拉克切耶夫王国"噩梦般的环境，即使在皇室家庭里也直言不讳。寡居的皇太后玛丽亚·费多罗芙娜的侄子，符腾堡亲王叶甫根尼回忆说："与此同时，了解到军屯的全貌，你会因为那里的残酷暴行而毛骨悚然；成百上千的农民在这种制度下疲于奔命，被虐致死，因此，一直仁爱有加的亚历山大不要感到奇怪，很快，臣民们在说起他的名字时就会夹杂着疼痛的苦味。"①

军屯制度实行之初就遭遇到了俄国人民的顽强抵制。1819 年楚多沃军屯起义历时近两个月。阿拉克切耶夫被迫动用政府优势部队才将起义镇压

---

① 〔俄〕谢·弗·米罗年科：《19 世纪初俄国专制制度与改革》，许金秋译，社会科学文献出版社，2017，第 242 页。

下去，众多军屯居民被逮捕。到八月底，2000 多名起义者被逮捕拘留。其中，有 363 人被交付军事法庭，有 272 人被判处死刑。阿拉克切耶夫"从一个基督徒应有的感情出发，决定给犯人减刑，不予枪毙，改施杖刑"。这种杖刑极为残酷，"由一个营的 1000 名士兵手持棍棒列成双行，然后命受刑者在队列中走 12 个来回，承受杖刑"。每一个受刑者在经过 12000 棒的毒打后，非死即残，其中有 160 名男子在毒打后死去。对军屯居民的血腥镇压使俄国先进人士怒不可遏，引起了反政府情绪的爆发。相反，亚历山大一世本人却越来越坚信他所选择道路的必要性和正确性。有一天，他突然罕见地坦陈自己的想法，说道："军屯区要继续存在下去，哪怕为此不得不使圣彼得堡至楚多沃的道路上尸横遍野。"①

亚历山大一世转向反动政策是由许多内部和外部因素、客观和主观因素导致的。这个时期俄国经济极度低迷，出口大幅下降，农业严重衰退，自由贸易关税的实施，使物美价廉的外国产品流入俄国，沉重打击了本就薄弱的俄国工业和手工业。西班牙爆发新的革命，皮埃蒙特和那不勒斯也爆发革命，对沙皇的思想产生影响。使敏感的沙皇特别震惊的是宫廷后院失火，1820 年 10 月沙皇本人领导的谢苗诺夫军团爆发起义。亚历山大一世深信，这个起义是由激进的秘密团体阴谋组织的。沙皇情绪和行为的转变令人震惊，他开始与奥地利首相梅特涅接近，而仅仅在几年前，他们几乎要决斗。亚历山大曾表示，必须与为撒旦的战斗精神所控制的邪恶帝国对抗。梅特涅在其回忆录中提到亚历山大一世曾经对他说自己以前的做法"错了"："您不懂，为什么我不再和以前一样，我会解释给你听。从 1813 年到 1820 年，经过了七年，这七年对于我来说如同一个世纪那样漫长。1820 年，我绝不会那样做出 1813 年所做的事。不是您改变了，而是我。您没有什么可以忏悔的，对于我自己我却不能这样说。"②

反动的闸门被打开，但沙皇在此期间也有一些令人难解的行动。大约在这个时期，沙皇知道了国内存在秘密团体，A. X. 别肯道夫向沙皇呈递的

---

① 赵士国：《历史的选择与选择的历史》，人民出版社，2006，第 46 页。
② Шильдер Н. К. Император Александр Первый. Т. IV. СПб., 1905. С. 182 – 183.

奏章中有关于秘密团体的最完整信息，但沙皇把奏章搁置，并没有采取任何行动。与当时的反动政策相矛盾的还有一点，即沙皇先是把斯佩兰斯基释放，然后对他进行重用，斯佩兰斯基在 1816 年被任命为奔萨省长，在 1819 年成为西伯利亚总督，在 1820 年末当沙皇明显右倾的时候，他接见斯佩兰斯基，任命他为国务会议法律司成员。然而，斯佩兰斯基没有恢复以前的地位，1820 年以后他对国务进程的影响力比 1812 年之前弱得多。斯佩兰斯基本身也已经不是从前斗志昂扬的自由主义改革者，他变得谨小慎微，与阿拉克切耶夫与卡拉姆津和平共处。

综上所述，亚历山大一世时代是俄国三个社会 - 政治流派产生的时代，这是俄国保守主义产生的时代，是俄国自由主义产生的时代，是俄国革命运动、革命激进主义产生的时代。这三个流派都经过了 19 世纪，进入了 20 世纪，在这个世纪他们注定要展开残酷的斗争。

在 19 世纪初期俄国政治现代化有良好的发展条件，沙皇亚历山大一世是实现这个任务的理想人选。亚历山大一世曾经受到继承皇位的专门培养，在教育中接受了欧洲自由主义价值观，真心希望进行改革，主张在俄国取消农奴制，实行立宪制度。亚历山大一世虽然认识到解决国家现代化的关键问题的必要性，但也意识到必须使局势处于自己的控制之中，他实行"自上而下的改革"，但在其统治的每个阶段最终都畏于贵族的反对情绪，改变了改革的策略，这些改革策略因而被称为"政治秋千"。亚历山大一世推行的改革措施大部分没有取得成效，这一方面是由于社会保守情绪弥漫，另一方面也与他自身的个性特点和执政风格有关。俄国现代化进程常常取决于当政者的见识和能力，亚历山大一世意志软弱，每当面临保守力量的抵抗时，立刻退缩，废止改革措施。沙皇在"改革的必要性"和"改革的可能性"之间徘徊，使俄国政治法律制度改革呈现曲线前进的特点。

但即使沙皇亚历山大一世在外部的压力下最终放弃了自由主义立宪改革，俄国还是沿着国家管理和法律制度不断完善的道路前进，亚历山大一世采取了一系列措施使国家法律制度化，逐步走上了现代国家之路。除沙皇独裁权力依然强势之外，19 世纪初俄国形成了现代国家管理体制。Н. 埃杰利曼强调了俄国政治方针的继承性，"1801 年是推翻了保罗一世的统治制度，而 1825 年是推翻了亚历山大一世的统治制度。但在镇压十二月党人后取代亚历山大一世统治的制度体现了'历史的螺线圈'，类似于以前的保罗一世的统治制度"。[1]

---

① Эйдельман Н. Я. Грань веков. Политическая борьба в России. Конец XVIII – начало XIX столетия. М. , 1982. С. 345.

第六章　尼古拉一世时期：专制政治与社会危机

尼古拉一世政府执行保守方针，加强专制统治，拒绝宪政和自由主义改革，限制启蒙思想传播，压制政治思想多元化，使国家社会生活处于最高政权的严格监督之下。在这样的"冰冻时期"，尽管国家再没有提出任何立宪方案，农奴制依然是岿然不动，但是现代化进程并没有被中止。尼古拉一世实施了一些局部的改革措施，改善了国家农民的处境，在保证地主利益的基础上规范了农民和地主之间的关系。法典编纂工作成功，使帝国的治理以严格遵循沙皇制定的法律为基础。政府在经济领域进行的改革与最高政权的主观愿意背道而驰，在客观上推动了国家转向新型经济和社会关系，从内部动摇了农奴制度，从长远上看动摇了专制制度。

第一节　极端专政和军警统治

亚历山大一世去世后，因为他没有子嗣，按照 1797 年皇位继承法，应该由其二弟康斯坦丁即位。但康斯坦丁受到父亲保罗一世被酒醉的近卫军勒死事件的影响，发誓终生不当沙皇。另外，康斯坦丁在同第一个妻子离婚后娶了波兰的一位女子为妻，也就是婚姻门第不当，在当时的欧洲皇室这类婚姻不被法律承认，康斯坦丁等于是为此门婚姻自动放弃了继承权。他在 1822 年写信给他的哥哥，表示放弃皇位，他哥哥接受了他的请求，并且于 1823 年写下旨意指定三弟尼古拉为皇位继承人。但这份圣旨没有公布，也没有送达新继承人之手。由于皇位继承问题严格保密，亚历山大一世在 1825 年 11 月于塔甘罗格疗养时突然去世，引发了严重混乱。当时康斯坦丁在华沙任波兰王国军队司令，康斯坦丁拒绝到俄国去继承皇位，而尼古拉在未正式收到兄长的放弃继承权的声明之前也拒绝继承皇位。当时兄弟俩互相推让，出现了戏剧性局面，在彼得堡的尼古拉向华沙的康斯坦丁宣誓，而在华沙的康斯坦丁却向在彼得堡的尼古拉宣誓，俄国在二十几天内皇位空缺。尼古拉收到康斯坦丁自愿放弃皇位的书面声明之后，才在 12 月 12 日正式继承皇位，时年 29 岁，史称尼古拉一世。

尼古拉一世在 1825 年 12 月 12 日即位时，已经知道十二月党人将在最高权力机关向他宣誓的日子，即 12 月 24 日发动起义。他知道，这一天将决定他的命运，他或者成为一个强大帝国的沙皇，或者被某个醉醺醺的近卫军官杀死。在 1825 年 12 月 14 日那天早晨 6 点，早于规定的时间，他接受了参政院、正教公会和国务会议等高级官员的宣誓。然后，他对这些高级官员说："宣誓之后，你们要用生命保证首都的安定，至于我，只要我当一个小时的沙皇，我也会证明，我是一个称职的沙皇。"① 尼古拉一世将自己 7 岁的儿子交给可靠的人照看，乘车前往起义广场。到了晚上，起义被镇压下去。尼古拉一世终生都记得 1825 年 12 月 14 日那一天，这个记忆也体现在他的执政方式方面。

镇压了十二月党人起义后在宝座上稳定下来的尼古拉一世，从一开始就采取了明确的政治立场。他在即位后不久说道，"革命到了俄国门坎，但我发誓，只要我还有一口气，绝不会让它闯进来"。② 尼古拉一世认为，他的哥哥亚历山大执行自由主义政策，结果带来了十二月党人起义。因此，给予社会自由将导致悲剧性的结果，必须对俄国社会进行严格监督，建立起秩序和纪律。他从保守主义立场出发的考虑预先决定了他统治时期政府政策的方向，即维护和加强沙皇专制制度，他毕生致力于镇压变革，不仅在俄国，而且在欧洲任何地方镇压变革。

---

① Олейников Д. Николай I. M. , 2012. C. 92.
② 赵士国：《俄国政体与官制史》，湖南师范大学出版社，1998，第 153 页。

新沙皇与前一位沙皇即他的哥哥无论是作为个人还是作为统治者，都迥然有异。与自相矛盾、优柔寡断的亚历山大一世截然不同，尼古拉一世坚决果断，目标明确，有着钢铁般的意志和强烈的责任感。无论是从性格来看还是从其英俊而威严的外表来看，尼古拉似乎都是一位完美的专制君主。

尼古拉是保罗一世的第三子。按俄国皇室的传统，沙皇长子按皇位继承人的模式进行培养，其他皇子则按照领导军队的将军的模式进行培养。保罗一世的小儿子们所受的教育与受到崇拜开明哲学人文主义原则的叶卡捷琳娜二世庇护的长子们不同。他们的母亲，孀居的皇太后玛丽亚·费多罗芙娜，把五岁的尼古拉和他的兄弟米哈伊尔委托给了兰姆斯多尔夫将军。尼古拉和米哈伊尔所受的教育是非常苛刻的。尼古拉一世回忆，他的教育主要是建立在恐惧之上，兰姆斯多尔夫"知道如何向我们灌输一个感觉——恐惧……恐惧和寻求如何逃避处罚，这一切占据了我大部分的脑海。在教学中，我看到的只是强制性、机械性的学习。兰姆斯多尔夫经常用芦苇惩罚我，那种疼痛的感觉伴随终生"。① 年轻的尼古拉对人文科学不感兴趣，更喜欢数学、炮兵学、工程学，特别是对军事学和工程技术极为着迷，他毕生都以军事工程师自居。在尼古拉一世统治的年代，棍棒和藤条的使用范围达到了无以复加的程度，他也因此被称为"军棍沙皇"。

尼古拉一世不像他的哥哥亚历山大那样优柔寡断、沉溺于幻想，他处事果断、意志坚定，认为不应该在无益的哲学幻想上浪费光阴，应该把时间用在建筑城堡、桥梁和道路上面。在同时代人眼中，尼古拉一世是一个严于律己、勤奋工作的人。他拥有健康的生活方式，从来不吸烟也不喜欢吸烟的人；他从来不喝烈性酒；他喜欢安步当车，经常身佩武器；他喜爱穿普通军大衣，喜欢睡硬板床。他有严格的工作时间表：每日工作从早晨7点整开始，9点接受下属的报告，每日工作16~18个小时。据同时代人回

---

① Гросул В. Я. （отв. ред.）. Русский консерватизм XIX столетия : идеология и практика. М., 2000. С. 106 – 107.

忆："对于他来说，沙皇宝座不是安乐窝，而是激励他努力工作。"①

尼古拉青年时期熟悉的 18 世纪法国大革命的历史对这位未来独裁者世界观的塑造产生了影响。尼古拉大公对革命煽动者十分反感，对革命者的敌视与日俱增。他谴责法王路易十六行为软弱，没能履行自己的职责，认为路易十六"本应保护自己的人民免受很多苦难"。他所经历的十二月党人起义、1830 年波兰起义、1830 年和 1848～1849 年西欧革命，加强了他的这种情绪，让他的政策的保守主义特点浓厚，致力于加强传统制度的基础，免受来自各方危险势力的破坏。他所信奉的一个准则是：如果统治者信心坚定、无情报复，那些最勇敢的人就会变成最懦弱的人。

即位之后，尼古拉一世表现出熟练政治家的手腕。据调查，十二月党人曾计划让斯佩兰斯基担任未来俄罗斯共和国的首脑，于是他决定让斯佩兰斯基负责最高刑事法庭对"十二月党人"的处罚。斯佩兰斯基开出了一份长长的绞刑犯名单，这使得尼古拉一世可以尽可能地展示自己的"仁慈大度"，他大大缩短了这个名单，只保留了 5 个人的绞刑。他希望通过这样的仁慈之举，把许多心怀不满的人吸引到自己一方来。他赦免了一些被捕者的罪过，那些仅在早期阶段参加秘密团体的人被免受调查，在审判前已被释放。十二月党人的亲属也免被起诉。沙皇对其中的一些人进行安抚，如弗拉基米尔·彼斯捷尔在他哥哥被执行绞刑后第二天即获得侍从将官的官衔，阿列克谢·奥尔洛夫获得伯爵的封号。那些陷入困境的十二月党人亲属得到政府救济。被定罪的十二月党人的孩子们由国家出资入读士官学校以及其他教育机构。

尼古拉一世在即位初期赢得了一定的威望，他在 12 月 14 日那天的勇气打动了很多人，他管理国务时事必躬亲令人们敬佩，而他的前任亚历山大一世早已经放弃了亲自处理国务。为人民所敌视的阿拉克切耶夫和马格尼茨基先后辞职使人们欢呼雀跃，政府努力解决官员贪污贿赂和因循拖延的顽疾也赢得了人们的支持，在外交事务上保护被土耳其苏丹所压迫的共同信仰者——希腊，在与土耳其的战争中俄制武器的成功进一步增加了年轻

---

① 张建华：《帝国风暴——大变革前夜的俄罗斯》，北京大学出版社，2016，第 361 页。

沙皇的威信。

尼古拉一世在加强中央集权和军事专政方面，在俄国皇位上可以说是前无古人，后无来者。

尼古拉一世加强军事专政，把全国变成高度集权统治的兵营。在国家机构的很多环节，如矿务、林业和交通等部门，实行了军事化管理，任命军官担任省长。据统计，在尼古拉一世统治时期，将军在大臣中占 55.5%，在国务委员中占 49%，在参政员中占 30.5%，在省长中占 51.7%。[①] 尼古拉一世讨厌按部就班的准备、磋商或其他需要花费时间的程序，在处理国务时经常绕过正常的渠道，特别喜欢利用独立于常规国家机构的各种委员会。这些委员会一般由沙皇的若干亲信组成，在他统治时期，这类最高委员会经常剥夺了其他最高机构的职能。整个政府机器越来越渗透着直接命令、唯命是从和一丝不苟的军事作风。

到 19 世纪中期，俄国官僚中央集权主义达到顶峰，几乎各部门的所有指挥职能、部分执行职能都集中到了中央机构——部和管理总局。国务会议、参政院和大臣委员会这样的最高国家机关，也疲于解决很多细小的、琐碎的事务。如，根据 19 世纪中期法律，地方机构只能决定 3000 卢布以下的承包事务；3000～7500 卢布的由总督或者省长决定；7500～15000 卢布的由大臣或者总局局长决定；15000 卢布以上的由参政院决定。[②] 《俄罗斯帝国法典》和《军事条例集》中有很多类似的规定。

但是，1825 年 12 月 14 日事件后，尼古拉一世通过审讯十二月党人，也认识到必须采取措施稳固政权。他下令详细研究十二月党人秘密团体的纲领，研究他们关于实现政治制度现代化的必要措施。尽管对于沙皇来说，多数激进建议并不能接受，但不同时期都有学者认为，尼古拉一世在其统治初期还是准备进行改革，以避免再爆发类似的起义。[③]

尼古拉一世不反对改革，但有一个前提条件，就是改革要来自上层沙

---

①　赵士国：《俄国政体与官制史》，湖南师范大学出版社，1998，第 160 页。

②　Ерошкин Н. П. Российское самодержавие. М., 2006. С. 113.

③　Гаман‐Голутвина О. В. Политические элиты России: Вехи исторической эволюции. М., 2006. С. 163.

皇，不涉及专制制度，在这方面他不会做出丝毫让步。最高统治者从未放弃对农奴问题的关注。俄国著名史学家 C. 米罗年科在研究大量档案之后认为，以尼古拉一世为代表的最高政权确实曾经努力解决农民问题。在尼古拉一世统治的 1/4 世纪内，交替成立了 9 个以某种方式研究农民问题的秘密委员会。这些委员会成员不多，秘密工作，不仅完全禁止公众参与，甚至不准公众知道政府采取的措施。

尼古拉一世承认农奴制"是所有人都能感觉到的罪恶"，但他并不想在不久的将来取消农奴制，希望将这个计划推迟到未来。他认为，立即取消农奴制将会"破坏社会的定安"。在这件事情上，尼古拉一世表现出异常的谨慎和在他身上少见的优柔寡断。他认为取消农奴制不可或缺的条件是地主自愿同意。他在位期间规模最显著的改革是国家农民改革，由基谢廖夫领导进行，基谢廖夫被尼古拉一世称为自己的"农民问题参谋长"。为进行这次改革成立了国有资产部，由基谢廖夫担任大臣。改革措施主要有：将人头税改为土地税，对贫困农民额外分配土地，开展农民自治，对村庄实行金融援助，为农民创办学校，发展农村医疗保健。当时国家农民有 1600 万～1700 万人，国家农民改革在几年（1837～1841）之内完成，国家农民的法律地位和生活状况明显提高，接近"自由农民"。国家农民数量在 19 世纪 50 年代中后期达到居民人口比例的 50%。①

基谢廖夫的改革成为解决俄国农民问题的一个里程碑，但它只是农民改革整体设想的一部分。按照整体设想，首先进行国家农民改革，然后将改革扩展到地主农民，但这未能付诸实施，一切只局限于 1842 年 4 月 2 日沙皇颁布"关于义务农民的法令"。地主可以与农民自愿达成协议，在一定条件下允许农民长期延续使用他的土地。农民获得人身自由，而地主则为自己保留土地所有权，地主保留着对农民的司法权，但失去了支配农民的财产和劳动的权力；农民或者为地主干活，或者按条款规定的标准向地主纳租。该法令的实际效果很小：在 1000 万农奴当中只有 25000 人转为义务农民，只是冰山一角。国家还采取一些措施改善地主农民的状况，改变社

---

① 张建华：《帝国风暴——大变革前夜的俄罗斯》，北京大学出版社，2016，第 363～364 页。

会对地主农民的固有观念，强调农奴不是地主简单的私有财产，他们首先是国家的臣民。1826～1855 年，俄国颁布的有关各类农民的法令多达 30007 项，其中涉及地主农民的有 367 项，是此前统治时期的 2 倍多。[①] 尼古拉一世统治时期在农民问题上进行的一系列保守改革措施，虽然在大多数情况下没有取得显著成效，没有根本动摇农奴制，但表明他本人充分认识到了农民改革的紧要性和迫切性，并且使贵族和地主阶层也深深感觉到，废除农奴制已经是不可抗拒的历史潮流，从而为亚历山大二世废除农奴制做了法律和行政意义上的准备，为贵族和地主阶层接受农奴制改革做了心理准备。这使得 1861 年 2 月 19 日农奴制废除法令颁布之时，俄国贵族阶层没有采取极端方式对抗沙皇政府的改革决定，全国也没有发生大规模的政治和社会动荡。

尼古拉一世痴迷于军事，崇尚秩序，同样是一位狂热的法律卫道士。在尼古拉一世看来，法律是维护社会稳定的手段，是社会生活的秩序性、纪律性和组织性的稳定基础。尼古拉一世在极力加强其专制统治时期，将国家管理纳入了法制轨道。在统治时期，其重要的功勋是为沙皇权力和政府机构的活动建立了严格的法律基础。从阿列克塞沙皇时期制定的 1649 年法典之后，俄国再未编写新的法典。虽然历代沙皇为此进行了多次努力，但都没有取得什么成就。到尼古拉一世时期，在经历了 133 年的失败尝试之后，1830～1832 年，俄国终于编纂出了《俄罗斯帝国法律全集》和《俄罗斯帝国法典》，使以后的国家管理建立在坚实的法律基础之上。

尼古拉一世执政时期，政府为促进国家经济进步和发展国民教育也做了很多事情，如奖励工业和农业协会的活动、组织全俄展览会宣传先进工艺、成立银行和交易所、修建铁路，创办了很多学校。尼古拉一世还采取了很多措施完善官僚制度，提高国家机构的工作效率。许多在叶卡捷琳娜二世和亚历山大一世时期实行的政策措施在尼古拉一世时期得到了进一步发展，所有这些为以后的自由主义改革培植了土壤。

---

① 〔俄〕鲍里斯·尼古拉耶维奇·米罗诺夫：《俄国社会史》下卷，张广翔等译，山东大学出版社，2006，第 224 页。

总体来看，尼古拉一世统治时期奉行实用和保守主义政策，在政府实行保守方针中起到显著作用的不仅有沙皇的政治信仰，还有其对革命运动的恐惧。政府奉行保守稳定的思想，维护社会政治稳定，避免社会秩序混乱和革命震动。在近年来的历史文献中，对尼古拉一世的统治不再像以前一样简单地称为反动的统治，而是看成实施保守政治管理方针的时期。

第二节　加强中央集权和完善国家法治

赫尔岑称尼古拉一世是"带着 5 座绞刑架"开始了他的独裁统治的。在俄国国内，以警察专政为特征的专制国家机器和以皇权主义为特征的专制主义文化肆意横行，同时代和后世的大多数历史学家均认为尼古拉一世的统治使沙皇专制制度达到了顶点。[1] 专制的思想在新沙皇的统治中得到了鲜明的体现：在他统治时期，管理的中央集权化达到极限，所有管理的环节直接取决于皇帝。这种管理得以实现在很大程度上是由于通过对沙皇陛下办公厅的根本改革，这个机构的重要性和作用激增。尼古拉一世时期，沙皇陛下办公厅从沙皇的个人办公厅变成了最高政府机关，拥有最广泛的权力，位于国家机构金字塔的顶端。

俄国沙皇陛下办公厅是直属沙皇的执行机关，俄国这类机构历史悠久，最早的是沙皇米哈伊尔时期的秘密事务衙门。彼得一世成立了沙皇陛下办公室，叶卡捷琳娜二世成立了御前秘书处，下设由御前大臣领导的办公厅，保罗一世设立了沙皇陛下办公厅，负责为沙皇收集所有国家机构活动的信息、起草诏书、接收呈给沙皇的申请、向申请者下达沙皇的决议。亚历山大一世时期，随着部体制的建立，这个办公厅被关闭，但很快作为一个秘密机构复苏，在斯佩兰斯基被贬谪后由阿拉克切耶夫担任领导。尼古拉一世时期，官僚中央集权制度加强，沙皇陛下办公厅的地位随之提高，成为沙皇就最重要的内政问题与所有国家机构联系的机构，变成国家最高管理机构之一。

---

① 参见张建华《帝国风暴——大变革前夜的俄罗斯》，北京大学出版社，2016，第 352 页。

　　登基几天之后，尼古拉一世停止了阿拉克切耶夫对沙皇陛下办公厅的管理，宣布由他亲自领导。这样做表面上的理由是为了前沙皇宠臣的健康休养，事实上，是新沙皇不愿与他分享权力。将阿拉克切耶夫撤职也为沙皇赢得了口碑。后来，他在体面的借口下免除了阿拉克切耶夫对军屯的管理。

　　1826 年 1 月 31 日，设立了沙皇陛下第二办公厅，以前的沙皇陛下办公厅改称为沙皇陛下第一办公厅，1826 年 7 月 3 日设立了第三办公厅，1828 年 10 月 26 日设立了第四办公厅，1836 年 4 月 29 日设立了第五办公厅，1842 年 8 月 30 日设立了第六办公厅。每个厅都是独立的最高国家机关，有自己的领导、职能、编制、秘书处及向沙皇个人汇报的权力。

　　沙皇陛下第一办公厅（1826. 1. 31 ~ 1882. 2. 22）继承了以前沙皇陛下办公厅的职能，从其产生之初起就是加强国家中央集权化的机构。根据尼古拉一世的命令，从 1826 年 5 月起，除陆军部和海军部以外的所有部门的首脑、大臣委员会秘书长、正教公会总检察官每天早晨向第一厅提交自己部门事务的简短汇报，以及归沙皇御批的事务的文件。第一厅的主要职能是全面监督文官组织情况，1846 年 9 月 5 日在第一厅成立文官监察司作为俄国文官的管理机构。尼古拉一世在成立这个司时声明，"我想提高文官的地位，使之与军官的地位相等。我想认识所有文官，就像我认识我们军队的所有军官一样。我们的官员数量过多，我想，官员的编制应该符合实际需要，就像我的办公厅一样"。① 文官监察司长由第一厅长兼任。克里米亚战争后，社会运动高涨，尼古拉一世时期管理的极端中央集权化开始削弱。这个代表官僚集权主义的机构的权限明显缩小，地位开始下降。

　　尼古拉一世统治下的沙皇陛下办公厅集中了最重要的国家职能——立法活动，第二办公厅（1826. 1. 31 ~ 1882. 1. 23）的任务是编纂俄罗斯帝国法典。尼古拉一世认识到存在一部全面的、方便使用的法典是国家建立法律秩序的必要条件，国家工作必须遵循法治规则。俄国法律编纂工作的历史可追溯到 18 世纪，从那时起至 19 世纪初俄国曾经设立了近十个法律编纂

---

① Шепелев Л. Е. Чиновный мир России. СПб. , 1999. С. 78.

委员会，但都没有取得成效。

尼古拉一世在 1826 年 1 月 31 日下旨，"为保证法律编纂工作顺利进行"，在沙皇陛下办公厅成立一个新的厅——第二厅。厅长是原法律编纂委员会成员 M. 巴鲁吉扬斯基教授，但整个庞大的编纂工作的灵魂和核心还是斯佩兰斯基。斯佩兰斯基从流放地回来之后，曾被任命为奔萨省长，后来就任西伯利亚总督，对那里进行了广泛的改革，涉及政治、经济、文化、教育以及社会生活各个领域。1821 年他重返彼得堡，进入国务会议，作为法律司成员参加法律编纂工作。但他在这里没有任何职务，甚至没有列入这个机构的编制。这显然是尼古拉一世对斯佩兰斯基的不信任，但这项工作又离不开他的头脑、知识和对编纂技术的精通。斯佩兰斯基在被流放之后，就意识到他的庞大政治设想是根本不合时宜的，也是徒劳的。从幻想中醒悟后，他仍然保持年轻时的勤奋，接受了编纂法典的使命，在短时间内完成了惊人的工作。他从各办公厅和档案局索取它们保存的全部法令，将从 1649 年法典开始直到亚历山大一世颁布的最后一道敕令为止的所有法律文件，按照年代顺序编排起来。

到 1830 年，收集法令并按时间排序的庞大工作完成。第一套《俄罗斯帝国法律全集》准备出版，共 45 卷，其中 40 卷是法律，5 卷是索引，包括从 1649 年（《阿列克谢·米哈伊尔法典》）到 1825 年 12 月 3 日的全部法律。法律全集的印刷工作十分庞大，一套法律全集 33780 页，要印 6000 多份，尼古拉一世特意为此成立了国家印刷厂，这项工作也在一年之内完成。①

随着法律全集的出版，法律编纂委员会开始编写满足国家机关和官员实际需要的《俄罗斯帝国法典》，这里收入的只是现行法律条文，有 4.2 万个条款，将其按类别分卷，对某些法律做一些简短的解释。1833 年 1 月，法典的全部 15 卷都提交到国务会议并得以通过。此后，它成为国家机构解

---

① 后来，每年颁布的法令编成一卷，1825～1884 年的 55 卷称为第二套法律全集，1884～1916 年的 33 卷称为第三套法律全集。整部法律全集共有 133 卷。Ерошкин Н. П. Российское самодержавие. М. , 2006. С. 173.

决事务时的唯一法律依据，适用时间从 1835 年 1 月 1 日起。因为这部法典在 1832 年编写完成，因此史上习惯将其称为 1832 年法典。

斯佩兰斯基在第二厅的工作赢得了尼古拉一世的好感，他获得了所有最高勋章，甚至伯爵封号。在 1833 年 1 月的国务会议上，斯佩兰斯基将第一版《俄罗斯帝国法典》呈献给尼古拉一世，尼古拉一世当场摘下自己佩戴的"安德列耶夫之星"，亲手给他戴上。1835 年，斯佩兰斯基被任命为皇太子亚历山大的法律教师，他将这份工作一直干到 1839 年 2 月 23 日逝世。尼古拉一世在得知他去世的消息后说道："不是所有人都能理解、正确地评价米哈伊尔·米哈伊洛维奇（斯佩兰斯基），最初我也是，甚至比其他人更排斥他，但是，时间和实践消除了谗言的影响。我认识到他是一个最忠诚的、勤奋的仆人……"[1]

在 1832 年的《俄罗斯帝国法典》中，俄罗斯帝国的国家制度首次在法律上得到了确认。其中第一章明确规定：沙皇"至高至尊，享有无限权力"。这也就是说，沙皇大权独揽，无须对任何人负责。但第四十七章则规定，沙皇在行使专权时必须遵循法律："俄罗斯帝国的治国原则以严格遵循沙皇制定的法律法规为基础。"[2] 这样，俄国政体便借法律之名披上了合法的外衣，而不再是君主凌驾于法律之上的独断专行。法律编纂工作促进了国家的巩固，提高了其所有环节的工作效力，国家管理和司法的各个环节开始完全"依法"工作。

沙皇陛下办公厅职能的扩大，并不局限于成立了第二厅。在 1826 年夏天出现了臭名昭著的第三厅，沙皇陛下第三办公厅（1826.6.3～1880.8.6）在俄国国家机构中占有特殊地位。第三厅作为政治侦查机构，取代了 19 世纪头 25 年俄国实行分权制度的、若干个独立的政治侦查机构。

在调查十二月党人事件期间，独立近卫军团司令 A. 本肯道夫向尼古拉一世提交了《关于最高警察制度》的方案。他写道："12 月 14 日事件和对

---

① Корф М. А. Жизнь графа Сперанского. Т. 2. СПб. , 1861. С. 308.

② 〔俄〕鲍里斯·尼古拉耶维奇·米罗诺夫：《俄国社会史》下卷，张广翔等译，山东大学出版社，2006，第 143 页。

此事已经酝酿了 10 多年的可怕阴谋，清楚地表明我们的警察机构无所作为，必须尽快按照一个周详的计划成立新的警察机构。"① 本肯道夫建议成立一个实行严格中央集权、覆盖帝国所有地区的新政治警察机构。尼古拉一世则想得更远，认为应该在沙皇陛下办公厅成立一个厅专管此事。他计划通过这个机构建立一支新的高效的秘密警察队伍。这个机构不但要及时发现各种阴谋行动，而且要扼制相关的思想苗头。它不仅要了解公众情绪，而且要知道如何操纵它。这个机构不仅可以将动乱消灭在萌芽状态，而且还可以对行动施以刑罚，对思想予以惩戒。

尼古拉一世委托本肯道夫组建这样的机构，于是 1826 年 6 月 3 日在内务部特别办公厅的基础上成立了沙皇陛下第三办公厅，由本肯道夫领导。第三厅的人员不过数十人，但它拥有独立的宪兵团作为执行机构。宪兵团在 1827 年 4 月 23 日成立，1836 年 7 月 1 日改组成为独立宪兵团，同样由本肯道夫领导。但这仅是冰山一角，第三厅的主要力量在于它隐蔽的特工，他们遍布全国，无处不在。近卫军中、军队中、各部委中、圣彼得堡的沙龙里、剧院里、化装舞会上，甚至在妓院里，到处都有他们的身影，人们看不到的耳朵在倾听。当时的人抱怨说："他们甚至在我的汤里。"②

第三厅第一任厅长本肯道夫将军是波罗的海沿岸德国血统贵族，出身陆军上将之家。1798 年开始在谢苗诺夫兵团服役，作战勇敢，战功赫赫。在同拿破仑法国的战争中曾经俘获 3 位将军和 6000 名士兵。1820 年，时任近卫军参谋长的本肯道夫将军向亚历山大一世呈交了他收集的有关十二月党人团体的告发信，并附上了一份叛乱者的名单，提出了一些紧急应对措施。在 12 月 14 日起义的那天，他寸步不离地守在尼古拉一世身边，赢得他的信任和青睐。尼古拉一世非常看重本肯道夫的工作热情，任命他担任强大的执法机构第三厅的长官。他在 1832 年获得伯爵封号，1834 年获得最高勋章。他对沙皇也十分忠诚，直至生命的最后一刻都虔诚地履行自己的职

---

① Ерошкин Н. П. Российское самодержавие. М. , 2006. С. 184.
② 〔俄〕爱德华·拉津斯基：《亚历山大二世——最后的伟大沙皇》，周镜译，新世纪出版社，2015，第 39 页。

责。他反感自由主义，却比国内任何人都了解社会情绪，不断建议沙皇出于国家安全的考虑，采取措施赶在农民行动之前解决农民问题。赫尔岑在评价本肯道夫时写道："可能，作为这个不受法律制约、凌驾于法律之上、可以干涉任何事务的、可怕的警察局的长官，本肯道夫没有做他有能力做的坏事，我相信这一点，但他也没有做好事，他没有这个精力、毅力和心情。"①

第三厅职能非常驳杂，拥有极大的权力，它监督的不仅有个人，还有中央和地方政府机构，人民的政治忠诚，农民的情绪，地主与农民的关系，人们的欺诈、赌博等各种不良行为，以及任何地方事件。这里身着天蓝色制服的国家卫士们总是忙个不停："他们试图介入人民的全部生活，实际上他们干涉一切所能干涉的事情：家庭生活、商业交易、私人争吵、发明项目、见习修士从修道院逃跑等等，秘密警察对这一切都感兴趣。同时，第三厅还收到不计其数的陈情书、告发信，他们对每封信都要调查，都要立案。"② 赫尔岑就此写道："尼古拉用德意志式的韧性和准确，将第三厅的锁链紧紧地套在了俄国的脖子上。"③

宪兵团严密监视国内政治局势和社会思想。1827 年，本肯道夫在报告中写道："社会思想对于政权的重要性就相当于地形图对于军队长官一样。对于社会思想，不能使用暴力压制，只能进行监督，因为社会思想永远也不会消失，但政权虽然无力熄灭它，却可以减小、弱化它的火焰。"④ 在30～40 年代，第三厅残酷地压制了所有社会政治运动的苗头。

宪兵的监视活动引起了人民普遍的不屑。社会中笼罩着不信任和猜疑。M. A. 德米特里耶夫回忆道："莫斯科间谍横行，所有奢侈挥霍的商人之子、没有工作能力的闲散人员都用两个方式来聚拢钱财：到宪兵那里去告密领

---

① Шикман А. П. Деятели отечественной истории. Биографический словарь – справочник. М., 1997. С. 72 – 73.
② 〔美〕尼古拉·梁赞诺夫斯基、马克·斯坦伯格：《俄罗斯史》，杨烨、卿文辉译，上海人民出版社，2009，第 302 页。
③ 〔俄〕爱德华·拉津斯基：《亚历山大二世——最后的伟大沙皇》，周镜译，新世纪出版社，2015，第 40 页。
④ Шепелев Л. Е. Чиновный мир России. СПб., 1999. С. 84.

赏，对诚实的人以告密进行勒索。没有一个官员可以安心：在家中害怕自己的农奴和仆人被收买，在外面害怕一些体面的上游人士是秘密警察……有他们在场，谈话就停止，或转到另外的话题。"① 社会上告密的浑浊浪潮翻江倒海，第三厅厅长有一天突然发现，他自己和他的工作人员也在受到监视。

十二月党人起义之后的所有政治运动案件，除彼得拉舍夫分子以外，都没有通过法院审判，而是设立专门调查委员会进行审理，这些委员会的成员通常是第三厅官员。委员会把调查结果提交给第三厅厅长，由他向沙皇提交报告并附有惩罚方案。政治犯们通过这种纯行政的方式被送到政治监狱、流放到偏远省份或充军等。尼古拉一世喜欢这种办案的高效性和保密性。

第三厅和宪兵团每年向沙皇提交年度《工作总结》，有时与年度总结一起编写《道德和政治评论》，其中包括有关俄国政治局势、各阶级和阶层的社会思想、社会运动状况的信息。第三厅总结中这样阐述十二月党人起义的原因："在多数情况下政府机构运转失灵，基层官员能力低下、玩忽职守，贪污受贿、横征暴敛从未停止，因此社会上出现了不满思想，产生了不良情绪，这些思想和情绪在这两年以致命的形式体现出来。"②

尼古拉一世时期俄国立法机构和中央管理机构官僚主义严重，负责过多的琐碎小事，导致它们没有足够的时间解决重要的立法和行政问题，解决法律草案制定和统筹领导等问题，为此不得不成立另一层次的国家机构——最高委员会。最高委员会成为国家管理制度中的一个完整的机构体系。多数最高委员会的活动限于讨论或者准备、编写法律草案。在这些委员会讨论的法律草案，一部分被送交国务会议或者大臣委员会研究，一部分越过这些机构，被尼古拉一世直接批准，还有一部分（占多数）根本没有任何结果，被尼古拉一世直接否决。最高委员会成员不多，都是尼古拉一世信任的高级官僚，他们紧密团结，工作高效。最高委员会的工作严格

---

① Дмитриев М. А. Главы из воспоминаний моей жизни. М. , 1998. С. 259.

② Ерошкин Н. П. Российское самодержавие. М. , 2006. С. 190.

保密，被称为"地下政府"。

在这类委员会中，最引人注目的是 1826 年 12 月 6 日委员会（1826.12.6～1832.3.9）。这个委员会的地位十分突出，由国务会议主席科楚别伊伯爵领导，成员都是著名的国务活动家。成立这个委员会的目的是"研究当前各管理领域的状况，寻找改善和加强措施"。尼古拉一世精力充沛也思想敏锐，他认识到国家面临着无法规避的改革问题，十二月党人的阴谋和对他们的审讯证词都证明了这一点。第三厅也指出这一事实，"整个俄罗斯都期待着体制和人们的变化"。他成立 1826 年 12 月 6 日委员会是为了讨论 19 世纪初设想和开始的改革。

委员会中包括亚历山大一世时期的政要，其中有最著名的改革思想和举措的参与者斯佩兰斯基，他成为委员会的"主要的发动机"。斯佩兰斯基提出了一系列有关国家管理改革和社会等级结构改革的方案。他提出进一步改革中央和地方行政机构组织，加强集体领导原则的作用，促进立法、行政和司法三权分立；简化官阶晋升制度，取消其独立的性质；使社会的等级划分更为清晰；改善农民的状况，扩大资产阶级和知识分子的权利。

这个委员会的工作持续了三年多。在 1830 年春天，它起草的方案被提交到国务会议，得到国务会议的一致支持，然后呈给尼古拉一世，他两次下令返回这些文件以做出修改。最后成型的文件被提交给沙皇批准。其中有关等级制的法律草案规定了国家文职制度，以及贵族、僧侣、城市等级和农民的法律地位，有关地主仆人的条例和限制有人居住的庄园分化的法令意在改变农奴的命运。委员会还起草了颁布这些法律的诏书，剩下的只是沙皇签署了。

沙皇面临着关键的抉择：是否要进行改革？尼古拉一世，显然犹豫了。他下令把所有文件发送给他的哥哥，在华沙的康斯坦丁大公。沙皇的哥哥反对改革，尤其是如此全面、"草率"的改革。他认为，只有旧的秩序才能保证"国家生活的稳定"。他建议将改革交由"时间定夺"。尼古拉一世自己也持这种观点。沙皇的另一个兄弟米哈伊尔也认为改革是不合时宜的。结果，这个委员会精心设计的方案被束之高阁，也意味着改革希望破灭。

尼古拉一世认识到要稳固政权，实现政治制度现代化，首先必须通过某种方式解决农奴制问题，因此他命令详细研究十二月党人秘密团体的纲领文件及他们关于实现政治制度现代化的建议。负责调查十二月党人的最高侦查委员会在此基础上编写了《蓄意为恶的团体成员关于国内状况的供词汇编》，其中列举了十二月党人指出的国家机构体系中的一些缺点，如职能不清，官员恣意妄为、玩忽职守等。12 月 6 日委员会研究了这个报告，委员们承认这里所写的很多是事实，认为应该从中汲取有益的因素。

委员会还编写了有关国务会议、参政院、呈文委员会、部和省的基本条例等新法律草案，建议明确划分国务会议和参政院的职能，将参政院分成政府参政院和司法参政院，取消大臣委员会，成立大臣会议，改革部和地方机构组织。委员会还编写了庞大的《关于目前状况的补充法律》方案，讨论了农民问题和等级问题。

尼古拉一世成立 12 月 6 日委员会，是想采取重大的措施，通过实行全面改革巩固专制制度，但在 20 年代中期到 50 年代，俄国已经不能进行 1801～1811 年那样的改革。俄国人民运动不断，波兰爆发起义，先进贵族和正在形成的平民舆论界反对专制的情绪高涨，1830～1831 年很多西欧国家又爆发了革命，在这种情况下，尼古拉一世政府不想放弃旧的国家机器的任何一个环节。因此，虽然 12 月 6 日委员会讨论的问题很广，但采取的措施很少，只是 1832 年宣布成立拥有部分特权的荣誉市民等级，1835 年将呈文委员会改组成为独立的机构，1845 年将《军职、文职和御前职务官阶等级表》（简称《官秩表》）授予世袭贵族和终身贵族的官阶提高等。

国务会议作为国家最高立法咨议机关，在尼古拉一世时期的国家制度下，未起到也不可能起到重要的作用。与前一任沙皇统治时期相比，尼古拉一世时期，法律草案更为经常性地在大臣委员会、沙皇陛下办公厅、正教公会、各种最高委员会、陆军和海军会议讨论之后，绕过国务会议直接提交沙皇批准。一些法律草案即使被提交到国务会议，也附有沙皇希望取得哪种讨论结果的意见。1847 年，尼古拉一世和科尔夫在论及国务会议的职能时指出，"在我的思想中，国务会议的存在是为了它就我询问的问题提出建议，仅此而已……"他并不重视由谁担任国务会议主席的职务。1848

年，科尔夫就任命切尔内舍夫为国务会议主席一事在日记中写道："沙皇认为这个决定没有任何重要意义，认为他自己一人完全有能力解决其担负的重任。"[①]

大臣委员会是国家最高执行机关，同时拥有一些立法咨议职能，甚至是司法职能。在沙皇外出期间，大臣委员会履行摄政职能。皇储亚历山大·尼古拉耶维奇大公成年之后，摄政职能转交他履行。沙皇在首都时期，大臣委员会也独立处理一些事务。

在 30 年代，尼古拉一世加强了大臣委员会的权力，王储、首都军区司令成为大臣委员会成员。1826 年 12 月 6 日委员会成立后，在讨论最高行政机构改革的问题时，委员们一致认为，应该将大臣委员会与参政院第一司合并，称为政府参政院，将最高行政事务转交政府参政院，但尼古拉一世并不急于贯彻这个措施。而 1830 ～ 1831 年发生的一系列事件，如法国和比利时革命、波兰起义、俄国霍乱暴动和军屯起义，使大臣委员会的活动进一步加强，有关取消大臣委员会的问题也不了了之。后来，它的权限进一步扩大。

整体而言，尼古拉一世时期，政权为提高国家机关和官员活动的工作效率，全方位严格监督的体制越来越严密，达到俄国历史上中央集权制的顶峰，但结果适得其反，官僚主义和形式主义盛行。同时，尼古拉一世力主将国家管理纳入法制轨道，作为专制君主甘愿接受其亲自制定的法律的限制，推行依法治国方针，依据行政法规实施行政管理，并辅以行政司法和监察机关的监督，俄国政体进一步向合法君主制衍化。

第三节　从等级君主制到官僚君主制

19 世纪上半叶俄国政治生活中发生了一个新的巨大变化，这便是沙皇进一步摆脱了贵族的影响。亚历山大一世执政初期，尚有赖于贵族的支持，

[①] Зайончковский П. А. Правительственный аппарат самодержавия в XIX веке. М.，1978. C. 129 – 130.

不敢贸然取缔贵族的特权，因为他是在宫廷政变中借助贵族之手杀死父皇后才登上皇位的。登基后，亚历山大一世计划进行政治和社会改革，委派斯佩兰斯基拟订了国家改革草案，然而此事遭到了贵族的激烈反对，他被迫放弃了改革的设想，并将斯佩兰斯基流放他乡。亚历山大一世执政后期，在俄国战胜拿破仑之后，虽然享有自主决断的权力，但仍然顾忌贵族的情绪而不敢大刀阔斧地在俄国实施改革，只是在波兰和芬兰小试锋芒。随后的尼古拉一世较亚历山大一世又往前进了一步。尼古拉一世执政期间，尽可能地摆脱贵族，而主要依靠官僚阶层进行统治。①

　　俄国官僚的出现不是在 19 世纪，而是要早很多：专门的文职工作者出现在 16 世纪，真正意义上的官僚出现在 18 世纪，其基础是彼得一世颁布的《官秩表》，这个法律将国家公职分成三种类型——军职、文职和宫廷职务，文职人员最终与军事和宫廷活动分离，成为专门的国家管理阶层。但是，到尼古拉一世统治时期，官僚才逐渐成为治国的主体。克柳切夫斯基指出，"19 世纪中叶，管理俄国的既非贵族集团，又非民主派，而是官僚们"。②俄国官僚在其发展过程中经历了三个阶段：1825～1855 年——尼古拉一世统治时期，官僚成为新的执政阶级；1855～1881 年——自由主义官僚作为 60～70 年代改革主体占优势地位时期；1881～1917 年——官僚逐渐衰退时期，官僚的效率低下成为俄罗斯帝国倾覆的主要因素之一。

　　促使尼古拉一世摆脱贵族束缚的根本原因是十二月党人起义。起义虽然被镇压，但极大地刺激了尼古拉一世。他对贵族失去信任，转而信赖官僚，贵族的政治地位开始降低。在十二月党人起义之前，贵族是俄国社会的统治阶级，这种地位主要是贵族近卫军参加 18 世纪的宫廷政变而确立起来的。12 月 14 日运动是近卫军发动的最后一次宫廷政变，从此贵族作为一个统治阶级的作用宣告结束。"它作为一个阶层在某个时期还有作用，就是积极参加地方机关的工作，但已不再是统治阶级，变成政府的工具，也就

---

① 参见〔俄〕鲍里斯·尼古拉耶维奇·米罗诺夫《俄国社会史》下卷，张广翔等译，山东大学出版社，2006，第 142～143 页。
② 〔俄〕克柳切夫斯基：《俄国史教程》第 3 卷，刘祖熙等译，商务印书馆，2013，第 6 页。

是充当官僚机关的辅助工具。"① 尼古拉一世采取措施限制领地贵族对农民的统治权力，允许国家更多地介入地主和农民之间的事务。沙皇逐渐摆脱贵族，尽管也听取他们的意见，但治理国家的权力却转移到遵从沙皇意志的官僚手中。

官员队伍人员补充机制的改变也是导致贵族在国家管理中作用降低的因素之一。1762 年诏书取消贵族必须出任公职的义务后，很多贵族立刻办理了离职手续，政府被迫采取措施扩大官员的社会基础，吸纳新阶层加入文职队伍，到亚历山大一世时期，允许除农奴外的纳税等级进入国家机关，尼古拉一世时期，在 1827 年 10 月 14 日颁布了著名的《文职领域办事员条例》，是政府在官僚形成方面的新政策的开端，公职人员的补充也由官员体系取代了等级体系。1755 年，贵族出身的官员尚占总数的 50%，到 1840 ~ 1855 年则减少为 44%。② 虽然以等级制为基础的政府官员的补充原则并未废止，但在国家公职人员的录用和升迁时更看重其工作业绩、受教育程度及职业水平，因而，担任公职的贵族最主要的身份是官员，然后才是贵族。在国家管理中等级成分的减少和官僚因素的增多，使国家从等级君主制向官僚君主制转变。

尼古拉一世统治时期，官僚成为做出重要政治决策的治国主体，文职工作的威信明显提高，官员的数量急剧增加，但他们的工作效率并不高。1842 年，司法大臣向尼古拉一世呈报说，在帝国的所有办事机关尚未清理的案件还有 3300 万件。19 世纪 20 年代末 30 年代初，曾经审理过一起某包税人的大案，有 15 名秘书办理此案，卷宗数量达到了数十万张，简直骇人听闻。一份呈报案件的摘要，就写了 1.5 万页。最后，政府下令将全部卷宗集中起来，从莫斯科运到彼得堡，为此雇了数十辆马车，然而，在运送途中，所有卷宗一页不剩全部丢失，而且未留下任何痕迹。尽管参政院严令

---

① 〔俄〕克柳切夫斯基：《俄国史教程》第 5 卷，刘祖熙等译，商务印书馆，2009，第 229页。

② 〔俄〕鲍里斯·尼古拉耶维奇·米罗诺夫：《俄国社会史》下卷，张广翔等译，山东大学出版社，2006，第 143 页。

查寻，但警察局无所适从，束手无策，最终案件不了了之。① 这就是尼古拉一世时期建成的官僚体制大厦的办事效率！

导致俄国官僚工作效率不高的主要原因之一，是高级官僚的双重身份。俄国高级官僚绝大多数属于大土地所有者阶层。尼古拉一世时期，在大臣委员会中，拥有 1000 个农奴以上的大地主占 77.7%，在国务会议占 70.9%，在参政院占 26.2%。② 他们作为政治精英只是在以官僚的身份，而不是以地主的身份活动时，效率才比较高。这种状况最明显地体现在解决俄国经济和政治现代化的关键问题——农民问题上。

尼古拉一世多次寻求解决农民问题的途径，成立了一个又一个秘密委员会。尼古拉一世寄希望于利用官僚来解决政治和经济现代化的关键问题，用他们来对抗严格制约现代化进程的领地贵族。他几乎动用了当时所有精英官僚解决这个问题，既有亚历山大一世时期的旧臣，也有他统治时期新提拔的官员。当时一些上层官僚也意识到取消农奴制的必要性，即使最反感自由主义的沙皇陛下办公厅第三厅长本肯道夫也不断建议沙皇采取措施，要赶在农民行动之前解决农民问题。"农奴制是国家的致命危害"的著名话语正是出自本肯道夫之口。另一位高级官员，国务会议和大臣委员会主席 И. 瓦西利科夫说道："我们最好在解放农民问题上主动迈出第一步，否则农民起来为自己要求权利的时候很快就会来到。"③

1839 ~ 1842 年秘密委员会是尼古拉一世解决农民问题的最坚决措施之一，尽管秘密委员会名义上的领导是瓦西利科夫，但在委员会活动中真正起主导作用的是当时拥有最远见卓识的国务活动家之一，国有资产大臣基谢廖夫。基谢廖夫解决农民问题方案的基础是剥夺地主的决定农民解放进程的权力，指出这个权力应属于国家，在国家的监督下将法律上属于地主

① 参见〔俄〕克柳切夫斯基《俄国史教程》第 5 卷，刘祖熙等译，商务印书馆，2009，第 238 页。
② Зайончковский П. А. Правительственный аппарат самодержавия в XIX веке. М., 1978. С. 141.
③ Мироненко С. В. Страницы тайной истории самодержавия. Политическая история первой половины XIX в. М., 1990. С. 114, 115.

的土地逐渐转交农民，作为带土地解放农民的过渡阶段。这个方案遭到委员会成员的激烈反对，委员会大多数成员是大地主，如司法大臣布鲁多夫、内务部主管斯特罗加诺夫、国务委员奥尔洛夫伯爵等都是拥有 1000 个以上农奴的大地主，以至于后来基谢廖夫方案被篡改得面目全非。[①] 土地所有者的身份决定了高级官僚地位的双重性：他们既是供职阶层，又是地主阶层。高级官僚作为执政者，理应关注国家经济安康及稳定，支持取消农奴制，因为这是解决这些任务的前提；但取消农奴制将给作为土地所有者的高级官员造成巨大损失。高级官员处于矛盾之中，最终个人利益占了上风，使他们坚决反对取消农奴制，可以说，正是土地所有者的身份导致了精英的"渣化"。

官员的双重身份是导致官僚效率低下的主要因素，但并不是唯一的因素，还有其他一些因素。首先应该提到的是帝俄时期非常刻板的官阶晋升制度。从叶卡捷琳娜二世时期起，年资成为官员仕途晋升的主要标准。叶卡捷琳娜二世在 1764 年 4 月 19 日和 1767 年 9 月 13 日颁布法令，在 1790 年颁布法律，规定官阶提升的主要原则是年资，不重视个人品质、业务水平和工作业绩。保罗一世在 1796 年确认这些法令和法律。在这种官阶晋升制度下，具有良好教育和丰富经验的官员，如果未在以前官阶和职务达到规定的年资，就不能担任其完全能够胜任的高级职务；相反，那些能力不足、工作散漫的官员，却能够凭借年资不断提升。斯佩兰斯基曾经试图改革这个制度，在 1809 年 8 月 6 日颁布了《关于文职官阶晋升及晋升八品和五品文官的文化考试》法令，希望以此推动官员提高职业水平，但引起官员的强烈反对，该法令未能够一直执行。尼古拉一世时期，于 1834 年颁布了《文职官阶晋升条例》，取消了该法令，规定了两种官阶晋升标准——年资和业绩，以年资标准为主，严格规定了每种晋升标准下的工作年限。根据文官监察司的报告，90% 的官员晋升凭借年资，只有 10% 的官员晋升凭借业绩，这种状况成为官僚管理效率低下的主要原因之一。在这种以年资为

---

① Мироненко С. В. Страницы тайной истории самодержавия. Политическая история первой половины XIX в. М. , 1990. С. 227.

主的刻板官阶晋升制度下，受过良好教育、经验丰富的官员，如果不在以前官阶和职务达到规定的年资，就不能担任其完全能够胜任的高级职务；相反，那些才能平庸、工作懒散的官员，却能够凭借年资不断提升。19 世纪上半期，由于官阶晋升制度的负面效应，取消官阶制度的必要性已经凸显出来，在若干个沙皇时期，1814 ～ 1824 年、1846 年、1856 年、1883 ～ 1886 年、1892 ～ 1901 年都曾经研究过取消官阶问题，但在沙皇俄国的背景下，官阶一直被赋予重要的意义，被当作决定官僚构成以及消除国家管理组织各种缺陷的重要手段之一，官阶制度一直保留到 1917 年。至 1917 年，俄国官阶晋升制度都是传统的，不能满足国家社会经济发展的要求和贯彻政府政策的任务。①

　　绝大多数官员的教育水平较低也是官僚效率不高的原因。尽管亚历山大一世时期建立了包括初等、中等和高等学校在内的教育体系，但学校依然不足，官员也缺乏学校教育。1809 年 8 月 6 日颁布由斯佩兰斯基倡议的《关于文职官阶晋升及晋升八品和五品文官的文化考试》法令的主要目的之一是推动官员提高文化水平，但如前所述，未能起到期盼的效果。1834 年《文职官阶晋升条例》通过随着教育程度的提高而缩短晋升官阶工龄资格的方法来推动官员自觉提高教育水平，虽然取得了一些成效，在 19 世纪中期上层官吏的文化水平有所提高，1853 年，在国务委员中，受过高等教育的占到 18%，受过中等教育的占 13%，受过初等教育的占 69%。在大臣委员会成员中，受过高等、中等和初等教育的分别占 22%、17% 和 61%，在参政员中分别占 25%、29% 和 46%，在省长中分别占 19%、18% 和 63%，但官员的文化水平低下问题依然十分严峻，19 世纪中期，中下层官员在文化程度方面的结构是：9 ～ 14 品下层官吏中，受过高等教育的为 3%，受过中等教育的为 11%，受过初等教育的为 86%；6 ～ 8 品官吏受过高等、中等和初等教育的比例依次为 6%，26% 和 68%。②

　　影响官僚工作效率的另一个因素是官僚制度中的等级资格限制，政府

<hr/>

① 参见许金秋《俄国文官制度研究》，吉林人民出版社，2013，第 102 ～ 126 页。
② 许金秋：《俄国文官制度研究》，吉林人民出版社，2013，第 174 页。

虽然扩大了文职官员的等级构成，为除农奴外的阶层打开了担任国家公职的大门，但是政权一直致力于在职务和官阶晋升等方面给予贵族特权，限制其他等级担任高层甚至中层职务。例如，在相同条件下，出身世袭贵族等级者在职务晋升方面比平民有优势："贵族的特权也体现在这里。他们在14 品官阶的晋升中有时类似于舞蹈演员的跳跃；而平民只能像蜗牛一样顽强地、缓慢地向上爬。"[①] 贵族在官阶晋升方面的等级特权在第一次俄国革命时才取消。

在尼古拉一世时期，国家管理官僚化达到顶峰，但是与居民总数相比，俄国官僚数量还是相对较少。直至 19 世纪末，与欧洲发达国家相比，俄国官僚与居民数量的比例一直很低。俄国人口与官员数量之比仅为 490∶1，仅是奥地利、法国和不列颠的 1/2。[②]

19 世纪，多数官员，特别是下级官员，俸禄非常低，难以保障其基本生活。一些下层官员的俸禄甚至不及仆人的收入。19 世纪初，部里办事员的俸禄不足 200 卢布，而当时仆人的年收入是 183 卢布，宫廷侍仆和门卫203 卢布，车夫 401 卢布，御前侍仆 463 卢布。[③] 这自然导致官员玩忽职守、贪污受贿现象严重。虽然高级官员的俸禄很高，但他们也未能避免贪污受贿。上层官员和下层官员的俸禄之间存在明显差距。据 1800 年编制，省长的年俸是 3000 卢布。据 1802 年部编制，大臣的年薪是 12000 卢布，还有官房或住房补贴 1200 卢布，这个编制一直适用到 19 世纪中期。[④] 到 19 世纪中期，贪污受贿现象充斥国家机构所有环节，成为司空见惯的现象。十二月党人别斯图热夫在给尼古拉一世的信中痛苦地写道，官员的巧取豪夺达到"厚颜无耻、骇人听闻的程度"："在国库，在军需机关，省长，总督——在所有涉及利益的机构，所有有机会的人就巧取豪夺，没有机会的人就设法

①　Федотов Г. П. Судьба и грехи России. Избранные работы по философии русской истории и культуры. Т. 1. СПб., 1992. С. 137.

②　许金秋：《俄国文官制度研究》，吉林人民出版社，2013，第 102 页。

③　Писарькова Л. Российский чиновник на службе в конце XVIII – первой половине XIX века // Человек. 1995. №4. С. 150.

④　Гаман – Голутвина О. В. Политические элиты России: Вехи исторической эволюции. М., 2006. С. 175.

贪污。"① 普希金在《18 世纪俄国历史札记》中这样形容俄国官僚："从一品大臣到最底层的录事，所有人都在贪污，所有人都在出卖灵魂。"②

尼古拉一世推行的"官员政策"，是其统治时期官僚效率低下的另一个主要原因。当时官员的选拔受到沙皇的道德标准和世界观的影响，尼古拉一世认为，为国家供职是沙皇的义务，也是平民的义务："我将人生视为供职，每个人都要供职。"沙皇的生活方式就是最好的例证，据当时人回忆，"他一天要工作 18 个小时……常常至深夜，当他站起身来已是黎明时分……他为了工作牺牲了所有乐趣，为了责任他承担更多的工作，远比他的臣民多得多"。③ 这也能解释为什么在尼古拉一世的亲密伙伴中有很多是波罗的海沿岸的辛勤的德国人，如 A. 本肯道夫、K. 涅谢利罗德等，沙皇非常看重他们的工作态度："为了驾驭有天赋的却不规范的俄国，需要德国人，需要很多德国人。"④

尼古拉一世统治初期这种"工作"方式使一些人将他与彼得一世相提并论，如法国驻俄大史拉菲翁称尼古拉一世是"受过教育的彼得大帝"。尼古拉一世自己也为此而骄傲，以彼得一世为榜样，平日将彼得一世半身像置于办公桌，立志仿效彼得一世治国理政。⑤ 但对尼古拉一世和彼得一世做任何比较我们都会发现二者的重大差异：尼古拉一世是从狭隘的实用主义角度理解供职，将供职视为"顺从"。他多次强调，他需要的不是理智的官员，而是顺从的官员。他认为国家只是军事 - 警察机构，管理制度只是官僚 - 警察机器。尼古拉一世时期，军人在文职管理领域的比重非常高，内务部、财政部、交通部、邮政司在一些时期都由军人领导。甚至是国民教育部在 1824～1828 年也由 A. 希什科夫元帅领导。

---

① Щипанов И. Я. (отв. ред.) Избранные социально - политические и философские произведения декабристов. М., 1951. Т. 1. С. 496.

② Пушкин А. С. Заметки по русской истории XVIII в. // Полн. собр. соч. в 16т. М - Л., 1949. Т. 11. С. 16.

③ 张建华：《帝国风暴——大变革前夜的俄罗斯》，北京大学出版社，2016，第 361 页。

④ Федотов Г. П. Судьба и грехи России. Избранные статьи по философии русской истории и культуры. Т. 1. СПб., 1991. С. 138.

⑤ 张建华：《帝国风暴——大变革前夜的俄罗斯》，北京大学出版社，2016，第 361 页。

尼古拉一世统治初期，亚历山大一世时期的重臣有着很大影响，如卡拉姆津、斯佩兰斯基、科楚别伊、康克林、诺沃西里采夫等。但他们逐渐被一批符合尼古拉一世标准的人所取代。平庸的、懒惰的 A. 奥尔洛夫公爵在 1844 年担任宪兵司令。A. 缅希科夫任海军大臣，他是俄国舰队对克里米亚战争准备不利的罪魁祸首。交通和公共建筑总局局长 П. 克莱米赫利担任过很多职务，以贪得无厌、愚昧无知而臭名昭著。A. 切尔内舍夫领导陆军部 20 年，他不重视提升军队实际战斗力，而是关注练兵、阅兵、机械式操练等表面形式，他后来成为国务会议和大臣委员会主席。外交大臣 K. 涅谢利罗德是梅特涅的狂热崇拜者，利用俄国政策维护奥地利的利益，对俄国加入克里米亚战争的错误决定，以及战争时期俄国对外政策的孤立负有重要责任。克里米亚战争揭穿了俄国这些执政精英的实质。涅谢利罗德、切尔内舍夫和缅希科夫都对俄国在克里米亚战争中的失败负有重大责任。

尼古拉一世时期的典型官员还有 1833～1850 年担任国民教育大臣的乌瓦罗夫，他是著名的官方民族性理论“东正教、专制制度和民族性”的首倡者，他声称，“哪怕你是无神论者，也要信奉东正教……哪怕你是自由主义者，也要信奉专制制度，哪怕你一生没有读过一本俄语书，也要具有民族性”。[①] 1850 年，П. 希林斯基－希赫玛托夫接替乌瓦罗夫担任国民教育大臣，他在教学大纲中除掉了哲学课程。担任财政大臣的 Ф. 弗龙琴科，其数学知识仅局限于分数以内。

但作为例外，尼古拉一世时期的官僚中也有两个杰出的国务活动家——财政大臣康克林和国有资产大臣基谢廖夫，他们理解改革的必要性，在某种程度上受到欧洲进步思想的影响，可以被称为开明官僚。康克林从 1823 起担任财政大臣，他思维敏捷、才华出众，人们这样形容他：“康克林禀赋聪明，不像其他官僚那样，仅满足于获得其管理领域的一般的经验知识，而是对其管理领域进行专门研究。他的工作无可挑剔，在他的多年管

---

① Гаман－Голутвина О. В. Политические элиты России: Вехи исторической эволюции. М., 2006. С. 177.

理下，俄国财政领域制度不断完善。"① 与他名字相关联的不仅有 19 世纪 40 年代的货币改革，俄国财政制度的规范，还有一系列重大的社会措施，如成立技术学院、农业学校，改革矿务和林业院，组织第一批工业展览会，创办农业报纸等。

国有资产部大臣基谢廖夫睿智博学，在尼古拉一世的统治时期表现特别突出，是当时的官僚中唯一一贯支持带土地解放农民者，被沙皇称为"农民问题参谋长"。他出生于莫斯科古老贵族家庭，受到了良好的家庭教育，深受法国启蒙思想的影响，主张实行"开明专制"，废除农奴制，同情十二月党人。他在担任俄国驻摩尔达维亚和瓦拉几亚两公国总督期间，在当地尝试进行了农民改革。他从 1837 年末起担任国有资产部大臣，杰 - 布列写道："如果说俄国有进步势力，那么基谢廖夫伯爵就是俄国内部进步势力的代表。他坚决反对农奴制……"② 基谢廖夫在国家农民改革中取得了卓越的成就，但是，他的计划显然比他所能够贯彻的要广泛得多。周围农奴主的情绪阻碍在全国逐步废除农奴制计划的实施。基谢廖夫所完成的，已经证明了他巨大的改革潜力，但在当时不利条件下他的潜力仅可以实现一部分。值得一提的是，基谢廖夫是担任重要国家职务，但个人财产没有增加的少数官员之一。

与中央机构一样，尼古拉一世时期的外省机构官员也普遍素质低下。莫斯科总督 A. 扎克列夫斯基、基辅总督 Д. 比比科夫、维尔诺总督 И. 比比科夫、波罗的海总督 A. 苏沃罗夫、东西伯利亚总督 B. 鲁佩尔特、西西伯利亚利总督 И. 彼斯捷尔都以贪得无厌而恶名远扬。只有高加索和新俄国总督 C. 沃龙措夫公爵与接替 B. 鲁佩尔特担任东西伯利亚总督的 H. 穆拉维约夫还算清廉。

省长的情况更糟。卡卢加省长 E. 托尔斯泰、下诺夫哥罗德省长 M. 乌鲁索夫、坦波夫省长 П. 布尔加科夫对业务一窍不通。省长中贪污浪费、索

---

① Зайончковский П. А. Правительственный аппарат самодержавия в XIX веке. M. , 1978. C. 116.

② Зайончковский П. А. Правительственный аппарат самодержавия в XIX веке. M. , 1978. C. 126.

贿受贿现象普遍，在这方面最负盛名的是奔萨省长 A. 潘丘利德泽夫、阿尔汉格尔斯克省长 B. 弗里别斯、普斯科夫省长 Γ. 巴尔托洛梅、赫尔松省长 Φ. 潘克拉季耶夫。

尼古拉一世时期，与以前一样，官僚的民族构成十分复杂。1700～1917 年，在俄国 2967 个身居要职的官僚中，有 37.6%（1079 人）是外国人，主要是西欧人，特别是德国人。19 世纪中期，在中央管理机构，15% 的高级职务由路德教派者担任。① 后并入俄国版图地区的地方名流是最高管理机构人员的主要来源：世袭贵族中有 48% 是后并入地区的地方名流。② 这里体现出俄罗斯帝国对其他少数民族的同化形式，无论是在莫斯科国家时期，还是在俄罗斯帝国时期，并入俄国版图地区的地方名流都加入了国家精英的队伍中，如鞑靼的穆尔扎、波罗的海沿岸的男爵、波兰的贵族、高加索和立陶宛的公爵、乌克兰哥萨克的首领等。此外，很多外国人（德国、法国、英国、荷兰人等）也加入了俄国文武官员行列，在彼得一世以后时期经常担任国家高级职务。民族构成的复杂性也是官僚内部不团结、工作效率不高的原因之一。

整体而言，沙皇宝座周围的政要，除少数例外，都不会去考虑任何改革，只会唯沙皇敕令是从。赫尔岑在回忆这段时期时愤然写道："1825 年转折之后的停滞时期，我已谈过多次。社会的道德水平降低了，发展中断了，生活中一切进步的、强大的因素被铲除了。剩下的是一些惊慌失措、软弱无力、灰心丧气的人，他们头脑空虚，胆小怕事；现在，亚历山大时期的废物窃据了要津，他们逐渐变成了趋炎附势的生意人，失去了对酒高歌、雍容华贵的豪迈诗意和任何独立自主的尊严感。这些人一心做官，爬上了高位，但并无雄才大略。"③ 同时代著名作家巴纳耶夫也记录了那个时代的特征，"十二月十四日事件后的反动势力是可怕的，一切都平息了、呆滞了，大多数人吓破了胆，一心沉湎于个人利益——贪污受贿，巧取豪夺，

① Пайпс Р. Россия при старом режиме. М. , 1993. С. 240－241.
② Корелин А. П. Российское дворянство и его сословная организация（1861－1904 гг.）// История СССР. 1971. № 5. С. 63.
③ 〔俄〕赫尔岑：《往事与随想》中册，巴金译，人民文学出版社，1993，第 35 页。

披着忠君的外衣怡然自得地过官瘾；少数有头脑的人则从德国哲学中得到安宁和慰藉，并从中寻求颂扬专横独裁的根据"。①

尼古拉一世时期，官僚成为治理国家的主体，俄国不再是贵族等级君主制国家，变成对变革条件有较强适应力的官僚君主制国家。俄国官僚的双重身份及其他一些因素，导致他们工作效率低下，出现严重的政治危机。"克里米亚战争不仅揭露出俄国技术方面的落后，而且揭露出更可怕的事实——官员的腐化堕落。"② 与俄国以前的历史时期一样，政治危机成为政治现代化的动力。

第四节　官方民族性理论和社会思想交锋

18～19 世纪以来，俄国政府对教育的举措反映了其政策的整体方向。彼得一世、伊丽莎白一世、叶卡捷琳娜二世、亚历山大一世统治时期，最高政权以各种方式在全国范围内扩大教育规模，提高教育水平。在亚历山大一世统治的最后十年出现了转变，执政阶层对国民教育从庇护态度转为警惕监视。对新沙皇尼古拉一世来说，教育领域令他忧心忡忡，因为秘密协会的参与者都是受过教育的人士。

保守主义贵族也对宣传欧洲思想的教育表示担心。在十二月党人起义爆发后，贵族圈子中立刻出现了改变国家教育制度的号召，得到了尼古拉一世的大力支持，他指示采取紧急措施重建国家教育体系。在 1826 年 5 月对十二月党人的调查结束后，他下令修改教育机构章程。同年，政府要求一些作家等人提出有关"青年教育"的意见，普希金勇敢地站出来维护当时的教育，受到了沙皇的责备。

历史学家索洛维约夫指出，"尼古拉一世本能地憎恨教育，认为教育使人们的头颅抬起，让他们有机会去思考和判断，而他的要求是：'不要争

---

① 〔俄〕巴纳耶夫：《群星灿烂的年代》，刘敦建译，上海译文出版社，1995，第 205 页。
② Федотов Г. П. Судьба и грехи России. Избранные статьи по философии русской истории и культуры. Т. 1. СПб. , 1992. C. 132.

论！'"① 然而，也有人称赞当时的教育政策。例如，俄国著名作家、新闻工作者 Ф. В. 布尔加林说道，"我们明智的政府关心教育……给人的智慧以空间"。② 这两种观点都有自己的一些理据。问题在于，尼古拉一世对人文科学有成见，他特别不信任哲学，称其为"邪恶的、无神论的、叛逆的科学"。国家教育体制发生了以保守主义精神为基础的变革。哲学、法学、政治学等人文学科的理论研究都被刻意压制，全国大学文科学生名额缩减至300 名。③ 与此同时，他鼓励实用的职业教育，如医疗、军事教育的发展，为培养高级专业技术人才，国家开办了若干所高级技术学校，如彼得堡应用工艺学院、彼得堡外科医师学院、莫斯科手工业专科学校、建筑学校、民用工程学校和大地测量学校等，莫斯科还设立了一系列军事专科学校和军事学院。④ 教学具有功利主义性质，以传承具体的、实用的、必要的知识为主，不给"空想的"学科以空间。

1830 年法国七月革命的爆发，在俄国引起了社会思想的活跃。当局对此的回应是加强政治监督和压制，一些大学生小组的成员被捕，一些教授被开除，奥加列夫和赫尔岑在 1834 年被逮捕并被驱逐出莫斯科。当时俄国三个最好的杂志——《欧洲人》、《莫斯科电报》和《望远镜》被查封。政府暂时禁止创办新期刊。但是，当局敏锐地感到仅凭镇压是不够的，有必要加强国家的思想基础，需要有一种思想能够将社会吸引到政府一方，团结社会的保守势力，中立持不同政见者的立场。这样的政治思想家应时而生，提出了新统治王朝的思想学说，即国民教育大臣乌瓦罗夫和他著名的"东正教、专制制度和民族性"三位一体的"官方民族性"理论。

乌瓦罗夫是尼古拉一世统治时期的核心人物之一，他对俄国国民教育的命运起到了重要的影响，也是这一时期保守主义思想最鲜明的代表之一。乌瓦罗夫 1786 年出生于彼得堡古老的贵族家庭，自幼即受到了极好的教育，

---

① Соловьев С. М. Избранные труды. Записки. М., 1983. С. 311.
② Булгарин Ф. В. Сочинение. М., 1990. С. 26 – 27.
③ 〔美〕拉伊夫：《独裁下的嬗变与危机》，蒋学祯、王端译，学林出版社，1996，第109页。
④ 参见〔俄〕Т. С. 格奥尔吉耶娃《俄罗斯文化史——历史与现代》，焦东建、董茉莉译，商务印书馆，2006，第 344 ~ 345 页。

斯佩兰斯基称他为"俄国第一个有教养的人"。他在年轻时受到自由主义思想的吸引，但后来转向保守，维护旧制度。在尼古拉一世统治时期，他成为著名的政治家，1832 年被任命为国民教育副大臣。一年之后，他升任国民教育大臣，担任这一职务达 15 年之久。他以极其鲜明的政治保守主义立场著称于世，实际上扮演了 19 世纪 30 年代初至 50 年代中期俄国官方意识形态代言人的角色，他的政治主张影响了这一时期俄国的政治走向，也影响了沙皇尼古拉一世的政治选择。

乌瓦罗夫的"官方民族性理论"最早出现在 1832 年关于莫斯科大学的教育计划中，其完整表述主要来自两份他亲自撰写的文件：一份是 1833 年 11 月 19 日提交给尼古拉一世的报告书《关于强化国民教育部管理的一些普遍原则》，另一份是 1843 年在《国民教育部杂志》上发表的《国民教育部的十年》。在 1833 年呈交尼古拉一世的报告书的开头，乌瓦罗夫就明确表示："由于您全高无上的皇帝陛下的旨意我出任国民教育大臣职务，我应该用一句口号反映我的职责，即：国民教育应该在东正教、专制制度和民族性的结合思想中得到完善。"他写道："在深入思考俄国自身固有的问题和寻找可行原则之后，每一块土地和每一国人民都有自己的帕拉斯（雅典娜智慧女神），我豁然开朗了，俄国如果没有下列的原则就不能被认为是幸福的、有力量的和活生生的，即我们拥有三个主要的东西：东正教、专制制度和民族性。"乌瓦罗夫强调，正是由于这三个基本原则的作用，俄国人民才笃信东正教和忠诚于沙皇，而东正教和专制制度成为俄国生存的不可分割的基本条件。民族性是加强民族传统和抵御外来文化影响，尤其是与西方自由思想、个性自由、个人主义、激进主义对抗的常胜工具。东正教是抵制"自由思想"和"恶意煽动"的最好武器。这三个原则实际上模仿了俄国古老的格言"为了信仰！为了沙皇！为了祖国！"[①]

乌瓦罗夫在《国民教育部的十年》中强调："我们共同的责任在于使国民教育符合至尊圣上的意愿，促成东正教、专制制度和民族性精神三者合

---

① 参见张建华《帝国风暴——大变革前夜的俄罗斯》，北京大学出版社，2016，第 489 页。

一。""当宗教与各种政府制度都在欧洲急速地崩溃，当腐蚀性的邪恶思想在泛滥着，在面对环绕我们四周的罪恶现象时，我们一定要将祖国建立在一个基于人民幸福、力量与生命的坚固基础上。我们一定要找出形成俄罗斯民族特性、也只属于俄罗斯人民特殊性格的原则是什么。我们一定要将俄罗斯民族特性中的神圣传统，凝聚成为一个整体，把它解放我们的铁锚紧紧地捆绑在一起。非常幸运，俄国一直维持着忠诚的信仰。俄罗斯人民虔诚地、紧密地在一起依附着他们祖先的教堂。他们从古以来，就信奉教堂是保障家庭与社会幸福的依靠。对自己祖先的信仰不尊敬的话，个人与整体民族都会灭亡。热爱社会的俄国人都会同意，沙皇皇冠上的一串珍珠被偷窃的结果，远赶不上我们正统信仰中任何一个单一信条被破坏的严重性。君主专制造成了俄国在政治上生存的主要条件。巨大的俄罗斯，屹立在这个伟大的象征的基石之上。沙皇陛下的无数臣民都感受到它的真理：他们可能因生活环境而处于不同的地位，或因教育的高低与政府关系有疏密之感，但他们对于只有一个强壮、仁慈与开明精神的君主专制才能保障俄国人民生命的坚固信念，却是完全一样的。这些坚守的信念，一定要充实在所有的教育之中，与教育同时成长。与这两个原则连接在一起的，但重要性绝不低于前者的，力量上也绝不逊于它们的，是俄罗斯的民族特性。"①乌瓦罗夫把"东正教、专制制度和民族性"视为国家得以拯救的最后一个锚点，以及祖国力量和繁荣的最可靠前提。

乌瓦罗夫三位一体的"东正教、专制制度和民族性"理论被同时代人、俄国著名文学家、俄罗斯科学院院士 A. H. 佩平解释为"官方民族性理论"，直到1917年一直是俄罗斯帝国的官方意识形态。乌瓦罗夫提出这种理论是出于赤裸裸的政治考虑，其中"专制制度指对君主的绝对权威的肯定和维护，这被认为是俄罗斯立国的不可缺少的基础；东正教指官方教会及其在俄罗斯的重要地位，也指那些赋予生活和社会以意义的道德和理想的根源；民族性指俄罗斯人民的特性"，即人民的顺从性，正是这个特性使

---

① 参见张建华《帝国风暴——大变革前夜的俄罗斯》，北京大学出版社，2016，第490页。

人民成为王朝和政府的强大和忠诚的支持者。①

这个著名的三位一体理论的基石是由卡拉姆津奠定的，卡拉姆津在亚历山大一世时期所写的《论古代和近代俄罗斯的政治和公民关系札记》即论述了专制制度是俄国的保卫者的思想。在亚历山大一世死之后，卡拉姆津试图用他的观点打动皇位继任者。尼古拉一世对历史学家的思想表现出兴趣，从他 1826 年 1 月接到卡拉姆津的第一份奏章起，专制制度的思想就构成了官方意识形态的核心。乌瓦罗夫对这个意识形态补充了一些特质和特色，强调俄国宗教和民族的独特性。

乌瓦罗夫把东正教列为官方意识形态原则中的第一位并非偶然为之，东正教会是俄国传统主义和保守主义的最强支柱之一。圣徒保罗的训诫"没有权力不源自上帝"决定了信徒对沙皇的信仰。教会教导谦卑，顺服神的旨意和来自上帝的权力，牺牲自我。乌瓦罗夫学说具有明显的反启蒙思想倾向，旨在保持和加强教会在人民中的权威。随着启蒙哲学思想的传播，宗教冷漠和怀疑主义渗透到俄国社会的受教育人士之中，专制制度受到威胁，失去它在公众眼中的神圣光环和神圣起源，上帝涂圣油的君主降至普通人的地位。启蒙者强调人类理性的作用，暗示人们有权利安排自己的命运，用"合理的"国家制度取代"不合理的"国家制度，这为政治自由思想和热衷于搞不切实际的计划打开了道路。在这种情况下，加强东正教在人民尤其是在年轻一代中的影响力，对巩固国家现有体制而言特别重要。

"民族性"原则宣传俄罗斯民族的独特性及其与西方的深刻差异，认为俄罗斯人的民族性格和价值观与西欧人民有根本区别。反对欧洲启蒙思想及与其一脉相承的自由主义和革命思想，被沙皇政府看成维护现行制度的条件，也是主要的任务。1826 年秋季尼古拉一世参观莫斯科大学时，明确表达他希望看到学生们"是纯粹的俄罗斯人"，从而强调其国家教育政策的民族方向。

新的官方意识形态的首倡者是尼古拉一世，乌瓦罗夫是在按照君主的指示行事，他的贡献在于他把君主分散的意见进行概括整合，用清晰而形

---

① 〔美〕尼古拉·梁赞诺夫斯基、马克·斯坦伯格：《俄罗斯史》，杨烨、卿文辉译，上海人民出版社，2009，第 300 页。

象，为所有人明白的表达方式表现了政府政策的本质。

尼古拉一世需要俄罗斯国家意识形态来对抗西方的"有害"思想：俄国历史传统与东正教和专制制度有着千丝万缕的联系。乌瓦罗夫三位一体理论中最主要的元素是专制制度，而不是东正教和民族性，后两个元素的任务是用自己的威信和声望来巩固专制制度。乌瓦罗夫的思想学说帮助当局加强专制制度，控制社会思想。然而，尽管乌瓦罗夫是保守主义者，追逐个人名利，但他的立场与君主的立场并不完全吻合：前者看到了广泛的人文教育的重要性，重视欧洲的人文科学，后者则对这两项都不信任和猜疑。最终国民教育大臣在 1849 年辞职。

在官方民族性理论的制定中，起到重要作用的还有年轻作家、学者 М. П. 波戈金。波戈金的父亲是一名农奴，他通过不懈的努力出人头地。1825 年春天他通过了硕士论文答辩之后，开始在莫斯科大学教世界史，3 年后改教俄国史。在生存环境的熏陶下，这个年轻人具有浓厚的宗教性，与人民的血缘关系使他特别亲近民族性思想。他深入研究俄国编年史，指出俄国历史进程与西欧国家有巨大的差异，俄国与西方的历史命运不同。他提出："俄国历史可以成为维护社会安定最忠诚的、最可靠的门将和守护者。"他相信天定论的想法，认为人民的行动是在追求相同的目标，由神圣的天意所设定的目标。俄国历史是天意起主导作用的一个明显例子。他预测祖国有一个辉煌的未来："上帝指引俄罗斯……走向某种崇高的目标。"他特别重视国家的民族团结，即人民讲一种语言，信一种宗教，也因此有着相同的思维方式。他指出，俄国神职人员与西方不同，不追求独立，隶属于君主。俄国贵族也与西方不同，是通过供职获得了他们的特权。他赞扬俄国当时的制度，"为布衣开辟了通向高级国家职务的道路，大学文凭代替了所有的特权和证书，而那些以启蒙思想而著称的国家却没有这一点"。波戈金为俄国的伟大而骄傲，"这个庞然大物恒立于两个半球"，"谁敢来侵犯它的霸主地位，如果它有愿望决定欧洲和全人类的命运，谁能阻挡得了它？"①

---

① Гросул В. Я. （отв. ред.）. Русский консерватизм XIX столетия : идеология и практика. М., 2000. С. 128.

波戈金的思想对乌瓦罗夫产生了很大影响，他在制定东正教、专制制度和民族性学说时从中借鉴了很多东西。他希望唤醒青年学习俄国历史的热情，这既是为了进一步了解俄罗斯的民族性，也是为了预防他们在将来受危险的"欧洲思想"所吸引而激进地转向异族的历史。波戈金成为俄国历史教研室主任，在课堂上和杂志刊物中宣传官方民族性思想。

与波戈金一起作为"官方民族性"理论最重要的理论家和宣传家的还有 С. П. 舍维廖夫，他也是乌瓦罗夫的最亲密助手之一。舍维廖夫也是莫斯科大学教授，后来成为院士，他在学术著作、期刊文章和公开演讲中，积极宣扬他有关俄国的独特性和俄国在世界上的伟大使命的想法。他认为，西欧教育因为其片面性和思想腐化走进了死胡同。俄国保存了基督教思想的纯洁性，在未来能够拯救人类。东正教决定了俄国人民肩负的全世界、全人类的使命。[①]

波戈金和舍维廖夫的主要思想相同，但他们的个性迥异。波戈金出身底层，平易近人，讲求实际，粗犷豪放，谢维廖夫出身古老贵族，是富有的地主，喜欢享受奢华生活，但他们两人都以自己的方式献身科学和教育。他们两人合伙主办《莫斯科人》杂志，以这个杂志为阵地宣传官方民族性思想。他们以自己的教育和新闻活动促进了俄国社会知识的传播、文化水平的提高、民族意识的加强。但由于他们的保守主义立场，站在旧制度的一边，与那些宣传欧洲自由主义、民主主义和启蒙思想的人敌对，随着这些思想在俄国影响力的加强，他们所代表的官方意识形态的威信逐渐下降。

政府通过国民教育部贯彻官方民族性原则，乌瓦罗夫创办《国民教育部杂志》自上而下灌输这种思想，杂志的宗旨就是"结合东正教、专制制度和民族性的精神"推动人民教育，呼吁教授成为"政府的有力武器"，培养大学生的"拼搏、美德、谦逊、服从"品质。乌瓦罗夫对私人出版的书刊严格限制，希望通过对年轻一代的教育来影响社会思想的形成。1835 年

---

① Гросул В. Я. （отв. ред.）. Русский консерватизм XIX столетия ： идеология и практика. М. ， 2000. С. 130.

新《大学章程》要求对学生的教育要建立在"坚定的信仰原则之上"，教授的任务是告诉他的学生，真正的自由在于克服激情，遵守法律和宗教戒律并服从当局。

哲学遭到了迫害，历史学受到推崇，被看成"所有人类科学的基础"，被尊称为"科学的科学"。哲学被视为"世俗的智慧"，会引人走上歧路，而历史吸收了"伟大的经验教训"，能够保护人类免于被哲学家引上歧途。从40年代中期起，俄国杂志上有关哲学的文章消失，越来越重视宗教和道德教育。

政府还采取了一些措施来巩固自己的意识形态原则，这些措施面向更广泛阶层的民众。沙皇下令创作国歌，以前俄国把诗人茹科夫斯基的作品《俄罗斯人的祈祷》用于国歌歌词，曲调用的是英国国歌的曲调"天佑国王"。沙皇委托天才作曲家 A. Ф. 里沃夫创作自己的国歌乐曲"天佑沙皇"，要求创作一首"雄壮的、威武的、为每一个人所理解的赞歌，具有自己的民族性印迹，适用于教堂，适用于部队，适合从科学家到无知平民的所有人"。国歌的歌词"天佑沙皇"再次由诗人茹科夫斯基撰写。国歌先是1833年12月11日在莫斯科大剧院演奏，然后12月25日在拿破仑军队被驱逐出俄境的纪念日在圣彼得堡冬宫正式演奏，国歌的音乐瞬间唱响所有部队，唱响俄罗斯全国各地，最终唱响整个欧洲。

政府鼓励创作关于俄国历史主题的爱国主义文学作品，特别受重视的是以具有政治色彩的历史事件为主题的作品，如17世纪混乱时期选举罗曼诺夫王朝第一个沙皇、波兰起义后的俄波关系、波兰武装干涉的历史事件等相关题材的作品。

尼古拉一世弘扬国家历史传统，亲自在莫斯科市中心选择地点建立基督救世主大教堂，装修克里姆林宫，以彰显皇权的强大。1836年，尼古拉一世下令修复克里姆林宫前被毁坏的沙皇炮和沙皇钟并为其加上炮架和底座，修复后雄伟壮丽的沙皇炮和沙皇钟多年来一直成为莫斯科的景点，成为俄国军事和精神力量的一种象征。

尼古拉一世政府特别关注东正教的地位。根据国家根本法，"东正教"信仰占主导地位。刑法规定，放弃基督教，转向其他宗教，对其他宗教进行宣传，都将依法惩处。尼古拉一世对世俗政权和宗教权力的关系的理解，同样是基于他所习惯的军事国家等级制的精神。他作为官僚管理方式的坚定支持者，甚至把这种管理方式移植到教会。在宗教事务中起决定作用的不是宗教权力，而是世俗权力。法律规定沙皇是"占主导地位信仰的教义的最高守卫者和守护者"。他在宗教管理部门的直接代表是正教公会的总检察官，由沙皇从世俗人士中任命。教会在国家生活中发挥了重要作用。教会的任务是完善人民的道德品质。政府一直寻求利用教会作为政治工具，帮助稳定国家的局势。

尽管尼古拉一世推行官方意识形态，对社会思想全面禁锢，但思想启蒙之火还是燃起。1838～1848 年被俄国著名评论家安年科夫称为"辉煌的十年"，亦被同时代的自由主义西方派代表人物 K. Д. 卡维林赞赏为"那是我们科学和文化生活繁盛的年代，尽管它短暂如北方之夏"。①

在 19 世纪 30～40 年代，俄国知识阶层曾经就俄国历史发展道路问题进行了一场历史性的大争论。随着争论的不断深入，在知识阶层内部依据不同的思想立场发生了一次政治大分野，划分出两大阵营——西方派和斯拉夫派。引发这场争论的是当时一个著名的人物，哲学家恰达耶夫。恰达耶夫 1794 年出生于莫斯科的贵族家庭，自幼聪明过人，毕业于工科大学。后来他加入近卫军团，参加了抗击拿破仑的卫国战争，作战勇敢，获得圣安娜勋章。后来，他因与当局的分歧离开军队，在西欧各国游历，拜会著名学者。他将所见到的西欧与俄国相对比，思想受到震动，归国后他幽居数年，一直处于沉思之中。1832 年，恰达耶夫在致谢林的一封信中写道，"哲学与宗教结合的伟大思想"，是他"精神活动的灯塔和目的"。"我存在的全部兴趣，我理性的全部未知欲，都为这唯一的思想所包容了；随着思考的深入，我愈发坚信，人类的主要兴趣就包含在这一思想当中。"② 此后，他开始频繁地出现在莫斯科的各种沙龙之中，慷慨激昂地陈述自己的哲学、宗教观点，对俄国的历史和现实做出评判，向人们描绘着理想的未来社

---

① 张建华：《帝国风暴——大变革前夜的俄罗斯》，北京大学出版社，2016，第 247 页。
② 〔俄〕恰达耶夫：《哲学书简》，刘文飞译，译林出版社，2015，第 3 页。

会，引起了知识界和上层社会的广泛关注。与此同时，他的书信和手稿也为人们所争相传阅。在当时，恰达耶夫的一言一行都为社会所瞩目，他是当时影响最大的思想家之一，俄国诗人 П. А. 维亚泽姆斯基称他为"流动讲坛上的教师"。① 引发当时俄国知识阶层大争论的就是恰达耶夫的《哲学书简》。

《哲学书简》由八封信组成，在 1828～1830 年写成，收信人是莫斯科一个沙龙的女主人。这些信中只有第一封在恰达耶夫生前发表过，于 1836 年 9 月在《望远镜》杂志上发表，引起了轩然大波，后来甚至引发了知识阶层的大风暴。1836 年是俄国新闻检查制度严格的年代，这样的文章如何能刊登出来呢？对此的一种解释就是文章乏味的标题误导了新闻检查官，他们可能认为在这样乏味的标题之下写不出什么别样的东西，所以就审查得漫不经心。

恰达耶夫在这封信中将落后的俄国与先进的西欧进行了比较，他激烈地批判当时俄国的现实，而且彻底否定俄国的历史道路，甚至否定俄罗斯民族本身。他写道，"我们从未与其他的民族携手并进；我们不属于人类的任何一个大家庭；我们不属于西方，也不属于东方，我们既无西方的传统，也无东方的传统。我们似乎置身于时间之外，我们没有被人类的全球性教育所触及"。② "我们是世界上孤独的人们，我们没有给世界以任何东西，没有教给它任何东西；我们没有给人类思想的整体带去任何一个思想，对人类理性的进步没有起过任何作用，而我们由于这种进步所获得的所有东西，都被我们所歪曲了。自我们社会生活最初的时刻起，我们就没有为人们的普遍利益做过任何事情；在我们祖国不会结果的土壤上，没有诞生过一个有益的思想；我们的环境中，没有出现过一个伟大的真理；我们不愿花费力气去亲自想出什么东西，而在别人想出的东西中，我们又只接受那欺骗的外表和无益的奢华。"③ 恰达耶夫在刻薄而强烈地自我否定之后，又痛苦

---

① 〔俄〕恰达耶夫：《哲学书简》，刘文飞译，译林出版社，2015，第 1 页。
② 〔俄〕恰达耶夫：《哲学书简》，刘文飞译，译林出版社，2015，第 6 页。
③ 〔俄〕恰达耶夫：《哲学书简》，刘文飞译，译林出版社，2015，第 13 页。

地进行了自我分析，试图解开俄国落后之谜。他认为，俄国一切不幸的原因，在于东正教的兴盛，在于同西欧的隔绝，结果造成"野蛮，然后是迷信，接着是征服者残酷的、奴役性的统治"。为了不再脱离世界，俄罗斯应该转向新的道路，转向与欧洲共同进步的道路，"用一切可能的手段来复兴我们的信仰，给自己以真正基督教的动机，因为，西方的一切都是由基督教造就的"。①

恰达耶夫的这封信发表后立即引起轩然大波。同时代人日哈列夫评价说："自俄国人开始了写作和阅读以来，自俄国有了书籍业和识字活动以来，无论是此前还是此后，还没有任何一件文学的或学术的事件（甚至包括普希金的去世在内）曾产生如此巨大的影响和如此广泛的作用，传播得如此之迅速，如此之热闹。将近一个月，在整个莫斯科，几乎每一个家庭都在谈论'恰达耶夫的书'和'恰达耶夫事件'。"俄国著名思想家和革命家 Г. В. 普列汉诺夫评价道："恰达耶夫以一封《哲学书简》为我们的思想发展所做出的贡献，远远走出了一位勤勉的俄国研究家依据'地方统计数据'完成的数立方俄丈的著作，远远超出了杂文'流派'一位敏捷的社会学家所做的一切。"② 沙皇尼古拉一世读过此文说，这是一个十足疯子大胆的胡言乱语，并下令封闭《望远镜》杂志，对恰达耶夫进行审查和聆讯，最终宣布其为疯子，由官方派医生每天去给他看病。

在俄国思想家中，恰达耶夫较早地意识到了俄国历史道路中的东西方问题，并做出了自己的回答。他的历史哲学是独特的俄罗斯思想开始产生的信号。赫尔岑后来写道："恰达耶夫的结论，完全经不起批评，这点对这封通信并不重要。这封通信之所以有意义，在于它抒发的愤懑情绪感人肺腑，使人的心灵长久受到深沉的影响。人们责备作者严酷，然而严酷正是他最大的功绩。"③ 他在《哲学书简》中所发出的呐喊，同样用赫尔岑的话讲，犹如"划破黑夜的一声枪声"，"震动了整个思考着的俄罗斯"，推动了

---

① 〔俄〕恰达耶夫：《哲学书简》，刘文飞译，译林出版社，2015，第 18 页。
② 张建华：《帝国风暴——大变革前夜的俄罗斯》，北京大学出版社，2016，第 252 页。
③ 〔俄〕瓦·普罗科菲耶夫：《赫尔岑传》，罗启华、童树德、李鸿敦译，黑龙江人民出版社，1987，第 119 页。

俄国知识阶层的思想解放运动，最终在俄国引发了一场关于俄国历史发展道路的性质问题的大争论。

争论的焦点是俄国向何处去，是走西方式的道路，还是走东方式的道路？这个长期存在于俄国知识界的问题被赫尔岑称为"俄国生活中的斯芬克斯之谜"。在当时莫斯科知识界的沙龙里，在一些贵族青年家里，学者、作家和知识青年们定期聚会，在这个问题上进行激烈的争论。争论过程中形成了两大派别：西方派和斯拉夫派。恰达耶夫成为两派寻求根据的共同来源。赫尔岑将恰达耶夫列入西方派，而斯拉夫派却认为他是自己的志同道合者。恰达耶夫和斯拉夫派的共同点在于，他们都推崇宗教信仰和教会在各国人民历史中的作用。

西方派把俄国的未来和对它的认识放在欧洲的社会文化传统之内，他们拒绝承认俄国文明和命运的独特性，认为俄国是西方世界的一部分，但又是一个停滞的部分，所以俄国应当借鉴西欧先进国家的历史经验，迎头赶上。西方派坚信，俄国在将来也要走资本主义发展道路，他们否定"官方民族性"理论的合理性，视农奴制和专制制度为限制俄国历史发展的阻碍，主张予以废除，改为西方的君主立宪制或议会制。他们大加歌颂彼得一世的改革，并且期待当政的沙皇及其政府能够仿效，自上而下废除君主专制和农奴制度，扩大与西欧国家的政治、经济和文化交往。这个派别的代表人物主要有 Т. Н. 格拉诺夫斯基、C. M. 索洛维约夫、К. Д. 卡维林、Б. Н. 齐切林、П. В. 安年科夫等人。

而斯拉夫派则认为，俄国和西方，这是两个不同的世界，它们的历史起源不同，它们的发展规律也是完全不同的。斯拉夫派观点的哲学基础是，每一个历史民族都是世界精神的反映，都具有自己的独特性，这个民族应当发扬这种独特性，履行自己的世界使命。斯拉夫派的主要代表人物有阿克萨科夫兄弟、基列耶夫斯基兄弟、A. C. 霍米亚科夫、Ю. Ф. 萨马林等人。按照斯拉夫派的意见，有两个基本因素决定了俄国历史发展的独特性和俄国在世界上的地位，这就是东正教和村社的永恒存在。斯拉夫派大加赞美彼得一世改革前的基辅罗斯和莫斯科罗斯时代，认为俄国的一切灾难是从彼得一世统治开始的。彼得一世歪曲了俄国的历史，给国家移植外来的、欧洲的制度，把俄罗斯民族从古老的历史基础上移开。据此，斯拉夫派的共同结论是，必须矫正那些由彼得一世开始的对人民生活基础的歪曲，按俄罗斯自己的、独特的道路前进，同时发展俄罗斯人民所固有的那些道德品质。要使这些问题得到解决，可以而且必须走非革命的道路，通过自上而下的、全面的政府改革方式。①

斯拉夫派的观点显得保守，在一定程度上迎合了沙皇政府的"官方民族性"理论，只是官方理论的首要原则是强调专制制度，东正教和民族性处于从属地位；斯拉夫派则赋予东正教和信仰东正教的人民以特殊的意义。斯拉夫派也看到了尼古拉一世时代俄国社会政治制度的缺陷，并对官僚的专横妄为、法庭的徇私舞弊、普遍的贪污受贿行为以及粗暴的书报检查制度进行尖锐批评。他们还批判农奴制度，认为农奴制是彼得一世的产物，是可能爆发革命震荡的根源。

斯拉夫派和西方派都热爱自己的祖国，只是斯拉夫派把它当作母亲，而西方派把它当作孩子。对母亲当然要维护，对孩子则是要教化。正因为如此，赫尔岑说："我们有同样的爱，只是方式不一样……我们像伊阿诺斯或双头鹰，朝着不同的方向，但跳动的心脏却是一个。"② 恰达耶夫也为自己辩解："请你们相信，我比你们中的任何一个人都更爱自己的国家。"③ 西方派和斯拉夫派的思想争论也是自由主义和保守主义的思想交锋，在俄国思想史上具有重大的开创意义，标志着具有批判精神和独立意识的俄国知识阶层群体的形成。

与受启蒙运动思想影响触动的哥哥亚历山大一世不同，尼古拉一世大力坚持专制制度不可触动，坚定地捍卫等级制度。他在这些问题上不允许有丝毫的让步，全面加强国家的作用，宣布忠诚于传统。政府大力宣传"东正教、专制制度和民族性"的意识形态，用其来对抗"西方"思想对现行制度的威胁，同时镇压宗教和政治自由思想。但是，俄国社会还是出现

---

① 参见曹维安《俄国史新论》，中国社会科学出版社，2002，第 296 ~ 297 页。
② 〔俄〕赫尔岑：《往事与随想》（中册），人民文学出版社，1993，第 143 页。
③ 〔俄〕恰达耶夫：《哲学书简》，刘文飞译，译林出版社，2015，第 142 页。

了思想解放和思想启蒙，俄国知识阶层对俄国历史发展特点和发展道路进行思索，围绕着专制制度和农奴制度的兴亡存续等问题展开了思想交锋，反映了保守主义和自由主义的思想对抗。在西方思想文化和传统思想文化的交锋中，还形成了激进主义的革命主张，如别林斯基和赫尔岑的思想理论，限于本课题研究范围，对此不做论述。来自传统势力和保守势力的政治和思想力量则竭力对抗思想解放的大浪潮，随后开始了1848～1855年尼古拉一世统治的"黑暗七年"。

第五节　革命动荡和保守政治

尼古拉一世统治的全部时期都处于革命的威胁之下。他登基的当年，1825年的标志事件是十二月党人起义。1830年，法国革命怒吼，波兰起义爆发。1848～1849年，革命席卷了法国、意大利、奥匈帝国。革命先是在法国胜利，随后蔓延到普鲁士，普鲁士国王同意签署宪法，奥地利皇帝如法炮制，梅特涅内阁倒台。到1849年春天，欧洲革命的中心转移到武装反抗奥地利统治的匈牙利。俄国独裁者似乎陷入了孤立。

尼古拉一世决定对革命进行毁灭性的打击，他就此事与普鲁士和奥地利国家首脑通信，试图协调神圣同盟各国政府的行动。俾斯麦曾经提道："尼古拉相信，神的旨意号召他引领君主抵抗即将从西方到来的革命。"[1] 经奥地利皇帝约瑟夫同意，俄国对匈牙利采取军事干预。15万俄国军队进入匈牙利境内，使反革命势力占据决定性优势。俄国内部亦不安定，社会为自由主义思想所吸引，专制政权的地位岌岌可危。

以莫斯科大学为中心形成了各种集会和小组，参加者进行激昂的思想辩论，大部分人都反对农奴制度，提倡人道主义、启蒙思想，思考俄国走向幸福的道路。齐切林写道：在那些聚会中，他第一次"感觉到了那种从未感觉到的、出于人类灵魂中最高尚和最良好动机的对思想的热爱"。"我

---

① Бисмарк О. Мысли и воспоминания. М. , 1940. Т. 1. С. 158.

想成为这种精神活动的参加者和活动者。"① 这些小组中，最有名气的是分别推崇德国浪漫主义和法国空想社会主义的斯坦凯维奇小组和赫尔岑小组。一些杂志公开或隐晦地批评沙皇暴政，揭露俄国社会黑暗，交流西欧最新思想，如《望远镜》《祖国纪事》《现代人》等。

彼得拉舍夫斯基小组从 1844 年起活动积极，也引起了巨大的社会反响。这个小组参加者大多为平民知识分子，是一个包含了多种政治倾向的政治和社会组织，但大部分参加者主张为了实现社会主义理想而进行革命斗争，是一个真正意义上的知识分子激进主义组织。1848 年欧洲革命激发了这个小组的成员在俄国发动革命的热情，他们提出在俄国建立革命秘密组织。一些小组成员，如斯别什涅夫，提出了具体的革命方案，号召立即举行武装起义，废除地主土地所有制和农奴制。

俄国政府为防止革命蔓延到自己的国家采取了最坚决的保守措施。政府采取措施"确保国内安宁"。波兰王国布满了军队。从法国二月革命开始，尼古拉一世政府当局的注意力集中到将俄国与西欧彻底隔离，政府先是禁止法国人，然后是其他欧洲人进入俄国。俄国臣民出国受到严格限制。在国外的俄国人被紧急召回，拒绝归国的人被宣布为流亡者，没收其房屋，如赫尔岑。

为防止和杜绝欧洲革命思想在俄国传播，全面加强对人民的监督，将怀疑有反政府情绪的人员逮捕和驱逐出境。1849 年 3 月，萨马林和阿克萨科夫先后被捕。沙皇政府对彼得拉舍夫斯基小组成员进行了严密的监视，并在 1849 年逮捕了彼得拉舍夫斯基本人以及其他 30 多名成员，后又牵涉 100 多人。其中 20 多人被送交军事法庭，先是宣判死刑，后来改为服苦役等刑罚。②

严控的浪潮席卷了新闻出版和教育领域。法国二月革命刚刚爆发，2 月 27 日俄国政府就成立了一个临时秘密委员会，监督新闻检查工作，然后成立了一个常设委员会，对此进行系统的监督，主要是针对期刊，特别是通

---

① 张建华等：《政治激进主义与近代俄国政治》，三联书店，2010，第 80 页。
② 张建华等：《政治激进主义与近代俄国政治》，三联书店，2010，第 102 页。

俗文学读物、"下层人民"可以获得的刊物以及来自国外的刊物。任何有一丝双关语或者"可能影响上级权威以及遵守法律和动摇民心"的文字都不得付印。书刊检查员必须把作品未通过新闻检查的作家名单向第三厅上报。杂志编辑个人要对他们杂志"方向"上出现的问题承担责任。《现代人》和《祖国纪事》杂志被列入黑名单。作家萨尔特科夫因他的小说《混乱的业务》被流放。著名学者 B. И. 达里尽管官阶很高，也因为在小说《巫婆》中用词不当遇到了麻烦。连茹科夫斯基这样作家的作品也没有逃过新闻审查的禁令，"恐惧攫住了所有思考和写作的人"。

　　政府对教育领域的强硬和高压政策达到了空前的程度。教科书受到审查，教学科研工作、知识的传授被监督和压制，社会科学研究大幅度减少，教授被勒令从教学大纲中删除"所有不必要的和多余的"内容，"在大学中弥漫着精神恐慌和沮丧"。尼古拉一世禁止作家批评政府，甚至禁止他们表扬政府，用他的话来说就是："我不让他们干预我的任何事务。"甚至国民教育大臣乌瓦罗夫也不适合执行这样的高压方针，他在 1849 年第 3 期《现代人》上发表了 И. И. 达维多夫的一篇维护大学的文章，受到了沙皇的谴责，尼古拉一世认为这样的内容"是不体面的，因为无论是赞美还是责骂我们的政府机构……都不符合政府的尊严，也不符合我们现行的制度。臣民对于政府应该只是服从，而讨论应该留给政府自己。"[1] 同年，乌瓦罗夫离开了他的岗位。

　　1849 年秋天，沙皇颁布新的大学校长章程，要求对大学的教学和精神方向进行更严格的监督。有关国家法律、政治经济、金融学和历史学科的教学大纲需要报经教育部批准，以保护青少年免于接触到"邪恶的思想"，接触到关于对共和或立宪制度优势的宣传，关于限制君主专制权力和等级平等的思想，远离社会主义者和共产主义者所宣传的"破坏性原则"。被认为特别危险的科目不列入教学课程，其他学科的教学或者被削减，或者被歪曲。从 1849 年 11 月起，停止有关欧洲国家法律的教学。哲学系作为一个

---

① 　Гросул В. Я. (отв. ред.). Русский консерватизм XIX столетия ： идеология и практика. М. ，2000. C. 171.

整体不复存在，哲学被分散在历史、语言以及物理和数学学科中。为了防止青年人接受哲学体系"诱人的诡辩"，1850 年的哲学教学仅局限于逻辑和心理学，这两个科目都由神学教授执教。

政府试图阻止与西方科学的所有联系，禁止学术机构与外国进行学术交流，大学失去了从国外获得文献的权利。大学被视为自由主义思想的来源，受过教育的人被看成宣传革命思想的危险分子，为此大力缩减学生人数。1849 年，每所大学的学生总数被限制在 300 人，在学校人数缩减到此数量之前，不得招收新生。尼古拉一世时期，学区的督学通常出身于军旅。索洛维约夫痛苦地感叹，"军人……不习惯于争论，而是习惯于执行，他们也有能力使其他人不假思索地执行任务，戴有少将肩章的指挥官对获得民事领域领导地位的渴望之情溢于言表。被任命为督学的都是这样的人"。①而尼古拉一世对这样的状况感到满意："在俄国，一切都静悄悄地，因为它正在繁荣发展。"

这一时期，革命风暴席卷西欧国家，几百年历史的根基被动摇。西方的革命也加强了俄国社会的保守情绪，甚至一些从前主张俄国与西欧国家密切沟通的人也变成了孤立主义者。革命被比喻为自然灾害，如水灾、火山爆发、飓风、地震，被比喻为疾病，如发热、鼠疫、霍乱。曾经骨子里是欧洲主义者的诗人茹科夫斯基，希望祖国摆脱来自欧洲的长期影响。他指出，俄国将进入上帝为其指定的新时代，成为"独特的、伟大的世界……为信仰和专制所编织的一个不可摧毁的强大国家"。他毫不怀疑，专制权力比所有纸质的宪法更能带领俄国人民平静地、渐进地通过法律的途径，达到所有尘世人们向往的目的地，实现自由。他写道："我们不能去追求宪法，宪法尚未在俄国人的本性中形成；我们没有任何实行宪法的基础，我们需要的是坚实的专制。"② 诗人丘特切夫指出西方自由主义思想的海市蜃楼与现实事件进程之间的巨大裂痕。欧洲公众受到个人主义和批判精神

---

① Соловьев С. М. Избранные труды. Записки. М., 1983. С. 311, 348.

② Гросул В. Я. （отв. ред.）. Русский консерватизм XIX столетия : идеология и практика. М., 2000. С. 174.

的感染，与"人民历史生活相割裂，放弃了所有积极的信仰"。公众所固有的对权力的仇恨，使他们善于破坏，却缺乏创造力。西欧各国政府和社会的其他要素的生命力仅在于防止全面破坏，也很难创造什么新的东西。他认为，解决这些困境的出路在于东方，在于俄罗斯，在于它的东正教，它有能力在此基础上建立世界帝国。① 丘特切夫的言论之中不仅体现了政治家的理智观点，而且也体现了诗人的想象，当时他的政论文引起了巨大的反响。

法国侯爵休斯京在 1839 年时来到俄国，为当时俄国的警察专制所震惊，他在自己的书中写道："我只有在俄国这个荒漠里生活过，才得以体会到欧洲其他国家的自由。""在那里什么都受到压抑，因恐惧而畏缩不前，一切都是阴森的、安静的，一切都服从于看不到的大棒。""愚蠢的和铁一样的军纪给所有人套上了枷锁。""在法国，你可以利用讲坛获得一切。在巴黎，能言善辩能使你飞黄腾达。在俄国，保持沉默将会使你平步青云。""最微不足道的人，假如他能够取悦于沙皇，那么他就可以成为举国最重要的人物。"② 在这个寂静的国度里，处处都受到审查制度的禁锢，真话都来自国外。俄国自由派的泰山北斗赫尔岑在境外建立了自由俄罗斯出版社，还发行著名的报纸《警钟》。赫尔岑以嘲笑的口吻写道："沙皇用栅栏把整个国家包围了起来，但是栅栏有漏洞，从中吹过来的风比不受阻碍的风还要强劲。"③

随着政府反动政策的加强，作家和学者们对政府遏制国家媒体和教育的做法感到悲哀、绝望和沮丧，甚至最忠于政权的人也不例外。达里对波戈金写道："时代令人窒息，现在你很难出版一本杂志……我甚至担心……我现在不能印刷出版任何东西，情况什么时候能改变？"波戈金也对新闻审

① Лэйн Р. Публицистика Тютчева в оценке западноевропейской печати конца 1840 – х – начала 1850 – х годов // Лит. наследство. М., 1988. Т. 97. Кн. 1. С. 231 – 252.
② 〔俄〕爱德华·拉津斯基：《亚历山大二世——最后的伟大沙皇》，周镜译，新世纪出版社，2015，第 80～81 页。
③ 〔俄〕爱德华·拉津斯基：《亚历山大二世——最后的伟大沙皇》，周镜译，新世纪出版社，2015，第 82 页。

查的吹毛求疵极为恼火，打算停止出版《莫斯科人》，他只是担心这样的举动会引起当局的怀疑。甚至官方民族性的宣传者舍维廖夫也不满意："你不知道什么是正确的？要写什么？最好是只写一些字母，哪怕只是一些单词，他们也会从中找到些什么。"①

政府在教育方面的镇压措施，压制独立思考，激发了受过教育的有思想人士的抗议和厌恶情感，连一些性格温和的人也忍无可忍。历史学家索洛维约夫将尼古拉一世统治的最后几年形容为可耻的年代：以西方事件为借口，"上层镇压他们所痛恨的教育，所痛恨的精神思想，这是他们的眼中钉……1848～1855 年间，与罗马帝国初期类似，当时轻率的恺撒依靠禁卫军和暴民压制罗马一切好的东西和精神的发展……在这悲惨的时刻，最积极的人都成为批判者，政府的权威教会了人们去批判"。② 激进主义者、自由主义者，甚至有些保守主义者都认同历史学家的这种评价。对现行秩序的反感情绪越来越蔓延到年轻学生中，这种情绪在克里米亚战争和俄国社会民主热潮年代明显地体现出来。一些著名的保守主义活动家，如波戈金，在克里米亚战争时期对政府进行谴责，抱怨政府强加给俄国"一种坟墓里才有的、在生理和心理上都在腐烂发臭的寂静"。正是在这种令人窒息的氛围中，俄国在克里米亚战争中惨败。

尼古拉一世时期，最高统治者的主要任务，政府政策的基础是追求保留现有制度的根基不可动摇。在革命危险与日俱增的局势下，保守倾向越来越强烈，国家管理的中央集权化加强，国家生活各个领域，特别是意识形态领域官僚化。但是，与意识形态领域相比较，最高政权在社会经济领域表现出相对较高的宽容性，尼古拉一世在位期间鼓励发展工业、民营企业、技术教育，在这些领域，发展战胜了停滞。但是，应该看到，虽然这一时期俄国在经济和社会领域有所发展，但它并没跟上其他欧洲国家的步伐。当资本主义开始影响俄国时，它早已经对英国、比利时和法国进行了

---

① Гросул В. Я. (отв. ред.). Русский консерватизм XIX столетия : идеология и практика. М., 2000. С. 180.

② Соловьев С. М. Избранные труды. Записки. М., 1983. С. 313, 338.

革命性的改造。俄国在工业、交通、军事等方面都比不上它的欧洲对手。随着政府政策变得更加保守甚至反动，社会的反对情绪强烈，有时会具有激进的甚至革命的倾向。在克里米亚战争结束后，反对保守政策的改革要求越来越强烈。

"官方民族性"的缔造者乌瓦罗夫曾说，他的目标是"抑制新的思想传入俄罗斯，他想延长俄国的年轻状态，如果他能够成功地使俄国延缓发展50年的话，那么他就履行了自己的职责，可以安心地离世"。[①] 从某种意义上来说，尼古拉一世及其亲信们实现了这个目标：他们确实把俄国冻结了30年，尽管不是50年，而与此同时欧洲各国都发生了重大变革。克里米亚战争的失败凸显了俄国进行一场深刻变革的迫切性，也表明俄国的改革为时已晚。

---

① 　Смолин М. Б. Тайны русской империи. М. , 2014. C. 65.

第七章　亚历山大二世时期：政治改革与激进主义

亚历山大二世统治时期进行"大改革"，不仅解放了农民，而且通过司法、城市和地方自治等改革，形成了比较温和的政治制度，建立了分权制的萌芽。俄国历史上首次出现了社会摆脱官僚无所不在的监督的进程，司法改革和地方自治体系的建立意味着国家开始切实走向民主社会。虽然19世纪中期的"大改革"有助于国家的现代化进程，但改革在孕育现代化的同时也酝酿着人们的不满情绪，农民和知识分子阶层都希望亚历山大二世能进行更为彻底的改革。知识分子反抗精神的激进程度远远超过19世纪初期，直至采取暴力恐怖行动推翻刚刚实行重大改革的政权。

第一节　"解放者"亚历山大二世

克里米亚战争的失败标志着尼古拉一世所实行了30年的警察管理制度瘫痪，人们开始思考全面改革的问题，甚至连那些最忠于尼古拉一世的人也不例外。如波戈金指出，"陛下被那些耀眼的报告所蒙蔽，不清楚俄国残酷的真相。您高高在上，听不到任何实情，看不到任何真相，所有表达思想的途径都被堵死，没有公开、没有上诉、没有质询、没有监督"。他向沙皇感叹："快将谎言驱离您的宝座，唤来严肃、沉痛的真相。使您的耳朵远离那些'致命的谎言'，倾听一下令人痛心疾首的实情。""用仁慈、宽容的光芒驱散已经笼罩多年的恐怖乌云。与人民接触，重用俄国并不多的杰出人士。放宽对出版的限制，现在的出版物中甚至不允许使用'社会福祉'的表述。敞开所有大学、中学和小学的大门，让我们学会铸造大炮、枪支和子弹，敌人现在正用这些屠杀我们的子民。我们的所有学科——军事学、物理学、机械学、金融学、化学都远远滞后。"① 波戈金提出了一些行动纲领，其中包括取消农奴制。斯拉夫主义者阿克萨科夫也提到了现行制度的缺陷，"在高度专制的统治下，没有社会思想自由，政府不可能了解真相。人们之间尔虞我诈，大家都心知肚明，但仍然继续，大家都不知道这最终会导致什么局面。社会精神文明全面堕落，官员的贪污腐败现象无处不在……所有这些弊端根源于我们政府的高压制度，对思想和精神自由的压制"。②

尼古拉一世也并非对制度的弊端一无所知。他临死前对儿子说："我交给你的队伍并不完善。"宫中女官 A. 丘特切娃曾对她 13 年的宫廷生活做了详细记录，她在回忆录中指出，克里米亚战争的失败严重打击了沙皇。"陛下亲眼看到，在半年的短暂时间内，这个虚构的伟大舞台在他面前坍塌，而他本来准备借这个舞台提高俄国地位。"此前，俄国在军事和外交领域取得了一系列的成功。"在匈牙利军事胜利之后，陛下陶醉了，听不进任何意见，坚信自己强大无敌。"③ 但塞瓦斯托波尔事件使他清醒过来。俄国在克里米亚战争的失败成为尼古拉一世难以承受的心理压力，体质强健的他突然死亡。彼得堡盛传沙皇自杀的流言，一些现代研究者认为不无根据。④

1855 年 2 月 19 日，尼古拉一世的长子亚历山大登基，历史上称其为亚历山大二世。亚历山大二世是俄国历史上与彼得大帝、叶卡捷琳娜二世齐名的皇帝，是俄国近代化的先驱。他在任期间对俄国社会发展做出了历史

① Зайончковский П. А. Правительственный аппарат самодержавия в XIX веке. М., 1978. С. 179.
② Зайончковский П. А. Правительственный аппарат самодержавия в XIX веке. М., 1978. С. 180.
③ Зайончковский П. А. Правительственный аппарат самодержавия в XIX веке. М., 1978. С. 181.
④ Смирнов А. Разгадка смерти императора // Пресняков А. Российские самодержцы. М., 1990. С. 435 – 462.

性的贡献，1861 年下诏废除了农奴制，为俄国在 19 世纪后半期的中兴奠定了基础，他还主持了多项政治改革，还曾经提议制定把专制君主制改造为君主立宪制的改革计划。

由于亚历山大的两位伯父，亚历山大一世和康斯坦丁大公都没有子嗣，故整个宫廷上下很早就意识到亚历山大有可能是俄国皇位的继承人，俄国宫廷，包括他父亲尼古拉在内，都对未来皇储的教育给予极大的重视。亚历山大自小就受到了良好的培养。尼克拉一世为亚历山大二世挑选著名诗人茹科夫斯基为老师。茹科夫斯基开明博学，教学经验丰富。他被任命为帝师以后，用了半年时间为皇太子拟定了 12 年的学习规划，并宣称他的目标是"为美德施教"，"陛下无须成为学者，但应是开明之人"。茹科夫斯基重视对皇子的思想教育，他交给自己的爱徒很多名言警句，使其受用终生，如"沙皇治民的权力源于上帝，但不要运用权力来嘲弄上帝和人民"；"尊重法律。如果沙皇目无法律，那么人民也不会遵守法律"；"热爱教育并传播教育，没有受过教育的民族是没有尊严的民族。他们容易领导，但是奴隶也很容易变成愤怒的起义者"；"革命是一种破坏性的行为，它要直接从星期一跳到星期三。但是，要从星期一跳回到星期天也同样是破坏性的"。①伟大的自由主义者和知名法学家斯佩兰斯基教授亚历山大法学。亚历山大在 19 岁时完成了所有的学业。他学过诸多科目，包括数学、物理、地理、历史、东正教神学、政治经济学、法学，掌握了四门外语——英语、德语、法语和波兰语。他的父亲，拥有无限权力的尼古拉一世也一再告诫自己儿子其所要承担的职责："你永远要记住，只有投入全部生命，才能回报上帝所赋予你的长子继承权。"②

从保罗一世到亚历山大一世，从尼古拉一世到亚历山大二世，俄国社会情绪的变化具有诸多相似之处。亚历山大一世和亚历山大二世个人都在改变国家政策和社会情绪方面起到了举足轻重的作用，他们两人都是俄国

---

① 〔美〕爱德华·拉津斯基：《亚历山大二世——最后的伟大沙皇》，周镜译，新世纪出版社，2015，第 49 页。

② 〔美〕爱德华·拉津斯基：《亚历山大二世——最后的伟大沙皇》，周镜译，新世纪出版社，2015，第 50 页。

自由主义进程中不可或缺的角色，没有他们的个人干预，这个进程将会缓慢得多。

就亚历山大二世的个性而言，他并不是天生的改革者。果戈理把俄国比作一辆飞驰的三套车，伟大的改革者伊凡雷帝和彼得大帝用无情的鞭子赶着它飞速前进。而亚历山大二世并不像这些改革家那样严厉和残酷，他的性格非常温和。根据他的传记记载，在他继承父亲的皇位之前经历了一定的思想徘徊，这与他在位的父亲的情绪密切相关。他对父亲恐惧、服从和崇拜。随着尼古拉一世越来越转向反动，王储亚历山大也与他的父亲一起右倾。在农民问题上亚历山大比他的父亲更为右倾，在所有农民事务委员会中他一贯支持地主的权利和利益。但是，当他登基之后，却清楚地捕捉到国家的需要，使俄国开始了一个新的时代，其标志是一系列改革的进行。

亚历山大二世登基之后，立刻表明他的自由主义思想倾向。1856 年 3 月 30 日新沙皇发表的宣言中有这样的话："愿俄国内部秩序建立起来，不断得到改进；愿真理和慈悲在她的法庭上占据统治地位；愿争取受教育和参加各种有益活动的志向以新的力量到处蓬勃发展起来；在对所有的人都一律平等、一律保护的法庭庇护下，愿俄国每一个臣民都安心享受自己劳动的果实。"[①] 他执政之后，立即实行宽松的政策。他对十二月党人、波兰起义者和彼得拉舍夫斯基小组成员等政治犯实行大赦；他在 1857 年取消了军屯制；他还允许发放出国护照，允许俄国人到国外去；他放松了新闻检查，取消了对大学招生数量的限制。与尼古拉一世时期的高压制度相比，这是一种全新的政策，著名诗人丘特切夫将这个时期称为"解冻"时期。

正是在这样一种相对宽松的政治气候下，一批充满自由主义气息的杂志和报纸如雨后春笋，应时而生，如《俄罗斯通讯》《俄罗斯论坛》《农业公共事业》等。俄国当时有一些影响的政治家、作家、学者，如自由西方派人士卡维林、齐切林，斯拉夫派学者阿克萨科夫等纷纷在这些出版物上发表言论。1857 年 7 月，赫尔岑和奥加廖夫出版了自由主义杂志——《钟

---

① 蒋相泽：《世界通史资料选辑》（近代部分）上册，商务印书馆，1964，第 336 页。

声》。在各种出版物中不断地被提到的最重要的一个问题就是必须取消农奴制。如赫尔岑向贵族指出拖延农民改革的后果："如果贵族拖延解放农奴，顽固地坚持自己的不正当权利……那么，对于被驯服的、无辜的、对专制制度重新燃起怒火的农民来说，解放的圣旨到来得太晚的话，那时他们向老爷的头上抛出斧子，即使是命令和镇压，贵族的脖子和头也不再相连了。"① 农奴制也是亚历山大二世面临的最复杂的问题。当时国家有 2500 万农奴，农奴制是在从 1497 年到 1649 年的漫长时间内逐渐形成的，关系着俄国农民生活的方方面面。农奴在人身、土地、财产和法律方面都依附于封建地主。长期以来，农奴为了自由和生存不断掀起反抗农奴主的斗争。克里米亚战争后，农民运动更是如火如荼，据统计，1845～1854 年，平均每年达 35 次，1855～1857 年，平均每年达 63 次，1858 年达到 86 次，1859 年达到 90 次，1860 年达到 126 次，1861 年更达到了 1176 次。② 农奴制是导致农民起义的根本原因。

亚历山大二世面临的任务是使农民摆脱地主的束缚，给予他们人身自由。然而，不要以为当时俄国形势的发展会使废除农奴制成为自然而然或轻而易举的事情，真要废除已经盛行了 300 余年的农奴制，仍然面临着重重阻力。阻力主要来自广大地主贵族的激烈反对，他们希望维护自身的既有利益。根据托尔斯泰的调查，19 世纪 50 年代中期，有 9/10 的地主是反对取消农奴制的。③ 面对重重阻力，亚历山大二世仍然决定将改革推行到底。

"政府不顾贵族中的反对情绪而决定废除农奴制度，其首要目的是为了巩固俄罗斯国家及其军事力量，恢复其在克里米亚战争之后失去的世界大国地位和国际影响。但亚历山大二世和国家领导集团中的自由派官僚希望适应时代要求、改善俄国人民处境的志向，也是实行改革的动因之一。"④ 毕竟，改革最直接的任务，就是使农民获得人身自由，也正因为改革具有这种性质，在俄国政府提出新的改革方案后，关注俄国事态的马克思立即发表

---

① 张建华等：《政治激进主义与近代俄国政治》，三联书店，2010，第 125 页。
② 孙成木等主编《俄国通史简编》下卷，人民出版社，1986，第 97 页。
③ 赵士国：《历史的选择与选择的历史》，人民出版社，2006，第 100 页。
④ 姚海：《俄国现代化的两种模式及其转换》，《探索与争鸣》2014 年第 9 期。

评论说，如果说，俄国贵族认为"他们还没有必要将自己的特权献上祖国的祭坛，那么俄国政府的步伐就要快得多：它已经达到了'人权宣言'。"①

1855 年，亚历山大二世任命 C. C. 兰斯科伊为内务大臣，后者为自己挑选的内务部官员都是一些积极准备改革者，如 П. И. 梅利尼科夫、П. Д. 基谢廖夫、H. A. 米柳京等，他们也都成为杰出的改革活动家，内务部成为改革的中坚力量。尼古拉一世的保守主义堡垒，曾经显得是那么的坚不可摧，但实际上被证明不堪一击。

1857 年 1 月沙皇成立准备农民改革的秘密委员会，领导讨论"关于整顿地主农民生活的措施"。这个委员会的大多数成员身居要职，如国务会议主席、内务大臣、财政大臣、国有资产部大臣、宪兵司令等，他们都是大地主、大农奴主的代表，坚决维护旧制度。沙皇选择了自己特殊的战术，推动当时这些官僚做出对自己有利的决定，使一个又一个的委员会成员逐步转到了改革的立场，成为著名的改革活动家。

1858 年 2 月，在制定逐步废除农奴制的法案已经公开，并在全国公开建立了制定改善地主农民生活草案的省贵族委员会之后，秘密委员会更名为"农民事务总委员会"，作为集中领导改革准备工作的机构。亚历山大二世对"农民事务总委员会"下达的三条改革原则是：第一，改革必须使农民立刻感到生活有所改善；第二，要使地主安心他们的利益有所保障；第三，政权一分钟也不能被动摇，社会秩序一分钟也不能被破坏。②

1859 年 3 月，沙皇成立了以自己亲信罗斯托夫采夫将军为首的编纂委员会，着手制定农奴解放方案。面对当时的各种阻力，亚历山大二世给罗斯托夫采夫写信强调一定要把改革事业进行下去，他写道："如果那些（反对改革的）先生们认为能够阻止我，那他们就大错特错了。没有任何人能够阻止我达到预期的目的，我无比坚定地相信这一神圣事业的正确性。目前主要的任务是寻找改革的道路。我祈祷上帝的赐福和像您这样忠贞之臣的帮助，让我们为了俄罗斯未来的福祉，把这项神圣的事业进行到底。不

---

① 《马克思恩格斯全集》第 12 卷，人民出版社，2016，第 719 页。
② 孙成木等主编《俄国通史简编》下卷，人民出版社，1986，第 105 页。

要丧失信心，像我一样永不言败，让我们共同祈祷上帝赐予我们力量。"①

到 1861 年初，取消农奴制的方案完全准备好，在 2 月 19 日颁布了"关于赐予农民自由法令"和"关于农民脱离农奴依附地位法令"，完成了将农民从农奴依附状态解放出来的庞大的、复杂的任务。改革的核心有两点：一是宣布废除农奴制，农奴全部获得人身自由，包括迁徙、婚姻、改变职业、拥有财产、订立契约自由等；二是规定全部土地为地主所有，农民按照规定赎买一小块土地，赎金数额为土地实际价格的两三倍，农民支付一部分，其余由政府以有偿债券的方式代付，农民必须在 49 年内还清本息。

从亚历山大二世改革的条文中可看出他的良苦用心，农民获得解放之后的关键问题是土地问题，连带土地解放农民，让农民无偿获得他们一直所经营的土地在当时的条件下是不可能的，因为土地的产权本来为农民主所有。亚历山大二世试图最大限度地使封建贵族和农民都满意，在发生巨变的同时维持国内局势安定，让农民以赎买的方式获得土地或许已是最佳的选择。如果简单地评价俄国 1861 年改革只是封建主对农民的一场掠夺显然是对历史不负责任的解释，这场改革是不彻底的，但毕竟已迈出了最艰难的一步。俄国所有农奴从此成为自由农民。尽管自由农一无所有，没有自己土地，在经济关系上必须依附原来的地主老爷才能生存下去，但在政治上的意义却非同小可，他们获得了平等的政治权利，成为自由人，可以自由迁徙，也就意味着可以通过新开垦的土地致富，从而在经济上获得完全的独立。

亚历山大二世无论在个性品质方面，还是在政治倾向方面，都不太适合改革家的角色。但克里米亚战争失败引发的尖锐社会和政治问题迫使新沙皇改变保守统治，勇于支持少数自由派官僚，对抗保守分子，使改革成功进行。如前文所述，在 19 世纪初期，沙皇亚历山大一世也充满了自由主义理想，也曾经努力寻求给予俄国农奴自由，却畏于贵族的压力而止步。那么，为什么 1861 年亚历山大二世做了在 1820 年对于亚历山大一世来说相

---

① 王云龙：《现代化的特殊性道路——沙皇俄国最后 60 年社会转型历程解析》，商务印书馆，2004，第 81～82 页。

当于天方夜谭的事情？要知道，甚至在 19 世纪中叶，大部分贵族依然在反对改革。但应该考虑到，几十年的发展并非一个短暂的时间，很多肉眼无法看到的潜在进程积蓄起了力量。最为主要的是，在 19 世纪 50～60 年代，专制统治者迫于局势对自己的阶级支柱施加了压力。而在 19 世纪初，任何对贵族施加压力的想法对亚历山大一世都是不可思议的，他坚持任何废除农奴制的方案都要建立在自愿原则的基础之上。而且，当时俄国在国际上的显赫地位以及国内的稳定局势并不足以推动最高政权采取果断的行动。在战胜拿破仑之后，俄国的国际威名远播，俄国军队在战场上的胜利使人们相信国家制度还会稳如磐石。但是，19 世纪 50 年代末期亚历山大二世统治时期的情况已经大相径庭。1853～1855 年克里米亚战争的失败，把俄国推向了灾难的边缘。俄国无力战胜盟军派遣登陆克里米亚的相对而言数量并不多的远征军，农奴制不能与先进的资产阶级制度竞争的事实摆在面前。屈辱的巴黎和约彻底破坏了国家的国际威信。农民运动的增加也在政府做出废除农奴制的决定中起到了重要作用。为摆脱当时的困境，已经别无选择，解放农民成为必然。另外，经过几十年的发展，社会力量的对比也发生了变化，贵族之中支持改革的人数显著增加。如果说在亚历山大一世期间，政府中只有数名自由主义者，那么在亚历山大二世时期，则已形成了一个自由主义官僚阶层，其他自由主义社会力量也明显加强。在最高政权被迫无论如何也得决定取消农奴制的状况下，那些最优秀的贵族代表，在以前他们会成为十二月党人，现在则与政权联盟。专制政权亦被迫迈出迎合的步伐。①

　　亚历山大二世废除农奴制是俄国根本性的社会进步。这项改革影响巨大，被人称为法国大革命后世界上最伟大的社会运动。农民改革后，随即进行了军事改革、教育改革、地方管理改革、城市管理改革、司法改革等一系列改革。

　　1861 年，亚历山大二世任命 Д. А. 米柳京为军事大臣，他担任陆军大臣

---

① 参见〔俄〕谢·弗·米罗年科《19 世纪初俄国专制制度与改革》，许金秋译，社会科学文献出版社，2017，第 263～264 页。

20 年（1862～1881），对俄国陆军进行了改革。米柳京借鉴了欧洲很多国家的经验，在和平时期大量裁军，同时培养一支训练有素的后备军，一旦发生战争，后备力量即可投入战斗。对军事院校教育进行改革，将未来军官的普通教育和职业教育分开，建立军事科研院校，建立高级军事人才培养基地。在 1874 年实行普遍义务兵役制，代替以前的税民兵役制。在军队的武器装备和军事训练体制上也进行了改革。改革后的俄国军队力量增强，士兵整体素质提高，在 1877～1878 年俄土战争中表现出色。

1862 年，亚历山大二世任命 Я. Н. 戈洛夫宁为国民教育大臣，推进教育改革。戈洛夫宁是著名海军统帅之子，受过良好的教育，从 50 年代初担任沙皇兄弟康斯坦丁大公的秘书。他在 1861～1866 年担任国民教育大臣，领导制定了 1863 年《大学章程》，这是俄国有史以来最民主的学校章程。该章程授予俄国大学享有与西欧大学一样的广泛自治权，校务会议有权独立解决科研、教学、行政和经费等问题。学校管理人员实行选举制，系主任和校长都由选举产生。俄国教育体制也发生了变革，建立了完整的初、中、高三个层次的教育，准许各等级子弟入学。教育改革促进了教育的繁荣和普及。

1864 年，政府颁布了新的司法章程。司法改革基本原则的制定者是杰出的法学家 Д. 扎米亚特宁、Н. 斯托亚诺夫斯基、С. 扎鲁德内和 Д. 罗温斯基。1864 年新的《司法章程》规定法律面前一律平等，建立陪审员与律师制度，实行法官任期终身制，强调法庭的公开性与独立性。改革后，司法权与行政权相分离，法官独立于政府且终身任职，确立了公开与独立的诉讼程序，建立起现代资本主义的司法制度。司法改革也是亚历山大二世时期各项领域改革中最有成效的一项。

废除农奴制后，自由主义者明确提出了要通过代议机构来限制专制政权的愿望，同时为了给失去对农民控制权而造成失落感的贵族以安慰，政府进行了地方自治改革。农民改革和地方自治改革的实际贯彻者是著名的活动家瓦卢耶夫，他在 1861 年接替兰斯科伊担任内务大臣。瓦卢耶夫坚决维护贵族特权，同时清醒地认识到俄国的经济发展任务。他曾经受沙皇委托起草了国家立宪方案。米柳京称他为"开明的保守

者"。① 1864 年，沙皇批准了《关于省和县地方自治机关条例》，设立了地
方自治局，实行民选制度，管理地方经济、民政和教育事务，如开办医院、
兴建学校、社会救济、地方交通、社会保险、医疗保健等。地方自治局的
建立表明，专制国家中的封建等级制度开始让位于带有资产阶级性质的民
选制度。尽管这种民选制度还只限于地方自治机关而不是国家政权机关，
而且地方自治局的权力也非常有限，与同时代的西方议会制度相去甚远，
但这种民选制度的出现，无疑是对君主专制的俄国政治制度的有力冲击。②

　　19 世纪 60 ~ 70 年代改革给国家生活带来的巨大的变化，明显促进了俄
国在社会经济和政治关系方面的发展，使俄国迈出了发展资本主义和步入
现代化道路的重要一步。亚历山大二世因而获得了"解放者"的名号。美
国著名历史学家斯塔夫里阿诺斯指出了俄国 1861 年改革的重大意义，他说：
"这是俄国历史上的一个重大转折点，甚至比美国历史上 1863 年的《解放
宣言》意义更重大。在美国，《解放宣言》仅关系到少数黑人，而在俄国，
废除农奴制的法令涉及占压倒多数的人口。"③

　　与亚历山大二世同时代的西方人对他的评价特别高，按照其中大多数
人的看法，"大改革"就是亚历山大二世天才的业绩，他既站在深厚的民族
基础上，又能吸收西方先进思想；他身体力行地对贵族进行鼓动和宣传，
从而缓解了他们的抵触情绪，排除了改革的阻力；他们将亚历山大二世称
作俄国第一位欧化皇帝、人民的解放者。对亚历山大二世最为热情洋溢的
评价来自美国，在俄国废除农奴制后很快刊登出的一篇文章，将亚历山大
二世称为 "1000 年来最伟大的善人，重建和平的战士，把 4000 万农奴变成
4000 万人的真正的基督徒"。④

　　亚历山大二世时期流亡在国外的反对者赫尔岑，也为沙皇的举动欢欣
鼓舞："为了这件事，俄国人民和历史都不会忘记他。在遥远的异乡，我们

①　Гетманский А. Петр Александрович Валуев // Вопросы истории. 2002. No 6. С. 55 – 85.
②　参见赵士国《历史的选择与选择的历史》，人民出版社，2006，第 109 页。
③　〔美〕斯塔夫里阿诺斯：《全球通史（1500 年以后的世界）》，吴象婴、梁赤民译，上海社
　　会科学院出版社，2000，第 384 页。
④　曹维安：《俄国史新论》，中国社会科学出版社，2002，第 99 页。

用一个名称对他欢呼，在独裁制度中这个名称很少能不引起一丝苦笑——我们称他为解放者。"另一位俄国著名的激进人士，未来的无政府主义领袖克鲁泡特金回忆，他当时对于农奴解放者亚历山大二世是非常崇拜的。"他那时的心情是：如果有人在我面前加害于沙皇，我一定会拿自己的身子去遮住他。"①

在 19 世纪 60 年代初，世人对亚历山大二世一片赞扬之声，称他为"解放者"，是"提倡自由主义的沙皇"。但随着历史的发展，人们对他的评价也发生了变化，1963 年版《不列颠百科全书》中指出："亚历山大总是首先关心自己的无限权力，当改革引起的政治要求刚一增长，他的自由主义也就结束了。"② 20 世纪 80 年代出版的《简明不列颠百科全书》更进一步说："实际上，他是独裁政治原则的坚定维护者，认为俄国没有实行立宪或代议制政府的准备条件。"③ 对亚历山大比较贴切的评价，也许是下面这段话："亚历山大二世的荣誉在于，他具有勇气和坚定性，并为进行 19 世纪东欧史上最伟大的改革而斗争。但他性格上的局限性和专制权力的本性使他不能成为更伟大的人。"④

第二节　农民改革中自由主义和保守主义的博弈

克里米亚战争结束后，在社会情绪高涨、革命一触即发的局势下，亚历山大二世政府被迫直视农民改革问题。1861 年出台的农民改革法令，是自由主义、保守主义和激进主义派别围绕农奴制的存废、农民改革的方式方法等问题激烈博弈的结果，这些派别都对沙皇政府的改革政策产生了不同程度的影响。

---

① 〔俄〕克鲁泡特金:《我的自传》，巴金译，人民文学出版社，1997，第 148 页。
② 转引自曹维安《俄国史新论》，中国社会科学出版社，2002，第 106 页。
③ 《简明不列颠百科全书》编辑部编《简明不列颠百科全书》第 8 卷，中国大百科全书出版社，1986，第 788 页。
④ 转引自曹维安《俄国史新论》，中国社会科学出版社，2002，第 106 页。

在农民改革酝酿时期，保守派贵族地主人多势众，当时十个地主有九个是农民改革的反对者，而且他们掌握决策权，在准备农民改革方案的农民事务秘密委员会和国务会议中均占多数。保守主义者反对农奴制改革的理由不尽相同：有人出于本能极端敌视各种新生事物；有人对俄国欧化改革的前景忧心忡忡，担心欧化改革会使本国优秀民族传统丧失；有人不愿放弃自身所享有的对农民的种种特权。然而沙皇下定决心进行改革，于1857年1月"为了讨论改善地主农民生活的措施"而设立了俄国历史上第11个，也是最后一个农民事务秘密委员会，负责准备农民改革方案，沙皇亲任主席。

1858年2月，这个农民事务秘密委员会更名为农民事务总委员会。委员会的成员多数是彼得堡高官显贵、大土地所有者，他们明确反对解放农民。如委员会主席奥尔洛夫是俄国最大的地主之一，"他与妻子在几个省拥有171370俄亩土地和各种农业用地"。[1] 他"宁愿砍下双手，也不愿签署带有土地解放农民的文件"。结果这个委员会和过去的若干个委员会一样无所作为，但沙皇改革的决心坚定，他想方设法推进改革事业，任命拥护改革且是自由派官僚庇护人的康斯坦丁·尼古拉耶维奇大公为秘密委员会成员，以推动委员会工作摆脱停滞状态。

委员会中的保守势力迫于沙皇的压力，从坚决反对改革转向容忍废除农奴制改革。他们作为当权派主导了政府第一个农民改革纲领的制定，主要内容是：农民获得人身自由；地主保留对全部领地的所有权；农民仅可以赎买的方式获得宅旁地所有权；地主提供给农民适量的土地使用，农民使用土地需向地主缴代役租或服劳役；地主保留对农民的全部权利。这一切应该逐渐施行，过渡期为12年左右。[2] 保守派实质上是主张按波罗的海模式，即不带土地解决农民问题。

如果说尼古拉一世时期少数基谢廖夫式的自由派官僚在对抗强大的保

---

① Захарова Л. Г. Самодержавие и отмена крепостного права в России 1856 – 1861. М.，1984. С. 55.

② Ковальченко И. Д. Консерватизм，либерализм и радикализм в России в период подготовки крестьянской реформы 1861 г. // Отечественная история. 1994. № 2. С. 8.

守旧阵营时遭到了失败，那么亚历山大二世时期自由主义倾向官僚的数量明显增加，成为 19 世纪 60~70 年代现代化改革的主体。当时涌现出一批自由主义官僚，如米柳京兄弟、戈洛弗宁、塔塔里诺夫、扎鲁德内、斯托亚诺夫斯基等。其中首屈一指的当属 H. 米柳京，他是 19 世纪中期最杰出的国务活动家之一。他的兄弟是俄国陆军大臣、俄国陆军的改革者 Д. 米柳京，他的舅舅是尼古拉一世时期主持国家农民改革的基谢廖夫伯爵。H. 米柳京能力超群、热情敬业，在 40 年代中期他未满 30 岁时就制定了《彼得堡城市条例》。他在 50 年代末任代理内务副大臣，在职两年期间，积极参加废除农奴制改革方案的制定。米柳京积极的国务活动时间不长，1861 年 4 月亚历山大二世免去他代理内务副大臣的职务。1863 年波兰起义后，他重新参与国务活动，准备并亲自贯彻了一些改革措施。

克里米亚战争失败和尼古拉一世之死使俄国社会自由主义运动走上了政治舞台。19 世纪中期，俄国出现了新一轮自由主义浪潮。这轮浪潮是如此猛烈，以至于俄国著名社会运动史专家 Ш. M. 列文指出："严格地说，俄国自由主义作为一种主要的社会流派，其真正的历史从 50 年代中期开始。"[①] 在亚历山大二世登基之后放宽新闻检查之机，国内各种政治派别开始议论时政，寻找摆脱国家危机的良策。一些持自由主义思想的人士逐渐联合起来，形成了自由派，最主要的代表人物是 K. Д. 卡维林和 Б. H. 齐切林。

卡维林是著名的史学家、法学家、政论家，历史学中的"国家学派"[②]理论的奠基人。卡维林的父亲曾担任彼得堡大学校长，与茹科夫斯基、屠格涅夫和乌瓦罗夫等名流显贵交好，是当时一位颇有影响力的人物。卡维林毕业于莫斯科大学法律系，曾经在莫斯科大学教授法律，从事理论研究。

---

① Левин Ш. М. Очерки по истории русской общественной мысли. Вторая половина XIX – начало XX века. Л. , 1974. С. 348.

② 国家学派是 19 世纪中期到 20 世纪初俄国众多史学流派中最有影响的一个学派。它形成于 19 世纪 40~50 年代，之所以得到这样的称呼，是因为国家学派的代表人物认为国家是历史发展的动力。国家学派的理论奠基人是法律史学家 K. Д. 卡维林，主要理论家是 Б. H. 齐切林，这一学派最著名的历史学家则是 C. M. 索洛维约夫。参见曹维安《俄国史学中的"国家学派"》，《史学理论研究》2006 年第 1 期。

他在年轻时代即受到西方主义思想的吸引，与西方派格拉诺夫斯基、涅克拉索夫等人交往密切。他在 1848 年为了表示对当时莫斯科大学法律系主任的不满与其他几位著名教授一起示威性地从莫斯科大学辞职，几经辗转，从 1857 年起在彼得堡大学任教，在此期间应皇太后之邀为王储尼古拉讲授国家法课程。1861 年他离开彼得堡大学，到行政部门任职，同时积极从事社会运动。他的法律理论功底深厚，与齐切林一起成为"国家学派"的创始人。他创作的《关于农民解放的札记》广泛流传，对 1861 年农民改革的准备起到了重要作用，这一创作也使他的名字成为亚历山大二世时期政治舞台的一面旗帜。

齐切林也是俄国著名的政治学家、法学家，"国家学派"最主要的理论家，以及 19 世纪下半叶俄国自由主义政治运动的著名活动家和精神领袖。他在莫斯科大学读书期间就表现出了强烈的自由主义倾向，毕业后在莫斯科大学任教。1868 年，他因为不满国民教育大臣的方针辞职，之后在家乡坦波夫省铁路局工作，同时在地方自治局从事社会活动。在亚历山大三世统治时期的 1882～1883 年曾被选举为莫斯科市长，在任期间为改善城市经济状况做了很多工作，1883 年莫斯科市杜马为此授予他莫斯科市荣誉市民身份。

在克里米亚战争后期，卡维林和齐切林等著名的自由主义者就秘密传播自己的"手稿作品"以表达自己的思想，"各种内容的文章被广泛传阅、大量转抄，从首都传到外省，又从外省传到首都"。① 在亚历山大二世登基实行解冻政策之后，他们发行刊物，对当前社会政治问题发表意见，阐述自己的纲领和策略理论，主要是实现自治和公民自由，废除农奴制度。卡维林在其 1855 年夏末完成的《关于农民解放的札记》中指责农奴制"使整个国家陷于不正常的状态，并使国家经济中产生威胁国家机体的人为的现象"。他认为，农奴制的腐败是农民起义的根源，要防止拉辛、普加乔夫式的暴动，只有废除农奴制。"如果让这个制度原封不动，那么几十年以后，

---

① 姚海：《俄国立宪运动源流》，四川大学出版社，1996，第 71 页。

它会把整个国家毁灭。"① 齐切林将农奴制比作国家的包袱，"我们背着这个包袱负重前行，它常常把我们困在原地，与此同时，其他民族却在飞速前进"。② 为保持俄国昔日的国际地位，解放农民应成为政府第一要务。

自由主义者除了论证废除农奴制的必要性之外，还提出了不少的具体改革方案。如卡维林在《关于农民解放的札记》中提出了废除农奴制的主要原则："给予农民人身自由"；"带土地解放"；"通过赎金的方式给予地主补偿"。他还提出解决农民问题的必要条件是在媒体上公开对改革的准备进行讨论。③ 而科舍寥夫在其 50 年代中期完成的《关于必须消灭俄国农奴制》中主张立即在各地带有份地解放农奴，因为"一旦农民失去固定居所，我国就会产生连欧洲都无法想象的无产阶级。农民不会接受没有土地的解放。地主可以为此得到土地赎金"。④ 虽然自由派内部对改革条件的设计不尽相同，但他们均主张立刻带有土地解放农民，取消农民对地主的土地依附关系和封建义务；把农民经济与地主经济分离，把农民转变为自由的、独立的小土地所有者；地主依然是大土地所有者，使用雇佣劳动经营生产。

从 1857 年末到 1858 年秋，自由主义者与保守主义者就影响亚历山大二世的决策展开了激烈的角逐。各省设立的改革事务准备委员会大都是保守主义者居多数，在中央也是保守官员占上风，自由主义倾向的官员大都集中在内务部，内务大臣兰斯科伊热衷农民改革，把具有自由主义倾向的官员吸纳到内务部，米柳京最为活跃，他实际上是农民改革方案的制定者。他制定的《关于安排地主与农民关系预想》的呈文在 1856 年呈交给沙皇。他提出改革的最终目的和任务是在保持贵族占有土地财产的同时，通过赎买的方式带有土地解放农民，把农民变成小土地所有者。米柳京主张带土地解放农民，将农民实际使用的土地交给农民，引起了农奴主的极端仇视，

① 转引自孙成木等主编《俄国通史简编》下卷，人民出版社，1986，第 108～109 页。
② Шепарнева А. И. Крымская война в освещении западников//Вопросы истории. 2005. №. 9. С. 37.
③ Захарова Л. Г. Александр Ⅱ и место России в мире//Новая и новейшая история. 2005. №. 2. С. 169.
④ Ковальченко И. Д. Консерватизм, либерализм и радикализм в России в период подготовки крестьянской реформы 1861 г. // Отечественная история. 1994. № 2. С. 11.

称他为"赤色分子"。在当时，沙皇顾虑到保守阵营的情绪，没有采纳米柳京解决农民问题的方案。

1858 年秋，亚历山大二世解决农民问题的立场发生剧变，由青睐保守主义者转而支持自由主义者，由支持不带土地解放农民转向赞成带有土地解放农民。沙皇立场的转变受到诸多因素的影响。1858 年 4～6 月波罗的海地区爱斯特兰省农民运动高涨，有报告分析农民骚动的根源是没有解决土地问题。事实证明，按波罗的海模式无地解放农民势必会引发大规模的社会冲突。

亚历山大二世统治时期的一个全新现象是现代化改革的运转机制发生变化：制定战略性的国家改革方案时首次吸收社会代表参加，准备农民改革时，内务部设立了独立专家的职务，吸收社会代表，首先是自由主义知识分子，参与现代化改革方案的制定和实施。1859 年 3 月成立了公开的改革准备机构——编纂委员会，负责编纂农民解放的法律草案，编纂委员会的主席为 Я. 罗斯托夫采夫将军，年轻时他是坚定的保守主义者，他在 1857 年提出的有关农民问题的方案中完全保留了地主对土地和农奴的权利。但在接下来的改革准备过程中，他的立场发生重大转变，以至于连其最激烈的批评者之一赫尔岑，在最后一期《俄国之声》上发表罗斯托夫采夫的政治遗嘱时，也强调能够带土地解放农民完全得力于他的努力，称他的政治遗嘱是解放农民真正公正的纲领。① 编纂委员会成员有来自各部和主管部门的代表 17 人，以亚历山大二世的名义从地方邀请的专家委员 21 人，加上委员会主席，总计 39 人。② 委员会成员多数为自由主义者，赞成带土地解放农民。以米柳京为首的自由主义官僚在编纂委员会中起领导作用，政府自由主义官僚与社会自由主义活动家相互支持，虽然在改革酝酿时期始终处于少数，但因得到沙皇的支持，成为国家改革的中坚力量。

在编纂委员会制定的方案中，农民享有土地的标准大致与农民使用的

---

① Гаман‑Голутвина О. В. Политические элиты России: Вехи исторической эволюции. М., 2006. С. 186.

② Захарова Л. Г. Редакционные комиссии 1859–1860 гг. : учреждение, деятельность// История СССР. 1983. № 3. С. 59.

份地接近，比一些省委员会提出的标准高两倍。编纂委员会制定的法律草案先后提交农民事务总委员会和国务会议讨论，这里保守主义者居多数，他们对法律草案做了有利于地主的修改。1861 年 2 月 19 日最终出台的法令与编纂委员会的法律草案相比，减少了农民的份地面积，而赋役负担有所增加，但总体上自由主义者所坚持的带土地解放农民的原则得到认可，因此可以说，2 月 19 日法令体现了自由主义者的主张。

但是，在改革酝酿时期，以赫尔岑和车尔尼雪夫斯基为代表的激进主义革命民主派也对改革方案的最终出台起到了推动作用。激进主义者强烈抨击农奴制，认为农奴制的存在是俄国的"耻辱"，要求立刻取消农奴制。1858 年初，车尔尼雪夫斯基在《现代人》上撰文呼吁："我们应该把农奴拥有土地当成解放农民的主要原则。"赫尔岑明确宣称："农夫想要得到的只是村社的土地，只是用自己脸上的汗水灌溉过、自己付出神圣的劳动的村社土地，除此之外，再没有更多的要求。"①

在当时俄国现实的历史条件下，激进主义者与自由主义者在解决农民问题的主要立场上相同：必须取消农奴制，带土地解放农民，将农民转变为自由的、独立的小土地所有者。只是自由主义者把带土地解放农民视为最高要求，而激进主义者将其视为建设性解决农民问题的最低要求。他们结成反农奴制的统一战线。当沙皇在自由主义与保守主义改革方案之间徘徊，政府的改革政策迟迟难以出台之时，激进主义者开始号召以自下而上的革命方式解决问题。激进主义者虽然未能进入农民改革的决策层，但他们号召反对农奴主的斗争以及他们对政府的影响，无疑对 1861 年改革产生了重要影响。在这方面作用特别突出的是不受新闻检查机构控制的赫尔岑在海外主办的《钟声》，《钟声》抨击农奴制的罪恶，揭露地主的暴行，讨论解放农民的方案，为废除农奴制营造了良好的社会舆论。

赫尔岑在 1858 年 10 月 1 日出版的第 25 期《钟声》上刊登了一封"致编辑"的匿名信，号召放弃对沙皇的自由主义幻想，"对改革的全部希望都

---

① Ковальченко И. Д. Консерватизм, либерализм и радикализм в России в период подготовки крестьянской реформы 1861 г, Отечественная история. 1994. № 2. С. 15.

像肥皂泡一样破灭了"，"继续信任亚历山大是徒劳无益的"。沙皇"明显站在他们（地主）一边"。"只能指望自己，指望自己的双手：磨快斧头起来造反。用自己的双手打开要塞，废除农奴制……自下而上！造反，伙伴们！要是继续等待，就只能过穷苦生活……"①

高级官员和沙皇都密切关注这本杂志的内容。有同时代人指出："海外刊物，特别是赫尔岑的《钟声》影响越来越大……在两至三年内多数贵族的整个思维方式在《钟声》的影响下发生了根本性的转变。我想，政府也无法回避这一影响。亚历山大二世就十分关注赫尔岑的动向，细心琢磨他文章中的每一行字，倾听大家皆关心的《钟声》的声音。"②

农民改革的最终方案对农民非常不利，他们获得的土地很少，同时要承担大量的赎金和赋役，还保留着各种等级和公民权利限制，这成为后来俄国社会政治和经济危机的主要因素，也是 20 世纪初三次俄国革命的主要动因。但是，这种方案的出台并不是因为自由派官僚们的积极性低，而是保守情绪的地主们反抗过于强烈，即使这种对农民而言非常不利的改革方案也遇到了巨大的阻力。在保守领地贵族的强烈反对下，改革得以进行取决于沙皇的坚持。在总委员会最后一次会议上，43 个委员中只有 8 个委员投票支持农民改革方案通过，沙皇支持少数的 8 个人的意见。③ 沙皇呼吁委员们摒弃个人私利，不是以地主身份，而是以国家官员的身份对待这个问题。前文曾经提到，这两种身份的兼备是导致以前解决农民问题失败的主要因素。

在农民改革准备期间，就是否带土地解放农民问题，自由主义与保守主义之间展开了激烈的博弈，1861 年 2 月 19 日法令是各派妥协的产物。自由主义者主张农民带有土地获得人身自由，他们认识到，农民不会接受无土地获得解放，如果农民完全失去土地，就会形成数百万的无产者，势必

---

① Гинзбург Б. С. 《Колокол》 А. И. Герцена и крестьянское движение в России в годы первой революционной ситуации（1859－1861）// История СССР. 1957. № 5. С. 178.

② Захарова Л. Г. Самодержавие и отмена крепостного права в России 1856－1861. М., 1984. С. 109.

③ Корнилов А. Курс истории России XIX века. М., 1993. С. 223.

会引发社会冲突，导致与政府的改革目的——化解社会动荡的风险截然相反的结局。而保守主义者则无视农奴制已变成俄国社会进步的阻碍的现实，抗拒废除农奴制改革，在被迫同意取消农奴制后，又力争保留地主的全部土地。

最终在自由主义者的直接推动和激进主义者的间接推动之下，沙皇政府出台的法令规定农民带有土地获得解放，达到了自由主义者所认可的最高限度和激进主义者派所能接受的最低限度，否定了保守主义者不带土地解放农民的主张。但是，在坚持贵族地主必须让步的同时，政府还是力求最大限度地保护地主的利益，当国务会议逐条讨论法案时，沙皇承诺："请你们相信，为维护地主的利益做了所能够做到的一切。"[①] 1861 农民改革是不同社会阶层间的妥协，首先是统治阶级内部的妥协，体现了自由派改革家们的政治智慧，解决了这个困扰了俄国几代沙皇的历史难题，也为亚历山大二世实行其他改革举措扫清了道路。

第三节　从封建君主制向资产阶级君主制过渡

在 19 世纪中叶，克里米亚战争的惨败表明俄国社会危机的严重性，尼古拉一世实行了 30 年的军警高压统治不可能再继续下去。社会意识中形成了新的政治自由主义、激进主义浪潮，要求立刻对国家管理进行激进的改革。亚历山大二世也被迫承认"完善国家内部体制"的必要性和合理性。19 世纪 60~70 年代的农民、司法、军事和大学等改革是沙皇政府为了维护自身统治做出的让步，是自上而下倡议发起的改革，以防止改革自下而上进行，也是保守主义与温和的自由主义之间的妥协，为对专制国家管理制度进行改革创造了前提条件。

当时革命民主主义者、农民社会主义者赫尔岑创办的报纸《钟声》《北极星》，车尔尼雪夫斯基创办的《现代人》等杂志连续刊发文章，提出实现

---

① Ковальченко И. Д. Консерватизм, либерализм и радикализм в России в период подготовки крестьянской реформы 1861г, Отечественная история. 1994. № 2. С. 17.

自上而下所有管理环节的民主化，实行议会制、选举制，建立普遍的泛等级代表机构、自治机构等激进思想。

齐切林、卡维林、科舍廖夫等温和的社会自由主义活动家也提出建立泛等级的代表机构，他们认为代议机构不是限制、制约君主的权力，而是对最高权力的补充和帮助，有助于政治稳定，加强社会团结，挽救俄国的经济和道德危机。

一些高级官僚也持自由主义思想，如内务大臣瓦卢耶夫、陆军大臣和内务副大臣米柳京兄弟、财政大臣赖藤、国务委员罗斯托夫采夫等人。1862年春天，内务大臣瓦卢耶夫提出国务会议改革方案，仿照奥地利议会，将国务会议改组成为两院制的立法咨议机构：上院是由沙皇任命产生的常设机构；下院是由地方选举产生的 180 名议员组成的代表大会，下院有 16 名代表参加上院会议及国务会议全体会议。大臣们就最重要的问题举行"特别会议"。

但当时沙皇周围也有一些保守官员，如国务会议主席 A. Ф. 奥尔洛夫、司法大臣 B. H. 帕宁、国民教育大臣 Д. A. 托尔斯泰等人。他们不仅断然拒绝激进的政治改革思想，而且反对保守的自由主义方案，顽固地捍卫专制管理形式，认为专制制度最为适合俄国人民的历史传统、符合俄国人民的精神文化，只允许进行局部的行政管理改革，以稳定和巩固专制管理形式。亚历山大二世本人也与他的父亲一样，坚信普鲁士的管理方式，主张将警察－官僚统治与地方社会管理相结合，拒绝了所有对他的特权有所"侵犯"的建议。结果 19 世纪俄国的行政改革并没有触动中央和地方国家管理机构的本质、职能范围和管理方法，保留了专制体制。

最高中央管理机构的作用加强。国务会议在 60～70 年代所有资本主义改革的准备和实行中发挥了重大作用。国务办公厅与为准备改革而成立的各种专门委员会一起，积极参加法律草案的制定。法律草案制定完成后，先提交国务会议各司，然后提交全体会议讨论。有时，在国务会议设立专门机构负责某项事务，如 1861～1884 年存在农村状况总委员会，监督农民改革的贯彻，讨论与农民改革有关的法律方案和行政措施；1864～1881 年存在波兰王国事务委员会，监督波兰地区农民改革的贯彻，在波兰起义后研究如何改变那里的管理制度的方案。

50 年代末俄国面临严峻的革命形势，同时开始准备资本主义改革，要求国内官僚力量团结起来。大臣委员会为大量行政事务所累，无法协调各个部门的工作。从 1857 年秋天起秘密成立一个新的政府机构——大臣会议（Совет министров），成员有大臣、各重要委员会主席、国务会议和大臣委员会主席及其他沙皇宠信的官员，讨论改革方案等问题。最初大臣会议在沙皇的命令下不定期开会，没有正式地位，从 1861 年 11 月 12 日起这个机构公开。①

大臣会议的组织与大臣委员会相似，但有一个显著的特点，即由沙皇亲任主席。大臣会议没有明确的权限，《大臣会议章程》只是规定大臣会议讨论所有根据沙皇命令提交的事务。一般而言，大臣委员会负责日常行政事务，大臣会议研究和讨论重要事务。一些制定资本主义改革法律草案的委员会的资料和工作总结，一些部门要求全面协调行动的指令，大臣的年度总结，给沙皇的有关改革建议的奏章等都提交大臣会议研究。大臣会议研究的一些措施经沙皇批准，通过所谓圣谕的方式获得法律效力，另一些措施提交专门会议和委员会进一步研究。大臣会议活动最积极的时期在 1857～1862 年，当时革命形势严峻，政府开始准备实行农民改革和资本主义改革。大臣会议的工作在一定程度上促进了各部门在涉及跨部门的、全国性问题上的协调活动，促进了 60～70 年代各项改革的进行。

改革后，参政院依然保留着国家最高司法和监督机关的地位，但其权限职能、组织结构和工作制度都发生了一些变化。1862 年 9 月 29 日，亚历山大二世批准了《俄国司法改革基本原则》，1864 年 11 月 20 日，亚历山大二世批准了《司法章程》，通过这两个法律，在俄国司法体系和诉讼程序中确立了资本主义原则。1864 年《司法章程》赋予参政院的职能是最高仲裁机关，而不再是上诉机关，从而参政院的组织结构发生了重大变化。②

---

① Ерошкин Н. П. История государственных учреждений дореволюционной России. М., 1983. С. 200.

② Ерошкин Н. П. История государственных учреждений дореволюционной России. М., 1983. С. 204.

19 世纪 60 ~ 70 年代，沙皇陛下办公厅继续起着重要作用，资本主义改革几乎没有触及这个机构，但其职能权限、组织结构和内部分工有所变化。

从 1862 年起，第二厅成为国家立法工作的重要环节，预先研究各部提交国务会议的所有法律草案。第二厅参与了很多资本主义改革方案的工作：校订法律草案，收集对法律草案的评论，起草一些法律草案。第二厅还负责第二版《俄罗斯帝国法律全集》的出版工作，以及《俄罗斯帝国法典》一些卷的再版工作。1882 年第二厅被取消，其负责的事务转归国务会议。

1880 年 2 月 5 日冬宫爆炸事件后，2 月 15 日成立了"关于维护国家秩序和社会安定最高指挥委员会"，主席是 M. 洛里斯 - 梅利科夫。这个委员会负责首都的所有政治调查事务，监督全国政治调查事务。第三厅和宪兵队都临时隶属这个委员会。所有地方政权必须在政治调查事务中协助该委员会。M. 洛里斯 - 梅利科夫于 1880 年 7 月 26 日奏请亚历山大二世，拟将维护国家和社会安定的所有事务集中到内务部。沙皇接受了这个提议，最高指挥委员会和第三厅被取消，它们负责的事务转归内务部国家警察司。内务大臣兼任宪兵司令，继承第三厅厅长权力的第一任内务大臣是 M. 洛里斯 - 梅利科夫。

60 ~ 70 年代，第四厅保留着旧的工作制度和组织结构。1880 年 8 月 12 日，第四厅改组成为独立的最高机构——沙皇陛下皇太后玛丽亚机构办公厅。

第二厅和第三厅取消之后，保留下来的沙皇陛下第一办公厅从 1882 年 2 月 22 日起称为沙皇陛下办公厅，在管理文官方面的作用有所增加。1894 年在沙皇陛下办公厅成立了文官工作和奖励委员会及文官监察处，负责五品以下文官的任免和奖惩。

俄国资产阶级改革时期，整个国家机构得到巩固，各部门的权限划分比较明确，立法和行政工作在一定程度上实现了分权，地方机构的权力开始加强，官僚中央集权制被削弱，沙皇陛下办公厅作为非常最高政府机构的地位开始降低。

19 世纪 60 ~ 70 年代改革后，中央国家管理机构得到完善。部的基本工作原则依然遵循 1811 年 6 月 25 日颁布的《部总条例》。各部的职能权限进一步明确，组织结构得到改善。部及其地方机构建立在"垂直"领导原则之上，形成了比较系统的自下而上的机构组织，部门管理原则进一步巩固。大臣的权力加强，对本部及其地方机构工作的责任增加。各部大臣会议的地位得到提高，加强了对部门机构的监督。除司以外，很多部设立了管理总局、管理局、处，这些机构不再分成科，而是分成效率更高的办公室。管理总局和管理局领导的独立性高于司长。除大臣会议外，部里设立了一系列咨议性机构，与改革前相比，这些机构更经常地邀请专业人士——工业、铁路、银行和商业资产阶级代表以及工程师和学者等参加。资产阶级参加中央政府机构的工作对其工作方式产生了很大影响，促进了官僚与各社会阶层精英的联系。随着铁路事业的蓬勃发展，1865 年将原来负责交通运输事务的交通管理总局改组成为"交通部"。

19 世纪 60~70 年代的改革，取消了农奴制，成立了新的财政和司法机构、地方和城市自治机构，地方政府机构体系发生了变化。改革后，在地方机构中占比较重要地位的是改革中成立的地方自治和城市自治机构。1864 年 1 月 1 日亚历山大二世批准颁布《关于省和县地方自治机关条例》，确立了地方自治的原则。地方自治机构没有在全国范围内建立，到 1875 年，只在欧俄 34 个省建立。后来，1911~1912 年，又在西部 6 省和东南部 3 省建立。到第一次世界大战前夕，在欧俄 84 个省中（不包括波兰 9 省和芬兰 8 省），有 43 个省 441 个县建立了地方自治机构。[①]

地方自治机构包括省和县两级地方自治会议及其执行机关地方自治局。地方自治局负责领导建设和管理地方医院、学校、道路、慈善机构，管理粮食、农业信贷事务，宣传农艺知识，发展家庭手工业，组织农业统计等。省地方自治局设有办公厅，办公厅下设处。地方自治局有权向居民征收专门的地方自治税。

地方自治会议选举每 3 年一次。每县成立 3 个选举代表大会——地主代表大会、城市团体代表大会和村团体大会，选举县地方自治会议议员。前

---

① 刘祖熙：《改革与革命——俄国现代化研究（1861—1917）》，北京大学出版社，2001，第 179 页。

两个代表大会的选举人具有一定的财产资格限制，对于第三个选举代表大会，建立了多层次的选举制度，即分村会－乡会－县代表大会三个层次。三个代表大会选举的议员的数量不同，其数量由内务部专门规定，其中地主议员数量居多。①

县地方自治会议每年在例会时期召开，所有当前事务由县地方自治会议选举产生的县地方自治局负责。全省的县地方自治会议选举若干代表构成省地方自治会议，省地方自治会议也选举出执行机构省地方自治局。地方自治会议和自治局的领导是选举产生的主席，他们不仅领导上述机构的活动，而且代表地方自治局参加地方政府机构（主要是议事处），地方自治会议的主席同时成为首席贵族。

农民改革后的最初几年，在县里建立了调停官（Мировой посредник）制度，调停官由县贵族会议选举产生，由省长提交参政院确认。调停官在管理农民的行政－警察事务方面有很大的权力：实行行政处罚、体罚，批准召开乡会，任免村和乡管人员，处理地主和农民之间的法定文书事务、地主和农民之间的争议和争讼等。② 调停官一直存在到 1874 年。此后，在县里成立了县农民事务议事处临时代替调停官的工作，议事处成员有县首席贵族（担任主席）、地方警察局长、县地方自治局长以及政府任命的常设成员。

根据 1870 年 6 月《城市条例》，成立了城市自治机构，负责城市的行政和经济事务，具体而言，包括城市公用设施事务，如交通、照明、取暖、排水和桥梁建设等，管理学校、医院，以及商业、信贷和慈善事业等。城市自治机构由纳税人选举产生，每 4 年选举 1 次。③

城市自治机构包括城市杜马和城市自治局，前者是指挥机构，后者是执行机构。城市杜马选举由三个选举代表大会进行，分别是大、中、小纳

---

① Ерошкин Н. П. История государственных учреждений дореволюционной России. М.，1983. С. 231.

② Сабенникова И.，Химин А. Государственность России. Кн. 5. Ч. 2. М.，2005. С. 27.

③ Игнатов В. Г.（отв. ред.）. История государственного управления. Ростов н/Д, 2003. С. 268－272.

税人选举代表大会，这三个大会选举的议员数量相等。城市自治局从城市杜马议员中选举产生。市长领导城市杜马和自治局，协调它们的工作。城市自治局有常设办公厅，根据城市自治职能设立各个处。这里还设有各种常设和临时执行委员会。在城市自治机构起领导作用的是城市大资产阶级代表。

根据 1870 年条例，每省成立了省城市事务议事处，由官员组成，主席是省长。这个议事处受理对城市自治机构的申诉，城市自治机构的所有经济活动都受这个机构的监督和限制。

1864 年颁布《司法章程》，进行了司法改革。章程指出，司法改革的目的是"在俄国建立高效的、公正的、仁慈的、对所有臣民平等的法院"。①通过这次改革，俄国在法律上确立了国家司法体系和诉讼程序的资本主义原则，确立了法官终身制，司法和行政分离，建立了律师、陪审员、公证制度，设立了选举产生的治安法院。

这次司法改革建立了两种司法机构体系：一种是法官由选举产生的法院——治安法官（Мировая судья）和治安法官代表大会，一种是法官由任命产生的法院——区法院和高等法院。

每个县城及其辖区内的农村构成一个治安区，一些大城市也构成独立的治安区，每个治安区分成若干个委。每委设立 1 个委治安法官、1 个荣誉治安法官。委治安法官和荣誉治安法官由地方和城市自治机构——县地方自治会议和城市杜马选举产生，每 3 年选举 1 次。治安法官候选人有一定的年龄、教育程度、工作经历和财产资格限制。治安法官负责审理小的刑事和民事案件。对于刑事案件，主要是审理处罚在下列限度的案件：罚金 300 卢布以下，拘留 3 个月以内，监禁 1 年半以内。对于民事案件，主要是审理争讼金额在 500 卢布以下的案件。②

治安区的委治安法官和荣誉治安法官构成县治安法官代表大会，定期

---

①　Ерошкин Н. П. История государственных учреждений дореволюционной России. М., 1983. С. 235.

②　Сабенникова И., Химин А.（отв. ред.）. Государственность России. Кн. 5. Ч. 2. М., 2005. С. 27 – 28.

召开例会。代表大会是对区治安法官判决的最高上诉机构。治安法院案件的进一步审理只能通过参政院的仲裁程序进行。治安法官代表大会主席从治安法官中选举产生。1889 年，除都城和敖德萨外，所有地区的治安法官都被取消，代之以任命的地方自治区长官。

若干个县设立一个区法院。在区法院，检察机构具有重要意义。这里设有检察长、副检察长和检察长办公厅。检察长在法庭上担任刑事起诉人的角色，监督判决的执行。整个区的法院侦查员都隶属区法院检察长。

司法改革在区法院中建立了陪审员制度。区法院的陪审员从各个等级中选举产生，陪审员候选人有年龄、居住地以及财产资格限制。在区法院的刑事诉讼程序中，陪审员起着重要作用，由他们决定被告是否有罪。区法院的陪审员具有相当程度的独立性。当时一些重大的政治案件，陪审员都违背法院官员的意见，宣判被告无罪，如 1878 年彼得堡区法院对查苏利奇案件，1885 年弗拉基米尔区法院对莫罗佐夫斯克纺织工人案件等。保守主义者卡特科夫因而将之称为"街道法院"。[①]

后来，政府开始逐渐减少归区法院审理的案件种类。1878 年，所有明显带"反政权性质"的案件都不归区法院审理，转交有等级代表的高等法院审理。

高等法院是区法院审理的民事和刑事案件的最高上诉法院。对于区法院的判决，只有没有陪审员参加审理的案件可以向高等法院上诉。对于有陪审员参加审理的案件，重新审理时只能根据参政院仲裁程序进行。对于一些案件，高等法院是一级法院，如关于出版、官员犯罪的案件，以及侵犯国家官员、国有资产的案件等。

法律规定，高等法院可以成立专门的律师会议。19 世纪下半叶，一些温和的自由主义律师在一些重大刑事案件中声名鹊起，如 B. 斯帕索维奇、A. 乌鲁索夫、Ф. 普列瓦科等。

亚历山大二世在局势的逼迫下进行了 60～70 年代改革，改革后，俄国

---

① Ерошкин Н. П. История государственных учреждений дореволюционной России. М., 1983. C. 237.

国家制度中出现了一些资本主义的原则，如建立了选举产生的代表机构地方和城市自治机构，以及选举产生的司法机构，确立了资本主义司法体系和诉讼程序原则，实行比较灵活的资本主义国家财政监督和书刊检查形式，学校实行泛等级原则等。这些改革为工商业和信贷业的发展创造了有利条件。

在保留下来的旧国家机构的组织和工作中，也出现了一些新的因素，如最高国家机构国务会议、大臣委员会和参政院，以及中央国家机构财政部、交通部，支持资本主义活动，为维护专制政权的利益自上而下扶植资本主义，邀请资产阶级代表作为成员参加政府会议，关注与资产阶级企业活动有关的事务，重视贵族和资产阶级在期刊和著作中表现出来的社会意见。部的工作实行分权制原则，扩大地方机构的权限，提高了国家机构所有环节的效率。

沙皇政权通过这些结构性改革，以局部调整的方式，陆续把资产阶级国家的因素引入了俄国社会政治生活，自由主义的原则在一定程度上得到了体现，俄国迈出了从封建君主制向资产阶级君主制转变的道路上的一步。列宁总结说："如果总的看一看 1861 年俄国国家整个结构的改变，那就必须承认，这种改变是在由封建君主制向资产阶级君主制转变的道路上迈了一步。这不仅从经济观点来看是正确的，而且从政治观点来看也是正确的。只要回忆一下法院、管理、地方自治等方面的改革的性质，以及 1861 年农民改革后所发生的各项改革的性质，就会相信这种论断是正确的。"[①] 可以说，俄国立宪制度的萌芽正是借助于 19 世纪中期的大改革而扎根的。

第四节　大改革后的自由主义和保守主义

亚历山大二世听从时代的召唤，对国家进行了根本变革，废除农奴制，并实行了军事、司法、城市和地方自治等一系列改革。解放者亚历山大二世没有他的父亲尼古拉一世那样坚定的信仰和坚强的意志，受到保守主义

---

① 《列宁全集》第 20 卷，人民出版社，1989，第 167 页。

和自由主义倾向朝臣的影响，往往在自由主义和保守主义之间犹豫，这导致了国内政策缺乏连贯性。沙皇认识到改革的必要性，进行了必要的改革，他的底线是改革必须自上而下进行，不容许人民运动和革命。但他也警惕和防止改革过于激进，有时甚至怀疑已经完成的改革的有效性和必要性。

亚历山大二世统治时期的立场和活动方向在很大程度上取决于国内政治局势、主要政论家的活动和沙皇周围政治团体的影响力。当保守主义官僚的作用加强，沙皇就倾向于主张专制制度的根基不可动摇，当自由主义活动家的立场占上风，那么亚历山大二世就犹豫着放弃自己顽固的君主制观点：他既可以是保守主义的统治者，也可以是自由主义的统治者。自由主义官员指责沙皇的保守主义，保守主义官员则指责君主的自由主义，这种分歧也反映在史学中，然而，苏联著名史学家 Л. Г. 扎哈罗夫认为，"如果我们谈论亚历山大二世在废除农奴制后最初一些年政策的主要方向，那么不可否认的事实是自由主义改革继续深入"。[①]

1861 年改革是俄国政府新一波自由主义浪潮的开端，而资产阶级自由主义运动对这个开端的到来起到了推动的作用。如果说改革对于沙皇政府来说是迫不得已之举的话，那么对于自由主义者来说就是部分目标的实现。大改革期间所进行的一系列改革与自由主义者都有或多或少的联系，或者是在自由主义者的直接参与下进行的，或者是在他们提出的社会观点的影响下进行的。

自由主义者把 1861 年农民的解放视为俄国发展新时代的曙光，但他们也认为，仅有农民改革是不够的，应该开始第二阶段的改革，即进行国家政治制度方面的改革，从专制制度向立宪制度过渡，改革应该在社会的积极参与下进行。自由主义理论家提出了从君主专制向立宪君主制逐渐和平过渡的纲领原则，要求实行代议制的呼声日益高涨。尽管当时的自由派对俄国实行立宪制的条件是否成熟观点不一，但大多数人都认为建立地方自治机构，实行地方自治是俄国社会的当务之急。1862 年特维尔省贵族会议在庆祝农民改革周年之际给沙皇的奏章中要求必须"召开俄国全国代表会

---

① Корелин А. П. （отв. ред. ） Российские самодержцы. 1801 – 1917. М. , 1993. С. 194.

议，作为圆满解决 1861 年 2 月 19 日的法令所提出的但没有解决的问题的唯一手段"。① 奏章中的思想在贵族和知识分子中广为流传，梁赞、莫斯科、图拉、诺夫哥罗德等地的贵族也相继表达了类似的要求。可以说，正是在这些自由派的推动和施压下，沙皇政府才不得不于 1864 年正式实施地方自治改革。列宁就曾指出，"地方自治改革是专制政府受到社会激愤情绪和革命攻击浪潮的冲击而被迫作出的一个让步"。② 这项改革满足了自由派长期要求建立地方自治机关的愿望，受到了他们的热烈欢迎。

1864 年地方自治改革后，地方自治机构便成为自由主义者的活动中心和基地。自由主义者把地方自治机构视为立宪的萌芽，是培养代议制意识的学校。自由派人士纷纷涌入地方自治机构，以此作为活动场所，通过上书、请愿的方式向沙皇政府要求完善地方自治机构的组织系统，扩大地方自治机构权限，希望由此走向立宪。当时许多省的地方自治会议不断提出向立宪制度过渡的要求，主张召开"俄国全国代表会议"，或建立地方自治的中央机构。地方自治机关中的自由派人士积极酝酿成立地方自治的中央机构的计划。1865 年，莫斯科和彼得堡两省的地方自治会议分别决定向政府提出成立由各省代表组成的地方自治中央机构的请求，如果这个请求被批准，意味着地方代表将在都城形成具有一定独立性的全国性组织，但政府断然拒绝了此类要求，并采取措施对地方自治机构的权力加以限制。

整体而言，当时的自由主义者的基本策略是通过合法的反对派活动促使沙皇政权实行改革，他们一方面主张与沙皇政权合作，支持沙皇政府的政策，另一方面不断警告沙皇政权：拖延改革势必引起社会激烈行动，爆发革命。齐切林把自由主义者的纲领概括为："自由主义的措施和强有力的政权。"自由主义的措施，即政府应给予社会独立活动的权利，保证公民权利，实行思想和信仰的自由，使一切合法的愿望都能表达；强大的政权，

---

① Федоров В. А., Цимбаев Н. И.（сост.）Освободительное движение и общественная мысль в России XIX в. М., 1991. С. 268 – 269.

② 《列宁全集》第 5 卷，人民出版社，1986，第 28 页。

即政府应发挥国家利益维护者的作用，保证社会秩序，监督法律实行，对革命运动采取坚决措施。① 自由主义活动家想方设法地与主张改革的政府官员力量联合起来，希望政府能够接受自由主义思想，由政权引领国家走上立宪道路。齐切林、卡维林、科舍廖夫等人提出立宪机构不是对君主的制约和制衡，而是对最高权力的补充和帮助，能够保障社会稳定，加强社会团结，使俄国摆脱经济和道德危机。

从 19 世纪 60 年代后半期起，最高统治者亚历山大二世自身立场犹豫不定，他一方面意识到进一步现代化的必要性，另一方面担心改革会加强反对派运动。亚历山大二世一贯的做法是在改革后立刻撤换掉为保守派所讨厌的自由派改革家，如在农民改革后撤换了坚定的改革者内务大臣兰斯科伊及其副手米柳京，在司法改革后撤换了司法大臣扎米亚特宁及其副手斯托亚诺夫斯基。在整个 19 世纪 60~70 年代，一个典型的特征是，改革政策的制定者是一些自由主义者，而执行者则是一些保守主义者，沙皇这种做法是为了平息因改革引起的保守派和地方贵族的强烈不满，希望在政府官员中建立一种平衡，他需要向保守派妥协，而遭到保守派猛烈攻击的兰斯科伊、米柳京等人就成为他达到妥协和建立平衡的障碍。米柳京就此在日记中写道："一旦目标实现了，决议生效了，皇上就决定减少伟大改革在地主阶级中引起的不满，这正符合他的性格。因为这个，新法的执行被从那些引起了地主阶级仇恨的人手中夺走了，交给了那些无论如何都不会对贵族产生敌意的人。"②

从 1866 年起沙皇依靠的"左膀右臂"，一位是杰出的自由主义国务活动家陆军大臣 Д. 米柳京，一位是顽固的保守主义者国民教育大臣 Д. 托尔斯泰伯爵，后者公开坚决反对 19 世纪 60 年代的所有改革。沙皇同时信任这两个政见截然相反的人也说明了沙皇自身在进一步现代化和转向保守方针两种原则之间的斗争。但 1866 年 4 月 6 日激进分子卡拉科佐夫对亚历山大

---

① 姚海：《俄国立宪运动源流》，四川大学出版社，1996，第 87 页。
② 〔美〕爱德华·拉津斯基：《亚历山大二世——最后的伟大沙皇》，周镜译，新世纪出版社，2015，第 130 页。

二世的第一次暗杀破坏了两种力量脆弱的平衡：沙皇先是放缓改革进程，然后停止了改革。

民意党人的暗杀恐怖行动并未达到他们预期的目标。他们所追求的伟大理想和舍生忘死的牺牲精神令人钦敬，但是他们的理想具有乌托邦性，所采用的个人恐怖的斗争方式常常导致事与愿违的结果。

卡拉科佐夫暗杀事件使沙皇政府采取果断行动加强高压政策，将自由主义思想官员撤职，开始倚重保守派。反动的保守主义者托尔斯泰取代了才能杰出的自由主义者戈洛夫宁担任国民教育大臣。开明的司法大臣兹马米亚特宁被目光短浅、才能平庸的帕连取代。甚至保守倾向的，但非常有文化的、睿智的内务大臣瓦卢耶夫也在 1868 年被撤职，其职位由宪兵将军季马舍夫接任。政府只剩下两名自由主义倾向官员，一位是陆军大臣米柳京，另一位是国务会议主席康斯坦丁大公。这两位是名副其实的国务活动家。至于其他大臣，除在 70 年代领导国有资产部的瓦卢耶夫之外，其"活动都类似于警察局长"。外省官员情况也与之类似：在 1866 年 4 月至 1868 年 4 月的两年间，更换了半数以上省长，一批肆意妄为、不通业务的省长走马上任。

在改革后的时代，决定俄国保守主义思想声调的主要有两个人——卡特科夫和波别多诺斯采夫，他们都是坚定的专制思想家，捍卫沙皇专制政权不可动摇，他们追求的目标相同，但行为手段不同。卡特科夫通过新闻出版业宣传，施加自己的影响，波别多诺斯采夫则通过对王储亚历山大的直接影响来贯彻其保守主义方针。

卡特科夫出身于平民知识分子，在童年和青年时期生活贫困。1862 年，卡特科夫连同著名的保守主义思想家列昂季耶夫一起受命管理《莫斯科新闻》，他是一位天才的经营者，把杂志办得风生水起，他也成为俄国新闻界举足轻重的人物，受到了政界的瞩目。他在《莫斯科新闻》媒体宣传中所取得的成就使他的角色从记者提升到国务活动家。高官开始重视《莫斯科新闻》的意见，沙皇也认真听取它的意见。列昂季耶夫回忆说，1867 年，卡特科夫的名字甚至在土耳其最偏远的城市也被频频提及，英国领事布洛恩特愤怒地喊道："俄罗斯——与日本一样，在那里有两个皇帝，亚历山大二世和卡特科夫先生！"① 卡特科夫在 60 年代时曾相信俄国可以在不触动专制基础的同时进行改革，进入欧洲文明国家之列，但受民意党人活动事件的影响，他最终变得反对国家改革，攻击社会主义者，批判虚无主义，提出了广泛的保守主义方针。

波别多诺斯采夫与卡特科夫一样，都为保守主义理想而斗争，但他们的策略有明显差异。卡特科夫反对任何折中和治标不治本的办法，认为唯一的途径是"主动攻击"，敦促当局"从根源拔出邪恶"。波别多诺斯采夫则认为，在具体条件下，如果有必要，可以"通过迂回方法达到既定目标，不拒绝折中办法"。他们两人的这种斗争策略与他们的地位有关。卡特科夫是从一个有影响力的政论家、社论作者的角度出发，而波别多诺斯采夫最开始是皇太子的老师，后来成为一个伟大的国务活动家，需要灵活的外交手段。

波别多诺斯采夫青年时期曾经是相当进步的，积极评价农奴制改革的意义。但后来，他的自由主义思想消失。成为帝师之后，波别多诺斯采夫与皇室接近，并对政府的政策产生影响。在 70 年代中期，他指责亚历山大二世优柔寡断，政府在国家管理方面软弱无力，反对继续实施改革方针、削弱专制权力，指责国家统治者忘记了还要"监督和统治"。波别多诺斯采夫强烈反对自由主义官员有关宪法的讨论，以及向王储灌输这种思想的危害性。1876 年 10 月 12 日他写信给皇太子："总有一天，将出现这样的时刻，那些阿谀奉承者，向陛下献媚取宠者，会对陛下夸夸其谈，只要给俄国一部所谓西式的宪法，就会天下太平，政权就可以高枕无忧。这完全是一个谎言，上帝保佑，不要让真正的俄罗斯人活到这一天，这个谎言实现的那一天。"② 随着时间的推移，波别多诺斯采夫的影响加强，他在担任正教公会的总检察长之后，开始对国内教育和宗教生活产生巨大的影响力。

而保守派活动的核心是代表领地贵族利益的 П. А. 舒瓦洛夫团体，舒瓦洛夫出身俄国名门，父亲曾任国务委员。他在一所高贵的武备学校

---

① Леонтьев К. Н. Страницы воспоминаний. СПб. , 1922. С. 34.
② Гросул В. Я. （отв. ред. ）. Русский консерватизм XIX столетия : идеология и практика. М. , 2000. С. 243.

毕业之后进入军队，晋升迅速。他曾参加过克里米亚战争，与奥尔洛夫伯爵一起赴巴黎签订和约。从 1857 年起，他担任圣彼得堡警察总长，从此时起他开始对俄国内政发挥影响。1860 年他任内务部共同事务司长，属于以他父亲为首的反对农奴改革的阵营。在兰斯科伊和米柳京离开内务部后，舒瓦洛夫的影响力提高。1864 年，他被任命为里夫兰、爱斯特兰和库尔兰总督，同时担任里加军区司令。他在担任如此权重职务之时年仅 36 岁。舒瓦洛夫的影响力剧增。他不仅使自己的亲信担任一些重要职位，如内务大臣、司法大臣和交通大臣等，而且他本人在1866～1874 年领导第三厅，担任宪兵司令，获得广泛的权力，对意志软弱的亚历山大二世施加影响，因此一些同时代人，如诗人丘特切夫，将之称为"彼得四世"。

舒瓦洛夫继卡特科夫之后提出了广泛的保守计划，成为卡拉科佐夫刺杀沙皇行动之后国内政策的基础。他呼吁维护和恢复贵族特权地位及土地所有权，加强警察监管和新闻检查，改变人民教育政策。从 60 年代下半期至 80 年代初，总体趋势是沙皇政府保守倾向加强，保守措施渗透到俄国社会生活的方方面面，自由主义官员以及知识分子都感觉到了压力。

19 世纪 70 年代和 80 年代之交，俄国再次出现革命形势，自由主义反对派运动以地方自治机构和合法媒体为阵地，不断揭露和谴责官僚机构的专横和腐败，并利用革命形势向沙皇政权施加压力，促其做出更多的让步。地方自治机构中的自由主义者也同革命形势相呼应，成立了"反对派同盟"。这个组织后来改称为"地方联合和自治协会"或"地方联合会"，要求言论和出版自由、人身保障、召开立宪会议。这个时期，在革命运动和沙皇政权之间，自由主义反对派更倾向于前者，其行动实际上已经成为革命形势的一个组成部分。

政府界和新闻界最为担忧的是恐怖主义行动。引起重大反响的是扎苏利奇刺杀圣彼得堡市长事件，吸引社会关注的不仅是暗杀本身，而且是陪审团判决罪犯无罪。这在当时引起了真正的轰动，当时有人写道，"响彻在俄国的第一枪，这一枪使欧洲在一些天内忘记了斯拉夫问题，忘记了所有国王和外交官，忘记了欧洲整个政治生活……可怜的女孩在一段时间内使欧洲思考起我们的未来"。①

但最先就此事件进行思考的是俄国。保守主义者在思考，改革究竟导致了什么？1879 年，民意党人活动频繁，政府迫切需要寻找方法来稳定国家局势。波别多诺斯采夫向王储亚历山大建议，立即采取迅速而果断的行动："必须要对罪犯立刻执行绞刑"，只有用"铁和血"才能对付恐怖分子，如果不及时采取行动，百姓会拒绝承认政权，"那将是一个可怕的时刻，上帝保佑，不要让我们等到这样的时刻"。② 卡特科夫也持同样的看法："现在还不是政权以雷霆万钧之势显示其神圣力量的时刻吗？人们期待着这种力量的显现来恐吓敌人，愤怒的人民已经迫不及待。"③

政府中贵族地主保守派和资产阶级自由派两个官僚团体之间的矛盾越来越明显。第一个流派维护无限专制制度，领导人是王储亚历山大，他的思想受到了波别多诺斯采夫的影响，认为立宪改革会限制上帝赐予君主的权力，主张采取强硬措施打击社会运动，反对宪政改革的任何尝试。第二个流派团结在亚历山大二世的兄弟大公康斯坦丁周围，支持西方国家体制，主张对俄国进一步改革，建立法治国家，他们认识到单凭压制手段不能稳定国家局势，必须"扩大权力的社会基础，吸收社会代表参与解决一些问题"，对"在同革命运动斗争中暴露出弱点的"国家管理机构进行改革。

1879 年中期，政府中的自由派提出，为了保存现有的制度需要做出某种让步，实行新的改革，讨论宪法。这让亚历山大二世极为震惊，也使沙皇举棋不定。沙皇似乎要在他统治的 25 周年继续进行改革，1880 年 1 月 21 日，沙皇在冬宫主持讨论了瓦卢耶夫和大公康斯坦丁·尼古拉耶维奇两人制定的"宪法"方案。虽然这些方案非常温和，保留了君主制度，但还是被否决。

1880 年 2 月 5 日，冬宫响起了爆炸声，这是民意党人在皇宫对沙皇的

---

① Гросул В. Я.（отв. ред.）. Русский консерватизм XIX столетия : идеология и практика. М., 2000. С. 257.

② Письма Победоносцева К Александру III. Т. 1. М., 1925. С. 194.

③ Гросул В. Я.（отв. ред.）. Русский консерватизм XIX столетия : идеология и практика. М., 2000. С. 258.

一次暗杀。自由主义和保守主义两派都对民意党的恐怖行动做出回应。保守派呼吁采用镇压手段，而自由派要求扩大民主自由。2月9日，亚历山大二世同意王储亚历山大的提议，成立"维护国家秩序和社会安定最高治安委员会"，作为强硬的政府机关，享有独断权力，打击组织煽动叛乱者。但沙皇选择了洛里斯－梅利科夫担任这个委员会的主席，表明沙皇准备实行与自由主义反对派的政治妥协，着手考虑吸收地方和城市自治代表参加讨论法律草案问题。

洛里斯－梅利科夫在镇压恐怖主义的行动中显示出了他的能力，最初他并不支持自由主义思想，但在自由派官僚米柳京、阿巴兹和卡哈诺夫的影响之下，他的立场明显转变。他身上具有俄国官僚少见的政治灵活性，一方面打击革命运动，对革命分子采取强硬措施，另一方面谋求社会的支持，对自由主义反对派做一些让步，希望把自由主义反对派吸引到政府一方来。在洛里斯－梅利科夫的推动之下，自由主义者萨布罗夫代替托尔斯泰担任国民教育大臣，精通业务、坚决支持米柳京的阿巴兹代替格列格担任财政大臣。他制订计划，广泛吸收温和的社会代表，如地方自治局自由主义人士、知识分子等，参与政府讨论和决定重要的社会问题。实际上，他主张恢复1860~1870年改革的最初模式，实现官僚和社会的密切接触。政权和社会的这种联合不仅能够保证政权得到社会的支持，分离激进主义者，而且能够更新政权管理体系，向确立代表制管理方向前进。

1881年，洛里斯－梅利科夫担任内务大臣之后，撰写了一个政治改革方案：建议由地方和城市自治机构、贵族以及政府的代表组成专门委员会，作为临时性的立法准备机构，就省级管理改革、地方和城市自治条例修订、取消农民临时义务、税收改革、身份证制度改革等问题拟订法律草案；法律草案提交总委员会审议，总委员会由皇帝任命的官员领导，由每省产生两名代表组成；经总委员会审议通过的法律草案再提交国务会议，国务会议增补15名社会代表。这个方案虽然强调准备委员会和总委员会仅具有立法咨询性质，但它事实上引入了人民代表制的原则，洛里斯－梅利科夫试图通过让地方代表参加立法活动的方式调整专制统治，使地方精英能够参与政治，从而奠定新的政治生活的基础，历史上将这个方案称为洛里斯－

梅利科夫"宪法"。如果这个方案得以实现，无疑是向吸收社会代表参与国家决策方面迈出的一步，是国家制度的一项重大变化。洛里斯 - 梅利科夫把这个改革方案呈给亚历山大二世审阅。1881 年 3 月 1 日，在亚历山大二世被刺身亡前的若干个小时，他实际上批准了这个方案，人们在他的办公桌里发现了已经签署过的敕令，并且预定在 3 月 4 日召开相应会议，他很清楚这一改革的结果，对在场的两个儿子说："我同意这个报告，毫不讳言我们这是在走向宪制。"① 然而亚历山大二世的死亡中止了这个进程。

1881 年 3 月 1 日的暗杀明显改变了国家决策官员的构成：支持自由主义的改革者纷纷辞职，如洛里斯 - 梅利科夫、米柳京、阿巴兹，康斯坦丁大公辞掉所有职位，远离了宫廷。在权力的奥林波斯山上出现了另外一批人，如恶名远播的托尔斯泰，卡特科夫对这个人的评价是，他的名字本身已经代表着"宣言和纲领"，内务大臣伊格纳季耶夫伯爵，他在任驻君士坦丁堡大使时，以在外交官中都罕见的撒谎本领被称为"撒谎的帕沙"，国民教育大臣杰利亚诺夫，司法大臣穆拉维约夫，正教公会总检察官波别多诺斯采夫。想到这种右翼保守主义官僚执政的前景，米柳京在日记中写道："打着专制制度和民族性招牌的反动，是一条导致国家毁灭的道路。"②

在大改革后俄国内似乎存在两个平行进程。一方面是继续进行自由主义改革，形成新的社会和经济关系，另一方面是保守主义对这些重要举措进行攻击，而且攻击力度逐渐加强，抑制了俄国沿着进步的道路运动。官方意识形态一步一步禁锢，缩小了人们精神生活的范围，扩大了针对革命和自由活动的镇压措施。70 ~ 80 年代之交是沙皇政权保守政策最为活跃的时期，当时政府所有主要领域被反动势力控制，实行高压政策，对新闻和高等学校实行严密的警察监视。在地方上，任命将军代任省长实行反动政策，建立最高指挥委员会。

总之，俄国改革的道路是艰难的，改革前进的步伐不断受阻。这是什么原因？是谁之罪？俄国历史学家 B. B. 列昂托维奇认为，罪过不在于保守

---

① Дневник Д. А. Милютина. Т. 4. 1881 – 1882. М. , 1950. С. 61 – 62.

② Дневник Д. А. Милютина. Т. 4. 1881 – 1882. М. , 1950. С. 41.

派，导致自由主义改革中断的因素中，激进主义运动的影响力要比反对派更大。激进主义者不会对政府有直接的影响，但他们的"行为，首先是恐怖行为，引起了政府圈子真正的混乱，限制了他们实施自由主义改革"。[①]我们认为，列昂托维奇的这种观点是片面的，应该说，激进的革命知识分子反映了俄国人民反抗压迫、争取自由的历史性努力。在俄国社会从前资本主义向资本主义转变之时，他们既表达了对旧的制度的否定，也表达了对新的资本主义方式的抵制，代表了对于俄国发展道路的一种选择，客观上也是推动政权继续进行改革的力量之一。正是民意党人的革命斗争迫使统治者为了缓和社会冲突采取了一些自由主义改革的步骤，被沙皇批准的洛里斯－梅利科夫"宪法"方案就是其中之一。1881 年 3 月 1 日亚历山大二世被民意党人暗杀使这个渺茫的希望彻底幻灭。

第五节　国家政治改革和社会激进主义

亚历山大二世进行的各项改革，使俄国政治和社会环境与极端专制时期的尼古拉一世相比大为缓和，但国家的政治制度并没有根本性的变化，人民的处境也没有根本性的改善。国内知识分子最初对于沙皇的改革新政抱有乐观的情绪，待改革实施后则大为不满。在政治方面，虽然实行地方自治，在地方上实行选举制度，但中央政府依然是中央集权制，没有实现自由主义者所要求的立宪制。而农民，虽然获得了人身自由，但获得的土地很少，且有种种苛刻条件的限制，因此农民对政府给予他们的解放，非但不感恩，反而仇视。一个十足的俄国式谣言开始在农村流传：沙皇给了农民们"真正的自由"，但是地主们把它藏起来了。农民开始"寻求真正的自由"，要求所有的土地都归属于他们，发动骚乱，政府被迫出兵镇压。受自由主义影响情绪激进的大学生对政府镇压农民不满，聚会批评政府。沙皇采取高压手段消除学生们"多管闲事"的愿望，禁止学生聚会，对他们实行军事化管理，结果学生与警察发生冲突，学生骚乱也在全国蔓延。

---

①　Леонтович В. В. История либерализма в России. 1762 – 1914. М. , 1995. С. 259.

亚历山大二世在政府中的保守派与社会上的激进派的影响下犹豫徘徊。他在 1861 年命令新内务大臣瓦卢耶夫秘密准备一份新的法律草案，计划把由沙皇任命产生的国务会议改革成为一个由选举代表组成的两院制立法咨议机构，这意味着要走向议会和立宪的道路。瓦卢耶夫虽然有些犹豫，但还是以极大的热情完成沙皇的委托。但当瓦卢耶夫向沙皇呈交他精心规划的宪法构想时，沙皇把文件束之高阁。同时沙皇试图给予波兰和芬兰自治，作为他的宪政试验地。但是波兰人并不接受沙皇赐予的自治，他们要求独立，发动了起义，结果被血腥镇压，于是给波兰的自治也化为乌有。但平静的芬兰被赋予了代议制度，沙皇在芬兰召开议会起草宪法，但沙皇最终并没有决定将在芬兰的试验扩大。

在社会上，年轻的大学生们沉浸在解冻所带来的令人陶醉的自由气息中，渴望政治活动。禁书和激进的思想在大学生中广为流传，他们憎恨一切陈旧的东西，相信革命将不可避免地来到俄国。革命需要的是一个强大的外部推动力，那个推动力就是刺杀沙皇。N. A. 伊舒京在莫斯科组建了高度秘密的核心组织"地狱"，目的是杀死沙皇，将这一行动当成伟大的社会起义的信号。随后农民们将立即揭竿而起，摧毁这个政权的全面暴力。这个组织的成员卡拉科佐夫在 1866 年 4 月开了暗杀沙皇的第一枪。沙皇为此感到愤怒，他下令成立一个调查委员会，由曾经镇压了波兰起义的顽固保守主义者 M. 穆拉维约夫将军领导，暗杀者被判决新沙皇治下的第一个死刑。

这次暗杀事件发生后，意志并不坚定的亚历山大二世对于改革渐觉灰心，保守派遂乘机施加影响，使沙皇决定停止改革，权力重新落入保守派手中。自由派官员纷纷被撤职，苏沃洛夫亲王失去了彼得堡总督的职务，国民教育大臣戈洛夫宁被撤职，由臭名昭著的保守分子托尔斯泰伯爵接任他的职务。佩罗夫斯基也离开了圣彼得堡市长的职位，值得提出的是，在 15 年之后的 1881 年，致亚历山大二世离世的恐怖炸弹就是在他女儿的授意下投出的。

亚历山大二世在 1866 年暗杀事件发生后任命舒瓦洛夫领导第三厅，控制社会动向。舒瓦洛夫是个无情又残酷的长官，统治了俄国 8 年。国家再次束缚出版自由，监督学校教书，也禁止地方自治机构进行任何政治评论，且又恢复了尼古拉二世时期的密探制度。在这 8 年，舒瓦洛夫伯爵干涉各种事务，"在沙皇身边安插亲信"，实际上成了总理，被称为"彼得四世"。亚历山大二世很欣慰，改革暂停了，他希望国家会安定下来。但他没能明白这条规则：开始改革是危险的，但是停止改革会更加危险。

1866 年暗杀沙皇未遂之后，许多卷入暴乱的青年被驱逐出国，主要聚集于瑞士日内瓦。他们在国外受到赫尔岑等思想家的影响，接触到了马克思的无产阶级专政学说，并且建立了共产国际俄国分部，他们还接触到了巴枯宁的无政府主义思想。巴枯宁出身于俄国特维尔省一个富有的贵族家庭，童年时接受过较好的欧式教育，接受了卢梭的思想。青年时他致力于学术研究，阅读德国古典哲学，如康德、费希特和黑格尔的著作。他与赫尔岑、格拉诺夫斯基、别林斯基、卡特科夫等思想家结识，认识了普希金和恰达耶夫。在与莫斯科进步的知识阶层接触和交流之后，巴枯宁的思想发生了巨大变化。1840 年，他来到德国，被资产阶级民主主义思想所吸引，变成了无畏的革命者。在普鲁士，他被判处死刑，但普鲁士人把他交给了奥地利，奥地利也将其宣判为死刑。后来，奥地利人将他交给了尼古拉一世，尼古拉将他送到彼得保罗要塞的石牢里，后来改判为流放西伯利亚。他从那里成功逃离，并加入了波兰人反对尼古拉一世的起义。波兰起义被镇压后，巴枯宁奔走流亡于欧洲各国，后来前往日内瓦，加入了共产国际。

奔走流亡期间，巴枯宁形成了系统的无政府主义理论，他被称为俄国无政府主义的鼻祖，也被称为世界无政府主义思想的集大成者。巴枯宁的理论核心是绝对自由观和否定国家。他认为国家是主要的而且就其实质来说是唯一的敌人，不管其阶级属性如何。巴枯宁把发动"社会革命"作为消灭专制国家的根本手段。他指出，俄国人民实质上已经做好了实现"社会革命"的准备，而革命知识分子的任务就在于把各地农民的暴动组织起来。巴枯宁进行反国家宣传，号召人民暴动推翻沙皇专制国家，告诉人民不需要进行合法的争取民主自由的政治斗争。巴枯宁不仅是无政府主义的理论家，而且他更多的活动是努力把其理论转化为实践。有的研究者认为

"巴枯宁与其说他是理论家，不如说他是活动家"。① 巴枯宁是民粹派运动的领袖之一。别尔嘉耶夫评价说："在整个俄罗斯民粹运动中都有无政府主义的因素。"②

1869年，一个俄国年轻人非法穿越俄国的边境到了日内瓦拜谒巴枯宁，称俄国存在一个秘密而强大的组织，成员遍布整个帝国，将实现巴枯宁的革命理想。这个年轻人就是现代政治恐怖主义之"鼻祖"C. Γ. 涅恰耶夫。他出生于一个贫穷的工匠家庭，14岁时就开始做油漆工。1867年，他成为彼得堡大学医学院的旁听生并开始参加大学生小组的政治活动，在1869年因参加学生运动被沙皇政府追捕而逃亡国外。他来到日内瓦后，向无政府主义领袖巴枯宁虚构了俄国根本不存在的秘密而强大的组织，获得了巴枯宁的信任。在此期间，涅恰耶夫编写了著名的小册子《革命者教义问答》，体现了涅恰耶夫的无政府主义和恐怖主义思想。《革命者教义问答》阐述了创建一个能够夺取国家的小型组织的原则，它的基本原则是真正的俄罗斯原则——"服从，服从，再服从——无条件地服从"。涅恰耶夫要回到俄国去创建这样一个组织，为即将毁灭现有统治的起义做准备。1869年8月，涅恰耶夫返回俄国，在莫斯科组织了大学生参加的秘密团体"人民裁判团"。其中一个大学生伊万诺夫对涅恰耶夫的领导产生怀疑，公开反对他的权威，于是涅恰耶夫要以他为例杀一儆百，伙同其他人将伊万诺夫杀害。这一案件在当时引起了巨大的轰动。陀思妥耶夫斯基以这一事件为原型创作了小说《群魔》。事情败露后，涅恰耶夫立即逃往国外，1872年，他在瑞士因奸细告密被捕，后被引渡给沙皇政府。

在激进主义思想家和活动家的影响之下，19世纪60~70年代，俄国社会上出现了一些激进主义的组织，其中比较有名的是"柴可夫小组"和"多尔古申小组"。"柴可夫小组"在1869年成立于彼得堡，在其他城市建立了分组，这个小组的行动纲领由俄国著名的无政府主义领袖克鲁泡特金

---

① 〔日〕波多野鼎：《近世社会思想史》，徐文亮译，上海开明书店，1928，第192页。
② 〔俄〕别尔嘉耶夫：《俄罗斯思想》，雷永生、邱守娟译，三联书店，2004，第149~150页。

起草。克鲁泡特金出生于莫斯科一个世袭贵族家庭，他的父亲是俄罗斯开国君主留里克大公的后裔。因显贵的出身，他在 8 岁时就被沙皇尼古拉一世钦定为候补宫廷侍从武官而领取优厚的薪俸。1862 年，克鲁泡特金从彼得堡侍从武官学校毕业后自愿去远东的哥萨克骑兵队服役。1867 年，他辞去军职，进入彼得堡大学数理系学习，同时从事地理科学的研究，在学术领域颇有建树。然而克鲁泡特金的世界观发生了巨大变化。他写道："科学是了不起的好东西。我知道其中的快乐，我也珍惜这种快乐，也许比我的许多同事更珍惜它们……然而在我的周围，我只看见贫困，只看见为一片发霉的面包的争斗，这时候，我还有什么权利来享受这些高级的欢乐呢?"①他于 1871 年宣布放弃贵族特权，拒绝地位和待遇丰厚的地理学会秘书职位。因为他认为自己的责任是帮助人民，决心贡献于社会正义事业。克鲁泡特金在 1872 年初到瑞士旅行之时，加入第一国际，后参加巴枯宁追随者组织的汝拉联合会的活动，接受了无政府主义思想。克鲁泡特金成为一个真正的无政府主义者，他不但承袭了蒲鲁东和巴枯宁的无政府主义观点，而且将他们的观点发展成了一套完整的理论体系。在大学时代所接受的自然科学教育，加上毕业后长期从事科学研究工作，使他用自然科学的丰富理论和严谨精神去研究社会政治问题，形成了独到的无政府主义理论。

克鲁泡特金在 1872 年回国后，立即加入了"柴可夫小组"，成为这个小组的核心成员。他不仅积极完成各项组织工作，而且充分发挥了自己的理论优势，在 1873 年为这个组织起草了极其完备的行动纲领，题为《我们是否应当研究未来制度的理想?》，从中可以看出他后来全面论述的"无政府共产主义思想"的雏形，体现在蔑视任何权威、批判国家政权、反对政治斗争以及对未来社会的设想上，而且也多少反映了他的互助合作思想。纲领中还指出，未来的公正社会必须建立在平等的基础上，即经济上的平等、劳动上的平等、教育上的平等和政治上的平等。只要有凌驾于人民大众之上的政府存在，便没有真正的平等可言。因此，必须"拒绝任何政府，

---

① 〔俄〕克鲁泡特金:《我的自传》，巴金译，人民文学出版社，1997，第 237～238 页。

提倡无政府状态"。① 为了实现上述平等理想，只能通过社会革命和人民起义的道路。克鲁泡特金也是民粹派"到民间去"运动最重要的宣传鼓动家，他指出："革命者应当彻底放下自己的贵族架子，永远变成一个农民、一个工场工人或工厂工人，去从事宣传活动。"② 在 1876 年巴枯宁去世后，克鲁泡特金成为俄国最有威信的无政府主义领袖和理论家，也是从 1876 年起，他开始了长达 41 年的流亡国外的生活。

"多尔古申小组"成立于 1872 年，主要在彼得堡和莫斯科的青年学生及工人中活动。这个小组主要受巴枯宁观点的影响，认为人民已经准备好进行起义，革命者应当到人民群众中去发动暴动，而不是进行宣传。他们在民众中大量散发传单，号召人民举行起义，推翻沙皇专制制度和重分土地。这些激进主义小组的建立，为大规模"到民间去"运动积蓄了力量，做了思想上的准备。

从 1873 年起民粹派发动了声势浩大的"到民间去"运动。民粹派运动是对民粹主义的社会实践。别尔嘉耶夫指出："民粹主义是俄罗斯的特殊现象，正如俄国的虚无主义、俄国的无政府主义是俄罗斯的特殊现象一样。民粹主义有多种表现，有保守的、革命的、唯物主义的和宗教的民粹主义。斯拉夫主义者、赫尔岑、陀思妥耶夫斯基和 70 年代的革命者都是民粹主义者。把人民看作真理的支柱，这种信念一直是民粹主义的基础，它把人民与民族区别开来，甚至将这两个概念对立起来。"③ 民粹主义者认为自己是人民之根的产物，相信农民具有"天生的社会主义者"的本能，希望走一条通向社会主义的特殊道路。他们奉行"行动的哲学"，要向人民宣传，启蒙他们并激起他们发动革命。为了实现自己的理想，这些先进的知识分子脱去华丽的服装，走遍伏尔加、顿河和第聂伯河的广大农村，走进农民的家中，试图用农民语言、通俗语言鼓动农民革命。④ 从国外回来的青年处于

① 陈之骅：《克鲁泡特金传》，中国社会科学出版社，1986，第 116～117 页。
② 中共中央马克思恩格斯列宁斯大林编译局国际共运史研究室编译《俄国民粹派文选》，人民出版社，1983，第 261 页。
③ 〔俄〕别尔嘉耶夫：《俄罗斯思想》，雷永生、邱守娟译，三联书店，2004，第 103 页。
④ 张建华等：《政治激进主义与近代俄国政治》，三联书店，2010，第 140 页。

这场声势浩大的运动的前沿，大批城市青年史无前例地集体涌入俄国乡村黑暗的角落。赫尔岑兴奋地写道："听——从我们广阔祖国的所有角落，从顿河到乌拉尔，从伏尔加河到第聂伯河，响彻着这个口号：到人民中去！到人民中去！"

政府对这些青年采取了镇压措施，有 37 个省的 4000 名 "民粹主义者" 被捕。早在 1874 年，就有数百名青年以 "在帝国境内进行革命宣传" 罪名被政府逮捕拘禁。后来，在彼得堡有轰动一时的 "193 人审判案"，这 193 人都是当时青年知识分子的精华，在莫斯科有 "五十人" 的案件，还有其他案件。① 在政府的高压下，"到民间去" 运动失败，一些民粹主义知识分子走上了无政府主义和恐怖主义道路。"1872~1875 年的宣传者太过于理想主义了。一种新的革命形式在发展，准备取代前者的地位。在地平线上出现了一个黑暗的影子，被地狱般的火焰照亮了，他骄傲地抬起头，凝视着巨大的挑战和报复，穿过畏缩的人群走向前来，以坚定的步伐踏上历史的舞台。那就是恐怖主义者！" 当时的 "民粹主义者" 和未来的恐怖分子 C. 克拉甫琴斯基写道。②

1876 年，"民粹主义者" 在圣彼得堡成立 "土地与自由社" 的秘密组织，参加者有 150 多人，核心成员有 30 多人。组织的章程为俄国激进主义者一贯主张的思想：推翻沙皇专制制度，召开国民会议，制定新社会制度的蓝图，称 "最终的政治和经济理想是无政府主义和集体主义"，奋斗目标是 "要求将全部土地转交到农村劳动阶层手中并进行平均分配"。③

"到民间去" 运动的失败使一部分民粹主义者认为，俄国的问题不在于人民，而在于政府，而关键是统治阶级中的决策人物。所以，他们设想，只要能同时杀死政府中 10~15 个关键人物，就会使政府惊慌失措，失去管

---

① 〔苏〕波克罗夫斯基：《俄国历史概要》上册，贝璋衡、叶林、葆煦译，三联书店，1978，第 253 页。

② 〔美〕爱德华·拉津斯基：《亚历山大二世——最后的伟大沙皇》，周镜译，新世纪出版社，2015，第 247 页。

③ 中共中央马克斯恩格斯列宁斯大林著作编译局编译《马列著作编译资料》第 10 辑，人民出版社，1980，第 217~218 页。

理能力，同时还能唤起人民群众，这样就会创造进攻的"有利时机"。他们提出政治暗杀的权利，作为报复非正义或正当防卫的手段。从19世纪70年代末开始，他们组织策划了一系列暗杀事件。1878年，查苏里奇刺杀圣彼得堡市长特里波夫，基辅地区法院检察官科特卢亚里夫斯基遭到枪击，警察密探尼科诺夫被杀，宪兵军官盖金遭枪击，哈里科夫市长克洛波特金被杀，第三厅长梅津采夫被暗杀，基辅大学校长马特维耶夫被刺身亡，全国笼罩在恐怖之中。进行恐怖暗杀行动的激进主义者认为，只有恐怖主义才能使强大的统治当局动摇并做出让步。他们希望，恐怖分子的英雄主义将迫使统治者尊重他们的理念，而且畏惧将迫使普通民众对政府施加压力，实现他们的理想。

但"土地与自由社"成员内部也出现了分裂，还有一部分成员反对恐怖主义，结果原来的"土地与自由社"解散，坚持恐怖手段的强硬派脱离了这个组织，成立了自己的秘密社团，被称为"民意党"。他们开始谋划对沙皇的暗杀，1879年11月15日，谋划炸毁沙皇乘坐的返回首都的火车专列，沙皇因提前半小时出发幸免于难；1880年2月5日，谋划在冬宫的餐厅进行炸弹袭击，沙皇因晚于规定的时间到达又幸免于难。民意党人发出声明："我们再次向亚历山大二世宣布，我们将继续战斗，直到他把权力归还给人民，并将社会改造的权力交给一个全国立宪会议。"

19世纪60~80年代左翼激进分子的恐怖活动对政府方针的影响是双重性质的：一方面，激进左翼对政权的压力保证了现代化改革进程的持续，另一方面，激进分子过分激进的要求，直至暴力推翻刚刚实行重要改革的政权，带来了事与愿违的结果。激进主义者活动的客观结果，不是使政治制度进一步现代化，而是每次反抗的加剧都伴随着专制制度的进一步保守。沙皇加强惩罚性的政策，采取措施稳定局势，保守主义思想开始在国家和社会生活中成为主导。

激进主义者的每一次行动都引起政府新一轮放弃改革的浪潮，这一点在司法领域表现得最为明显。几乎每次恐怖行动都导致政府放弃司法改革成果。在1866年卡拉科佐夫暗杀行动之后，1867年部分地取消了法官终身制原则。在涅恰耶夫事件后，1871年政治案件的审讯制度发生变化，政治案件的审讯不仅由法院进行，而且由沙皇陛下第三厅进行，1872 年，政治案件不再归一般法院审理，而是由参政院特别议事处审理。1874 年法律加强了对革命组织的责任追究。1878 年，恐怖活动频发，社会多数人对激进主义者持同情态度，陪审团法院几乎对所有政治案件都判决无罪，于是政府下令将严重的国事犯罪案件交由军事法院审理，对所有罪犯都判处死刑。在亚历山大三世统治时期，1887 年 3 月 1 日 A. 乌里扬诺夫等人进行的暗杀事件后，军事法院只采取死刑一种刑罚。到 1890 年，政治犯罪最终被排除在一般法院权限之外，在 1905 年革命以前一直通过行政程序解决。持自由主义思想的美国史学家派普斯指出，"俄国历史上曾经在政府与自己臣民平等打官司的方向上迈出了第一步，但粉碎了这个第一步的恰恰是社会进步思想"。①

沙皇处于左右为难的境地。自由主义者反对沙皇，因为改革终止了；保守主义者反对沙皇，因为他曾经进行过改革。平民百姓也对政府不满意，半途而废的改革，尤其是那些未完成的有关土地的改革，与强盗式的资本主义勾结在一起，发挥了它们的作用，民众们普遍贫穷，不满情绪严重。保守主义者将一切问题归因于改革，认为"改革是一切罪恶的根源"，主张回到专制统治。陆军大臣米柳京在日记中写道："现在谁都不支持政府。"陀思妥耶夫斯基把俄国当时的处境描写成"在峭壁边缘上的摇摆"。②

亚历山大二世在深思熟虑后认识到，自由在下，专制在上，是一条通往毁灭之路，俄国只有一条出路，那就是创造和谐，自上而下都是自由，上面也需要改革，对专制制度的改革，这就需要转向立宪。但为了防止保守派的反对，他采取了迂回的政策。他先是宣布建立一个最高行政委员会，即"维护国家秩序和社会安定最高治安委员会"，这个机构拥有特殊的权力，包括领导第三厅和宪兵团，沙皇选择洛里斯 - 梅利科夫担任这个委员会的主席。洛里斯 - 梅利科夫出身于亚美尼亚贵族家庭，多年来在高加索

① Пайпс Р. Россия при старом режиме. М., 1993. С. 387 – 388.
② 参见〔俄〕爱德华·拉津斯基《亚历山大二世——最后的伟大沙皇》，周镜译，新世纪出版社，2015，第 337 页。

服役，既有胆量，又很圆滑，有着"狐尾狼颚"的绰号。在对付恐怖主义的战争时期，他被任命为哈里科夫省的总督，成为唯一一位在自己省内消灭了恐怖主义的总督。洛里斯－梅利科夫上任后，立即下令绞死行刺沙皇的凶手，第二天就将其送上了绞刑架。

接下来，洛里斯－梅利科夫开始采取了怀柔的手段，试图谋求与自由派和社会激进人士的合作。他建议取消尼古拉一世统治的真正君主专制和全民敬畏时代的象征——第三厅。他还采取手段使保守派支柱国民教育大臣托尔斯泰辞职，自由主义者们为此欢呼雀跃，因为俄国的教育从托尔斯泰的压制下解放出来。甚至连民意党人都对托尔斯泰被解职一事表示赞许。他与新闻界平等协调，希望与之进行合作，结果自由派的新闻基调也变得温和。他满足了最具激进情绪的年轻学生的要求，他们可以组织协会，创建俱乐部，恐怖分子卢萨科夫在一封信中这样写道："洛里斯－梅利科夫伯爵给了我们充分的自由，这不是在人间，这是在天堂。"① 以洛里斯－梅利科夫的任命为起点的政治春天又使当时的俄国社会充满生机。

1880 年 8 月 6 日，最高治安委员会解散，同时第三厅解散。取而代之的是加强内务部的权力，第三厅的职能和全部人员都转归内务部，洛里斯－梅利科夫担任新的内务大臣。沙皇与洛里斯－梅利科夫商讨伟大的计划，"为了保卫专制统治而限制它"，准备成立两个全国范围的民选委员会，以在立法过程中进行咨询。这实际上是议会的雏形，是在俄国引进人民代表制度。

但是，民意党人所追求的是进行革命，彻底推翻专制制度，君主立宪并不是他们想要的结果。恐怖主义者又继续了对沙皇的暗杀行动，索菲娅·佩罗夫斯卡娅领导的民意党执委会成员计划在 1881 年 3 月 1 日，在亚历山大二世乘车返回冬宫时向他投掷炸弹。他们要继续实现他们的狂热梦想，杀死沙皇，激进革命。这次，他们的计划成功了，亚历山大二世伤重

① 参见〔俄〕爱德华·拉津斯基《亚历山大二世——最后的伟大沙皇》，周镜译，新世纪出版社，2015，第 350 页。

身亡。恐怖主义者达到了他们的直接目的，但这是个令人吃惊的失败。一名革命者写道："人们对弑君这个事实完全无动于衷。接下来什么也没有发生——没有路障，也没有革命。我们企盼已久的梦想破灭了，忧伤侵入我的心中。"① 苏联著名史学家扎伊翁奇科夫斯基描绘了社会对恐怖行动的态度："相反，广大知识分子，首先是青年，不仅对民意党人感到失望，而且对民粹主义感到失望。暗杀沙皇的行动在社会上所引起的反响完全不是民意党人所期待的那样。"② 沙皇被刺杀后，王储亚历山大带着对杀害父亲的凶手的刻骨仇恨登上了沙皇宝座。新沙皇下令彻底搜查彼得堡全城，将所有嫌疑犯投入监牢。民意党执行会被清剿，民意党的力量也损失殆尽，恐怖主义活动亦暂时停止。

亚历山大二世遇刺身亡，震惊全国，被视为可怕的悲剧。恐怖主义者成功地暗杀了亚历山大二世，结果非但未达到推翻专制制度的目的，反而阻碍了社会的发展进程。因为亚历山大二世是一个改革家，无论是迫于时局的压力，还是出于内在的思想意识，他毕竟在努力实现从沙皇专制君主制向立宪君主制的转变。有人认为，若非这场悲剧，24 年后（1905 年）的政治改革本来会在亚历山大二世执政时就实现，因为就在亚历山大二世遇刺的当天，人们在他的办公桌里发现了一道已经签署过的敕令，批准了所谓"洛里斯-梅利科夫宪法"。

亚历山大二世的老师茹科夫斯基在他小的时候就教导过他："革命是一种破坏性的行为，它要直接从星期一跳到星期三。但是，要从星期一跳回到星期天也同样是破坏性的。"亚历山大二世的继任者亚历山大三世将要跳回到星期天。用他的话说，他"要终结这群令人恶心的自由主义分子"，在他统治期间，恢复了对自由主义者和革命者的残酷镇压。洛里斯-梅利科夫和其他自由主义官僚们都被迫离职。俄国将从改革的道路上转向。

---

① 参见〔俄〕爱德华·拉津斯基《亚历山大二世——最后的伟大沙皇》，周镜译，新世纪出版社，2015，第 413 页。
② Зайончковский П. А. Российское самодержавие в конце XIX столетия（политическая реакция 80 - х - начала 90 - х годов）. М., 1970. С. 8 - 9.

俄国著名历史学家爱德华·拉津斯基在 2005 年 12 月推出的新作《亚历山大二世——最后的伟大沙皇》中把沙皇亚历山大二世称为俄国一位颇具魄力和远见的改革家，指出他解放了当时俄国的 2500 万名农奴。除此之外，他还引进了陪审团制度，率先在国内引进了公开化制度。拉津斯基这样写道："亚历山大二世是俄国的一位新型改革者——一个两面神，一个头朝前看，另一个头留恋地回顾过去。"[①] 在统治期间，他也多次在进一步现代化和转向保守方针之间徘徊犹豫。1881 年 3 月 13 日，民意党人的恐怖活动炸死了这位俄国农奴的解放者。在此之前，沙皇已经遭遇到 6 次暗杀。拉津斯基认为，民意党人的暗杀活动事实上破坏了俄国的民主化进程。这次活动结束的不仅是一位沙皇的性命，更是一位可能给俄国带来民主希望的人物的伟大事业。

为什么亚历山大二世的"大改革"立即引发了知识界成员的革命组织和革命行动？亚历山大二世本人也困惑不解，他在其乘坐的火车专列遭受恐怖分子炸弹袭击幸免于难后悲伤地感叹道："他们对我有什么不满，这些不幸的人？他们为什么像追踪野兽一样不放过我？毕竟，我一直在竭尽全力为人民造福！"[②]

根据美国政治学家塞缪尔·亨廷顿的研究，几乎任何一个处于现代化之中的国家，政府都不可能长久地指望知识分子的支持。知识分子要求民族尊严，要求一种进步感，要求通过参与社会的全面改造得到自我实现的机会。这些都是乌托邦式的目标，从来没有一个政府能真正满足这些要求。因此，在大多数场合，知识分子都强烈地反对现行的改革，认为现行的改革是为了躲避真正的改革而抛出的一点小甜头，认为拟议中的改革在本质上不够彻底，不够革命，不是根本性的。因此，改革对于城市知识分子而言，反倒成为革命的催化剂。[③]

---

① 〔美〕爱德华·拉津斯基：《亚历山大二世——最后的伟大沙皇》，周镜译，新世纪出版社，2015，第 113~114 页。
② Анри Труайя. Александр Ⅱ. М., 2003. С. 253.
③ 参见〔美〕塞缪尔·亨廷顿《变化社会中的政治秩序》，王冠华等译，三联书店，1989，第 341~342 页。

亚历山大二世的大改革，对俄国知识分子就起到了这一效果。19 世纪 50 年代后半期，亚历山大二世推行了一种宽容和自由化的政策，可这只不过使不满情绪加剧。英国历史学家莫斯对此写道："新沙皇恩准自由的些许扩展，不可避免地产生了对自由的进一步要求。在尼古拉统治下，几乎毫无怨言而接受的那些限制，现在突然变得难以忍受了；迄今为止多半被排除在国家事务之外的公众，现在开始抱怨说，亚历山大二世所给予的相对自由是不够的。"① 当这种不满情绪达到顶点时，知识分子认为，如果改革成功，也只会巩固现行制度。于是，一些激进知识分子便采取了"直接行动"的策略，指望由他们自己进行恐怖活动或组织农民暴动来达到社会的根本改变。法国著名历史学家托克维尔也曾说过："革命的发生并不一定就是因为人们的处境越来越差。更普遍的情况是，一向毫无怨言似乎也心甘情愿地忍受着最难以忍受的法律的人民，一旦压迫减轻，他们就试图全部摆脱……事实告诉我们，一个反动政府来说最危险的时刻也就是它开始改革的时刻。"② 从一定意义说，俄国 19 世纪后半叶的革命运动，正是亚历山大二世进行"大改革"的产物。

大改革年代革命知识分子激进化和极端化的原因，还可以从俄国现存政治制度中去寻找。虽然大改革的深度和力度空前，涉及基本结构和制度，但当时俄国政治现实中还没有相应的制度安排为不同意见提供表达的机会，俄国知识分子的政治抱负只能通过非法的反体制活动来争取实现。在这种情况下，少数激进革命者以极端手段来表明自己的存在，而当沙皇政权认真考虑设立相应机构吸收社会代表参加立法过程并准备实施的时候，革命恐怖主义也发展到了顶点，并以刺杀沙皇中断了政府的改革日程。

不过，激进知识分子虽然刺杀了亚历山大二世，迎来的却是再也不愿意改革的亚历山大三世，社会并没有根本改变。他们的指望落空了。改革

---

① 转引自〔美〕塞缪尔·亨廷顿《变化社会中的政治秩序》，王冠华等译，三联书店，1989，第 342 页。

② 〔法〕托克维尔：《旧制度与大革命》，陈玮译，中央编译出版社，2003，第 174 页。

对于知识分子而言是革命的催化剂，但对于占俄国人口绝大多数的农民来说，却是革命的替代物。农民既可能是现存秩序的坚固堡垒，也可能是革命的潜在力量。农民究竟会扮演什么角色，这完全要看现存制度能在多大程度上按照他们的想法，去满足他们切实的经济利益。这些要求通常都集中在土地、赋税等问题上，只要土地的占有状况比较公平，并能维护农民的生存，革命就不可能发生。假如土地占有状况不公平，农村民不聊生，那么革命如果说不是不可避免，也是很有可能的。没有哪一个社会集团比拥有土地的农民更加保守，也没有哪一个社会集团比田地甚少或者缴纳过高租税的农民更为革命。因此，在某种意义上说，一个处于现代化之中的国家政府的稳定，全然依赖它在农村推行改革的能力。①

知识分子的目标总是不着边际和乌托邦式的，而农民的目标则是具体的。这种特点使农民成为潜在的革命者，因为地主必须被剥夺，农民才能得益。因此，只要政府强大并足以硬性推行某种程度的土地改革，就会使农民从潜在的革命力量转变为基本的社会保守力量。②

正因为如此，俄国农奴的解放虽然引起了地方性的起义和骚乱，但这种暴力不同于由改革而刺激出来的知识分子的极端主义，它很快会随着时间的流逝而趋于平息。在亚历山大二世颁布解放法令的 1861 年，有 1186 个领地发生了骚乱，1862 年和 1863 年分别只有 400 个和 386 个，而到 1864 年，由改革引起的混乱实际上已销声匿迹。③ 这就是尽管革命派知识分子认为改革是对农民的掠夺，尽管他们大规模地"到民间去"，但农民的革命再也未被煽动起来的根本原因。

19 世纪 60 ~ 70 年代是俄国沿着现代化道路迈进的重要历史时期。这一时期，沙皇亚历山大二世审时度势，进行了废除农奴制及其他一系列重要改革，在国家现代化的道路上迈出了重要一步。地方自治、大学自治、取

---

① 参见曹维安《俄国史新论》，中国社会科学出版社，2002，第 102 页。
② 〔美〕塞缪尔·亨廷顿：《变化社会中的政治秩序》，王冠华等译，三联书店，1989，第 345 页。
③ 转引自〔美〕塞缪尔·亨廷顿《变化社会中的政治秩序》，王冠华等译，三联书店，1989，第 347 ~ 348 页。

消新闻检查等改革促进了民主社会的形成，但沙皇对自由主义者建立全俄代表机构的强烈要求犹豫不决，他担心发展到君主立宪政体并导致沙皇专制垮台。当亚历山大二世最终准备设立咨议性的议会时，已经太晚，他死于民粹派恐怖分子之手。一个实行了改革的沙皇被刺杀，从统治者方面来说，似乎表明了不应该进行改革。在以后的几十年中，新沙皇抵制一切变革，革命的道路于是不可避免。

第八章　亚历山大三世时期：保守统治与高压政策

亚历山大三世即位后，在社会政治领域保守主义方针占主导地位，国家管理的中央集权化趋势重新加强，俄国从改革的道路上转向。但这一时期俄国现代化进程仍在继续，只是相对于亚历山大二世时期现代化的自由主义模式而言，亚历山大三世时期是现代化的保守主义模式，即政治上的保守主义与经济上的改革发展并存。一方面，政权强调传统的价值观，在政治上实行收缩，停止改革甚至倒退，对激进革命组织及其活动保持高压态势。另一方面，政权实行经济改革，推动国家工业化和城市化进程，使俄国经济实现了快速发展，加快了俄国向现代工业社会的转变。

第一节　统治初期自由主义同保守主义的对抗

在父亲遇刺后登上皇位的亚历山大三世意志坚强、身体强健、精力充沛。按俄国皇室的传统，除皇储外，其他王子都按领导军队的将军的方式培养，亚历山大三世也是如此。他是亚历山大二世的次子，最初按领导军队的将军进行培养，他也从小就热爱军事，自称为"完美的团长"，在18岁时已经获得上校军衔。皇位继承人本是亚历山大二世的长子尼古拉，但他在1865年因肾病意外去世，于是仓促地培养当时已经20岁的亚历山大继承皇位。亚历山大自小力大无比，能够掰弯一块马蹄表。按财政大臣维特的描写："他长得像一个高大的俄国农夫……羊皮夹克、长外套和韧皮鞋应该更适合他；他的举动或多或少像是一头熊。"① 他性格正直而又豪爽，常常是直截了当、直奔主题，但他常常显得没有礼貌，有时甚至到了粗蛮无礼的地步。有一次在国宴上，奥地利大使说到因为巴尔干和俄国不一样，所以他有可能招募到几个军团。这时沙皇把餐叉撅成圆形，朝大使扔过去，说："这就是我将要对你那两三个军团做的事。"② 亚历山大三世在独断和尚武方面有如其祖父，他也极为崇拜祖父尼古拉一世。

亚历山大三世继位时，国家经济财政状况日益恶化，歉收和饥荒使人民大众生活急剧下降，农民骚动，工人罢工，学潮高涨，社会动荡。面对这样的严峻形势，同时面对沙皇被残酷暗杀的事实，统治集团内部就如何摆脱困境、要不要继续改革的问题出现了激烈的争论，争论的实质是发展模式和道路的选择：内务大臣洛里斯－梅利科夫、陆军大臣米柳京、财政大臣阿巴扎等自由派国务活动家主张继续实施亚历山大一世的改革方案；而以波别多诺斯采夫为首的保守派国务活动家则否定19世纪60~70年代的一切改革，要"重新回到旧时代的美好时光"。沙皇本人也徘徊不定，列宁在形容当时的局势时写道："如果说的不是可能的假定，而是既成的事实，那就必须认定，政府的摇摆不定是毋庸置疑的事实。一些人主张坚决同自由派斗争，另一些人主张让步。"③

亚历山大的老师是当时保守主义领袖波别多诺斯采夫，他毕业于法学院，是莫斯科大学的法学教授，曾经参与1864年司法改革，也是1864年《司法章程》的设计者之一。但是，改革后俄国出现的事件——农民和学生骚乱、对沙皇的恐怖暗杀等彻底改变了他的看法，使他成为一个坚决的反改革者。波别多诺斯采夫把议会制称为"时代最大的谎言"。他指出，议会体制是"人类错觉最大的例证之一"，普选权是"人类历史上最大的错误之一"，出版社、公共舆论机构是"我们这个时代最虚伪的体制之一"，此外，

---

① 〔美〕爱德华·拉津斯基：《亚历山大二世——最后的伟大沙皇》，周镜译，新世纪出版社，2015，第334页。
② 〔美〕沃尔特·G.莫斯：《俄国史》，张冰译，海南出版社，2008，第42页。
③ 《列宁全集》第5卷，人民出版社，2013，第37页。

对"对抽象原则的信仰是我们这个时代最普遍的错误"，议会、民主、理性主义和永久进步的理念一样，只能导致人们的需求膨胀和不幸。

波别多诺斯采夫持保守主义方法论，主张民族自然有机的发展。他能够接受英国的议会制，因为它是英国自然有机发展的结果，但不认同其他国家模仿英国建立议会制，特别反对在俄国实行议会制。他认为，对西方而言十分重要的东西，如自由主义、法律至上、宗教宽容等不属于俄国。东正教才是俄国人的真正信仰，东正教不仅帮助俄国人维护他们的灵魂，把他们带到天国，而且也能"激发人民尊重法律和强权"。东正教是一种道德胶水，把人民和他们的东正教的沙皇粘在一起，而对于俄罗斯帝国中的非东正教人口，波别多诺斯采夫所能提供的"不是有效的道德胶水，而是高压政策"。① 波别多诺斯采夫从 1880 年起到 1905 年一直担任正教公会的总检察官，对沙皇政府的影响巨大。这位莫斯科大学教授和俄国民法经典教程的作者，曾经为宫廷圈子所遥远而陌生的学者，逐渐变成了"副沙皇"，成为"俄国内政策的一个长期有影响力的、不承担责任的领导者"。

波别多诺斯采夫从 1865 年起担任王储亚历山大的老师，深受亚历山大的信任。他在授课中，在交谈中，在信件中，不厌其烦地向王储重复他的思想：君主制是对俄国唯一可接受的政权形式，沙皇的专制统治是伟大的真理，东正教会是这种权力的最可靠支持。他认为改革后社会的立宪情绪是对专制政权的威胁，号召王储提高警惕，认清"宪法和议会才是我们这个时代巨大的谎言"，他对王储的这种灌输使其往往对父亲进行的改革持反对立场，也对洛里斯－梅利科夫"宪法"的命运产生了重要影响。

亚历山大二世本来拟定在 1881 年 3 月 4 日讨论决定洛里斯－梅利科夫"宪法"的命运，因为他被暗杀，这项讨论推迟到 3 月 8 日。洛里斯－梅利科夫已经意识到延迟讨论对其宪法通过的不利，于是在 3 月 6 日再次向沙皇呈交奏章和改变管理制度的政府报告。波别多诺斯采夫虽然相信他的弟子会拒绝"宪政事业"，但他也考虑到社会情绪以及政府内强大的自由主义官员团体的影响，认为要尽快采取动作。结果，3 月 6 日沙皇在收到内务大臣

---

① 〔美〕沃尔特·G. 莫斯：《俄国史》，张冰译，海南出版社，2008，第 43～44 页。

洛里斯－梅利科夫奏章的同时，也收到了波别多诺斯采夫的信件，他请求沙皇不要被内务大臣为宪法方案辩护的自由主义言论所迷惑。3 月 7 日，波别多诺斯采夫又同亚历山大三世会谈一小时。他做了一个极具攻击性的演说："陛下，出于职责和良知我必须向您诉说我的心里话……他们想把宪法带进俄国，即使不是马上，至少是在往这个方向上迈出第一步。宪法是什么？西欧给了我们答案。那里的宪法是各种谎言的武器，是各种阴谋的武器。"① 在 3 月 8 日讨论那天，波别多诺斯采夫以保守派领袖自居，向洛里斯－梅利科夫和他的支持者发动了决战。

沙皇亚历山大三世亲自主持 3 月 8 日在冬宫召开的讨论会议，出席会议的有各位大臣、大公和正教公会总检察官，共 24 人。大家都心知肚明，这次讨论的不仅是洛里斯－梅利科夫的方案，而且是俄国未来之路。会议讨论内容的中心是专制制度和社会代表制度的兼容性问题。自由主义团体的内务大臣洛里斯－梅利科夫、陆军大臣米柳京、财政大臣阿巴兹和他们的支持者，坚持这两者存在兼容的可能性，他们提出保留专制制度的不可侵犯性，代表机构仅享有咨议权，但保守主义者不接受这些观点，把洛里斯－梅利科夫的方案看成对专制统治的威胁。波别多诺斯采夫的发言尤其尖锐，他指出，允许公众代表参加管理将导致专制制度的灭亡。

但是保守派在 3 月 8 日的会议中占少数，除波别多诺斯采夫以外，发言反对洛里斯－梅利科夫方案的还有斯特罗加诺夫伯爵、邮政和电报部大臣Л. С. 马科夫和交通大臣 К. Н. 波西叶特。一些温和的保守派弃权，建议对这份报告再行讨论。发言赞成洛里斯－梅利科夫方案的有 9 人，其中有陆军大臣米柳京、财政大臣阿巴兹、国民教育大臣萨布罗夫、国家监察官索利斯基、司法大臣纳勃科夫以及康斯坦丁·尼古拉耶维奇大公和弗拉基米尔·亚历山大罗维奇大公等。② 亚历山大二世时期的这些权力高层本能地认为有必要对社会思想做出一些让步，哪怕是局部的让步，在根据亚历山大

① 〔美〕爱德华·拉津斯基：《亚历山大二世——最后的伟大沙皇》，周镜译，新世纪出版社，2015，第 417 页。

② Зайончковский П. А. Кризис самодержавия на рубеже 1870 – 1880 – х годов. М., 1964. С. 331 – 332.

二世的遗志进行的最初讨论中，他们还没有来得及重新调整思想，就下意识地支持内务大臣洛里斯－梅利科夫。

尽管在这次会议上支持国家管理制度改革的人占了绝大多数，但他们并没有感觉到自己是胜利者，因为沙皇的意见才具有决定性的意义，而在3月8日的会议上沙皇的意见已经很清楚，他无疑完全支持波别多诺斯采夫和斯特罗加诺夫的意见，特别是当斯特罗加诺夫伯爵指出，洛里斯－梅利科夫的方案将"直接导致宪法"时，亚历山大三世附和道："我也怕，这是实行宪法的第一步。"沙皇当时没有做出最后决定是因为他还没有看清未来的局势走向，不明朗他的支持和反对力量的对比情况，3月1日暗杀事件令他心有余悸。

波别多诺斯采夫洞悉新沙皇的情绪，大张旗鼓地对多数人进行抨击，揭露自由主义举措的危害。而在不久之前，在亚历山大二世统治、洛里斯－梅利科夫掌握大权时期，他作为正教公会总检察官还没有决心与自由主义开战，他也没有决心鼓励自己的弟子王储进行这种斗争。当亚历山大三世成为国家绝对统治者之后，他和自己的弟子开始一起对抗他们内心里所抵触的自由主义计划。

然而，亚历山大三世并没有急于对自由主义官员宣战，也没有急于发布声明公开自己的政策方向，他在研究局势，等待时机。先是3月8日在冬宫，接下来是4月21日在加特契纳召开的会议，他都认真听取自由主义官员的建议，他们试图说服他吸收民选社会代表参政以加强政权的基础。沙皇在暗自计算代表制度支持者与反对者力量的对比情况。但是，在决定性的时刻自由主义官僚没能团结和组织起来对抗保守势力。亚历山大三世和波别多诺斯采夫高兴地看到，不久前强大的国务活动家洛里斯－梅利科夫同盟者的队伍在缩小，一些擅长见风使舵的官员私下琢磨新君主的想法，改变了立场，以继续他们的职业生涯。

洛里斯－梅利科夫作为一个伟大的国务活动家，希望对落后于时代精神的国家制度进行改革，但自身却与这种制度密切联系在一起，依赖于政治上的宗法制关系，他的权力建立在与亚历山大二世的亲近关系，以及对君主个人施加影响力的基础上。在拥有沙皇亚历山大二世支持之时，洛里斯－梅利科夫是一个伟大的政治家，在失去了沙皇的支持后，他变得无助又无力。随着亚历山大三世即位，洛里斯－梅利科夫再次把赌注放在沙皇身上。在他看来，为"宪法"进行斗争就是吸引沙皇加入自己一方的斗争，他没有去寻找社会的支持，认为改革成功的关键是获得沙皇的信任和好感。洛里斯－梅利科夫对新统治者的保守倾向认识不足，没有认识到亚历山大三世本人把他以及他的自由派盟友视为主要的政治对手。

内务大臣洛里斯－梅利科夫周围聚集的活动家才能出众、知识渊博、经验丰富，要比公认的保守主义领袖总检察官波别多诺斯采夫周围的人高出一筹，后者周围并没有能力出众、才华横溢者。但这些平庸的人，与他们的自由主义对手相比，更容易达成协议和团结。卡特科夫称自由主义团体为"野心家的联盟"。自由主义官员团体内部分散不仅是因为思想上的分歧，而且是因为他们的个人野心有时冲淡了对国家的责任感。洛里斯－梅利科夫向权力顶峰的迅速靠近不仅使保守主义团体视他为敌人，一些与他观点接近的人也对他不无忌妒。例如，前内务大臣瓦卢耶夫曾经也制定了比洛里斯－梅利科夫的方案更为激进的代议制政府方案，但是他非常痛苦地看到新内务大臣的影响力大于他，洛里斯－梅利科夫影响力的衰落使他有些幸灾乐祸。

波别多诺斯采夫不断敦促沙皇公开声明放弃改革政策，宣布实行"新政"。然而，亚历山大三世十分谨慎，周密考虑每一个新的步骤。他仔细观察政府各个派别以及社会的情绪，研究自己的思想对手，了解他们的改革建议和计划，最终得出结论，政府反对派之间存在巨大的观点分歧，代议制政府支持者所提出方案中的差异似乎比相似之处更大，他们不可能团结一致。国家还没有形成自由民主联盟，向专制权力施压的力量并不强大。政治力量团结和妥协的能力是发达的民主社会的特征，而当时俄国在这方面只迈出了第一步。俄国社会也还没有形成对当局施加合法影响的方式。

1881 年 4 月 29 日，亚历山大三世公布了正教公会总检察官波别多诺斯采夫起草的《加强专制制度诏书》，诏书中宣称，专制管理传统不可动摇，专制制度不可侵犯，将按照"专制政权的力量与信念"行事，把"秩序和公正"贯彻到他的父皇所确立的各种制度中去。这个宣言实际上是告诉人们：想要全俄罗斯的主宰者在某个时候哪怕是给俄国人民一部模仿宪法的拙劣品都是毫无希望的，俄国的永久基石——专制政体必须保留。这成为政府上层力量重新组合的信号。宣言发表 5 天后，内务大臣洛里斯－梅利科夫便辞职了，接着，重要的自由主义活动家陆军大臣米柳京和财政大臣阿巴兹都宣布离职。同样具有自由主义思想的国民教育大臣萨布罗夫在更早的时候就辞职了。康斯坦丁·尼古拉耶维奇大公，作为上层自由主义反对派的领袖，辞去了海军部领导的职务，政府中保守力量占了上风。亚历山大三世时期，保守主义和自由主义改良者之间的对抗以保守主义者的胜利结束。

亚历山大三世时期，政府保守官僚和思想家波别多诺斯采夫、卡特科夫、梅谢尔斯基、列昂季耶夫等人最终形成了"保守稳定"的发展观。"保守稳定"观点的中心要素是"强大的国家政权和专制制度不可动摇"，强大的中央集权国家在对抗破坏性的力量、建立法律秩序和促进经济发展中起到关键性的作用。这种观点主张逐渐的、进化式的，而不是跳跃的、革命式的发展，不是根据理性设计的蓝图进行改革，而只是进行那些社会所迫切需要的改革。在发展中依靠民族自身的国家法律和文化传统，而不是把欧洲的政治法律奉为样板。当代俄国学者 B. A. 汤姆西诺夫在谈到波斯多诺斯采夫反对在俄国引进君主立宪制时指出："他设法说服亚历山大三世采取果断行动，捍卫专制制度，扼杀任何限制最高国家权力的企图。他强调，他反对吸收社会代表参与立法活动并不是因为他反对国家制度的任何改变，而是因为他明确意识到在当时俄国政治局势下代议机构是不合时宜的。波别多诺斯采夫向自己的学生灌输，在社会不稳定的条件下应该考虑的不是设置新的机构，而是要恢复国家秩序，巩固法制，安定社会情绪。"[①]

亚历山大三世统治期间，也确实采用了这种保守稳定的方针。在沙皇及其他国务活动家的生命面临被暗杀的威胁，社会局势动荡的状态下，使用非常的管理手段，实行加强防护状态、特殊防护状态。亚历山大三世统

---

① Томсиновь В. А. Конституционный вопрос в России в 60 – х – начале 80 – х годов XIX в. М., 2013. C. 196.

治时期，残酷镇压激进主义分子，民意党的组织被完全摧毁，同时采取了历史学传统上称为"反改革"的措施，但也存在不同意见，反对把这些措施称为"反改革"，认为这些措施是在消除俄国大改革时期产生的消极现象。在这一时期，恐怖活动基本消失，社会大体稳定，没有发生难以操控的革命动荡。这一时期务实的保守政策，保证了国家的稳定、连续发展。如俄国学者 А. Н. 伯哈诺夫指出："实际上亚历山大三世时期并不是在维护消极的方面。他执政的方向和目的是：持续地、渐进地、没有急剧转变和跳跃地克服落后状态，掌控时局。这一时期俄国内外政策可以完全称为'稳定的政策'，在社会、经济和文化生活中没有任何停滞。"①

有必要值得提出的是俄国近代思想史上一位极其重要的人物，19 世纪下半期至 20 世纪初俄国重大政治事件的参与人和见证人，其思想活动体现了从政治激进主义向保守主义的转变，这就是 Л. А. 季霍米罗夫。他在 19 世纪 70 年代至 80 年代初是民粹主义运动的主要理论家，是持最激进政治主张的民意党的主要领导人，但是，80 年代中期之后他的思想发生了剧变，成为保守主义的坚定支持者，也成为沙皇政府镇压革命的帮手和彻底的反革命保皇主义者，担当了沙皇宫廷和专制政府御用理论家的角色。

季霍米罗夫一生的政治和思想活动可谓大起大落，几多转折。他从中学时代即为革命思想所吸引，在莫斯科大学学习期间，参加了著名的革命青年组织"柴可夫小组"。1873 年，他因进行革命活动被捕，在彼得保罗要塞被囚禁 4 年，1877 年被列入著名的民粹主义者"193 人案件"。后来，他加入民意党，并且成为该党执行委员会委员，还担任了该党喉舌《民意报》的编辑和宣传工作。1881 年亚历山大二世遇刺后，他亡命国外，思想依然极为激进，成为民意党海外支部的主要理论家和宣传家，撰写了许多文章，鼓动国内革命人士发动革命，以"人民专制"取代"君主专制"，以"社会主义"取代"专制主义"。但是在 1888 年，季霍米罗夫的政治立场发生了剧变，他在巴黎出版了题目为《为什么我不再当革命者?》的小册子，转向了保守思想，提出"各个民族只能依靠它们形成和成长的历史过程中所赖

---

① Боханов А. Н. Император Александр Ⅲ. М., 2009. С. 425.

以依靠的那些原则来发展"。他认为俄国革命已经穷途末路，爱国主义者的明智之举是"与国家和解"。①

1888年12月9日，季霍米罗夫向沙皇亚历山大三世递交悔过书，他写道："我从对共和制和政党政策的个人观察中得出了特别的结论。不难看出，某些时候我曾经幻想过的人民专制实际上是彻底的谎言，并且只能成为某些人内行地欺骗人的工具。我看见，曾经震荡和落入别有用心之人手中的国家政权是如何极其困难地恢复或重建。触动了本能的政客的恶劣影响本身已欲盖弥彰了。这对于我来说完全照亮了我的过去、我的痛苦经历和我的思考，并且给了我勇敢地将臭名昭著的法国革命思想置于严格的审视之下，我一个接一个地评判和谴责它们。并且最后明白了，人民的发展就像所有生物一样，其发生是有机的，在此基础上它们是历史地形成和增长着，因此健康发展或许只能是和平的和国家的……我明白了，拥有数个世纪以来坚不可摧的权威的最高政权构成了人民之最珍贵的财富、人民幸福和充分实现的最有效武器。"② 亚历山大三世因而允许他回国，从1890年起，他参与《莫斯科新闻》和《俄罗斯观察》编辑部的工作，发表了系列文章，成为政府的御用理论家和专制制度的辩护士。季霍米罗夫一生中最主要的著作可谓在1905年革命风雨飘摇的前夜，1905年春夏之际问世的《君主制国家体制》，他在这本书中对君主专制制度进行了理论论证。季霍米罗夫的思想和著作标志着俄国保守主义政治思想理论的形成。后来，在1905年革命期间，内务大臣斯托雷平邀请他担任顾问。

亚历山大三世统治时期是俄国保守主义稳定发展时期，政权恐惧革命震动和混乱所带来的威胁，从1881年起，在俄罗斯帝国任何地区都可以实行非常状态，在高效镇压革命和恐怖活动的同时，也为国家行政机构的胡作非为埋下了隐患。政府官僚试图"矫正"在他们看来大改革中一些超前的措施，19世纪80年代末90年代初在地方自治、城市自治、司法和人民教育领域实施了著名的"反改革"措施，但这些措施其实并没有取消亚历

---

① 张建华等：《政治激进主义与近代俄国政治》，三联书店，2010，第155页。
② 张建华等：《政治激进主义与近代俄国政治》，三联书店，2010，第155页。

山大二世的大改革成果，只是在其中加强了亲贵族的、等级的色调，恢复贵族作为特权等级已被动摇的地位。政府加强对自由主义和民主主义媒体的新闻管制。在民族地区更为积极地推行俄罗斯化方针，加强东正教会的地位，加深了对非东正教居民的歧视。但整体上保守的亚历山大三世的国内方针中，也存在自由主义元素，政府意识到俄国整体生活转向资产阶级改革进程的不可避免性，考虑到经济实力不断增长的资产阶级的需求，任命财政大臣主持制订经济发展计划，俄国开始大规模地工业化。与此同时，加强国有经济领域，在对外贸易领域取消亚历山大二世时期的自由贸易政策，实行关税保护主义政策，这受到民族资产阶级的欢迎。

在亚历山大三世时期，俄国的经济发展达到一个高峰，俄国成为世界强国。总体来看，亚历山大三世时期俄国的国际地位提高，此时的俄国可以不用武力，只通过外交努力即可实现政治意图。在外交事务方面，亚历山大三世最著名也是底气十足的一句话就是："俄国沙皇还在钓鱼，欧洲暂时可以等着。"① 在亚历山大三世统治时期，俄国只发动了一次对外战争，他也因此被称为和平缔造者。季霍米罗夫在其著作《理想的载体》（1895）中，从美学和法律的角度分析君主的理想形式，把亚历山大三世视作他所认为的具有必备品质的理想君主的化身，认为亚历山大三世的个性可以成为专制者的标准。季霍米罗夫经常称自己为"亚历山大三世时期"的人。②

第二节　领地贵族和政府官僚

亚历山大三世不认同父亲的政治观点，他认为革命的恐怖行为系父亲的社会政治改革所致。他在"一切灾难源于改革"的座右铭激励下，采取了一系列所谓反改革措施。1881 年颁布《维护国家安全和社会治安条例》，使地方管理完全置于政府机构和军事权力机构的控制之下。1889 年设立地

---

① 有一次亚历山大三世在度假休息时钓鱼，负责欧洲事务的臣属跑来向亚历山大三世汇报紧急公务，亚历山大三世说出了这句话。

② Тихомиров Л. А. Носитель идеала //Критика демократии. М. , 1997. C. 526 –533.

方自治区长官（Земский начальник）职务，这个职务只有世袭贵族才能担任，由省长任命，集地方上的行政、警察及司法职权于一身。1890 年颁布《地方自治局条例》，1892 年颁布《城市杜马条例》，改变了地方自治局和城市杜马的选举资格，保证了贵族在这些自治机构中的统治地位，缩小了自治机构的权限，使其处于政府行政机构的监督之下。上述反改革措施虽然没有将农民改革后设立的自治机构撤销，却使民主力量日益削弱，贵族地位逐步提高。1882 年颁布新的《书刊检查规章》，加强了书刊检查力度，压制了公开性，剥夺了社会各界借出版物公开发表意见及监督政府行为的权利。1884 年颁布新的《大学章程》，剥夺了大学的自治权。

　　"沙皇政权由此终结了以自由主义改革为先导的现代化，开始走上保守主义现代化的道路。"① 从一定程度上来讲，俄国现代化模式转换的直接诱因是革命激进主义的迅速发展。亚历山大三世的保守统治是对 1881 年 3 月 1 日暗杀沙皇事件的回应，是对以激进知识分子为代表的反对派加快国家政治进程的行动的回击。与以前一样，激进知识分子的这次行动事与愿违：正如十二月党人起义引发了尼古拉一世的保守统治一样，1881 年 3 月 1 日事件引发了亚历山大三世系统的保守措施。尼古拉一世和亚历山大三世统治的开始也惊人地相似：尼古拉一世登基仪式以绞死 5 个十二月党人庄严地开始，亚历山大三世统治开始的标志是绞死 5 个民粹党人。

　　亚历山大三世将政治权力在社会上重新分配，利用一切机会来帮助领地贵族，加强贵族的地位和作用。成立贵族土地银行，向贵族发放贷款，维护他们的经济地位；同时颁布地方自治和城市自治反改革条例，试图恢复改革前那种贵族在管理，特别是在地方管理中的绝对优势地位。亚历山大三世在政策上倾向于领地贵族是逆向而为，当时，领地贵族在贵族等级和国家官员中的数量都不断减少。据 A. 科列林的数据，到 19 世纪末，地主在世袭贵族中的比重从 80% ～85% 降到 50% ～55%，在高层官员中也是如此，1858 年，前四品官吏中约有 80% 是大地主，到了 1901 年，则有 70%

---

　　① 姚海：《俄国现代化的两种模式及其转换》，《探索与争鸣》2014 年第 9 期，第 83 页。

官员没有土地或者属于小地主。① 据 П. 扎昂契可夫斯基统计，19 世纪末，有 45.7% 的二品官吏、55.7% 的三品官吏没有地产。而在 1854 年，只有 11.4% 的二品官吏、31.7% 的三品官吏没有地产。② 以俸禄为主要收入来源的供职贵族阶层不断增加，政府却将橄榄枝抛向了领地贵族，他们尽管享受着各种可能的优惠，却在各个领域毫无作为。亚历山大三世执行"贵族政策"的主要推动者之一 B. 梅谢尔斯基公爵在临死前勇敢地指出，亚历山大三世重建贵族的措施相当于"对垂死者的呼唤"。③

1881 年 5 月亚历山大三世颁布了波别多诺斯采夫起草的《加强专制制度诏书》。诏书中指出，"上帝命吾辈有健全之政府……深信专制之权威，吾辈即用以抵抗一切侵害，以谋全体国民之幸福"。这个诏书的公布，标志着自亚历山大二世统治以来政府在自由主义和保守主义之间犹豫徘徊局面的终结，新王朝的统治方针是完全确定的，即坚持专制制度不可动摇。于是，自由主义大臣纷纷辞职。由正教公会总检察官波别多诺斯采夫、内务大臣托尔斯泰伯爵和反动政论家卡特科夫组成的"三雄政治"基本上决定了亚历山大三世时期的政策。

如前文所述，波别多诺斯采夫是沙皇亚历山大三世的老师，深得沙皇信任，担任正教公会总检察官 20 多年，对沙皇政府的影响巨大。卡特科夫也是俄国近代著名的保守派思想家，与波别多诺斯采夫作为国家高层官员的身份不同，卡特科夫并无任何官职，他只负责一份报纸《莫斯科新闻》和一份杂志《俄罗斯导报》，并不在执政精英范畴之内，但是他以这些出版物为阵地，刊发了很多政论文章，使其成为俄国保守主义思想的大本营。他的影响并不局限于出版界，《莫斯科新闻》已经不单单是一份报纸，其刊发的文章的观点成为社会讨论的话题，很多人都将其视为政府的机关报。

---

① Корелин А. П. Российское дворянство и его сословная организация（1861 - 1904 гг.）. // История СССР. 1971. № 5. С. 59.

② Зайончковский П. А. Российское самодержавие в конце XIX столетия（политическая реакция 80 - х - начала 90 - х гг.）. М., 1970. С. 114.

③ Гаман - Голутвина О. В. Политические элиты России: Вехи исторической эволюции. М., 2006. С. 202.

卡特科夫的活动范围非常广泛，上至沙皇、大臣，下至一般贵族，很多人都跟他有密切的来往。他的势力很大，甚至影响到重要官员的任命。当时有人指出，在存在一个法定的国家政府的同时，存在"一个隐私的地下政府，以《莫斯科新闻》编辑部为代表，它周围聚集着很多身居要位者。这个地下政府围绕在卡特科夫周围……公开宣称必须更换某个大臣，在某个问题上实行某个政策，总之，厚颜无耻地发表命令，公开地进行褒贬，并最终达到自己的目的"。① 卡特科夫本人在 1884 年给沙皇的信中写道："大臣和总督询问我的意见；外国政治家考虑我的立场。我的名字相当于政治纲领。"② 卡特科夫所宣扬的保守主义观点对俄国的政策产生了巨大的影响。

托尔斯泰伯爵曾经担任国民教育大臣，他在担任这个职务期间的所作所为曾使全俄人民痛苦呻吟。他把小学交给贪婪的神甫管理；他强行在波兰学校中推行俄语；大学生会因一点小事而被学校开除；他还坚持用最严厉的方式将有过错的大学生关进监狱或流放西伯利亚。1880 年，他终于被当时掌握大权的洛里斯－梅利科夫从国民教育大臣的宝座上赶下来了，社会因此而欢呼雀跃。但是，托尔斯泰得到了新沙皇亚历山大三世的赏识，被认为是沙皇"优秀的忠实的臣仆"。他再次出山，而且爬得更高，为害更烈。他接替了因试图再次提及召开国民会议而引起沙皇不满的内务大臣伊格纳季耶夫的职务。当时的人提道："我们都记忆犹新，这位内务大臣给俄国人民造成了多少悲伤，多少罪恶和多少痛苦。"③

自由派官僚阵营的国民教育大臣尼古拉男爵和司法大臣纳博科夫都被保守官僚设法踢开。尼古拉男爵被托尔斯泰伯爵的好友 И. 杰利亚诺夫代替，后者品德恶劣，被同时代人称为"人类中的渣滓"，他目光短浅，纯粹因裙带关系而飞黄腾达。过去，他曾充当托尔斯泰的帮凶，推行反动的教育方针，在他亲任国民教育大臣之后，变本加厉地在教育领域推行反动政策，正是他颁布了 1884 年新《大学章程》，实际上取消了大学自治。1885

---

① Зайончковский П. А. Российское самодержавие в конце XIX столетия（политическая реакция 80 - х - начала 90 - х гг.）. М. , 1970. С. 72.

② Соловьев Ю. Б. Самодержавие и дворянство в конце XIX в. Л. , 1973. С. 92.

③ 赵士国：《历史的选择与选择的历史》，人民出版社，2006，第 144 页。

年末，波别多诺斯采夫的走卒 H. 马纳谢因取代了纳博科夫担任司法大臣，但对于保守派来说，H. 马纳谢因也过于自由，不久又被公开的正统主义者 H. 穆拉维约夫所取代。

从 1881 年起米哈伊尔大公接替康斯坦丁大公担任国务会议主席，他们都是亚历山大二世的兄弟。只不过前者是自由主义官僚的领袖，视野宽阔，尽管行为有些乖戾，但坚决支持资本主义改革，非常严肃地对待国务会议工作，而后者担任近 25 年国务会议主席，资质平庸。用出版事务管理总局局长 E. 费奥克季斯托夫的话讲，"这是一个非常愚蠢的国务会议主席"。E. 费奥克季斯托夫还提到，拿破仑三世的妻子在与时任高加索总督的米哈伊尔大公谈话之后指出，"这不是一个人，而是一匹马"。①

在这种官员变动之后，亚历山大三世周围已经没有一个能够就原则性问题向他提供建设性建议的官员。当时有人指出，官员们越没有个性，提升的机会越大。例如，B. 梅谢尔斯基公爵在坚持由 И. 杜尔诺沃当内务大臣时，向沙皇阐述这个任命的理由是，"这个候选人的愚蠢是他的优势"。A. 基列耶夫就这个人在日记中写道，И. 杜尔诺沃 "属于那种极少有的众口一词的人——一个傻瓜"。②

外省执政阶层素质下降的程度更为严重。亚历山大三世统治时期的典型官员是因残酷惩罚农民而闻名的切尔尼戈夫省长阿纳斯塔西耶夫、奔萨省长塔季谢夫、下诺夫哥罗德省长巴拉诺夫、奥尔洛夫省长涅克柳多夫。他们的行为受到沙皇肯定，阿纳斯塔西耶夫和塔季谢夫被吸收为国务委员。

值得提到的是，亚历山大三世统治时期在国家政治领域广泛推行保守措施，在经济领域也开始采取国家主义的方针，进行经济财政改革，采取了一些建设性的措施，处境艰难的财政状况得以扭转，这得益于几位能干的财政大臣的努力。

亚历山大三世手下三位财政大臣中的第一位是 H. K. 本格，本格出身于

---

① Зайончковский П. А. Правительственный аппарат самодержавия в XIX веке. М., 1978. С. 197.

② Соловьев Ю. Б. Самодержавие и дворянство в конце XIX в. Л., 1973. С. 65.

基辅德籍贵族之家，毕业于基辅大学法律系，之后在基辅大学任教，讲授政治经济学、统计学和警察法等课程，从 1859 年起担任基辅大学校长，曾经为王储尼古拉讲授政治经济和财政课程。本格信仰西方的自由主义思想，但他认为俄国具有"特殊性"，沙皇专制制度更符合俄国的历史、地理和民族精神，为解决俄国面临的政治和经济任务，使俄国避免爆发像西欧那样的革命，在农奴改革后，他提出了自由主义经济改革纲领。80 年代初，在俄土战争造成严重财政危机的状况下，本格被任命为财政大臣，他采取了一系列措施，整顿财政秩序，改革赋税制度，推行保护关税政策，调整铁路政策，消除预算赤字，还采取措施改善农民的生活，废除了人头税和连环担保，建立农民土地银行等。

本格的各项改革措施得到了自由主义出版界的支持和赞扬，却遭到保守派和右翼报纸的猛烈攻击，1886 年末根据卡特科夫的建议，他被与卡特科夫关系密切的 И. А. 维什涅格拉德斯基取代。本格被免职后，他的财政改革在很大程度上中止了。但他关于农民向义务赎买过渡，实行新征税原则，准备货币改革和制定第一批工厂法等举措，符合俄国经济发展的要求，可以说是 60 年代改革的继续。正是本格的改革为他的后继者的改革以及 19 世纪末俄国工业高涨打下了良好的基础。[①]

接替本格的维什涅格拉德斯基继续把消灭预算赤字、争取财政状况好转作为主要任务。他实行保护关税等一系列经济政策，使得对外贸易出现了顺差。在他当权的五年，终于消灭了国家财政预算赤字。但是，他实行的促进输出的政策，按照比生产成本还要低的价格大量输出谷物，他的口号是"我们不要吃，而要输出！"致使农民出售了消费所必需的粮食，在出现自然灾害的情况下，造成了 1891～1892 年严重的饥荒，他也被迫辞职。

在 1892～1903 年间担任财政大臣的维特是俄罗斯帝国晚期一位才识非凡、能力过人的卓越政治家和经济战略家，也是最具活力、最富争议的治国者。维特出身于第比利斯一个并不富裕的贵族家庭，外祖父曾经是萨拉托夫省省长，外祖母是一位很有成就的植物学家，外祖父母对维特的幼年生活影响很

---

①　参见陶惠芬《俄国近代改革史》，中国社会科学出版社，2007，第 277～278 页。

大。他毕业于敖德萨诺沃罗西斯克大学数学物理系，先是在敖德萨铁路部门工作。1888 年，时任财政大臣维什涅格拉德斯基邀请他任新设的铁路事务局局长，管理全国铁路财政。他的才能得到亚历山大三世的赏识，1889 年被任命为财政部铁路事务司司长，从此开始了他辉煌的仕途，1892 年升任交通大臣，同年 8 月接替维什涅格拉德斯基担任财政大臣。1894 年亚历山大三世病逝、尼古拉二世继位后，维特续行旧职，直至 1903 年 8 月被明升暗降为大臣委员会主席。1905 年 10 月至 1906 年 4 月，维特实际担任俄国立宪后首任内阁总理，因为遭沙皇及反对势力的猜疑和钳制而黯然离职。

维特是当时国家机构中新兴资产阶级的代表，在亚历山大三世时期众多的平庸大臣之中显得出类拔萃。亚历山大三世非常喜欢维特的个性，认为他粗鲁率直、精通业务、思维灵活、坚决刚毅，身上没有官僚习气，反对官场裙带关系，具有强烈的爱国主义和忠君主义思想，甚至外表都与众不同："身材高大、举止笨拙、摇摆的步态、嘶哑的声音、蹩脚的发音。"新任大臣的这些特点都使沙皇格外信任他。

维特的支持者和反对者都承认，他作为国务活动家比其同僚高出一筹。B. 科瓦列夫斯基这样形容他："他绝顶聪明、刚毅坚韧……他热情、冲动、直率、精力超群。他天生是一个强大的甚至有些粗鲁的斗士，他似乎一直在寻找竞争的舞台，一旦遇到对手，就立刻与他展开坚决的战斗。维特敢作敢为，战斗都是以他的胜利而结束。维特出现在彼得堡的国务舞台上是一个重大事件，是一个历史现象……在所有人的面前以神话般的速度出现了一个强大的人物，他逐渐征服了所有人，使所有人都自主或不自主地服从于他。人们敬佩他的智慧和力量，他尖刻有时甚至粗鲁的发言使对手缴械投降。"科瓦列夫斯基写道："维特的工作能力使人惊异，他每天工作不少于 12 个小时；他很少分心家庭事务……工作效率非常高……他在工作中只关心基本思想和大政方针，从不挑剔一些小节，也不要求程式化的公文用语，与他一起共事非常愉快、轻松。"①

维特在前后近 20 年的从政生涯中，实施了关税保护制和金本位制，促

---

① Шепелев Л. Е. Чиновный мир России. СПб. , 1999. С. 93.

成了跨西伯利亚大铁路建设，推动了国家工业化与现代化进程，缔结了终止俄日战争的和约，主导了俄国向立宪君主制的转型。维特最主要的角色当属任职 11 年的财政大臣，他在此任上的历史贡献在于：形成了落后国家快速推进工业化的一套战略，人称"维特体制"，借此促进了俄国现代化的飞跃。这一"维特体制"的实质可概括为"国家资本主义：铁路建设＋关税保护＋外资引进＋剥夺农民＝快速工业化"，此乃维特留给苏俄及所有后发工业化和现代化国家的重要遗产。①

维特早年是斯拉夫派观点的信徒，后来转变为德国经济学家李斯特的追随者，奉行铁路建设、关税保护和国家干预。维特在任期间，俄国的铁路里程增加了一倍，1891～1904 年间建成的跨西伯利亚铁路尤其令人瞩目。他采用关税保护、财政补贴、政府采购等手段，刺激国内工业尤其是重工业的发展。维特在 1897 年实施金本位制度，稳定了卢布币值，为大举吸引外国资本及与之相随的工业化要素创造了条件。"维特体制"本质上是为了追赶先进国家而采取国家强力干预经济的手段，这种大规模的政府干预使俄国工业化实现了史无前例的飞速增长，发展速度堪比德国和美国。当时俄国"经历了一场货真价实的工业革命"，实现着与工业革命相关的根本性经济变革或称"起飞"。

维特为俄国的工业化和现代化所做出的重大奠基性贡献无人能出其右。正是维特在物质层面、制度层面和精神层面让俄国汇入了世界的现代化大潮。史家有言："随着强有力的财政大臣谢尔盖·维特的上升，经济问题首次进入俄国国内政治的显要地位，于是，俄罗斯思想和精神生活的面貌也为之一变。"②

第三节　政治保守和高压政策

亚历山大三世统治时期，保守主义政治流派力量明显加强，保守派在

---

① 〔美〕西德尼·哈凯夫：《维特伯爵——俄国现代化之父》，梅俊杰译，上海远东出版社，2013，第Ⅱ页。

② 参见〔美〕西德尼·哈凯夫《维特伯爵——俄国现代化之父》，梅俊杰译，上海远东出版社，2013，第Ⅶ页。

贵族和地方自治机构中的作用增加。他们认为，60 年代改革是模仿西方进行的，违背了国家的有机发展道路，使国家制度出现矛盾。保守派面对大改革时代出现的新趋势，批评自由主义以及革命民主主义思想，力图保护传统权力和价值观体系，波别多诺斯采夫、卡特科夫等顽固保守派发言的主旋律是：最高权力本质上是不可分割的，新的机构和原则——大学自治、地方自治、司法独立，导致了多方权力，破坏了最高权力的基础，必须加强高压管理方式。温和的保守派虽然不否定改革的必要性，但也声称改革的进行操之过急。

但所有保守主义者一致认为根本消除亚历山大二世的改革措施是不可能实现的。波别多诺斯采夫与亚历山大三世分享自己的想法，"过去 25 年中的立法，使所有传统机构和权力关系发生混乱，在其中植入了虚假的原则，这些原则不符合俄国生活，为了扭转这种混乱局面，需要一种特别的艺术。对这个结不能进行切割，而是要解开"。① 沙皇自己也不支持使用"外科手术"的激进方式"割掉这个结"。新王朝的任务是制定具体措施调整上一个王朝的改革。

但是，最初接替洛里斯－梅利科夫担任内务大臣的 Н. П. 伊格纳季耶夫伯爵并不太胜任这个任务，伊格纳季耶夫受到斯拉夫派思想的影响，认为贵族、城市等级、地方自治局的权利"完全不容侵犯"，还准备召开国民代表会议，提议在 1883 年亚历山大三世加冕典礼前召集一个各等级选举产生的 3000 人的国民会议，使召开国民会议与沙皇加冕同时进行。伊格纳季耶夫向沙皇声明，国民会议将使加冕典礼特别喜庆、辉煌，体现人民对专制制度的维护，彰显沙皇与人民的统一。伊格纳季耶夫为国民会议的选举制定了相当高的财产资格条件，以确保国民代表会议中由大地主占主导地位。伊格纳季耶夫所计划召开的国民会议只是仪式性的，甚至没有法律咨议功能，他对沙皇解释，这个机构的存在只是为了满足人们对宪法的欲望。

年轻君主最初还没有弄清力量的分布情况，对新大臣的计划不置可否。然而，以卡特科夫和波别多诺斯采夫为首的保守团体对沙皇施加影响，向

---

① Письма К. П. Победоносцева к Александру Ⅲ. Т. Ⅱ. М. 1926. С. 105.

他说明伊格纳季耶夫思想的危险性。波别诺斯采夫在给沙皇的奏章中说：如果实现了伊格纳季耶夫的计划，马上就会出现"革命，就是政府和国家灭亡之时"。到1882年5月，亚历山大三世已经完全接受了保守派的思想，在夏宫召开会议，严厉谴责了伊格纳季耶夫的计划，坚决反对召开国民会议。于是，伊格纳季耶夫辞职，托尔斯泰被任命为内务大臣。在社会舆论界，托尔斯泰这个名字是极端正统保守主义的同义词，他对专制制度坚定忠诚，狂热仇恨自由主义思想，非常适合执行强硬的政策。托尔斯泰在保守团体的支持下，开始了对60年代改革成就的进攻。

1882年9月，沙皇政府颁布了由托尔斯泰炮制的新出版法，规定了严格的报刊检查监督制度，报刊编辑部必须按照内务部的要求汇报以笔名发表文章的作者的姓名。1883～1884年，所有激进主义的以及许多自由主义倾向的报刊都遭到查封。1884年颁布了新的大学章程，强烈限制大学自治，加强了学区学监和国民教育部对大学的监管。校长和系主任不再像1863年章程规定的那样从教授中选出，而是由国民教育部任命。1884年大学章程制定者的出发点是让大学"国家化"，大学是国家的事务，教授是担任国家公职的官员，培养专制政权所需要的学者、官员和知识精英。新章程的规定使科学成为政治的牺牲品，"可靠性"成为比学术水平更重要的教学评价标准，"科学的庙堂"变成"高等警察－学术机构"。

卡特科夫对这个章程表示满意，他把这个章程看成"新王朝的第一份有力法规"，消除了"虚假的自治的幻觉"。他主编的《莫斯科新闻》的社论指出这个章程具有深远意义，新大学章程的重要性不仅在于学术方面，重要的是它成为我们立法事业新方向的开端；如果说1863年大学章程是削弱国家权力的开端，那么1884年大学章程则意味着政府权力的复兴，恢复"全面的、不受限制的"专制管理。但政府对大学自治权的侵犯违背了时代的精神，使教授们不满，他们越来越多地加入政府的反对派阵营。伦敦《泰晤士报》专门针对俄国在高等教育领域实行反改革的专制政策发表了社论："最好将这样的大学关闭。"

保守主义者试图恢复对教育的限制，把教育变成上层阶级的特权，认为下层的孩子不需要接受教育。1887年3月1日 А. И. 乌里扬诺夫团伙组织对沙皇的暗杀，大大加强了保守派的这种情绪，因为进入"民意党"恐怖团体的大学生主要来自平民。波别多诺斯采夫在写给亚历山大三世的信中提出："为什么我们会有这么多疯狂的男孩?"他的回答很明确，即原因在于教育的泛等级原则："我们实行了一种虚假的，完全不适合我们生活的教育体系，教育把每个人与他的出身切割开来，使他充满不切实际的幻想和索取。"① 为此，1887 年 7 月政府颁布了《厨工子弟法令》，剥夺了厨子、马夫、仆役、洗衣妇等下层子弟升入中学的权利。这个法令被戏称为"厨娘之子"法令，社会舆论为之哗然。自由主义媒体强调这个法令违背了国家根本法，因为法律规定不对教育设置等级障碍。

亚历山大三世统治时期对自由主义改革反攻的另一个重要目标是地方自治机构。自 60 年代地方自治局建立后，资产阶级在地方自治机构中的影响日益扩大，而贵族的优势却逐渐削弱。地方自治局的反对派立场和立宪要求令沙皇政府深感忧虑和不安。在 1881~1883 年，温和的自由主义者齐切林一直担任莫斯科市政府的首脑。他曾在一次讲话中号召人们通过建立一个民族主义实体的方式来为地方自治局和城市自治机构"加冕"，亚历山大三世因而强迫他离职。政府诸如此类的措施削弱了自由主义者适度改革的呼声，最终使得很多人转而要求实施比较激进的措施。

保守派则高呼纠正"致命的错误"，结束"自由主义的骗局"。卡特科夫的《莫斯科新闻》和《俄罗斯导报》铺天盖地地对地方自治机构进行打击，把国家当时生活的所有困境——从粮仓的空无到道路桥梁的糟糕状态，城镇和乡村的所有弊病和混乱状况都归咎于地方自治，并指出，在地方自治人员中有大量的"不可靠"分子。保守派对城市自治的谴责也十分激烈，将其看成城市遭到破坏的主要原因。卡特科夫坚持认为，应该取消地方自治的基本原则——选举制度、泛等级性和独立性，而不仅仅是对其做一些局部性的修正。

为了加强对地方自治局的控制，1889 年 7 月政府颁布了《关于地方自治区长官条例》，这个条例的基本宗旨就是要纠正所谓 60 年代的"严重错

---

① Письма Победоносцева к Александру Ⅲ. Т. Ⅱ. С. 139.

误"，恢复地主所失去的对农民的权力。根据这个条例，建立地方自治区，每个县分为若干地方自治区，每个地方自治区由内务部根据省长、省首席贵族的推荐任命一名地方自治区长官。随着这个职务的建立，大改革时期所设立的县农民事务议事处和治安法官都被取消，这些职务所负责的事务转交给地方自治区长官。地方自治区长官只有世袭贵族才能担任，集行政与司法权力于一身，有权任免乡村官吏，有权否决乡村大会所通过的各项决议而强迫其接受自己提出的决定，有权对农民进行处罚。这个条例恢复了地主在农村的权力，复兴了贵族的特权，加剧了农村的社会紧张局势。

而地方自治反改革方案的推行可谓一波三折。自由主义者特别重视地方自治机构的意义，将其看成"民主社会的预备学校"，保守分子则把地方自治视为眼中钉，号召要粉碎作为"立宪的最后一站"的地方自治。托尔斯泰等人先起草了一个地方自治反改革方案，这个方案实际上改变了地方自治的基本原则：取消选举原则，实行等级原则，使其完全隶属于行政机构。

但是，自由主义刊物——《欧洲通报》、《俄罗斯思想》和《俄罗斯导报》上发表了一些文章坚决捍卫地方自治改革。自由主义法学家格拉多夫斯基和科尔库诺夫提出了有关地方自治的"国家理论"，否认国家政权和地方自治机构之间存在根本区别，认为它们的性质相同，要求给予地方自治机构完全的权力。国家政权应该把自己的一些任务转交给当地居民，给予他们权力，为他们权力机构的运行创造条件，使地方自治机构成为政府的支柱。[1]

托尔斯泰等人起草的地方自治反改革方案，使地方自治机构的独立性化为乌有，不仅受到自由主义者的抨击，而且引起了正教公会总检察官波别多诺斯采夫的不满。虽然波别多诺斯采夫认为国家必须对自治机构进行监督，但他认为让地方自治机构完全服从国家政权是不合理的。

托尔斯泰等人起草的地方自治反改革方案遭到了来自左翼和右翼的批

---

① См. Градовский А. Д. Начала русского государственного права. Т. 1 – 3. СПб. , 1875 – 1883；Коркунов Н. М. Русское государственноеправо. СПб. . Т. 2. 1909.

评，他们被迫对其进行修正。1889 年 4 月托尔斯泰去世，由新任内务大臣杜尔诺沃于 1890 年将修订草案提交国务会议，但这个修订后的方案再次遇到了多数人的反对。

1890 年最终颁布的新的《关于省和县地方自治机关条例》保留了地方自治机构的泛等级性质，但是将其大大削弱，选民单位按纯粹的等级原则划分，将原来的地主代表大会、城市代表大会和村社代表大会重新界定为贵族代表大会、非贵族居民代表大会和村社农民代表大会。贵族地主的财产资格减少了一半，因而贵族地主在选举中的代表人数增加了。而村社农民失去了选举议员的权利，只是由乡会提供候选人名单，由省长根据地方自治区长官的建议任命县地方自治会议的农民议员。同时，大大提高了投票权对财产资格的要求，圣彼得堡全体选民数量从 21000 人下降为 8000 人，而莫斯科地区则从 20000 人下降为 7000 人。①

值得指出的是，新的地方自治条例尽管对 1864 年改革进行了"修正"，加强了政府对自治机构的监督，但地方自治机构的原则并没有发生根本性的变化，虽然地方自治局中贵族的比例增加很多，但地方自治局却没有成为保守派所设想的那种纯粹贵族的机构。在县地方自治大会中，贵族地主代表的比例从 1864 年的 42.4% 增加到 1890 年的 55.2%；在省地方自治大会中，贵族地主代表的比例从 1864 年的 81.9% 增加到 1890 年的 89.5%。②

新条例颁布后，地方自治机构对沙皇政府的依附性增强，进一步受到省长和内务部的制约。各省设立了"地方自治事务管理局"，归省长直接领导，由副省长、省首席贵族和自治局主席及委员组成。这样，沙皇政府官员开始直接参与对地方自治机构的领导。政府对地方自治机构成员构成的干涉也进一步加强，1864 年条例规定省地方自治会议和地方自治局主席的任职经内务大臣批准，县主席的任职经省长批准。而新的条例规定，所有地方自治局成员的任职都须经过政府的批准。而地方自治局主席从此也列

---

① 〔美〕尼古拉·梁赞诺夫斯基、马克·斯坦伯格：《俄罗斯史》，杨烨、卿文辉译，上海人民出版社，2009，第 362 页。

② Ерошкин Н. П. История государственных учреждений дореволюционной России. М.，1983. С. 232.

入国家政府官员编制，同政府官员一样享受工资待遇。

可以说，1890 年颁布的关于地方自治机构的条例与政府最初的计划有显著差异。这是因为沙皇政府也被迫顾及社会和媒体对地方自治机构的支持与维护，而且保守派之间也缺乏团结，因此最终通过的条例采取了折中措施。

到 19 世纪末，俄国国内对地方自治机构的命运问题出现争议。内务大臣 И. 戈列梅金认为，在 1890 年新条例反改革的基础上，"具有等级色彩的"地方自治局完全可以继续存在下去甚至扩大。财政大臣维特则认为，"地方管理制度应该与国家政治制度划一"，在专制条件下，地方自治机构是"不适合的管理手段"。自由派资产阶级认为，建立地方自治机构是一大进步，政府最终将被迫实行"在具有等级色彩的地方自治机构内孕育成熟的温和的宪法"。[①]

1892 年 6 月 11 日颁布了新的城市条例，与 1890 年关于地方自治机构的条例一样，这是个反改革条例。这个新城市条例将选举人的资格由纳税资格变成财产资格：只有拥有一定数量不动产的城市居民才能成为选举人。中小资产阶级由此失去了选举权，俄国实行自治的城市选举人数大量减少。同时，将省地方自治事务议事处和省城市事务议事处合并，成立省地方自治事务管理局，归省长领导，省长统一监督地方和城市自治机构，因而政府对这些自治机构的监督明显加强。[②]

亚历山大三世统治时期的三巨头波别多诺斯采夫、卡特科夫和托尔斯泰都对改革后新的司法诉讼程序进行鞭挞。出版事务管理总局局长 E. M. 费奥克季斯托夫回忆起正教公会总检察官波别多诺斯采夫以及《莫斯科新闻》主编卡特科夫在这方面立场上的团结，他写道："如果卡特科夫，无论公正与否，激情地诋毁我们新的司法机构，那么波别多诺斯采夫在这方面也毫不逊色；我不止一次地听他说，自从这些机构在我们这儿诞生之后，他的

---

① Ерошкин Н. П. История государственных учреждений дореволюционной России. М., 1983. С. 233.

② Игнатов В. Г. （отв. ред.）. История государственного управления. Ростов н/Д, 2003. С. 281 - 283.

脚从来没有迈进司法机构的门槛——因为那里发生的一切都与他的思想水火不容。"①

波别多诺斯采夫认为，司法独立与专制制度不相兼容，法院应该成为国家权力维护法律、管理和秩序的必要而有力的手段。卡特科夫也提出了法官终身制——法官独立性的危害问题，他指出："我们这里没有比司法独立更为虚假的、愚昧的流行思想。"与认为"法院从属于行政机构将使法院和政府的道德尊严蒙羞"的自由主义观点对立，他提出，"法院越依赖于它所服务的国家权力，越处于真正意义上的自由状态"。② 保守主义刊物接连对司法系统展开进攻，建议对司法秩序进行根本性改变，要求停止陪审团法院的时代，将法院的职责完全委托给国家法官；取消法官终身制；取消司法诉讼中的公开性；重新修订司法章程。

1885 年，波别多诺斯采夫提出了广泛的司法反改革计划，首先提出消除法官终身制、司法程序公开性以及陪审团法院。他特别讨厌陪审团制度，认为这种"社会良心的法庭"是导致社会道德败坏的因素。陪审员根据财产资格从各个等级中选举产生，是一群"偶然产生的人"，是"街道法院"。

沙皇亚历山大三世欣赏波别多诺斯采夫的司法反改革计划，打算逐步限制陪审团法院的活动范围。但是，司法大臣纳博科夫试图对抗改变司法章程的方针。1885 年沙皇下令成立由参政员组成的最高法律议事处，这个部门获得解雇和调动法官的权力，在纳博科夫的努力下，对这种权力设置了一定的限制条件，实际上并没有按计划那样侵犯法官的终身制原则。1887年政府又颁布新法令，规定可以"在适当的"地方进行秘密审判，实际上是限制司法程序的公开性。1889 年出台了针对法院的新对策，提高陪审员的财产、学历资格限制，缩小陪审员法院的权限。

1894 年穆拉维约夫接替纳博科夫担任司法大臣，他曾经担任卡特科夫的中学老师，此刻他面临着完成司法反改革的任务。穆拉维约夫认为完成这一任务的优先措施是取消法官的终身制，意即取消司法的独立性，逐渐

---

① Феоктистов Е. М. За кулисами политики и литературы. М. , 1991. С. 222.

② Московские ведомости, 1882, 1 мая, № 119.

用国家法院代替陪审团法院。政府成立了重新研究司法章程的委员会，准备系统地"修正"1864年《司法章程》。然而，亚历山大三世去世后，国内局势开始迅速改变——司法反改革没能全面展开。

亚历山大三世的反改革措施并没有完全取消大改革期间成立的地方自治和新司法机构。人们不能不承认，随着地方自治机构的成立，在俄国最偏远的角落都出现了学校和医院，出现了教师、医生和农艺师，而政府并没有足够的资金完成这一切。地方自治机构比国家行政机构更为机动，在饥荒、歉收和流行病期间给予地方居民以有力援助。新的司法机构与旧时臃肿而混乱的司法系统相比，机动性强、效率高。陪审团法院在社会的眼里成为避免司法错误的保证。诗人和思想家丘特切夫把陪审员看成"新俄罗斯的雏形"，陀思妥耶夫斯基认为，"我们公正的法院的论坛，是培养我们社会和人民道德品质的学校"。① 社会代表被允许解决自身哪怕只是地方和经济上的事务，被允许参与司法，习惯了自治，会逐渐养成作为一个公民的基本素质。

从80年代初起，政府经常宣布国家一些地区处于"非常状态"。根据1881年8月14日《关于保护国家安全和社会治安条例》，大臣委员会可以"为了实现全面安定，根除阴谋"，宣布某一地区处于非常状态。非常状态分为两种，一种是加强防护状态，另一种是特殊防护状态。处于加强防护状态的地方，地方行政长官即总督（省长）或市长享有广泛的权力：关闭会议、工商企业，查封出版机构，通过行政手段逮捕、处罚和流放各种"危险分子"。处于特殊防护状态的地方，所有权力转交总督或者专门任命的长官，这个地区的所有文职机构，甚至部分军事机构都隶属于他们。他们可以成立军事警察队，将任何案件交由军事法院审理，罢免政府官员甚至地方和城市自治官员的职务，管制不动产，查收动产。虽然原计划这个条例仅适用于某些省份，且仅实行三年，但是现实中这个条例适用的省份不断扩大，且持续了30多年，一直到1917年革命。政府在镇压工人和农民

---

① Тютчев Ф. И. Сочинения. Т. 2. М. , 1980. С. 256; Достоевский Ф. М. Сочинения. Т. 23. Л. , 1981. С. 165.

运动中广泛使用"非常状态",特别是在 19 世纪末 20 世纪初这一时期。①

亚历山大三世统治时期,最高国家机构中国务会议的地位下降,相应地,大臣委员会的作用加强。因为很多改革时期的大臣辞职后都成为国务委员,如扎米亚特宁、戈洛弗宁、洛里斯-梅利科夫、阿巴兹等,这里成为自由主义官僚的集中地,他们经常批评政府的方针,提交到国务会议的法律草案经常得不到多数票赞同。国务秘书 E. 佩列特茨写道:"国务会议经常坚决反对大臣们提出的草案,对草案做出重大修改,有时直接否决……"② 因此,与尼古拉一世统治时期一样,这一时期影响较大的是大臣委员会。亚历山大三世更愿意在他信任的高级官僚小圈子——大臣委员会中讨论法律草案。一些最反动的法律草案,沙皇认为不方便在国务会议研究的,都绕过国务会议,直接提交大臣委员会讨论。

1892 年颁布的《国家根本法》强调沙皇专制制度仍然是俄国国家制度的核心。《国家根本法》开宗明义规定:"全俄罗斯皇帝是专制的、无限的君主。服从其最高权力,不仅是出于畏惧,而且是出于良心,此乃上帝的旨意。"根据《国家根本法》的规定,沙皇在立法和行政领域的权力均不受限制。"俄罗斯帝国管理的基础,是出自专制权力的、切实可行的法律、章程和规章";"未经圣上亲自签署,新法无效";对法律的补充和解释,"可依圣上口头旨意,以诏令形式阐述,由最高权力予以全权的机关和个人宣布"。③ 由此可见,所谓法律实际上徒具形式,它仅是亚历山大三世个人意志的表现。沙皇可以在任何时间和地点,以任何方式改变任何法律,沙皇拥有完全的立法权和行政权。自彼得大帝改革以来,俄国几经政治改革,而俄国的绝对专制制度依然屹立不倒。

史学中传统上把亚历山大三世的统治定性为反改革的、反动的、破坏性的。但是,在近年来的历史和法律文献中,也有对这种观点进行反思的

---

① Ерошкин Н. П. История государственных учреждений дореволюционной России. М., 1983. С. 224.

② Зайончковский П. А. Правительственный аппарат самодержавия в XIX веке. М., 1978. С. 196.

③ 赵士国:《历史的选择与选择的历史》,人民出版社,2006,第 149 页。

声音。如 Б. Н. 米罗诺夫、А. Н. 勃哈诺夫、Н. И. 比尤什金纳等学者指出，所谓亚历山大三世"反改革"，不应该被看成向改革前时期的倒退，而是作为稳定政治局势、消除大改革的消极后果的保守手段。亚历山大三世和他周围保守圈子的政策并没有取消亚历山大二世的改革，而只是消除了一些改革措施在他们那个年代造成的危机后果。"大改革超出了当时俄国的社会政治发展水平，因而，城市和地方自治领域的反改革的原因是最高政权希望能化解当时存在的各种矛盾，其中包括政府行政部门和社会自治机构之间、社会自治机构内部各个群体之间以及社会自治机构和广大居民之间的矛盾。这些矛盾妨碍了各权力机构正常履行自己的职能。司法领域反改革的目的并不是要废除法院的司法章程以加强政府行政部门的职能，而是要缩小陪审法院的活动权限，因为在陪审员中有许多农民和少数民族代表，由于这些人文化程度低，容易受观众、律师的意见所左右，并忠实于与官方法律相悖的习惯法规则，因而不能正确地履行自己的职责。可以说，在保守派对大改革后果的批判中包含了合理的因素。"[1]

国家政权和保守派的动机都是追求社会管理的可操控性，避免社会动荡。米罗诺夫指出，由于"舆论界的政治要求无疑超出了人民对议会民主制度的接受程度……由于改革不被人们所理解和接受，因此，我们可以把1825～1855年和1880～1890年自由主义改革进程停滞的客观原因归结为最高政权险些失去了对国内局势的控制。这一点在1880～1890年的反改革时期表现得特别明显。通常我们把反改革理解成最高政权试图抹杀或至少削弱改革的自由主义色彩，同时，反改革还包含另一方面的含义，即从根本上使改革中建立起来的新机构和新制度能更自然、合理地去适应传统的制度，特别是去适应整个社会的需求，而不只是适应其少部分受教育阶层的需求"。[2]

事实上，并不是沙皇亚历山大二世被暗杀成为政府方针的转折点。

---

[1] 〔俄〕鲍里斯·尼古拉耶维奇·米罗诺夫：《俄国社会史》下卷，张广翔等译，山东大学出版社，2006，第236页。

[2] 〔俄〕鲍里斯·尼古拉耶维奇·米罗诺夫：《俄国社会史》下卷，张广翔等译，山东大学出版社，2006，第236页。

19 世纪 70 年代，在社会局势紧张，出现暗杀沙皇行为，恐怖主义威胁加剧之时，亚历山大二世实行的一系列措施已经可以被称为保守主义政策：限制罢工，打击革命运动，加强警察权力等。亚历山大三世政府面临着新的威胁：波兰起义，敖德萨骚乱，恐怖分子活动猖獗，3500 名不同级别的官员被暗杀。政府实行的特殊法律措施，在短暂的历史时期内恢复了法治和秩序，无论对这一事实如何进行评价，政府都维护了社会安定，使国家和社会免受恐怖分子的攻击，这一经验值得仔细研究和全方面分析。

俄国的发展道路明显呈波浪式，以及从现代化到稳定性和从自由主义到保守主义的钟摆和秋千效应。亚历山大一世时期斯佩兰斯基提出自由主义方案；尼古拉一世时期镇压革命思潮，推行乌瓦罗夫的"官方民族性"思想；亚历山大二世时期取消农奴制，进行司法、城市和地方自治改革，准备召开国民会议的方案；亚历山大三世时期推行打击恐怖主义和革命组织的保守方针，加强中央集权，对社会实行高压政策。自由主义时期过后是保守和稳定的活动，在改革和混乱的浪潮之后是保守和稳定的浪潮，消除或者缓和导致社会危机的因素。俄国著名史学家米罗诺夫这样指出："最近一段时间，改革与反改革思维模式很盛行，人们把这种思维模式形象地称为'钟摆'模式。假如这种模式有一定道理的话，俄国就应该在原地跑步了。但正如我们所看到的那样，俄国的社会一直是在不断向前发展的，即使是在被称作保守主义统治的时期也是如此。例如：在宫廷政变时期，在尼古拉一世及亚历山大三世执政时期，俄国的社会都是不断向前发展的，至于尼古拉二世统治时期就更不用说了。所谓的保守主义统治时期，是继系统化的、激进式的彼得改革和大改革之后出现的统治时期，在这一时期社会同样也在变化，在消化和吸收系统化、激进式改革所带来的结果，并为下一个周期的社会变革提供前提条件。这是社会向前发展所必需的间歇阶段，就像心脏是按收缩—扩张的方式进行工作一样。在此情况下，间歇和工作时间是相等的。社会同样也需要平静的间歇阶段。保守主义统治恰恰是这样的一个阶段……因此，保守主义方针政策取代自由主义方针政策有其深刻的道理，这绝不像历史文献中所经常描绘的那样，是由主张专制的昏君和贵族们的利己主义所决定的。"①

以现代化的理论和方法审视研究亚历山大三世时期，可以认为这一时期俄国现代化进程仍在继续，只是相对于亚历山大二世时期现代化的自由主义模式而言，亚历山大三世时期是现代化的保守主义模式，即政治上的保守主义与经济上的改革发展并存。亚历山大三世政府统治的结果是得以暂时预防了专制制度的崩溃，同时没有中断自发向资本主义衍化的进程。现代化的保守主义模式在短时期内的成效表现为经济高速增长，但不平衡的发展最终将会引发巨大的问题。"工业高涨"不仅改变了经济结构，也改变了社会结构，从而对政治结构造成压力。而专制主义政治结构的僵化必然地导致了政权与社会之间的严重对立和冲突。②

国家以行政警察措施压制了革命和民主运动的浪潮，但即使是俄国强大的独裁者也已经无力将之赶尽杀绝。民意党人仍在从事秘密暗杀等恐怖主义活动，并计划在1887年3月1日这一天行刺亚历山大三世。警察机关及时察觉了民意党人的活动，在他们的计划开始实施前，就逮捕了刺杀行动的所有参与者，法庭判决所有参与者绞刑。亚历山大三世宣布，将对忏悔者实行大赦，赦免他们的罪行。但是还是有五名民意党人拒绝忏悔，主动走上绞刑架，其中就包括一个名叫亚历山大·乌里扬诺夫的年轻人，即弗拉基米尔·乌里扬诺夫（列宁）的哥哥。因此，在1894年亚历山大三世去世，作为个人和政治家个性都比较软弱的尼古拉二世即位之后，很快就遭遇到了不受最高政权控制的专制制度系统危机的局面。

---

① 〔俄〕鲍里斯·尼古拉耶维奇·米罗诺夫：《俄国社会史》下卷，张广翔等译，山东大学出版社，2006，第237页。
② 参见姚海《俄国现代化的两种模式及其转换》，《探索与争鸣》2014年第9期。

第九章　尼古拉二世时期：立宪改革
与专制垮台

　　1905～1907 年革命表明，俄国已经不能回避政治现代化问题，迫于时局的压力，沙皇专制政权设立了两院制议会，国家在通向政治现代化的道路上又迈出了一步。内阁总理斯托雷平选择在维护政治稳定的局势下渐进地实行那些酝酿成熟的政治和经济改革，如果具备适合的历史条件，他选择的道路有可能成功。其中一个条件是国内外 20 年的和平时间，另一个条件是专制政权自愿沿着向君主立宪制度衍化的道路前进，为在现代化进程中形成的新政治精英提供权力位置，然而这两个条件都不具备。俄国专制政权失去了自救的能力，最终被滚滚革命浪潮推翻。

第一节　从加强君主专制到改行君主立宪

　　1905 年革命爆发以前的尼古拉二世统治时期危机日益加深，政权不断强化各种措施以维护独裁君主权力传统。尼古拉二世与他的父亲亚历山大三世一样，坚信个人独裁权力的神圣性和必要性，不仅反对进一步改革，而且极力限制许多已经实施了的改革的效能。政府坚定地依靠实际上已经处于没落之中的贵族，高举"东正教、专制制度和民族性"的官方意识形态旗帜。虽然尼古拉二世与他父亲的信条和政策一致，但性格完全不同。亚历山大三世意志坚强、果敢决断，而尼古拉二世却性格软弱、优柔寡断。

　　在 19 世纪 80～90 年代，随着俄国资本主义的发展，马克思主义开始同工人运动相结合，新的革命力量以不可阻拦之势迅猛发展。到 19 世纪末 20 世纪初，俄国政府面临着最复杂的任务：维护专制制度；平息革命运动。解决这些复杂任务对沙皇和执政官僚的品质提出了非常高的要求。俄国现代化进程的发起者和领导者是国家政权，因此，现代化进程常常取决于当政者的见识和能力。有学者指出，"遍寻俄国现代化断裂的要害缘由，我们也许不得不把目光落到末代沙皇尼古拉二世身上。在一个独裁专制社会里，永远不要低估统治中枢者的个人素质对国家走向特别是国家衰败的影响力。据维特实录，尼古拉二世尽管和善仁慈、教养不俗，但他不谙世故、优柔寡断，缺乏乾纲独断的应有天资，复为个性强悍乃至歇斯底里的皇后以及各色佞臣所包围"。[①]

出生于 1868 年的尼古拉二世是亚历山大三世的长子，这位末代沙皇具有许多优秀的个人品质，如彬彬有礼、自律忠诚、强烈的责任感以及对家庭的奉献精神，但是这些优秀的个人品质对于一个需要强力、远见和手腕的帝王来说微不足道。"俄国虽曾有过彼得大帝的强势推动和奋力跃进，但总体上还是缺乏持续进取的精神动力和自我发动的制度，似乎必定要靠某个强人或军事需要才能将国家往前带上一程。"[②] 有人说，在 20 世纪初只有再出现一个彼得大帝才能拯救罗曼诺夫王朝和帝俄，而尼古拉二世显然难当此任。法国大使 M. 帕列奥洛格准确地指出："尼古拉二世品行无可挑剔，但他有对所有专制君主来说致命的弱点：性格懦弱……在这方面他与路易十五酷似，意识到自己天性的软弱而时常害怕受制于人，因而不向人袒露内心的想法。"[③] 人们一直以来认为尼古拉二世是一个好人，甚至是一个圣徒，他后来也确实被俄国东正教追认为圣徒，但他也是一个在危机期间不知所措的、无助的统治者。

尼古拉从小在一个受到严格庇护的环境下长大，在其父母身边，在皇

①〔美〕西德尼·哈凯夫：《维特伯爵——俄国现代化之父》，梅俊杰译，上海远东出版社，2013，第 X 页。

②〔美〕西德尼·哈凯夫：《维特伯爵——俄国现代化之父》，梅俊杰译，上海远东出版社，2013，第 II 页。

③ Палеолог M. Царская Россия накануне революции. M. , 1991. C. 242.

亲国戚组成的一个大家族中，在一大群忠心耿耿的仆从和教师的环伺下长大。这部分是由于恐怖主义造成他的祖父亚历山大二世死亡的结果，他自小受到周密的保护。成人后的他也很少表现出反抗性或独立性，缺乏自身决策的能力，易受到他人的影响。

尼古拉二世目光短浅，不能进行宏观思索。很多大臣做出的重要决定，往往使这位君主不能充分理解或给出评价。波别多诺斯采夫说过，沙皇"能够明白他听到的东西，但只能片面地理解事件的意义，不会与其他事情相联系，不会整体考虑各种因素、事件和现象。他只是停留在细小的、孤立的事件或者观点上⋯⋯对他而言，不存在全面的、整体的、深思熟虑的思想，不能有思想争议和争论"。① 人们称他为"微型艺术品作家"。他没有兴趣管理国家，视国务活动为"累赘"，他是在强迫自己处理国政。他对俄国伟大的先驱改革家彼得一世持反感态度，当时有人就此写道，"对彼得一世的反感植根于沙皇的本性"。② 他对这个将自己的使命视作为国家供职，甚至使亲情也为这个使命服务的伟大先驱改革家下意识地反感。

沙皇不仅自己缺乏宏观思想，而且不能忍受自己身边存在这样的人。尼古拉二世在选择合作伙伴时的主要标准是候选人缺乏思想和原则性：某个大臣的活动越具有原则性，沙皇与之分离的速度越快。据同时代人见证，尼古拉二世与大臣们关系的典型模式是：先是"蜜月期"和完全信任，然后因一些小的分歧出现乌云，如果大臣提出的建议越雄才大略、越完整系统，那么出现分歧的可能性越大，如果大臣越坚持原则、立场坚定，那么乌云扩散得就越快。尼古拉二世在确信大臣将无视自己的反对坚持己见时，就将其撤职。他在做出重大决定时，"根据的是感性、直觉⋯⋯下意识。他倾向于本能的、非理性的因素，倾向于缥缈的神秘主义。大臣们凭理智行事，他们的决定要求理性，他们谈论的是数字、先例、推算、地方报告、其他国家的范例，等等。沙皇不愿意也不能够驳斥这些论据，于是他就将

---

① Зайончковский П. А. Правительственный аппарат самодержавия в XIX веке. М. , 1978. С. 195.

② Мосолов А. А. При дворе последнего императора. Рига, 1938. С. 16.

与他意见有分歧的人撤职。更为糟糕的是，尼古拉二世是一个彻底的宿命论者，认为命运不可抗拒"。① 他经常说的一句话就是："上帝知道什么是对我们有好处的，我们必须低下我们的头并重复这句圣言：'你的一切都被命中注定'。"20 世纪初时期的法国驻俄国大使 M. 帕列奥洛格就尼古拉二世倾向于非理性的因素写道，外交大臣 C. 萨佐诺夫曾经提示他，"不要忘记，沙皇的主要特点是信仰神秘主义，听从命运的安排"。② 这个萨佐诺夫向第一次世界大战期间俄国军队的大神甫 Г. 夏韦利斯基提道，尼古拉一世曾经令人吃惊地承认这一点："我，谢尔盖·德米特里耶维奇（尼古拉一世），努力不思考任何东西，并且认为只有这样才可以管理俄国！"③

登基之初，年轻沙皇尼古拉二世的政治方针与其父相同，坚决拥护专制制度，视维护专制政权不可动摇为己任。他深信，沙皇享有无限的权力是俄国实力和稳定乃至整个国家进步的唯一保障，统治者是受上帝保佑和引导的。尼古拉二世非常信仰一句古语："沙皇的心由上帝掌控。"内务部高官 B. 古尔科指出："沙皇首先把自己看作一个受过登基涂油仪式——君权神授的君主，因此，他认为自己所有的决定都是合法的、正确的。君主的意志就是法律——这是他骨子里渗透着的观念。这种观念不是一种信仰，而是一种宗教。"④ 在俄国和整个世界都发生了翻天覆地变化的时刻，在很多俄国人确信一个建立新型政治关系的时代已经来临之际，尼古拉二世依然盲目地信仰俄国古老的政治传统，信奉绝对君主专制制度，认为神圣的和神授的君主通过神秘的爱与他的民众连接在一起。

在其统治的头十年，尼古拉二世在对内政策方面完全遵循其父亲奠定的模式：继续经常宣布国家处于非常状态，限制地方自治和城市自治机构的权力，严格监督报纸和出版物，控制约束教育部门，推行俄罗斯化方针，

① Мосолов А. А. При дворе последнего императора. Рига, 1938. С. 11.
② Палеолог М. Царская Россия во время мировой войны. М., 1991. С. 87.
③ Щавельский Г. Воспоминания последнего протопресвитера русской армии и флота. Нью-Йорк, 1954. Т. 1. С. 337.
④ Ананьич Б. В., Ганелин Р. Ш. (отв. ред.). Государственные деятели России глазами современников: Николай Второй: Воспоминания. Дневники. СПб., 1994. С. 367.

支持维特的工业化纲领。尽管尼古拉二世的个性使他并不是特别喜欢维特，在私交方面与维特不是特别亲近，但他受母亲的影响，肯定维特的工作能力，因此保留维特的财政大臣职务直到 1903 年。但是，有一个重要的方面是尼古拉二世无力模仿其父亲的，这就是如何对付反对派问题。

尼古拉二世即位伊始，自由主义反对派们以为他会放松其父亲采取的高压政策，希望新沙皇着手进行必要的改革。于是尼古拉二世急于向社会表明自己的政治立场。1895 年 1 月，他在一次有贵族、地方和城市自治机构等各方代表参加的集会上发表演讲。这次演讲被媒体广泛报道，他指出："据朕所知，在一些地方自治会议中，一些被不切实际的梦想冲昏了头脑的人们最近大叫大嚷，说什么地方自治会议的代表理应参与国家事务管理。你们应该明白，为了人民的福祉，我将会奉献我的全部力量，我将会坚定不移地，正如我那刚刚去世的父亲一样维护独裁统治的原则。"① 一些自由主义者对此给沙皇写了公开信，对他所采取的措施将导致的结果提出了警告："你向地方自治会并通过它们向整个俄国社会发出了挑战，如今对它们来说，除了在进步和对独裁专制制度的信仰之间做出抉择之外，已经无路可走了。你的演讲只能引起人们的过失感和挫败感，但社会上的有生力量很快就会平息这种感情的。他们中间的某些人终将经历这一切，并转入一种平静但自觉的斗争中，这是对他们而言必不可少的一个活动领域。另外一些人则会更加坚定地采用一切手段为独裁专制制度而斗争的。是你挑起斗争的，而斗争也会随之到来。"②

到 1900 年，就连保守的自由主义者齐切林也对尼古拉二世的独裁专制感到失望，呼吁建立"有限君主制"。一些更为激进的自由主义者，如司徒卢威等人，在 1903 年成立了"解放同盟"，在国外出版他们的机关报《解放》，号召选举产生立宪委员会，要求俄国政府由民选代表组成。1904 年 11～12 月，为纪念司法改革 40 周年，解放同盟成员模仿 1847～1848 年革

---

① 〔美〕尼古拉·梁赞诺夫斯基、马克·斯坦伯格：《俄罗斯史》，杨烨、卿文辉译，上海人民出版社，2009，第 366 页。

② 〔美〕沃尔特·G. 莫斯：《俄国史》，张冰译，海南出版社，2008，第 62 页。

命运动期间的做法也组织了宴会运动，在许多城市假宴会之名组织自由主义运动，提出了政治改革申请书。1902 年、1903 年和 1904 年初，其他的许多公共团体，特别是教师和医生联盟等一些专业组织，也强烈地要求改革，提出具有自由主义色彩的立宪主张。地方自治人士筹备于 1904 年 11 月在圣彼得堡召开全国地方自治代表大会。

在受人民敌视的极端保守的内务大臣普列维被暗杀之后，斯维亚托波尔克－米尔斯基担任新的内务大臣。米尔斯基禀性良善、天赋智慧、很有教养。他在掌管内务部后，宣布"治理俄国当以信任社会为基础"。[1] 他支持改革思想，公开地表示要寻找一条传递社会呼声的渠道，并倡议迎接一个"政治春天"的到来。他支持召开这样的大会，却遭到尼古拉二世的反对，最后只被允许在私人住处举行这样的会议。会议召开结果表明，绝大多数地方自治代表都变得越来越激进，除要求基本的自由权、平等权和扩大地方自治机构权力外，还要求举行国民代表大会，选举产生的代表应有立法权，而不仅仅是立法咨议权。

米尔斯基清楚地认识到，尼古拉二世是不会同意地方自治代表大会绝大多数人的意见的，但他试图说服沙皇至少进行某些必要的改革，他向尼古拉二世呈交报告，提出了一系列非常温和的改革方案，其中包括吸收选举产生的人士参加国务会议以在立法过程中起到咨询的作用。尼古拉二世命令根据这个报告起草"关于完善国家制度规划诏令"并在 1904 年 12 月 12 日颁布，许诺削弱新闻审查，减少 1881 年起经常实行的"非常状态"，加大宗教宽容，扩大地方自治机构的权限等。但米尔斯基有关吸收社会贤达参加当时的立法机构国务会议，即给予民选代表以立法咨议权的条款被尼古拉二世否决。沙皇声明："我无论如何决不会同意实行代议制政体。因为我认为这对上帝授命于我治理的人民是有害的，因而我……要把这一款删掉。"[2] 这样，在其祖父亚历山大二世同意给予某些民选代表以立法咨询

---

[1] 〔俄〕谢・尤・维特：《俄国末代沙皇尼古拉二世》，张开译，新华出版社，1983，第 258 页。

[2] 〔俄〕谢・尤・维特：《俄国末代沙皇尼古拉二世》，张开译，新华出版社，1983，第 268 页。

权近 1/4 个世纪之后，尼古拉二世却和其父亲一样，拒绝做出这样的让步。错过自上而下实行改革的机遇，沙皇客观上推动了社会以革命的方式来解决积存下来的各种问题。正如俾斯麦所说的："不是革命领袖们的极端思想，而是当时没有被实现的、微不足道的、温和且合法的要求形成了革命运动的力量。"①

19 世纪末俄国农村连续出现严重的饥荒（1891～1892 年，1897～1898 年，1901 年），农民食不果腹，亚历山大三世高压政策下俄国暂时平静的局面终结，地下反对派运动加强，直至采取极端主义和恐怖主义的方式。民粹派活动在 90 年代卷土重来，虽然不存在大型的民粹派政党，但有一些按民粹派传统进行活动的小组。1901 年，若干个这样的小组联合起来，组成了社会革命党。这个党的主要理论家是 B. 切尔诺夫，党的直接目标是增强工人和农民的革命意识并推翻沙皇的统治。一些社会革命党的领导依然信奉恐怖主义，成立了自治的"战斗组织"，暗杀了许多宫廷要员，包括沙皇的叔叔谢尔盖大公和两个内务大臣，其中之一就是为人民所痛恨的普列维②，还有莫斯科军区司令。马克思主义在 19 世纪 80 年代尤其是 90 年代的俄国广泛传播，从 1883 年普列汉诺夫成立劳动解放社起，马克思主义与劳工运动紧密结合。真正的马克思主义政党俄国社会民主工党在 1898 年正式成立，但是在 1903 年第二次代表大会期间，因观点分歧分裂成为布尔什维克和孟什维克两个派别。当时的各个革命流派虽然彼此之间有分歧，每个流派内部观点也不统一，但是各派的宣传与活动都非常积极，特别是社会民主工党的影响在劳动人民中与日俱增。革命运动高涨，给沙皇政府带来了巨大的威胁，政府对参加革命运动者进行了残酷的镇压。根据当时俄国司法部的报告，1900 年，全国政治犯罪事件为 384 件，因政治犯罪而被捕者为 1580 名，1903 年，政治犯罪事件达 1998 件，被捕者达 5590 名。③

---

① 〔俄〕鲍里斯·尼古拉耶维奇·米罗诺夫：《俄国社会史》下卷，张广翔等译，山东大学出版社，2006，第 232 页。
② 普列维在 1902 年担任内务大臣后，始终施行苛政，杀戮革命党人，压抑芬兰独立运动，唆使暴民屠杀犹太人，导致民怨沸腾。
③ 何汉文：《俄国史》，东方出版社，2013，第 341 页。

20世纪的俄国处于一片骚乱之中，1900~1903年俄国发生了严重的经济危机，造成大量工人失业，生活水平下降，社会矛盾尖锐。工人的游行示威和罢工活动蔓延全国，学生的抗议和罢课活动也更加频繁，农村地区时而发生的农民暴动使得时局更加严峻。

在这种社会矛盾日益激化的情况下，1904年2月俄日战争爆发。俄国与日本的矛盾由来已久，当时俄国的一些政治家，以内务大臣普列维、远东总督阿列克谢耶夫为代表，想用战争来扼杀革命，希望"以一次'小小的胜利的战争'充当民众骚动的避雷针"。他们对日本不屑一顾，"在他们的心目中，或者说在军人的心目中，俄国将在与日本的战争中取胜。事实上，他们轻蔑地称日本人为'马卡基'即'小猴子'，而且他们还认真地辩论一个俄国士兵是否抵得上一个半甚至二个日本士兵"。① 但俄国在战争中不仅未能取得"小小的胜利"，反而遭受了一连串的惨败。战争的失败激化了国内固有的矛盾，导致民怨沸腾，加速了革命的爆发。正如美国学者拉伊夫在其《独裁下的嬗变与危机》一书中所指出的："政府原想利用人民奔放的爱国主义热情，终止社会舆论抗议和政治示威。但这算盘完全打错了。这场灾难性的战争暴露出俄国所有物质和精神上的缺点。由于战争所造成的牺牲和损失，不论是政府还是人民都付出了巨大的代价。战争非但没有平息公众舆论，反而使人民更为不满，导致革命。"②

1905年新年伊始，首都圣彼得堡出现了革命高涨的形式。1月16日，彼得堡最大的工厂普梯洛夫工厂的1.2万名工人为反对工厂主开除4名工人举行罢工。其他工厂工人相继加入，变成了总罢工。在布尔什维克的领导下，工人提出了言论出版自由、工人结社自由、召集立宪会议改变国家制度，在法律面前人人平等，停止战争，实行八小时工作制，土地归农民等要求。1905年1月22日清晨，许多仍然相信古老的沙皇十分仁慈神话的工人携带家眷，列队前往冬宫向沙皇请愿，手里高举着尼古拉二世和皇后亚

---

① 〔美〕斯塔夫里阿诺斯：《全球通史（1500年以后的世界）》，吴象婴、梁赤民译，上海社会科学院出版社，2000，第395页。
② 〔美〕拉伊夫：《独裁下的嬗变与危机》，蒋学祯、王端译，学林出版社，1996，第136~137页。

历山德拉的画像，但是军警们却野蛮地向手无寸铁的请愿者开枪，导致1000 多人遇难，数千人受伤，史称"流血的星期日"。"流血的星期日"也打碎了普通人民对沙皇仁慈的信任感，从此，沙皇和他的人民之间横亘着一条血河。"流血的星期日"的消息震撼了全国，工人、农民和士兵纷纷发动罢工、起义，革命运动汹涌澎湃地发展起来，是为俄国历史上第一次资产阶级民主革命。

迫于时局的压力，尼古拉二世不得不在 1905 年违心地同意实行立宪，设立议会，以平息社会不满，分裂革命力量。最初，尼古拉二世只是允许召集拥有咨议权的国家杜马之类的代议机构。他在 2 月 18 日签署诏书，委托大臣布里根起草相关法案，宣布"从现在起，在保持帝国根本法不可动摇的情况下，吸收从居民中选出的、得到人民信任的、值得尊敬的人参与预先制定和讨论立法提案"。① 布里根拟定的国家杜马草案于 1905 年 8 月 6日经沙皇批准，预定在 12 月 10 日前完成国家杜马的选举，不迟于 1906 年 1月召开国家杜马。根据布里根杜马草案，国家杜马仅在税收、修铁路、讨论法案等方面具有一些微弱的权力，没有立法权，类似于俄国历史上的缙绅会议之类的咨议性机构。大多数居民包括工人、贫苦农民、雇农、民主知识分子都被剥夺了选举权，妇女、军人、学生和许多少数民族也被排除在选举之外。

布里根杜马草案在社会上引起了强烈反响。在社会人士中有少数人拥护布里根杜马草案，认为在俄国人民当时的文化程度下，这种方案是唯一可以实现的。多数人则主张国家杜马应是具有立法权的，通过普选产生的人民代表机关。对布里根杜马草案抵制最为强烈的是俄国社会民主工党的布尔什维克，他们提出了打倒咨议性杜马、打倒沙皇政府等口号，同时组织群众性的政治罢工，准备武装起义。1905 年 9～10 月，一次莫斯科印刷工人的罢工扩展到面包作坊、工厂、铁路和商店，彼得堡举行罢工予以响应。10 月初，罢工从莫斯科扩展到帝国的其他地区，全国铁路运输中断，逐渐酝酿成一次历史上最大的总罢工，参加罢工的人数约达 200 万人，除工

---

① 陶惠芬：《俄国近代改革史》，中国社会科学出版社，2007，第 339 页。

人外，职员、学生、教师、工程师和医生也都起来响应，全国处于瘫痪状态。在这种危机局势下，10 月 17 日尼古拉二世颁布了《整顿国家秩序宣言》，保证召开新的立法性杜马。这样，布里根杜马还没有来得及召开就被革命风暴扫除了。

在俄国向君主立宪制转变的政治现代化进程的关键一步中，维特伯爵做出了历史性的贡献。维特与尼古拉二世的关系并不融洽。在 1903 年时，尼古拉二世基于迎合保守势力，怀疑维特阴谋生事等多重理由，解除了维特任职长达 11 年的财政大臣职务，将他"安置"在无所作为的大臣会议主席的高位上。俄国此时正好进入多事之秋。维特在俄日战争中与日本议和后，一回国就被抛到了政治变幻的风口浪尖。当国家处于内忧外患之际，他展现了有教养者的良知和对世界大势及国家动荡实质的理性把握，与时俱进地主导了俄国的政治转型。他起草了《整顿国家秩序宣言》，尼古拉二世在 10 月 17 日以诏书的形式签署公布，又被称为《十月宣言》。

《十月宣言》的主要内容有："朕责成政府恪遵朕意行事：（一）依据确保人身不受侵犯、信仰自由、言论自由、集会自由、结社自由诸原则，恩赐平民以公民自由之坚实基础。（二）不阻止原定之国家杜马选举，而今尚须在杜马召开前余下之有限时期内尽量吸收迄今无选举权之居民阶级参加杜马，然后依据新确立之立法制度（即根据 1905 年 8 月 6 日法律设立杜马和国务会议）进一步发展普选原则。（三）规定下述不可更改之原则：任何法律未经国家杜马认可不得生效；民选机构得以确定参与监督朕所授予之权力行使是否合法。"[1]

这个诏书的公布，标志着俄国基本上实现了从专制君主制向立宪君主制的转变，公民自由不可侵犯、成年男性的普选权等现代公民权利得到了明确承认。这些都是在当时顶着左右两翼强大的反对而赢得的，有人甚至称维特把"《十月宣言》强加给了沙皇"。[2]维特认为，《十月宣言》为"俄

---

[1] 〔俄〕谢·尤·维特：《俄国末代沙皇尼古拉二世》续集，张开译，新华出版社，1985，第 1 页。

[2] 〔美〕西德尼·哈凯夫：《维特伯爵——俄国现代化之父》，梅俊杰译，上海远东出版社，2013，第 161 页。

国历史开辟了一个新纪元"。他在自己的诸多成就中，也最为看重立宪这一政治成就，乃至希望他的墓碑上能刻有"维特伯爵，1905 年 10 月 17 日"。①

宣言的颁布，使俄国社会产生了立宪的幻想。一些自由主义者兴高采烈地欢迎《十月宣言》，他们高呼"谢谢上帝，俄国有了宪法"，"革命完了，秩序万岁"，他们认为这是专制制度的终结，纷纷组织政党，支持实施政府的《十月宣言》，准备开展议会竞选，走君主立宪道路。只有布尔什维克认为，这是对人民群众的欺骗，要求人民继续斗争，准备武装起义，推翻沙皇制度。

1906 年 4 月 23 日颁布了新版《国家根本法》，其中删除了沙皇"享有无限权力"的词语，改成"俄国沙皇享有最高专制权，服从他的权力不是出于恐惧，而是出于良知，此乃上帝的旨意"。② 在新版《国家根本法》中，沙皇的权力虽大，但受到了一系列法律的束缚，法律为沙皇框定了权力范围。"皇帝第一次被载入法律坐标系中。在政治问题上他要依法恪守一定行为准则……在俄国类似的情况以前没有，以前沙皇永远是高于书面的法律。"③

与此同时，在行政体制方面也进行了改革。1905 年"流血星期日"过后不久，沙皇便责成由维特任副主席的特别会议讨论最高行政机构改革的问题，并恢复了大臣会议的行动。10 月 19 日，尼古拉二世发布敕令，改革大臣会议。在《十月宣言》发布第二天，维特即着手组织有各界人士参加的俄国历史上的第一个责任内阁，进一步对资产阶级让步。但资产阶级的政治代表拒绝入阁，结果沙皇政府与资产阶级政治联合的尝试失败。维特也在一片指责声中，于 1906 年 4 月辞去了大臣会议主席职务，从此离开了政坛。④

---

① 〔美〕西德尼·哈凯夫：《维特伯爵——俄国现代化之父》，梅俊杰译，上海远东出版社，2013，第 177 页。

② Ерошкин Н. П. История государственных учреждений дореволюционной России. М., 1983. С. 140.

③ 陶惠芬：《俄国近代改革史》，中国社会科学出版社，2007，第 346 页。

④ 赵士国：《历史的选择与选择的历史》，人民出版社，2006，第 201 页。

尼古拉二世之所以采纳维特的建议而发表《十月宣言》完全是迫不得已，随着国内局势的稳定，他日益对他在 1905～1906 年放弃的权力感到后悔，因而在随后的几年中，他极力地取消那些他在迫不得已的情况下所做出的让步。他并没有放弃他的基本政治价值观，拒绝把限制沙皇个人权力作为一项基本原则，只是将其看作为维护稳定而采取的权宜之计。从杜马成立之日起，尼古拉二世就试图限制它的权限，使其成为事实上的立法咨议机构，1913 年 10 月和 1914 年 6 月，尼古拉二世曾先后两次试图将国家杜马和国务会议变为立法咨议院。然而，沙皇的提议不仅遭到了普遍的反对，而且由他亲自任命并对他本人负责的大臣也不予支持，他只好作罢。沙皇的此类政策不仅引起了自由激进派的反对，而且也招致了右翼保守派的反对。从沙皇专制制度的传统支柱——领地贵族中分化出一大批人，这些人希望国家沿着议会道路向前发展。上层社会的大部分人也对罗曼诺夫王朝持反对立场。据尼古拉二世的亲信达尼洛夫将军证实："沙皇现在谁也不相信了。1909 年弗拉基米尔·亚历山大罗维奇·罗曼诺夫大公离世后，沙皇认为他的周围只剩下一批革命者。"[①]

沙皇打算依靠贵族中的极端保皇派分子、城市小市民和农民维护专制政权。他认为，黑帮[②]组织反映了人们的意愿并引领人民跟着它走，因此，在尼古拉二世亲自监督下，一些黑帮分子及其刊物得到了政府的慷慨资助。沙皇和皇后总是相信人们的支持，深信农民的君主主义思想，相信全体人民对被上帝涂了圣油的国君的无限忠诚，相信人民群众因信仰上帝而对他产生的盲目信任。沙皇还深信，在人民文化水平低下的情况下，仅凭专制制度就能拯救俄国。并且，关于专制制度受到人民支持的观点得到很多人的赞同，特别是黑帮组织的一些领导人对这一观点做出了各种解释。例如，季哈诺维奇－萨维茨基写道："人民需要沙皇，富人需要宪法和议会……当国君的权力受到限制、各部大臣也受制于杜马的时候，一些银行家和资本

---

① 〔俄〕鲍里斯·尼古拉耶维奇·米罗诺夫：《俄国社会史》下卷，张广翔等译，山东大学出版社，2006，第 232 页。

② "黑帮"指一些持极右翼极端主义的意识形态的政党，如"俄罗斯会议""俄罗斯人民同盟"，后文还有阐述。

家就会在由他们中选举出来的，或是被他们收买的国家杜马和国务会议成员的帮助下实行自己需要的法律，这些法律符合他们的观点和利益，却完全与中下层劳动人民的观点和利益相对立。劳动人民就会完全陷入依附于富人的境地……为了维护自己的利益，劳动者阶级应当竭尽全力去支持国君的绝对权力……俄罗斯国家是俄罗斯人民的财产。"著名的黑帮分子、杜马议员 M. 米特罗茨基在 1917 年 1 月中旬写给尼古拉二世的报告中曾以"基辅的俄国东正教人士"的名义断言："尽管左翼报刊加强了革命思想的宣传……但大多数劳动人民仍然是非常保守和忠于专制制度的。"尼古拉二世在报告上的批示是："该报告值得重视。"①

由于阶层和文化的特性以及社会利益的分歧，保皇派也发生了分裂。为了获得农民的支持，需要实行农民满意的农业纲领，但沙皇对此无能为力。农民希望没收地主土地，但尼古拉二世做不到这一点，因为他害怕失去领地贵族的支持。因此，按一个黑帮首领的话说："领袖们没有了军队，军队也没有了领袖。"沙皇众叛亲离，杜马和官僚阶层、社会和军队都拒绝支持他。在反对派的领导下，人民一呼百应，于 1917 年 2 月发起革命，一举推翻了沙皇。

但是，平心而论，在社会和经济领域，尼古拉二世和他的政府还是有功绩的。尼古拉二世执政期间工业化继续进行。从 1907 年起，俄国开始斯托雷平农业改革，这是 1861 年废除农奴制以来最激进的一次农业改革，可以称为农民的第二次解放。1911~1913 年，在 9 个省份新建立了地方自治机构，从 1914 年 1 月起，在 10 个省份开始推行司法改革。1908 年，国家杜马通过了关于在 10 年之内普及初等义务教育的法律。国家每年增加教育经费 2000 万卢布。到 1914 年，在尼古拉二世统治的 20 年中，国家取得了巨大的成就：居民的人均国民收入增加了 50%，俄国的工业生产规模居世界第五位，经济增长速度位居世界首位。与 1891~1895 年相比，1910~1914 年，俄国谷物产量增加了 33%（其中农民土地的谷物产量增加了 33%），

---

① 〔俄〕鲍里斯·尼古拉耶维奇·米罗诺夫：《俄国社会史》下卷，张广翔等译，山东大学出版社，2006，第 233 页。

居民人均消费商品量增加了1倍，9岁以上的居民识字率从28%上升到38%，居民平均寿命增长了2岁（从30.4岁增加到32.4岁），每千名居民中拥有的普通教育学校学生人数增加了1倍多，大学生则增加了6倍，图书馆数量增加了近4倍，图书和报纸日发行量增加了2倍。农民的生活水平得以提高，工人的工资增加，日工作时间减少，各等级的饮食条件得到了改善，居民人均储蓄存款也增加了3.5倍。[①]

沙皇尼古拉二世虽然不具备改革家的品质，没有志向实现俄国政治制度的现代化，无力解决俄国面临的复杂任务，但在局势的迫使下，在革命运动和俄日战争中俄国败北的双重压力下进行了一些自由主义改革，使俄国人民拥有了宪法和议会，并获得了政治自由，国家在通向政治现代化的道路上又迈出了重要一步。

第二节　政治精英和政治反对派

1905年《十月宣言》宣布议会、政党及其活动合法化，与此相应，国家政治精英的构成明显复杂化，超出了官僚的范畴，不仅包括中央和地方政府机构，而且包括国家杜马和政党的高层人员。在俄国，那些未正式进入执政阶层的人士对国家决策的影响力一直存在。"非官方政府"——臭名昭著的"宫廷佞党"在这一时期对执政阶层的影响加强，出现了公开的冒险分子拉斯普京等人，他们对国家的重要政治决定有着不同寻常的重大影响。

在尼古拉二世时期的著名国务活动家中，除维特之外，还有斯托雷平。斯托雷平出身于一个旧贵族家庭，他的父亲是一名军官，参加过克里米亚战争、俄土战争，后来在陆军部担任一系列的职务，曾任克里姆林宫卫戍司令。斯托雷平毕业于彼得堡大学数学物理系，毕业后选择了仕途，进入国有资产部工作。1899年，他获得了科夫诺省首席贵族一职。1902年，他

---

① 〔俄〕鲍里斯·尼古拉耶维奇·米罗诺夫：《俄国社会史》下卷，张广翔等译，山东大学出版社，2006，第235页。

又被任命为格罗德诺省省长，次年被任命为萨拉托夫省省长。在 1905 年革命浪潮席卷俄国之时，萨拉托夫省成为全国农民运动的主要地区之一。斯托雷平采取各种手段镇压农民运动，得到了沙皇政府的赏识。时任内务副大臣 П. Ф. 特列波夫向沙皇禀报："现在在萨拉托夫省，由于陛下的宫廷高级侍从斯托雷平省长的充沛精力，由于他的处理问题的才能，由于他的一些巧妙举动，秩序恢复了。"① 斯托雷平在镇压 1905 年农民骚乱中表现出的"果断"引起了沙皇的关注，1906 年 4 月他被任命为内务大臣，同年 7 月被任命为大臣会议主席，兼任内务大臣，这一兼职是史无前例的。斯托雷平晋升如此之快，是因为沙皇政府需要一位绝对忠于沙皇的强权人物来控制局势，斯托雷平正是这样的人选。他在 1906 年夏天给尼古拉二世的信中保证："陛下，我的生命都属于您，我的全部想法和追求就是俄国的利益；我祈求陛下赐予我以最高的幸福；帮助陛下将我们的不幸的俄罗斯引上法制、安定和秩序之路。"②

斯托雷平担任大臣会议主席时年仅 44 岁，他年富力强、目标明确、政治手腕灵活，在政治倾向上是贵族保守主义者。就斯托雷平的政治信条来看，正如他自己所说的："我不是纯人民主权的拥护者。我是一个坚定的君主主义者……我的理想是代表君主制。在俄罗斯这样的大国，很多人对政治生活提出的要求根本就没有准备。在很大程度上只有君主能够凭借自己的权威调解国内的道德、经济、精神等各种利益。"③ 他赞同当时的保守主义理论家季霍米罗夫的思想，曾特别邀请季霍米罗夫从莫斯科到彼得堡当他的顾问，将他的思想理论在实际中践行。

斯托雷平奉行的原则是"先稳定，后改革"。他掌握大权之后，立刻采取残酷措施镇压人民革命运动。到 1906 年，国内的 82 个地区已经被置于各种各样的特别法令的控制之下。同时，206 份报纸被勒令停刊，200 多名编辑受到审判。斯托雷平还下令设立战地军事法庭，由没有受过司法训练的

---

① 陶惠芬：《俄国近代改革史》，中国社会科学出版社，2007，第 390 页。
② 陶惠芬：《俄国近代改革史》，中国社会科学出版社，2007，第 390 页。
③ 刘显忠：《近代俄国国家杜马：设立及实践》，社会科学文献出版社，2007，第 167 页。

官员来审判那些被指控犯恐怖主义和叛乱罪的人。审判和判决经常在两天甚至几个小时之内做出。虽然战地军事法庭仅存在了几个月，却在全国各地布满了绞架，上千名革命者惨遭杀害。当时人们把这种绞架称为"斯托雷平的领带"。很多革命者和恐怖分子被处决，还有一些革命者逃到国外，国家恢复了相对的平静。

与此同时，斯托雷平宣布："政府的方针是安定、秩序和改革。""政府不能像某些社会团体所要求的那样，停止一切改革。"他经常讲的一句名言是："你们需要大动荡，而我们需要伟大的俄罗斯。"他强烈地意识到当时俄国推行改革的必要性和不可避免性。他认为："在革命时期，改革是必要的，因为在很大程度上是国内制度的缺陷引起了革命……在政府战胜革命的地方（如普鲁士、奥地利），它（政府）不仅获得物质的力量，而且还要靠它（政府）本身成为改革的领导。把政府的一切创造力都变成警察的措施——这是统治政权没有能力的象征。"① 改革必须在强权下进行，改革要结合俄国的传统，将传统与现代化结合起来。斯托雷平着重对俄国农奴制残余进行重大改革，推行农业改革，将其作为沙皇政府对内政策的中心。斯托雷平农业改革的目标是彻底瓦解村社，把份地引入自由市场，建立小私有制，形成一个独立的、个体小生产的农民阶级。一个富足的农民群体的出现，很可能会将俄国农村地区由反抗活动的温床变成维护俄国现行体制的坚强堡垒。为此允许农民自由退出村社和把份地固定为私人所有；进行土地规划，在承认份地个人占有的基础上，建立独立田庄和独立农庄，提高耕种技术，发展资本主义近代工业；向西伯利亚、远东及中亚细亚地区的国有土地上迁移农民。斯托雷平计划用 20 年的时间实现土地改革的目标，他有一次在接见新闻记者时说道："在国内和国外，需要 20 年的稳定。这一时期准备在国内进行改革，与此同时，竭尽全力维护俄罗斯伟大强国的地位。"② 斯托雷平的农业改革具有重要的意义。如果说 1861 年农奴制改革是俄国从绝对专制制度向资产阶级君主制转变道路上的第一步，那么这

---

① 陶惠芬：《俄国近代改革史》，中国社会科学出版社，2007，第 391 页。
② 陶惠芬：《俄国近代改革史》，中国社会科学出版社，2007，第 400 页。

次改革则是"在同一条道路上迈出了更为重要的第二步"。这场改革对俄国经济和社会产生了重要影响。但是，由于斯托雷平本人被刺身亡和世界大战的爆发，土地改革并未能完全达到预期的目标。

历史上对斯托雷平土地改革的评价各执一词，很多俄国国内外专家对改革成果表示肯定，如美国学者特雷德哥尔德相信，这位意志坚定的总理实际上拯救了整个俄国。若假以时日，斯托雷平的农民改革一定会达到改造和稳定农村的目的。但对斯托雷平农民改革的批评也不胜枚举，且绝不仅限于民粹主义者和其他农村公社捍卫者。对斯托雷平个人的评价也莫衷一是：斯托雷平既是 1905 年之后尽最大努力通过改革防止革命的俄国领导人，也是通过削弱杜马和残酷镇压反对者而破坏进步的俄国领导人。①

但斯托雷平的改革政策最终失败了，最主要的原因是以领地贵族为后盾的右翼官僚的激烈反对。右翼官僚在与斯托雷平的对抗中获得胜利的决定性因素是沙皇的立场，尼古拉二世无视制度稳定的客观需要而支持右翼官僚，实际上出卖了自己的总理。尼古拉二世担心斯托雷平的影响力会"降低"自己在臣民眼中的威信。据 C. 希德洛夫斯基证实，在任命 B. 科科夫采夫为大臣会议主席时，尼古拉二世曾对他说："我对您还有个请求，请不要学彼得·阿尔卡季耶维奇（斯托雷平）的样子，他总想遮住我，总是处处显着他。正是因为有了他，我都没处露脸啦。"② 根据一些资料判断，斯托雷平之死，极右分子摆脱不了干系，斯托雷平被暗杀与暗探局有牵连：斯托雷平 1911 年 9 月 1 日在基辅剧院遭到暗杀，暗杀者的戏票直接从基辅暗探局长 H. 库利亚布基那里得到，内务副大臣 П. 库尔洛夫将军也知道这件事。虽然人们对上述人物参与暗杀斯托雷平活动的动机看法不一，但对他们参与暗杀斯托雷平活动的事实却无异议。③

---

① 〔美〕尼古拉·梁赞诺夫斯基、马克·斯坦伯格：《俄罗斯史》，杨烨、卿文辉译，上海人民出版社，2009，第 385 页。

② 〔俄〕鲍里斯·尼古拉耶维奇·米罗诺夫：《俄国社会史》下卷，张广翔等译，山东大学出版社，2006，第 231 页。

③ Гаман－Голутвина О. В. Политические элиты России：Вехи исторической эволюции. М.，2006. C. 210.

　　斯托雷平的继承人科科夫采夫伯爵，虽然也才智出众，但在政府中明显缺乏其前任所具有的那种威望，他虽然也试图通过解决最迫切的问题来巩固政权，与杜马妥协，与拉斯普京斗争，但最终也不被时局所容纳，在两年多之后，被迫辞职。斯托雷平之死，科科夫采夫之辞职，证明执政官僚已经极端僵化。

　　斯托雷平死后，已经没有人能够"遮住"沙皇的威信，也没有人能够实现国家制度的现代化。1912 年 6 月，在科科夫采夫就杜马事务向各部门咨询时，"没有一个部门能够提出推动国家发展的措施，哪怕是可以称为改革措施的方案"。① 这不是因为官员们担心成为第二个斯托雷平，而是实在没有人能够制定出改革方案，人才极度缺乏。

　　著名的立宪民主党政论家 Б. 诺利杰在回忆录中写道，当时俄国官僚主要将两种人推向上游。"一种人能够游在前面是因为他们游泳水平高，另一种人能够游在前面是因为他们擅于抓住借力物。第二种人游到沙皇面前不是为了使沙皇实现他们的改革计划，而是为了在掌权的才俊以自己的宏伟计划使沙皇厌倦不堪时，沙皇能够想起他们，本能地感觉到他们是不会使人厌倦的人，因为他们机灵善变。他们拥有显赫的政治地位，但缺乏坚定的政治信仰，他们擅长审时度势，但对国务一窍不通。"②

　　在以自己的改革计划使沙皇"厌倦"的斯托雷平以后，政府内占优势地位的正是第二种官员。值得关注的是，甚至在政治观点与沙皇接近的保守阵营中，沙皇最宠信的也不是那些具有原则性、坚持保守立场的人，而是那些见风使舵者、讲笑话的行家。在这种官员的包围下，连忠于君主制，知识渊博、个性随和，并不奢望能够实行独立政策的总理科科夫采夫也被沙皇认为过于自由主义。1914 年 1 月他被性格软弱、处于垂暮之年的 И. 戈列梅金取代，诺利杰认为戈列梅金是典型的第二种官员，戈列梅金自己也说他类似于"箱子里的破旧皮袄"。

---

① Ананьич Б. В. , Ганелин Р. Ⅲ. , Дякин В. С. Кризис самодержавия в России. 1895 – 1917. Л. , 1984. С. 513.

② Нольде Б. Э. Далекое и близкое. Историческое очерки. Париж, 1930. С. 122.

399

科科夫采夫辞职后，直至帝国倾覆，政府中一直是右翼分子占优势。1915 年夏天，由于战争失败，国内不满情绪高涨，政府被迫进行局部变革，将一些最不称职的官僚撤职，但这只是对社会临时性、策略性的让步，政府方针的实质内容并没有改变。

从 1915 年夏天起，沙皇转而依靠他的皇后亚历山德拉。皇后是德国黑森 – 达姆施塔特大公爵路德维希四世的女儿，名叫阿里克斯，婚后改名亚历山德拉·费多罗芙娜。尼古拉二世本身优柔寡断、易受他人影响，而皇后则性格倔强、放纵任性，在一定程度上对尼古拉二世起着举足轻重的作用。正如维特所指出的，"如果他作为一国之君娶的是一位贤妻、一个聪明、正常的女人做皇后的话，那么他的缺点完全可能在很大程度上为他妻子的品质所弥补。遗憾的是事与愿违。他娶的是一位美丽的、然而是完全反常的妇女。由于陛下意志薄弱，她把他控制住了"。①

后宫开始干涉国家重要政策和方针的出台以及官员的任命问题，将与国家利益没有任何关系的迷信、个人好恶因素掺杂其中。来自坦波夫省的农民，曾经是偷马贼的拉斯普京，因为使用"法力"为皇子治病，获得沙皇夫妇特别是皇后的无比信任。一位心胸狭窄、歇斯底里的女人和一位无知、古怪的农民将帝国的命运操纵在自己的手中，左右沙皇政府的内外政策。拉斯普京所做出的决策，全凭一己好恶。皇后选拔人才的主要标准是候选人的个人忠诚，认为"我们的朋友的敌人，就是我们的敌人"。候选人不仅要认同拉斯普京的影响，而且要听从他的建议，服从他的意愿。1915 年后，拉斯普京的亲信开始充斥政府。"透过皇后神秘主义的乌云，真正的骗子、痞棍开始爬上来，而那些保留了国家传统，试图为挽救俄罗斯国家管理最后一搏者注定大失所望。"② 俄国官僚运转的机制已经倾斜到无以复加的地步，不是大臣提携痞棍，而是痞棍"提携"自己的亲信担任大臣。如，1911 年，A. 赫沃斯托夫因为对拉斯普京态度不友好而丧失担任内务大

---

① 〔俄〕谢·尤·维特：《俄国末代沙皇尼古拉二世》续集，张开译，新华出版社，1985，第 295 ~ 296 页。
② Аврех А. Я. Царизм накануне свержения. М. , 1989. С. 105.

臣的机会，而 Б. 施蒂梅尔作为拉斯普京的亲信获得这个职务。

臭名昭著的"幕后力量"——宫廷佞臣染指国家和官员政策，使大臣频繁更迭，仅 1916 年就更换了 5 位内务大臣、3 位陆军大臣、4 位农业大臣，被人们形象地称为"大臣们的蛙跳游戏"，而且每一位继任的大臣比他的前一任更多地处于拉斯普京的权力掌控之下。高层官员的变更引起了中层官员的连锁反应。外省官员的情况与之类似：只有 38 个省长和副省长从一战前开始担任自己的职位；1914 年获得任命的省长有 12 个，1915 年有 33 个，1916 年至 1917 年初有 57 个。① 这种"官员政策"的必然后果是大臣不通业务，上任者还没来得及熟悉业务就被撤掉；中下层官员则认为这些大臣只是过客，无须执行他们的命令。

"幕后力量"的影响即"拉斯普京"现象众所周知，这经常被解释为历史的偶然性。很多文献指出，俄罗斯帝国的覆灭是历史的偶然，是沙皇的个性品质、拉斯普京的恶劣影响等因素造成的。但是，在历史转折时期，偶然性中也体现出必然性。在此可以引用拉斯普京时代一位明察秋毫者的话，"毋庸置疑，如果高级官员中没有那么多人为了仕途无所不用其极，巴结奉承酒鬼、骗子，乞求他们的庇护，那么拉斯普京无论如何也不可能只手遮天"。②

在意志薄弱的沙皇身边出现一个轻浮的、喜怒无常的伴侣是历史的偶然，但朝廷中趋炎附势之徒遍布说明了执政官僚的整体素质。国家官僚作为国家制度的捍卫者，承担着重要的责任。据苏联著名史学家扎伊翁奇科夫斯基统计，1903 年，俄国文官数量已达 50 万名。③ 国家供养官员支出不足的时代已经成为过去：20 世纪初，俄国供养文官的支出占国家预算的 14%（英国为 3%，法国为 5%，意大利和德国均为 7%）。④ 但这个庞大的

---

① Ананьич Б. В. Ганелин Р. Ш. , Дякин В. С. Кризис самодержавия в России. 1895 – 1917. Л. , 1984. С. 637.

② Аврех А. Я. Царизм накануне свержения. М. , 1989. С. 42.

③ Зайончковский П. А. Правительственный аппарат самодержавия в XIX веке. М. , 1978. С. 71.

④ История России. Ч. Ⅱ. Расцвет и закат Российской империи. （XIX – начало XX вв. ）. М. , 1994. С. 146 – 147.

官僚队伍效率极其低下，辜负了国家在其身上的投入。导致这种状况的主要原因是俄国官僚的衍化特点，即官员升迁的运转机制停滞，纵向流动速度缓慢。

19 世纪末 20 世纪初，贵族的比重占居民的 1%，高级官员在官员中的比重也为 1%。尽管当时官员的主要成分为平民，贵族在官员中的比重仅为 36.9%，但重要的是，前四品官吏依然主要出身于贵族，上层官僚的成分几乎没有更新。[1] 扎伊翁奇科夫斯基强调，20 世纪初，贵族在高级官员中依然占有绝对优势，95% 的国务委员和大臣委员会成员，以及 87% 的参政员出身世袭贵族。[2] 在俄国，拥有权力是享有财富的前提，这使他们逐渐成为一个故步自封的阶层。在俄国的高级官员名单中数十年来都可遇见这些姓氏，如塔涅耶夫、杜尔诺夫、莫尔德维诺夫、莫索洛夫、博布林斯基、伊格纳季耶夫、纳博科夫和特列波夫等。官僚世家的典型例子是塔涅耶夫家族，这个家族百年来子承父职担任沙皇陛下办公厅厅长的职务。在俄国官僚中这个家族的最后一位代表是 A. 塔涅耶夫，他成长在宫廷，仕途辉煌，继承了其父亲沙皇陛下办公厅厅长的职务，还身兼御前大臣、皇室侍从长、国务委员等数个封号。

俄国官阶晋升制度僵化保守，沙皇多次企图取消官阶制度以提高官僚的运转效率，但都没有成功。官僚运转机制中自上而下都盛行裙带关系。官僚效率低下在很大程度上预先决定了俄罗斯帝国的倾覆。1917 年 2 月前夕，俄国官僚"失去了他们唯一可引以为骄傲的，可以开脱罪责的资本，即表面上的秩序井然和工作效率"。

在《十月宣言》颁布之后，俄国社会各个阶级、阶层和集团都积极行动起来。他们为了维护本阶级、阶层和集团的利益纷纷成立各种政治团体和党派。到 20 世纪初，活跃在俄国政治舞台上的政党和政治团体有数百个之多。

---

[1] Корелин А. П. Дворянство в пореформенной России (1861 – 1904 гг.) //Исторические записки. Т. 87. М., 1971. С. 149.

[2] Зайончковский П. А. Правительственный аппарат самодержавия в XIX веке. М., 1978. С. 207.

黑帮组织是保守的君主派政党，但这类组织成员更愿意称自己为"真正的俄罗斯人""爱国者""君主派"。"俄罗斯人民同盟"是最大的黑帮政党。这个政党于 1905 年 10 月成立，创始人为 Я. И. 杜勃洛文、Ф. А. 格林格穆特、В. М. 普利什凯维奇等，后来联合了大多数从前独立的黑帮组织。这个党派以自己的君主主义和民族主义而闻名，持极端保守主义观点，坚持传统的官方意识形态——东正教、专制制度和民族性，把俄国和西方截然对立起来，认为一切罪恶来自西方。黑帮分子坚决反对以立宪或议会原则改变国家体制，维护专制制度，无条件地保留沙皇的无限权力和俄国东正教的统治地位；拥护统一、不可分割的俄罗斯，反对任何形式的民族自决权；坚持土地私有制神圣不可侵犯的原则。黑帮的社会基础是失去以往特权地位的领地贵族，还有相当一部分最贫困的居民，他们害怕习惯的生活方式被破坏，从而不得不去适应新的环境。从某种意义上说，黑帮的命运是同沙俄专制制度联系在一起的，但是贫困农民一旦觉醒，势必会抛弃黑帮，投入争取自身解放的斗争中。政府内务部通过向黑帮提供资金来影响其政策。一些富商和贵族也向黑帮提供资助。

到 20 世纪初，资产阶级已经成为一股重要的政治力量。19 世纪 80 年代初，大资产阶级的数量为 80 万 ~ 100 万，19 世纪末为 150 万，约占特权等级的一半。[①] 俄国上层有产者多数是资产阶级，约 3/4 年收入 5000 卢布以上者的收入通过投资工商业、房地产等资本主义途径获得，只有约 1/4（24.17%）年收入 5000 卢布以上者的收入来自土地。[②] 但俄国资产阶级严重依附于国家，依附于政权。这是由俄国发展的特点决定的：俄国的地缘政治和经济状况决定了国家是发展的主体，国家将所有财富集中在自己手中，资产阶级一直资本匮乏；与西欧竞争者相比，俄国资产阶级形成较晚，他们一直在国家的庇护政策下成长。无论是在 19 世纪，还是在 20 世纪，俄国资产阶级的基本要求都不是政治自由和权利，而是寻求政府庇护，要求

---

① Гаман – Голутвина О. В. Политические элиты России: Вехи исторической эволюции. М.,
2006. С. 218.

② Ананьич Б. В., Ганелин Р. Ш., Дякин В. С. Кризис самодержавия в России. 1895 – 1917.
Л., 1984. С. 334.

实行保护性关税。"庇护政策是俄国工业的必要温室,但在这种温室中政治自由必然发生退化。"① 俄国资产阶级天性软弱,不能建立起有效的政治组织。

俄国资产阶级政治团结程度低,其中的商业阶层人数多于工业和手工业阶层(1905 年这三者的比例为 87∶2∶11),且 80% 的企业主出身于城市等级(商人、小市民和手工业者),他们是以前的等级组织的成员,对共同的资产阶级政治代表组织问题兴趣不大。② 研究 20 世纪初俄国资产阶级的 A. 伯哈诺夫特别强调,"在俄国,企业团体组织的概念本身更应该看作一个历史隐喻,而不是一个具体的,有着共同利益、目的和世界观的团体组织。尽管也有银行家、工业家、商人、交易所经纪人,有各种部门、地区甚至全国利益性的组织,但几乎在所有资产阶级组织,包括最重要的组织——工商业代表大会中,离心力也一直高于向心力"。③ 从某种角度来说,追求权力的新国家政治精英——资产阶级也要为帝国的倾覆承担一定的责任。

资产阶级政党成立比较晚,而且人心涣散。右翼自由主义政党"十月十七日同盟"曾经觊觎代表大资产阶级,但无论在政治纲领方面还是在社会构成方面都不是纯资产阶级政党,地主占优势地位。这个党派在 1905 年11 月成立,拥护《十月宣言》,故以该宣言的发表时间命名,又称十月党,是典型的右翼自由主义政党,代表贵族和工商业资产阶级的利益,主张在沙皇政府 1905 年《十月宣言》纲领的框架下实行资本主义现代化。党的领导人是 A. И. 古契柯夫和 M. B. 罗将科。十月党人在地方自治机构城市代表大会的右翼少数派的基础上形成,他们认为,《十月宣言》的发布是"祖国命运中发生的最伟大的变化",从此俄国变成法治国家,人民在政治上将成为自由的人民。他们主张"俄罗斯帝国是一个世袭的立宪君主制国家",坚决反对在俄国实行议会制。这个党派在第三届杜马和第四届杜马中占据优势地位,完全拥护沙皇政府的内外政策,支持斯托雷平政府方针,使斯托

---

① Федотов Г. П. Судьба и грехи России. Избранные статьи по философии русской истории и культуры. Т. 1. СПб. , 1992. С. 152.

② Дякин В. С. Самодержавие, буржуазия и дворянство в 1907 – 1911 гг. Л. , 1978. С. 6 – 9.

③ Боханов А. Н. Деловая элита России 1914 г. М. , 1994. С. 212.

雷平顺利推行了自己的改革计划。在 1906～1907 年他们影响力的高峰时期成员达到了 7.5 万人。① 在人民的眼中他们一直是"老爷"的党，对无产阶级和农民群众几乎没有影响力。第一次世界大战以及 1917 年二月革命使十月党人思想与沙皇政府一起在历史上终结。

立宪民主党（又称人民自由党）是俄国另一个自由主义资产阶级政党，成员主要是知识分子，其队伍中有许多天才的政论家和学者，是民族知识精英，在国家社会思想和文化史上留下了深刻的印迹。立宪民主党的领袖及主要理论家是 П. Н. 米留科夫，他毕业于莫斯科大学历史－语言系。1892 年通过硕士论文答辩，从此开始教授生涯。1894 年，因参加解放运动被大学开除并被流放，流放期满后侨居国外。作为历史学家和"极左派革命家"，米留科夫在俄国和西欧社会各界享有很高的声望。② 1906～1907 年，立宪民主党人数在 5 万～6 万人。在一战初期人数下降，不超过 1 万人，到 1917 年重新增加到 7 万人。③ 这个党派的立场比十月党人激进，如果说十月党人把《十月宣言》作为俄国宪政主义合适的基础性纲领，那么立宪民主党人就把《十月宣言》看作俄国走向更加民主化道路的第一步。立宪民主党主张限制君主权力，将俄国变成议会制的君主制国家，建立对杜马负责的责任内阁制。立宪民主党团是第一届杜马和第二届杜马的核心，他们拒绝与政府合作，要求成立立宪会议，结果前两届杜马都被提前解散。在按照新选举法产生的第三届杜马和第四届杜马，立宪民主党失去了领导地位。

俄国资产阶级习惯于受国家扶持，不能成为独立的现代化主体。伯哈诺夫指出："俄国资产阶级没能，也不可能成为团结社会的建设性力量，不可避免地与专制政权一起退出了历史舞台。"④ 俄国资产阶级不仅没有能力争取政权，而且在 1917 年 2 月，在政权已经作为成熟的果实掌握在他们手

---

① Шелохаев В. В. и др.（отв. ред.）. Политические партии России: История и современность. М., 2000. С. 110.

② 参见李永全《俄国政党史》，社会科学文献出版社，2017，第 47～48 页。

③ Шелохаев В. В. и др.（отв. ред.）. Политические партии России: История и современность. М., 2000. С. 152.

④ Боханов А. Н. Деловая элита России 1914 г. М., 1994. С. 273.

中的时刻，也没有能力把握住政权。

除自由主义色彩的政党之外，俄国还存在激进主义的政党。民粹派的思想继承人在 1901~1902 年形成社会革命党，这个党派宣称自己为全部劳动人民的党，但在实践中越来越成为中下层农民利益的代表。社会革命党在 1906 年 5 月召开第一次全国代表大会，1905~1907 年，他们的数量达到 6 万~6.5 万人，到 1917 年，几乎达到了 100 万人。① 社会革命党人反对沙皇专制制度，认为只有通过暴力即革命手段才能推翻它，主张在联邦制的基础上建立民主共和国。社会革命党宣传社会主义学说，但不是像马克思主义者那样，主张国家政权起主要作用，而是看重"自下而上"产生的，来自工人和农民的集体倡议。社会革命党的主要理论家是 B. M. 切尔诺夫，他的祖父是农奴，父亲曾获得终身贵族身份，他曾在莫斯科大学法律系学习，后因政治事件被捕。他的理论观点既受到西方有关农民问题论著的影响，也受到民粹派经济学家著作的影响，对社会革命党意识形态的形成产生了很大影响。在活动策略上，社会革命党人主张采用群众性鼓动的方法，但最主要的还是继承了民粹派的个人恐怖，认为恐怖行动是同专制制度斗争、鼓动和唤醒社会、动员革命力量的有效手段。他们特别推崇对身居高位的、极端反动的国务活动家采取恐怖行动。社会革命党有专门负责搞恐怖活动的"战斗组织"，在 1906 年杀害了 1400 多人，而 1907 年被杀人数上升到 3000 人。受害者包括警察及特工、职位高低不等的政府官员，还有一些无辜的群众。② 1906 年 8 月，战斗组织成员炸毁了斯托雷平的寓所，炸死了 32 人，有很多人受伤，包括他的儿子和女儿，但他本人并没有受伤。恐怖活动提高了社会革命党的知名度。但是在组织群众革命方面，他们明显逊色于自己的主要政治竞争伙伴——马克思主义工人政党社会民主党人。

社会民主党人主张在实践中贯彻马克思社会主义理论，他们在 1898~1903 年联合成为俄国社会民主工党，是俄国最大的社会主义政党。社会主

---

① Шелохаев В. В. и др.（отв. ред.）. Политические партии России: История и современность. М.，2000. C. 203.

② 〔美〕尼古拉·梁赞诺夫斯基、马克·斯坦伯格：《俄罗斯史》，杨烨、卿文辉译，上海人民出版社，2009，第 384 页。

义者所宣传的原则非常符合基督教伦理的平等、博爱和集体主义，对俄国劳动人民有很大的吸引力。追随社会主义者的有左翼激进民主知识分子、大学生、工人和农民。党的最低纲领是领导俄国工人阶级和一切劳动者进行资产阶级民主革命，推翻沙皇专制统治，建立民主共和国；最高纲领是进行社会主义革命，推翻资本主义制度，实行无产阶级专政，建立社会主义和共产主义。但在讨论建党原则时发生了严重分歧，形成了以列宁为首的布尔什维克（多数派）和以马尔托夫为首的孟什维克（少数派）两个政治观点对立的派别。1903~1905年和1912~1917年，布尔什维克和孟什维克党派分立存在，1906~1912年，他们在形式上恢复了统一，在1917年，最终分裂成为两个独立的党派。到第一次俄国革命末期，社会民主工党有15万~17万人，1917年10月，布尔什维克人数增到了35万人，孟什维克为20多万人。① 布尔什维克希望加快民主革命胜利的步伐，通过直接夺取政权的方式建立社会主义制度，而孟什维克党团的要求比较温和，他们所希望的不是工人和农民革命，而是有资产阶级参加的民族革命，号召用共和制度代替专制制度，认为在共和制度下在不远的将来就会孕育成熟社会主义革命所需要的物质和社会文化前提条件。

1903年，列宁不仅是布尔什维克公认的领袖，而且已经成为一个非凡的领袖人物。有许多回忆作品描述列宁的吸引力和非凡才能。不仅列宁的战友们这样写，马尔托夫、切尔诺夫、波特列索夫等同列宁有分歧的著名革命活动家也这样认为，波特列索夫就曾坦率地写道："无论是普列汉诺夫，还是马尔托夫或其他什么人，都不具备列宁那种天生造就的对人的影响力，我甚至认为是统治能力。人们对普列汉诺夫是尊敬，对马尔托夫是热爱，只有把列宁看作唯一可以追随的、无可争议的领袖，因此在俄国条件下，只有列宁是一个非凡的人才，他有铁一般的意志、充沛的精力，他令人难以置信地相信运动，相信事业，也相信自己。法国国王路易十四曾说：国家就是我。可以毫不夸张地说，列宁始终感觉到，党就是他，他身

---

① Шелохаев В. В. и др. （отв. ред.）. Политические партии России: История и современность. М., 2000. С. 230.

上集中了运动的意志。他也是据此而行动的。"①

　　值得注意的是，普列汉诺夫、马尔托夫、列宁等活动家都在国外流亡多年，西欧政党和生活的特点对他们的心理和他们对俄国现实的认识产生影响。普列汉诺夫和马尔托夫往往根据欧洲的经验思考问题，而列宁更多的是根据俄国的生活方式思考问题。总体上讲，列宁对俄国的了解比他的政敌和思想上的反对派更深刻，所得出的结论和制定出的斗争策略和斗争方法更符合俄国的传统和实际。这一点在 1905～1907 年革命和此后的事态发展中表现得尤为明显。②

第三节　二元君主立宪制和沙皇君主制度的覆灭

　　尼古拉二世是顽固的专制主义者，坚决反对立宪，但迫于时局的压力，违心地同意设立人民代表机构。1905 年 10 月 17 日沙皇宣布成立具有立法权的国家杜马，给予俄国人民公民自由，并承诺在俄国进一步确立新秩序。1906 年 4 月 23 日，沙皇政府颁布了新版《国家根本法》，规定了俄国新政治体制运作框架，将《十月宣言》中的原则具体化、法制化，明确了国务会议、国家杜马和沙皇三者之间的具体权限。维特指出，新版《国家根本法》"是一部宪法，然而是保守性的宪法，不实行议会制的宪法。10 月 17日产生的制度最终可望扎下根来，总之，不再有可能回到旧制度上去了"。③

　　根据新版《国家根本法》，沙皇仍然保留了巨大的权力，但受到了一系列法律的束缚。沙皇的权力有：确认法律，进行最高国家管理，领导对外关系、陆军、海军，宣布战争与和平，宣布某些地区实行军事或非常状态，任命大臣，宣布大赦等。沙皇与国家杜马和国务会议共同享有立法权力："任何法律不经国务会议和国家杜马的通过都不能成立，不经过沙皇的批准不能生效。"但是，在国家杜马和国务会议休会期间，如果遇到非常状况要

---

① 李永全：《俄国政党史》，社会科学文献出版社，2017，第 73 页。
② 参见李永全《俄国政党史》，社会科学文献出版社，2017，63～74 页。
③ 〔俄〕谢·尤·维特：《俄国末代沙皇尼古拉二世》续集，张开译，新华出版社，1985，第273 页。

求必须在大臣会议讨论法律草案，则在大臣会议讨论的法律草案经沙皇确认之后以最高法令的形式颁布，即时生效。这些最高法令具有临时性质，如果有关大臣或主管在杜马和国务会议复会后的两个月内不提交相关的法案，或者该法案没有在国家杜马和国务会议通过，则此项最高法令停止生效。国务会议和国家杜马有权按规定程序提请废除或修改国家根本法以外的还在生效的法律和颁布新的法律，而修订国家根本法的倡议权仅属于沙皇。

沙皇政府被迫成立国家杜马后，对国务会议进行了改革。1906 年 2 月 20 日颁布了《关于国务会议改革》的诏令，1906 年 4 月 23 日在颁布新版《国家根本法》的同一天颁布了新的《国务会议章程》，这两个法律确定了改革后国务会议的人员构成、组织结构和职能权限。国务会议由一个立法咨议机构变成了立法机构，与国家杜马权力相等，实际上成为国家议会的上院，成为国家杜马的制约平衡体。

国务会议主席仍然由沙皇每年从国务委员中任命，但国务委员的选拔原则发生了变化，以前所有国务委员均由沙皇任命，现在半数依然由沙皇任命，半数变为由选举产生。选举产生的委员分成五类，分别来自：（1）东正教会（6 人）；（2）科学院和大学（6 人）；（3）工商业资产阶级（12 人）；（4）贵族团体（18 人）；（5）省地方自治会议（每省地方自治会议选举 1 名委员）。① 选举产生的国务委员任期 9 年，每 3 年每类委员更新 1/3。沙皇任命的国务委员多数是曾经身居高位的官员。

国务会议讨论国家杜马通过的法律草案以及由国务委员提交的立法议案。在后一种情况下，国务会议通过的立法议案提交国家杜马讨论。法律赋予国务会议赞同或者否决国家杜马的立法活动的权力。法律草案经国务会议同意之后，才能提交沙皇批准。因此从表面上看，国务会议与国家杜马权力平等，但实际上国务会议位于国家杜马之上。

---

① Игнатов В. Г.（отв. ред.）. История государственного управления. Ростов н/Д, 2003. С. 289.

1906 年 2 月 20 日颁布了新《国家杜马章程》，规定了国家杜马的机构设置、工作程序及职权范围。每届杜马任期 5 年，但沙皇有权在杜马法定任期结束之前将其解散，在颁布解散杜马的敕令的同时须指定下届杜马的选举和召集时间。国家杜马每次年会的工作和休会时间由沙皇决定。大臣和总局长可以参加杜马会议，但不参加投票。杜马代表团体（不少于 50 人）有向大臣会议主席、大臣、总局长提出质询的权力。

根据新章程，杜马享有立法权、立法动议权、讨论国家和各部门预算的权力、监督国家行政机构的权力，实际上成为国家议会的下院。杜马设有代表全体会议、常设和临时委员会、主席团、办公厅和一系列附属机构。杜马全体会议决定所有重要问题，讨论和通过法律草案和立法建议。全体会议选举法律规定的国家杜马领导人员：杜马主席、副主席，杜马秘书长、秘书长助理。杜马主席及两名副主席从国家杜马代表中选举产生，任期 1 年，期满之后重新选举，负责主持全体会议、杜马同政府机构的联系、监督内部规章的执行、任命杜马警长、向沙皇报告杜马的活动；杜马秘书长及其助理任期 5 年，负责管理杜马办公厅。

杜马的官方领导机构是主席团，处理杜马工作中的日常事务，成员有杜马主席、副主席、杜马秘书长、杜马秘书长助理。杜马办公厅负责处理杜马的公文事务。根据 1908 年 7 月 1 日《国家杜马办公厅官员及杜马工作人员的任免及晋升条例》，国家杜马办公厅官员被视作国家公职官员，享有国家官员的所有权力和特权。法律这样规定是为了保证办公厅官员有较高的社会地位，保障其成员构成的稳定，使他们能够积累为杜马立法活动服务的经验，传承合理的文牍处理方式；同时使办公厅官员独立于杜马内部的政治斗争，不受国家杜马代表成员及优势党派更替的影响。

杜马在工作中成立了若干临时和常设委员会，这些委员会在国家杜马全体会议上选举产生。临时委员会专门研究一些类型的法律草案和问题，在法律草案或问题提交全体会议之后解散。杜马常设委员会组织分成很多层次。一些法律草案在提交全体会议之前，先要经过几个委员会的讨论。C. 季马舍夫写道，"作为工商业大臣，我提出的一个著名草案先后经过了财政委员会、商业事务委员会、预算委员会和立法提案委员会"。① 委员会的工作比较积极，特别是预算委员会。

在俄国新的立法机关——国家杜马存在的不长时间内，共进行了四次选举。但只有第三届杜马的存在时间达到了法定期限 5 年，其他届杜马都提前解散。在二月革命过程中及革命胜利以后，杜马的作用仅体现在杜马议员召开局部的协商会议上，杜马作为代表机构的活动从此中断。

沙皇政府在不同的形势下先后颁布了三个国家杜马选举条例：1905 年 8 月 6 日颁布的《国家杜马选举条例》、1905 年 12 月 11 日颁布的《关于修改国家杜马选举条例》的敕令、1907 年 6 月 3 日颁布的《国家杜马选举条例》。选举法的变化并没有触动选举体制的基本原则：多级选举、等级原则与无等级原则的结合、财产资格、选区的地区划分等。在这三个选举法中，妇女、未满 25 岁的男子、学生、军人、游牧的非俄罗斯人、被剥夺政治权利的人、外国臣民、省长及副省长、市长及副市长、在进行选举的省市任职的警察等都不能参加选举。②

根据布里根拟定的第一个《国家杜马选举条例》，在国家杜马选举中，共分地主、市民和农民户主三个选民团。选举条例对有选举权的选民进行了严格的财产限制，在社会上引起了强烈不满，致使其中途夭折。《关于修改国家杜马选举条例》的敕令没有破坏第一个选举法所确立的基本原则，但是降低了选民的财产资格限制，增加了工人选民团，市民选民团的范围也有所扩大。但选举法依然不是普遍的、平等的，地主选民团是从 2000 名选民中产生 1 名复选人，而城市选民团、农民选民团、工人选民团则分别是从 7000 名、3 万名、9 万名选民中产生 1 名复选人，也就是说，地主的 1 票等于城市资产阶级的 3 票、农民的 15 票、工人的 45 票；选举不是直接的，大地主和城市资产阶级是两级选举，工人和小土地所有者是三级，农民则是四级选举；选举不是秘密的，而是受到沙皇各级政府和警察的监视。③

---

① Шепелев Л. Е. Чиновный мир России. СПб., 1999. С. 105.
② 参见刘显忠《近代俄国国家杜马：设立及实践》，社会科学文献出版社，2007，第 75 页。
③ 参见陶惠芬《俄国近代改革史》，中国社会科学出版社，2007，第 355~356 页。

1906 年 2~3 月举行的第一届国家杜马选举和 1907 年 1~2 月举行的第二届国家杜马的选举都是按照 1905 年 12 月 11 日的选举法进行的。

沙皇政府采取这样一种选举制度，目的是限制工人选民，认为农民是忠诚的"爱国者"，会把他们的选票投向支持沙皇和专制制度的右翼政党。但第一届国家杜马选举的结果却出乎方案制定者的意料，左翼自由主义党派立宪民主党成为杜马第一大党，占这届杜马 478 个席位中的 179 席，右翼党派（黑帮分子和十月党人）占微不足道的少数（44 席），约占杜马席位的 9%。① 多数激进的党派包括布尔什维克放弃了选举。当选杜马主席者是前律师、莫斯科大学校长立宪民主党人 C. 穆罗姆采夫，主席团成员几乎都是立宪民主党人。当时立宪民主党的领袖是米留科夫，却不是该党在杜马中的代表，因为政府谴责他违反法律，剥夺了他的被选举权。

第一届国家杜马只存在了 72 天（1906.4.27~1906.7.8）。沙皇和他的新总理，接替维特担任大臣会议主席的戈列梅金并不愿意与杜马分享权力。反过来，杜马成员也对尼古拉二世赋予他们的权力太小而不满。

第一届杜马讨论的核心是土地问题。在杜马会议上提出的土地纲领主要有两个：一个是立宪民主党人提出的《42 人法案》，另一个是劳动派提出的《104 人法案》。前者是以赎金为前提，竭力捍卫地主利益而又对农民做出一些让步的方案。后者主张全部土地国有化，并按"劳动标准"平均交付农民使用，凡是亲自耕种土地的人，都可以得到一份同一定额的土地。杜马提出的土地纲领与政府的设想格格不入，戈列梅金宣称：根据国家杜马提出的原则来解决土地问题是"绝对不许可的"。政府与杜马之间的关系迅速紧张起来。国家杜马的激进代表组织社会舆论，号召人民支持杜马，呼吁社会力量抨击政府。

杜马与政府的冲突，杜马代表向人民的不断呼吁以及农民对杜马的积极响应，使得沙皇政府担心社会革命情绪加强，戈列梅金建议尼古拉二世解散杜马。1906 年 7 月 8 日沙皇下旨解散第一届杜马，选举第二届杜马。

---

① Игнатов В. Г. (отв. ред.). История государственного управления. Ростов н/Д, 2003. С. 293.

第一届杜马的部分成员（约有 230 人），不服从沙皇解散杜马的命令，聚集在维堡，在 7 月 9 日和 10 日早晨召开了两次会议，决定为表示对政府的反抗发表《维堡宣言》，要求人民以拒绝纳税、拒服兵役等方式支持杜马。国家杜马主席穆罗姆采夫等一些立宪民主党的著名活动家及社会知名人士在宣言上签名。后来，在《维堡宣言》上签字的 167 个杜马议员都被指控犯有鼓动违法罪，判决监禁 3 个月，并且被终身剥夺了当选国家杜马代表的权利。①

第二届杜马存在了 103 天（1907. 2. 20～1907. 6. 2）。这届杜马的 518 个席位中，右翼分子占 56 个。立宪民主党几乎失去了半数席位，从 179 个减少到 98 个。相反，左翼分子数量剧增：劳动派分子占 104 席，社会民主党占 65 席。② 立宪民主党人虽然不占绝对优势，但杜马中的劳动派在许多问题上追随和支持他们，社会革命党人和社会民主党中的孟什维克也基本上站在他们一边，因此，立宪民主党人保留了在第二届杜马的领导地位。立宪民主党人 Φ. 戈洛文当选杜马主席。

第一届国家杜马解散后，戈列梅金被免职，强权人物斯托雷平接替他担任大臣会议主席的职务并继续兼任内务大臣。斯托雷平"不仅是人民代表机关的坚定捍卫者，而且也是法制思想的坚定捍卫者"，在第二届国家杜马开幕后，他在向杜马代表宣读政府咨文时就指出"要与杜马共同合作"，认为政府的主导思想就是要将国家变成法治国家。就本质来讲，斯托雷平所需要的人民代表机关不是具有全权立法权的国家杜马，也不是西欧式的议会制。他强调人民代表机关是按君主的意志建立，它应成为沙皇治国的帮手。他强调政府的任务就是"维护俄国的历史遗训"，"历史上的专制政权和君主的自由意志是俄罗斯国家的宝贵财富"。他针对西欧的议会制度说："异域的鲜花无法嫁接到俄国的树身。"③ 他想要建立的，用他的说法是一种"法制专制制度"，他维护国家杜马存在的目的是要国家杜马对政府提

---

① Ерошкин Н. П. История государственных учреждений дореволюционной России. М., 1983. С. 265.
② 刘显忠:《近代俄国国家杜马：设立及实践》，社会科学文献出版社，2007，第 153 页。
③ Афанасьев А. П. Судьбы российского крестьянства. М., 1996. С. 28.

交的法律进行审议和批准，由杜马揭露政府的违法和越权行为，以此实现国家的法制化。他所推行的农业改革目的也在于此。他认为农民只有自己成为私有者之后才可能学会尊重他人的财产。他培植私有者的主张实际上就是要为建立法治国家创造社会条件。①

第二届国家杜马成员吸取了第一届国家杜马失败的教训，在活动中表现得极为谨慎，策略有所转变。杜马代表活动变得温和，提出了"保全杜马"的口号，以挽救立宪思想。第二届国家杜马显示出了与沙皇政府合作的意愿，只向政府提出了 36 次质询，不及第一届国家杜马的 1/10，而且质询都十分谨慎，基本上是在宪法的基础上进行的。第二届杜马讨论的中心议题依然是土地问题，正是这个政府和杜马都十分关注的问题，再次令两者的关系剑拔弩张。土地问题是当时俄国的敏感问题，沙皇政府认为土地问题是事关国家生存的问题，而杜马各派势力都把解决土地问题看成争取社会支持，特别是农民支持的筹码。

斯托雷平将他在 1906 年 11 月 9 日期间以非常立法形式通过的土地法案，也就是他的土地改革法案提交给国家杜马讨论，只有十月党人和君主派表示支持，其他党派都坚决反对，各自提出了自己的土地问题方案，互相攻击，互不让步。政府与杜马处于对峙状态，矛盾加剧。杜马内部以及国家杜马与斯托雷平政府之间就土地问题展开了两个多月的激烈争论，结果是任何土地纲领都没有获得通过。1907 年 5 月 26 日，杜马最后做出决定："在结束土地问题辩论时，杜马没有必要通过任何决议。"这等于直接否定了斯托雷平改革，以非常立法形式颁布的土地改革法令将失去效力。这表明了政府的改革难以推行，杜马也难以进行有效的工作。沙皇政府"找了一个体面的借口来解散国家杜马"。在 6 月 3 日颁布了关于解散国家杜马以及指定于 1907 年 11 月 1 日根据新选举法召开新杜马的诏令，并发表了选举这届杜马的新条例。这在历史上被称为"六三政变"，因为沙皇政府公然违背了新版《国家根本法》，未经国家杜马同意就颁布了法律。

---

① 参见刘显忠《近代俄国国家杜马：设立及实践》，社会科学文献出版社，2007，第 168 ~ 171 页。

　　"六三"选举法仍然把选民分为地主、市民、农民和工人四个选民团，只是限制了选区的数目以及工人、农民和城市小资产阶级的代表席位。农民和工人的复选人数大大减少，而地主和资产阶级的复选人数大大增加。1907年9～10月举行的第三届国家杜马选举以及1912年10月举行的第四届国家杜马选举是按"六三"选举法进行的。新选举法的一个特点是形成了两个以十月党人为中心的多数——右翼十月党人多数和十月党人-立宪民主党多数，暂时避免了政府与国家杜马的冲突。政府开始实行斯托雷平新政，即"六三政制"和新土地政策。

　　第三届国家杜马存在了5年（1907.11.1～1912.6.9）。这届杜马总共有442个席位，右翼和民族分子占据了146席，十月党人占154席，立宪民主党及依附他们的党派占108席，其领袖是米留科夫。第三届杜马中工人和农民的数量微乎其微，劳动派分子14人，社会民主党20人（其中11人是孟什维克）。① 第三届国家杜马主席的职位先后由十月党人 H. A. 霍米亚科夫、A. И. 古契柯夫和 M. B. 罗将柯担任。

　　工商业大臣 C. 季马舍夫认为，第三届杜马中"没有伟大的国务活动家，但有不少怀有真诚报国之心的可敬人士。俄罗斯民族的特点是激进派比温和派更容易获得支持，咨议和代表机关的成员构成通常可以体现这一点，表现为中间派相对软弱，两翼相对强大，第三届杜马也是如此。但斯托雷平成功地组织起中间派，使之占到多数，正是他们在一系列重大国家问题上给予了斯托雷平坚决的支持。斯托雷平为此付出了不少努力：他花费很多时间和杜马单个成员或团体私下举行会谈，努力与他们寻找共同语言。总理平易近人，尽管工作繁忙，但总是尽可能地抽出时间接见来访者，耐心地倾听他们有时冗长的解释，或者并没有充分理由的控诉。在与议员们拉近关系方面，斯托雷平经常进行'一盏茶'的邀请，通过这种方式邀请过很多人来到自己家，其中有杜马议员、国务委员、大臣、他亲密的同事、学术界代表、著名社会活动家。他以俄国民族传统的殷勤好客招待客

---

① Ерошкин Н. П. История государственных учреждений дореволюционной России. М., 1983. C. 267.

人。各个阵营的代表围坐在布满丰盛菜肴的餐桌旁，彼此结识，商谈事务，促成了很多问题的解决"。[1]

第三届杜马在 5 年任期内共召开过 621 次会议，研究了 2432 个法律草案。这些草案多数是由部和管理总局倡议提出的。杜马本身的立法动议不多，其中土地规划法、人民教育法、工人保险法、国防方面的法律等 2197 项最终经国务会议同意和沙皇批准成为法律。[2] 在土地问题上，第三届杜马拒绝讨论农民代表提出的一切关于把土地分配给无地和少地农民的提案，完全支持斯托雷平的土地改革方案，于 1910 年批准了以 1906 年 11 月 9 日法令为基础的土地法。斯托雷平土地法令变成了正式法律文件，土地改革得以顺利实施。期满之后，第三届杜马停止工作。

对于帝俄历史上这届唯一工作年满任期的杜马的历史意义，一直众说纷纭。十月党人领袖古契柯夫对第三届杜马有过这样的评价："历史将比同时代人更公正地对第三届杜马做出评价，指出它的功绩：它通过了一系列有关国民经济、土地规划、教育、司法、国防等方面的重大立法文件，实际上为新建立的立宪制度奠定了似乎十分牢固的根基；它以自己的平衡性、自己平衡的工作、自己的现实主义对俄国社会产生了深远的影响。"[3] 从客观的角度看，古契柯夫的评价有一定的道理。第三届杜马的确是在不民主的选举法基础上产生的，与第一届、第二届杜马相比缺少应有的革命性。但它是一届十分有生命力的杜马，比头两届杜马做了更多建设性的、切实性的工作，巩固了 1905 年革命所取得的一系列成果，以自己的方式促进了俄国社会的进步。

第四届杜马（1912.11.15 ~ 1917.2.25）的选举工作从 1912 年初开始，代表构成同第三届杜马没有什么本质性的区别。在这届国家杜马的 448 名代表中，右翼阵营占 283 个席位，其中黑帮分子、民族主义者 185 个，十月党人 98 个。黑帮 - 十月党人联盟多数在杜马中占据领导地位。由进步派分子、

---

①　Шепелев Л. Е. Чиновный мир России. СПб. , 1999. С. 104.

②　参见陶惠芬《俄国近代改革史》，中国社会科学出版社，2007，第 371 页。

③　刘显忠：《近代俄国国家杜马：设立及实践》，社会科学文献出版社，2007，第 206 页。

立宪民主党人和边疆民族资产阶级组成的自由主义党团共占 128 席。自由主义阵营与十月党人结盟构成第二个多数派（226 席）。小资产阶级代表是劳动派分子（10 人）。社会民主党团有 14 个代表：6 个布尔什维克，8 个孟什维克。① 杜马主席 5 年内一直是十月党人罗将柯担任。

第四届国家杜马开始工作后，面临着全国性的政治危机。工人罢工和运动势力猛烈，政治形势的发展使杜马代表要求加快改革的呼声增加，左倾化趋势加强。这时担任大臣会议主席的是科科夫采夫，他在 1911 年 9 月斯托雷平遇刺身亡后担任这个职务，继续斯托雷平的政策，与杜马合作以推行土地改革，巩固私有制原则。科科夫采夫推行与杜马合作的态度，遭到右翼势力的指责，他在 1914 年初被戈列梅金所取代。

俄国国内的革命情绪，使得第四届杜马代表的态度日趋激进，希望借助革命的力量对政府施压，通过政府的让步和改革来避免国内的政治危机。在沙皇政府宣布加入第一次世界大战后，1914 年 7 月 26 日，国家杜马与国务会议在同一天召开会议，表示信任政府，与政府合作，就连最初反对俄国参战的立宪民主党都积极支持战争，希望俄国恢复因克里米亚战争和俄日战争失败所丧失的威望。但军事失利挫伤了人民的民族自尊心，人民包括国家杜马代表纷纷指责政府无能。国家杜马的反对派势力大增，议员中形成了所谓"进步同盟"，国家杜马最初有 236 名代表，后来增加到 397 名代表。进步同盟的目的不是要推翻沙皇政府，而是要挽救政府的危机，其主要的任务就是要求沙皇全面更新大臣，建立由受社会信任的人组成的有力政府，以使战争获胜，与革命运动作斗争。

迫于国家杜马的压力，沙皇更换内阁以求同杜马和解。在第四届国家杜马期间，沙皇屡次更换政府首脑，自戈列梅金取代科科夫采夫后，施蒂梅尔又取代了戈列梅金，而施蒂梅尔又为特列波夫所取代。但国家杜马对每一届内阁都不满意。对外战争的失败和国内政局的动荡，导致了 1917 年二月革命的爆发。二月革命爆发后，第四届国家杜马实际停止了工作。

---

①　Ерошкин Н. П. История государственных учреждений дореволюционной России. М.，1983. С. 270.

整体而言，在国家杜马存在期间，在选举产生的人民代表机构和以沙皇为首的官方权力机构的关系方面，后者一直占有主导地位。沙皇政府限制国家杜马的权力，将其由法律上的立法机构变成事实上的立法咨议机构。为国家杜马设立了"权力禁区"：国家杜马通过的法律草案只有经国务会议通过，沙皇批准之后才生效。沙皇政府不考虑政治力量分布的变化及其对社会生活的现实影响，竭尽全力维护其对国家的垄断权力，不惜任何代价巩固专制制度，甚至采用违法手段，阴谋甚至公开迫害国家杜马。政府的迫害政策不仅针对具有激进色彩的团体和党派，而且针对自由主义团体和党派。政府解散国家杜马或中止其行动（除第三届杜马以外），侵犯代表的不可侵犯权；拒绝承认立宪民主党的合法性，禁止他们担任国家机构或地方自治机构职务；开除持反对派立场的官员，使用行政拘留和司法处罚等手段压制他们的自由主义思想。这一切加强了代表机构的对立情绪，使很多忠于政府的阶层和党派转变了立场。

专制沙皇及其政府在第一届和第二届国家杜马，在第四届国家杜马中从 1915 年起，与多数代表对立，排斥对俄国政治和经济现代化持不同意见者的思想，最终失去了客观评价俄国社会政治状况的能力，不能客观分析和预测社会发展进程并采取相应的措施，在各个领域的政策中都出现了一系列错误和偏差。政府在人民心中的威信降低，政府和社会的分裂加剧。

随着 1905 年革命的爆发，建立在 1861 年组织基础之上的大臣会议恢复了行动，不定期召开会议。1905 年秋，土地规划和农业总局局长 A. 克里沃舍因向沙皇提交《关于加强部和总局统一活动的措施》的奏章，建议改组大臣会议，使之成为常设的最高政府机构，负责指挥和协调高级官员在立法和最高国家管理方面的行动。沙皇批准了这个奏章，1905 年 10 月 19 日颁布敕令，对大臣会议进行了改组。

新大臣会议成员包括所有大臣、土地规划和农业总局局长、正教公会总检察官、国家监察官。随着新大臣会议的成立，大臣委员会在 1906 年 4 月正式取消，其部分职能转交国务会议，部分职能转交大臣会议。大臣会议主席由沙皇任命，其权力远远大于原先的大臣委员会主席。根据《大臣会议章程》，各部门领导不能绕过大臣会议自行采取任何具有法律意义的措施。大臣会议主席有权要求所有部门领导提供各种信息和解释，而所有部门领导在向沙皇呈交奏章前都要向大臣会议主席报告奏章的主要内容。大臣会议主席有权向沙皇做个人汇报，参与大臣的任命，各部门发给杜马的所有法律草案都要与他协商。他可以对除陆军、海军、外交和皇室大臣以外的其他大臣施加影响。①

根据 1906 年新版《国家根本法》第 87 条，在国家杜马休会期间，如果形势紧迫，大臣会议有权讨论并通过非常法令，由沙皇批准颁布。但这些法令不能违背国家根本法、国家杜马和国务会议章程以及这些机构的选举法。杜马恢复工作后 2 个月之内这些法令需要提交杜马讨论，如果这些法令被立法机构否决则失去效力。

1905 年 10 月 19 日大臣会议改革后，大臣委员会的部分权限转归这里。1906 年 4 月 23 日取消大臣委员会后，其负责的各部和部门超越其首脑权限的，以及要求沙皇御批的所有日常事务都转归大臣会议。俄国参加一战后，1914 年 7 月 24 日，大臣会议的权力扩大，可以不必征求沙皇意见独立解决多数事务。大臣会议主席的个人权力增加。大臣会议在二月革命期间停止活动，其作为最高国家管理机构的职能转交 1917 年 3 月 2 日成立的临时政府。

"随着大臣会议的建立，'沙皇政府'这一概念便包括了沙皇和统一为一个委员会的大臣们，这些大臣在行动上从属于沙皇，但却由主席这一沙皇在内政问题上最密切的助手予以领导。"② 改革后的大臣会议，在其所属事务范围内有决定权和实际执行权，这样便形成了近代意义上的中央政府（相当于内阁）。当然，大臣会议直接隶属于沙皇，只是皇权的"最高执行机构"，所有大臣都由沙皇任免，对沙皇负责。当大臣会议就某项事务未能形成一致结论时，其进一步的方针则应由沙皇裁决。

第一任大臣会议主席是维特，他担任这个职务半年。接替维特的是已

---

① Ерошкин Н. П. и др.（Ред.）Высшие и центральные государственные учреждения России. 1801 - 1917г. Т. 1. С. 196.

② 赵士国：《历史的选择与选择的历史》，人民出版社，2006，第 203 页。

处于垂暮之年的戈列梅金。戈列梅金为人冷漠，被同僚称为"冷血动物"，他只是一个临时的、过渡性的人物。很快，1906 年 7 月，内务大臣斯托雷平就取代了他。

在俄国国内政策历史上，有整整一个时期与斯托雷平担任大臣会议主席的活动相关。斯托雷平时期的内阁是一个比较团结的政府，一些不服从他的大臣有些主动辞职，有些被撤职。斯托雷平致力于解决当时俄国面临的两个主要问题，进行农业改革，实行"六三政制"，建立地主和上层资产阶级的联盟，但他的政策最终破产。

斯托雷平之后担任大臣会议主席的是财政大臣科科夫采夫，然后又是戈列梅金（1914.1～1916.1），他们继续斯托雷平的政治方针。1916 年 1 月 20 日被任命担任大臣会议主席的 Б. В. 施蒂梅尔（1916.1～1916.11）是拉斯普京意志的执行者。同年 11 月 10 日，尼古拉二世未与拉斯普京和皇后商量，自作主张任命 A. 特列波夫（1916.11～1916.12）担任大臣会议主席。最后一任大臣会议主席是 H. 戈利津公爵（1916.12～1917.2）。

虽然大臣会议主席的权力远远大于原先的大臣委员会主席，实际上相当于总理大臣。但尼古拉二世非常不满意总理大臣这个职务，认为这个一人之下、万人之上的职位威胁了沙皇的权力，破坏了专制权力的完整。尼古拉二世近乎痛恨总理大臣摆在首位的事实，而维特和斯托雷平比较随便的举止更加重了沙皇的这种心理。《大臣会议章程》中规定的原则并非能够最终贯彻。于是，与从前一样，全面协调各部门行动的既定目的无法实现。以前俄国部体制中的基本缺陷——部门分立主义也延续下来。

这样，1905～1907 年革命后，俄国最高国家权力机构体系发生变化，最高立法和行政机构进行了重大变革。成立了立法代表机关国家杜马，改组了国务会议，实际上国家杜马成为议会的下院，国务会议成为议会的上院。议会两院都有立法动议权。改革后俄国的立法程序是：法律草案由大臣、部门主管、杜马或国务会议动议制定；大臣、部门主管和杜马提出的法律草案在国家杜马全体会议通过后转交国务会议，国务会议动议并通过的草案则转交给国家杜马；未被国务会议或国家杜马通过的草案即被否决；经国家杜马和国务会议通过的草案由国务会议主席呈交沙皇；如果此法律草案未获得沙皇的批准，那么本次年会期间未得沙皇允许将不再提交立法机构审议。在行政方面，取消了大臣委员会，大臣会议成为唯一的常设最高行政机关，在其所辖事务内有决定权和实际执行权，成为近代意义上的中央政府。

关于 1905 年改革后俄罗斯国家制度的性质问题存在争议。在 20 世纪初俄国各党派就对此提出不同看法。立宪民主党史学家认为 1905 年革命后的俄国是君主立宪制，《十月宣言》和新版《国家根本法》是立宪法令，国家杜马和改革后的国务会议是议会，大臣会议是"政府内阁"。孟什维克史学家则认为，1905 年革命后，俄国是资产阶级君主制。该党派杂志《文艺复兴时代》在 1910 年刊登了 Ю. 拉林的一系列有关文章，指出"俄国政权变成了资产阶级君主制"，"六三政制"是俄国工商业资产阶级占统治地位的制度。孟什维克的领袖 Л. 马尔托夫也持这种观点。社会革命党人则否认革命后俄罗斯国家制度出现任何进步。[①]

1908 年列宁在俄国社会民主工党第五次全国代表会议上提出的《关于目前形势和党的任务的决议草案》中将 1905 年后俄国新的国家制度称为"以假的立宪形式来掩饰专制制度的资产阶级君主制"。[②] 苏联时期的学者支持列宁的观点，认为《十月宣言》宣布了立宪制度的基本原则，但这只是法律上的，而不是事实上的立宪制度。《十月宣言》是俄国从农权制专制制度向资产阶级君主制转变道路上迈出的重要一步。

俄国权威的侨民史学家 В. 列翁托维奇在《俄国自由主义史》中指出，《十月宣言》标志着国家体制向立宪制度的转变，新《国家根本法》是二元制君主立宪制的宪法，他的这种观点代表了自由主义者的思想。

В. 列翁托维奇在评价 10 月 17 日诏书和新版《国家根本法》时，主要强调以下几点。

第一，1906 年 4 月 23 日根本法规定，不经国家杜马和国务会议通过，

---

① Ерошкин Н. П. История государственных учреждений дореволюционной России. М., 1983. C. 255.

② 《列宁全集》第 17 卷，人民出版社，1988，第 298 页。

政府制定的任何法律草案不能成为法律。俄国沙皇由此失去了无限的权力。而且，根据根本法第 112 条，如果法律草案被沙皇否决，杜马依然有权再次对法律草案进行讨论。

第二，根本法第 8 章规定了公民自由原则，规定公民在履行必要的义务（服兵役、纳税）的同时享有一定的权利，如，第 72～74 条规定公民在被捕或接受法院调查时的保障权利，第 75 条规定公民住宅的不可侵犯权，第 77 条规定公民私有财产的不可侵犯权，第 76 条规定公民自由选择在俄国的居住地、自由出国的权利，第 78～80 条规定公民有言论、出版、集会和结社的自由，第 81 条规定公民有信仰自由。虽然宪法规定的原则在实践中并没能完全实现，但在这方面已经做出了一些成绩。

第三，根据新法律，农民、工人阶级都有选举权，城市的选举权接近于全民选举。①

在现代俄国史学界，开始认同俄国现代化进程中的自由主义观点。在俄国现当代的有关文献里，普遍将 1906 年新根本法视为宪法，将议会视为立法机构。B. 斯塔尔采夫是最早重新审视列宁对《十月宣言》和 1906 年 4 月 23 日《国家根本法》的评价的学者之一，他在 1992 年指出，"应该承认，从 1906 年 4 月 23 日起，俄国已经是君主立宪制。尼古拉二世颁布的《国家根本法》是俄国第一部宪法"。② B. 斯塔尔采夫在 1997 年重新指出，1905 年《十月宣言》不是宣言，不是许诺，而是主张立刻建立法律秩序和自由制度的、具有实际效率的法律。③ A. 梅杜舍夫斯基认为，《十月宣言》是典型的立宪法令，俄国由此形成"二元制君主立宪制，处于西方国家比较发达的君主立宪制形式和东方典型的传统制度之间的一种过渡状态"。④

那么 1906～1917 年时期帝俄国家制度的本质到底是什么呢？将 1906

---

① Леонтович В. В. История либерализма в России. М. , 1995. С. 357 – 371.
② Старцев В. И. Свержение монархии и судьбы России // Свободная мысль. 1992. No. 7. С. 81.
③ Старцев В. И. История России с древнейших времен до конца 20 в. // Вопросы истории. 1997. No. 11. С. 164.
④ Медушевский А. Н. Конституционная монархия в России // Вопросы истории. 1994. No. 8. С. 45.

年俄国新版《国家根本法》与 19 世纪上半叶欧洲国家的宪法相比较，可以发现，俄国新根本法与这些宪法在法律效力和基本内容上非常相似，表现在如下几个方面：（1）法律需要经国家杜马与国务会议通过，再经君主确认生效，这样便将法律规定和行政命令区别开来，最高管理机关的行政命令受法律约束；（2）明确区分根本法和一般法规，根本法具有最高法律效力，居于其余所有的一般法规之上，亦即一般法规不得违背根本法，不得与根本法原则相悖；（3）确定了沙皇的权限范围；（4）设立了拥有立法权的国家杜马和国务会议，明确了二者在国家机构体系中所处的地位；（5）确定了根本法颁布实施的程序及各项法规只有在颁布之后才具有法律效力的原则，这一点尤为重要，因为在 1906 年以前，所谓秘密法令未经颁布即可生效，此类举动现已被明令禁止；（6）保障了公民的公民权利或政治权利，一方面保证了人民的参政权，另一方面减少了国家政权对个人和社会生活的干涉。[①] 由此可见，1906 年新版《国家根本法》具有宪法最为典型、最为本质的特点，这使新版《国家根本法》成为俄国事实上的宪法。众所周知，俄国自 1835 年 1 月 1 日《俄罗斯帝国法典》生效之日起便有了根本法，但那时的根本法并不具备上文所列举的特点，因而不能称其为宪法。

　　沙皇可提议对根本法做出修改，但无权越过议会自作主张。新版《国家根本法》第 87 条规定，在国家杜马和国务会议休会期间，在必要时，政府和沙皇有权颁布非常法令。但此类法令均为临时性法令，如若长期有效，需提交两院——国家杜马和国务会议审议，未经两院中的任何一院通过，法令自动失效。沙皇和政府利用这一条款，仅在 1906 年 4 月 27 日至 1907 年 6 月 3 日就颁布了 60 项非常法令。但面对日后难获通过以及将由此而导致的最高权力机关威信扫地的窘境，沙皇及其政府又必须谨慎从事（1907～1914 年只颁布了 26 道法令），只在战争这一非常时期才更多地应用《根本法》第 87 条款：在 1914～1917 年 2 月 8 日期间共颁布了 654 条非常

---

① 参见〔俄〕鲍里斯·尼古拉耶维奇·米罗诺夫《俄国社会史》下卷，张广翔等译，山东大学出版社，2006，第 150～151 页。

法令。诸多的非常法令因未获得长期效力而成为临时性法令。[1]

从政府和议会间的实际关系来看，可将 20 世纪初的欧洲君主立宪制分为两类：二元制君主立宪制和议会制君主立宪制。二元制君主立宪制国家的执政权掌握在君主及由君主任命的政府手中，无须获得议会多数的支持，而立法权则掌握在君主及由民众选举的议会手中。普鲁士便是典型的二元制君主立宪制国家。在议会制君主立宪制国家，议会掌握立法权，政府由议会产生并对议会负责，君主的实际权力减弱，其职责大多是礼仪性的。"议会"这一概念有如下两层含义：（1）代议机构，具有立法职能，由民众选举产生并体现全民的意志，在君主制国家起到了限制君权的作用；（2）政体形式，国家政府由议会委派并对议会负责。在二元制君主立宪制国家议会只有第一层含义，而在议会制君主立宪制国家议会具有以上双重含义。20 世纪初的俄国议会只具有这一概念的第一层含义，因此 1906 年后的俄罗斯帝国国家体制应该是二元制君主立宪制，立法权为议会和君主共享，最高执行权归沙皇和对他负责的大臣所有，最高司法权和监督权归参政院所有。但应该指出，这一时期俄国新的政治制度的特点是，虽然实行分权制，政治权力在各种国家机构分配，却缺乏平衡和制约机制，沙皇的权力占优势地位；实行严格的中央集权制，权威型管理方式占主导地位，但同时拥有有限的民主自由和独立的地方自治机构。

19 世纪末 20 世纪初，俄罗斯国家政权和管理制度出现全面危机，沙皇政府风雨飘摇，被革命轻易推翻。

为什么俄国的君主制被轻易地推翻？其主要原因之一是最高政权失去威信。20 世纪初，俄国沙皇依然享有绝对权力，在政府方针的制定中起到主要作用。但是，到 1917 年，沙皇在人民心中失去了威信。如前所述，尼古拉二世虽然受过良好的教育，品德良好、谦虚朴素、彬彬有礼，却意志软弱、固执己见、腼腆羞涩，缺乏国家领袖的品质，在国家政权的危急时刻，这一点非常致命。1915 年，沙皇不顾多数军官的反对，亲赴前线，担

---

[1] 〔俄〕鲍里斯·尼古拉耶维奇·米罗诺夫：《俄国社会史》下卷，张广翔等译，山东大学出版社，2006，第 151 页。

任军队统帅，置国家管理于不顾，使危机不断加剧。

拉斯普京之流对罗曼诺夫皇族威信的丧失也有至关重要的影响。拉斯普京虽然没有独立的政治地位，却利用各种争权夺势的力量，对国家内外政策施加影响，权倾朝野。拉斯普京严重破坏了罗曼诺夫皇族最后一位沙皇，特别是皇后的威信。当时流传着各种各样的谣言，宫廷在人们眼中成为道德堕落的代名词。拉斯普京对国家管理事务的干预达到无以复加的程度，他的意见甚至成了尼古拉二世做出重大决策的依据。关于战争与和平的问题，关于召开杜马会议的日程，关于各部大臣及军队将帅的任免等，都按照他的指示行事。Г. 约费指出，"俄罗斯国家生活中的恐怖在于，小偷、酒鬼、流氓拉斯普京能够靠近沙皇，他身边的左右两派力量将他变成能够燃烧一切的篝火"。[①] 当沙皇亲赴前线后，任命政府官员及掌握国家命运的权力就完全落到了皇后及拉斯普京的手上。面对专制政权的深刻危机，一些保皇主义者认为一切错误在于拉斯普京的影响，他们在 1916 年 12 月 16 日深夜将拉斯普京诱骗到皇室亲属 Ф. 尤苏波夫的房内，将其打死。

在危急时刻，沙皇周围的高官们能否担负起维护国家稳定的重任？可惜，他们难以担此重任。维特被撤职，斯托雷平被暗杀。落后的国家对改革的态度注定了改革者的命运。在沙皇看来，自由主义反对派知识分子的理论知识、地方自治局官员的实践经验都毫无益处。沙皇在选择重要官员时的标准是对沙皇个人的忠诚，皇位周围都是一些没有坚定的政治和道德原则，但被沙皇视为"自己人"者。非常侦查委员会成员、著名诗人 А. 布洛克在尼古拉二世退位后曾经检查大臣等高级官员的活动，发现其中多数人都无所事事。1917 年 1 月杜马主席罗将柯痛苦地向沙皇说道："陛下，在您周围没剩下一个诚实可靠的人，优秀杰出的人都已经离开，留下的俱是平庸之辈。"[②]

1914 年 8 月俄国加入第一次世界大战，加剧了专制政权的危机。战争

---

① Иоффе Г. З. "Распутиниада": большая политическая игра // Отечественная история. М.，1998. № 3. С. 117.

② Игнатов В. Г. (отв. ред.). История государственного управления. Ростов н/Д, 2003. С. 300.

爆发之初，社会支持政府对外战争，对沙皇制度的政治反对浪潮曾经暂时平息。但沙皇政府的失策与无能导致了在战争中的接连惨败，加剧了社会上原有的矛盾冲突，社会危机加重。到 1917 年，俄国已经有 600 万人战死、伤残、被俘。逃兵现象严重，1916 年，约有 150 万逃兵。[①] 战争引起了军队对沙皇的不满，瓦解了国家政权的支柱。部分将军支持杜马反对派进步同盟的计划，准备软禁尼古拉二世，逼其退位，将皇位转交其兄弟，与资产阶级接近的米哈伊尔。军队统帅阿列克谢耶夫将军给国家杜马主席罗将柯发电报，要求沙皇退位。他还给所有陆军和海军指挥官发了同样的电报。这些人都支持沙皇退位。

前线失败动摇了整个腐朽的政府机构，国家政权和管理制度陷入瘫痪。部门分立主义，缺乏团结的内阁原本就是沙皇政府的顽疾。从 1914 年起，因战争关系，又成立了各种跨部门的最高政府机构，这些机构职能不清，破坏了原来各部门的权限，使管理制度的弊端进一步加剧。宫廷佞臣的干涉，政府中各种派别和势力的斗争，使执政阶层的政治矛盾激化，大臣会议的作用降低，一些重要的国家事务由尼古拉二世和宫廷佞臣绕过大臣会议自行解决，大臣会议不能起到政府内阁的效力，以联合和指挥政府活动，对抗革命，政府机构面临土崩瓦解。大臣频繁更迭，从 1915 年秋战争开始到二月资产阶级民主革命的 31 个月内，更换了 4 位大臣会议主席，6 位内务大臣，3 位司法大臣，3 位国家监察官，2 位工商业大臣，4 位农业大臣，3 位交通大臣，4 位正教公会总检察官，4 位陆军大臣，3 位外交大臣。外省的情况也是如此，仅 1916 年就更换了 43 位省长。[②]

沙皇政府的暗探局和政治侦查制度也引起人民的愤怒。当时政治侦查无所不在，非但未能巩固沙皇政府，反而起到了破坏政府威信的作用。毫不夸张地说，当时几乎所有有国务思想者都受到监视，甚至包括皇室家族。暗探局破坏了政府在居民心中的威信，是革命群众愤怒所向的第一个政府

---

① Игнатов В. Г. (отв. ред.). История государственного управления. Ростов н/Д, 2003. С. 300.

② Ананьич Б. В., Ганелин Р. Ш., Дякин В. С. Кризис самодержавия в России. 1895 – 1917. Л., 1984. С. 627 – 637.

机构。

国内此时又出现饥荒。农业歉收，地主因为反对 1916 年 9 月实行的粮食定价制度暗中抵制，出现粮食危机。虽然农业大臣 A. 里季赫计划实行余粮征集制，但专制政权已经无力贯彻。1917 年 1 ~ 2 月，工业中心城市的粮食危机已经非常严重，彼得堡和莫斯科只能收到粮食定量的 1/4，这成为爆发大规模工人起义的导火索。[①]

俄国资产阶级也在一定程度上动摇了国家政权，加速了专制政权的灭亡。国家杜马的进步代表进步同盟、劳动派分子、社会民主党人等组成政府反对派，要求解散沙皇政府，取而代之成立一个受人民信任的有力内阁，进一步实行资本主义改革，但 1917 年 2 月 25 日沙皇下令解散国家杜马会议。1917 年 2 ~ 3 月间骤然爆发的汹涌革命浪潮结束了从 1906 年开始的政权与议会之间的对抗，这两个对抗的权力中心同归于尽。

这样，20 世纪初，在世界大战的条件下，俄国专制政权的主要成分之间关系复杂化，矛盾激化。1915 ~ 1917 年，最高政权、官方政府、军队、警察局和官僚都开始土崩瓦解，俄国出现全面危机。俄国权威的观察家 Я. 布洛克指出："俄国的整个国家机体都染上了疾病。这疾病既不能自愈，也绝非一般的方法可以治愈的。"[②] 布洛克的话不幸言中。战争失败、经济崩溃、饥荒逼近、政府腐败、统治阶级的内讧、工农运动的高涨等和民族矛盾的加剧交织在一起，终于导致了二月革命的爆发。二月革命爆发后，约有 30 名大臣和其他高级官员被逮捕，从 1917 年 3 月起被关押在彼得保罗要塞。1917 年 3 月 15 日，尼古拉二世签署了退位的诏书，将皇位让给自己的兄弟米哈伊尔，但米哈伊尔迫于形势，也拒绝接受最高权力。就这样，俄国历时 300 年的罗曼诺夫王朝悄然灭亡了。

---

① Игнатов В. Г. (отв. ред.). История государственного управления. Ростов н/Д, 2003. С. 302.

② 〔苏〕М. К. 卡斯维诺夫：《拾级而下的二十三级台阶》，贺安保、黄其才译，商务印书馆，1987，第 333 页。

第十章 20 世纪初自由主义、保守主义和无政府主义政治实践

俄国自由主义者、保守主义者和无政府主义者形成了政治现代化的整体思想方案，提出了影响社会发展道路的重要政治和社会改革问题的理论观点，并一直试图在国家现实生活中贯彻其思想学说。20 世纪初，沙皇政府迫于时局的压力，实行立宪制度，政党开始合法存在，各种思想流派纷纷建立自己的政党，制定了思想纲领及实施方法，进行积极的政治实践活动。

第一节 20 世纪初自由主义政治实践

20 世纪初，自由主义各个流派根据国家时局变化寻找贯彻自己思想学说和纲领的最佳途径和有效机制。虽然他们都主张以和平手段为主解决俄国现实生活中客观成熟的问题，但是在与现行制度斗争的方式，寻找同盟者等问题上观点不同。保守的自由主义者倾向于采用合法的斗争手段，向最高统治者呈交申请，派遣代表与政府高官谈判，在根本法允许的范围内利用杜马进行斗争。激进的自由主义者不反对上述斗争方式，同时相当广泛地使用非法斗争手段，允许发动政治革命，与左翼激进主义和社会主义流派组织接触，给予后者物质和技术援助，与他们并肩活动。随着国家政治危机的加深，他们中越来越多的人赞成与专制制度进行非法斗争，支持暴力推翻专制制度。

1894 年 10 月，亚历山大三世去世，新沙皇尼古拉二世即位。在无限专制已经存在了数百年的国家，君主个人的性格品质和政治观点有着重大的影响。俄国政策的变化经常与统治者的更替结合在一起，"王朝的更替立即使人们萌生了实现政治理想的希望"，所有政治思想流派都活跃起来。自由主义者期待尼古拉二世恢复他的祖父亚历山大二世的路线，回归到自由主义纲领。尼古拉二世即位的头几个月收到了很多奏章，要求建立由地方自治机构选举产生的咨议机构，附属国务会议或其他最高官僚机构，将人民的意愿传递给沙皇。

然而，新登基的沙皇并不想进行哪怕是局部的改革活动，对时代精神也不想做出哪怕是最小的让步。尼古拉二世绝非醉心于权力者，他不仅嫌权力是累赘，而且为权力所痛苦，但他也不容许把自己的权力哪怕是部分地转交给其他人，用君主立宪制取代实行了 300 年的绝对专制。作为一个虔诚的教徒，他深信自己是"涂圣油的君主"，无权放弃神所赋予的秩序。他从童年起养成了深入骨髓的信念——俄国历史道路是独特的，绝对专制是俄国唯一可能的，也是俄国人民所希望的政治体制。

1904 年 7 月 15 日，曾经的大学生 E. 沙查诺夫的炸弹把内务大臣普列维炸得粉碎。执政圈一时惊慌失措，不知下一步该怎么做。当时讨论了多种应对方案，从实行洛里斯－梅利科夫类型的宪法，起用维特领导政府，到继续执行普列维的政策，任命新大臣领导内务部。最终沙皇任命斯维亚托波尔克－米尔斯基担任内务大臣一职，米尔斯基公爵是具有自由主义倾向的官员，称自己为"地方自治的人"，并宣称支持"政府与社会的联合"，他上任后取消了普列维时期实行的对地方自治机构检查的政策。然而，在专制制度下，最终决定权并不属于官员，即使这个官员身居要职。米尔斯基很快明白，只有在一种情况下大臣可以行使自主权，那就是他的行动比沙皇既定的方针更为保守。但是，新内务大臣无视君主的不满，继续坚持自己的路线。

米尔斯基这样的立场在某种程度上也是因为国家在军事失败后形成社会思潮活跃的局面。社会思想明显激进，对专制制度以及政府不满的呼声越来越高。地方自治代表向米尔斯基递交了要求召开全国地方自治代表大

会的申请，米尔斯基向尼古拉二世做了汇报，说地方自治人士只讨论他们
的地方事务，尼古拉二世批准了申请，但地方自治分子得到了对自己召开
代表大会的正式批准后，勇敢地提出要在代表大会上讨论有关国家生活的
问题以及所希望进行的改革。了解到这种变化，尼古拉二世收回了他的许
可，但为时已晚：所有省份的地方自治人士已经聚集到了圣彼得堡。一般
来说，在整个改革后时期，地方自治机构处于非常温和的状态。在当时实
行地方自治的 34 个省份和数百个县，自由主义者不到 300 人，其他地方自
治人士或者不关心政治，或者持保守主义情绪。①

　　社会思想的激进化也体现在这次全国地方自治会议上，会议在 1904 年
11 月 6 ~ 9 日召开，参加会议的有全国 34 个现任省地方自治主席中的 32
个，以及 6 个前省地方自治主席和 16 个县地方自治主席，其他参会者均为
省或者县地方自治局成员。在 105 名参会者中，有 7 名公爵、2 名伯爵、2
名男爵、7 名首席贵族，其他人也是俄国地方自治机构的精英。② 与会代表
都感觉到了国内社会动荡的严峻前景，认为国家如果维持现状，将不可避
免地走向革命。会议决定，"鉴于国内外局势的困境，希望最高政权征召自
由选举产生的人民代表协助国家走上新的发展道路，建立国家政权与人民
权利互动"的原则。③ 但在有关未来人民代表机构性质的问题上，与会代表
产生了理论上的分歧。多数代表从西方资产阶级政治学说的基本精神出发，
把法的原则作为改造国家制度的基础，认为政权与人民的关系应由确定的
法律秩序来体现，要求建立具有立法权的议会。而少数人则强调政权与人
民在道德和精神方面的一致性，主张在保持和发扬俄罗斯精神的前提下缓
慢地改变国家制度，寄希望于建立一个咨议性的机关，他们主张斯拉夫派
的口号："思想的权利属于人民，行动的权利属于沙皇。"④

---

① Пирумова Н. М. Земское либеральное движение: Социальные корни и эволюцияих до начала XX в. М., 1977. C. 91.
② Гросул В. Я.（отв. ред.）. Русский консерватизм XIX столетия: идеология и практика. М., 2000. C. 400.
③ Гросул В. Я.（отв. ред.）. Русский консерватизм XIX столетия: идеология и практика. М., 2000. C. 402.
④ 参见张建华《俄国知识分子思想史导论》，商务印书馆，2008，第 227 页。

应米尔斯基要求，会议向他提供了一份专门报告，详细地阐述了地方自治局的意见和诉求。这份报告由莫斯科大学哲学系教授 C. H. 特鲁别茨基公爵撰写。这份报告不仅对国家现实进行了客观评估，而且分析了国家摆脱内政和外交僵局的方法，指出沙皇有义务走上改革以拯救国家的道路，实现政治自由，完善法律制度和政府组织。报告中写道，"俄国正在输掉战争，这是近 50 年里的第二次，公众对当前的社会状况和秩序怨声载道"，如果沙皇无视这一点，不走向改革之路，国家将注定"长期处于痛苦的风暴中，全面瘫痪"。[1] 这份报告赢得了各方人士的支持，甚至支持专制制度的保守主义者 Д. H. 希波夫也因这个报告而惊喜。

这份报告的思想也迎合了米尔斯基的观点。正是在这些日子里，他写信给他的亲戚兼朋友 Д. C. 谢列梅季耶夫公爵："我受到了来自四面八方的攻击，他们没有考虑到我的困难处境。要知道，俄国变成了火药桶，我不是罪魁祸首……我求求您向所有污蔑我的人转达，我不相信宪法。我非常不想实行宪法，由此我才承认必须进行改革，就是为了不会在很快的将来被迫实行人们所要求的宪法。我向您保证，如果我们维持现状，那么我们离这点就不远了，俄国会火山爆发。"[2] 显然，米尔斯基所说的"火药桶"和"火山爆发"并不是指地方自治人士的活动以及保守的自由主义者的抱怨，而是指当时在"解放同盟"领导下广泛开展的宴会活动以及国家社会政治整体上的紧张局势。

1904 年 11 月 24 日，米尔斯基上文给沙皇请求辞职。第二天就得到了沙皇的接见，他向尼古拉二世声明，不进行改革就无法执政。他说："如果陛下不进行自由主义改革，不满足人们相当自然的愿望，那么这些改革将以革命的形式进行。"[3] 尼古拉二世没有接受内务大臣的辞呈，沙皇因这个辞呈很气愤，他认为，这种辞职就是一种"宪法程序"，他作为专制者会自行决定任命和罢免大臣，而不是取决于大臣自己的要求。

---

① Шипов Д. Н. Воспоминания и думы о пережитом. М. , 1918. С. 586.

② Гросул В. Я. （отв. ред. ）. Русский консерватизм XIX столетия : идеология и практика. М. , 2000. С. 404.

③ Святополк - Мирская Е. А. Дневник // Исторические записки. М. , 1965. Т. 77. С. 259.

1904 年 12 月 2 日，米尔斯基向沙皇提交了 11 月全国地方自治会议的报告和自己的奏章。他在奏章中提出了下列主要措施：实现法律至上，改革参政院，执法中的"破例"行为必须经由参政院批准，而不是由个别官僚随意进行；建立团结的内阁，协调大臣的活动；建立小的地方自治单位，改变农民的法律地位，特别是打破村社；扩大旧礼仪派教徒和犹太人的权利；放宽新闻检查；削弱"关于防治和打击犯罪的法律"。他还建议在国务会议成员中列入"34 个设立地方自治的省的选举代表"，洛里斯 - 梅利科夫在 20 年前已经建议这一点。米尔斯基表示，他提出的这些措施符合"社会的期望"，会令自己的祖国保持安定，巩固沙皇的制度。事实上，他支持地方自治会议上少数派的要求，建议返回到被 1881 年 3 月 1 日炸弹所中断的亚历山大二世的改革政策，建立具有咨议权的代表机构。米尔斯基向尼古拉二世灌输两个想法。首先，社会思想在不断发展，成为重要的政治力量，不可能维持纯粹的官僚国家方式不变，政府在所有问题上都要考虑社会力量的意见。用警察式的镇压不能中止，只能暂时延缓社会运动的发展。其次，他提出的措施并不是要建立"限制专制君主权力的宪法政治"，采纳他的建议不会破坏，而是会加强专制。

尼古拉二世问自己的内务大臣：为什么要这样做？这样做会发生什么？米尔斯基回答说："为了平息社会舆论，但这样做会得到什么，我不知道，也许，20 年之后会是宪法。"在米尔斯基的要求下，沙皇批准召开特别会议，讨论各种自由主义法令草案，其中包括吸收选举人员参加国务会议。尼古拉二世口是心非，当米尔斯基问是否邀请保守分子波别多诺斯采夫参与特别会议时，沙皇回答说，"不需要，他说的一些我们都已经知道了"，然而，在米尔斯基走之后，沙皇立刻给波别多诺斯采夫写了一张纸条："来，帮助分析一下混乱的局面。"①

所有人都要求变革，很多人要求宪法，一位时局观察家和法国大革命的行家指出："似乎，你们正处在法国大革命的前夜。""只有政府冥顽不

---

① Гросул В. Я. (отв. ред.). Русский консерватизм XIX столетия : идеология и практика. М., 2000. C. 405 – 406.

灵。阻止或削弱运动已经不再可能，但不幸的是，显然等待你们的只会是更多的白色和红色恐怖……如果政府在这个冬天做出可怕的愚蠢行为，明年登上舞台的将是工人、青年、恐怖分子和用鲜血换取自由的人们。"① 有关政府做出可怕的愚蠢行为的预言很快被证实。

1904 年 12 月初，尼古拉二世下令举行了两次特别会议讨论米尔斯基的报告，在这两次会议上，围绕吸收地方自治代表参与立法工作，即建立代议制的条款引起了论战。在第一次会议上，大多数与会者表示要"满足温和的、理智的社会人士的愿望"，允许地方自治机构选举产生的人员参与立法讨论工作。内阁总理维特回忆道："我首先发言。我坚决认为，要恢复以前的反动政策根本办不到，这肯定会使我们覆灭，支持我这个意见的有索尔斯基伯爵（国务会议主席）、弗里什（国务秘书）、阿列克谢·谢尔盖耶维奇·叶尔莫洛夫（农业和国有资产部大臣）、尼古拉·瓦列里阿诺维奇·穆拉维约夫（司法大臣）和弗拉基米尔·尼古拉耶维奇·科科夫采夫（财政大臣）。"② 只有波别多诺斯采夫表示反对，他一如既往乏味地阐述他的思想：专制制度不仅有政治的意义，而且有宗教的使命，君主也无权限制由神旨所委托他担负的使命。

尼古拉二世沉默不语，没有表示反对。用维特的表述，这"使与会者感到鼓舞，所有的人都为陛下恩赐给大俄罗斯的关于国家建设和国家生活新方针的思想所激动"。③ 他们因沙皇的"恩旨"而莫名兴奋，两个大臣甚至痛哭流涕！然而，沙皇的沉默并不意味着他同意他的大臣的意见并准备做出让步。他要求再次召开会议讨论这个问题，几天后，在皇村的宫殿召开了第二次会议，会议成员增加了，来参加会议的有专程从莫斯科赶来的沙皇的几位叔叔弗拉基米尔、阿列克谢、谢尔盖大公，还有沙皇的兄弟米

---

① Гросул В. Я. (отв. ред.). Русский консерватизм XIX столетия : идеология и практика. М., 2000. С. 406.

② 〔俄〕谢·尤·维特：《俄国末代沙皇尼古拉二世》，张开译，新华出版社，1983，第 265 页。

③ 〔俄〕谢·尤·维特：《俄国末代沙皇尼古拉二世》，张开译，新华出版社，1983，第 266 页。

哈伊洛维奇和亚历山大罗维奇大公。他们被邀请而来显然是因为在第一次会议上仅凭波别多诺斯采夫一人之力不足以推翻米尔斯基的方案。在这次会议上,尽管反对的人增多,米尔斯基提出的方案还是被采纳。然而沙皇却自行其是,对会议决定做了篡改,他在 12 月 12 日最终颁布的《完善国家制度规划诏令》中取消了吸收选举人员参与立法讨论工作的内容,坚决维护帝国根本法律不可动摇,即维持专制制度形式不变,只是许诺"关心国家需要",废除农民的等级限制,保障他们由亚历山大二世赐予的"全权的自由居民"的地位。

尼古拉二世的举动表明,他没有意愿倾听哪怕是温和的自由主义者最温和的建议以及自己经验丰富的大臣的意见,他们要比年轻的沙皇看得更远,已经预见可怕的社会动荡正在逼近。米尔斯基再次要求辞职,米尔斯基的妻子 1904 年 12 月 14 日在日记中写道:"我读到这个诏令的时候忍不住想哭。我感到耻辱和痛苦。和这样的人你能够做什么?他把所有的大臣都当成傻瓜,瞒着他们自行改变已经决定的事情。"①

在这种情况下,即使是保守的自由主义者也不再对实现他们的计划抱有希望。1905 年 1 月 9 日革命事件显示了愤怒的人民的力量。革命开始后短短一个半月内,1905 年 2 月中旬,尼古拉二世颁布诏书给新的内务大臣 A. Г. 布里根,其中包含他在"12 月 12 日诏令"中没有采纳的地方自治局少数派的想法,设立具有立法咨议权的代表机构,8 个月后发布的《十月宣言》,满足了地方自治局多数派的要求,设立具有立法权的代表机构。因此,自由主义者以和平请愿方式向专制政权提出后被拒绝的要求,在革命的压力下被满足。

《十月宣言》颁布之后,部分自由主义者认为,俄国已经具备了走立宪君主制所必需的政治条件,接下来所要做的就是督促"政府尽可能迅速、全面和广泛地实现这些原则",另外一些自由主义者则只把《十月宣言》看作俄国走向更加民主化道路的第一步,希望通过走议会道路对国家进行彻底变革。诏书的颁布没有使自由主义反对派力量团结起来,而是使其分裂

---

① Святополк - Мирская Е. А. Дневник // Исторические записки. 1965. Т. 77. С. 226.

成为一些政党，彼此之间进行竞争。20世纪初俄国大的自由主义政党主要有两个：立宪民主党和"十月十七日同盟"。当时还出现过几个小的自由主义政党，如民主改革党、和平革新党、进步党等。

立宪民主党在1905年10月12～18日召开成立大会，通过了党纲和党章，选出了党的临时委员会。1906年1月5～11日召开第二次代表大会，立宪民主党最终形成。此次代表大会决定在党的主要称谓"立宪民主党"之外再补充"人民自由党"的称谓。立宪民主党的领袖及主要理论家是 П. Н. 米留科夫。

在1905年10～12月间建立了72个立宪民主党组织。它们主要是分布在"解放同盟"和"地方自治局立宪派人士联盟"这两个自由派组织从前活动的地方。1905～1907年，党的总人数为5万～6万人。[1]

参加立宪民主党的主要是俄国知识分子精英，一些具有自由主义情绪的地主，以及城市中等资产阶级、教师、医生等。在1905～1907年革命期间，地方党组织中还有一些基层代表，如工人、手工业者、职员，甚至农民，但他们所占的比重很小。

立宪民主党组织松散，党中央始终未能同地方组织建立起稳固的经常性的联系。省一级的党务基本处于无人管理的状态。甚至在一省范围内，省委和县委也没有建立固定的联系。党中央通过的决议往往在很久之后才能下达到县级组织，更不用说乡级组织。

立宪民主党反对以暴力革命的方式改变国家制度，他们把议会讲坛看成其进行政治斗争的舞台，力图通过改良的方式完成国家制度的变革。但是，他们也承认政治革命是可能的，在某种情况下甚至是必需的、不可避免的。如果现行政府不能及时解决那些客观上成熟的历史任务，就会发生政治革命，政治革命是政府"错误"政策的结果，是政府不能及时进行改革的结果。

立宪民主党纲领的基本思想是通过改良的方式实现俄国的社会变革。他们主张限制君主权力，将俄国变成议会制君主立宪制国家，建立对杜马

---

① 李永全：《俄国政党史》，社会科学文献出版社，2017，第47页。

负责的责任内阁制。立宪民主党支持传统的自由主义主张，要求公民权利一律平等，实现言论、出版、集会、结社等自由，保证个人的公民和政治权利，在普选权的基础上改组地方自治机构，反对等级原则；对地方自治和法院制度进行彻底改革，净化司法制度，摆脱等级残余，在纯资产阶级的原则上改革法院和诉讼程序，废除乡法院；强调俄罗斯帝国的不可分割性，主张民族文化自治。

在土地问题上，立宪民主党人强调让地主出让部分土地，牺牲大地主土地占有制，将土地部分国有化，将国家的、皇室的、阁部的、寺院的、教会的土地及一部分以赎金的形式按公正的价格征用的地主的土地作为国家土地储备，以解决农民少地问题。① 在工人问题方面，立宪民主党纲领的中心内容是要求工人有言论、集会和罢工自由；推行工联主义，建立合法的工人协会调节劳动和资本、工人和企业主之间的关系；建立专门的仲裁机构，在有工人和资本家代表参加的情况下解决劳动关系；建立劳动保障机制，逐渐推行 8 小时工作制，实行养老、生病和死亡的国家保障制度。列宁曾经指出：正是因为立宪民主党纲领中的这些要求，才使得他们"既能说服庄稼汉，又能说服小市民"，可以使他们"相信君主无可指责，相信可以用和平方法（即保留君主制的政权）取得自由，相信地主策划的赎买对农民说来是把土地交给他们的最有利的办法"。② 这也是立宪民主党人成为俄国第一届和第二届国家杜马核心的原因。

在 1905 年 10 月 17 日之后，与立宪民主党一起，另外一个自由主义组织形成，这就是"十月十七日同盟"，又称为十月党。这个党派是在地方和城市自治活动家代表大会的右翼少数派基础上形成的，其政治纲领的基础是《十月宣言》，并且以沙皇诏书颁布日作为党的名称。"十月十七日同盟"在 1905 年 10 月末开始形成，在 1906 年 2 月 8～12 日召开第一次党代表大会，完成了建党工作。十月党人选举著名的城市自治活动家 A. И. 古契柯夫为党的领袖。古契柯夫出身于莫斯科著名的企业主家庭，是世袭荣誉市民，

① 刘显忠：《近代俄国国家杜马：设立及实践》，社会科学文献出版社，2007，第 108 页。
② 《列宁全集》第 14 卷，人民出版社，1988，第 192 页。

从 1902 年起任莫斯科贴现银行行长。他的哥哥费多尔·古契柯夫任这个党的财务主管，后来还任党中央机关报《莫斯科之声》的领导。他的弟弟尼古拉·古契柯夫是莫斯科市市长，是党中央莫斯科分部委员。十月党人领导机关中有地方自治运动的领袖、大地主、企业家和高官代表。

在 1905～1907 年，十月党总共有 260 个支部，绝大多数分部设在欧俄地区贵族土地所有制相对发达的地方自治省，党员有 7.5 万～7.7 万人。①

十月党组织松散，加入组织并不需要履行特别的义务，从一开始就允许党员拥有双重党籍，可以同时参加其他政党和组织。大多数党员把党看成一个辩论俱乐部，而不是需要遵守严格纪律和等级制度的组织。古契柯夫坦率地说："在俄国国家制度方面，我们是坚定的君主派……但是在我们党内制度方面，我们是彻头彻尾的共和派，甚至还有某些无政府主义倾向……我们很难在党内树立起必要的纪律。"②

十月党人大多数出身于贵族或贵族化的大工商业资产阶级和金融资产阶级，受过高等教育。其中世袭贵族、商人和荣誉公民占 3/4，大多为银行和股份企业的董事会成员、房地产主、地方自治和城市自治机构议员。1907 年在十月党人的一次中央会议上，他们自己指出："我们是贵族的党。"

十月党人的纲领中占有中心地位的是国家权力的性质问题。纲领第一条指出，"俄罗斯帝国是世袭的君主立宪制国家"。他们认为，这种制度最为适合俄国人民的历史传统。在 10 月 17 日之后，俄国君主制原则获得了"新的重大历史使命"，而立宪君主本身获得了"新的力量，担负着自己人民最高领袖的新的崇高任务"。十月党人强调君主制的非阶级性质、超党派性质，提出君主制"在当前条件下要特别重视实现自己的使命——在尖锐的斗争中实现和平的使命，因为宣布政治和公民自由将为政治、民族和社会斗争敞开大门"。③ 十月党人坚决反对在俄国实行议会制，无论是从俄国的历史传统还是从当时的政治时局来看，议会制都是行不通的。他们反对

① 李永全：《俄国政党史》，社会科学文献出版社，2017，第 43 页。
② 李永全：《俄国政党史》，社会科学文献出版社，2017，第 44 页。
③ Шелохаев В. В.（отв. ред.）. Модели общественного переустройства РоссииXX век. М., 2004. С. 243－244.

召开立宪会议，仅限于实现《十月宣言》中的原则，主张立刻召开杜马。

十月党人还认为必须保证立宪君主的"专制"地位，君主应该参与立法与执行权力，立法权力归两院制人民代表机构与君主共同所有。下院国家杜马在普选之上产生，但不是完全意义上的普选，仅在杜马中有一定代表席位的城市进行直接选举，在其他地区实行两级制选举，选举人有资格限制。上院国务会议由地方自治和城市自治机构选举产生。两院在解决所有问题上的权力平等。在公民权利方面，党纲中列举了自由主义的传统要求：所有俄国公民，不分性别、年龄和信仰，一律平等；良心、言论、出版、集会和结社自由；人身和住宅不可侵犯；迁移和出国的自由，取消身份证制度；获得和支配财产的自由；请愿的权利。

十月党人认为必须保存"统一的和不可分割的"俄国，反对波兰以外的地区实行民族自治，反对联邦制思想，主张满足少数民族的文化要求，但不同意满足他们的政治要求。在土地问题方面，十月党人基本上支持政府的政策，要求废除村社，取消对农民等级的法律限制，通过专门委员会将空置的国有土地、皇室土地分给农民，通过农民银行鼓励农民从土地私有者那里购买土地，将无地或少地的农民迁往"自由土地"。在工人问题方面，他们反对工人罢工，主张限制工人劳动时间，对工人实行劳动保护。

整体而言，十月党人与立宪民主党人的主张基本相同。但在立宪的程度上，在对政府的态度上，在农业问题上，十月党人的立场要更为温和，是自由主义党派中的右翼。

立宪民主党和十月党都是在《十月宣言》颁布后出现的，它们对国家杜马选举表现出了积极的态度。1905 年 12 月 11 日杜马选举法出台之后，自由主义者将自己的全部力量集中在选举前的活动之上。立宪民主党人在第一届杜马选举中获得胜利，有 179 名立宪民主党代表当选（社会革命党和社会民主工党抵制选举），成为杜马中的第一大党。第一届杜马主席由立宪民主党中央委员 C. A. 穆罗姆采夫教授当选，副主席由另一名中央委员多尔戈鲁科夫公爵和格列杰斯古尔教授当选，秘书由沙霍夫斯科伊公爵当选。立宪民主党的一些著名成员当选为杜马常设和临时委员会主席和秘书。

国家杜马开幕后，首先就组成了由 33 人组成的答词起草委员会制定对沙皇贺词的回答，委员会成员大部分为立宪民主党人。国家杜马答词的内容非常激进：以普选制为基础改革人民代表制度，建立对国家杜马负责的责任内阁，取消国务会议；停止一切非常法，政治大赦，废除死刑；公民平等，取消等级限制和特权；司法独立；在军事中加强公正和法制原则；普及免费义务教育；平均分配赋税，一切加重居民负担的法令都要由杜马来批准；根据私有土地强制国有化原则，解决土地问题。

第一届国家杜马讨论的核心问题是土地问题，在这届杜马召开例会期间，32次会议讨论提交上来了各项法案，其中20次会议是讨论土地问题的。立宪民主党提出的是"42人土地法案"，法案的全称为《对土地所有法进行修改的基本原则》。该法案重申了立宪民主党纲领中有关土地问题的原则，主张依靠国家的、皇室的、阁部的、修道院的、教会的土地来增加农民的土地使用面积，同时主张为达到此目的，要对私有土地进行必要的割让，国家按公正的价格对被割让土地的所有者予以补偿。与党纲相比，"42人方案"更明确地宣布："把土地转入劳动者手中是土地政策的主导原则"，不过这里所说的把土地转归农民，不是作为农民的私有财产，而是让农民长期使用。①

但政府不愿意接受杜马的要求，大臣会议主席戈列梅金在宣读政府咨文时完全否定了杜马答词的要求。戈列梅金也明确指出，绝对不允许按国家杜马所提出的方案来解决土地问题。政府对杜马要求的全部否定在杜马中引起了强烈的反响，就连打算同政府合作的右翼自由派都丧失了信心。古契柯夫当时写道："政府的回答绝对是个政治错误。对政治和经济要求的同时拒绝，使刚刚开始出现不和的反对派队伍又紧密地团结在一起！现在我们面临的选择是：'推翻'政府或'解散'杜马。哪种情况都会造成国家的巨大震荡。在第一种情况下我们会得到一个将把我们引向专制的无政府状态，在第二种情况下我们会得到一个将会导致无政府状态的专制。正如

---

① 参见刘显忠《近代俄国国家杜马：设立及实践》，社会科学文献出版社，2007，第131～132页。

你们所看到的，我认为这完全是一种进退维谷的形势。"①

政府与杜马之间的关系变得紧张，政府不满意第一届杜马的成员组成及其工作。杜马代表通过决议表示完全不信任政府，要求内阁大臣辞职。内阁大臣们则宣布抵制杜马，拒绝出席国家杜马的会议。国家杜马代表利用《国家根本法》赋予杜马的行政监督权，连续不断地向政府提出质询，指责中央和地方当局破坏国家现行法律。在第一届国家杜马存在的短暂 72 天中，杜马代表就当局的违法行为进行了 391 次质询，其中有 198 次是直接针对内务大臣斯托雷平的。② 杜马代表向人民的不断呼吁以及农民对杜马的积极响应，使得沙皇政府担心社会革命情绪加强，戈列梅金建议尼古拉二世解散杜马。1906 年 7 月 8 日沙皇下旨解散第一届杜马，选举第二届杜马。

第一届杜马工作 72 天的经验表明，立宪民主党人的做法是失败的，他们一方面试图说服政府履行《十月宣言》中的许诺，另一方面试图说服左翼革命党团相信，杜马将会以和平的方式实现国家激进的政治和社会经济改革。但他们试图说服双方终止对抗，寻找可以接受的妥协方式解决俄国复杂现实问题的努力，既没有得到支持，也没有得到重视。

第一届杜马的解散，使立宪民主党的领导面临两难的抉择：或者支持和平解散杜马，同时向执行权力证明，"我们与革命者没有任何共同之处"，或者号召选民支持杜马，以此表明他们与大众运动站在一条战线。立宪民主党很快做出了选择，即改变政治路线，从议会斗争方式转向革命斗争方式。1906 年 7 月 10 日，120 个立宪民主党代表与劳动派分子和社会民主主义者一起签署了《维堡宣言》，向人民呼吁消极地对抗专制政权：拒绝纳税，拒绝服兵役等。但是，立宪民主党的呼吁依然仅限于对政权的口头威胁，没有采取任何实际步骤组织坚决的行动对抗政府和保守主义力量。沙皇政府以《维堡宣言》为由宣布立宪民主党为非法组织，查封了党的机关报，在这份文件上签字的代表被终身剥夺国家杜马的选举和被选举权。到 1906 年 9 月，立宪民主党人根据政治局势的变化，调整了自己的策略，放

---

① 刘显忠：《近代俄国国家杜马：设立及实践》，社会科学文献出版社，2007，第 140 页。
② 参见陶惠芬《俄国近代改革史》，中国社会科学出版社，2007，第 358 页。

弃了《维堡宣言》。

而十月党人在第一届杜马中影响力不大，有16名代表。十月党人选择了支持解散第一届杜马，支持斯托雷平在1906年8月设立镇压革命的战地军事法庭。十月党人领袖古契柯夫声明，"我们国家复兴"的障碍不是政府，而是持续的革命。他坚决向各派自由主义者建议立刻"与革命脱离关系"，站到政府一方来。

立宪民主党立场的改变体现在他们准备第二届杜马竞选的纲领中。1906年立宪民主党党代会通过的选举纲领中强调，党走向第二届杜马"是为了立法，而不是为了在杜马中进行革命"。立宪民主党人在第二届杜马中的代表减少到98人（第一届为179人），但继续占主导地位。第二届杜马主席由立宪民主党中央委员Ф. А. 戈洛文当选。第二届杜马开幕伊始，就提出了"保全杜马"的口号，以挽救人民代表思想，挽救"立宪思想"。米留科夫在1907年2月16日立宪民主党中央全体会议上所做的报告集中反映了第二届国家杜马所推行的活动策略，放弃在第一届国家杜马中推行的所谓"进攻"的策略，只局限于从事立法工作，对内阁的法案进行修正，不再要求建立责任内阁，代之以享有杜马多数信任的内阁的比较灵活的提法。

与第一届杜马比较，立宪民主党人一方面放弃了自己的一些纲领性要求，他们提交的有关土地问题的"38人方案"比第一届杜马时提交的"41人方案"内容少了很多，有关强制征用的精髓被阉割，不再"滥用"对政府的质询，另一方面他们也没有与斯托雷平妥协，反对他有关农业的法令，同时依然坚决反对政府的其他一些措施。

十月党人在第二届杜马获得了43个席位，他们在第二届杜马工作之初，就与总理斯托雷平紧密结盟。他们在媒体上，在杜马讲坛上，都声明要坚决采取严厉措施镇压革命运动，证明战地军事法庭存在的合理性，谴责革命恐怖行为，反对社会民主党人、劳动派分子，甚至立宪民主党人的法律草案。在第二届杜马工作的103天内，杜马内部也进行了激烈斗争。尼古拉二世利用在力量对抗中占得上风的机会，在1907年6月3日解散了杜马，违反了国家根本法，未经国家杜马和国务会议的同意单方面改变了选举法，史称"六三政变"，开启了所谓"六三政制"时期（1907～1914），即沙皇、贵族和大资产阶级结成联盟，镇压革命运动，同时进行一些改革，扩大专制政权的社会基础。

自由主义者在第三届杜马中的策略路线，概而言之，就是适应"六三政制"。立宪民主党的支持率下降，在第三届杜马中有 52 个代表，失去了他们在第一届和第二届杜马中的那种领导地位。立宪民主党人也公开转变了立场。他们的右翼，如司徒卢威、马克拉科夫等人，号召走向"与历史上形成的政权相妥协"的道路，公开脱离群众运动。立宪民主党中央领导也考虑到国内政局的变化，在第三届杜马选举运动期间，米留科夫声明："现在我们有权利说，非常可惜，左翼是我们以及全国的敌人。"① 立宪民主党领导声明，他们准备在杜马工作"以取得一些局部的小胜利"。与继续相信"国家正沿着立宪方向前进"，不会发生任何革命的右翼立宪民主党人不同，立宪民主党中央领导并不排除爆发"第二次革命"的可能性。他们建议避免"1905 年的错误"，更为坚决地与左翼激进主义党派划清界限。

十月党人支持新选举法，他们在第三届杜马获得了 154 个席位，比第二届杜马中所取得的席位多了 112 个，第三届杜马主席在不同时期分别由十月党人 Н. А. 霍米亚科夫、А. И. 古契柯夫、М. В. 罗将柯担任。十月党取代立宪民主党成为第三届国家杜马的中心。用十月党人领袖古契柯夫的话讲，"十月十七日同盟"与斯托雷平签订了"相互忠诚的庄严条约"，双方的责任是在第三届杜马致力于贯彻广泛的改革纲领，进一步发展立宪原则。十月党人与政府合作，把主要精力放在了审议政府提交的法案上，通过了一些对国家生活具有重大意义的法案，如关于农业改革的法案、关于地方法院的法案、关于工人的社会保障的法案、关于西部自治的法案、关于国民教育的各种法案等。继立宪民主党人之后，十月党人也在杜马内加强了对中央和地方行政机构违法行动的批评。

在第四届杜马选举过程中，立宪民主党人提出了三个口号：选举法民主化，根本改革国务会议，形成对杜马负责的内阁。他们在第四届杜马获

---

① Шелохаев В. В. （отв. ред.）. Модели общественного переустройства России XX век. М., 2004. С. 361.

得了 50 个席位。在第四届杜马工作的最初一些日子，立宪民主党团积极提交各种法律草案，如有关普遍选举权，良心、会议、集会和出版自由，人身不可侵犯以及公民平等的法律草案等。

十月党人在第四届杜马中获得了 98 个席位，人数比上届有所减少，但罗将柯仍然被选为杜马主席。在第四届杜马中，十月党人左倾化，与立宪民主党人和左倾分子结成联盟。斯托雷平被刺杀后，沙皇尼古拉二世无视根本法以及自由主义反对派的要求，在贵族联合会议和宫廷佞党的鼓动下，大肆推翻改革成果，在这种情况下，十月党人也对自己的政治方针做出了修订。十月党人与政府之间的条约破裂，因为政府的政策已经"直接威胁到立宪原则"，政府的行为破坏了国家的基础，"使社会和人民革命情绪高涨"，濒临爆发新的革命。古契柯夫指出，"我们现在所经历的历史悲剧在于，我们不得不在捍卫君主制的同时反对那些理应维护君主原则的人，在捍卫教会的同时反对教会等级制度，在捍卫军队的同时反对军队的领袖，在捍卫政府权力威信的同时反对政府权力的载体"。①

在 1913 年 11 月的会议上，十月党人通过了具有反对情绪的决议，谴责政府破坏了《十月宣言》中提出的立宪原则和人身权利。十月党人内部也随之分裂。左派坚持杜马党团必须执行这次党代会的决议，而右派拒绝执行这个决定，中间派别要求妥协。结果十月党人的杜马党团分裂为三派，左派以古契柯夫为首，中派以罗将柯为首，右派宣称独立，实际上与杜马中的右翼结盟。十月党中央委员会失去了对自己的会议代表的影响力，之后中央委员会召开会议的次数逐渐减少。1915 年 7 月 1 日，机关刊物《莫斯科之声》停办。接下来中央委员会也不再召开会议。"十月十七日同盟"作为党派停止了自己的存在。但党的一些著名活动家，如古契柯夫、罗将柯，在 1917 年夏天之前在俄国生活中都起到了重要的作用。

在第四届杜马选举活动中，进步党人活动十分积极。进步党于 1912 年 11 月在彼得堡成立，是在第三届杜马中的自由主义党派和平革新党与民主

---

① Шелохаев В. В. （отв. ред.）. Модели общественного переустройства РоссииXX век. М., 2004. С. 363.

改革党的代表联合组成的"进步派"基础上形成的。这个党派以莫斯科工商业资产阶级为核心，这个党派的成立标志着"大多数受过高等教育的工商界第三新人已作为成熟、具有明确自我意识的资产阶级出现在俄国历史舞台上"。在第四届杜马的选举中，进步党人获得了 32 个席位，与他们同盟的党派一起共获得了 48 个席位。进步党人中有一些著名的大企业家，如 А. И. 科诺瓦洛夫、琅布申斯基兄弟、С. И. 切特维里科夫、С. Н. 特列奇亚科夫等。杜马中进步党人活跃也表明了俄国大资产阶级的势力加强。这个党的杜马活动纲领的主要思想是：（1）废除非常状态条例，消除行政机构违法乱纪现象；（2）废除 1907 年 6 月 3 日选举法；（3）扩大人民代表机构的权力；（4）改革国务会议；（5）言论、出版、集会和结社自由；（6）人身不可侵犯，良心自由；（7）帝国境内各民族拥有文化－民族自决权；（8）废除等级限制和特权；（9）改革城市和地方自治机构。在纲领的结尾处指出，必须在国内确立"大臣对人民代表机构负责的君主立宪制度"。①

　　1913 年末 1914 年初，自由主义思想家们积极寻找摆脱政治危机的途径。右翼司徒卢威认为，俄国当时经历的不是革命危机，而是立宪危机。在理论上有两种途径化解这种危机：或者"爆发革命"，或者"革新政权"（оздоровление власти）。司徒卢威反对通过革命的途径化解危机，呼吁走"革新政权"的道路，坚持必须集中力量"在和平的议会道路上团结所有进步人士以及保守力量"，建议吸收"社会自由主义人士"中的"健康分子"以及自由主义官僚进入政府。司徒卢威有关"革新政权"的口号没有得到立宪民主党人的支持。与"革新政权"的口号相对立，米留科夫提出了"孤立政权"（изоляция власти）的口号。他认为，为了实现这个口号，可以与左翼党派协调行动。但是米留科夫强调，立宪民主党人在何种情况下都不能"抹杀立宪民主党与社会民主党的界限"，"重复 1905 年的错误，当时在不得不与左派划清界限时，已经为时已晚"。米留科夫认为，"暴力的行动方法从来不会达到自己的目的"，他号召立宪民主党人"在确定自己的策略时不要受到我们左派邻居策略的影响"。米留科夫提出，应该只采取宪

---

① 参见刘显忠《近代俄国国家杜马：设立及实践》，社会科学文献出版社，2007，第 118 页。

法允许的手段，与志同道合者结盟，广泛地利用立法倡议和质询策略，使杜马成为政治斗争以及组织社会力量的积极因素。

1914 年 3 月，一些情绪比较激进的进步党人，如科诺瓦洛夫、琅布申斯基等，转而建议在杜马外成立反对派中心，团结左派十月党人、进步党人、立宪民主党人、人民社会主义者、孟什维克以及所有民族政治团体，向政府施加压力，实施 1905 年《十月宣言》中的许诺，但已经是以非议会的手段施加压力，如组织工人暴动、农民暴动、资产阶级的抗议等，然而他们在杜马外成立反对派中心的想法没有得到十月党人和立宪民主党人的支持，因此没能实现。

1914 年夏天，国内政治危机已经十分尖锐。1914 年 7 月开始的世界大战临时解除了爆发革命的危险。从战争之初起，自由主义者就显现出"爱国主义的热情"，号召忘记党派纷争，和政府统一行动。在 1914 年 7 月 26 日第四届杜马会议上，所有自由主义党团都庄严宣誓无条件支持政府。米留科夫的发言代表了自由主义反对派的立场："在这场战争中，我们大家应齐心协力。我们不提出条件和要求，我们只是在战争的天平上放上我们战胜敌人的坚强意志。"① 1914 年和 1915 年初，俄国的确比较平静，爱国主义情绪高昂，没有出现重大的革命和反对派暴动。

战争开始后，自由主义活动家把主要精力集中于建立各种社会组织并领导其实际活动。1914 年 7~8 月间，立宪民主党、十月党、进步党等自由主义政党先后发起成立了全俄地方自治联合会和全俄城市联合会。这两个组织具有合法地位，担负向军队供应医疗器材、组织救护人员、建立野战医院和军需仓库、疏散伤病员等任务，后来还参与了对军队的粮食供应。到 1916 年末，在其所属各类机构中工作的人员已达数十万。1915 年 5 月，在全俄工商代表大会上，自由资产阶级的代表、进步党人里亚布申斯基建议成立军事工业委员会，以动员私人企业承担国家订货。在各地相继成立军事工业委员会的基础上，当年 9 月组成了有工商界、地方自治机构和城市杜马、科技界以及工人的代表参加的中央军事工业委员会。在自由主义政党

---

① 姚海：《俄国立宪运动源流》，四川大学出版社，1996，第 189 页。

的策划下，1915 年夏秋，合作社联合会、帮助战争受害者协会、全俄劳动委员会等各种社会组织纷纷成立。

在所有这类社会组织中，起领导作用的是自由主义者。例如，全俄地方自治联合会主席格·叶·李沃夫曾是立宪民主党人，脱离该党后仍同其上层领导人保持密切的私人关系；全俄城市联合会总委员会以立宪民主党人、莫斯科市代市长布良斯基为首；中央军事工业委员会的主席和副主席分别由十月党领袖古契柯夫和进步党杜马党团领袖科诺瓦洛夫担任；合作社联合会的主席是立宪民主党中央委员沙霍夫斯科伊；帮助战争受害者协会主席也由立宪民主党中央委员戈洛文担任。

但是，在战争节节败退、政权严重瘫痪的状态下，从 1915 年春天起自由主义阵营中"爱国主义的恐惧"代替了"爱国主义的热情"。杜马自由主义党团再次成为政府的反对派，提出了成立受杜马信任的内阁的口号，这个受杜马信任的内阁由职业官僚和自由主义人士组成，应该能够带领战争胜利结束，实现一系列政治和社会改革，稳定国内局势，避免革命爆发。自由主义反对派为推动成立信任内阁大动干戈。

社会组织同国家杜马中的自由主义反对派互相呼应，向沙皇政权施加压力。地方自治联合会和城市联合会分别举行代表大会，抨击政府的无能，要求由这两个组织完全掌握对军队的供应事务，呼吁成立有社会活动家参加的新政府和召开杜马会议。充满反政府情绪的军事工业委员会代表大会也提出了类似的政治要求。正是在这种情况下，沙皇尼古拉二世被迫改组政府，其中包括任命由立宪民主党和十月党提名的波利瓦诺夫为军事大臣。①

1915 年 8 月，杜马党团联合成立了进步同盟，参加者有杜马中的进步党人、立宪民主党人、十月党人、民族主义者党团和国务会议中的学院派、中派和无党派成员。在当时 420 名杜马代表中，有 236 名代表加入了进步同盟，后来又增加到了 397 名。② 进步同盟并不是要推翻沙皇政府，而是要挽救政府，直到二月革命之前，进步同盟的策略整体上就是寻求与政权妥协，

---

① 参见姚海《俄国立宪运动源流》，四川大学出版社，1996，第 192～194 页。
② 刘显忠：《近代俄国国家杜马：设立及实践》，社会科学文献出版社，2007，第 226 页。

通过自由主义改革来防止革命。同盟的纲领是要求建立社会信任内阁，进行一系列改革，如更新地方管理机构，减轻民族限制，进行局部政治大赦，设立乡地方自治，恢复被政府取缔的工会等。

政府内部对进步同盟的看法有分歧，外交大臣 С.Д. 萨佐诺夫等多数人主张与进步同盟进行谈判，不过大臣会议主席戈列梅金反对进行任何谈判，他的政治哲学归结为一句话："只要我活着，我就要为沙皇政权的神圣不可侵犯而斗争。"[①] 沙皇尼古拉二世主张缩小杜马的权限，使其仅限于履行立法咨议机构的职能。1915年9月3日，尼古拉二世签署了中止国家杜马活动的法令，接着又罢免了具有自由主义思想倾向的大臣的职务，如内务大臣谢尔巴托夫、农业大臣科里沃舍因等。

自由主义者与政府的冲突达到顶峰，用米留科夫的话讲，转变为"公开的决裂"。从此时起，他们开始越来越公开地讨论革命的必要性以及不可避免性。保守的自由主义者马克拉科夫形象地阐述了1915年夏天俄国的政治局势，他说国家类似一辆在陡峭的悬崖边和狭窄的山路上疾驰的汽车，司机（政府）早就失去了操控力，但无论如何都不想自愿把方向盘交给有能力操控机器的同行者（自由主义者），后者并不敢从无能为力的司机手中暴力夺过方向盘，因为他们清楚地认识到，一个不小心的动作就会导致同归于尽的悲剧。这就是自由主义反对派所处的悲剧局面。

立宪民主党的领袖通常比进步党人，甚至一些左翼十月党人的立场更为温和。他们本来认为提出建立社会信任内阁的口号已经足够。这个口号完全可以为最高政权所接受，作为"阶梯"，在此基础上成立对杜马负责的内阁。随着危机局势的不断加剧，立宪民主党人的恐惧也不断加强。他们越来越关注1905~1907年革命的经验，试图摆脱1915年末1916年初国家面临的困境。1916年1月立宪民主党中央委员科科什金在分析国内政治局势时注意到两个事实：首先，自由主义反对派试图通过纯议会手段建立社会信任内阁的愿望破灭；其次，俄国社会回到了"古老的革命变革的思想"。他认为，在战争期间不能进行革命，因为革命会使俄国在战争中失

---

① Милюков П. Катастрофа самодержавия// Свободная мысль. 1997. № 2. С. 104.

败。但他指出，原则上"不能否认战争后爆发革命的可能性"。问题的实质不在于"是否会爆发革命"，而在于"很多人认为必须通过革命才能实现的那些目的最终能否实现"。他得出非常悲观的结论，如果一切都以革命的破坏方式进行，那么国内将不可避免地确立"军事专制和反动"。他认为，"只有在社会内部准备好建立新的制度，公众对于新制度的基础、实现新制度的方式都已经协商一致之时，进行革命才有意义。而在当时社会还没有做好这样的准备。因此，还会发生与 1905 年同样的场景，确切地讲，是政权将掌握在有组织的力量——官僚和贵族手中"。科科什金最后的结论是："不要对革命或者某种形式的变革寄予过高的希望。问题不仅在于取消目前掌权人士手中的权力，而且在于社会内部是否已经准备好将权力掌握在自己手中。"而俄国社会"内部并没有形成有关新组织的完善计划。社会并没有就新制度达成协议，也不能在短期内达成协议"。如同在 1905 年一样，在最关键的时候，社会将再次同时提出各种各样的要求："一些人追求议会君主制，一些人追求共和国制，一些人追求社会变革，一些人追求联邦制。也不会有统一的策略。结果会出现军事专制。"因此，在当前形势下"最为重要的、最为迫切的国内政治任务不是准备革命，而是将国内社会力量团结起来"。①

社会冲突形势严峻，又出现了召开杜马的呼声。尼古拉二世为了摆脱危机，也不得不舍车保帅，在 1916 年 1 月罢免了仇视国家杜马的大臣会议主席戈列梅金，任命二元制立宪君主制的拥护者，政府中右翼自由主义代表 Б. В. 斯蒂梅尔继任。1916 年 2 月国家杜马复会。但是，随着国家各种矛盾的尖锐化，国家杜马代表的情绪也激进化，大多数人认为社会信任内阁的要求已经不够，是时候以根本方式改变"我们整个的政治制度"，建立对杜马负责的内阁，这个政府"能够使人民挣脱羁绊，发动所有力量，鼓舞人民精神，使祖国摆脱当前所经受的苦难"。

到了 1916 年末，国内政治局势已经达到白热化的境地，立宪民主党人

---

① Шелохаев В. В.（отв. ред.）. Модели общественного переустройства РоссииХХ век. М.，2004. С. 369.

也对政府采取比较尖锐的立场。米留科夫 1916 年 11 月 1 日在国家杜马第五次年会上的发言中，激烈批评政府的方针，谴责皇后周围的"宫廷佞党"，谴责斯蒂梅尔政府准备与德国进行单独媾和的行为。他说道："现在我们知道，我们不能与这样的政府进行立法活动，这样的政府也不能带领俄国走向胜利。"立宪民主党的右翼人士马克拉科夫 1916 年 11 月 3 日在杜马发言时说道："我们向这个政权宣布：或是我们，或是他们，我们是不能共存的。"① 1916 年 10 月 31 日，进步党人脱离了进步同盟，决定采取比较坚决的反政府斗争方式。十月党人的领袖古契柯夫甚至开始准备像在 1825 年 12 月彼得堡的参政院广场一样的宫廷政变，这是自由主义阵营史无前例的举措。这种政变可以迅速完成，"牺牲最小，是国家最能接受的方法"。在古契柯夫及其支持者看来，宫廷政变完全可以成为国内严峻的革命形势下的另一种选择。

在 1916 年 12 月到 1917 年 1 月，自由主义者利用一切机会向政权声明它应该进行理智的妥协。米留科夫在 12 月 16 日杜马发言时强调，"目前我们经历着可怕的时刻。在我们眼前，社会斗争突破了法制框架，演变成为 1905 年那样无法控制的形式"。在这种极端局势之下，"一些看不清形势、缺乏理智的人还在试图阻止这种强大的浪潮，而我们与一些友好的力量希望与国家一起把这股浪潮引向法制的轨迹。老爷们，我再次重复，现在还可以做到这一点。但时不我待。当前的局势充满着火药味。在空气中可以嗅到临近的威胁。老爷们，为了不让动荡发展到我们所恐惧的那种形势，我们的任务显然是与国家力量团结在一起，预防出现这种动荡"。②

1917 年初，自由主义反对派领袖们已经充分感觉到了自己无力通过和平的方式改变国家政治事态的发展，用米留科夫的话讲，"因为与政府的斗争无果而厌倦"。同时，在需要坚强的意志采取积极的行动之时，他们几乎放弃了"对事态的领导权"，领导权转入了左翼激进主义党派和社会主义组

---

① 刘显忠：《近代俄国国家杜马：设立及实践》，社会科学文献出版社，2007，第 239 页。

② Шелохаев В. В.（отв. ред.）. Модели общественного переустройства РоссииXX век. М.，2004. C. 370 - 371.

织手中。自由主义者所能做的只是继续在塔夫利宫内与政府进行口头斗争。但是，自由主义者这种空洞的威胁言论，对沙皇官员起到的作用适得其反。政府清楚，杜马没有了群众的支持，只是一个无力的工具，完全可以绕过它自行其是。政府试图加强惩罚措施，如逮捕中央军事工业委员会的工人团体成员，先是阴谋破坏工人运动，后来武装镇压工人运动。沙皇政府的大臣们从未打算考虑立宪民主党中央委员罗季切夫 1917 年 2 月 24 日在杜马的最后一次，也是态度最为鲜明的一次发言，"我们在当前需要以饥饿的人民的名义，以为了自己的命运同外敌斗争的人民的名义，要求政权担负得起伟大人民的命运，担当得起我们祖国当前所面临的考验，号召俄国全体值得信任的人团结在政权的周围，我们要求首先驱逐那些为整个俄国所蔑视的人"。① 但是沙皇政权依然倾向于对人民使用传统的赤裸裸的暴力镇压，而自由主义反对派手中没有可以使用的暴力力量，1917 年二月革命事件使他们措手不及。

十年之后，米留科夫在思考二月革命时指出："杜马没有培育新的革命：从这一点来说杜马过于忠诚和温和。但杜马也没有预防这次革命的危险。"② 确实，沙皇制度是被自发的群众运动所推翻，但完全无视自由主义反对派的活动在沙皇政权覆灭中的意义也是不正确的。自由主义反对派通过自己议会内外的活动，揭露专制制度的缺陷，导致了国内政治局势危机的进一步深化。在沙皇政府"大厦倾覆"的进程中，国家杜马也起到一定的作用，用米留科夫的话讲，杜马"似乎成为一个储藏社会不满的蓄电池，一个强大的传播喉舌，通过它把人民群众盲目的、无形的不满和愤怒情感变成了政治上有意识的、清晰的政治学说，并回馈给人民"。③ 尽管自由主义学说整体上具有温和的性质，但是它促进了俄国社会中形成某种思想明确的反对派阵营。所有这一切扩大了反对专制制度的斗争阵线，自由主义党派和左翼激进主义者力量的联合，使专制制度史无前例地迅速崩溃，以

---

① Шелохаев В. В.（отв. ред.）. Модели общественного переустройства РоссииXX век. М.，2004. С. 371.

② Милюков П. Н. Россия на переломе. Париж，1927. Т. 1. С. 11.

③ Милюков П. Н. Россия на переломе. Париж，1927. Т. 1. С. 11.

此推动了俄国第二次革命的胜利。

二月革命之后成立的临时政府，关键岗位都由立宪民主党人担任，著名的政治和社会活动家、立宪民主党成员李沃夫任临时政府总理兼内务部长，立宪民主党领袖米留科夫任外交部长，盛加略夫任农业部长，涅克拉索夫任交通部长，曼努伊洛夫任教育部长，在总共由 13 人组成的临时政府中，立宪民主党及其追随者就有 6 人。第一届临时政府成员，利用自由主义理论家和思想家以前数十年积累的丰富经验，着手建立俄国民主社会和法治国家所必需的基本制度。

临时政府宣布成立俄罗斯共和国，颁布法令：实行言论、出版和结社自由；废除宗教信仰和民族的各种限制；大赦全部政治犯和宗教罪犯；全体居民不论宗教、社会成分和民族都享有居住、迁徙的自由，拥有私有财产和参加工商业的平等权利，也有参政权以及受教育的权利。临时政府还计划进行宪法、行政区划、军事、地方自治、议会等方面的改革。例如，1917 年 3 月，临时政府召开了关于地方自治改革的特别会议，会议主席为 C. M. 列昂季耶夫。在为期 6 个月的会议中，制定出了一系列法律文件，把地方自治机构推广到全国各地，还建立了乡级地方自治机构，形成了省、县、乡三级地方自治制度。取消了对地方自治独立性的禁锢和压制，地方和城市自治机构之间有权成立联盟和合作社，完善建立在民主原则之上的选举制度。对警察局进行改革，使之成为由选举产生的地方自治和城市警察局。

地方自治机构履行如下职能：为居民提供法律援助，管理学校事务，组织劳动交易所，通过确定地方税收规范财政问题等。总体而言，自治机构起到地方权力机构的作用，是与行政机构平行的制度。1917 年 4 月 15 日的"关于城市杜马议员选举程序"，1917 年 5 月 25 日的"关于省和县地方自治局议员选举程序"，1917 年 6 月 9 日的"关于城市的社会管理"和"关于省地方自治机构现行条例的变化"，1917 年 7 月的"关于乡村管理"等法律，实质上取消了过时的等级制度，切实推进了地方管理和自治的民主化。然而，自由主义者们的所谓理智改革措施同人民群众的要求并不符合，俄国的自由主义运动获得成功靠的是群众运动，而群众运动具有明显的非自由主义色彩。广大人民的要求非常具体，他们要求解决的是和平、土地和面包问题，对民主、自由等抽象要求不感兴趣。

在土地问题方面，农业部起草的临时政府宣言禁止夺取地主土地，声明这个问题只能由立宪会议解决。盛加略夫领导的农业部的实际措施仅限于没收已经属于国家财产的皇室土地，这个措施没有给农民带来任何好处。广大农民认为，不能寄希望于临时政府解决土地问题。临时政府所采取的粮食垄断的方式也没有能够解决当时的粮食危机问题。米留科夫作为临时政府的外交部长主张继续进行战争，企望战后获得君士坦丁堡和黑海两海峡，他照会各国政府，重申俄国对外政策不变，保证"将世界战争进行到彻底胜利"。照会一公布，就激起了群众的愤怒，街头出现游行示威，示威者高喊"打倒米留科夫!""和平万岁!"等口号。米留科夫不得不辞职，立宪民主党和社会主义者联合执政的联合内阁成立。联合内阁成立后依然没有解决和平和土地问题，危机再次出现。

临时政府从其诞生的那一刻起就处于一种神奇的状态，与其并存的还有另外一个政权——工兵代表苏维埃，后者执行与临时政府完全不同的政治路线。这两个政权都追求取得优势地位，结果使国家执行权力的所有环节都被削弱，呈现出无政府混乱状态。7月，首都工人和士兵举行了大规模的示威游行，参加者达到50万人。联合内阁派兵镇压，死伤700多人。7月危机事件之后，社会革命党人克伦斯基接替了立宪民主党人李沃夫担任临时政府总理兼陆军部长，宣布组织和鼓动示威者为"革命的叛徒"并加以逮捕，两个政权并存的局面不复存在，临时政府夺取了全部政权。

临时政府总理克伦斯基任命科尔尼洛夫为俄军最高司令，克伦斯基企图依靠军队巩固其统治，而科尔尼洛夫则妄想利用临时政府实现其个人野心，建立军事独裁。9月，科尔尼洛夫以俄国在前线失败为借口，命令军队向莫斯科和彼得堡进军，向克伦斯基发出最后通牒，要求临时政府全部辞职。克伦斯基不得不宣布撤销科尔尼洛夫总司令的职务。临时政府的部长们集体辞职，再次出现政治危机。然而，立宪民主党人却劝说克伦斯基妥协，满足科尔尼洛夫的要求，克伦斯基无奈之下求助于苏维埃，关键时刻苏维埃显示出了巨大的力量，在苏维埃中央执行委员会的号召之下，首都的工人和士兵抵御了叛军的进攻，科尔尼洛夫被捕。

立宪民主党的领袖们在 7 月危机之后以拯救俄国避免经济崩溃和领土分裂的名义，同意科尔尼洛夫将军在国内临时实行军事专政，这事实上是承认他们以前的自由主义理论全面破产。这个决定并非轻易做出，也并非所有中央委员会成员都同意这种极端的措施，因为他们清楚地意识到专政的后果，在二月革命前就对此发出过警告。但是，立宪民主党多数领导人认为，已经没有其他方式来摆脱危机局势。立宪民主党领导同意在国内实行军事专政时考虑到，如果科尔尼洛夫夺权的做法失败，立宪民主党以及整个自由主义反对派的处境都可能十分危急。事实正如他们所料，科尔尼洛夫夺权失败后，立宪民主党与左翼激进社会主义党派的关系白热化，后者认为他们是将军暴动的帮凶，也是民主革命的敌人。

临时政府统治期间，俄国社会出现了一些严重的破坏性进程，国家领土完整被破坏，民族矛盾和种族战争加剧，芬兰、波兰、西伯利亚、穆斯林地区声称脱离俄国，地方分立主义甚至在大俄罗斯地区也明显加强，高加索地区农民发生骚乱和暴动，席卷了国家绝大多数地区。临时政府自由主义领导无力应付，把所有迫在眉睫的重要政治问题的解决都推迟到立宪会议召开。1917 年短短几个月内临时政府经历了多次严重危机和人员更新。

1917 年十月革命之后，布尔什维克和左派社会革命党人对自由主义者特别是立宪民主党人采取了大规模的行动，立宪民主党的活动范围明显缩小，影响力降低，他们在立宪会议选举中只获得了不到 5% 的选票，这也表明了群众意识的激进化。

国内战争开始后，临时政府时期失败的"民主经历"，对革命机构和组织心理上的抗拒，以及国内战争的极端条件，使自由主义者迅速地抛弃了民主制度。自由主义者所采取的核心策略是，在推翻布尔什维克统治，召开具有立宪职能的国民会议之前，先确立一长制专政。立宪民主党人把专政看成"重建俄罗斯国家的唯一道路"。他们甚至提出了"以民主的名义专政"的口号。立宪民主党中央委员 A. B. 特尔科夫公开声明，军队应该占第一位，而民主纲领应该居次席。对于部分自由主义者来说，民主理想本身也明显暗淡了。他们不再建议成立任何国家立法的或立法咨议的机构，但并不反对成立附属于最高统治者的特殊会议，"由最高统治者任命的成员组成，完成最高统治者命令的任务"。地方自治的民主原则也被阉割。1919 年5 月立宪民主党会议决定，在过渡时期不能保留地方和城市自治局的选举原则，这些机构成员应该由政府在社会活动家中任命；赋予行政机构以权力解散城市杜马和地方自治会议，指定新的城市和地方自治选举。

由此可见，在 20 世纪初，自由主义思想家和政治家的纲领和策略弹性很大，根据国内时局、社会和政治力量的分布及时进行调整：从追求与政权机构在可以接受的妥协之上进行合作到承认和支持暴力革命行动。在国内战争的极端情况下，自由主义者甚至支持军事专政，在政治和社会动荡的局势下以"维护稳定"的名义对民主原则进行各种阉割，甚至抛弃民主制度。从某种程度上讲，很难把他们与温和的社会主义者和保守主义者区别开来。俄国自由主义者对未来社会的理想体制特别是实现道路问题看法不同，在理论层面上的分歧很深，他们在理论上的分裂导致了在纲领和组织领域的分裂，所有试图制定统一纲领，成立统一的自由主义党派的做法都无果而终。俄国没有统一的自由主义党派，取而代之的是存在若干个自由主义党派，这不能不影响到他们政治方针的整体效果。

1917 年 2～10 月，俄国历史给了自由主义政党一次机会，但他们没有抓住这次机会。自由主义领导者公式化的西方中心思维甚至转变成了乌托邦主义，与俄国的现实相矛盾。俄国的现实是集体主义传统，俄国人民心理状态的原始意象永远是传统主义的，倾向于国家主义、家长作风，倾向于有机的而不是"公民的"团结合作，倾向于"真理"而不是形式上的"法律"。国内战争结束后，俄国自由主义者开始流亡，他们在流亡时期，只剩下"空中楼阁"的创作，在政治实践上毫无成效。自由主义历史学家和作家、前立宪民主党成员 M. 阿尔丹诺夫在流亡时期对俄国自由主义者实现西方中心倾向的现代化方案令人失望的结局做了总结："把俄国转变成为英格兰的实验没有成功。"[1]

俄国自由主义不被专制制度和保守主义力量所接受，专制政权到 1917

---

[1]　Цит. по: Иоффе Г. З. Семнадцатый год: Ленин, Керенский, Корнилов. М., 1995. С. 37.

年 2 月崩溃之时都采取了一切可能的措施制约自由主义反对派通过议会达到自己的目的。1917 年二月革命后，立宪民主党曾经试图借助国家机器失去平衡能力的时机，实现自己的理想模式，但是没有获得成功。自由主义者也没能够解决人民群众所关心的"和平与土地"问题，把厌倦了战争和沙皇政府不作为政策的民众吸引到自己一方。俄国社会和政治冲突极端尖锐，社会结构严重对立，社会"上层"和"下层"在各方面都存在难以打破的壁垒，不可能通过议会的途径和方式说服他们成为政治上的合作伙伴。意识到"劝说"方式没有作用，自由主义者采取了对俄国知识分子来说不容易做出的决定：支持军事专政，希望通过军事专政赢得对布尔什维主义的胜利，然后再重新去着手实施自己的纲领。但是，军事专政的政治实践整体上与自由主义者的思维模式相违背，最终自由主义以悲剧收场。

俄国自由主义失败是一系列因素的综合影响的结果。自由主义知识分子带有俄国知识分子整体上所特有的那些"天生的烙印"：倾向于抽象的理论建构，在理论和纲领上都保留着对社会公正的幻想，对俄国弥赛亚主义的幻想。俄国自由主义者整体上依然是乌托邦主义者和幻想家。他们提出了自己的理论模式，准备按照西欧模式对俄国进行改造，但他们很少考虑俄国现实的情况，他们所认为的应该做的与希望做的和现实情况之间的"距离"是如此遥远，因此他们所提出的模式并不适应俄国的历史环境。同时代的 Л. В. 乌斯宾斯基在《一个彼得堡老人的日记》中阐述了他对立宪民主党人的看法："什么是真正的立宪民主党人？他们骨子里都是知识分子：一半是政治活动家，一半是教授……他们所有人无疑是西方派……但是，他们所有人，从自己的思想领袖米留科夫开始，都是……优秀的理论家……他们精通古罗马的政治、克伦威尔的时代……他们在涉及过去的一切——无论是远古史，还是近代史，都造诣极高。但是他们对当代生活现实却一无所知。"[1] 后来的"路标派"和流亡侨民在"自我反省"时非常清楚地阐述了俄国知识分子整体上的特点，特别是他们"激进的自由主义"色彩，以及他们本质上的教条主义、乌托邦主义、理想主义、公式化和无

---

① Кара – Мурза С. Г. Советская цивилизация. М., 2008. С. 92.

根性。

与拥有中产阶级坚定支持的西欧自由主义不同，俄国自由主义受制于历史条件，没有西欧那种广泛的、稳固的社会基础。中产阶级是自由主义思想的载体，以及实施和巩固系统的自由主义改革、建设民主社会和法治国家的基础。俄国社会缺乏理解自由主义思想的社会阶层。俄国自由主义的任务在于，通过实现自己的纲领在可以预见的将来建立中产阶级，把君主制的臣民变成真正的公民，从真正的公民中培养中产阶级，建立相应的社会基础，在俄国确立民主社会和法治国家。考虑到俄国的落后，自由主义者为了使自己的意识形态在社会中扎根，实施系统的改革纲领，需要很长的历史时期。在 20 世纪初俄国系统危机的条件下，俄国自由主义者没有所需要的足够的时间。

第二节　20 世纪初保守主义政治实践

到 20 世纪初，俄国保守主义与其他政治流派一样没能够形成统一的团体。俄国保守主义者尽管拥有共同的目标，都主张维护国家专制制度，但内部存在观点分歧。一些人维护亚历山大二世所进行的改革，呼吁继续改革政策，认为拯救君主制的唯一途径是在保证专制制度不可动摇的基础上实行国家所迫切需要的改革，只不过他们坚决反对宪法、议会、司法独立等西欧国家制度的"海外发明"，要求对亚历山大二世的改革略作调整或补充。另一些人否定亚历山大二世的大多数改革，在他们看来，这些改革是俄国根本不需要的，这样改革的后果是国家出现了恐怖主义运动，民众道德堕落，摧毁了作为国家专制秩序坚定支柱的贵族等级。他们强烈要求对亚历山大二世的一些改革进行修正，不想采取任何进一步的改革措施以及对时代精神做出任何让步。

在亚历山大三世统治时期领导保守主义派别的正教公会总检察官波别多诺斯采夫的影响力在尼古拉二世时期虽然有所削弱，但仍然很显著。波别多诺斯采夫思想敏锐，洞察到了从 80 年代初到 90 年代中期社会情绪的变化。在 1881 年亚历山大二世被暗杀时，民意党人的恐怖活动并没有得到社会舆论的广泛支持，因此当时他向刚刚登基的亚历山大三世呼吁，"只要您在任何情况下都不走以前的那种改革道路，胜利就会向您招手"。他在亚历山大二世去世五天后写信给新沙皇，"这一天让我刻骨铭心……疯狂的恶棍打死了陛下的父亲，任何让步都不能让他们满足，他们只会更为残暴。只能通过与他们的斗争才能连根拔除邪恶的种子，这是生与死的斗争，血与铁的斗争。哪怕在战斗中死亡，只是为了赢得胜利"。[①] 十五年后的情况已然不同。这些年来，虽然没有恐怖炸弹，但自由主义社会活动越来越积极。波别多诺斯采夫在 1895 年 1 月为新沙皇尼古拉二世起草对地方自治分子请求的回应时，提到的已经不是进行"生与死的斗争，血与铁的斗争"，而只是要求他们"停止虚幻的梦想"。[②] 波别多诺斯采夫对尼古拉二世的影响力削弱的原因之一是后者的性格。新沙皇与自己的父亲不同，意志薄弱，骨子里不喜欢波别多诺斯采夫这类性格坚强的人。但波别多诺斯采夫不想放弃，继续积极鼓吹自己的观点。他在其名著《我们这个时代的伟大谎言》中尖锐地批评自由主义的基本思想，特别是"一切权力来自人民，根基于人民的意志"的思想以及由此出现的议会制理论，他在有关"陪审团法院""出版""法律""人民教育""精神生活""教会""权力和权威"等一系列文章中，一贯地从保守主义的立场批评现实，但没有提供任何积极的东西，其保守主义思想在 20 世纪初没有进一步发展，依然是顽固地维护传统制度不可动摇。

季霍米罗夫 1889 年在波别多诺斯采夫的帮助下返回俄国，逐渐成为保守主义思想的主要理论家，为保守主义理论带来了很多新思想。这在很大程度上是由于他非常了解对手——革命者和自由派，以及他们的思想、组织和战术。他不无理由地写道："我很害怕，我现在看到和理解的东西，别人还困惑不解，当他们也认识到这一点，为时已晚。"[③] 他写信给内务大臣

---

① Гросул В. Я. (отв. ред.). Русский консерватизм XIX столетия : идеология и практика. М., 2000. С. 386.

② Гросул В. Я. (отв. ред.). Русский консерватизм XIX столетия : идеология и практика. М., 2000. С. 386.

③ Гросул В. Я. (отв. ред.). Русский консерватизм XIX столетия : идеология и практика. М., 2000. С. 388.

杜尔诺沃，表示非常愿意宣传"君主制度对俄国的必要性"。

他在 1905 年完成了他的经典著作《君主制国家体制》，论证了君主制度对俄国的必要性，提出了专制国家制度建设的规划。相比波别多诺斯采夫，季霍米罗夫认为，为了加强专制绝对有必要进行一定的改革，虽然保守主义本质上反对革命，但不能只局限于单纯的否定，也要看到社会进步运动，即他也主张进步，只不过是进化方式的进步。他提出了保守主义改革理论，主张将专制制度与国家建设中的新趋势结合起来。1906 年之后，他接受了代表制的思想，认为在专制国家最适合的是建立在等级原则而不是党派原则之上的人民代表制。他建议实现君主制与这种人民代表制的结合，代替当时俄国确立的两院制议会代表制度。季霍米罗夫的很多文章不止一次被收录成集出版，被俄国社会高层所接纳。著名的保守主义活动家之一 A. A. 基列耶夫将军写道："君主读了他的一篇文章后，感动得热泪盈眶。"①

面对当时国家资本主义发展、工人运动浪潮汹涌的局面，季霍米罗夫与经典自由主义所主张的国家不干涉社会事务的思想对立，提出国家不应该实行不干预经济社会领域以及只支持一个阶级或等级的政策。他认为，国家是社会关系的仲裁者，国家的作用在于其位于各阶级之上，协调他们之间的关系，如果国家不考虑这一点，就会有其他组织来代替国家做这一切。国家必须早日解决工人问题，帮助改善工人的状况，把工人"拉拢"到自己一方。如果不这样做，工人就会成为社会主义思想，首先是马克思主义的"无产阶级国家"理论日益普及的温床。季霍米罗夫预测，这样下去社会主义革命几乎不可避免。他在 1896 年写道："在不久的将来，真正的危险……威胁不是来自无政府主义，而是社会民主主义。这种运动绝非轻而易举就可战胜，甚至几乎是无法战胜。"②

季霍米罗夫认为，工人容易受到社会主义思想的吸引并不是因为他们

① Гросул В. Я. (отв. ред.). Русский консерватизм XIX столетия : идеология и практика. М., 2000. C. 390.

② Тихомиров Л. А. Критика демократии. М., 1997. C. 141.

大多数人不久前刚走出农村，失去了与村社的联系，而是因为企业主侵犯了社会公正的原则，并且政府执行了错误的政策，导致在工人心目中政府政策只是在维护企业主的利益。他就此写道："如果工人作为俄国社会成员的权利仍然被侵犯，他们的尊严仍然被肆无忌惮地冒犯……那么他们道德上的良知就会变得迟钝，陷入奴隶似的麻木，这种状态孕育出来的只能是某种疯狂的反抗，非常相似于酒醉后的狂暴。"①

他提出政府应该尽一切努力改善工人阶级的经济状况。国家应该调控雇主与工人之间的关系，建立受政府监督的工人组织："国家监督和干预可以保障工人免受企业主剥削和私欲的侵犯，在有争议的情况下进行适当的调解，保障工人必要的劳动环境等。"季霍米罗夫强调，工人组织迟早会出现，政府再晚些入手，只会使其通过革命者之手建立。反之，政府出面设立这样的"工会"，国家将充当工人利益"庇护者"的角色，也就从革命政党手中抢过了主动权。② 他的主旨思想是将发达的资本主义工业与等级性质的社会结构以及旧的国家制度结合起来，在现行制度框架下解决工人问题，缓和社会矛盾，避免爆发革命。季霍米罗夫有关工人问题的解决方案，有一些在现实生活中获得了贯彻。内务大臣斯托雷平邀请他当自己的参谋，实行"警察社会主义"政策，在政府机构的庇护下建立合法的工人组织，以转移工人对革命斗争的关注度，削弱激进的革命组织在无产阶级中的影响力。

《公民》杂志主编 B. П. 梅谢尔斯基公爵也以自己的方式积极宣传保守思想，他与亚历山大三世和尼古拉二世的关系非常亲密，担当着沙皇顾问的角色。1902年夏天，他得到沙皇的许可，完成了历时几周的横跨伏尔加河中流9个省份的旅行。他在旅行中了解到农民的状况和情绪，就此写道："无论在什么地方，只要您和自己遇到的第一个农民攀谈，您就会相信，对地主土地的追求是农民不满的原因。"③ 梅谢尔斯基向沙皇呈交了一份详细

---

① Тихомиров Л. А. Рабочий вопрос и русские идеалы // Апология веры и монархии. М. 1999. С. 323.

② Тихомиров Л. А. Христианство и политика. М., 1999. С. 554 – 555.

③ Гросул В. Я. (отв. ред.). Русский консерватизм XIX столетия: идеология и практика. М., 2000. С. 391.

的奏章，强烈谴责 1861 年农民改革及随后 30 年政府有关农民问题的所有政策，认为政府的行动就是一连串的错误。政府在这一段时间的做法只是纵容农民侵犯地主的利益。在他看来，为了避免产生"新的普加乔夫分子"，有必要加强对农民的管理，把农民完全交给受省长监督的地方长官管理。他的口号仍然是"倒退"，退回到尼古拉一世统治时期。"对于新的事物不能退让一步。相反，你需要竭尽全力去战胜它。"①

然而，任何严格的管理都不能阻止农民积蓄了数十年且逐年增长的不满情绪的爆发。1902 年春夏在波尔塔瓦、哈尔科夫、库班和南方其他地区爆发了农民起义，沙皇政府为了镇压起义动用了几万名士兵。不久，工人罢工席卷俄国南部。梅谢尔斯基面对骚乱的局势惊恐不安，他多年来要求对所有反对派和持不同政见者采取严厉的政策，现在见风使舵，开始指责官僚机构忽视人们的需求。他强烈反对一些官员的远东冒险路线，为此公开写信给尼古拉二世，但沙皇没有采纳他的顾问的建议，而且有些恼火，如同所有意志薄弱的人一样，他很固执，不愿意听取别人的反对意见，另外，他与内务大臣普列维一样，认为需要一场"小小的胜利的战争"来安抚民心。

但是，战争并没有给专制政权带来胜利的桂冠，战争初期，俄国海军损失惨重。沙皇和普列维所设想的通过一场"小小的胜利的战争"作为缓和社会不满和革命情绪的避雷针，结果是使其转变成了催化革命的兴奋剂。

沙皇政府迫于时局的压力，在 1905 年 10 月 17 日颁布宣言，宣布成立国家杜马。面对自由主义和革命流派力量的加强，国家制度的变化，以及国家杜马的成立，保守主义者在 20 世纪初也成立了右翼君主派政党和联盟，维护专制政权，拉拢群众以同自由主义特别是革命党派相对抗。

保守主义党派也被统称为"黑帮"。"黑帮"的俄文为"черносотенцы"，直译为"黑色百人团"，原指城镇纳税居民。自由派和革命派用这个称号来称呼右翼保守党派。右翼保守党派并不拒绝这个称号，甚至对获得这一绰

① Гросул В. Я.（отв. ред.）. Русский консерватизм XIX столетия：идеология и практика. М.，2000. С. 391.

号感到很荣幸，因为所谓"黑帮"是指干粗活的普通工人。与此同时，他们更愿意称自己为"真正的俄罗斯人""爱国者""君主派"。

1905 年革命事件促进了黑帮运动的发展。在这一年，"俄罗斯人民同盟"在彼得堡成立，莫斯科出现了由保守的《莫斯科新闻》编辑出版人 B. A. 格林格穆特创立的俄罗斯君主党，后来改称"俄罗斯君主联盟"。1906 年上层贵族成立了自己的保守党派"联合贵族"。1908 年若干小的保守主义党派联合成立了民族保守主义党"全俄罗斯民族同盟"，由巴拉绍夫和舒里金领导。1915 年又成立了保守主义党派"祖国爱国主义联盟"，领袖是奥尔洛夫和斯克沃尔佐夫。在 1905 ~ 1911 年间还存在"俄罗斯人同盟"。

黑帮组织思想纲领是在"东正教、专制制度和民族性"官方意识形态基础上维护专制制度不可动摇，持极端的民族主义和反犹主义，不允许犹太人担任国家公职，禁止他们在城市居住区外租赁或者购买土地，剥夺犹太人的所有权利，把他们从有基督教儿童学习的学校中赶出去。他们通过反犹太主义在人民意识中创造一种日常威胁的感觉，创造敌对力量的形象，通过反犹宣传把俄国人民团结起来。黑帮运动在最初受到了具有忠君情绪的人民的支持，1905 ~ 1906 年君主派组织的领导人认为自己的信徒至少有 300 万人，而警察署认为到 1908 年初在 78 个省共有 358758 名最大的黑帮政党"俄罗斯人民同盟"的成员和 47794 名其他君主派组织的成员。[1] 黑帮组织成员的社会出身非常广泛，从贵族、地主、僧侣、城市大小资产阶级、商人、手工业者、哥萨克，到工人和农民。到 1907 年底，国家的 66 个省和地区建立了黑帮组织。

黑帮的最高组织机关是"俄罗斯人民代表大会"。代表大会的决议只具有建议性质。黑帮领袖们曾经多次想建立统一的中央，但是都没有成功。当时出版了很多保守主义刊物，如《俄罗斯会议事记》《俄罗斯会议消息》《俄罗斯会议通报》《俄罗斯旗帜》，外省也创办了一些保守主义刊物，如雅罗斯拉夫尔的《俄罗斯人民》、哈里科夫的《和平劳动》等。黑帮成员在工厂工人中建立组织宣传自己的思想，如彼得堡的"与革命和无政府主义积

---

[1]　刘显忠：《近代俄国国家杜马：设立及实践》，社会科学文献出版社，2007，第 119 页。

极斗争协会"、基辅的"俄罗斯工人联盟"。在都城和地方城市都成立了战斗队进行恐怖行动,刺杀革命领袖。

俄国第一个黑帮党派"俄罗斯会议"出现较早,于 1900 年 11 月在圣彼得堡成立。"俄罗斯会议"成员大都是高官显贵和从事创作的知识分子。这个组织成立的起因是,诗人 B. Л. 韦利奇科在他的圈子内抱怨说,有一种模糊不清的,却直觉必然会发生的预感一直困扰着他,某种"黑暗的力量"将会控制俄罗斯。他建议成立一个俄罗斯人的联盟,准备在未来俄国面临攻击时能够进行抵制,"俄罗斯会议"党由此开始形成。1901 年 1 月,党的组织章程准备完毕,也选举出了党的领导,俄国历史上的黑帮运动从此出现。

党的组织章程由内务大臣杜尔诺沃批准,章程用词温暖,充满着美好的希望,提出维护俄国人民的宗教、教育、经济、法律和政治利益。最初,"俄罗斯会议"类似于斯拉夫流派的文艺俱乐部,知识分子、官员、僧侣和地主聚集在一起相互交流思想,以文化和教育目标为主,安排讨论报告以及组织专题晚会。每周五探讨政治和社会问题,每周一探讨文学和艺术问题。从 1901 年起,除每周一和周五外,还召开单独的会议。"俄罗斯会议"的文化、教育和政治活动促进了保守力量的联合,各种拥有保守思想的人士和团体都先后加入了这个组织,包括保守主义理论泰斗季霍米罗夫。

早在 1901 年,"俄罗斯会议"就有 1000 多人,1902 年又增加了 600 多人。在政治活动方面,从 1904 年开始,定期向沙皇呈交奏章和报告,组织代表团觐见沙皇,并在期刊上进行宣传。戈利津和沃尔孔斯基公爵、阿普拉克辛伯爵等显贵,以及莫尔德维诺夫、列昂季耶夫、布拉托夫等很多社会知名人士都曾被列为代表团成员。尼古拉二世喜欢和信任这个保守主义党派,热情地接待代表团。

"俄罗斯会议"在性质上属于精英组织,与人民没有任何交集,其活动也没有引起知识分子的响应。这样一个组织当然无法抗拒革命,在 1905 ~ 1906 年革命动荡时期,"俄罗斯会议"无所作为。1906 年 2 月,"俄罗斯会议"在圣彼得堡组织了全俄代表大会,这个组织从这时起才成为事实上的党派,当时通过了党纲,对章程做出修补,成为右翼君主派政党。

　　"俄罗斯会议"成员可以选举和当选国家杜马和国务会议成员。但这个政党并没有及时建立起独立的党团。第一届和第二届杜马都没有给"俄罗斯会议"机会，所以党决定不提名候选人，他们认为不能与主张限制专制制度、分裂国家的自由主义政党结盟，于是投票给左翼党派，以此手腕对抗十月党和立宪民主党。在1907年杜马选举法改变，局势变得有利于右翼党派之后，"俄罗斯会议"还是决定不推选自己的候选人，建议自己的成员投票给其他的君主党派。在第三届和第四届杜马"俄罗斯会议"同样不建议自己的成员与中派的十月党人联盟，甚至是与温和的右翼民族主义党派结盟。随着时局的发展，"俄罗斯会议"内部出现了思想分歧，争论不休，不断有人退党。到1914年，这个党的领导人决定使党彻底非政治化，认为解决冲突的正确方法是集中力量进行教育和文化活动。结果，到二月革命之前，"俄罗斯会议"已经软弱不堪，成为人数寥寥无几的斯拉夫派小组。

　　"俄罗斯人民同盟"是最大的黑帮政党，这个政党于1905年11月在彼得堡成立，是在医生杜勃罗文、修道院院长阿尔谢尼亚和艺术家马伊科夫的倡议下成立的。该同盟一开始是一个地方组织，后来影响越来越大，联合了大多数从前独立的黑帮组织。同盟的日常事务由一个总委员会主持，地方分部设有省委员会、市委员会、县委员会和最基层的村小组。同盟实行严格的等级制和集中制，正式的机关报为《俄罗斯旗帜》。[①]

　　"俄罗斯人民同盟"的领导人是"俄罗斯会议"的成员 A. И. 杜勃罗文。他的职业是医生，但组织能力超强，政治敏感、精力充沛，很擅长与政府和行政部门周旋，并说服许多人相信，只有群众的爱国主义才能挽救国家，必须成立一个团体，组织群众行动和个人恐怖。20世纪的保守主义党开始从事恐怖活动，这是一种新的现象。不过，这次恐怖活动得到了政府全方位的支持。沙皇对"俄罗斯人民同盟"寄予厚望，认为哪怕是恐怖活动也要好于其他保守党的无所作为。

　　1905年12月，"俄罗斯人民同盟"在米哈伊洛夫斯基广场组织了大规模集会，大约有2万人参加。一些著名的君主主义者、主教发言。参与者们

---

　　①　参见李永全《俄国政党史》，社会科学文献出版社，2017，第38页。

都精神振奋，表示愿意团结合作。沙皇接见了代表团，听取了报告，并接受了同盟领导赠送的徽章。沙皇和王储时不时佩戴同盟的徽章。这个组织以惊人的速度发展，几个月内几乎在国家所有大城市开设了分部，成为俄国最大、最有影响力的右翼组织。

"俄罗斯人民同盟"章程言简意赅，被认为是所有君主派团体章程中最佳的。其中包含了党的主要思想、行动纲领和发展战略。同盟的宗旨是发展俄罗斯民族国家自我意识，将全俄人民团结起来为俄罗斯帝国造福。在章程的起草者看来，国家幸福蕴含在传统的国家意识形态"东正教、专制制度和民族性"之中。同盟纲领坚决反对实行立宪或议会原则，维护专制制度，无条件地保留沙皇的无限权力和东正教的地位；拥护统一、不可分割的俄罗斯，反对任何形式的民族自决权；坚持土地所有权不可侵犯的原则，反对对私有土地的任何征用。① 这个政党的组织结构具有军事化特征。所有普通党员被分成十人团，十人团组成百人团，百人团组成千人团，分别服从十人长、百人长和千人长管理。这样的组织形式非常有助于党派在人民中的推广。

为了防止革命和维持秩序，"俄罗斯人民同盟"保持战备状态，成立自卫队，莫斯科和圣彼得堡所有工厂都有这样的自卫队。在 1907 年之前，"俄罗斯人民同盟"是俄国君主派政党中最大的。但是，在这时同盟开始分裂。

导致同盟分裂的首先是同盟领导人之间的权力之争。B. M. 普利什凯维奇是同盟的创始人之一，当时任这个党的副主席。他曾是"俄罗斯会议"的成员，但他不满意这个组织的"学究"性质，渴望拥有更广阔的活动天地，于是号召志同道合者走上街头，走向人民。他对"俄罗斯人民同盟"党内事务管理的影响力日益扩大，有遮盖杜勃罗文权力的趋势。他控制了同盟的所有出版和组织工作，很多地方分部领袖只听从他的指挥。面对这种局面，在 1907 年 7 月 15~19 日进行的同盟第四次代表大会上，在同盟主席杜勃罗文的支持者的呼吁下通过了决议，未得到同盟主席批准的决定无

---

① 陶惠芬：《俄国近代改革史》，中国社会科学出版社，2007，第 354~355 页。

效，这份决议矛头直指普利什凯维奇的独断专权。于是同盟出现了严重的冲突，结果普利什凯维奇在 1907 年退出了同盟。冲突在 1908 年 2 月 11 日的代表大会上继续，一些对杜勃罗文政策不满的人向同盟总理会表示不满，杜勃罗文感觉受到了侮辱，要求开除反对派。这个强大的组织很快分崩离析。后来，同盟的地方分部也出现了分裂，莫斯科分部脱离了同盟。普利什凯维奇在 1908 年联合被同盟开除或者自己退出同盟的成员，成立了自己的"米哈伊尔天使同盟"。

"俄罗斯人民同盟"成员的思想观点不同，也导致了组织的分裂。杜勃罗文及其追随者反对《十月宣言》和国家杜马的设立，主张无条件地回归改革前的专制制度，认为对专制制度的任何限制都会对国家产生致命的后果。他们寄希望于暴力活动，组织战斗队并准备恐怖活动，其中包括对他们不满意的官员的恐怖行动。他们指责斯托雷平推行的是立宪方针，主张或者废除立法机关，或者把它的作用降到最小，参加杜马会议的代表要由沙皇任命而不是由选民选举，他们甚至还建议限制代表的言论自由。他们认为斯托雷平改革会危及君主政体，摧毁村社就是摧毁俄罗斯。而同盟的另一名著名活动家 H. E. 马尔柯夫则认为设立国家杜马是积极的现象，既然《十月宣言》是君主的意志，那么每个君主主义者的义务就是遵守它。他强调："可以对第三届、第四届，甚至是第二十届杜马不满，可以解散它们，但既然选择了真正俄罗斯的杜马，那么作为一个机构的国家杜马就是必要的，没有这个机构俄罗斯就无法生存。"[1] 马尔柯夫及其支持者对斯托雷平改革采取理解和有条件支持的态度。

接下来发生了对著名杜马代表立宪民主党农业问题专家 M. Я. 赫尔岑施坦以及《俄罗斯新闻》编辑 Г. П. 约洛斯的恐怖暗杀行动，调查显示，同盟的一些成员参与了这次暗杀行动，人们谴责暗杀行动的组织者是杜勃罗文及其支持者。"俄罗斯人民同盟"的彼得堡分部在 1909 年架空了杜勃罗文的权力，只保留了其荣誉成员的身份，杜勃罗文支持者的权力也被架空。在 1912 年之前，杜勃罗文都试图夺回昔日的权力，但最终未能得偿所愿，

---

① 刘显忠：《近代俄国国家杜马：设立及实践》，社会科学文献出版社，2007，第 120 页。

同盟的权力都掌握在马尔柯夫手中，于是他在 1912 年 8 月组建了"俄罗斯人民杜勃罗文同盟"，此后，各地区分部接连脱离中央。这一切影响了"俄罗斯人民同盟"的威信，这个曾经力量强大的组织最终土崩瓦解。

在国家杜马、政党和选举成为专制俄国的现实之后，杜马的存在被多数右翼分子所接受，保守主义党派也逐渐掌握了选举斗争的特点以及政治鼓动的方法，试图保障自己和同盟者在杜马的优势地位。"全俄罗斯民族同盟"领袖舒里金 1919 年 4 月 27 日在杜马中发言时回溯："在我们中间，至少，是在我们一些人中间，如果说不是对国家杜马出现的本身横加指责，那么，至少，国家杜马初期的一些活动受到了我们不友好的对待。但是……年复一年，我们学会了重视和爱戴国家杜马，最终我们学会了依靠其实现我们所有最珍贵的希望。人民代表机构在保守主义阵营站稳脚跟的进程，在前半期进展缓慢，而在后半期要迅速得多。可以说，在战争时期，杜马自发地赢得了保守主义人士的爱戴和尊敬。"①

在第一届杜马选举期间，保守主义党派实际上遭受了失败，在第二届杜马也没有组织起来独立的党团。他们把自己的失败归咎为选举法的不完善。第三届和第四届杜马选举期间，右翼保守主义党派取得了成功。在第三届杜马中极右翼分子有 50 名，温和的右派和民族主义者有 97 名，在第四届杜马中极右翼分子有 65 名，温和的右翼和民族主义者有 120 名。他们积极利用杜马讲坛宣传自己的观点。一些右翼势力反对斯托雷平的改革，普利什凯维奇 1909 年 2 月 13 日在杜马讲坛上指出，右翼把竭力"在我们这里推行立宪制度"的斯托雷平政府看作"政敌"。② 斯托雷平政府也因而不得不放弃了一些要通过国家杜马进行的改革，特别是地方行政改革。

右翼党派在第一次俄国革命后到俄国参战前虽然没有获得发展，但在国家杜马和国家政治生活中还是发挥了不小的作用。但是，其实践活动的成效并不高。其政治活动的主要方式是新闻宣传，组织代表大会和会议，

---

① Шелохаев В. В. （отв. ред.）. Модели общественного переустройства РоссииXX век. М.，2004. C. 182.

② 刘显忠：《近代俄国国家杜马：设立及实践》，社会科学文献出版社，2007，第 201 页。

向沙皇、总理和大臣们上书，组织文化活动，在杜马和国务会议影响立法事务。右翼君主派政党从保守主义立场捍卫当时国家的政治、经济、宗教和社会文化体制，但也并不是像他们的政治对手所指责的那样，反对在政治和经济领域的进步。

俄国参战以后，右翼党派在策略上依然存在分歧。杜勃罗文派依然拒绝同自由主义立宪民主党派合作，指出他们用虚伪的爱国主义口号掩盖自己的罪恶目的。相反，有一些保守分子开始对"爱国主义团结"寄予很大希望。他们说："我们俄罗斯人再不该因党派不同而相互怀疑，甚至指责对方自私和背叛。"面对第四届国家杜马中自由主义党团成立"进步同盟"的局面，右翼迅速采取措施建立"白色同盟"来应对，但黑帮组织并没有能克服阵营内部的分裂。①

二月革命后禁止君主派政党的存在，除"俄罗斯会议"之外的右翼党派的一些领导人和成员都受到了审判。右翼组织在新政权下令宣布停止他们活动之后也没有进行任何反抗。一些右翼党人审时度势，在苏维埃机构任职。接下来是十月革命和红色恐怖，其中很多人被逮捕和枪毙。一些黑帮分子在卫国战争期间参加了白色运动，一些黑帮分子移民国外，剩下的人与政权妥协，隐藏起了过去的所有锋芒。

保守主义党派在沙皇政府反对汹涌的革命和反对派运动浪潮中产生，在 1905～1907 年间赢得了沙皇和政府的支持和好感，但接下来的命运似乎非同寻常，耐人寻味。在二月革命期间右翼势力几乎没有发动一次大规模的反抗活动，变成了一盘散沙，不战而降，同时退出了历史舞台。当时各党派的人士以及右翼党派自身都对其评价不高。如孟什维克 H. H. 苏哈诺夫这样描述自己 1917 年初对右翼党派的印象："黑帮藏到了地下。沙皇制度在没有被正式推翻之前罗曼诺夫王朝就已经没有剩下任何支柱和希望了。"②右翼活动家 A. 穆列托夫在 1917 年出版的著作中写道："在 1917 年革命爆发后，就经常听到这样的问题：右翼党派在哪儿？君主派在哪儿？被推翻

① 参见李永全《俄国政党史》，社会科学文献出版社，2017，第 114 页。
② Суханов Н. Записки о революции. Кн. 2. Берлин, 1922. С. 9.

了制度的支持者在哪儿？没有人能完整地回答这个问题，因为近年来君主派并没有组织有序的政党，在'右翼'名下联合的只是一些成分驳杂、组织涣散的群体……我们完败，只能默默地向胜利者投降。"① 右翼党派具有合法的地位，在 1905～1907 年帮助沙皇政府平息革命浪潮过程中无疑起到了很大的作用，在俄罗斯帝国的最后阶段却全盘崩溃，为什么会出现这种状况呢？

第一次革命时期右翼党派发挥了重要作用是因为当时在各个社会阶层中都有人存在拥君思想，这部分人维护 1905 年 10 月 17 日前的制度，希望会因此得到沙皇的"赏赐"，改善自己的状况。不仅贵族和政要有这种思想，农民、小市民、商人、企业主甚至工人之中都有人存在这种想法。他们很容易受到右翼党派的鼓动，加入黑帮运动中。

然而，1907 年以后，右翼政党的"活动环境"发生了很大的变化。他们的党派内部出现纷争，不能协调行动，而且沙皇和政府对他们的态度并不友善，他们认为自己在 1905～1906 年的拥君活动没有得到应有的奖励，有些心灰意冷，也对他们为保卫君主的权力而参加冲突却被政权逮捕而心有余悸，并没有采取积极行动的愿望。他们的纲领脱离现实生活，不能有效地提出解决社会经济问题的方案，使他们在战前就失去了对人民特别是农民的吸引力，而农民曾经是他们存在的支柱。右派君主主义组织在一定程度上促进了以前对任何社会活动都不感兴趣的农民，甚至工人参与政治生活。列宁在 1920 年俄共（布）第九次代表大会上指出："1905 年革命使人数最多的，同时也最落后的农民站了出来，黑帮分子在这方面帮助了我们……这个黑帮政治组织最先将农民团结起来，吸引他们加入组织。这些被发动起来的农民今天响应黑帮的要求，明天就会要求地主的全部土地。"②

一些保守人士认为，政府并不希望右翼保守党派力量联合壮大，斯托雷平在最大的黑帮政党"俄罗斯人民同盟"的瓦解事件中起到了巨大作用。

---

① Кирьянов Ю. И. Правые партии в России. 1911 – 1917 гг. М., 2001. С. 419.
② См.: Ленин В. И. Политический отчет ЦК РКП（б）. Стенограмма выступления на IX конференции РКП（б）22 сентября 1920 г. // Исторический архив. 1992. № 1. С. 18.

斯托雷平与"俄罗斯人民同盟"的关系并不和谐，对这个组织心有戒备，担心它对沙皇的影响力加强。1907 年 6 月 5 日沙皇给杜勃罗文的电报中写道："俄罗斯人民同盟是我的可靠支柱，其法制和秩序是所有人在各个方面效仿的榜样。"这使黑帮分子感觉得到了沙皇的支持，使他们可以不必把总理斯托雷平放在眼中。斯托雷平也寻找机会破坏同盟在沙皇心中的印象，支持普利什凯维奇和马尔柯夫孤立杜勃罗文，分裂同盟，最终得偿所愿。从 1907 年下半年起，尼古拉二世对"俄罗斯人民同盟"及其领袖杜勃罗文的态度明显冷淡。斯托雷平支持普利什凯维奇退出同盟，成立独立的组织，排挤杜勃罗文及其支持者的影响，到 1909～1910 年，同盟的领导权几乎掌握在马尔柯夫和科诺夫尼岑手中。1908 年内务部还命令地方政府取消同盟的战斗队组织。杜勃罗文在 1908 年 7 月抱怨："在同盟成立时，国家处于全面的混乱状态，政权惊慌失措，无能为力，俄国面临着灭亡，但同盟及时出现，压制了革命，拯救了俄国；统治者重新出现，将权力掌握在自己手中，他们现在感觉到了自己脚下又有了坚实的土壤，开始对我们说：'走开，我们不需要同盟，我们自己就能统治。'"①

政府并不希望君主派的势力联合壮大，受到政府支持的同盟领导人也指出了这一点，如普利什凯维奇和马尔柯夫在自己开展活动时也感觉到了困境。马尔柯夫后来就斯托雷平对同盟的政策指出："表面上看对我们很照顾，甚至是为我们提供资助，而实质上是压制我们……我和我们志同道合者有关建立统一的君主派机构的想法总是被破坏……他（斯托雷平）的政策是维持分裂的状态，他在地方上庇护同盟中的一部分人，同时敌视另外一部分人……想方设法支持分裂；在一些城市，支持我们派别的人，在另一些城市，支持杜勃罗文派的人，在其他一些城市，支持另外一些人，政府实行的这种分裂导向无疑起到了作用。"② Б. А. 别利康也指出："政府破坏了俄罗斯人民同盟强大的、有效的统一组织，破坏了这一个，却没有能

① Кирьянов Ю. И. Правые партии в России. 1911－1917 гг. М., 2001. С. 392.
② Кирьянов Ю. И. Правые партии в России. 1911－1917 гг. М., 2001. С. 394.

力组织另外一个。"①

右翼分子内部矛盾重重，纠纷不断。1909 年 10 月 19 日第三届国家杜马右派代表 Я. B. 克利夫佐夫说道："左派纪律严明，杜马中所有左派在每一个问题上都思想统一，而右派却与此截然相反。"② 俄罗斯君主党报《本地人》在 1917 年 1 月 10 日指出右翼的分裂是他们的最大困境。"在敌人团结一心之际，我们却陷入内部纷争，无所作为。国内的政治生活似乎与我们无关。一些人的作为使右翼分子普遍心灰意冷。少数右翼活动家尽管还有积极性，却得不到响应，只能孤军奋战，自然，他们也无法坚持下去……"③

沙皇的冷淡态度也是令右翼党派活动消极的因素之一。在一战前夕和战争期间右翼君主派痛心地感觉到了他们所热情捍卫的沙皇对他们的冷漠态度。右翼君主派上层和下层都对沙皇和政府对他们的态度感到不解和失望。他们不理解为什么最高政权对他们的忠心和热忱无动于衷，他们感觉受到了侮辱，最终心灰意冷。研究 20 世纪初俄国保守主义的学者 B. B. 兹韦列夫指出："专制政权对保守主义思想的漠然导致了专制制度捍卫者放弃了为政权辩护，尽管他们没有在媒体上公开承认这一点，但他们个人信件内容中体现了这一点。"④

然而右翼党派在 1905 ~ 1907 年之后力量的削弱，还有一个重要因素是他们的思想纲领存在明显的缺陷。正如一个自由主义报刊就 1909 年右翼君主派代表大会所指出的："他们远远落后于生活。这是他们的致命弱点，也是他们失败的原因……他们完全脱离了新生活。"⑤ 著名的时政家、民族主义者 M. O. 缅什科夫在 1909 年对黑帮分子表示同情，并向他们提出了一些理智的建议："放弃你们对落伍的旧制度的忠诚吧。不要做比教皇本人更虔诚的天主教徒。要认清使国家崩溃的旧制度已经不再符合国家利益。杜马要比不负责任的官僚体系更符合国家利益。作为一个政党，只有在追赶上

---

① Кирьянов Ю. И. Правые партии в России. 1911 – 1917 гг. М. , 2001. С. 395.

② Кирьянов Ю. И. Правые партии в России. 1911 – 1917 гг. М. , 2001. С. 395.

③ Кирьянов Ю. И. Правые партии в России. 1911 – 1917 гг. М. , 2001. С. 398.

④ См. : Россия в условиях трансформации: Материалы. Вып. 2. М. , 2000. С. 34.

⑤ Кирьянов Ю. И. Правые партии в России. 1911 – 1917 гг. М. , 2001. С. 401.

生活之时才能成为现实的力量，现在生活已经远远走在前面，将你们远远抛在后面。"①

右翼党派实行反犹主义的民族方针，从谴责犹太民族追求世界霸权，到怀疑他们有意制造国家的经济困境、控制媒体、积极参加反国家的解放运动等。这在俄国内外都引起了不满情绪。俄国内外一些银行甚至向沙皇政府施压，说不能给纵容反犹宣传的政府提供贷款，这也是沙皇政府对右翼党派冷淡的原因之一。

第一次革命之后，工业迅速发展，大量农村劳动力涌入城市企业，生活贫困，人民以前的生活方式发生了变化，相应的忠君和宗教思想在社会各个阶层中也逐渐淡化。自由派和激进派报纸加大思想宣传，工人运动汹涌。战争开始后，政权软弱无力，节节败退。随着战争的失败，以及粮食短缺和经济形势的恶化，人民对政权的不满增加，对依然在无条件维护政权的右翼党派也失去好感。在经济困境之下，右翼分子并不能提出吸引普通民众的经济纲领，右翼党派失去了对群众的影响力。很多农民曾经把右翼组织看成自己的保护者，认为他们能够解决重要的生活问题，向其寻求建议和帮助。随着时间的推移，右翼组织对严峻局势的无能为力越来越明显，于是农民也不再对他们感兴趣。

可以说，右翼党派在退出历史舞台之前，在他们还是合法党派而且仍然是人数最多的党派之时，就遭到了失败。虽然他们的数量从 1916 年上半年起开始减少，但到二月革命前夕中央和地方的右翼党派仍然有 3 万~3.5万人，同期布尔什维克的人数为 1.2 万~1.5 万人。② 在 1916 年末 1917 年初国家政治和经济危机的严峻局势下，处于尴尬境地的右翼党派和组织在拯救专制政权方面也难以有所作为。

1917 年 3 月 2 日，当尼古拉二世被迫将皇位让给他的兄弟米哈伊尔，而后者在第二天宣布拒绝接受皇位之时，没有发生任何像 1905~1906 年那样大规模的反对行动。对于 1917 年 2~3 月的革命和尼古拉二世退位事件，

---

① Кирьянов Ю. И. Правые партии в России. 1911–1917 гг. М., 2001. С. 402.

② Кирьянов Ю. И. Правые партии в России. 1911–1917 гг. М., 2001. С. 417.

极右翼领导人惊惶失措，无力采取任何行动。如马尔柯夫身边人对他状态的描述，"在那天，彼得格勒士兵起义，政府机构被士兵占领，马尔柯夫从早上就没有出过家门，焦虑不安。人们不断打电话通知他彼得格勒街头发生的事情。下午 3 点左右，人们再次打电话告诉他，说人群正冲向他的住宅。马尔柯夫离开电话，开始用手揪住头发，喊叫他要死了，然后跪在家人面前，请求他们原谅他。然后，马尔柯夫匆忙穿上衣服，从家里跑出去……一个仆人跟着他……走出家门之后，马尔柯夫走进了一个小胡同，在无人的街道上徘徊良久，然后走向一个房屋……进入那个房屋。从这时起再没有一个仆人见过马尔柯夫"。① 尽管这种描述出自与黑帮敌对党派的刊物，可能会有些夸大其词，但在某种程度上也体现了黑帮领导人的真实状态。

当然，右翼党人还保留着隐蔽的希望，他们并不会失去一切，他们还会东山再起，当人们再次走上街头之时，还需要他们帮助政权脱离混乱状态。但是，1917 年 2～3 月并没有再现 1905 年的事件。斗争的条件发生了变化，事件的参加者以及专制者的行为都发生了变化，专制者放弃了皇位。右翼党人缺乏有力的组织，缺乏英明的领导人，缺乏力量，缺乏意志，也没有认识到在沙皇退位之后有必要做一些事情来挽救失败的政权。结果 1917 年 3 月初在右翼政党和组织被正式取缔，他们的报纸被查封之后，没有出现一次大规模的行动。

在 20 世纪初，多数保守君主派组织的纲领与保守主义思想家的观点相似。他们共同的原则是维护专制权力原则，把俄国和西方截然对立起来，批评民主和社会主义学说。但当时的右翼保守党派与传统的保守主义思想之间也存在明显不同。保守主义思想家，如卡特科夫、季霍米罗夫等关心的主要问题是维护国家制度，他们的思想具有高度的概括性、实证性、严谨性，同时更为务实和理智，而黑帮组织的思想纲领具有民粹主义性质，鼓动群众。保守主义思想家在一定程度上批评政府，试图通过使改革适应国家传统来摆脱危机局面，一些右翼党派代表则坚决反对杜马和政府的行动，如维特和斯

---

① Кирьянов Ю. И. Правые партии в России. 1911－1917 гг. М. , 2001. C. 417.

托雷平改革，有时谴责沙皇的行动。黑帮分子并不关心社会经济问题，他们更关心的是巩固国家现行的政治和社会制度。这对于解决国家现代化道路中产生的问题并无帮助。保守主义思想家们对黑帮组织的行动并不支持，一些有影响力的保守主义刊物，如《莫斯科新闻》《新时代》经常批评右翼党派的极端主义。季霍米罗夫也多次批评黑帮的观点和行动。梅谢尔斯基公爵在著作中提到黑帮组织之时，总是伴随着谴责的语气，说他们动摇了国家制度的基础。

专制政权威望迅速丧失，很多保守主义者把此归结为某些"黑暗势力"的破坏行为。通常被他们列为"罪魁祸首"的有杜马反对派、自由主义运动、社会主义者、犹太人、共济会分子等。确实，在二月革命前夕，俄国存在一定的反政府团体，但这些组织和同盟的出现和活动并不是君主制度覆灭的主要原因。一些君主主义者也意识到了国家专制政权自身出现的问题。还是在1911年，季霍米罗夫就警告道："传统的俄罗斯，即东正教和君主制度的俄罗斯，已经被动摇，能够被敌人微不足道的力量很轻易地毁灭，这是因为它自身内部产生了腐化。传统俄罗斯的保护者们，出于惯性承认东正教和专制制度，但对东正教和专制政权赖以存在的基础的认识渐渐模糊，他们只是名义上承认这些原则，却并不能贯彻这些原则，不能保护这些原则免受敌人的攻击。因为无论任何东西，如果我们不理解它是什么，就不能对它进行保护。如果不能正确理解它是什么，我们保护的可能正是东正教或君主制度本身所不包含的东西，拼死维护的可能只是实际上歪曲了东正教和君主制度的东西。通常，一种制度的灭亡并不是因为敌人的力量，而是因为自己保护者的行为不当。"①

综上所述，20世纪初，当俄国传统制度在自由主义者和日益壮大的革命力量进攻面前摇摇欲坠之时，既有一些保守主义思想家提出保守改革纲领，试图把国家传统与不可避免的变革结合起来，也出现了极右翼的政党力量。黑帮组织试图把传统保守主义思想与暴力维护国家制度的方式结合起来，他们采用最极端的方式保护现有制度。在俄国这样一个多民族的国家，黑帮分子在民族问题上的极端主义是非常冒险的政策。保守分子没能

---

① Тихомиров Л. А. Христианство и политика. М., 1999. С. 126.

找到传统原则与现代化进程的合理结合，不能提出在传统政治体系下解决俄国落后于西方和国内社会矛盾问题的方案。保守主义者对农民、工人、少数民族等群体的迫切要求漠不关心，没有人民的支持，也丧失了实际的生命力，保守主义意识形态越来越成为政治乌托邦。到 1917 年，俄国专制政权已经穷途末路，失去了社会"上层"和"下层"的支持。君主派政党在政治上对专制制度紧密依附，政治意志力明显不足，他们在激烈的意识形态对抗的局面下听命于专制政权，最终也未能挽救他们所竭力维护的专制政权。

第三节　20 世纪初无政府主义政治实践

在 20 世纪初，无政府主义者，即无政府主义思想的拥护者，由于一系列客观和主观因素的影响，并没有形成统一的无政府主义政党，在当时俄国多党制度中处于最左翼的位置，以其激进的行动为国家政治生活带来了很多鲜艳的、独特的色彩。

在 19 世纪时期，俄国无政府主义曾经在巴枯宁的追随者以及大部分革命民粹主义者中拥有一定的影响力。但是，在 80 年代沙皇亚历山大二世遇刺，沙皇政府实行高压政策后，无政府主义在俄国几乎消失。这个思想的一些信徒，如克鲁泡特金等人，在国外工人中进行无政府主义宣传。从 19 世纪 90 年代初起，大量的俄国移民，特别是离开俄国的犹太人，回到俄国，为无政府主义的复兴提供了有利的土壤。20 世纪初，在俄国革命情绪高涨、阶级斗争激烈的局势下，无政府主义作为革命和社会动荡的永恒伴侣，再次显示出自己作为团结社会激进左派的社会 – 政治运动的力量。但是，提及俄国无政府主义在历史上的作用和地位，应该首先强调无政府主义运动在思想上的分散、组织上的涣散。无政府主义者从来没有形成过政党，哪怕是政党的雏形，虽然克鲁泡特金曾提议在俄国建立独立的无政府主义政党，但是始终未能如愿。无政府主义者并不渴望去做夺权斗争。在他们看来，自己的主要政治任务就是革命性摧毁"剥削制度"及其主要武器——国家。每个无政府主义者都认为自己是独立自主的具有创造性的人体，能够独立解决实际问题和理论问题。

无政府主义者首先在国外开展行动。1900 年，在日内瓦形成了俄国无政府主义者组织"俄国海外无政府主义者小组"，发表宣言呼吁推翻专制制度，发动社会革命。1903 年在日内瓦创建了无政府共产主义小组"面包与自由社"，扩大了俄国无政府主义运动的影响力。"面包与自由社"得到了克鲁泡特金的支持，在同一年创办了俄国无政府主义第一份在国外的刊物《面包与自由报》。

1900～1904 年，在保加利亚、德国、美国、法国也出现了一些俄国无政府主义小组。这些组织与世界各国的社会主义和无政府主义小组进行密切的组织合作。1904 年，俄国无政府主义者创办了最大的出版中心——巴黎的"'无政府主义'出版集团"，领导者是恩格尔松，此外还有伦敦的"俄国工人无政府共产主义者集团"，领导者是克鲁泡特金，在俄国内外出版和传播无政府主义作品。

在俄国本土，最早的无政府主义团体出现在 1903 年，包括春天在格罗德诺省贝罗斯托克市形成的犹太知识分子及技术工人团体，以及夏天在切尔尼戈夫省涅日诺省形成的青年学生团体。无政府主义团体发展迅速，到 1903 年底在 11 个城市有 12 个无政府主义组织，在 1904 年，在西南部城市 27 个城镇有 29 个无政府主义的团体。[1] 当时无政府主义运动的三个中心城市是贝罗斯托克、叶卡捷琳诺斯拉夫和敖德萨。莫斯科和彼得堡这两大城市，虽有无政府主义组织，但此时并未起领导作用。

革命时期，无政府主义组织的数量大幅增加。在 1905 年，有 125 个（110 个城镇），1906 年有 221 个（155 个城镇），1907 年有 255 个（180 个城镇）无政府主义组织。在 1903～1910 年间，在 7 个州、51 个省和 218 个居民点有无政府主义者的活动。这些年间，无政府主义组织的成员大约有 7000 人，在革命期间有 5000 多人。[2] 无政府主义组织的规模一般比较小，

---

① Шелохаев В. В. и др. (отв. ред.). Политические партии России: История и современность. М., 2000. С. 213.

② Шелохаев В. В. и др. (отв. ред.). Политические партии России: История и современность. М., 2000. С. 213.

成员从几人到数十人，只是在无政府主义运动的主要城市，才有一些规模比较大的组织，成员从八九十人到一二百人。

无政府主义组织的社会构成主要是对现行制度不满的工匠、手工业者、农民、部分知识分子以及少量工人阶级。无政府主义组织中几乎没有大工业领域的工人，比较多的是服务领域的工人，如鞋匠、裁缝、制革工、屠夫等。无政府主义组织较多分布在西南和西北犹太人定居的地区，这里的小工业和手工业生产普遍。无政府组织成员以犹太民族为主，约占 50%，俄罗斯民族占 40%，还有一些乌克兰族人，在边疆地区，还有一些高加索人、波罗的海地区人和波兰人。在无政府主义组织中，来自特权阶层——贵族、官员、商人和荣誉公民的代表很少。而且，1905～1907 年革命期间参加无政府主义小组的多是 18～24 岁，未受过教育或只受过初等教育的年轻人，年纪最长的是无政府主义创始人克鲁泡特金（1842 年出生）。无政府主义运动的著名组织者在革命时期年龄均在 25～32 岁间，但他们都受过中等或高等教育，具有较强的宣传鼓动能力。

在第一次俄国革命时期，形成了三个主要的无政府主义流派：无政府共产主义（анархо‐коммунизм）、无政府工团主义（анархо‐синдикализм）和无政府个人主义（анархо‐индивидуализм）流派。这些流派彼此独立，各自有其纲领和策略、新闻出版机构、影响范围和活动区域。

无政府共产主义流派的主要思想家是克鲁泡特金。在 1905 年革命前夕和革命爆发后的最初几个月，多数无政府主义者组织成员都追随克鲁泡特金的理论，是无政府共产主义者，即面包与自由派分子。1904 年 12 月，"面包与自由派"在伦敦举行了第一次代表大会，会上制定了在革命中的战略和策略任务。无政府主义者行动的目的是发动社会革命，即完全消灭资本主义和国家，建立无政府共产主义。俄国革命最初的形式是"城市和农村中的贫困者共同罢工"，"发动群众性和个人性的起义直接进攻压迫者和剥削者"。无政府主义者的组织形式是"个人自愿结成小组，各个小组之间自愿结成联盟"。在这次会议上，克鲁泡特金首次提出了有必要在俄国建立独立的无政府主义政党的思想。

1906 年 9 月 17～18 日，面包与自由派在伦敦举行了第二次代表大会，

继续讨论革命中的战略和策略问题。克鲁泡特金起草了大会的重要文件
《政治革命和经济革命》，分析了当时的革命形势，指出了革命的性质，明
确了无政府主义者的任务。克鲁泡特金认为，显然"这是人民革命，革命
延续了若干年，全面推翻了旧制度，深刻改变了经济关系和政治制度"。[①]
城市工人和农民是革命的推动力，他们在数量上超过了有产阶级革命者。
无政府主义者的任务是与全体俄国人民一起为推翻专制制度而斗争，扩大
这场斗争，使斗争"同时面向资本和国家"，推动俄国人民走向全面解放。
无政府主义者不应该进入国家杜马和立宪会议等机构工作。总罢工仍然是
反对专制制度"斗争的有力手段"，并补充以群众反政府的武装斗争。

　　克鲁泡特金及其追随者按照无政府共产主义模式构建未来的社会，从
沙皇束缚下解放出来的社会通过自由协议结成自由的公社联盟或联邦，摆
脱了国家压制的个体将获得充分发展。革命胜利后无政府共产主义者的首
要任务是剥夺为剥削服务的一切——土地、生产工具等。他们认为，获得
充分自由的个体也会创造社会经济的繁荣。克鲁泡特金建议分散大工业，
建立直接的产品交换和劳动一体化（农村和城市居民都来耕地，脑力劳动
和体力劳动结合，建立生产技术教学体系）。在农业问题上，必须把所有土
地还给农民，这些土地交给农民耕耘，但土地不是归个人所有，而是归村
社所有。

　　无政府工团主义流派的主要理论家和组织者有 Д. И. 诺沃米尔斯基、
Б. Н. 克里切夫斯基和 В. А. 波谢等人，这个流派大部分人的思想是在无政
府主义机关刊物上常年就工团主义进行讨论时形成的。

　　所谓"工团主义"（Syndicalist）就是工会主义，因为法国人把工会叫
作 Syndicat，即工团。但它与一般的工会主义不同，一般的工会主义又称工
联主义，是一种资产阶级改良主义思潮。它致力于改善工人在当时社会中
的生活条件，而这种"工团主义"，则是帝国主义时代工人阶级各阶层对第
二国际议会主义政策不满的直接产物，因而显得更"革命"和"激进"。由

---

① Шелохаев В. В. и др. （отв. ред.）. Политические партии России: История и
современность. М., 2000. С. 215.

此，19 世纪末就有"革命的工团主义"的名称出现于法国。其实，工团主义基本上只是把无政府主义的思想体系、纲领和策略搬进工会运动而已，然而与否定一切组织和一切权威的纯粹无政府主义不同，它主张以工团联盟去代替国家机构，所以人们通常称它为"无政府工团主义"。①

在 1905～1907 年革命中领导敖德萨工团主义组织的 Д. И. 诺沃米尔斯基在《无政府工团主义纲领》《无政府工团主义宣言》等宣传手册以及"全俄劳动联盟""南俄无政府工团主义小组"的纲领中详尽地阐述了俄国工团主义者的战略和策略。工团主义者认为，他们活动的主要目标是使劳动者彻底摆脱所有剥削和权力的束缚，创建劳动者自由职业联盟。在所有斗争方式中，工团主义者只承认工人与资本家的直接斗争、抵抗、罢工、怠工及对资本家的暴力。

俄国无政府个人主义者是德国哲学家 M. 什季涅尔的支持者，代表人物有 A. A. 勃罗沃伊、O. 维康特、H. 勃龙斯基等，他们提出的首要任务是使个体摆脱所有压迫，他们学说的基础是实现个人的绝对自由。无政府个人主义还有一些变体形式，如神秘无政府主义，代表人物是一些著名的知识分子，如作家和诗人 C. M. 戈罗杰茨基、B. И. 伊万诺夫等。Л. 切尔内代表了无政府个人主义的另一分支，他发表了《无政府主义的新流派：联盟无政府主义》（1907）一书，由此这派又被称为"联盟无政府主义"。切尔内主张将集体主义与个人主义原则结合起来，建立生产者的政治联盟。他认为，与专制制度斗争的主要方法是系统性的恐怖活动。属于无政府个人主义流派的还有"马哈伊斯基派"，因其理论家波兰革命者 B. K. 马哈伊斯基而得名。该派仇视知识分子，反对当局和资本家。整个无政府个人主义流派的人数并不多，但其理论思想产生了重要影响。

在 1905～1907 年革命条件下，俄国无政府共产主义又形成了几个流派，如"无领导派""黑旗派"等。俄国无政府主义者派别众多，正如他们自己所承认的那样，有多少无政府主义者就有多少无政府主义。虽然俄国无政府主义运动派别林立，主张各异，但在实践行动中，无政府主义者却罕见

---

① 徐觉哉：《社会主义流派史》，上海人民出版社，2007，第 231 页。

地协调一致，在为自己思想的斗争中都倾向于恐怖和暴力征用的斗争方式。

　　一些无政府主义的行为在全国产生了轰动。如1904年在格罗德诺省靠近贝罗斯托克的地区，无政府主义者尼桑·法伯因为一位纺织厂主拒绝对罢工的工人让步，在犹太赎罪日，在犹太教堂的台阶上用匕首将这名工厂主刺死。几天后，无政府主义者又举行了一次会议，考虑对纺织品制造商采取进一步行动。警察闻讯前来，镇压了这次喧嚣的集会，打伤和逮捕了几十个人。法伯再次寻求报复。他在当地一个公园里测试了他自制的"马其顿"炸弹，炸伤了几名军官。法伯本人因爆炸而死亡。类似的这种"英雄"行为，在民众中引起一定反响。

　　在革命年代，无政府主义运动的历史就是不断地进行恐怖行动、暴力征用和劫掠、武装斗争的过程。南方的暴力事件最多。敖德萨、塞瓦斯托波尔和巴库的无政府主义恐怖分子组织了"战斗部队"，他们设立了炸弹实验室，策划了众多的谋杀个人和轰炸工厂事件。一些"无政府主义者"团体采用恐怖手段对付资产阶级社会代表，向餐馆、咖啡厅等公共场所人群聚集地投掷炸弹。他们在各种企业征用来的钱财不是与日俱增，而是"与时俱增"。1907年10月，格鲁吉亚无政府主义者在一个城市的财政机构强行征用了25万卢布，这是20世纪上半叶俄国无政府主义者数额最大的一次暴力征用行为。医生和律师等行业的人经常被迫向无政府主义事业提供"捐款"。

　　无政府主义组织的恐怖行动引起了沙皇政府的恐慌，沙皇政府对他们进行了血腥镇压。新内务大臣斯托雷平宣布帝国大部分地区处于紧急状态，设立战地军事法庭，抓捕实施恐怖行动者，实行残酷的惩罚，两天内做判决，直接执行死刑，许多无政府主义的领导者受到监禁和流放的处罚。在沙皇政府的强势镇压下，俄国的无政府主义运动陷入低潮期。

　　在无政府主义运动低潮时期，一些无政府主义者建立了大量具有离奇古怪名称的匪帮或组织——"无政府恐怖主义者""血手""红线联盟""黑鸦""复仇者""鹞"等，继续进行恐怖行动。但也有一些人开始寻找摆脱僵局的出路，希望在克鲁泡特金一贯号召的与专制制度进行斗争的口号下团结起来。这样，就出现了召集全俄无政府主义大会的倡议。

1907 年 10～11 月，俄国各派无政府主义者为筹备全俄会议，举行了一系列城市会议，但由于无政府主义者内部的纷争以及当局的干扰，联合未果。1908～1909 年，无政府主义组织日渐减少，1908 年全国 83 个地区有 108 个无政府主义小组，1909 年在 44 个城市有 57 个无政府主义小组，1910 年只有 30 个地区的 34 个小组，1911 年总共只有 21 个小组，1912 年 12 个，1913 年 9 个，一战前仅剩 7 个。[①] 这一时期，无政府主义者虽然没有在政治舞台上完全销声匿迹，但人数急剧减少，剩下的少数组织只是进行一些发放传单之类的宣传活动。

1910～1913 年，在重新燃起的革命热潮中，俄国无政府主义者开始创立地下革命组织。到 1917 年二月革命前夕，俄国 40 多个城市和乡村存在无政府主义小组，如彼得格勒、喀朗施塔德、莫斯科、基辅、敖德萨、哈里科夫、土拉等。侨民无政府主义者也试图重整旗鼓，研究新的纲领和运动战略。1913 年他们在西欧 12 个城市召开了 5 次会议。1913 年 12 月 28 日俄国无政府主义者在伦敦举行第一次联合会议，提出了在新的革命条件下无政府主义者行动的具体方针和行动策略，会议决定创建国外无政府共产主义联盟的刊物——《工人世界报》，建立无政府主义国际并于 1914 年 8 月在伦敦召集各流派无政府共产主义者大会，但是第一次世界大战的突然爆发使这些草案最终都无法实现，俄国无政府主义者的重新集结也戛然而止。

无政府主义理论是反对战争的，他们把战争和国家紧密地联系在一起：战争促进了国家的产生，国家又力图通过战争来扩大并加强自身的力量，这类战争，不论它的结局是胜是负，对人民大众来说都是一种伤害。然而在第一次世界大战期间以克鲁泡特金为代表的一些无政府主义者却转而竭力支持俄国与德国决战到底。如克鲁泡特金指出，继续战争，打败德国是俄国获得完全自由的外部保证，"这次战争必须把欧洲从悬挂在它头上已有二十至三十年之久的利剑下解救出来"，"从而保住我们的新生的共和国"。[②]

---

① Шелохаев В. В. и др.（отв. ред.）. Политические партии России: История и современность. М., 2000. С. 222.

② 陈之骅：《克鲁泡特金传》，中国社会科学出版社，1986，第 239 页。

但是，大多数无政府主义组织和成员持反战立场，对克鲁泡特金多年来反战立场来的大转变表示震惊和不解，公开发表文章抨击克鲁泡特金，加快了无政府主义运动内部的分裂。

1917年的二月革命使十几年以来处于低潮期的无政府主义运动开始复苏。无政府共产主义者、无政府工团主义者、无政府个人主义者重新走上了政治斗争舞台。诺沃米尔斯基等数百名无政府主义者被从监狱中释放，与群众一起分享摆脱沙皇残酷专制制度的幸福时刻。他们向广大群众宣传激进的社会革命，要求群众不被运动中的某些政党所摆布，打破权威，获得真正的自由。但是只有一些不成熟的工人和士兵阶层接受了其思想宣传，在莫斯科和彼得格勒"长期内没有无政府主义者的声音"。

1917年3月13日，莫斯科7个无政府主义组织的成员创建了"无政府主义小组联盟"，大约有70名成员，主要由青年构成。一些著名的无政府主义者在莫斯科和彼得格勒继续起着主要理论家和运动组织者的作用。5月30日75岁高龄的克鲁泡特金从国外回到彼得格勒，在火车站受到了社会各界的热烈欢迎。他发表了现场演讲，表示："他感到幸福，因为终于回到了新生的、自由的俄国——这自由的获得不是由于君主的恩赐，而是由于俄国人民的意志。"① 他认为，俄罗斯共和国的诞生是1825年十二月党人起义以来俄国人民前赴后继地反对专制统治的革命斗争的结果，和17世纪英国革命和18世纪法国革命的胜利有着同样的历史意义。但是，领袖的回归也并没有使无政府主义者的力量明显加强。由于无政府主义之父与很多普通的无政府主义者就是否继续战争的问题产生了分歧，克鲁泡特金回绝了参与无政府主义组织工作的所有邀请。

当时比较活跃的有无政府工团主义和无政府共产主义小组。无政府工团主义者主张以工团联盟代替国家，以工人联盟控制工厂，开展积极的宣传活动。很快出现了冶金工人、港口工人、面包工人联盟和独立工厂委员会。他们建立工人有效监督生产的路线表面上与布尔什维克的立场是一致的，但实质上，工团主义者要求自下而上建设和组织社会，而布尔什维克

---

① 陈之骅：《克鲁泡特金传》，中国社会科学出版社，1986，第239页。

要求所有的生产资料转归国家，国家应以工人的名义管理一切生产资料。无政府共产主义者仍然主张建立无政府的共产主义社会的战略指导方针，号召人民立即发动社会革命，推翻临时政府。他们提出 "杀死旧社会的大臣" 和 "发放弹药筒……因为革命还没有结束"。共产主义无政府主义者在提出立即废除临时政府的同时，指出必须 "结束帝国主义战争"。①

在二月革命后的混乱中，无政府主义者重新开始暴力征用行为，征用了彼得格勒、莫斯科等城市的一些私人住宅，如征用了曾经担任内务大臣的杜尔诺沃的别墅，并将其转换为 "休息室"，并提供阅读、讨论和娱乐的房间，征用资产阶级报纸《俄罗斯自由报》的印刷厂，也因此与临时政府发生了对抗。"七月危机" 事件后，无政府主义者遭到驱逐，组织被局部地破坏。

1917 年十月革命前夕，无政府主义组织分散在全国 40 个城市中。无政府主义者在莫斯科创办的报纸——《无政府状态》，在彼得格勒创办的《海燕》，号召为无政府主义思想而斗争，在一定程度上促进了无政府主义者的团结。《无政府状态》在 1917 年 11 月 6 日刊登了无政府主义小组莫斯科联盟宣言，相当于纲领性文件，确定了无政府主义者在现阶段的任务，即投入反对资产阶级政权的革命斗争中。与此同时，布尔什维克把他们作为反对资产阶级的破坏力量，并资助他们以武器、弹药、粮食。

在十月革命期间，无政府主义队伍与布尔什维克一起战斗，参加了彼得格勒、莫斯科、伊尔库斯克和其他城市的军事行动。许多无政府主义者指挥了陆军和海军的行动，如 А. Г. 热列兹尼亚科夫领导水兵中的无政府主义者，А. В. 莫克罗乌索夫、К. В. 阿卡舍夫等人参加了攻打冬宫。И. П. 茹克领导彼得保罗要塞的 200 人红军队伍参加战斗。彼得格勒委员会起义军司令部中有无政府共产主义者 И. 布列赫曼、无政府工团主义者 В. 沙托夫和 Е. 雅尔丘克等。

十月革命胜利后，无政府主义分子盲目地希望 "群众的创造性" 能够

---

① Шелохаев В. В. и др.（отв. ред.）. Политические партии России：История и современность. М.，2000. С. 225.

阻止任何新政府的建立。多数无政府主义者对苏维埃政权的建立持敌视态度，认为这种集中的政治权力会破坏社会革命，呼吁人们拒绝任何形式的统治。从布尔什维克掌权起，无政府主义者与布尔什维克的分歧就已经出现。无政府主义者曾经主张实行苏维埃组织，现在却急于与确立的苏维埃组织划清界限。在第二次全俄苏维埃代表大会上 X.3. 雅尔丘克表达了这个立场。无政府工团主义思想家 B. 沃林表示："我们不承认对政治权力的篡夺。"但是，苏维埃的权力已是既成现实，于是一些无政府主义者主张把苏维埃看作工农群众的自发性组织和自治机构，反对把苏维埃作为一种政权的组织形式，特别是作为巴黎公社以后的无产阶级专政的新形式。他们努力按自己的原则组织苏维埃的工作，从分权的立场来解释"全部权力归苏维埃"的口号，要求地方苏维埃完全独立于中央政权，它们之间的关系建立在联邦原则之上。

无政府主义者在对待是否加入工农兵代表苏维埃这个问题上有很大的分歧。一部分无政府主义者赞同进入苏维埃并与之合作，利用苏维埃为自己的无政府主义思想做宣传。如卡列林参加了苏维埃的工作并成功地在全俄中央执行委员会中建立了以自己为首的无政府主义派别。另一部分无政府主义者则采取折中的立场，一方面在总体上承认苏维埃是人民革命的机构，但又拒绝支持布尔什维克的执政措施。无政府个人主义者则表示坚决反对参加苏维埃政权。1917 年十月革命后，他们公开反对苏维埃和政府，意欲与布尔什维克政权做斗争并推翻政府，实现自己的无政府主义理想。

在十月革命后的最初几个月内，无政府主义者出版报纸、杂志，发放传单，建立俱乐部，进行思想宣传，举行集会。无政府主义团体的数量增加，对群众的影响加大。到 1918 年春天，在 130 多个城市和乡村存在无政府主义小组，他们出版了 40 多个宣传无政府主义思想的刊物。其中报纸《无政府主义者》《自由劳动之声》《自由的公社》的发行量分别为 20000份、15000 份、10000 份。[1] 无政府主义的支持者主要是企业工人、复员军

---

① Шелохаев В. В. （отв. ред.）. Модели общественного переустройства РоссииXX век. М. , 2004. С. 470.

人、大学生等。在无政府主义俱乐部及其周围，有很多失去阶级本性的人，也有不少流氓分子，即所谓"黑夜的骑士们"。

无政府主义思想依然处于纷争的状态，尽管无政府主义刊物长期进行关于建立"统一的无政府主义"的讨论，但并没有采取切实的举措来使党派团结起来。相反，无政府主义内部分裂加剧，出现了形形色色的流派和团体，彼此之间的思想和策略立场经常发生对立。无政府共产主义的代表是莫斯科无政府主义团体联邦，领袖人物是 И. С. 布列赫曼、А. А. 卡列林、Л. 切尔内等人，他们没有明确的纲领，只是在《无政府主义》《公社》《自由的公社》《劳动与自由》等刊物上和集会上宣布：立刻转向共产主义，建立生产联邦制，建立地域公社，彼此之间以协约关系联合在一起，提出"劳动专政"的口号。一些无政府主义者承认必须存在"过渡时期"，这一时期将保留权力的所有本质特征。但他们的主要目的依然是消灭国家，将生产和分配转交给工团。

1918 年春天，无政府主义工团宣传联盟（Союз анархо - синдикалистской пропаганды）迁移到了莫斯科。联盟的领袖是 Я. И. 诺沃米尔斯基、В. 沃林、Х. З. 雅尔丘克等人，这个联盟内部纷争不休，不能保持统一，全俄无政府工团主义者会议以及无政府联邦主义小组都是它的分支，4 月从中分离出一个小组"自由劳动之声"。无政府工团主义者有自己的刊物《劳动之声》《自由劳动之声》《工人生活》等。受他们影响的有邮政工人联盟、面包师联盟、木工联盟、鞋匠联盟、码头工人和磨面工人联盟。他们的纲领和口号模糊，没有明确的策略路线，只是反对权力、组织和纪律，宣传"让所有人满意"，这一切为失去阶级本性的人员打开了大门。

1917 年的十月革命，无政府主义者与布尔什维克党人携手推翻了资产阶级临时政府的统治，在十月革命进程中发挥了极大的作用，一度成为布尔什维克的盟友。但是，在本质上，以争取个人自由和反对任何权威和国家制度为口号的无政府主义者是无法与布尔什维克的无产阶级专政思想相融合的。在布尔什维克掌握政权后，无政府主义者积极开展活动反对苏维埃政权，他们试图取得工人的支持，在彼得格勒、莫斯科、哈里科夫、伊凡诺沃 - 沃兹涅先斯克的一些工厂建立基层委员会作为活动基地，在实践中实现有关革命后建立社会平等的工团主义思想。

　　布列斯特条约问题使无政府主义者进一步分裂成为十月革命的支持者和反对者。一些无政府主义者承认布尔什维克采取的拯救革命的措施是必要的，走上了与苏维埃政权合作的道路。А. Г. 热列兹尼亚科夫、Г. И. 科托夫斯基、А. В. 莫科罗乌索夫领导下的队伍与白卫军和外国武装干涉者作战，一些人壮烈牺牲。一些无政府主义者反对布列斯特条约，认为这样一个"妥协的步骤与俄国和世界革命的尊严与利益相背离"。

　　十月革命的反对者们开始建立自由的无政府主义志愿队，打击苏维埃政权，为社会革命进行斗争，实现无政府主义的理想。无政府主义军事志愿队取名为"黑色近卫军"。在临近前线的库尔斯克、沃罗涅日、叶卡捷琳诺斯拉夫等城市，无政府主义者拿起了武器。莫斯科的无政府主义小组建议自愿结成联盟，建立统一协调中心，来管理无政府主义军事志愿队。无政府主义者在莫斯科暴力征用独立住宅，把 26 家独立住宅变成了真正的稳固堡垒。他们还派军队包围了莫斯科中央，正式开始武装反对布尔什维克。布尔什维克政府迅速做出反应并于 4 月 11 日到 12 日夜奋起反击。当时莫斯科黑色近卫军的队伍达 50 支，双方都有人员伤亡。许多无政府主义者遭到布尔什维克的逮捕。在圣彼得堡、沃罗涅日、沃洛格达、库尔斯克、萨马拉、萨拉托夫、坦波夫、下诺夫哥罗德等城市，苏维埃政权也解除了无政府主义者武装。

　　莫斯科无政府主义团体联邦在 1918 年 4 月被解散之后，在其原有组织的基础上形成了无政府工团主义者联盟、莫斯科无政府主义者联盟等团体。无政府主义者的纲领，无论其属于哪个派别，都越来越多地具有了反布尔什维主义的形式，批评苏维埃国家的建设。无政府主义者中开始流传进行"第三次革命"的口号，反对"停滞和反动的执政党"。无政府主义者参加了左翼社会革命党人在 1918 年 7 月发动的起义。Ф. Э. 捷尔任斯基向人民委员会报告，多数暴动者是复员的黑海水兵，以及被解除武装的前无政府主义者。

　　但是，也有一部分"苏维埃无政府主义者"支持无产阶级专政，帮助布尔什维克建设社会主义社会，如以阿尼克斯特为首的部分无政府工团主义者。无政府工团主义小组领导、未来的丘巴耶夫师指挥官 Д. A. 福尔曼诺夫也放弃了犹豫不决的立场，在 1918 年 7 月转到了布尔什维克阵营。

无政府主义依然处于分散状态，而且又出现了不少分支流派。1918 年 8 月无政府工团主义者召开第一次全俄代表大会，在这次会议上，无政府工团主义者所采取的团结措施没有取得成效，当时分散存在的派别有以戈尔津兄弟、И. 萨皮罗为代表的泛无政府主义者，以波罗沃伊、A. 安德列耶夫－勃格丹诺夫为代表的无政府个人主义者，以 A. 久哈诺夫为代表的基督教无政府主义者，以阿塔别科扬为代表的无政府合作社主义者以及无政府托尔斯泰主义者等。1917 年 12 月至 1918 年 5 月，莫斯科曾经存在"联邦主义者同盟"，这个同盟的领袖是克鲁泡特金（主席）、Н. A. 卡巴诺夫、Л. C. 科兹洛夫斯基等人，宣传以"俄罗斯联邦民主共和国"的形式将俄国团结起来的思想。

1918 年底，无政府主义者们希望使自身运动摆脱危机状态。还是在夏末的时候，一个积极的无政府工团主义团体，其后来以"警钟"（Набат）的称呼而闻名，就向俄国无政府主义者发出号召，要为"革命和无政府主义"进行卓有成效的工作。他们认为无政府主义运动失败的原因有：一些人抢占独立住宅，将财产征用，妨碍了无政府主义思想的传播，在劳动人民中形成了无政府主义者是犯罪分子的印象。他们号召纠正以前的错误，建立"稳固的组织，在组织层面上将无政府主义者团结起来"。11 月，俄国无政府主义各个流派的代表在库尔斯克召开了代表大会，会上通过了关于无政府主义者共同工作的宣言，这个宣言具有反苏维埃的性质，号召进行社会革命，革命成功之后将会建设"没有政权的、真正的共产主义形式"。会议抛弃了关于"过渡时期"的思想，提出了"第三次革命"的纲领。但会议并没有达成一致，由 A. Л. 戈尔津领导的无政府主义团体不支持代表大会的决议，承认无产阶级专政的必要性，向工人呼吁"团结在苏维埃政权周围抗击高尔察克"。

无政府共产主义者在 1918 年 12 月召开了自己的第一次，也是唯一的一次全俄代表大会。出席会议的有来自俄国 15 个省的代表，还有 2 名乌克兰的代表，他们代表了俄国 59 个城市和乡村的组织。这次代表大会的召开并没有克服这个流派固有的矛盾，即一方面要求无限的自由，另一方面必须建立基本的组织基础。代表大会只是名义上宣告无政府主义者团结起来。那部分主张与布尔什维克合作的代表，成立了全俄无政府主义者联邦。一些分散的无政府主义小组继续存在，如无政府个人主义者、无政府合作社主义者等。这些团体通常没有现实的力量，主要是在莫斯科、彼得格勒、基辅、哈里科夫、塔什干等城市出版大量的小册子、杂志、报纸和传单。无政府工团主义者联盟的出版社"劳动之声"影响力最大。

在 1918～1919 年间，无政府主义者努力加强组织力量，扩大社会基础。1919 年 3 月，他们与孟什维克和社会革命党人一起试图号召工人罢工。俄共（布）中央委员会在 3 月底的会议上，决定采取措施与"小资产阶级党派"的破坏活动做斗争；查封了一系列无政府主义者的出版机构，逮捕了一些无政府主义领袖，剩余的无政府主义者转向了"积极的恐怖"活动，与苏维埃政权开展武装斗争。

1919 年夏天，在莫斯科形成了无政府主义者非法的反苏维埃恐怖主义团体。这些从事地下非法活动的无政府主义者与左翼社会革命党人建立联系，共同成立了"全俄革命游击队司令部"。1919 年 9 月 25 日，他们在俄共（布）莫斯科委员会所在地，在列宁和一些布尔什维克领导人开会之际，投掷了一颗威力巨大的炸弹，结果有 12 个人牺牲，还有 30 多人受伤。这是莫斯科地下无政府主义者的第一次，也是最后一次恐怖行动，苏维埃全俄中央执行委员会迅速粉碎了莫斯科地下无政府主义者的主要力量，之后镇压了其他城市剩余的无政府主义团体。但是，并非在各地镇压无政府主义的运动都得以顺利进行。布尔什维克在镇压一些无政府主义运动时大费周章，于是他们采取灵活策略，迂回妥协，等待时机的到来。在这方面的典型事件是乌克兰地区的马赫诺运动。

Н. И. 马赫诺出生于俄国叶卡捷琳诺斯拉夫省的一个村庄，从 7 岁起就以为当地富农放牧为生，后来又进工厂打工。长期的艰辛生活铸就了马赫诺桀骜不驯的反叛性格，1906 年，他参加了当地的一个无政府共产主义集团，两年后因刺杀地区警官而被判处无期徒刑。他在狱中结识了阅历广泛、学识渊博的无政府主义者彼得·阿尔希诺夫，他系统地给马赫诺传授了巴枯宁和克鲁泡特金的学说以及历史、文学和数学知识，使马赫诺由一个头脑简单的反叛分子变成了学识渊博的无政府主义者。

1917 年二月革命推翻沙皇统治后马赫诺提前获释回到了家乡，受到当地无政府主义者和农民的热烈欢迎，被推选为工农代表苏维埃主席，发展土地运动。但是第二年春季，布尔什维克当局签订了布列斯特和约，德奥大军旋即开入乌克兰。马赫诺于当年 6 月来到莫斯科，拜见了他的偶像克鲁泡特金，向其询问有关乌克兰农民革命运动的问题，克鲁泡特金指出"这个问题十分危险……只有您自己能够解决"。[①] 随后又同列宁举行了会晤，但因信仰区别过大，未能达成共识。1918 年 7 月，马赫诺重归故里后悲痛地发现，在他逃难的几个月里，母亲的房子被付之一炬，哥哥被执行枪决。他怒火中烧，几乎在一夜之间组织起一支游击队伍，乌克兰的马赫诺运动由此正式拉开帷幕。

马赫诺英勇无畏、足智多谋、意志坚定、性格随和，深得士兵的喜爱和忠心。他的队伍在村民的支持下得以迅速发展，周边的独立游击队也慕名而来，集结在马赫诺的无政府主义旗帜之下，不久便形成了一支拥有三四万人的军队——乌克兰起义军。1918 年 3 月停战协定签订之后的几个月里，马赫诺利用没有政治权力干扰的安宁状态，按照无政府主义自由的蓝图建设社会，将无政府主义理论运用于实践。

马赫诺赫诺运动的政治组织是"自由劳工苏维埃"。在马赫诺看来，自由就意味着独立于任何政权，没有权威。"自由劳工苏维埃"代表最高权力，并且进行自我管理，代表由选举产生，保证公平公正。革命军事委员会也坚持指挥官选举制、志愿兵征兵制以及士兵自律的制度，军队不对政权和政党负责。在经济方面，奉行克鲁泡特金的互助理论，在当地建立无政府主义公社。每个公社有 100 ~ 300 人，公社成员在完全平等的基础上管理公社。没收附近贵族田庄的牲畜和农具，把它们分配给每一个公社，并根据公社成员的实际耕作能力，给他们分配足够的土地。

1919 年春天"黑色近卫军"队伍被粉碎之后，俄国大城市所有流派的

---

① Махно Н. И. Воспоминания. М. , 1992. С. 149.

无政府主义者都聚集在 "马赫诺" 那里，由沃林率领的无政府主义联盟 "警钟" 也加入了马赫诺的无政府主义运动中，壮大了马赫诺队伍的实力，马赫诺起义队伍中的最高指挥官都由著名的无政府主义者担任。

　　1919 年的前几个月，马赫诺分子和布尔什维克的关系表面上是比较友好的。苏维埃的报纸也称赞马赫诺是一位 "英勇无畏的游击队员和伟大的革命领袖"。1919 年 2 月，随着邓尼金军队逼近顿巴斯，马赫诺分子和布尔什维克当局签订协议，决定联合对抗邓尼金的白卫军，布尔什维克将马赫诺的乌克兰起义军编成红军的一个师，仍保留其内部建制。3 月，红军因马赫诺的军功奖励他红旗勋章。但是，苏维埃共和国军事领导和马赫诺司令部的政治信仰大相径庭，这种亲密的合作关系注定是不能长久的。很快，布尔什维克称马赫诺分子的区域代表会议是 "反革命的" 集会而加以禁止，当马赫诺分子公然蔑视布尔什维克的禁令、如期召开会议时，契卡（全俄肃反委员会）甚至派遣特工暗杀马赫诺。苏维埃的报纸攻击马赫诺分子是 "富农" 和 "无政府主义匪帮"，红军开始向他们发动攻击。他们的关系便彻底破裂，6 月马赫诺向列宁及其他俄共领导人发电报声明废除与红军的盟约。

　　1919 年夏天，邓尼金的白卫大军从南俄出发，一路横扫，将马赫诺与布尔什维克的军队赶出第聂伯河左岸。9 月马赫诺的部队退往乌克兰的西部边境，后来于 9 月 26 日取得佩列戈诺夫卡大捷，这次成功的行动给邓尼金的后方制造了巨大的恐慌和威胁。接着马赫诺迅速占领了亚历山德罗夫斯克以及叶卡捷琳诺斯拉夫等大城，在相对短暂稳定的环境下第一次将无政府主义理论运用于大城市。他们释放犯人，发布通告，鼓励政治和言论自由，解散当地的原有政府，试图推翻任何形式的统治，把无政府主义的自治理想运用于城市生活。但是，拥有集体主义精神的城市产业工人很难支持马赫诺的这种乌托邦计划，因为现代工业生产要求严明的纪律和秩序，而马赫诺的缺乏系统的 "自治" 只能导致混乱状态。就连马赫诺的拥护者沃林也不得不承认他们在城市工作的失败。

　　1920 年 10 月，马赫诺同意与红军再次缔结协议共同抗击弗兰格尔将军。这次，起义军编成了红军的一个半独立师，布尔什维克也做出让步，同意大赦在押的俄国无政府主义者，保证他们的宣传自由等。一个月后，弗兰格尔白卫军被击败，红军再次与马赫诺部队全面开战。马赫诺在乌克兰游走了大半年，最后兵败山倒，1921 年 8 月逃往国外。轰轰烈烈的马赫诺无政府主义运动宣告失败。

1920 年 4 月，无政府主义者曾经最后一次试图把俄国分散的无政府主义团体联合在一起，在莫斯科召开了代表大会，出席的有全俄无政府共产主义者联盟、莫斯科无政府主义者联盟、彼得堡无政府主义团体联盟、萨马拉无政府主义者以及来自美国的侨民无政府主义者。会议成立了组织委员会，称为全俄无政府主义者联盟。这个组织更确切地说是文化教育组织，其实际活动只是发展俱乐部，进行讲课和辩论会。

1921 ~ 1922 年，苏维埃政权宣布无政府主义者非法存在，不再成为政治流派。苏维埃政权在革命后地位不断巩固，一些无政府主义者转向了新政权一方，加入布尔什维克队伍。在某一时期，全俄纪念克鲁泡特金委员会曾经设有无政府主义者协会。1921 年克鲁泡特金去世，2 月 12 日，当克鲁泡特金的灵柩运到莫斯科工会圆柱大厅时，有数以万计的民众前来瞻仰。2 月 13 日，数万人打着无政府主义的黑旗为他送葬，这是国际无政府主义运动的旗帜最后一次出现在俄国首都。克鲁泡特金去世 5 ~ 7 年之后，卡列林、阿塔别科扬、波罗沃伊脱离了这个委员会的工作。接下来领导无政府主义者协会的 A. A. 索洛涅维奇曾经试图重启委员会的工作，但并没有取得成效。1937 年，很多无政府主义者被射杀。俄国无政府主义在历史和社会舞台上长期消失。

20 世纪初期的俄国，无政府主义派别林立，从未形成统一的纲领，领导人的思想摇摆不定，不能联合一致采取行动。这也是无政府主义的思想内涵决定的，无政府主义者蔑视权威和国家，向往绝对的自由，他们喜欢自由松散的联合形式，而且他们采取恐怖和暴力的斗争方式。这种斗争方式一方面会遭到当局的残酷镇压，不利于无政府主义运动的长期发展；另一方面，恐怖活动会给俄国的无政府主义运动贴上不光彩的标签，让许多群众和知识分子敬而远之，使其很难扩大自己的社会基础。所以，20 世纪初的俄国无政府主义运动虽然遍布俄国的各个角落以及各个阶层，但从未形成一股合力，最终淹没在社会主义革命的浪潮中。

俄国现代化进程"自上而下"发动的特点，使俄国政权很少利用社会力量，或者只是有选择性地利用，社会力量实际上被剥离了参与制定全国改革计划和政策的过程。随着专制制度丧失了提出积极的发展计划的能力，社会知识分子阵营制定改革模式的积极性增加。代表各种政治精英和社会阶层利益的知识分子阵营，提出了大量改革方案。

在从传统社会向民主社会和法治国家过渡的阶段，社会发展逻辑本身应该以最能体现国家进化趋势的自由主义模式为主导。但是在俄国现实生活中出现了神奇的状况，意识形态冲突的中心不是发生在捍卫传统社会价值观的保守主义者与主张建设民主社会和法治国家的自由主义者之间，而是发生在自由主义者与社会主义者之间，社会主义者所建构的未来社会蓝图在当时俄国历史阶段尚没有任何足够的物质基础。

俄国保守主义者政治意志力明显不足，在激烈的意识形态对抗的条件下被迫听命于专制政权，在政治和社会上紧密依附于专制政权。因此，专制制度的垮台也导致了保守主义意识形态的破产。俄国自由主义也没能成功地履行意识形态的协调职能，保障现代化进程的平稳运行。而社会主义意识形态纲领提出保障社会迅速地克服落后局面，消除经济、社会、政治、民族和宗教方面的不平等，得到了民众的响应。社会主义思想符合俄国传统的大众意识，在民众意识当中，社会主义模式意味着社会平等和公正的思想，这些思想成为强大的动员力量，先是体现在与专制制度的斗争中，然后体现在与自由主义制度的斗争中。

作为一个落后的农业国家，正在孕育的更多的是资本主义，而不是社会主义。保守主义承认资本主义是客观现实，自由主义者呼吁建立民主类型的资本主义，但他们都不能让多数人民相信在接下来的历史时期国家这种发展模式的优势。农村农民和城市工人、无力与大资本竞争而破产的手工业者、中下层供职者、民主知识分子强烈地敌视作为剥削者的少数人。人民本能地意识到，在自由主义模式的资本主义民主包装下依然存在资本家和地主的位置。社会主义者提出了与地主贵族和资产阶级剥削者斗争的明确道路，许诺在战争胜利的条件下满足他们几个世纪以来的夙愿。布尔什维克提出的思想和口号为新一代俄国人民充满希望和信仰地接受，人民憧憬着全新的社会生活以及自我实现的可能性。民众恰恰是把社会主义者，而不是保守主义和自由主义者，看成"自己人"，认为他们能够立刻满足他们的迫切需要。在 1917～1920 年命运攸关的历史转折时期，布尔什维克获得了人民的支持。

结　语

　　19 世纪至 20 世纪初是俄国政治思想发展史上极其重要的时期，在这一时期，俄国主要意识形态和社会政治派别诞生并发展，他们提出的政治思想理论和改革方案，用现代术语可以称为政治现代化理论。本书研究的几种政治现代化理论——自由主义、保守主义和无政府主义之间尽管存在重大差别，但它们都是在俄国社会文化环境下形成的，是典型的俄国现象，具有俄国哲学和政治思想共有的特征——使命感、普适性和末世论。这些学说产生和发展时面对的是同样的俄国历史条件，其政治改革方案和实施纲领针对的客体是同样的俄国现实生活，这使我们可以对它们进行一定的比较分析。

　　俄国自由主义政治现代化理论的社会哲学思想和方法论基础，是西方在理性主义和启蒙哲学下诞生并发展的政治和法律思想。俄国自由主义的重要原则是"西方中心主义"，把西方模式作为现代化的理想样本，号召模仿西方制度进行政治改革。然而，这种"西方中心论"并不意味着自由主义者是亲西方、反俄国的。他们的西方中心论更多的是从方法论的角度出发，他们的理论建构中也存在民族集体主义的、东正教的因素，试图把西方思想理论与俄国东正教学说和传统制度相结合。如斯佩兰斯基从道德的视角来论证法律和法治国家的意义，提出法律是真理的体现，是上帝戒约在尘世的折射，在提倡所有等级在统一的国家法律面前平等的同时，根据公民在教育、生活和收入水平方面的差距给予他们不同的公民和政治权利。俄国自由主义思想的两个基本源泉是西欧文艺复兴时期的人文主义和启蒙运动时代的理性主义，在人文主义的影响下形成了"个性论"，要求保障个体的权利和自由，在理性主义的影响下提出了法治国家和民主社会的要求，将其作为国家政治现代化的必要条件。

俄国自由主义者有关政治和社会组织现代化方案的共同之处是追求取消传统的中央集权制，首先是无限专制制度，实行分权原则，发展地方自治和议会制度，确立法律至上，将其作为在俄国形成法治国家和民主社会的必要条件。议会制度，作为人民代表机构以及参与实现国家权力的制度体系，是自由主义现代化方案的关键环节。在整个 19 世纪至 20 世纪初，在自由主义者对国家未来的管理形式的看法上，一个明显的趋势是"倾向转移"：从二元制君主立宪制转向议会制君主立宪制，再转向议会共和制以及总统共和制。自由主义政治现代化既要求实现分权原则，也要求实现行政和自治原则的和谐结合，通过政府和社会力量的协作实现国家高效发展。

如果说俄国自由主义者在其政治理想，即自由主义改革的"终点"方面有一定的共识，那么对达到"终点"的方式和途径，也就是说对实现现代化的方式和途径观点不同，据此可以分成保守的自由主义和激进的自由主义。保守的自由主义认为保留并借助为民族意识所熟悉的政治制度来实现自由主义现代化是最合适的道路，主张借助君主制和传统权力机制来贯彻自由主义价值观，因而主张君主立宪制。保守的自由主义不接受把革命作为解决社会矛盾的方式，主张通过国家"自上而下"平稳的改革来避免革命。但保守的自由主义也是发展变化的，其在 19 世纪时期更加"精英化"，强调国家政权的力量，并不接受"自由主义民主"思想，自由主义价值观与民主价值观明显分离，而 20 世纪初保守的自由主义则更加民主化，充满了民主自由和民主改革的精神，把民主政治形式视为成功的自由主义现代化的标准。20 世纪初保守的自由主义与 19 世纪相比另一个区别是其"灵活的方法论"，表现为"政治相对论"原则，提出了绝对的社会理想与相对的社会–历史存在形式的关系，"进步"的概念是一个"无限的"范畴，是向绝对精神的永恒运动，而每一个进步阶段、改革思想及其贯彻都是达到社会理想状态及其政治制度的相对台阶。整体而言，在自由主义政治意识形态流派中，激进的自由主义者始终起到重要的作用。与保守主义的自由主义者相比，他们更为看重的是其所追求的思想原则和目标，而不是行动方法和手段。对于他们来说，自由主义思想原则和目标是不需要证明的绝对精神，而其实施手段及方法是次要的，只是实施既定目标的技术问题。他们把"思想的权利"放在首位，认为在必要的情况下可以使用革命的方式推行这些思想。

20世纪初俄国自由主义达到了思想的顶峰，吸收了西欧自由主义的所有成果，并以重要的实践经验丰富了自由主义思想。俄国自由主义者建立了理性的世界观体系，但是，哪怕最杰出的理论模式，如果历史环境还没有成熟到理解这个模式的程度，那么这个模式也可能是不被历史环境所需要的，甚至是被排斥的。1917年临时政府实施自由主义政治现代化试验的失败，20世纪末俄国激进的自由主义改革再次失败，这说明，在历史危机时期，如果说俄国大众意识已经准备接受某种自由主义思想，那么也是在相当肤浅的层次上，但这并不是因为俄国人民本性的某种"落后"，而在于自由主义思想作为"西方舶来的产品"并非俄国文明的有机元素。在社会动荡和危急时刻，俄国的"政治钟摆"往往不是倾向于"自由主义价值观"，而是倾向于保守主义和激进主义两个极端。俄国自由主义永远面对着两个直接对立却相当稳定的趋势：或者向右漂移到保守主义，或者向左漂移到激进主义。

保守主义政治观点与自由主义，特别是激进的自由主义针锋相对。自由主义从无神论的视角来考量政治生活，对宗教的作用或者予以完全否定，或者将其归为公民的个人事务，认为在社会生活中起决定性作用的是人的本性及其本质特点。国家，作为社会契约的结果，由个人组成，在政治生活中起到次要的作用。自由和平等是个人与生俱来的权利。而保守主义认为，人在本质上是宗教的，宗教与人的精神生活密不可分。政治的意义及国家的任务不仅在于物质方面，而且在于精神领域。教会与国家相辅相成。国家相对于个体而言，不可能起到次要的作用。国家不是人为的建构，也不是契约的结果，而是社会生活永久的根基。个体的自由不可能脱离社会或高于社会，社会制度的趋向不是使个人优于社会，而是使社会优于个人。在民主社会并不存在绝对的自由，个人享有因属于国家而带来的福祉，也应该为了国家而牺牲一些个人的自由。平等亦是如此。平等只可能是在上帝的面前，在民主社会中，人们由于精神、道德、智力和身体素质等方面的原因在客观上是不平等的，相应地他们在国家机体中的地位也是不平等的。

自由主义者推崇理性，认为人的理智在认识人类活动包括政治活动方面具有无限的可能性，社会现实可以按理性建构的理想模式进行改造。而保守主义者相信，理智不是人性的主要构成部分，在人类活动中社会传统、风俗习惯和下意识的偏好具有更重要的意义。保守主义者不接受根据抽象思想和理论构建模式进行的国家制度改革，因为任何理论都不能全面反映数个世纪以来形成的国家机体的所有细节，以及预见改革将带来的所有后果。国家统治的基本原则应该是最大限度地维护传统、为经验所证实的秩序，不能进行超前的创新。保守主义思想体系的主要原则是维护社会传统。这个原则位于保守主义价值观等级阶梯的顶端，也决定了保守主义思想必然具有反理性主义和反个人主义取向。

从民族文化的角度看，保守主义思想从根本上是民族的。除了最共同的思想原则外，各民族国家之间无任何模仿之处。每个国家的历史和自然条件不同，形成了自己的思想文化、宗教精神，相应地，形成了独特的历史传统。俄罗斯是一个独特的文化世界，在上千年的东正教信仰上形成，在独特的地理和气候环境条件下形成，具有非常独特的国家和民间传统，俄国保守主义思想体系反映了俄罗斯独特的文化世界，反映了使俄罗斯形成独特传统的宗教、自然和历史特点。在俄国保守主义者看来，决定俄国社会和政治传统特殊发展方向的基本因素至少有两个：其一，10 世纪末罗斯接受的东正教，对人民的日常生活到政治生活各个领域产生了根本影响；其二，由罗斯开放的地理环境决定的有关强大的中央集权国家的理想。尽管俄国保守主义者所倚重的传统不同，所提出的思想主张不同，流派纷杂，但是使所有保守主义流派团结起来的共同特征是，他们都深刻地认识到，俄国只能建立在强大的国家制度、东正教信仰与民族传统原则之上。他们一致批评西方自由主义，深信俄罗斯是一个独特的世界，必须走自己的路。依靠东正教、强大的国家以及反西方主义是俄国保守主义的本质特征。

　　保守主义和无政府主义政治现代化模式对历史发展的哲学思想理论和方法论的观点也大相径庭。保守主义从神学的视角出发看待社会文化和政治生活形式，而无政府主义具有极端的实证主义和自然主义的特点，将自然规律转移到社会环境中。这两种学说之间尽管存在根本性区别，却具有非理性主义的共性，但在帝国晚期俄国保守主义和无政府主义社会改革模式和纲领中，也加强了理性化方向。

　　保守主义和无政府主义政治现代化理论的关键性区别是对国家的态度。保守主义理论把国家的作用和意义绝对化，认为专制制度是最符合国家本质的社会组织形式，而无政府主义理论否认国家权力机构的积极意义，认为国家组织确立了社会结构和政治上的不平等，导致了统治的少数人与被统治的多数人之间的对抗，他们把消灭社会生活中的国家制度看成现代化成功的先决条件。保守主义学说从专制制度条件下权力机构运行的背景看待官僚管理形式问题，认为官僚是最高政权和社会之间的"中转环节"。而无政府主义者反对官僚制度，因为官僚制度压制了社会的主动性、自主性和创造性。

　　无政府主义和保守主义对社会组织形式和原则问题以及国家中央权力机构和地方自治机构关系的观点也完全对立。保守主义强调，在国家管理中必须有两个层次的结构——强大的中央集权国家与地方权力机构，这两类机构结合的方式是地方机构履行对国家的职责和义务。将国家管理的所有结构组织单纯建立在社会自治之上，会破坏整个社会体制和活动，导致混乱状态。而无政府主义反对"自上而下"的国家建设，主张社会横向联系以及"自下而上"的社会组织形式，用协议来代替服从体系，用协调代替服从原则，确信社会权力相对于强制性的国家权力的优势。社会建立在全面的自我组织、自我调节（直接的民主）基础上。社会基层细胞是各种公社和协会，这些组织完全符合人们对善良与互助的自然追求，是社会自我组织的道德理想。

　　保守主义和无政府主义对中央集权制和联邦制的观点亦迥然不同。在保守主义模式中，政治中央集权主义的原则得到了最鲜明的体现：在君主制国家体制下，权力完全集中在世袭制的国家首脑手中。保守主义者强调俄罗斯民族作为帝国基本构成因素的特殊作用，认为任何实行联邦制的改革方案对于俄国都是致命的。无政府主义现代化模式则把自治和联邦与中央集权制对立，将建立在自愿基础上的自由联邦协约原则与通过国家权力将人民结成的政治联盟相对立。无政府主义主张"倒金字塔"社会结构之上的联邦制，但必须奉行一个不可动摇的原则，即联邦权力不应该高于公社的权力，公社的权力不应该高于个人的权力、侵犯个人的自由。无政府主义者将社会生活中的个人原则绝对化，导致他们反对各种形式的"爱国主义"和"民族主义"思想。他们主张取消历史上划分的国家和民族，将世界联结成为兄弟友爱的无政府状态的"全人类联邦"。保守主义主张维护社会稳定，审慎地渐进性地进行变革，而无政府主义者认为实现政治现代化的唯一有效方法是革命，致力于通过革命性转折迅速达到自己的政治目的。他们把将全人类从"国家的奴役下"完全解放出来视为自己的主要目的，认为可以纯粹通过"世界革命"的手段实现这个目的，俄国将在世界革命中起到中心的作用。

俄国历史充满了政治激进主义，各种激进的意识形态和政治实验，采用极端的行动原则和方法，致力于迅速实现政治目的，但是在现实生活中，往往事与愿违，造成剧烈的社会动荡。俄国政治激进主义传统和实践所带来的破坏性社会后果，使人们今天转向关注保守主义现代化模式，将其看成远离右翼和左翼激进主义的"黄金分割线"。保守主义社会改革方法论具有很多值得借鉴的优势，这种方法论原则上反激进主义，主张历史进程的连续性、社会发展的继承性、改革的渐进性以及实用主义改革思想。在保守主义者看来，改革应该通过不断发展及改革传统结构和制度来实现，注重逐渐的、局部的变革，而不是涉及社会和国家生活所有领域的全面系统改革。任何创新变革都应该从战略角度进行周密考虑，三思而后行。于保守主义者而言，民族传统是历史真理的储存者。任何改革，如果不考虑到民族的"精神内核"，都注定要失败。保留民族独特性与现代化进程并不矛盾，而是现代化的必要条件，因为历史发展中真正的独特性只能基于民族特殊的文明潜力和精神资源，通过自我发展来实现。他们反对人为移植西方文化、政治价值观和模式，认为这必然会破坏传统制度和生活方式，使民族丧失以自身进化式发展实现现代化的可能性。当代俄国对保守主义的兴趣正不断增加，希望丰富的保守主义创作遗产能够帮助解决现代俄国生存和成功发展的最紧迫问题。我们认为，正如近代俄国改革的戏剧性实践所表明的，俄国转向保守主义思想，将历史传统、现代原则与本土中成长起来的一切结合起来，不会是徒劳无益的。

但是，谈到保守主义模式对俄国现代发展的意义，应该是指它的方法论，而不是它的一些基本政治主张。国家发展中执行理智的保守主义政策，可以避免无休止地重复革命性转折和系统性改革的周期，每一个新的阶段都推翻前一个阶段的成果，最终导致国家走向无休止的激进动荡的道路。其他意识形态模式中亦存在有价值的因素，每一种意识形态都有自己的建设性潜力。经典自由主义的绝对价值在于其主张人权，保护居民的公民和政治权利，建立法律至上的地位，培养法律意识，在国家政策中反映和保障基本社会阶层的利益等。20 世纪俄国自由主义思想家提出的"政治相对论"原则具有重大意义。这一原则要求避免将过去以及未来的政治制度当作"无条件的范例"，认为所有的政治形式都是相对的，这些形式对于某个具体的历史时期而言是最佳的。在政治现代化进程中，现行的社会和国家形式可能也应该被改善，但是这种进程永远也不会达到最终的全面完善阶段。政治家的艺术就在于，准确地认识到社会需求，以及自己国家社会生活现实的方向，在解决问题之时采取当时条件下最佳的方案，为社会力量的发展创造最适宜的前提。而无政府主义作为最激进的政治现代化模式，在具有破坏性因素的同时，也包含一些"建设性的"因素，蕴含着不少对当代社会的创造性潜力。如关注"人的因素"，积极寻找个体在社会上自我实现的可能性，倾向于人类生活中的互助原则，以及有关社会和经济自治问题，发展个人和集体的主动性，培养能够自我组织、严格律己的新型劳动者等。在 21 世纪的条件之下，社会发展所依靠的思想理论基础应该是多层次的，任何思想遗产都不应该被看成"历史垃圾"，在寻找政治现代化的最佳模式时，应将所有意识形态中具有积极潜力的创造性、建设性因素综合起来。

俄国现代化的实践进程也表现出与其他国家不同的特点，不符合经典的现代化模式。与其他国家或文明相比，俄国在现代化的所有阶段，在现代化进程的发动、现代化模式的选择，以及现代化举措的实施过程中，都是国家政权起绝对作用。自然，在任何社会的现代化中，国家政权都起着非常积极的作用，但是，在俄国，国家政权主导着现代化的进程，现代化的倡导者经常是国家统治者和政治精英，如彼得一世、叶卡捷琳娜二世、亚历山大一世、亚历山大二世、维特和斯托雷平等的现代化努力。国家政权严格控制现代化进程，类似于发动一系列独特的"自上而下的革命"，这些革命有时不仅违背社会群众的意愿以暴力方式实现，而且其本质违背了俄国政治和社会文化传统。

国家政权以"自上而下的革命"方式进行的现代化忽视国家的社会文化特点，暴力植入"西方现代因素"，将一些传统的社会文化视为过时现象而取缔，破坏了传统文明的完整。被植入的"西方现代因素"进入俄国社会文化土壤，但在俄国土壤的培育下经历了明显的变化，出现了向传统社会政治关系的回归。在激烈的社会动荡之后，俄国保守主义会不断复兴，以各种变体形式再生。

俄国历史进程具有明显的周期性，体现为改革－反改革周期性的波浪式发展。所谓改革时期，不仅强调改变国家管理制度，而且倾向于政治和经济生活自由化，在此基础上使政治制度分权化和复杂化。相反，反改革时期是国家加强对自由的压制，压制社会和政治分权化进程，使政治制度单一化、简单化，实行包罗万象的中央集权官僚管理。在俄国历史上，相对自由的现代化浪潮经常被反自由的反现代化浪潮所代替，从面向发生民主革命的西方转向复制专制东方的政治传统，或者建立例行的"铁幕"自我隔离，从政治制度的复杂化、分权化转向政治制度的简单化、集权化。

俄国现代化进程的矛盾性和周期性的波浪式发展，从 19 世纪亚历山大一世统治时期开始明显表现出来，一直到俄罗斯帝国倾覆都表现得非常明显。从 18 世纪下半叶起，英国等西方国家先后进行工业革命，进入了工业社会或者说是现代社会。工业革命明显增强了西方文明的潜力，构成对俄国霸权的挑战和威胁，迫使其加快自己的现代化进程。彼得一世启动的现代化道路，历经叶卡捷琳娜二世的开明统治，摧毁了俄国传统社会的很多根基，使国家走向全新的迅速发展状态，加强了与西欧的联系。叶卡捷琳娜二世时期，俄国形成了独立于国家之外有稳定收入来源的特权等级——贵族，他们摆脱了为国家供职的义务，免缴赋税，其私有利益受到国家等级特权制度的全面保护，同时他们垄断了政治领域，这为俄国形成理解当时西方思想的社会阶层创造了条件，俄国国家和社会开始异步发展，社会上层和普通民众出现了深刻的社会文化分裂。内外因素综合导致从 19 世纪初起俄国现代化进程的矛盾性及改革与反改革交替的波浪式发展。

在 19 世纪到 20 世纪初，俄国现代化进程中改革与反改革交替的浪潮大体表现如下：第一个周期始于亚历山大一世统治时期的自由主义改革和斯佩兰斯基完善国家政治制度的全面改革方案，止于尼古拉一世反改革，压制政治思想多元化，通过第三厅使国家社会生活处于最高政权的全面监督之下，推迟亚历山大一世时期已经开始的解放农民进程达 30 年之久；第二个周期始于 19 世纪 60 年代亚历山大二世时期的"大改革"，改革中不仅解放了农民，而且形成了比较温和的政治制度，通过司法、城市和地方自治改革，建立了分权制的萌芽，止于亚历山大三世的反改革，后者再次压制法院和地方自治机构的相对独立性，终止了民主社会的形成过程；第三个周期始于维特和斯托雷平改革，推动分权制、多党制、法治国家的形成以及村社的解体，止于斯托雷平遇刺后国家转向反改革，内外因素交织导致俄罗斯帝国倾覆，开始了俄国历史上的另一段时期。

然而每个改革和反改革周期，绝对不是使国家和社会回到起点，而是使其沿着现代化的方向前进。亚历山大一世改革和尼古拉一世反改革周期之后，俄国由贵族国家变成了对变革条件适应力较强的官僚国家，出现了平民知识分子阶层，这个阶层在以后的政治事件中发挥了重要作用。亚历山大二世改革和亚历山大三世反改革周期之后，俄国为发展工业化和完善政治制度创造了条件。维特和斯托雷平改革实现了社会和政治的巨大变革，由原先的等级国家、宗法制社会向能够实现超速工业化、无等级社会的新国家的转变。俄国波浪式的发展模式不是封闭的原地运动，而是不断地走向现代化。这种改革与反改革交替波浪式发展的现代化，显然是非常不合理的现代化模式，其以巨大的人员牺牲、资源浪费为代价。通过这种模式，在俄罗斯帝国时期并没有形成现代社会和国家，传统社会的等级制度、村社的生活方式、专制的政治制度以及与之相适应的一整套价值观念被破坏，但并没能建立起现代社会的政治、经济和文化制度。

政治现代化是从传统社会向现代社会转化的复杂进程的重要组成部分。如果政治现代化的进程滞后于社会其他领域的变革，那么这种差距可以造成革命性危机。俄国现代化由专制政权"自上而下"发起，在社会和经济领域出现了切实的进步，形成新的社会阶层，他们有意识地追求参与政治，寻找对国家决策施加影响的机制和方式。但专制政权一直不希望进行根本性的政治改革，社会团体日益增加的政治积极性与社会政治现代化的现实之间就产生了"剪刀差"。革命成为消灭这种"剪刀差"最迅速、最激进的方式。旧的执政精英不能够应对所产生的问题，就会被更有活力、更适应时代精神的新精英所取代。

19 世纪初俄国专制统治者和西化精英都意识到了政治改革的必要性，制定了深思熟虑的改革计划和措施，包括制定宪法和确立人民代表制度。但是，一系列内部和外部因素影响了改革计划的实施。阻碍计划实施的除了守旧的特权贵族和政府官僚的活动，还有激进主义者的活动。革命的激进主义思想所带来的结果与这种思想支持者的期望完全相反。沙皇亚历山大一世走向了保守阵营，也预先决定了尼古拉一世统治 30 年间在政治和社会方面的反动方针。俄国因此丧失了数十年的发展时间，也付出了巨大的代价。这段时间，世界其他主要国家开始了早期工业化的进程，俄国与它们发展水平的差距进一步加大，这也成为俄国在克里米亚战争中失败的原因。军事失败迫使政府再次将现代化的问题提上议事日程。

19 世纪 60 年代亚历山大二世时期的"大改革"战略非常符合当代现代化思想战略。政权追求在维护政治稳定的同时实现社会经济改革纲领，但不是在"来自下方的"压力下进行，而是通过"自上而下的"目的明确、考虑周密的步骤进行，根据人民在当时的政治成熟程度赋予他们公民权利和自由，建立现代资本主义的司法体系和地方自治机构，在俄国历史上初次出现了社会摆脱官僚无所不在的监督的进程，社会经济和文化领域获得了一定程度的自治，这意味着国家开始切实走向民主社会。

从逻辑上讲，沙皇政府的下一步行动应该是完成政治现代化的任务。但是，专制政权同意在经济和司法等领域进行重大的激进变革，同意一定程度上的分权管理，实行地方自治，却对政治领域的根本性改革犹豫不决。大改革后的俄国君主，仍然相信自己是上帝所选择的专制者，是全国利益的真正代表者，无限专制制度是历史上形成的唯一有能力解决所有问题的政权形式，坚决阻挠政治领域的改革。然而，国家最高官僚意识到了完成政治现代化任务的重要性，采取了一些有益的行动，在历史上被称为洛里斯－梅利科夫宪法的改革方案就是例证之一。这份文件中提出的建立权力代表机构计划可以牵强地视为设立议会制度的开始。从自由民主主义的理想来看，这份文件有很大的局限性。但在一个没有民主传统，刚刚摆脱农奴制的国家，实施洛里斯－梅利科夫的计划可能是对官僚专制逐渐进行改革的切实步伐。这一步伐可以为全面实现政治现代化的任务培育土壤。可左翼激进主义者对亚历山大二世的暗杀抹杀了这种可能性。

改革后的俄国激进分子是非常特殊的知识分子阶层，俄国知识分子左倾激进主义意识与改革后俄国的现实之间存在鸿沟。当成千上万热情的青年"走向民间"，收获的只是失望之后，部分年轻的激进分子失去了对"自下而上"爆发革命的信心，开始转向政治恐怖。他们为此设立的"民意党"的纲领之一，就是宣告召开民选的国民大会。刺杀沙皇被他们看成引爆人民革命导火索的手段。但是，这个行动并没有为他们所设想的国民大会铺平道路，而是在很长时间内挡住了实现真正的议会制的道路。对亚历山大二世的暗杀不仅导致了改革的倒退，也使亚历山大三世时代保守分子的立场明显加强。

俄国历史上接下来的20多年出现了前文所描绘的现代化进程中的"剪刀差"的局面。亚历山大三世即位后，尽管在社会和政治领域实施保守主义改革方针，但国家经济迅速进步。在19世纪的最后几十年，俄国开始了工业革命的第一阶段，工业生产迅猛增长，到19世纪和20世纪之交，俄国工业潜力明显超过了法国、奥匈、意大利、日本，仅次于美国、德国和英国。经济进步带来了社会进步，城市居民数量增加，也形成了新的社会阶层，主要是产业工人阶层。到20世纪初，城市居民中各个团体的社会积极性增加，他们普遍追求直接参与政治生活，要求把政治参与制度化。先是左翼激进主义党派，然后比较温和的自由主义反对派团体也提出了这些要求。但尼古拉二世及其周围的人员顽固地维护独裁权力。1905～1907 年革命是俄国政治现代化进程明显落后于经济和社会结构发展所导致的革命危机的典型表现。

1905～1907 年革命表明，俄国已经不能回避政治现代化问题，尼古拉二世专制政权迫于"自下而上的"压力进行了宪政改革，但设立的政治制度还不是充分意义上的议会民主制。国家杜马的立法权力受到很大的制约，也没有监督政府的权力。国家杜马的选举制度也不是十分民主的。最高政权从最初起就对杜马持敌视态度，只要国家局势一允许，专制政权就开始局部地收回以前所赐予的权力，修改选举法，使之偏离民主的方向。但是，俄国在通向政治现代化的道路上毕竟又迈出了一步。内阁总理斯托雷平选择在维护政治稳定的局势下渐进地实行酝酿成熟的政治和经济改革，原则上符合时代的需要和世界社会发展的方向，如果具备适合的历史条件，改革有成功的可能。其中一个条件是 20 年的和平时间，另一个条件是专制政权自愿沿着向君主立宪制度衍化的道路前进，为在现代化进程中形成的新的政治精英提供权力位置，然而这两个条件在当时的俄国都不具备。

沙皇政府内政方针与旧的传统意识形态之间的"剪刀差"客观上导致了政权与社会之间的冲突不断加剧。俄国政府很少利用社会力量，社会力量实际上被剥离了参与制定国家意识形态和政策。随着专制制度丧失了提出积极的发展计划的能力，社会知识分子阵营制定改革模式的积极性增加。社会知识分子阵营代表了各种政治精英和社会阶层的利益，早已经酝酿了各种意识形态的改革方案。这加剧了思想政治斗争、政治和社会关系以及意识形态领域的分歧。在改革的过渡时期，破坏趋势加强，政治和社会结构解体。

如果说 1905～1907 年革命是俄国政治现代化危机的表现，那么 1917 年革命则只在一定程度上是由政治现代化危机引起的，1917 年革命的进程受到众多因素的影响，长期战争导致了严重的困境，瓦解了国家的经济和政治生活，当时的问题不是在专政与民主之间做出选择，而是在不同版本的专政之间做出选择。革命爆发导致俄国政治体系迅速民主化，但这种民主化最终未能忍受负荷而倒塌。

经验表明，推动一个国家政治现代化进程的任何措施都要周密谨慎地考虑。如果想成功地实现国家现代化，至少需要遵守两个条件。首先，拒绝机械复制在某种社会环境和历史条件下产生的"现代化样板"，这个样板是西方的还是东方的并不重要。当然这并不是反对经过周密思考，实用性地借鉴其他国家的有效元素，这经常是有益的，也是必需的。其次，要充分考虑国家社会－政治心理和文化－历史特点，建立在国家传统和民族文化基础上的发展，才能建设性地解决国家所面临的问题，使国家的未来发展前景光明。

参 考 文 献

中文文献

1. 《马克思恩格斯全集》第 12 卷，人民出版社，2016。

2. 《马克思恩格斯全集》第 18 卷，人民出版社，2016。

3. 《列宁全集》第 14 卷，人民出版社，1984。

4. 《列宁全集》第 5 卷，人民出版社，1986。

5. 《列宁全集》第 17 卷，人民出版社，1988。

6. 中共中央马克思恩格斯列宁斯大林编译局国际共运史研究室编译《俄国民粹派文选》，人民出版社，1983。

7. 白晓红：《俄国斯拉夫主义》，商务印书馆，2006。

8. 曹维安：《俄国史新论》，中国社会科学出版社，2002。

9. 传肃良：《各国人事制度》，台北：三民书局，1987。

10. 陈之骅：《克鲁泡特金传》，中国社会科学出版社，1986。

11. 何汉文：《俄国史》，东方出版社，2013。

12. 金雁：《苏俄现代化与改革研究》，广东教育出版社，1999。

13. 蒋相泽：《世界通史资料选辑（近代部分）》上册，商务印书馆，1964。

14. 陆南泉：《俄罗斯转型与国家现代化问题研究》，中国社会科学出版社，2017。

15. 刘显忠：《近代俄国国家杜马：设立及实践》，社会科学文献出版社，2007。

16. 刘祖熙：《改革与革命——俄国现代化研究》，北京大学出版社，2001。

17. 李永全：《俄国政党史》，社会科学文献出版社，2017。

18. 马啸原：《西方政治制度史》，高等教育出版社，2000。

19. 徐凤林编《俄国哲学》，商务印书馆，2013。

20. 孙成木等主编《俄国通史简编》上下卷，人民出版社，1986。

21. 陶惠芬：《俄国近代改革史》，中国社会科学出版社，2007。

22. 宋惠昌：《当代意识形态研究》，中共中央党校出版社，1992。

23. 王云龙：《现代化的特殊性道路——沙皇俄国最后60年社会转型历史解析》，商务印书馆，2004。

24. 王云龙、刘长江等：《世界现代化历程（俄罗斯东欧卷）》，江苏人民出版社，2014。

25. 许金秋：《俄国文官制度研究》，吉林人民出版社，2013。

26. 姚海：《俄国立宪运动源流》，四川大学出版社，1996。

27. 阎照祥：《英国政治制度史》，人民出版社，1999。

28. 赵士国、杨可：《俄国沙皇传略》，湖南师范大学出版社，2001。

29. 赵士国：《俄国政体与官制史》，湖南师范大学出版社，1998。

30. 赵士国：《历史的选择与选择的历史》，人民出版社，2006。

31. 赵振英：《俄国政治制度史》，辽宁师范大学出版社，2000。

32. 赵玉霞、韩金峰：《外国政治制度史》，青岛出版社，1998。

33. 赵世锋：《俄国共济会与俄国近代政治变迁》，复旦大学出版社，2011。

34. 张建华：《俄国史》，人民出版社，2004。

35. 张建华等：《政治激进主义与近代俄国政治》，三联书店，2010。

36. 张建华：《帝国风暴——大变革前夜的俄罗斯》，北京大学出版社，2016。

37. 张建华：《俄国知识分子思想史导论》，商务印书馆，2008。

38. 张金鉴：《欧洲各国政府》，台北：三民书局，1976。

39. 张定河：《美国政治制度的起源与演变》，中国社会科学出版社，1998。

40. 张昊琦：《俄罗斯帝国思想初探》，知识产权出版社，2012。

41. 〔俄〕克柳切夫斯基：《俄国史教程》第5卷，刘祖熙等译，商务印书馆，2009。

42. 〔俄〕克柳切夫斯基：《俄国史教程》第 3 卷，刘祖熙等译，商务印书馆，2013。

43. 〔俄〕克柳切夫斯基：《俄国各阶层史》，徐昌翰译，商务印书馆，1994。

44. 〔苏〕涅奇金娜：《十二月党人》，黄其才、贺安保译，商务印书馆，1989。

45. 〔苏〕涅奇金娜：《苏联史》（第 2 卷第一分册），刘祚昌等译，三联书店，1957。

46. 〔俄〕克鲁泡特金：《我的自传》，巴金译，人民文学出版社，1997。

47. 〔俄〕克鲁泡特金：《法国大革命史》，刘镜园译，神州国光社，1935。

48. 〔俄〕克鲁泡特金：《伦理学的起源和发展》，巴金译，人民文学出版社，1997。

49. 〔俄〕克鲁泡特金：《互助论》，李平沤译，商务印书馆，1984。

50. 〔俄〕克鲁泡特金：《面包与自由》，巴金译，商务印书馆，1989。

51. 〔俄〕巴枯宁：《上帝与国家》，朴英译，华东师范大学出版社，2005。

52. 〔俄〕巴枯宁：《国家制度和无政府状态》，马骧聪等译，商务印书馆，1982。

53. 中共中央马克思恩格斯列宁斯大林著作编译局资料室编《巴枯宁言论》，三联书店，1978。

54. 〔俄〕谢·尤·维特：《俄国末代沙皇尼古拉二世》续集，张开译，新华出版社，1985。

55. 〔俄〕谢·尤·维特：《俄国末代沙皇尼古拉二世》，张开译，新华出版社，1983。

56. 〔俄〕别尔嘉耶夫：《俄罗斯的命运》，汪剑钊译，译林出版社，2015。

57. 〔俄〕别尔嘉耶夫：《俄罗斯思想》，雷永生、邱守娟译，三联书店，2004。

58. 〔俄〕陀思妥耶夫斯基：《作家日记》（下），张羽、张有福译，河北教育出版社，2010。

59. 〔俄〕陀思妥耶夫斯基：《白痴》，张捷、郭奇格译，河北教育出版社，2010。

60. 〔俄〕陀思妥耶夫斯基：《群魔》（上），冯昭玛译，河北教育出版社，2010。

61. 〔俄〕米罗诺夫：《俄国社会史》，张广翔等译，山东大学出版社，2006。

62. 〔俄〕T. C. 格奥尔吉耶娃：《俄罗斯文化史——历史与现代》，焦东建、董茉莉译，商务印书馆，2006。

63. 〔苏〕波克罗夫斯基：《俄国历史概要》，贝璋衡等译，三联书店，1978。

64. 〔俄〕泽齐娜等：《俄罗斯文化史》，刘文飞、苏玲译，上海译文出版社，1999。

65. 〔俄〕普列汉诺夫：《俄国社会思想史》，孙静工译，商务印书馆，1990。

66. 〔俄〕谢·弗·米罗年科：《19 世纪初俄国专制制度与改革》，许金秋译，社会科学文献出版社，2017。

67. 〔俄〕亚·阿尔汉格尔斯基：《亚历山大一世》，刘敦健译，人民出版社，2011。

68. 〔俄〕津科夫斯基：《俄国思想家与欧洲》，徐文静译，上海三联书店，2016。

69. 〔俄〕恰达耶夫：《哲学书简》，刘文飞译，译林出版社，2015。

70. 〔苏〕卡斯维诺夫：《拾级而下的二十三级台阶》，贺安保、黄其才译，商务印书馆，1987。

71. 〔俄〕巴纳耶夫：《群星灿烂的年代》，刘敦健译，上海译文出版社，1995。

72. 〔俄〕赫尔岑：《往事与随想》，项星耀译，人民出版社，1993。

73. 〔俄〕利哈乔夫：《解读俄罗斯》，吴晓都等译，北京大学出版社，2003。

74. 〔俄〕米格拉尼扬：《俄罗斯现代化之路——为何如此曲折?》，徐葵、张达楠等译，新华出版社，2002。

75. 〔俄〕米格拉尼扬：《俄罗斯现代化与公民社会》，徐葵等译，新华出版社，2003。

76. 〔俄〕洛斯基：《俄国哲学史》，贾泽林等译，浙江人民出版社，1999。

77. 〔俄〕瓦·普罗科菲耶夫：《赫尔岑传》，罗启华、童树德、李鸿敦译，黑龙江人民出版社，1987。

78. 〔俄〕爱德华·拉津斯基:《亚历山大二世——最后的伟大沙皇》,周镜译,新世纪出版社,2015。

79. 〔美〕斯塔夫里阿诺斯:《全球通史(1500 年以后的世界)》,吴象婴、梁赤民译,上海社会科学院出版社,2000。

80. 〔美〕西德尼·哈凯夫:《维特伯爵——俄国现代化之父》,梅俊杰译,上海远东出版社,2013。

81. 〔美〕塞缪尔·亨廷顿:《变化社会中的政治秩序》,王冠华、刘为等译,三联书店,1989。

82. 〔美〕西里尔·E. 布莱克等:《日本和俄国的现代化:比较研究报告》,周师铭等译,商务印书馆,1989。

83. 〔美〕拉伊夫:《独裁下的嬗变与危机》,蒋学祯、王端译,学林出版社,1996。

84. 〔美〕尼古拉·梁赞诺夫斯基、马克·斯坦伯格:《俄罗斯史》,杨烨、卿文辉译,上海人民出版社,2009。

85. 〔美〕沃尔特·G. 莫斯:《俄国史》,张冰译,海南出版社,2008。

86. 〔美〕利昂·P. 巴拉达特:《意识形态起源和影响》,张慧芝、张露璐译,世界图书出版公司,2010。

87. 〔英〕大卫·麦克里兰:《意识形态论》,孔兆政等译,吉林人民出版社,2005。

88. 〔法〕以赛亚·伯林:《俄国思想家》,彭淮栋译,译林出版社,2001。

89. 〔法〕孔多塞:《人类精神进步史表纲要》,何兆武、何冰译,江苏教育出版社,2006。

90. 〔法〕亨利·特罗亚:《神秘沙皇——亚历山大一世》,迎晖、尚菲、长宇译,世界知识出版社,1984。

91. 〔日〕波多野鼎:《近世社会思想史》,徐文亮译,上海开明书店,1928。

俄文文献

1. Аверх А. Я. Царизм накануне свержения. М. , 1989.

2. Аксаков И. С. Сочинения. Т. 2. М., 1891.

3. Алексеев Н. Н. Русский народ и государство. М., 1998.

4. Алексеев А. С. Русское Государственное право. М., 1892.

5. Алексеев С. В. Каламанов В. А., Черненко А. Г. Идеологические ориентиры России. Основы новой общероссийской национальной идеологии. М., 1998.

6. Ананьич Б. В., Ганелин Р. Ш., Дякин В. С. Кризис самодержавия в России. 1895 – 1917. Л., 1984.

7. Ананьич Б. В., Ганелин Р. Ш. (отв. ред.). Государственные деятели России глазами современников: Николай Второй: Воспоминания. Дневники. СПб., 1994.

8. Абрамов М. А. (отв. ред.) Опыт Русского либерализма. Антология. М., 1997.

9. Афанасьев А. П. Судьбы российского крестьянства. М., 1996.

10. Бакунин М. А. Философия. Социология. Политика. М., 1989.

11. Бакунин М. А. Собрание сочинений и писем. Т. 4. М., 1935.

12. Бакунин М. А. Избранные сочинения. Т. 1 – 5. М., 1919 – 1921.

13. Бердяев Н. А. Философия неравенства. М., 2012.

14. Бердяев Н. А. Алексей Степанович Хомяков. Париж, 1997.

15. Бёрк Э. Размышления о французской революции // Политические институты и обновление общества. М., 1983.

16. Бисмарк О. Мысли и воспоминания. Т. 1. М., 1940.

17. Борисов А. В. Министры внетренних дел России 1802 – октябрь 1917. СПб., 2002.

18. Боровой А. (отв. ред.) Михаилу Бакунину (1876 – 1926). Очерки истории анархического движения в России. М., 1926.

19. Боханов А. Н. Император Александр Ⅲ. М., 2009.

20. Боханов А. Н. Деловая элита России 1914 г. М., 1994.

21. Боханов А. Н. Крупная буржуазия Россия. М., 1992.

22. Булгаков С. Н. Два града. Исследования о природе общественных идеалов. Т. 2. М., 1911.

23. Булгарин Ф. В. Сочнение. М., 1990.

24. Варшавский В. С. Родословная большевизма. Paris, 1982.

25. Великий князь Николай Михойлович. Император Александр I. М., 1999.

26. Виленский Б. В. Судебная реформа и контрреформа в России. Саратов, 1969.

27. Витте С. Ю. По поводу национализма. Национальная экономия и Фридрих Лист. СПб., 1912.

28. Вяземский П. А. Эстетика и литературная критика. М., 1984.

29. Вольский А. Теория и практика анархизма. М., 1906.

30. Гаджиев К. С. Консерватизм: современные интерпретации. М., 1990.

31. Гаман О. В. Бюрократия Российской империи: вехи эволюции: Учебно - методическое пособие. М., 1997.

32. Гаман О. В. Политические элиты России: вехи исторической эволюции. М., 2006.

33. Ганелин Р. Российское самодержавие в 1905г. Реформы и революция. СПб., 1991.

34. Гирько. С. И. (отв. ред.). Органы внутренних дел России. М., 2002.

35. Герье В. И. О конституции и парламентаризме в России. М., 1906.

36. Государственная дума: Стенографические отчеты. Третий созыв. Сессия Ⅲ. Ч. 1. СПб., 1910.

37. Гросул В. Я. (отв. ред.). Русский консерватизм XIX столетия: идеология и практика. М., 2000.

38. Гулыга А. Творцы русской идеи. М., 2006.

39. Гусев В. А. Русский консерватизм: основные направления и этапы развития. Тверь, 2001.

40. Данилевский Н. Я. Россия и Европа. Взгляд на культурные и политические отношения Славянского мира к миру Германо ~ романскому. М., 2011.

41. Демидова Н. Ф. Служилая бюрократия в России в 17 веке и ее роль в

формировании абсолютизма. М. , 1987.

42. Демин В. А. Государственная дума России (1906 – 1917): Механизм функционирования. М. , 1996.

43. Дживилегов А. К. , Мельгунов С. П. , Пичета В. И. Отечественная война и русское общество. 1812 – 1912. Т. 2. М. , 1911.

44. Дмитриев М. А. Главы из воспоминаний моей жизни. М. , 1998.

45. Достоевский Ф. М. Сочинения. Т. 23. Л. , 1981.

46. Дякин В. С. Самодержавие, буржуазия и дворянство в 1907 – 1911 гг. Л. , 1978.

47. Дякин В. С. Чрезвычайно – указное законодательство в России (1906 – 1914) // Вспомогательные исторические дисциплины. Вып. Ⅶ. Л. , 1976.

48. Ерошкин Н. П. История государственных учреждений дореволюционной России. М. , 1983.

49. Ерошкин Н. П. Российское самодержавие. М. , 2006.

50. Ерошкин Н. П. и др. (отв. ред.). Высшие и центральные государственные учреждения России 1801 – 1917г. Т. 1 – 4. СПб. , 2001 – 2004.

51. Жуковская Т. Н. Правительство и общество при Александре Ⅰ. Петрозаводск, 2002.

52. Журавлев В. В. (отв. ред.). Политическая история России. М. , 1998.

53. Зайончковский П. А. Правительственный аппарат самодержавной России в 19 в. М. , 1978.

54. Зайончковский П. А. Российское самодержавие в конце ⅩⅨ столетия. М. , 1970.

55. Зайончковский П. А. Кризис самодержавия на рубеже 1870 – 1880 – х годов. М. , 1964.

56. Захарова Л. Г. (отв. ред.). Великие реформы в России. 1856 – 1874. М. , 1992.

57. Захарова Л. Г. Самодержавие и отмена крепостного права в России. 1856 –

1861гг. М. , 1984.

58. Звягинцев А. Г. , Орлов Ю. Г. Тайные советники империи: Российские. прокуроры XIX век. М. , 1994.

59. Златоструй. Древняя Русь X ~ XIII веков. М. , 1990.

60. Зорькин В. Д. Из истории буржуазно – либеральной общественной мысли России конца XIX – начала XX века. М. , 1975.

61. Ивановский В. Государственное право. Известия и ученые записки Казанского университета. По изданию №5 1895 года – №11 1896 года. // Allpravo. ru.

62. Игнатов В. Г. (отв. ред.) . История государственного управления. Ростов н/Д, 2003.

63. Ильин И. А. Наши задачи. М. , 2011.

64. Ильин И. А. О сущности правосознания. М. , 1993.

65. Иоффе Г. З. Семнадцатый год: Ленин, Керенский, Корнилов. М. , 1995.

66. Исаев И. А. , Золотухина Н. М. История политических и правовых учений России (XI – XX вв.) . М. , 2003.

67. История Евроры. Т. 5: От французской революции конца XVIII в. до первой мировой войны. М. , 2000.

68. История СССР с древнейших времен до наших дней. Т. VI. М. , 1968.

69. Кавелин К. Д. Наш умственный строй. Статьи по философии русской истории и культуры. М. , 1989.

70. Кавелин К. Д. Собрания сочинений. Т. 2. СПб. , 1897.

71. Казанский П. Е. Власть Всероссийского императора. М. , 2007.

72. Каплин А. Д. Мировоззрение славянофилов. История и будущее России. М. , 2008.

73. Кара ~ Мурза С. Г. Идеология и мать ее наука. М. , 2002.

74. Кара ~ Мурза С. Г. 1917. Февраль – Октябрь. Две революции – два проекта. М. , 2017.

75. Кара – Мурза С. Г. Советская цивилизация. М. , 2008.

76. Карамзин Н. М. Записка о древней и новой России в ее политическом и гражданском отношениях. М. , 1991.

77. Карамзин Н. М. Письма русского путешественника. Л. , 1984.

78. Карелин А. Вольная жизнь. Детройт, 1955.

79. Карелин А. Государство и Анархисты. М. , 1918.

80. Карпец В. И. Муж отечестволюбивый. Историко – литературный очерк. М. , 1987.

81. Карпович М. М. Лекции по интеллектуальной истории России (XVIII – начало XX века). М. , 2012.

82. Кирьянов Ю. И. Правые партии в России. 1911 – 1917 гг. М. , 2001.

83. Киселев А. Ф. , Щагин Э. М. Новейщая история Отечества. XX в. Т. 1. М. , 2002.

84. Козлов А. Ф. , Янковая В. Ф. (отв. ред.). Государственность России. К. 1 – 3. М. , 1996 – 2001.

85. Кольев А. Н. Нация и государство (теория консервативной реконструкции). М. , 2005.

86. Коржихина Т. П. , Сенин А. С. История российской государственности. М. , 1995.

87. Коркунов Н. М. Лекции по общей теории права. СПб. , 1898.

88. Корнилов А. А. Курс истории России XIX века. М. , 1993.

89. Коротких М. Г. Самодержавие и судебная реформа 1864 г. в России. Воронеж, 1989.

90. Корелин. А. П. Дворянство в пореформеной России 1861 – 1914гг. М. , 1979.

91. Кочерин Е. А. Основы государственного и управленческого контроля. М. , 2000.

92. Кошелев А. И. Самодержавие и Земская Дума. М. , 2011.

93. Кропоткин П. А. Антология русской классической социологии.

М. , 1995.

94. Кропоткин П. А. Хлеб и воля. Современная наука и анархия. М. , 1990.

95. Кропоткин П. А. Нравственные начала анархизма. Лондон, 1907.

96. Кропоткин П. А. Анархия, ее философия, ее идеал. М. , 2004.

97. Кропоткин П. А. Век грядущего. М. , 1925.

98. Корольков А. А. Пророчества Константна Леонтьева. СПб. , 1991.

99. Куликов В. И. История государственного управления в России. М. , 2001.

100. Лаверычев В. Я. Крупная буржуазия в пореформенной России. 1861 – 1900. М, 1974.

101. Леонтович В. В. История либерализма в России. 1762 – 1914. М. , 1995.

102. Леонтьев К. Н. Избранное. М. , 1993.

103. Литвак Б. Г. Переворот 1861 г. в России: почему не реализовалась реформаторская альтернатива. М. , 1991.

104. Маклаков В. А. Первая Государственная Дума. Париж, 1939.

105. Максимов Г. П. (отв. ред.). П. А. Кропоткин и его учение. Интернациональный сборник, посвященный десятой годовщине смерти П. А. Кропоткина. Чикаго, 1931.

106. Максимов Г. П. Беседы с Бакуниным о революции. Чикаго, 1934.

107. Манхейм. К. "Консервативная мысль", Диагноз нашего времени, М. , 1994.

108. Матвеев С. Я. (отв. ред.). Модернизация в России и конфликт ценностей. М. , 1994.

109. Мельников В. П. , Нечипоренко В. Г. Государственная служба в России: исторический опыт и современность. М. , 2003.

110. Медушевский А. Н. Реформы Петра и судьбы России. Научно – аналитический обзор. М. , 1994.

111. Медушевский А. Н. Государственный сторой России периода феодализма (15 – 19 вв.) . Научно – аналитический обзор. М. , 1989.

112. Медушевский А. Н. Утверждение абсолютизма в России. Сравнительно – историческое исследование. М. , 1994.

113. Медушевский А. Н. Демократия и авторитаризм：российский конституционализм в сравнительной перспективе. М. , 1998.

114. Милюков П. Н. Воспоминания. М. , 1991.

115. Милюков П. Н. Тактика франкции народной свободы во время войны. Пг. , 1916.

116. Милюков П. Н. Россия на переломе. Париж, 1927.

117. Мироненко С. В. Страницы тайной истории самодержавия. Политическая история первой половины XIX в. М. , 1990.

118. Морозов В. И. Государственно – правовые взгляды М. М. Сперанского：Историко – правовое исследование. СПб. , 1999.

119. Мосолов А. А. При дворе последнего императора. Рига, 1938.

120. Новгородцев П. И. Об общественном идеале. М. , 1991.

121. Новомирский Я. Что такое анархизм Нью – Йорк, 1919.

122. Олейников Д. И. Классическое российское западничество. М. , 1996.

123. Оржеховский И. В. Самодержавие против революционной России (1826 – 1880гг.) . М. , 1982.

124. Осипов И. Д. Философия русского либерализма (XIX – начало XX в.) . СПб. , 1996.

125. Пайпс Р. Русский консерватизм во второй половине XIX в. : доклад на XIII Международном конгрессе исторических наук. М. , 1970.

126. Пайпс Р. Русская революция. Ч. 1. М. , 1994.

127. Палеолог М. Царская Россия во время мировой войны. М. , 1991.

128. Пирумова Н. М. Земское либеральное движение：Социальные корни и эволюции до начала XX в. М. , 1977.

129. Полнер Т. У. Жизненный путь князя Георгия Васильевича Львова: Личность. Взгляды. Условия деятельности. Париж, 1932.

130. Попов Э. А. Русский консерватизм: идеология и социально - политическая практика. Ростов - на - Дону, 2005.

131. Победоносцев К. П. Великая ложь нашего времени. М., 1993.

132. Победоносцев К. П. Сочинения. СПб., 1996.

133. Пресняков А. Е. Апогей самодержавия Николай I. Л. 1925.

134. Пресняков А. Е. Российские самодержцы. М., 1990.

135. Приходько М. А. Подготовка и разработка министерской реформы в России (февраль - сентябрь 1802 г.). М., 2002.

136. Программы политических партий России. КонецXIX - начало XX вв. М., 1995.

137. Протоколы Центрального комитета конституционно ~ демократической парии. Т. 2 - 3. М., 1994.

138. Реймерс Н. А. О «правом» и «левом» типах мышления. Париж, 1949.

139. Розанов В. В. Несовместимые контрасты жития. Литературно - эстетические работы разных лет. М., 1990.

140. Розанов В. В. Эстетическое понимание истории. СПб., 2009.

141. Россия. 1913 год: Статистико - документальный справочник. М., 1995.

142. Россия в XIX - начале XX вв. М., 2000.

143. Сабенникова И. В., Химина Н. И. (отв. ред.). Государственность России. К. 5. Ч. 1 - 2. М., 2005.

144. Сафонов М. М. Проблема реформ в правительственной политике на рубеже XVIII и XIX вв. Л., 1988.

145. Семигин Г. Ю. Антология мировой политической мысли. Т. 4. М., 1997.

146. Старцев В. И. Русская буржуазия и самодержавие в 1905 - 1907гг. Л., 1977.

147. Степанский А. Д. Самодержавие и общественные организации России

на рубеже XIX – XXвеков. М. , 1990.

148. Соловьев С. М. Избранные труды. Записки. М. , 1983.

149. Соловьев Ю. Б. Самодержавие и дворянство в конце XIX в. Л. , 1973.

150. Сперанский М. М. Проекты и записки. М. , 1961.

151. СтрувеП. Б. Patriotica. Политика, культура, религия, социализм: Сб. Статей за пять лет (1905 ~ 1910 гг.) . СПб. , 1997.

152. Съезды и конференции конституционно ~ демократической партии. Т. 1 – 3. М. , 1997 – 2000.

153. Тихомиров Л. А. Единоличная власть как принцип государственного строения. М. , 1993.

154. Тихомиров Л. А. Монархическая государственность. М. , 2010.

155. Тихомиров Л. А. Критика демократии. М. , 1997.

156. Тихомиров Л. А. Апология веры и монархии. М. , 1999.

157. Тихомиров Л. А. Христианство и политика. М. , 1999.

158. Томсинов В. А. Светило российской бюрократии: Исторический портрет М. М. Сперанского. М. , 1991.

159. Троицкий С. М. Русский абсолютизм и дворянство в XVIII в. М. , 1974.

160. Томсиновь В. А. Конституционный вопрос в России в 60 – х – начале 80 – х годов XIX в. М. , 2013.

161. Уликов. С. В. Бюрократическая элита Российской империи накануне падения старого порядка (1914 – 1917) . Рязань, 2004.

162. Феоктистов Е. М. За кулисами политики и литературы. М. , 1991.

163. Федоров В. А. Аракчеев и Сперанский. М. , 1997.

164. Федотов Г. П. Судьба и грехи России. Избранные работы по философии русской истории и культуры. Т. 1. СПб. , 1992.

165. Флоринский М. Ф. Кризис государственного управления в России в годы первой мировой войны (Совет министров в 1914 – 1917 гг.) . Л. , 1988.

166. Флоровский Г. В. Пути русского богословия. М. , 2009.

167. Франк С. Л. Духовные основы общества. М., 1992.

168. Фромм Э. Бегство от свободы. М., 2006.

169. Фукуяма Ф. Философия истории. Антология. М., 1995.

170. Хомяков Д. А. Православие. Самодержавие. Народность. М., 2011.

171. Чернавский М. Ю. Традиционализм и консерватизм на юге России. Южнороссийское научное обозрение. Вып. 9. Ростов н/Д, 2002.

172. Черный Л. Новое направление в анархизме: ассоционный анархизм. М., 1907.

173. Чибиряев С. А. Великий русский реформатор. Жизнь, деятельность, политические взгляды М. М. Сперанского. М., 1993.

174. Чичерин Б. Н. Опыты по истории русского права. М., 1858.

175. Чичерин Б. Н. Курс государственной науки. Т. I. М., 1894.

176. Чичерин Б. Н. О народном представительстве. М., 2016.

177. Чичерин Б. Н. Конституционный вопрос в России. СПб., 1906.

178. Чичерин Б. Н. Собственность и государство. Т. II. М., 1883.

179. Шацилло К. Ф. Русский либерализм накануне революции 1905 – 1907 гг. М., 1985.

180. Шацкий Е. Утопия и традиция. М., 1990.

181. Шелохаев В. В. (отв. ред.). Модели общественного переустройства РоссииXX век. М., 2004.

182. Шелохаев В. В. и др. (отв. ред.). Политические партии России: История и современность. М., 2000.

183. Шелохаев В. В. Либеральная модель переустройства России. М., 1996.

184. Шепелев Л. Е. Чиновный мир России. СПб., 1999.

185. Щербатов М. М. Русская фантастика XVIII и первой половины XIX века, М., 1977.

186. Шильдер Н. К. Император Александр Первый. Т. 1 – 4. СПб., 1904 – 1905.

187. Шикман А. П. Деятели отечественной истории. Биографический словарь – справочник. М., 1997.

188. Шипов Д. Н. Воспоминания и думы о пережитом. М. , 1918.

189. Штомпка П. Социология социальных изменений. М. , 1996.

190. Шумилов М. М. Местное управление и центральная власть в России в 50 – х – начале 80 – х гг. XIX в. М. , 1991.

191. Эйдельман Н. Я. Грань веков. Политическая борьба в России. Конец XVIII – начало XIX столетия. М. , 1982.

192. Энциклопедический словарь. СПб. , 1991.

193. Якушкин В. Е. Сперанский и Аракчеев. СПб. , 1905.

图书在版编目(CIP)数据

19 世纪至 20 世纪初俄国政治现代化理论与进程研究 /
许金秋著. —— 北京:社会科学文献出版社,2018.8
(东北亚研究丛书)
ISBN 978 - 7 - 5201 - 2968 - 8

Ⅰ.①1… Ⅱ.①许… Ⅲ.①政治 - 现代化研究 - 俄
罗斯 - 19 - 20 世纪 Ⅳ.①D751.20

中国版本图书馆 CIP 数据核字(2018)第 141798 号

东北亚研究丛书
19 世纪至 20 世纪初俄国政治现代化理论与进程研究

著　　者 / 许金秋

出 版 人 / 谢寿光
项目统筹 / 恽　薇　高　雁
责任编辑 / 冯咏梅　郭锡超

出　　版 / 社会科学文献出版社·经济与管理分社 (010) 59367226
　　　　　　地址:北京市北三环中路甲 29 号院华龙大厦　邮编:100029
　　　　　　网址:www. ssap. com. cn
发　　行 / 市场营销中心 (010) 59367081　59367018
印　　装 / 三河市尚艺印装有限公司

规　　格 / 开　本:787mm × 1092mm　1/16
　　　　　　印　张:33　字　数:503 千字
版　　次 / 2018 年 8 月第 1 版　2018 年 8 月第 1 次印刷
书　　号 / ISBN 978 - 7 - 5201 - 2968 - 8
定　　价 / 128.00 元

本书如有印装质量问题,请与读者服务中心 (010 - 59367028) 联系